suhrkamp taschenbuch
wissenschaft 2240

Warum ist der Tod eines Menschen immer eine Art Skandal? Warum ruft dieses ganz normale Ereignis bei jenen, die dabei Zeuge sind, ebensoviel Neugier wie Grauen hervor? Wie kommt es, daß man sich nicht längst an dieses natürliche und doch stets zufällige Geschehen gewöhnt hat? In seinem philosophischen Hauptwerk analysiert Vladimir Jankélévitch das Ereignis des Todes in seiner ganzen Banalität und Fremdheit, in seiner Widersprüchlichkeit und auch im Kontext der komplexen Auslegungen, die der Tod in der Geschichte der Philosophie erfahren hat.

Vladimir Jankélévitch (1903-1985) lehrte zuletzt Moralphilosophie an der Sorbonne in Paris. Im Suhrkamp Verlag sind erschienen: *Das Verzeihen* (stw 1731), *Die Ironie* (2012) und *Die Musik und das Unaussprechliche* (2016).

Vladimir Jankélévitch
Der Tod

Aus dem Französischen
von Brigitta Restorff

Herausgegeben und
mit einer Nachbemerkung
von Christoph Lange

Mit einem Nachwort von
Thomas Kapielski

Suhrkamp

Titel der Originalausgabe: *La mort*

2. Auflage 2024

Erste Auflage 2017
suhrkamp taschenbuch wissenschaft 2240

Umschlag nach Entwürfen von
Willy Fleckhaus und Rolf Staudt
Druck und Bindung: C. H. Beck, Nördlingen
Printed in Germany
ISBN 978-3-518-29840-4

Suhrkamp Verlag AG
Torstraße 44, 10119 Berlin
info@suhrkamp.de
www.suhrkamp.de

Inhalt

Zweiter Teil
Der Tod im Augenblick des Todes

Dritter Teil
Der Tod jenseits des Todes

Das Geheimnis Tod und das Phänomen Tod

Man kann daran zweifeln, ob das Problem des Todes ein philosophisches Problem im eigentlichen Sinne ist. Betrachtet man es objektiv und unter einem allgemeinen Gesichtspunkt, wird man schwerlich erkennen, was eine »Metaphysik« des Todes sein könnte, eine »Physik« des Todes hingegen ist sehr wohl vorstellbar; ob diese Physik nun in den Bereich der Biologie, Medizin, Soziologie oder Demographie fällt, ist unerheblich, denn der Tod ist ein biologisches Phänomen wie Geburt, Pubertät und Alterungsprozeß; die Sterblichkeit ist ein soziales Phänomen wie Geburtenziffer, Ehestand oder Kriminalität. Für den Mediziner ist das letale Phänomen ein bestimmbares und vorhersehbares Phänomen, das von der betreffenden Gattung, deren durchschnittlicher Lebensdauer und allgemeinen Lebensumständen abhängig ist. Vom juristischen und legalen Standpunkt aus ist der Tod ein ebenso natürliches Phänomen: auf dem Bürgermeisteramt ist das Sterberegister ebenso vertreten wie das Geburten- oder Eheregister und gehört wie sie in die Rubrik Personenstand. Die Bestattungsunternehmen können ebenso eine städtische Dienstleistung sein wie das Straßenbauamt, das Gartenbauamt oder das Amt für öffentliche Ordnung, das unter anderem für die Straßenbeleuchtung zuständig ist, das Gemeinwesen unterhält unterschiedslos Entbindungsstationen und Friedhöfe, Schulen und Altersheime. Die Bevölkerung nimmt durch Geburten zu und durch Todesfälle ab: darin liegt nichts Geheimnisvolles, es ist lediglich ein Naturgesetz und ein normales empirisches Phänomen, dem die Unpersönlichkeit von Statistiken und Durchschnittswerten jegliche Tragik nimmt. Unter diesem beruhigenden und sehr bürgerlichen Aspekt sieht Tolstoj am Anfang seines berühmten Romans den Tod des Iwan Iljitsch.[1] Dieser Tod ist nicht nur der qualvolle Tod Iwans, er ist vor allem das Ableben des Herrn Iwan Golowin, Mitglied des Gerichtshofes, er ist ein banaler und abstrakter administrativer Vorgang, ein »nekrologischer« Vorgang,

1 [Leo Tolstoj: *Der Tod des Iwan Iljitsch*, Frankfurt/M. 1979; Anmerkungen und Ergänzungen der Übersetzerin bzw. des Herausgebers stehen zur Unterscheidung von denen Jankélévitchs hier und im folgenden in eckigen Klammern.]

der wie eine Pensionierung eine Fülle von Ernennungen, Versetzungen und Beförderungen nach sich zieht. Iwans Tod ist ein privates Drama und ein Unglück für die Familie, der Tod des Richters aber versetzt vor allem die Jurisprudenz in Bewegung. Iwans Tod ist das Ende eines unsäglichen Leidensweges, das Ableben Golowins aber setzt, wie in der Todesanzeige mitgeteilt wird, den Schlußpunkt unter den Lebenslauf eines Beamten und die Biographie eines russischen Staatsangehörigen.

1. Eine metaempirische Tragödie und eine naturgegebene Notwendigkeit

Kosmologische Verallgemeinerungen und rationale Überlegung versuchen, den Tod zu bagatellisieren oder zu konzeptualisieren, sie wollen die metaphysische Bedeutung des Todes verringern, wollen aus der absoluten Tragödie ein relatives Phänomen, aus dem völligen Zunichtewerden ein partikuläres Dahingehen, aus dem Geheimnis ein Problem und aus dem Skandal ein Gesetz machen. Das philosophische Bewußtsein will trösten, es münzt das metaempirische Aufhören geschickt in eine empirische Fortdauer oder eine ideale Ewigkeit um, indem es die Übernatürlichkeit des Todes entweder zu etwas Natürlichem macht oder seine Irrationalität rationalisiert. Doch die Offensichtlichkeit der Tragödie protestiert auf ihre Weise gegen die Banalisierung des Phänomens: die Selbstheit der dahingegangenen Person bleibt ebenso unersetzlich wie das Dahinscheiden dieser Person an sich nicht zu kompensieren ist; und andererseits stünde das lächerliche Zunichtewerden des denkenden Wesens auch dann noch zur Debatte, wenn das Denken das denkende Wesen überlebte. Kurz, es handelt sich um zwei sich widersprechende Tatsachen, die paradoxerweise gleich offensichtlich sind, die einander aber dessen ungeachtet den Rücken zudrehen. Der verwirrende und sogar schwindelerregende Charakter des Todes, den P. L. Landsberg[2] so tiefgehend analysiert hat, rührt von ebendiesem Widerspruch her: auf der einen Seite steht das Geheimnis, das metaempirische Dimensionen, das heißt unendliche, oder besser, überhaupt keine Dimen-

2 P.[aul] L.[udwig] Landsberg: *Essai sur l'expérience de la mort*, Paris 1936 [dt.: *Die Erfahrung des Todes*, Frankfurt/M. 1973].

sionen hat, und auf der anderen Seite das vertraute Ereignis, das erfahrungsgemäß eintritt und sich bisweilen vor unseren Augen vollzieht. Gewiß, es gibt natürliche Phänomene, die einer Gesetzmäßigkeit folgen (obwohl ihre »Washeit« oder ihr eigentlicher Ursprung letztendlich unerklärlich bleiben), Phänomene, die in den Bereich der Empirie fallen und stets von anderen Phänomenen abhängen. Andererseits gibt es metaempirische Wahrheiten a priori, die sich nicht hic et nunc[3] verwirklichen, die niemals »eintreten«, die aber ganz bestimmte Phänomene zur Folge haben. Dazwischen liegt die zugleich ungewöhnliche und banale Tatsache, liegt jenes empirisch-metaempirische Ungeheuer, das man Tod nennt: einerseits ist der Tod eine journalistische Meldung, die unter die Rubrik »Vermischtes« fällt und die der Berichterstatter verzeichnet, ein Vorkommnis, das der Gerichtsmediziner feststellt, ein universelles Phänomen, das der Biologe untersucht; da der Tod jederzeit und überall eintreten kann, kann man ihn durch zeitliche und örtliche Koordinaten fixieren: diese Umstandsbestimmungen der Zeit und des Ortes sucht der Untersuchungsrichter zu ergründen, wenn er dem Wo-und-Wann des »Todesfalles« nachgeht. Und doch gleicht dieses Vorkommnis keinem anderen empirischen Vorkommnis, denn es übersteigt jedes Maß und ist mit anderen natürlichen Phänomenen nicht zu vergleichen. Ein Geheimnis, das ein tatsächliches Ereignis, etwas Metaempirisches ist, das erfahrungsgemäß eintritt, trägt ohne Zweifel alle Merkmale des Wunders ... jedoch unter einem doppelten Vorbehalt: die letale Wundertätigkeit ist keine positive Offenbarung, sie ist auch keine glückbringende Metamorphose, sie ist Verlöschen und Verneinung; im Gegensatz zu den feenhaften Erscheinungen ist sie kein Gewinn, sondern ein Verlust: der Tod ist eine Leere, die plötzlich mitten im Leben eines Wesens aufbricht; das Seiende, das wie durch eine wundersame Verfinsterung plötzlich unsichtbar wird, stürzt auf einmal durch die Falltür des Nicht-Seins. Andererseits ist dieses »Wunder« keine außergewöhnlich seltene Unterbrechung der natürlichen Ordnung, es ist keine außergewöhnliche Abweichung vom üblichen Verlauf der Existenz, nein, dieses »Wunder« ist zugleich das universelle Gesetz jeglichen Lebens und das gemeinsame Schicksal der Wesen. Auf ihre Weise, die

3 [»Hier und jetzt«.]

wundersam ist, ist die Feerie des Todes eine ganz natürliche; der Tod ist im wahrsten Sinne des Wortes »extra ordinem«, außerordentlich, weil er in der Tat einer ganz anderen Ordnung zugehörig ist als die Interessen der Erfahrung und belanglosen Angelegenheiten der Zwischenzeit. Und doch gibt es nichts, das mehr in der Ordnung der Dinge läge! Der Tod ist die *außerordentliche Ordnung* par excellence. Die Aufhebung der Sterblichkeit zugunsten eines Wesens, die Unsterblichkeit also, wäre viel eher das wundersame Wunderding, das wunderbare Wunder, von dem die Langlebigkeit der Greise uns einen Vorgeschmack zu geben scheint. Die Unsterblichkeit ist in Wahrheit ebenso unbeweisbar und eingängig zugleich, wie der Tod notwendig und unverständlich ist. Doch im Gegensatz zur Unsterblichkeit (und zu Gott) ist der Tod vor allem eine Tatsache, eine unabwendbare und alltägliche Erfahrungstatsache. Und trotzdem ist diese Tatsache jedesmal ein Schock für uns, wenn wir auf sie treffen! Es ist noch niemals vorgekommen, daß ein »Sterblicher« nicht gestorben und dem allgemeinen Gesetz entgangen wäre und das Wunder des *Immer*-Lebens und des *Niemals*-Vergehens erlebt hätte oder daß sich die Langlebigkeit, indem sie die Grenze überschritten hätte und zum Unendlichen übergegangen wäre, in eine Ewigkeit verwandelt hätte, denn das Absolute ist einer ganz anderen Ordnung zugehörig als das Leben. Warum also ist dann der Tod eines Menschen stets eine Art Skandal? Warum ruft dieses so normale Ereignis bei jenen, die Zeugen sind, Neugier und Grauen hervor? Wie kommt es, daß sich der Sterbliche, seitdem es Menschen gibt, die sterben, noch nicht an diesen natürlichen und doch stets zufälligen Vorgang gewöhnt hat? Warum ist er jedes Mal erstaunt, wenn ein Lebender dahingeht, erstaunt, als fände ein solches Ereignis zum ersten Mal statt? Und in der Tat, »jeder ist der erste, der stirbt«, sagt Ionesco.[4] Die stets neue Banalität eines jeden Todes entbehrt nicht der Ähnlichkeit mit der sehr alten Neuheit der Liebe, der sehr alten Jugend jeder Liebe: für diejenigen, die sie erleben, ist die Liebe immer neu, und sie sagen die Worte, die die Liebe schon tausendmal wiederholt hat, als habe sie nie jemand vor ihnen gesagt, als sei es seit Anbeginn der Zeiten das erste Mal, daß ein Mann zu einer Frau Worte der Liebe sagt, als sei dieser Frühling der erste

4 [Eugène Ionesco:] *Le Roi se meurt* [Paris 1963], S. 65 [dt.: *Der König stirbt*, Neuwied/Berlin 1964, S. 28].

Frühling und dieser Morgen der erste Morgen; der Verliebte steht vor diesem taufrischen Morgenrot und diesem taufrischen Tag wie ein unermüdlicher Mensch vor einer unerschöpflichen Sache. Hier ist jeder, der nachahmt, ein Erfinder und Anreger; die nachempfundene Schöpfung ist Neuschöpfung, der Wiederbeginn erster Beginn. Wie kann man noch etwas über die Liebe zu sagen finden, seitdem es Dichter gibt, die sie besingen? Und doch ist es eine Tatsache: jeder, der sie empfindet, legt auf unerhörte Weise Zeugnis ab von ihr, die Erfahrung, die er macht, ist beispiellos, sein Beitrag originell; in diesem Bereich ist ein jeder zuständig! Agathon hält Phaidros entgegen, daß der Gott Eros der jüngste der Götter sei, νεώτατος θεῶν;[5] weil er stets von neuem geboren wird, heißt es in der *Abhandlung über die Leidenschaften der Liebe*,[6] wird Eros mit den Zügen eines Kindes dargestellt. So paradox dies auch scheinen mag, auch der Tod ist auf seine Weise stets jung. Daher rührt die Mischung aus Vertrautheit und Fremdheit, die den Tod kennzeichnet: die widernatürliche Natürlichkeit, die natürliche Übernatürlichkeit des Todes ist ungewöhnlich und doch so vertraut, daß auch der plumpeste Mensch sie sofort anerkennt, begreift und begrüßt, wenn er auf sie trifft. Lukrez[7] will die beruhigende physische Rechtmäßigkeit der Auflösung im Sterben beweisen und bietet alles auf, um uns – und ohne Zweifel auch sich selbst – davon zu überzeugen (denn dieser leidenschaftliche Mann ist vielleicht gar nicht so recht davon überzeugt): deshalb läßt er die tiefe und unbeugsame Fremdheit eines fast ebenso natürlichen wie eigentlich geheimnisvollen Phänomens, nämlich den Fall der schweren Körper, außer acht. Ist nun die endgültige Auflösung eines menschlichen Wesens in das Nichtsein einfach die Befolgung der Gesetze einer ich-weiß-nicht-welchen metaphysischen Schwerkraft? Die Tragödie des persönlichen Todes weist die Tröstungen des Atomismus energisch zurück. Während Gott absolut fern ist, ist der Tod fern und nah zugleich. Diese extreme Nähe erklärt ohne Zweifel die Versuchung des Selbstmordkandidaten vor der Giftphiole: gäbe es zwischen dem Lebenden und den

5 [Platon:] *Symposion* 195 a-b: φεύγων φυγῇ τὸ γῆρας. Ἀεὶ νέον ... [»indem er fliehend dem Alter entkommt ... Stets mit der Jugend gesellt er sich«].

6 [Blaise Pascal: Discours sur les passions de l'amour, in: *Œuvres* (hg. v. L. Brunschvicg u. P. Boutroux), Paris 1923, Bd. III.]

7 [Lukrez: *De rerum natura. Welt aus Atomen*, Stuttgart 1977.]

großen Geheimnissen des Jenseits also nur die durchsichtige Stärke der Glaswandung? Dostojewskijs Gestalten erliegen bisweilen dieser Anziehungskraft ... Eine durchscheinende Membran, sagt Maeterlinck, trennt das Diesseits vom Jenseits: auf der einen Seite ist ein Diesseits, das bereits jenseitig ist, und auf der anderen Seite der Membran liegt ein Jenseits, das noch kaum jenseitig, ja so wenig jenseitig ist, daß es eigentlich fast irdisch ist: es ist eine jenseitige Welt, die eine andere Welt, die absolut anders und absolut woanders ist (anderswo als das Hier, anders als diese Welt) und die dennoch überall gegenwärtig, also wie Gott zugleich allanwesend und allabwesend und auf beiden Seiten zugleich ist, auf jener wie auf dieser, ἐκεῖ und ἐνταῦθα,[8] und die ein transzendentes und immanentes Ganzes ist – denn es braucht nicht viel, ein Blutgerinnsel in einer Arterie, ein Herzkrampf, und das, was »dort« ist, wird im Handumdrehen zum »Hier«. Der Tod steht unsichtbar und doch so nah vor der Tür! Wäre der Tod ein Stachel, den das Jenseits in das Diesseits treibt? So nah und fern zugleich! In bezug auf den verletzlichen Organismus, in den die tödliche Gefahr auf so verschiedene Arten eindringen kann, ist der Tod zugleich innerlich und von außen kommend. Unser ganzes Leben hängt also von der nächsten Systole oder Diastole, vom fortwährenden Wunder jeder Sekunde ab! Diese ferne Nähe ließ Maeterlinck in *L'intérieur*[9] in der Schwebe: zwischen der verhängnisvollen Nachricht, die in der Nacht kommt, und dem friedlichen Glück einer Familie, die von dem Drama, in das sie bereits verwikkelt ist, noch nichts weiß, zwischen dem quälenden Gewissen und dem heiteren Leichtsinn stehen die Glasscheibe und der Garten und die Wand der Finsternis.

Im Tod berühren sich metaempirisches Geheimnis und natürliches Phänomen; das letale Phänomen fällt in das Gebiet der Wissenschaft, das übernatürliche Geheimnis des Todes aber ruft nach dem Beistand der Religion. Bald zieht der Mensch lediglich das Naturgesetz in Betracht und läßt das Geheimnis außer acht, bald liegt er vor dem Geheimnis auf den Knien und schenkt dem natürlichen Phänomen keine Beachtung. Diese widersprüchlichen Hal-

8 [»Dort« und »hier«.]

9 [Maurice Maeterlinck: *L'intérieur*, Paris 1894; dt.: *Im Innern*, München 1983.]

tungen erzeugen die unterschiedlichsten Verdrängungen, die vage Einschätzungen, Konventionen und Euphemismen zur Folge haben und die sich als Beruhigung darbieten, während sie Mißdeutungen weiter zulassen. Ein unbegründetes Vorrecht und eine ebenso stillschweigende wie ungerechtfertigte Ausnahme zu meinen Gunsten sorgen dafür, daß der eigene Tod verdrängt wird. Der Tod, jeder weiß das, ist etwas, das nur den anderen widerfährt. Erinnern wir uns hier noch einmal an den Anfang des *Todes des Iwan Iljitsch*:[10] da ist ein anderer gestorben, Gott sei Dank, und Piotr Iwanowitsch erkundigt sich angelegentlich nach den Todesumständen, als sei dieser Tod dem persönlichen Pech Iwans zuzuschreiben, als sei der Tod ein Mißgeschick, das den anderen vorbehalten ist, als sei also der Tod eines Menschen etwas, das ihn nichts angehe. Ich werde auch an die Reihe kommen, im Augenblick sind aber erst Pierre, Elvire oder die schöne Zélinde, die ich so sehr geliebt habe, an der Reihe.[11] Das Gesetz der Sterblichkeit, das die Menschen in ihrer Allgemeinheit betrifft, betrifft mich ebensowenig, wie mich der Philanthrop liebt, der doch die ganze Menschheit zu lieben vorgibt. Daraus schließt man dann hastig und wie verstohlen, daß einen der Tod in keiner Weise etwas angehe. Wer vom Tod spricht, wer es wagt, über den Tod zu philosophieren und ihn zu denken, nimmt sich selbst aus von der universellen Sterblichkeit: da man, um das Problem angehen zu können, *so tut als ob*, betrifft einen der Tod nicht, und man vergißt darum auch bald die Übereinkunft des »so als ob«. In Wahrheit ist diese »Schlußfolgerung« der Sophismus einer leidenschaftlichen Hoffnung, einer Frivolität und eines Glaubens wider besseres Wissen, der durch die Ungewißheit des Zeitpunkts ungemein begünstigt wird. Das Gesetz der Sterblichkeit gilt für alle Geschöpfe ... außer für mich. Doch wir wollen das nicht vertiefen; oder besser, denken wir lieber nicht zu intensiv daran! Die Ausnahme, die der ersten Person solch unvernünftige Vorrechte einräumt, hat weder mit dem immerwährenden Leben noch mit der Ewigkeit des Wesens etwas gemein, genausowenig hat sie etwas mit der kosmologischen Wirklichkeit oder der rationalen Wahrheit zu tun, sie ist lediglich Ausdruck des einseitigen und egozen-

10 [Leo Tolstoj: *Der Tod des Iwan Iljitsch*, a. a. O.]

11 Jean Cassou: La Mort et le Sarcasme, [in:] *Les Cahiers du Sud* [38 (1951), Nr. 306].

trischen Blickwinkels des Ich! Die mir zum Vorteil gereichende Ausnahme ist ein Glücksfall und ein glücklicher Zufall: wer weiß? vielleicht vergißt mich der Tod! Vielleicht nimmt mich eine Aussparung des Schicksals aus von dieser letzten Prüfung. Vielleicht wird das allgemeine Gesetz auf mich nicht in Anwendung gebracht. Und vielleicht wird man inzwischen einen neuen Impfstoff, ein neues Elixier gegen das Übel des Alterns erfinden. In dieser Hinsicht ist es jedem erlaubt, zu hoffen. Jedenfalls genügt es, daß ein einziges Wesen, genau gesagt, das Subjekt selbst, der Allgemeingültigkeit des Todes entgeht, denn von diesem Augenblick an hat der Tod aufgehört, allumfassend zu sein: er wird zum Beinahe-Allumfassenden; fast alles ist verloren, doch einer ist gerettet worden. Also ist alles gerettet! Mein eigenes Überleben ist daher das notwendige Minimum, um etwas vor dem Nichts zu retten und aus dem Tod *ipso facto* etwas Abstraktes zu machen. Die Ausnahme zugunsten der ersten Person reicht aus, um den Tod zu problematisieren, und erlaubt, ihn mit anderen Konzepten in Verbindung zu bringen. Es wird zumindest einen Überlebenden geben, der das Todesbewußtsein wachhält, so wie bisweilen ein einziger Überlebender aus großen Schiffskatastrophen hervorgeht (doch ist dieser einzige nicht ein wundersamer Glücksfall?), um den anderen das Unheil zu erzählen.

Natürlich ist dies ein unannehmbarer Trugschluß, denn die Logik sagt uns etwas ganz anderes. Zuerst einmal ist es noch nie vorgekommen, daß ein Mensch dem Tode entgeht, folglich wird kein Mensch je dem Tod entgehen: da der triumphierende Tod absolut keine Ausnahme zuläßt, ziehen wir die Schlußfolgerung, daß diese Regel ein Gesetz und dieser Triumph eine Notwendigkeit ist, daß diese Notwendigkeit trotz des Fortschrittsglaubens und der wachsenden Lebenserwartung des Individuums ewig existieren wird und daß die Sterblichkeit letztlich zu einer Definition des Menschen verhelfen kann. Da die Induktion den Syllogismen einen allgemeingültigen Obersatz liefert, erlaubt sie eine Deduktion; denn ein allgemeines Gesetz, das ausnahmslos für alle Menschen gilt, gilt um so mehr für mich; dem Tod fallen alle Wesen anheim, mich eingeschlossen. Wie steht es aber nun um die Induktion? Ist die Sterblichkeit eine abstrakte und unpersönliche Eigentümlichkeit der Kreatur im allgemeinen? Ist sie nur eine »Wahrheit«? Im eigentlichen Sinne ist das Sterbenmüssen keine einleuchtende Wahrheit wie eine mathematische Wahrheit zum Beispiel. So wie die Wahrheit auf den Tod keine Rücksicht nimmt, so ist auch der Tod, obgleich er »wahr« ist, nicht das letzte Wort der Wahrheit, noch ist er die Wahrheit schlechthin. Die Wahrheit ist der Nicht-Tod, und der Tod ist gewissermaßen die Un-Wahrheit: die unsterbliche Wahrheit des Todes ist vielmehr eine Absurdität oder zumindest eine undurchdringliche Paradoxologie. Wenn man sagt, daß der Tod eine Wahrheit und folglich die Un-Wahrheit eine Wahrheit ist, bringt man dann nicht noch einmal mehr seinen widersprüchlichen und geheimnisvollen Charakter zum Ausdruck? Deshalb liegt im Übergang zu der Grenze, die zum Weltgericht führt, eine Art winziger Zweifel, eine unsinnige Hoffnung und eine ganz kleine Chance für uns. Darum scheint auch umgekehrt der Tod eines Menschen niemals nur die mechanische Anwendung eines allgemeingültigen Gesetzes auf einen Einzelfall zu sein; es gibt nur Einzelfälle, da jedes Schicksal auf seine Weise einzigartig und unvergleichlich ist. Peters oder Pauls Tod ist mehr als nur ein Beispiel von vielen, ist mehr als nur die eigenartige Folge einer allgemeinen und abstrakten Eigentümlichkeit, die Sterblichkeit heißt. Diese Eigentümlichkeit, die bewirkt, daß die Lebenden Todeskandidaten sind oder daß sie, da sie zu einer sterblichen Gattung gehören, imstande sind zu sterben, sagt uns nichts über den eigenen Tod. Sicher, alle Menschen sind sterblich, und Peter ist einer dieser Menschen; und doch liegt in einer solchen logischen Schlußfolgerung – ob ich nun Peter bin oder Peter eine mir nahestehende Person ist – etwas, das ich nicht glauben will, etwas, das ich nicht wirklich ernst nehme; denn diese Deduktion ist eher schlagend als überzeugend, und wir zögern unvernünftigerweise, die Schlußfolgerung zu ziehen, die die Prämissen zwingend nahelegen. Ich weiß, daß ich sterben werde, aber ich glaube es nicht, sagt Jacques Madaule sehr tiefgründig. Ich weiß, daß ich sterben werde, aber ich bin nicht eigentlich davon überzeugt. Iwan Iljitsch in Tolstojs Roman[12] empfindet zutiefst den übernatürlichen und fast verzweifelten Widerwillen, von dem der Mensch ergriffen wird, wenn er seinen unvergleichlichen »Einzelfall« unter ein allgemeines Gesetz stellen soll, wenn er sich auf einmal vom

12 [Leo Tolstoj:] *Der Tod des Iwan Iljitsch* [a.a.O.], 6. Abschnitt.

anonymen und unpersönlichen Obersatz eines Syllogismus persönlich betroffen sieht. Cajus ist ohne Zweifel sterblich, weil alle Menschen, zu denen er ja selbst gehört, sterblich sind. Inwiefern aber geht das Iwan etwas an? War Cajus etwa der Bruder Mitjas, Wolodjas und Katjenkas? Hatte er vielleicht den Geruch des aus Zedernstreifen zusammengesetzten Balles eingeatmet, den Wanja so geliebt hatte? Hatte für ihn vielleicht die Seide des Faltenkleides der Mama gerauscht, hatte denn er genau über die Freuden, Leiden und Entzückungen Wanjas Bescheid gewußt? Es ist ausgemacht, der Herr Golowin ist wie jeder andere, ist wie der Mensch schlechthin, dem Tode unterworfen. Doch in seinem tiefsten Innern ist Iwan kein Mensch schlechthin, und ich bin nicht Cajus! Dieser Iwan aus Fleisch und Blut, der leidet und verzweifelt, ist keine Gestalt aus dem *De viris*.[13] Allgemeiner gesprochen ist Herr X nur für die anderen ein Irgendwer, für sich selbst ist er ein auf der Welt einmaliges Schicksal und eine einmalige Biographie, ist eine absolut auf Einzigartigkeit angelegte Existenz. In Iwans Erinnerung ist alles unersetzlich, unvergleichlich und unnachahmlich. Die Originalität noch des banalsten Lebens ist auf ihre Weise einzigartig. Ich, Iwan Iljitsch, ich, Wanja, bin ein völlig einzigartiges Wesen, das nicht seinesgleichen hat. Die Sterblichkeit der Kreatur betrifft Wanja nicht. Ohne Zweifel sind alle Menschen sterblich, und Wanja ist auch ein Mensch ... Wollen wir aber zum »folglich« übergehen, wenn es um Wanja, um den Wanja mit dem Ball aus Lederstreifen geht, läßt uns ein schmerzlicher Widerstand stokken. Victor Hugo sagt es vor Tolstoj und in nicht weniger bewunderungswürdigen Worten, wenn er nicht etwa die letzten Monate eines Kranken, sondern den letzten Tag eines Verurteilten beschreibt: inwiefern geht die professionelle Predigt des Anstaltsgeistlichen denjenigen, der sterben wird, etwas an? Der Geistliche sagt seine Lektion auswendig her, dem Verurteilten gönnt er nicht einmal einen Blick: er sagt nichts als Gemeinplätze, nichts als Dinge, »die auf jeden und jedes anwendbar sind«, »nichts, das von ihm für mich gewesen wäre«. Für diesen Beamten ist der Verurteilte lediglich ein »Individuum der unseligen Sorte«. »Ach, ist es wirklich wahr, daß ich sterben werde, bevor dieser Tag zu Ende

13 [Titel eines Schulbuchs: *De viris illustribus urbis Romanae* (»Über berühmte Männer der Stadt Rom«) von Lhomond, das in Frankreich für den Elementarunterricht des Lateinischen verwendet wird.]

geht? Ist es wirklich wahr, daß ich das bin? ... Ich, ja ich werde sterben! Ich, der gleiche Mensch, der hier ist, der lebt, der sich regt, der atmet, der an diesem Tisch sitzt ... Ich, ja das bin ich, den ich berühre und den ich fühle und dessen Kleidung diese Falten schlägt.«[14] Sogar für jene, die in ihrem Bett sterben, fügt das Ereignis des Todes dem allgemeinen Gesetz der Sterblichkeit, unter das es doch fällt, noch etwas unerklärlich Neues hinzu. Die Sterblichkeit der Sterblichen mag sich noch so oft bestätigen, mag sich noch so oft durch Millionen von persönlichen Toden erweisen, die Lebensläufe mögen, seitdem die Welt Welt ist, noch so oft und unausweichlich durch den Triumph des Todes ein Ende finden ... es ist, als sei dies alles nicht genug, als sei die Unbesiegbarkeit noch nicht hinreichend erwiesen, als bedürfe die so oft bewiesene und sogar mehr als bewiesene Sterblichkeit noch eines zusätzlichen Beweises. Ist der Beweis wirklich noch nicht geführt worden? Nein, der Beweis ist noch nicht geführt worden, denn der tatsächliche Tod eines Menschen hat wie jede Tatsächlichkeit immer auch ein unerhörtes und unvorhersehbares Element. Die Sterblichkeit verhält sich zu dem Tod von Peter oder Paul in etwa so wie sich die abstrakte Gerechtigkeit zu den Handlungen der Menschen verhält: eine irgendwo in dieser Minute begangene Ungerechtigkeit schmälert in nichts die Autorität der Norm, denn das Ideal der Gerechtigkeit bleibt seiner Anwendung gegenüber theoretisch indifferent, es bleibt davon unberührt. In einem anderen Sinne wäre die Gerechtigkeit nicht das, was sie ist, wenn sie niemand respektieren würde. Und ebenso hängt die unsterbliche Wahrheit der Sterblichkeit paradoxerweise und lächerlicherweise von der Unabwendbarkeit des Todes ab, die das Gesetz vorsieht und logisch impliziert. Wenn jeder neue Tod die unaufhörlich bestätigte und wiederbestätigte Wahrheit von der Sterblichkeit seinerseits bestätigt, so weil diese Wahrheit es nötig hat, sich unablässig von neuem zu erweisen. Die Wahrheit von der Sterblichkeit der Kreatur ist demzufolge keine einleuchtende Wahrheit, sondern ein dunkles Geschick, das uns jeder tatsächliche Tod neu zu denken aufgibt.

14 [Victor Hugo: *Der letzte Tag eines Verurteilten*, Kapitel XXVI, Basel 1945.]

2. *Der ernstgenommene Tod: Tatsächlichkeit, nahes Bevorstehen und persönliche Betroffenheit*

Wanja ist also über die Entdeckung, daß er sterblich und dem Gerichtszwang des allgemeinen Gesetzes unterworfen ist, sehr erstaunt. In der Tat, eine schöne Entdeckung, eine große Neuigkeit! Wanja erfährt, was die Spatzen von den Dächern pfeifen, als würde er es das erste Mal erfahren. Und wirklich, man kann erfahren, was man bereits weiß, wie man zum Beispiel von einem Ereignis überrascht werden kann, auf das man lange gewartet hat, oder wie man zu dem wird, was man ist, das heißt, daß man tatsächlich wird, was man schon virtuell und substantiell ist. Hat Platon nicht das gleiche Paradoxon gelehrt? Auch Eros entdeckt durch einen ungewöhnlichen Widerspruch, was er eigentlich schon gefunden hat. In einem allgemeineren Sinne bedeutet dies: der Mensch bringt sein Leben damit zu, daß er lernt, was er wußte, daß er eine Gefahr erkennt, die er bereits erahnt, die ihn aber nicht beunruhigt hatte, daß er eine Musik oder Worte, die er auswendig kennt, wiederhört, daß er sie wiederhört, als habe er sie nie zuvor gehört, als höre er sie heute zum ersten Mal, daß er mit unverbrauchtem Blick, und sich die Augen reibend, dieselbe Landschaft mit denselben Gegenständen betrachtet, als habe sie nie seine Aufmerksamkeit erregt. Solcherart, sagen wir, sind die Worte der Liebe, wenn wir lieben; solcherart ist im allgemeinen die alte Neuheit des Wiederbeginns, der Beginn ist. Was nützt es dem Erkennen des Todes, daß es ein »Wiedererkennen« ist, so wie die platonische »Anamnese« Wiedererinnerung ist – es ist ebenso neu, einmalig und ursprünglich wie die Wiedererinnerung auch. Seitdem wir gelernt haben, meinen wir, früher überhaupt nichts gewußt zu haben, und unser damaliges Wissen scheint uns so fern wie ein vorgeburtliches Wissen und so leer wie die Unwissenheit. Der Mensch glaubte zu wissen, aber er wußte nicht! Er richtet es sich so, daß er von der am wenigsten überraschenden Sache der Welt überrascht wird. Eines Tages nimmt er eine Sache wahr, von der er schon seit langem weiß. Diese Bewußtwerdung ist meistens eine plötzliche Eingebung, eine ebenso unvermittelte Enthüllung wie das Sich-Bewußtwerden des Alterns; denn wenn auch der Mensch erst nach und nach und jeden Tag etwas mehr altert, so setzt doch das Bewußtsein des Alterns plötzlich und wie mit einem Schlage ein … eines Morgens vielleicht, beim Rasieren! Im entscheidenden Augenblick entdeckt der Kranke anhand bestimmter Zeichen, die auf einmal Bände sprechen und prophetisch sind, den tödlichen Ernst des Übels, das ihn bedroht; der Tod eines uns nahestehenden Menschen bringt uns augenblicklich zu Bewußtsein, daß der Tod nicht nur für die anderen ist, oder: daß ich selbst einer dieser »Anderen« bin. »Ich verstand auf einmal, daß auch ich sterblich war«, sagt Arsenjew in dem wunderbaren Roman von Iwan Bunin,[15] als er vom Tod seiner kleinen Schwester Nadja spricht. Und doch wußten Sie es, wären wir versucht, ihm zu antworten. Doch wie auch immer … Man kann sich recht gut das Tagebuch vorstellen, in dem der Weise notiert: An diesem heutigen Morgen, dem 21. November um elf Uhr fünfunddreißig, habe ich endlich erkannt, daß der Mensch sterben muß. Wir können es nicht oft genug sagen: *das Bewußtsein der kontinuierlichen Zeit ist ein diskontinuierliches Bewußtsein*. Es ist eine angesagte Überraschung, eine zugleich bekannte und unbekannte, gewußte und erfahrene, immanente und von außen kommende Nachricht! Die Entdeckung des schon Gefundenen kann nur eine *plötzliche* sein. Wie sollte die Diskontinuität dieser Bewußtwerdung, der Zusammenstoß des informierten Menschen mit der fatalen Neuigkeit, kurz: der Bruch, auch keine Quelle der Verwirrung sein? Was wir bereits wußten, beginnen wir nun ganz »anders« zu wissen: es ist die Art und Weise, die anders ist; die Qualität, das Pneuma, Beleuchtung und Widerhall sind anders. In einem neuen mentalen Kontext bekommt die Binsenwahrheit einen neuen, unerhörten Wert und eine unerwartete Originalität; sie bekommt auf einmal eine andere Bedeutung für uns, und wir schätzen das wirkliche Gewicht des Ereignisses besser ab. Der Tod unserer Eltern hat uns materiell nichts erfahren lassen, was wir nicht schon immer gewußt hätten, alles, was es über dieses Thema zu wissen gibt, wußten wir bereits: daß alle Menschen sterblich sind und daß das geliebte Wesen sterben muß, bei Gott! da es ja einer dieser Menschen ist. In diesem Sinne wissen wir genaugenommen auch nicht mehr als die anderen Geschöpfe, und doch wissen wir das, was wir jetzt wissen, *anders*, wir wissen es auf einer anderen Ebene, in einem anderen Licht, wissen es als etwas, das einer anderen Ordnung zuge-

15 [Iwan A. Bunin:] *Das Leben Arsenjews. Eine Jugend im alten Rußland*, I, 18 [München 1980].

hörig ist: wir entdecken eine neue Dimension. Menschen, die vom Unglück verschont geblieben sind, wissen, was wir wissen, auch, doch sie wissen weder *wie* noch *in welchem Maße*. Was hat der trauernde Mensch, dem soeben die unvordenkliche Wahrheit aufging, eigentlich erfahren? Er hat nichts Neues erfahren, und doch hat er zweifellos etwas begriffen, etwas irgendwie Unfaßbares, für das es in keiner Sprache einen Namen gibt. Er hat überhaupt nichts erfahren, und trotzdem, wer wollte den unersetzlichen Wert seiner Erfahrung leugnen? Diese Erfahrung ist weder Erleuchtung noch Erwerb eines neuen Wissens, sie ist die unvermittelte Entdeckung einer verkannten Tiefe, deren Verkennung uns allen möglichen Enttäuschungen und Mißverständnissen ausgesetzt hatte.

Mit einem Wort, der Mensch, den das Unheil getroffen hat, *nimmt* den Tod jetzt *ernst*. Und obgleich das soeben Erfahrene weder ein Geheimnis, das man in Worte fassen könnte, noch ein ungeahnter Fund ist, obgleich es weder eine zusätzliche Auskunft noch eine allgemeine Vorstellung mehr ist, die der Aktivseite unseres Wissens zuzuschlagen wäre, ist es doch nicht unmöglich, drei Aspekte dieser Bereicherung, wie sie die Bewußtwerdung des Wunders für uns darstellt, zu beschreiben. Wir müssen hier zwischen Tatsächlichkeit, nahem Bevorstehen und persönlicher Betroffenheit unterscheiden. Sich des Ernstes des Todes bewußt zu werden heißt zunächst, von einem abstrakten und begrifflichen Wissen zu einem tatsächlichen Ereignis überzugehen. Und sagt man denn nicht auch »realisieren«? Realisieren bedeutet aber paradoxerweise, sich von der Wahrheit zu entfernen und von einer vernünftigen, doch nicht überzeugenden Evidenz zu einer undurchschaubaren, doch erlebten Evidenz überzugehen: wir sehen zum Beispiel mit eigenen Augen ein Schauspiel, von dem wir nur die begriffliche und nominale Möglichkeit kennen. Was für ein lächerliches Paradox! Erst wenn er in das Nichts zurücksinkt und dem Sein entrissen wird, erfährt der Mensch die Tatsächlichkeit der Veränderung. Wenn er die Welt des Buches verläßt, wo die conditio des Cajus und der Tiere ohne Bitterkeit verhandelt wird, hat er es plötzlich mit einem Ereignis zu tun, dessen Bestimmung es ist, tatsächlich einzutreten: vor dem Umschwenken zum Ereignis, das heißt, vor der »Realisierung« schloß der Logiker von der allgemeinen Sterblichkeit auf den Tod des Cajus, und seine Folgerung blieb in der irrealen und theoretischen Sphäre der Konzepte befangen, sie mündete nicht in die ganz andere Ordnung der Tatsächlichkeit; der Gedankengang bewegte sich innerhalb desselben Universums der Immanenz. Um den Tod zu realisieren, hätte es einer μετάβασις εἰς ἄλλο γένος[16] bedurft, und zwar nicht des Übergehens von einem kontradiktorischen Gegenteil zu seinem kontradiktorischen Gegenteil, sondern, wie in der ontologischen Beweisführung, des diskontinuierlichen Übergangs von der Möglichkeit zur Tatsächlichkeit oder von der Essenz zur Existenz. Die Entdeckung der sehr banalen Wahrheit macht mit den Mißverständnissen, künstlichen Fiktionen und Konventionen, die aus einem ineffektiven Wissen entstanden sind, ein Ende. Unsere neue Todeserfahrung fügt, wenn man so will, dem platonischen Vorwissen oder Vorbegriff, den der Mensch davon haben kann, nichts hinzu, sie verlagert diesen Vorbegriff: in der Erfahrung der Trauer oder der Krankheit vollzieht sich die Beförderung unseres Wissens zur Tatsächlichkeit. Etwas zu erfahren, was man schon im voraus weiß, heißt, etwas plötzlich durch erlebtes Wissen, durch eine konkrete und gefühlsmäßige Erkenntnis, die sich leidenschaftlich und intensiv ins Bewußtsein bringt, wissen, was man vorher bereits wußte, ohne es zu begreifen. Was wir gedanklich wußten, begreifen wir nun mit ganzer Seele, oder besser, mit unserem ganzen Leben, σύν ὅλῃ τῇ ζωῇ. Und wie der Verliebte die abgegriffene Wahrheit der ewigen Themen auffrischt und erneuert, wenn er sie an sich selbst erfährt, so erlebt der trauernde Mensch, der sich in Zuneigung verzehrt, an sich selbst die unerhörte und niederschmetternde Wahrheit des Todes, durchlebt selbst die pathetische Absurdität des Todes, empfindet schmerzlich in seinem Innern die Tragödie des Todes. Für denjenigen, der den Ernst des Todes »realisiert«, hält der Tod Einzug in Zeit und Raum. Der Tod ist ein Ereignis, das stattfindet.

Denn das nahe Bevorstehen ist die zeitliche Form der Tatsächlichkeit, so wie umgekehrt die Unbestimmtheit der fernen Zukunft für die Theoretiker oder Utopisten oder die Verdorrtheit der Vergangenheit für die Historiker zwei charakteristische Formen der konzeptuellen Irrealität sind. Ein tatsächliches Ereignis, das

16 [Eines (unzulässigen) »Hinüberspringens in eine andere Gattung«.]

wirklich eintritt, ist ein Ereignis, das jetzt eintritt; umgekehrt aber kann ein Ereignis auch nicht tatsächlich sein, sei es, daß es schon eingetreten ist, sei es, daß es noch nicht stattgefunden hat, da es noch bevorsteht und später eintreten wird. Der Abstand der Vergangenheit ist das beste Mittel, um den Tod abstrakt zu erfahren, denn da die Erfahrung fast per definitionem retrospektiv und retardativ ist, wird der Tod des anderen erst danach objektiv und in seiner ganzen Hoheit erfahren, das heißt, wenn es zu spät ist, mehr noch: hier wird der Tod durch eine posthume und nachträgliche Erfahrung als »tödlich« erfahren, und einzig durch diese Erfahrung fühlt sich der Mensch bemüßigt, die Tragödie in ein Problem zu verwandeln. Solcherart ist das nekrologische Wissen beschaffen, dessen Archive Totenstädte und Friedhöfe für uns erhalten. In diesem Sinne besteht für den Positivismus die Menschheit eher aus Toten als aus Lebenden: die Geschichte ist eine Galerie unzähliger Verstorbener, und die Verstorbenen selbst, denen die geoffenbarte Religion einen Kult weiht, sind ebenso verfügbar, wie es eine Insektensammlung ist oder Mumien, die man zur Schau stellt. Über den Dahingegangenen kann verfügt werden, er ist zum bloßen Konzept geworden. Der Abstand der Zukunft ist die zweite Form der objektiven Distanzierung; doch anstatt wie die Vergangenheit vor sich selbst zurückzuweichen, hält hier die Gegenwart auf Distanz oder stößt die Zukunft weit von sich. Vorausschauende und rückblickende Objektivierung erstrecken sich daher vom Jetzt genannten Nullpunkt bis zu den beiden umgekehrten Richtungen des Kommenden. Die Frist spielt stromabwärts die gleiche Rolle wie die Chroniken des Gedächtnisses stromaufwärts. Doch wenn die Objektivierung des Vergangenen von mir einzig in bezug auf den Tod der anderen einen Sinn hat, so ist die vorwegnehmende oder aufschiebende Objektivierung nur im Hinblick auf den eigenen Tod von Bedeutung. Wenn es nämlich um einen selbst geht, steht der Tod stets im Futur, was sage ich! er ist per definitionem die letzte Zukunft des Lebens; er ist keine Zwischenstation auf dem Weg dieses Lebens, sondern die allerentfernteste Zukunft; er ist kein vorläufiger Halt und auch keine Wegstation von vielen, sondern ist das endgültige Ende und letzte Ziel in der stetigen Abfolge der Augenblicke, die unsere Zukunft ausmachen. Die andere Zukunft, die kleine Zukunft der Kontinuität, ist normalerweise dazu gemacht, durch das stetige

Spiel der Künftigung gegenwärtig zu werden: »Morgen« ist die provisorische Bezeichnung für den kommenden Tag und ein Adverb, das nur für die Dauer von vierundzwanzig Stunden Gültigkeit hat; der folgende Tag ist nur heute morgen und wird morgen heute sein, so wie er übermorgen gestern heißen wird. Die extreme Zukunft des Todes aber ist ein Übermorgen, das nie heute sein wird, es ist eine Zukunft, die nie Gegenwart sein und stets zukünftig sein wird und die sich unablässig ereignet und nähert, denn unser ganzes Leben ist gewissermaßen die Adventszeit und das Vorspiel zu ihr. Was möglich ist, sagt Schelling, tritt ein, und wir sagen unsererseits: Die ganze Zukunft wird eintreten und ist nur zukünftig, um eines Tages Wirklichkeit zu sein. Komme, was wolle – die Zukunft (wie ihr Name sagt) wird sein, das heißt wird irgendwann einmal sein, da sie ja ein lediglich aufgeschobenes Sein ist, oder, was aber das gleiche ist: das Nicht-Sein der Zukunft ist ein einfaches Noch-nicht oder, besser, ist ein Versprechen, das regelmäßig und stets gehalten wird, denn die alles verschlingende Künftigung läßt sich durch nichts aufhalten. O Zeit, unterbrich deinen Flug! fleht der Dichter, doch die Zeit stellt sich taub und unterbricht ihren Lauf nicht, sie setzt ihn im Gegenteil unerbittlich fort und schert sich nicht um unseren Tadel; mehr noch: der Flug der Stunden wird auch dann nicht unterbrochen, wenn alle Uhren des Universums gleichzeitig stehenbleiben, jede zu der Stunde, die ihr die Zeitzone vorschreibt, und wir nicht mehr da sind, um die Stunden zu zählen und den Tag zu bestimmen; die Jahre vergehen, auch wenn wir plötzlich aufhörten zu altern. Wenn das Universum in einer allgemeinen Katastrophe versänke und Sonne und Mond, die den Lauf der Gestirne bestimmen, die Jahreszeiten regeln und den Tag- und Nachtwechsel im Takt halten, mit sich risse und auf der Erde kein einziger Mensch mehr wäre, um im Monat Oktober zu sagen, du bist der Oktober, so würde doch die Zeit noch immer vergehen! Das Ende der Welt ist nicht das Ende der Zeit. Und trotzdem ist der eigene Tod in der Perspektive des betroffenen Subjekts ein Zukünftiges, das niemals kommt, oder, besser, die Zukunft des Todes tritt ein, ohne je gegenwärtig zu sein, zumindest für mich, der ich in diesem Augenblick spreche und denke. Weil die Zukünftigkeit des eigenen Todes nicht vergegenwärtigt werden kann, nimmt sie leicht einen abstrakten Charakter an; weil der Zeitpunkt des Todes ungewiß und der Tod in keinem Augenblick notwendig ist, verschieben wir ihn gerne auf den Sanktnimmerleinstag. Der Mensch realisiert seinen Tod, realisiert ihn angstvoll, wenn er begreift, daß die letzte Zukunft wie die kleine Zukunft der Zwischenzeit schließlich auch dazu da ist, einzutreten; wenn er entdeckt, daß das Ende des Endes wie das kleine vorläufige Ende, das im Verlauf des Lebens so oft eintritt, eines Tages Gegenwart sein kann. Was nicht meine Gegenwart sein *kann*, ist im Begriff sich zu verwirklichen: das Unmögliche wird sein, in einem Augenblick wird die Stunde der Absurdität schlagen. Bald! Wie verursacht es doch Herzklopfen, dieses Adverb des nahen Bevorstehens, wenn es auf die entfernteste Zukunft des Lebens angewandt wird! Der Mensch ist hilflos, wenn er sich plötzlich Auge in Auge einer Zukunft gegenübersieht, die nicht dazu gemacht schien, empirisch einzutreten. Die Vorstellung, daß das Ende der Welt, das doch Gegenstand eschatologischer und gelehrter Spekulationen ist, auf den kommenden Sonntag festgesetzt ist oder der Große Abend heute abend ist, hat etwas Sinnverwirrendes. Unsere Verwirrung rührt von der plötzlichen Umwandlung des Todes in eine unmittelbare Gegebenheit her, denn so wie die gleißende Sonne den Gebrauch von getönten Gläsern nötig macht, die ihren unerträglichen Glanz mildern, so wird die Finsternis des Todes nur Spekulationsobjekt durch den Schirm einer diskursiven Vermittlung oder, um einen anderen Vergleich heranzuziehen: wie die züchtigen Umschreibungen der Sprache verhindert die Frist der Vermittlung die allzu direkte Berührung mit dem Tod. Da uns der Mut fehlt, das Gegenüber, das »Auge in Auge« zu ertragen, denken wir unser eigenes Verlöschen durch Mittelsobjekte und in der neutralen Zone der Mittelwege und Pufferkonzepte. Deshalb empfehlen die Moralprediger, die das befreiende Moratorium erwirken und die Umklammerung der Gefahr lockern wollen, stets die »Vorbereitung« auf den Tod: Vorsicht vor Überraschungen! Seid umsichtig! Trefft eure Vorsichtsmaßnahmen! Haltet Abstand! Wartet nicht, bis man euch das Messer an die Kehle setzt! Wir drohen zu ersticken und wünschen uns die Ruhe, die unserer Freiheit Luft verschafft. Doch der umsichtige Mensch mag sich noch so gut »vorbereiten«, ohne im übrigen genau zu wissen, worauf er sich vorbereiten soll, der Tod findet uns, wenn er kommt – und er kommt immer zum ersten Mal – stets hilflos. Der vorsichtige Mensch wird immer überrascht, muß sein Ende hinpfuschen und irgendwie krepieren; er fleht den Henker an, ihm eine ganz kleine Minute Aufschub zu gewähren, und ist glücklich über die elendste Frist, wenn ihm die Gnade oder vielmehr das Almosen dieser Frist zuteil wird. »Wie habt ihr es eilig, o grausame Göttin!« Wir sprachen von einer vorbereiteten Überraschung und einer alten Neuheit. Das Ereignis, das wie kein anderes vorauszusehen ist, ist paradoxerweise das unvorhersehbarste. Und auch das Alter ändert nichts daran, denn den Greisen ist die Dringlichkeit ebenso auf den Fersen wie der Jugend; auch sie wird bei einer Unvorsichtigkeit überrascht und muß jämmerlich sterben, als hätte sie nicht Zeit genug gehabt, das Ende kommen zu sehen; *»Decrepiti senes paucorum annorum accessionem votis mendicant«*,[17] sagt der Stoiker. Und in der Tat, man verpatzt sein Ende in jedem Alter! So alt man auch sein mag, man stirbt immer zu früh, denn in dieser Hinsicht gibt es nur ein vorzeitiges Ende. Der Mensch begegnet dem Tod gezwungenermaßen im Zustand der Improvisation und Unvorbereitetheit: das Unerwartete des Todes ist im wahrsten Sinne des Wortes *extemporalis*,[18] denn daß die letzte Minute kommt, vereitelt jedes Temporisieren. Die *Dringlichkeit*, die uns das *nahe Bevorstehen* augenfällig macht, wirkt sinnverwirrend. Der in weiter Ferne liegende Verfallstag droht plötzlich bald da zu sein, die Zukunft, die ein Hirngespinst schien, findet plötzlich morgen statt: mehr bedarf es nicht, um uns in einen Taumel zu stürzen. Wenn das Ereignis des Todes, das dazu gemacht ist, im allgemeinen, aber doch zu einem ungewissen Zeitpunkt einzutreten, zu einem bestimmten Zeitpunkt stattfinden soll, wird der Mensch von Verzweiflung ergriffen: das gilt für die zum Tode Verurteilten, die die Qualen der ungeheuerlichen, unmenschlichen Bestimmtheit leiden. Alle Menschen sind sterblich, und Peter ist ein Mensch, doch daraus folgt nicht, daß Peter nächsten Mittwoch sterben muß, daraus folgt nur, daß Peter an diesem oder jenem Tag sterben muß ... doch lieber an jenem! Der Zeitpunkt des Todes läßt sich aus den Prämissen nicht ableiten, sie können etwas so Unumstößliches und Zufälliges wie den kalendarischen Todestag nicht bestimmen! Folglich nimmt man nur das augenblicklich bevorstehende Ereignis ernst, das nicht mehr nur

17 [»Abgelebte Greise erbetteln mit Gelübden die Zulage weniger Jahre«; Seneca: *De brevitate vitae* 11 (dt.: *Von der Kürze des Lebens*).]

18 [»Aus dem Stegreif«.]

bloße negative Möglichkeit, bloße Potentialität ist, sondern das auf der Stelle oder unmittelbar jetzt eintritt. Von dem Augenblick an, da der *mortalis*[19] dem *moriturus*[20] und mehr noch dem *moribundus*[21] den Platz überläßt, da der Todeskandidat, der bisher in einem allgemeinen Sinn sterblich war, den Ruf des nahe bevorstehenden Todes vernimmt, da der »Sterbliche«, der möglicherweise sterben wird, in der Gewalt des Todes ist und zum »Sterbenden« wird und das Schicksal die Kreatur in die begrenzte Liste der in Bälde Erwählten einträgt, von dem Augenblick an realisiert der Mensch, daß der Tod keine abstrakte *Eventualität* mehr, sondern das *In-Erscheinung-Treten* eines *Ereignisses* ist. Auch du kommst an die Reihe, schreibt Georges Friedmann.[22]

Den Tod »realisieren« heißt nicht nur, die Todesdrohung als etwas Tatsächliches und Bevorstehendes erleben, sondern sich auch *ipso facto* durch diese Drohung persönlich betroffen fühlen; wenn die Drohung, so unmittelbar sie auch sei, auf andere Geschöpfe, etwa die Sterblichen im allgemeinen oder irgendeinen Menschen gerichtet ist, fehlt ein wesentliches Element ihrer Tatsächlichkeit; andererseits aber fehlt das Wesentliche nicht weniger, wenn die Drohung denjenigen, den sie betrifft, nur auf sehr lange Sicht etwas angeht: in beiden Fällen geschieht das gleiche, in beiden Fällen ist es eine Gefahr »als ob«, und die Lebensgefahr ist ebenso platonisch wie die, mit der uns Abenteuer- und Kriminalromane unterhalten. Wenn der Mensch realisiert, daß er jetzt »an der Reihe« ist, fühlt er sich zu einem nahe bevorstehenden Tod aufgerufen und zugleich persönlich betroffen, denn Betroffenheit und nahes Bevorstehen sind selbst zwei Formen der Tatsächlichkeit. Der Tod ist nicht mehr nur Gegenstand von Übersetzungen aus dem Lateinischen oder abstraktes Thema philosophischer Abhandlungen, er ist jetzt zu meiner persönlichen Angelegenheit geworden. Der Tod wird Gegenstand des Ernstes, wenn wir uns der Tatsache bewußt werden, daß der Tod eben nicht nur ein Mißgeschick ist, das den anderen oder mir selbst in fünfzig Jahren, das heißt mir als einem anderen zustößt; der Tod ist keine in Raum

19 [Der »Sterbliche«.]
20 [Dem »Todgeweihten«.]
21 [Dem »Sterbenden«.]
22 [Georges Friedmann/Jacques Aron: *Votre tour viendra*, Paris 1930.]

und Zeit weit entfernt liegende Eventualität: eines Tages entdekken wir, daß wir zutiefst in das mysteriöse Problem, das wir in der Vorstellung zu erfassen glaubten, verwickelt sind; eines Tages, wenn wir die Totenglocke hören, wird uns bewußt, daß sie für uns selbst läuten wird, wie sie jetzt für den Nachbarn läutet. Man hatte sich hinweggestohlen, hatte dem anderen den Ball zugespielt und auf den Nachbarn gezeigt: »Sie haben die Ehre, Herr Nachbar, beginnen Sie, Sie haben den Vortritt!« Nun aber sind diese Höflichkeitsformen und Ausflüchte nicht mehr möglich. Sagen wir es noch einmal: Der Mensch, der seinen eigenen Tod realisiert – ich den meinen, du den deinen, Sie den jeweilig Ihren – unterscheidet sich grundsätzlich von jenem Menschen, der aufgrund seiner Schlußfolgerungen das allgemeine Gesetz auf seinen Einzelfall in Anwendung bringt. Obwohl die Deduktion von der Allgemeinheit auf den einzelnen schloß, begegnete sie doch nie einem Menschen aus Fleisch und Blut: der eigene Tod ist *um so zwingender*, als sich die Schlußfolgerung analytisch und gewissermaßen automatisch aus dem allgemeinen Gesetz ergibt. Es waren die Stoiker, die dem widerspenstigen und uneinsichtigen Kranken seinen Tod als ein *Nämlich-Weil* vorstellten, das sich auf natürliche und unabwendbare Weise aus dem allgemeinen Gesetz ergäbe, um ihn so zum Verzicht zu bewegen, und die die Trauer der wehklagenden Witwe unter ein allgemeines Schicksal subsumierten und so den Tod des ihr Nahestehenden banalisierten, um sie dadurch zu trösten: der Trost tut so, als ob man unversehens von der unpersönlichen Sterblichkeit zum eigenen Tod übergehen könne. Und wirklich, der Tröstende hat zugleich recht und unrecht: recht, weil sein Syllogismus untadelig ist, unrecht, weil der Syllogismus uns nicht im mindesten des schwindelerregenden Sprungs, den es zu machen, und des herzzerreißenden Schmerzes, dem es standzuhalten gilt, enthebt, wenn es heißt, das Gesetz auf sich selbst »in Anwendung« zu bringen; denn es ist ja gerade die *Anwendung*, die die eigentliche Veränderung, das eigentliche Übergehen zu der ganz anderen Ordnung der Haecceitas[23] darstellt. Um von der Sterblichkeit im allgemeinen auf den Tod des Cajus, des Tartempion, des Herrn Sowieso oder des Herrn Irgendwer zu schließen, um innerhalb desselben Genus von einem »Fall« auf einen anderen

23 [»Diesheit«.]

»Fall« zu schließen, bedarf es keinen großen Mutes. Doch ich bin *kein Fall* und auch kein Beispiel von vielen, es kommt mich hart an, die klar zutage liegende, doch nicht überzeugende Offensichtlichkeit der unpersönlichen Sterblichkeit gegen die absurde, doch erlebte Offensichtlichkeit, die meinen eigenen Tod kennzeichnet, einzutauschen. Was für alle Menschen gilt, scheint auch für den Einzelnen zu gelten. Wenn dieser »Einzelne« aber ich bin, tritt plötzlich ein Wandel ein und ein Abgrund muß überwunden werden. Die »Realisierung« ist keine gedankliche Herleitung, sie ist plötzliche Eingebung. Der Unterschied zwischen dem anonymen »man«, das alle und niemand ist, und dem Ich ist ein wahrhaft metaphysischer, vorausgesetzt, daß man unter Ich nicht *das Ich*, das heißt das grammatikalische Konzept der ersten Person Singular, sondern einfach »ich« ohne Artikel versteht, ich, der ich hier und in diesem Augenblick ich sage; ich, der ich hier spreche, bin kein Sterblicher wie die anderen, ich bin kein Geschöpf von vielen und bin auch nicht irgendein Cajus, ich bin ein auf unerklärliche Weise privilegierter Mensch.

Besteht nun dieses Privileg aber nicht zu Unrecht und nur gefühlsmäßig wie alle Privilegien? Beginnt die Philosophie, wie sie etwa Spinoza und Léon Brunschvicg verstehen, nicht mit der Abkehr von der egozentrischen Parteilichkeit, mit der Aufdekkung der Vorurteile, die dieser Egozentrismus nährt? So wie die synoptische Geschichtsphilosophie Anekdoten und Tagesereignissen eine untergeordnete Rolle zuweist, so korrigiert die unparteiische Vernunft den entstellenden Blick auf das eigene Vergnügen, den eigenen Schmerz und Tod; sie entzieht uns der Faszination des Ich und macht uns fähig zu einer Megalopsychie. Man kann nicht gelten lassen, daß die erste Person ihre eigenen Wahrheiten besäße oder daß die Wahrheit im allgemeinen vom Numerus der Person abhängig sei. Die Philosophie, die Vernunft, Gerechtigkeit und Weisheit ist, weist den Ereignissen des persönlichen Lebens ihren wahren Platz an, der unbedeutend ist, und reduziert sie auf ihr wahres Maß, wie zum Beispiel meine persönliche Lust, meinen persönlichen Schmerz, mein Glück, meinen eigenen Tod und gemeinhin alle Ereignisse, die mit dem Possessivpronomen der ersten Person verbunden sind; denn der Vorbehalt des Ich ist für die uneigennützige Vernunft ein unbedeutendes Detail. Der Standpunkt des Ich, wie er in der »Kenntnis des ersten

Genus« zum Ausdruck kommt, bewirkt ein Übermaß an Eigenliebe, Zorn und Schrecken, er ist folglich ein Unfall, der verhindert werden muß, und ein Unrecht, das es zu korrigieren gilt: für den Weisen ist die Lust des Hedonisten ein lächerlicher kleiner Kitzel auf der Haut. In der Objektivierung des Epiktet hört mein Schmerz auf, der Mittelpunkt der Welt zu sein, und wird zu dem, was er in Wahrheit ist: die unbedeutende Verwandlung eines erbärmlichen Leibes, der in der Menge der Leiber, die das Universum bevölkern, fast untergeht. Wir werden fähig, zu unterscheiden, was einzig für uns Bedeutung hat: πρὸς ἡμᾶς,[24] und was an und für sich bedeutend ist: καθ' αὑτό oder φύσει;[25] aber auch bezogen auf uns bedeutet der Tod nichts, οὐδὲν πρὸς ἡμᾶς,[26] sagt Epiktet und ist sich darin mit Epikur einig. Ein wenig Flugasche in meinem Auge verändert zwar die Ordnung der Dinge für mich, trübt mir die Farben und vergiftet mir, was im Lauf eines Tages geschieht, doch für einen Dritten oder das Bewußtsein des Zeugen ist dieses bißchen Flugasche ein Sandkorn mehr im Auge irgendeines Geschöpfes. Und ebenso ist mein Tod für mich das Ende aller Dinge, ist das absolute endgültige Ende meiner persönlichen Existenz und das Ende des ganzen Universums, das Ende der Welt und der Geschichte; das Ende meiner Lebzeiten ist für mich gleichbedeutend mit dem Ende aller Zeiten, ist die metaphysische Tragödie schlechthin, ist die unfaßbare Tragödie meiner Entwerdung; der Tod des anderen aber ist für mich lediglich ein banaler Zwischenfall, und genauso ist mein Tod für das Universum keine allzu große Katastrophe, er bleibt ein unbemerkter Vorfall und ein bedeutungsloses Verlöschen, das die Ordnung der Dinge nicht stört und den Lauf der Dinge nicht hemmt. Der in der Fülle der Welt freigewordene Platz wird sofort wieder besetzt; morgen früh bringt der Briefträger die Post zur gewohnten Stunde; wir sterben, doch die Vorstellung geht weiter; fünf Minuten nach dem Unfall hat sich die Menge schon wieder verlaufen, und der Verkehr, der Fortbewegung ist, fließt wieder normal auf dem Boulevard. Der

24 [»Für uns«.]

25 [»Von selbst« oder »von Natur aus«.]

26 [»Nichts für uns«; Epikur: *Brief an Menoikeus* 125 (»Das schauererregendste aller Übel, der Tod, betrifft uns überhaupt nicht.«); Epiktet: *Encheiridion* I (dt.: *Handbüchlein der Moral*): οὐδὲν πρὸς ἐμέ: »Es geht mich nichts an!«.]

rastlose Umtrieb der Menschen nimmt auf die private Verzweiflung oder die trauernde Familie keine Rücksicht: bedeutet mein Tod denn für einen Dritten oder eine unparteiische Gerechtigkeit nicht genau das gleiche wie der Tod des Cajus? Geben wir es zu! Dieses Mißverhältnis ist ein Hohn, es bringt uns die objektive Bedeutungslosigkeit des eigenen Todes, das winzige Ausmaß unserer persönlichen Tragödie bitter zu Bewußtsein.

3. Der Tod in der dritten, in der zweiten und in der ersten Person

Damit aber handelt man den mysteriösen und gewissermaßen unauflösbaren Tatbestand der Innerlichkeit für sich, den man auch schweigend übergehen könnte, ohne Zweifel etwas leichtfertig ab, setzt er sich doch wie ein stummer Gewissensbiß gegen die optimistische Vertuschung und das vorgetäuschte gute Gewissen der antitragischen Weisheit zur Wehr. Die alles überschauende Vernunft, die die Gesetze der Perspektive anwendet, kann die Endlichkeit der Monade gewiß kompensieren, da die Monade reine Äußerlichkeit und neutrale dritte Person in einer Welt von austauschbaren dritten Personen ist. Doch die Existenz für sich, die das Ich kennzeichnet, ist einer unersetzbaren und unvergleichlichen Ordnung zugehörig. Wenn die je auf Einzigartigkeit angelegte Existenz in Gefahr ist, kann auch eine vorgetäuschte Gelassenheit nicht darüber hinweghelfen. Die banale Tatsache der Innerlichkeit für sich ist eine auf geheimnisvolle Weise objektive. Mein eigener Tod ist also nicht »jemandes« Tod, sondern ein Tod, der die Welt aus den Angeln hebt, ein Tod, der unnachahmlich, einzig in seiner Art und keinem anderen vergleichbar ist. Wie könnte man nun noch leugnen wollen, daß der egozentrische Vorbehalt der ersten Person ein ironischerweise wesentlicher ist? Das Problem des Todes kann zur Rehabilitierung einer Philosophie der Partikularität beitragen.

Doch unterscheiden wir nun genauer zwischen den drei Personen, das heißt zwischen den drei Blickwinkeln: da die zweite und dritte Person meine Blickwinkel auf den anderen (er oder du) oder die Blickwinkel des anderen auf mich selbst darstellen (ich werde vom anderen als dritte oder zweite Person betrachtet), bleiben die beiden Partner zwei monadisch und persönlich verschiedene Subjekte; denn die erste Person ist der Blickwinkel des Ich auf das Ich, des Du auf das Du und, ganz allgemein, der »rückbezügliche« Blickpunkt eines jeden auf sich selbst; dieser »Blickwinkel«, der eigentlich keiner ist, da er auf Perspektive und optische Distanz verzichtet, ist in Wirklichkeit die tatsächliche Erfahrung des Todes, in der das Objekt des Bewußtseins mit dem Subjekt des »Sterbens« zusammenfällt.

Der Tod in der DRITTEN PERSON ist der Tod im allgemeinen, ist der abstrakte und anonyme Tod oder der eigene Tod im Sinne eines unpersönlich und konzeptuell begriffenen Todes, so wie ein Arzt etwa seine eigene Krankheit begreift, seinen eigenen Fall untersucht oder sich seine eigene Diagnose stellt: denn auch Ärzte können krank sein, dabei aber Arzt bleiben und in sich vereinigen, worin sie einbezogen sind, und sich die gelassene Bewußtheit ihrer eigenen Tragödie bewahren. Für diesen Arzt-Patienten, in dem der Patient dem Arzt Platz macht, bleibt die Tragödie ein Phänomen. Die Überbewußtheit betrachtet den Tod, als ginge er sie nichts an, als könne er sie nicht behelligen, als habe sie nichts mit ihm zu schaffen; der Tod in der dritten Person ist problematisch, jedoch nicht mysteriologisch. Er ist ein Gegenstand wie jeder andere, den man medizinisch, biologisch, sozialwissenschaftlich oder demographisch beschreiben kann und der dann der Gipfel der tragischen Objektivität ist. Das Ich in dieser Angelegenheit wird zum anonymen und kopflosen Subjekt eines unterschiedslosen Todes, zum Subjekt, das eben kein Glück hatte und das das Los zum Krepieren verurteilte.

Doch es kommt auch vor, daß der Arzt-Patient, wobei er in seinem Unglück durchaus noch ein wenig Arzt bleiben kann, weit mehr Patient als Arzt ist. Dann ist er nur eine erbärmliche Kreatur, die gemeinsam mit den anderen Kreaturen in ein gleiches Schicksal verstrickt ist. Wenn die dritte Person das Prinzip der Gelassenheit ist, ist die ERSTE PERSON zweifellos eine Quelle der Angst. Der Tod in der ersten Person ist ein Geheimnis, das mich zutiefst und in meiner Ganzheit, das heißt meiner Nichtheit betrifft (wenn es wahr ist, daß die Nichtheit das Nichts dieser Ganzheit ist): ich bin eng mit dem Geheimnis verknüpft und unfähig, dem Problem gegenüber Distanz zu wahren. *Mea res agitur!*[27] Um mich handelt es sich, um mich, der ich vom Tod beim Namen gerufen und am Ärmel gezupft werde, ohne daß ich zum Nachbarn schielen dürfte; Ausflüchte sind mir jetzt ebenso verwehrt wie Aufschübe, ein Vertagen auf *später*, *Alibis* oder das Übertragen auf *einen anderen*, kurz, alles, was dem Betroffenen hätte Luft verschaffen können, ist jetzt unmöglich geworden. Die gesichtslose dritte Person kann mir nicht mehr als Vorwand dienen. Οὐδὲν πρὸς ἡμᾶς?[28] Nichts für mich? Aber nein, ganz im Gegenteil! Dieses Nichts ist alles für uns, oder anders gesagt, um eben unser Alles-oder-Nichts geht es. Das »mea res« des Lukrez ist ein Geständnis, das auf implizite Weise das οὐδὲν πρὸς ἡμᾶς Epikurs Lügen straft. In diesem »mea res« ist zugleich Tatsächlichkeit, erste Person und nahes Bevorstehen enthalten. Und doch ist das *Zukünftige* für denjenigen, der es realisiert und ernst nimmt, mitnichten eine *Angelegenheit* und schon gar nicht eine *Aufgabe*, es ist vielmehr die Unmöglichkeit, das Zukünftige in eine Aufgabe, die Angst in Sorge und das nahe Bevorstehen in Dringlichkeit umzuwandeln; und das stürzt uns in panische Angst. Wir können uns höchstens eine Haltung zu eigen machen – wenn es schon unsere Aufgabe sein sollte, gut zu sterben. *Mea res agitur* bedeutet nicht: etwas obliegt mir, sondern: hier steht mein Schicksal auf dem Spiel; beten wir einstweilen!

Was mein Tod für mich ist, ist der deine für dich und ist im allgemeinen der Tod einer jeden dritten Person für jede einzelne dieser Personen, da jede Person, für sich betrachtet, »ich« sagt, wie ich selbst auch und wie ich in der Innerlichkeit für sich befangen ist. Sind die zweite und die dritte Person, die für mich »Du« und »Er« sind, nicht »Ich« für sich? Ist nicht jede Person für sich selbst die erste, das heißt für ihr Teil und von ihrem Blickwinkel aus gesehen? Der andere, der in bezug auf sich selbst ich ist, ist, obwohl er nicht ich ist, einfach nur »wie« ich, *instar mei*. Durch diesen Umweg wird der eigene Tod wieder universell: ein jeder für sich und nur ihn betreffend, als sei er allein, und folglich alle durch Erweiterung und folglich alle ohne Ausnahme! Aber nur »folglich« … Denn einerseits haben wir das Gefühl, perspektivischer und egozentrischer Mittelpunkt zu sein, um den sich in konzentri-

27 [»Um meine Sache geht es!«; sprichwörtliche Redensart.]
28 [»Nichts für uns«; vgl. Anm. 26.]

schen Kreisen die Personen Nummer zwei und drei gruppieren, und in bezug auf den sich Du und Er definieren, andererseits aber empfinden wir Sympathie für die Andersheit, wo es ebensoviele Mittelpunkte wie Personen gibt, und genau hier widersprechen sich Egozentrismus und Allozentrismus. Ihr Widerstreit erzeugt das Paradox des *Wir*; denn die in sich widersprüchliche Idee einer ersten Person Plural ist eine Art Monstrum, wenn es wahr ist, daß das Ich per definitionem stets im Singular steht und der Plural notwendigerweise auf die anderen angewandt wird. Die Brüderlichkeit, die sich im »Wir« ausdrückt, kommt nicht durch Analogieschluß zustande, sondern wird sympathetisch und intuitiv im Innersten erlebt: es ist wie eine Handlung auf Distanz, wie eine Art magischer und unmittelbarer Kommunikation, die jeder substantiellen Gemeinsamkeit entbehrt; angesichts des Todes des Andern realisiert der vorläufig noch verschont gebliebene Mensch durch eine plötzliche Eingebung seine brüderliche Schicksalsgemeinschaft mit dem heute ausersehenen Opfer. Der Tod ist die persönliche Angelegenheit eines jeden, ist die mit Wir multiplizierte Angelegenheit des Ich und entlarvt so den Widersinn eines Modus des Absoluten im Plural. Einerseits machen die unzähligen Tragödien, die in sich so hyperbolisch wie voneinander unabhängig sind, die Vereinzelung des Absoluten im Plural überdeutlich, andererseits widerspricht diese Zerrissenheit nicht der Ähnlichkeit des Schicksals, das allen Menschen gemein ist. Der Plural dieser zugleich zerstückelten und miteinander verbundenen Absolutheiten beruht eher auf einer *ökumenischen* Tatsache als auf einem *synnomischen* Gesetz. Anders ausgedrückt: Die Universalität, der es an Einheit mangelt, ist weder auf eine physische Solidarität oder abstrakte Gemeinschaft noch auf eine kosmologische Verwandtheit[29] zurückzuführen; sie meint weder das Einbeschlossensein der Individuen in ein gemeinsames Geschlecht noch deren Zugehörigkeit zu einer einzigartigen Essenz, noch deren ursprüngliche Affinität, denn das würde bedeuten, daß die Personen Monaden, das heißt unpersönliche dritte Personen sind. Die Sympathie, die sie füreinander empfinden, beruht also nicht wie bei Marc Aurel auf Brüderlichkeit, einer spezifischen Bluts- oder

29 Siehe das bedeutende Werk von Emmanuel Lévinas: *Totalité et Infini*, Den Haag 1961, zum Absolut-anderen [dt.: *Totalität und Unendlichkeit. Versuch über Exteriorität*, Freiburg/München 1987].

weitläufigen Verwandtschaft. Im Gegensatz zur Harmonie der Monade stellt der Solipsismus der parallelen Einsamkeiten, deren jede einzelne in ihrem Selbstgespräch gefangen ist wie in einer belagerten Stadt, auf paradoxe Weise die zerrissene Einheit dieses großen Ich, dieser tausendköpfigen Hydra, die Wir heißt, dar. Die Tragödie des Ich ruft im Wir ein Echo hervor, doch das Wir verweist stets auf die einsame Erfahrung des Ich. Das ökumenische Ereignis des Todes – ökumenisch weil es überall und allen widerfahren kann – bewahrt auf geheimnisvolle Weise für jeden einzelnen seinen intimen, persönlichen und uneinheitlichen Charakter, den nur der Betroffene zu erfassen vermag; das ökumenische Schicksal ist ein auf unerklärliche Weise privates Unglück. »All ihr Zahllosen, die ihr vor mir gestorben seid: helft mir«, stöhnt der sterbende König Eugène Ionescos. »Sagt mir, wie ihr es fertiggebracht, zu sterben … Bringt es mir bei. Euer Beispiel soll mich trösten. Ich will mich auf euch stützen wie auf Krücken, wie auf brüderliche Arme. Helft mir, die Schwelle zu überschreiten, die ihr überschritten habt. Kommt einen Augenblick auf diese Seite zurück, um mir zu helfen … Wie ist es gewesen?«[30]

Ach, wer stirbt, stirbt allein, geht den persönlichen Tod, den jeder für sich sterben muß, alleine an, macht den einsamen Schritt allein, den niemand für uns machen kann und den jeder, wenn seine Stunde gekommen ist, allein für sich vollziehen muß. Und es erwartet uns auch niemand am jenseitigen Ufer. Niemand wird uns an den Toren der Nacht willkommen heißen. Auch Pascal sagt bekanntlich: »Allein wird man sterben.«[31] Was ist im übrigen der religiöse Beistand, wenn nicht eine Art ohnmächtiger und rein symbolischer Versuch, die Einsamkeit des einsamsten Schrittes im Leben weniger spürbar werden zu lassen und den Wanderer auf seiner letzten Wanderung zu begleiten? Man darf den Sterbenden nicht alleine lassen … Ohne Zweifel rührt die Vorstellung von der »Hilfe« im allgemeinen, auxilium, von der Sorge her, dem einsamen Menschen das Geleit zu geben und bei ihm zu sein. Aber ach! gerade der letzte Augenblick duldet keine Weggenossen. Man

30 [Eugène Ionesco: *Der König stirbt*, a. a. O., S. 37.]

31 [Blaise Pascal:] *Pensées* III, Fragm. 211 (Edition Brunschvicg) [dt.: *Über die Religion und einige andere Gegenstände*, Heidelberg 1978]; vgl. Maurice Maeterlinck: *La Mort* [Paris 1913], S. 6.

kann dem einsam Sterbenden »Hilfe leisten«, das heißt dem Sterbenden in der Stunde seines Todes beistehen, bis sein vorletzter Augenblick gekommen ist, doch kann man es ihm nicht abnehmen, den letzten Augenblick selbst und in eigener Person zu durchleben. Und wie die Religion kennt auch der Rationalismus eine Phobie der Einsamkeit im Tode. Er entspricht damit der Vertuschung der Tragödie im *Phaidon*, da der die entsetzliche Einsamkeit des Todes erwartende Sokrates nicht einen Augenblick alleine bleiben und er in Erwartung des großen endgültigen Schweigens nicht einen Augenblick verstummen darf: Sokrates' letzte Augenblicke sind daher ein langer Dialog, der die Abgründe des Schweigens mit vernünftiger Rede und die trostlose Einsamkeit des Todeskampfes mit Leben erfüllt; der Lärm des Gedankenaustausches und der Plural der Gegenseitigkeit können vielleicht den schwindelerregenden Sprung verschleiern, der wie Plotins Flucht des Menschen zu Gott stets φυγὴ μόνου πρὸς μόνον [32] ist. Hierin erkennt man die jeder Philosophie der dritten Person vertraute Taktik. Wird die krankhafte und leidenschaftliche Übersteigerung der eigenen Tragödie durch die philosophische Fähigkeit zur Gemeinschaft etwa gemildert? Ist das Fieber vielleicht endgültig gefallen? Der von seinen Freunden umgebene Sokrates spinnt den Faden der Rede bis zum Augenblick seines Todes, bis zu dem Augenblick, da es den *einsamen Schritt* zu machen gilt, bis an die endgültige und unbekannte Schwelle, die alleine zu überschreiten man sich entschließen muß, mit der Hoffnung als einziger Wegzehrung.

Zwischen der Anonymität der dritten Person und der tragischen Subjektivität der ersten Person steht der in gewisser Weise privilegierte Fall der ZWEITEN PERSON. Zwischen dem Tod des Anderen, der weit entfernt und belanglos ist, und dem eigenen Tod, der unser Sein unmittelbar betrifft, gibt es die Nähe des Todes eines mir Nahestehenden. Das Du stellt in der Tat den ersten anderen dar, den unmittelbar anders seienden anderen und das Nicht-Ich in seinem Berührungspunkt mit dem Ich, es verkörpert die nächste Grenze der Andersheit. Deshalb auch ist der Tod eines geliebten Wesens *fast* wie der eigene Tod, ist fast so schmerzlich; der Tod

32 [»Flucht des Einsamen zum Einsamen«; Plotin: *Enneade* VI, 9, 10.]

des Vaters oder der Mutter ist *fast* unser eigener Tod, und in gewisser Hinsicht ist er tatsächlich der eigene Tod: der Untröstliche beweint den Unersetzlichen. Nicht nur die je auf Einzigartigkeit angelegte Existenz, die den Verlust des Lebens so unendlich beklagt (denn man lebt nur einmal), weist die Austauschbarkeit von dritten Personen entschieden zurück, sondern auch die unschätzbare Haecceitas der zweiten Person. Die trauernde Mutter wird eines Tages andere Kinder haben, die vielleicht schöner und begabter sind als das dahingegangene, doch wer wird ihr das Kind wiedergeben, das sie verloren hat? Denn gerade dieses Kind liebte sie ja ... Ach! keine irdische Macht kann dieses kostbare und unvergleichliche »Hapax«,[33] das im wahrsten Sinne des Wortes einzig ist in der Geschichte der Welt, wieder zum Leben erwecken. Nichts gleicht der Verzweiflung des Sterbenmüssens mehr als die Untröstlichkeit der niedergeschlagenen Mutter. Der Tod der Eltern nun hebt die Vermittlung zwischen dem Tod in der dritten Person und dem eigenen Tod auf; das letzte Glacis, das das Konzept des Todes von unserem persönlichen Tod getrennt hatte, ist gefallen; das biologische Interesse der Gattung hat uns jetzt endgültig verlassen, die Fürsorge, die uns vor dem Nichts bewahrte, hat sich nun entfernt und läßt uns Auge in Auge mit dem Tod zurück. Jetzt bin ich an der Reihe, jetzt wird die kommende Generation den Tod durch meinen tatsächlichen Tod denken. Der Tod des Vaters oder der Mutter bedeutet folglich für jeden Menschen den Übergang vom Mittelbaren zum Unmittelbaren.

Die geliebte Selbstheit ist *wie* ich selbst, und doch *ist* sie nicht ich selbst im ontologischen Sinne des Verbs »sein«; mein Kind ist ein Teil meines eigenen Lebens, doch ist dies eine Redensart, denn die Identifikation des Ich und des Du verliert niemals ihren metaphorischen Charakter. Dieses mir so nahe Wesen ist auf monadologische Weise anders als ich; ich lebe nur für dieses Wesen, aber mein Herz schlägt für sich allein, so wie das Herz dieses Wesens nur für sich selbst schlägt.

Jeder lebt mit seiner Neigung zu sich selbst, beziehungsweise in seiner unüberwindlichen Einsamkeit; selbst die Liebe bewirkt nicht, daß die beiden monadischen Zellkerne zu einem einzigen Zellkern verschmelzen, noch daß die beiden Selbstheiten in der

33 [Altgr. ἅπαξ: »(nur) einmal, ein für allemal«.]

Entäußerung zusammenfallen würden: die beiden bleiben numerisch zwei, wie es das Prinzip der Identität fordert; und das Wesen der Liebe besteht ganz einfach in der magischen Kommunikation, die sich durch die Leere hindurch zwischen den beiden Absoluten dieses Duos etabliert, zwischen den beiden Monaden dieser Dyade. In dem Mitleid und der herzzerreißenden Traurigkeit, die das Verschwinden des geliebten Wesens in uns auslöst, leben wir den Tod des Nächsten *wie* unseren eigenen Tod, *quasi mortem propriam*; aber umgekehrt erlaubt uns diese Nähe ohne Zusammenfall, diese familiäre Nachbarschaft ohne Identifikation den Tod des Nächsten wie einen fremden Tod zu denken. Der Abstand zwischen dem Ich und dem Du steht für die minimale Distanz, diesseits derer das Subjekt das Objekt absorbieren würde und von der ausgehend wir fähig werden, den Gegenstand der Erkenntnis auszumachen; aber da diese Distanz minimal ist, nähert sich das mitfühlende Erkennen des Du beinahe der reinen und einfachen Einswerdung an. Diese intermediäre Gnosis zwischen Haben und Sein, zwischen dem erkalteten und dem erleuchteten Wissen, durch die wir die dritte Person und die leidenschaftliche Verblendung eines Verzweifelten innerhalb seiner persönlichen Tragödie erkennen, setzt diese Gnosis nicht die akrobatische Ausgewogenheit der Intuition voraus? Hat sie nicht darin den Charakter einer Momentaufnahme? Das was ich bin, sagt Angelus Silesius, das weiß ich nicht; und das was ich weiß, das bin ich nicht.[34] Heißt das, daß es dank der zweiten Person keine Alternative mehr gibt zwischen dem Wissen ohne Sein und dem Sein ohne Wissen? In diesem Fall könnten die beiden Unvergleichlichen zusammengeworfen werden. Wir haben zu überprüfen, ob man wirklich manchmal wissen kann, während man ganz im Sein ist, oder ob man besser weiß, indem man aufhört zu sein …

Es gibt also eine privilegierte Erfahrung, in der das universelle Gesetz der Sterblichkeit wie ein privates Unglück und eine persönliche Tragödie erlebt wird; umgekehrt stellt der persönliche, geheime und gewissermaßen uneingestandene Fluch des eigenen Todes für denjenigen, der dessen Tatsächlichkeit und nahes Bevor-

34 [»Ich weiß nicht was ich bin / Ich bin nicht was ich weiß: / Ein ding und nit ein ding: Ein stüpffchin und ein Kreiß«; Angelus Silesius: *Cherubinischer Wandersmann* I, 5.]

stehen realisiert, deshalb nicht weniger eine Notwendigkeit allgemeiner Ordnung dar. Was soll das heißen, wenn nicht, daß der Tod eine Art subjektiver Objektivität ist? Vom Blickwinkel der ersten Person aus ist er ein Ereignis ohnegleichen und ein Absolutes, vom Blickwinkel der dritten Person aus ist er ein relatives Phänomen. Das Paradox eines »individuellen Gesetzes«, um hier auf einen Begriff Georg Simmels zurückzugreifen, ließe sich gut auf diese Vereinigung von Konzept und eigener Erfahrung anwenden. Das Problem des Todes ist nie völlig untragisch, die Tragödie des Todes ist nie völlig unproblematisch. Das problematische Geheimnis des Todes ist folglich nicht irgendein Problem. Was den Tod in der dritten Person betrifft, so kann man sich nach freiem Ermessen über das Hinscheiden von X oder Y äußern, kann nach Belieben den Tod eines Außenstehenden erörtern: vor, während und nach diesem Tod ist unseren Gedanken keine Grenze gesetzt. Wer das Ereignis noch vor sich hat oder nach ihm lebt oder wer dessen Zeuge und Zeitgenosse ist, begreift es als einen unveränderlichen Gegenstand, weil die banale dritte Person eigentlich zeitlos und unpersönlich, »uchronisch« und anonym ist: in bezug auf sie sind Präsens, Futur und Präteritum drei Formen einer gleichen Zeitlosigkeit, die auf die Anlässe der aktuellen Zeitgeschichte verzichten kann. Unsere Erkenntnis ist jeden Augenblick die Zeitgenossin von Sokrates' ewigem Tod, ist dem verständlichen und normativen Tod, der die dramatische Welt der Ereignisse für den Himmel der Ideen verlassen hat, in jedem Augenblick gleichzeitig. Selbst der feierliche Augenblick, da Sokrates den Schierlingsbecher trinkt – währenddessen die Schüler zugegen waren und der im *Phaidon*[35] kaum erwähnt wird –, gerann unter dem Pinsel Davids zu einem normativen Symbol und einer ewigen Geste.[36] Die Authentizität eines auf frischer Tat überraschten Ereignisses wird der Bequemlichkeit der Erkenntnis geopfert, der Augenblick wird der Zwischenzeit zum Opfer gebracht. Für die posthume und notwendigerweise verspätete Erkenntnis (doch was bedeutet künftig »zu spät« kommen?) kann die brennende Aktualität der Gegenwart nicht mehr die privilegierte Zeit sein, die privilegierte Zeit ist jetzt vielmehr die unendliche Ausdehnung der Vergangenheit. Für

35 [Platon: *Phaidon* 116f.]

36 [*Der Tod des Sokrates* (1787), Gemälde von Jacques Louis David, Louvre.]

die erste Person jedoch ist die Zukunft die privilegierte Zeit: ich bin in der Tat und per definitionem stets *vor* meinem eigenen Tod, das *Während* und erst recht das *Danach* sind mir streng verwehrt. Unser ganzes Leben lang steht der Tod in der Zukunft, so wie die Geburt unser Leben lang, vom Anfang bis zum Ende, in der vollendeten Vergangenheit steht. Oder umgekehrt: so wie die Geburt für mich niemals in der Zukunft steht, so kann auch der Tod für mich niemals in der Vergangenheit stehen. Von ihrem eigenen Tod besitzt die erste Person ein Vorwissen oder eine Vorahnung, niemals aber eine Erinnerung, und umgekehrt hat sie an ihre Geburt bestenfalls eine vage Erinnerung, aber kein Vorwissen von ihr. Wenn die Wiedererinnerung des Anfangs schon wenig wahrscheinlich ist, muß die Vorahnung des Anfangs erst recht absurd sein. Die Vorahnung vom Ende aber ist eine alltägliche Erfahrung, während die Wiedererinnerung an das Ende in das Reich des Phantastischen gehört. Man wird uns vorhalten, daß sich Monsieur de la Palisse[37] auch nicht anders ausdrücken könnte. Doch besteht Philosophie nicht oft gerade darin, sich solcher Binsenweisheiten bewußt zu werden und alles, was in der elementaren Wahrheit denkbar ist, zu denken? Der eigene Tod steht, wie wir gezeigt haben, jeden Augenblick vor mir, ist zukünftig und anhängig, und dies bis zur letzten Minute der letzten Stunde. Wann immer das Subjekt sich darüber befragt, und sei es einige Herzschläge vor dem letzten Herzschlag – der eigene Tod muß erst *noch gestorben werden*. Die erste Person Singular kann »sterben« nur im Futur konjugieren,[38] und umgekehrt lassen sich der Indikativ der Gegenwart und der Indikativ der Vergangenheit nur in der zweiten und dritten Person konjugieren. Ich kann nichts anderes sagen als: ich werde sterben, und nie: ich sterbe (es sei denn, ich sehe mir augenzwinkernd beim Sterben zu); und ich kann erst recht nicht sagen: ich bin gestorben (außer ich spiele Komödie und verdopple mich). Wer sagt »ich sterbe«, ist am Leben, da er ja zu sterben

37 [Jacques de Chabannes, Seigneur de La Palisse, frz. Marschall (gest. 1525); sehr populär durch ein Lied über ihn von Bernard de La Monnoye, voll komischer Gemeinplätze und Tautologien wie: »Er wurde kaum wütend, es sei denn, er wurde zornig« oder: »Monsieur von La Palisse ist tot (...); ein Viertelstündchen vor dem Tod, da war er noch am Leben«.]

38 Jean Cassou: *Le Livre de Lazare* [Paris], 1955, S. 1.

glaubt, und widerspricht sich wie der Kreter Epimenides[39] folglich selbst. Zu sagen »ich sterbe« ist noch viel unmöglicher und widersinniger, als zu sagen »ich bin rein«, *purus sum*, denn von sich selbst kann man dies nur in der Vergangenheit oder Zukunft, in der Gegenwart aber ausschließlich von den anderen sagen. Kurz, der ersten Person steht lediglich eine defekte Konjugation ohne Vergangenheit und Gegenwart zur Verfügung. Um es noch genauer zu sagen: Ich für mein Teil sterbe nie, für mich existiert der Tod nicht, oder, wie wir zuvor sagten: Ich sterbe nie, wer stirbt, ist immer nur der andere. Bekanntlich zog die epikureische Weisheit daraus den Schluß, daß die Angst vor dem Tode eitel sei und daß es das Pseudoproblem, das uns quält, nicht gibt. Für mich gibt es eigentlich nicht wirklich meinen Tod – oder vielmehr: ich sterbe nur für die anderen, niemals für mich selbst, so wie ich auch allein den Tod des anderen kenne, den der andere selbst nicht kennt. In einem Wort: was uns also eine unmögliche Verbindung zu sein scheint, ist der Indikativ Präsens und die erste Person Singular. Oder anders ausgedrückt, was aber letzten Endes dasselbe bedeutet: diese Verbindung kommt mir wie etwas sehr Natürliches vor, doch kann ich sie nicht tatsächlich leben. Das Paradox der Selbstbetrachtung wird hier hyperbolisch, denn die Kongruenz von Subjekt und Objekt, die stets unmittelbar und akrobatisch ist, kann sich wenigstens noch im Zuge der Kontinuität wiederholen, der Augenblick des Todes aber löscht das Licht ein für allemal. Nicht ich jetzt! Sehr wohl aber: ein anderer jetzt! oder, ich erst später! Wie auch immer, der Tod kann nur durch die Distanz gedacht werden: entweder durch den zeitlichen Abstand, der den eigenen Tod denkbar macht, oder durch den räumlichen oder durch den zeitlichen und räumlichen Abstand zugleich, der den Tod der anderen denkbar macht. *Ich später; du jetzt und er jetzt; du später und er später*: das wären in wachsender Entfernung die fünf Grade der problematischen Objektivität. Und doch ist der Tod gerade deshalb so unvorstellbar, weil er die gegenwärtigste Gegenwart und die nächste Nähe in einem Punkt zusammenfließen läßt ... Was sage ich! Der eigene Tod ist dieses Zusammenfließen, ist dieses tödliche Zusammenfallen. Am äußersten Ende des tödlichen Augenblicks heben sich räumlicher Abstand und zeitliche

39 [Epimenides (7. oder 6. Jh. v. Chr.), legendärer Wundertäter und Theologe aus Kreta, soll behauptet haben, alle Kreter seien Lügner.]

Entfernung auf. Es gibt Ereignisse, die unmittelbar jetzt eintreten, die uns aber nicht bis ins tiefste Mark treffen; es gibt Eventualitäten und Erinnerungen, die uns hautnah berühren, die sich aber nicht in der Gegenwart ereignen. Der eigene Tod, ganz wie der eigene Schmerz, wie Freude und Gefühlsregungen im allgemeinen, hebt Zeit und Raum auf in der Tatsächlichkeit des Hier und Jetzt. Der Schmerz kann immerhin noch diffus sein und ein Danach kennen; die schmerzhafte Gegenwart setzt sich in der Zwischenzeit fort, vermischt sich mit Erinnerungen und Ängsten, tritt über die Ufer des Schon-nicht-mehr und mündet in das Nochnicht; die schmerzhafte Anwesenheit, wie ontisch und mit uns verwachsen auch immer, ist stets gewissermaßen ein Teil unseres Habens und bleibt stets – wie alles, was das meinige, aber nicht ich ist – partitiv und lokalisierbar, objektivierbar und damit letzten Endes auch wieder aufhebbar. Der eigene Tod aber ist die unmittelbare Gegenwart, die keine Zukunft haben wird, er ist die absolute, gedrängte und brennend aktuelle Anwesenheit, die letztendlich mit der Selbstheit des totalen Ich zusammenfällt; diese gegenwärtige Anwesenheit, diese allergegenwärtigste Anwesenheit, der Alibi und Frist verwehrt sind, ergreift von unserem ganzen Sein derart Besitz, daß sie es vernichtet, sich an seine Stelle setzt und es in Abwesenheit verwandelt. Der eigene Tod ist das alles verzehrende Ereignis, das, wenn es sich auf die bloße Tatsache des Sich-Ereignens, das heißt auf die leere Washeit des Eingetretenen reduziert, von vornherein alles Wissen erstickt. So treibt der Tod mit dem Bewußtsein sein Versteckspiel: wo ich bin, ist der Tod nicht, und wenn der Tod da ist, bin ich nicht mehr. Solange ich bin, ist der Tod noch zukünftig, und wenn der Tod eintritt, hier und jetzt, ist niemand mehr da. Es ist immer nur eines möglich: Bewußtsein oder Anwesenheit des Todes! Tod und Bewußtsein vertreiben einander und knipsen sich wie durch die Wirkung eines Lichtschalters aus. Dieser Widerspruch ist nicht aufhebbar! In der Tat, die Alternative ist nicht schlecht ausgeklügelt!

Unter diesen Umständen könnte die zweite Person für uns das Mittel sein, das sich gegenseitig Ausschließende zu überwinden. Wenn es sich um *deinen* Tod handelt, müssen die drei Zeiten noch einmal überdacht werden: Da ist zunächst das Futur wie für die erste Person, dann die Vergangenheit wie für die dritte Person, denn ich kann deinen Tod ja überleben, und das Bewußtsein, das naturgemäß posthum und retrospektiv ist, fühlt sich nie wohler als nach vollendeter Tatsache. Und schließlich die Gegenwart, die ohne Zweifel das Spezialgebiet dieser Philosophie der zweiten Person ist. Sobald Tod und Bewußtsein auf zwei Köpfe verteilt sind, hindert *mein* Bewußtsein nichts daran, der Zeuge *deines* Todes zu sein. Man kann einwenden, daß die Philosophie der dritten Person ebenfalls für die drei Zeiten zuständig sei, doch bei ihr haben sie etwas Phantasmatisches, das sie zu drei Spielarten macht, die von der Vergangenheit oder, besser, von der Zeitlosigkeit kaum zu unterscheiden sind. Es genügt, die letzten Augenblicke Sokrates', wie Platon sie berichtet, und die letzten Augenblicke Nikolaj Lewins in Tolstojs Beschreibung zu vergleichen, um den ganzen Unterschied zwischen der abstrakten, zeitlosen und unpersönlichen und der brennend aktuellen Geschichtlichkeit zu begreifen: im *Phaidon* die Schüler, denen es nur auf die einzige Wahrheit ankommt, in der *Anna Karenina*[40] die bedrohliche Nähe des geheimnisvollen Ereignisses, das auf tragische Weise einem Schicksal für immer ein Ende setzt und durch dessen Eintreten der Schriftsteller zu überraschen sucht. »Aus nächster Nähe!« Ist nicht dies die erste Forderung, aber auch die halsbrecherische Schwierigkeit einer Philosophie des Todes?

Die drei Zeitformen der Zeit stecken in großen Zügen den allgemeinen Rahmen unserer Untersuchung ab. Der Tod in der Zukunft ist der privilegierte Bereich der ersten Person, doch kann sich hier die Philosophie des Du mit der des Ich decken. Da die Bewußtwerdung stets und per definitionem *vor* dem Tode stattfindet, werden die Sondierungen der Selbstbetrachtung im Zuge der Weiterführung beliebig wiederholbar sein.

Wenn das vorzeitige Bewußtsein das eigene Bewußtsein ist, dann kann das zeitgenössische Bewußtsein nur das deinige sein oder das meinige für dich; so wie die erste Person »vorher« zuständig ist, so ist es die zweite (du für mich, aber auch ich für dich) *währenddessen*: wenn das Moratorium am äußersten Punkt des nahen Bevorstehens gleich null ist, wenn das Du in den Sog seines eigenen Todes gerissen wird, muß der Zeuge des Geschehens wohl das nächststehende Wesen sein; dieser Zeuge bin ich, der ich den Sterbenden duze.

40 [Leo Tolstoj: *Anna Karenina*, München 1978.]

Was *nach* dem Tode kommt, entzieht sich um so mehr dem eigenen Ich, als der Tod dieses eigene Ich eben vernichtet hat. Das nachträgliche oder posthume Bewußtsein steht zwangsläufig in der zweiten oder dritten Person. Da es keine unmittelbare Botschaft gibt, braucht der Tod des einen das Bewußtsein des Anderen, und dieses Bewußtsein spricht ein Nachwort zu jenem Tod, so wie man auf die Vergangenheit eine Rede hält. *Madame stirbt … Madame ist gestorben …*[41] Der diesseitige Tod, der Tod im Augenblick des Todes und der jenseitige Tod: das sind die drei Stationen unserer Untersuchung.

41 [Jacques-Bénigne Bossuet: Oraison funèbre d'Henriette-Anne d'Angleterre, in: *Oraisons funèbres*, Paris 1988; dt.: *Ausgewählte Predigten und Trauerreden*, Leipzig 1893.]

Erster Teil
Der Tod diesseits des Todes

Eine diesseitige Philosophie des Todes scheint auf den ersten Blick unmöglich, doch nicht in dem Sinne oder aus denselben Gründen wie es eine jenseitige oder eine Philosophie des Augenblicks des Todes zu sein scheint. Letztere ist nicht möglich, weil der Augenblick für die Erkenntnis ein nicht greifbares und unbegehbares Fast-Nichts ist. Die Philosophie Nummer drei ist nicht möglich, weil für uns das Jenseits, das sich der Kenntnis absolut entzieht, nicht nur das Fast-Nichts, sondern das Überhaupt-Nichts ist. Die Philosophie des Diesseits ist ebenso unmöglich, und zwar nicht, weil ihr Gegenstand undenkbar wäre wie der Augenblick oder sie sich wie das Jenseits jeder Erkenntnis entzöge, sondern weil ihr Gegenstand stets ein anderer sein wird als der Tod: was immer der Gegenstand ihres Denkens sein mag, die Philosophie des Todes denkt stets das Leben; sie scheint dazu verurteilt, die letale Negativität zu verfehlen und lediglich die vitale Positivität direkt zu erreichen. Die Philosophie des Diesseits hat wie die Philosophie des Jenseits – und darin unterscheidet sie sich von der Philosophie des Augenblicks – die Zwischenzeit zum Gegenstand. Die Zwischenzeit bietet unseren Beschreibungen und Erzählungen nicht nur breiten Raum, sie ist auch noch wirklich erlebte Biographie und wahre Chronik und ist nicht etwa wie in der Eschatologie irgendein phantastischer Mythos oder fiktiver Abenteuerroman. Im Brennpunkt des Augenblicks treffen konkrete Realität des Erlebten und metaempirische Jenseitigkeit aufeinander, doch ist dieses Zusammentreffen nur ein blitzartiges Aufleuchten, der Rest ist Finsternis. Oder, um es in einem anderen Bild zu sagen: hier wie dort ist auf den beiden Abhängen, die sich im Gipfel des letzten Augenblicks berühren und die sich, bezogen auf die beiden Welten – die Welt der Zeit hienieden und die jenseitige Welt der Zeitlosigkeit – im Angelpunkt der letzten Gegenwart treffen, nur Platz für »Allegorien«. Da die diesseitige Philosophie des Todes eine allegorische Philosophie des Lebens ist, steht nicht zu befürchten, daß es ihr an Problemen mangelt. Sie muß sich nicht wie die Philosophie des letzten Augenblicks (ist das überhaupt eine Philosophie?) auf ihrer äußersten Spitze im Gleichgewicht halten, sie ruht im

Gegenteil auf einem breiten Fundament, und ihr Gegenstand fächert sich in eine unendliche Mannigfaltigkeit auf. Dieser Gegenstand aber ist nicht mehr die sehr leere Letalität, über die es nichts zu sagen gibt. Der Tod gleicht einem Stern, den man nicht mehr sieht, wenn man ihn unverwandt betrachtet, nur der umherschweifende Blick kann ihn erhaschen.[1] Die Alternative ist, etwas zu sagen zu haben und dabei an etwas anderes zu denken, oder den Tod selbst zu denken, *mors ipsa*, ohne etwas zu sagen zu haben; oder bezogen auf den eigenen Tod, bequem an den Tod zu denken, ohne selbst zu sterben, und folglich an das Leben zu denken oder an den Tod selbst zu denken und beim Denken an ihn zu sterben und hinzunehmen, daß er uns erwürgt, daß sich die tödliche Verneinung auf das wissende Subjekt ausdehnt und sein Wissen in Unwissenheit verwandelt, hinzunehmen, daß das Nichts des Todes das Sein des denkenden Wesens verneint. Faßt man diese Alternative in zeitliche Begriffe, wird ersichtlich, daß sie sich durch eine schlechte Chronologie erklärt: die Philosophie des Jenseits kommt ebenso zu spät, wie die Feuerwehr stets zu spät kommt, sie ist lediglich für die posthumen und sich auf das Überleben beziehenden Erzählungen zuständig; die Philosophie des Diesseits kommt zu früh und spricht nur vom Leben; die Philosophie der Schwelle oder des Dazwischen schließlich, die über ein Fast-Nichts philosophiert, das viel zu unscharf ist, als daß man es erkennen könnte, kommt entweder im Augenblick davor und hat dann ein verschwindend kurzes Leben, eine auf die letzten Augenblicke beschränkte Biographie, die aber stets positive Fülle ist, oder sie kommt im Augenblick danach und wird dann zur unendlich kleinen Eschatologie eines unendlich kurzen Überlebens. Zu früh, zu spät! Wie auch immer, der »Anachronismus« eines zu langsamen oder zu übereilten Wissens läßt uns die *Gelegenheit* versäumen, hindert uns daran, das Eintreten des kritischen Punktes zu erfassen, und läßt das eigentliche Geschehen vorübergehen. Darum auch ist die Philosophie der Freiheit stets eine antizipierte oder retrospektive, eine vorzeitige oder nachträgliche; darum auch

1 Siehe: Iwan A. Bunin: *Das Leben Arsenjews. Eine Jugend im alten Rußland* [München 1980], III, 3 [: »Der Tod ist wie die Sonne, man kann ihm nicht ins Gesicht schauen …«]; [François de] La Rochefoucauld: [*Maximen und Reflexionen*, Stuttgart 1977], Maxime 26 [: »Weder die Sonne noch den Tod kann man fest anblicken.«].

reduziert sich die Philosophie der Schöpfung entweder auf eine Psychologie des Schöpfers oder auf eine Physik des Geschaffenen, ohne je den eigentlichen Vorgang der Erschaffung im Augenblick seines Vollzugs zu überraschen. Danach ist es zu spät. Heißt dies, daß es vorher zu früh ist? Wenn der Tod weder vorher noch während, noch danach denkbar ist, wann ist er dann denkbar?

Erstes Kapitel
Der Tod im Leben

1. Nachdenken über den Tod

Platon hat recht: es gibt, im wahrsten Sinne des Wortes, *nichts zu wissen* im Tod, οἶδε γὰρ οὐδεὶς τὸν θάνατον.[1] Unser dreifaches Problem ist schon Beleg für die Schwierigkeit, in die wir geraten, wenn wir über den Tod sprechen oder an ihn denken. Kann man sich überhaupt gestatten, stets an ihn zu denken, ohne je von ihm zu sprechen? In Wahrheit ist das Denken über den Tod ein dämmerhaftes Denken, mehr, es ist meistens ein Pseudo-Denken. Wenn man den »Ort«, wie sich Platon ausdrückt, nur durch ein »Bastard-Denken«, λογισμῷ νόθῳ denkt, und die Zeit nur nebelhaft existiert, μόλις καὶ ἀμυδρῶς,[2] ist der Tod erst recht kaum denkbar. Im Konzept dieser vollständigen Verneinung findet sich nichts Greifbares, nichts, woran sich das Verständnis festmachen könnte. Das »Denken« des Nichts ist ein nichtiges Denken, da die Nichtigkeit des Objekts das Subjekt verneint: sowenig man die Abwesenheit sehen kann, so wenig kann man das Nichts denken, so daß *das* Nichts denken an nichts denken und folglich nicht denken heißt. Das Pseudo-Denken des Todes ist nichts weniger als eine Form von Dahindösen. Worin soll dieses »Nachdenken über den Tod«, diese *»commentatio mortis«*[3] bestehen, die im *Phaidon*, der darin den *Tusculanen* und der *Nachfolge Christi*[4] zuvorkommt, zur gewohnheitsmäßigen Beschäftigung der Weisen gemacht wird? Womit kann sich der Weise schon beschäftigen? Denn das μελέτημα τοῦ θανάτου[5] setzt ganz offensichtlich ein erfülltes Leben voraus ... Über den Tod nachdenken, das ist leicht gesagt! Auf den Bildnissen des heiligen Hieronymus findet man als Inschrift bisweilen die beiden Worte: *Cogita mori!* Auf einem Ge-

1 [»Denn niemand weiß, was der Tod ist«; Platon:] *Apologie* 29 a.

2 [»Unter Anstrengungen und auf dunkle Weise«;] Aristoteles: *Physik* IV, 10 (217 b 33); [vgl.:] Platon: *Timaios* 49 a, 52 b.

3 Cicero: *Gespräche in Tusculum* I, 30, §74 [München/Zürich 1984, S. 70].

4 [Thomas von Kempen: *Nachfolge Christi*, Zürich/Einsiedeln/Köln 1979.]

5 [Die »Beschäftigung mit dem Tod«; vgl.: Platon: *Phaidon* 67 d und 81 a.]

mälde von Domenico Fetti, das *La Meditazione*[6] heißt, wird in einer Allegorie die Weisheit dargestellt, wie sie über einem Schädel meditiert; doch die Weisheit mag sich noch so tief versenken, sie denkt an nichts, da es über den Tod nichts zu denken gibt. Der Kopf des Weisen bleibt so leer wie der Schädel, über den er meditiert, so leer wie das Kenotaphium, vor dem er »sich zu sammeln« vorgibt, und sein Geist bleibt leer wie das Denken des Körpers, σώματος νόησις, das man Schmerz nennt. Der Mensch steht vor dem Tode wie vor der oberflächlichen Tiefe des Nachthimmels, er weiß nicht, worum er sich bemühen soll, sein Denken und seine Aufmerksamkeit bleiben gegenstandslos. In ihren elegischen und düsteren Formen hat sich die Musik der Romantik oft dieser leeren Meditation hingegeben, die kein Denken, sondern ein kleiner Gedanke (Dumka[7]), die ein entstehendes und stets unerfülltes Denken und eine Art von Träumerei, also eine sanfte Melancholie ist, ein Weltschmerz. Nun dann, meditieren wir, da es uns ja empfohlen wird! Und dann? Der Mensch, der nicht weiß, woran er denken soll, ertappt sich erschrocken, wie er an etwas anderes denkt, an etwas Denkbares natürlich! Das Nachdenken über den Tod scheint nur die Wahl zwischen dem Schlummer und der Angst zu haben, wenn es nicht zu einem Nachdenken über das Leben werden will: zwischen einer Art Träumerei, die eine Art Schlaf ist, und einer Art zu leben, die sich der Erkenntnis enthält, denn die Angst ist die Hilflosigkeit des Bewußtseins, das versucht hatte, den Tod wie einen in sich geschlossenen Inhalt zu denken, und das nun erschreckt und wehrlos vor dem Ungeheuer zurückweicht.

Die Vergeblichkeit eines Denkens über den Tod, νόησις θανάτου, ist leicht zu erklären. Um mit Schelling[8] zu sprechen: der Tod ist

6 Venedig, Gallerie dell' Accademia; siehe auch: [Thomas von Kempen:] Winke für das geistliche Leben, Kap. 23 [erstes Buch der *Nachfolge Christi*].

7 [Verkleinerung von ukrainisch Doma: balladenhafter Liedtyp Osteuropas von schwermütigem Charakter, überwiegend in moll, mit abrupten Wechseln von langsamen und schnellen Teilen; die Dumka fand im 19. Jh. vor allem durch osteuropäische Komponisten Eingang in die ernste Musik, z. B. bei Mussorgski, Tschaikowski, Liszt, Dvorak: *Klaviertrio* op. 90: »Dumky-Trio«.]

8 [Friedrich Wilhelm Joseph Schelling:] *Darstellung des philosophischen Empirismus*, [in: *Sämmtliche*] *Werke*, [Stuttgart] 1856-1861, Bd. 1, 10.

das Nichts (οὐκ ὄν), das das Denken zerstört, der Tod ist nicht die Nichtheit (μὴ ὄν); ein Denken des Nichts, sagten wir, ist ein Nicht-Denken. Hier springt die Verneinung vom Objekt auf das Subjekt über, um es zu töten. Der Tod ist dieses Nichts, er ist die mörderische Verneinung. Der Tod ist nicht irgendein Gegenstand! Das Denken denkt die Konzepte in bezug aufeinander, das heißt relativ und partitiv; wie das Gehen setzt das Denken ein Konzept vor das andere. So gesehen ist der Tod, da er das totale Nichtsein unseres Seins ist, ebenso undenkbar wie das Sein, weil er, um die Verneinung denken zu können, die Totalität der Existenz voraussetzt. Das Denken des Todes denkt den Tod weder gründlich noch in allen seinen Dimensionen, wie es eine Überbewußtheit zu leisten hätte, die mit ihrem Gegenstand jongliert. Im wörtlichen und nicht etwa im erkenntnistheoretischen Sinne ist der Tod das Apriori des Denkens, das heißt, daß der Tod dem Denken stets zuvorkommt. Wann immer wir das tödliche Apriori denken wollen – es ist stets schon da, undurchsichtig, undurchdringlich und alles einhüllend. Das Denken mag noch so sehr alle seine Kräfte aufbieten, um aus dem Tod einen Gegenstand zu machen, es bekommt ihn nicht in den Griff und muß ohnmächtig über das monströse Apriori stolpern. In dem glatten und massiven Mauerwerk, das sich über dem Denken wölbt, gibt es nichts, woran es sich festhalten, nichts, das als Hebel dienen könnte. Der Tod kommt allem stets zuvor und ist paradoxerweise »präessentiell«. Das erkenntnistheoretische Apriori, das die Übung des Denkens ermöglicht, ist selbst nicht denkbar; das letale Apriori, das nicht einmal eine Bedingung der Erkenntnis ist, entzieht sich daher in zweifacher Weise unserer Erkenntnis, denn dieses Apriori scheint eher ein hauptsächliches Hindernis denn eine fruchtbare Beschränkung zu sein, es ist wie ein Makel, der die Macht und Tragweite der Vernunft untergräbt. Die Unfaßbarkeit des Todes entzieht sich unseren Konzepten!

Da wir *den Tod* nicht denken können, bleiben uns anscheinend nur zwei Möglichkeiten: entweder wir denken *über* den Tod, kreisen ihn denkend ein und nehmen denkend Bezug auf ihn, oder wir denken an etwas anderes als den Tod und denken zum Beispiel an das Leben. Die erste Möglichkeit ertränkt das Problem in einem Meer von harmlosen Verallgemeinerungen. Euphemismus und

Umschreibung sind in bezug auf das Unsagbare, was diese marginale Philosophie in bezug auf das Undenkbare ist: ein kunstfertiges Geschwätz, das am Thema vorbeigeht. Was nun die zweite Möglichkeit betrifft, so erhebt sich die Frage, ob sie überhaupt »möglich« ist. Gewiß, die Erkenntnis setzt ein Objekt voraus, das erkennbar ist, ein »etwas« (τι), ein Mehr oder eine Seinsweise, und diese Seinsweise kann auch das Nichtsein sein, denn das μὴ ὄν, von dem der *Sophistes*[9] spricht und das anders ist als das Sein, ist eine positive Negativität. Die Intentionalität des Denkens und der anwesende und eigene Charakter der denkbaren Sache würden einen Nominalismus rechtfertigen, doch sprechen sie zugleich gegen die Möglichkeit einer »Thanatologie«. In dieser Hinsicht ist der Tod nämlich genausowenig »denkbar« wie Gott, die Zeit, die Freiheit oder das Geheimnis der Musik. Man denkt weder die Zeit noch das Werden, sondern man denkt bestimmte zeitliche Inhalte, die in der Zeit zum Werden gelangen. Auch das Auge *sieht* das Licht eigentlich nicht, da das Licht so unsichtbar ist wie die lichte Finsternis des Dionysios Areopagita, es sieht lediglich die sich im Tageslicht abzeichnenden Gegenstände. Und so denkt man auch den Tod nicht (insofern der Tod der Akkusativ des denkerischen Akts ist, insofern der Tod das unmittelbare Objekt einer Zielrichtung und das direkte Objekt eines transitiven Vorgangs mit dem Namen Denken ist), denn der Tod ist an und für sich undenkbar. Andererseits kann man sterbliche Wesen denken, doch diese Wesen sind stets lebende Wesen, wann immer man sie denkt. So also denkt, wer den Tod denkt, das Leben. Der Mensch ist dazu verurteilt, die Fülle zu denken und nur die affirmative Positivität des lebenden Sterblichen zu kennen!

Weil wir vielleicht nicht denken können, wenn wir uns zu erinnern suchen? Die Obsession des Gedächtnisses und der Gewohnheit kann der Unmöglichkeit des Gedankenganges vielleicht abhelfen ... Die Geistlichen fordern den vergeßlichen Menschen nicht umsonst durch alle möglichen Arten von asketischer Mnemotechnik und bestimmte Gedächtnishilfen auf, sich an das zu erinnern, was er nicht denken kann. *Memento mori*! Erinnere dich ... Man weiß, welchen Grad der Angst die Todesobsession bei Baudelaire hervorgerufen hat. Und was in der Tat bleibt uns, wenn wir den

9 [Platon: *Sophistes* 236 d ff.]

didaktischen Anspruch aufgegeben haben, anderes als die fixe Idee, die ohne Entwicklung oder Veränderung unablässig wiedererinnert, ewig wiedergekäut und unermüdlich wiederholt wird, was anderes als die manische, stereotype und festgefressene Idee des Todes? Bruder, es heißt sterben! Dieses Zur-Ordnung-gerufen-Werden ersetzt der Weisheit vom Tode das Nachsinnen. Wenn es sich um Gott handelt, können wir, in Ermangelung einer Analyse, auf die Anbetung zurückgreifen oder können wie der Psalmendichter den, den man nicht beschreiben kann, anrufen, können ihm endlose Litaneien weihen und auf diese Weise zu einer Ekstase gelangen, die der Hypnose nicht unähnlich ist. Und was bleibt uns auch anderes übrig, als den Trauergesang der Verzweiflung, der uns nicht mehr aus dem Sinn will, wieder und wieder anzustimmen, wenn der schreckliche Grundbaß die mannigfaltigen Geräusche des Lebens in den tiefen Lagen begleitet, wenn plötzlich die schwarze Stille aufreißt, auf die alles hinführt? Was bleibt uns anderes, als jedem Satz die Interjektion *Ach!* folgen zu lassen? Ein Memento ist gewiß kein Denken, ein Tick keine gedankliche Entwicklung und ein quälender Angstzustand keine Meditation. Die Übung kann Gewohnheiten und Automatismen in uns erzeugen, sie bringt uns jedoch in der Erkenntnis des Todes keinen Schritt weiter. Auf dem Gleis der stetigen Wiederholung besteht also keine Aussicht auf einen Fortschritt im Denken.

2. Der Tod in seiner Unergründlichkeit und Zukünftigkeit

Wenn der Tod vom Leben aus undenkbar ist, ist er dann überhaupt nicht dazu gemacht, daß man an ihn denkt? Da man aber nicht an nichts denken kann, ist es ohne Zweifel das beste, wenn man an etwas denkt. Offenbar ist uns das Sein nicht gegeben, damit wir über das Nichtsein nachsinnen, wo es im übrigen nichts zu denken gibt; offenbar ist dieses totale, unendliche »Denken« ein aufreizendes, ungesundes Denken, das die Interessen der Empirie, die relativen Werte des Fortlebens und die konstruktiven Aufgaben unserer Welt »hienieden« bösartig entwertet. Ohne Zweifel ist das Denken dieses übernatürlichen Ereignisses ein widernatürliches Denken; ohne Zweifel ist die Faszination der Nichtheit eine etwas morbide Komplikation ... Schon Bergson war der destruktive

Charakter der Intelligenz aufgefallen. Es ist anzunehmen, daß das Problem im allgemeinen nicht dazu gemacht ist, gestellt oder gar gelöst zu werden, da es unlösbar ist. Der zudringliche Mensch, der das Sein durchforscht, um darin ich-weiß-nicht-welche Tiefendimension zu finden, handelt den Absichten der Natur offenbar zuwider, denn ihre Absicht scheint zu sein, uns unser Ende zu entziehen, indem sie uns daran hindert, es zu bedenken, und indem sie es uneinnehmbar und unsichtbar macht. Das Geheimnis wird sorgsam gewahrt, es wird hermetisch unter Verschluß gehalten und in der Tiefe bewacht, und wir tun sicherlich gut daran, das Unergründliche nicht ergründen zu wollen. Alles scheint darauf hinzudeuten, daß die Natur selbst uns von einem Wissen abhalten will, das dem Entwurf des Lebens, der Gattung, der Gesellschaft und der Handlungsnotwendigkeit so radikal entgegengesetzt ist. Tatsächlich hindert uns etwas daran, uns unserer Herzschläge und Atemzüge bewußt zu werden ... Könnte man nicht auch sagen, daß eine gewisse beschützende Finalität den Menschen vom Gedanken an seinen eigenen Tod abhält? Pascal wollte in dieser Finalität nur eine Zerstreuung, das heißt eine schuldhafte Frivolität und recht feige Flucht vor unserer inneren Tragödie sehen: die Zerstreuung[10] verführt das besorgte oder zur Sorge befähigte Ich dazu, seine Aufmerksamkeit auf Äußerlichkeiten zu richten; der Mensch verhüllt sein Gesicht, um den Abgrund nicht sehen zu müssen und Taumel und Verdruß, Angst und Verzweiflung zu entgehen; er sucht Zerstreuung in den Nichtigkeiten der Welt, τὰ ἐκτός,[11] und im hektischen Zeitvertreib, der die Zwischenzeit ausfüllt. Freudig betäubt er sich durch künstliche, oberflächliche Betriebsamkeit. Und tatsächlich hindert er sich selbst daran, an das zu denken, was nur zu offensichtlich ist: nämlich seine Leere, seine erbärmliche Nichtheit, sein unausweichliches Ende, das auf uns alle lauert. Max Scheler hingegen spricht von einem metaphysischen Leichtsinn, als sei es die Sorge, die unsere Neugier auf die Unergründlichkeit lenken würde... Im *Liebeszauber* von Manuel de Falla[12] vertreibt Carme-

10 [Pascal:] *Pensées* II, [Fragm.] 168-169 [Edition Brunschvicg; dt.: *Über die Religion und einige andere Gegenstände*, Heidelberg 1978]; siehe auch [Fragm.] 139, 166.

11 [Im Außen.]

12 [Manuel de Falla (1876-1946), span. Komponist; *El amor brujo* (»Der Liebeszauber«), Ballett mit Gesang, Uraufführung 1915.]

los Kuß, der die Existenz der lebendigen Liebe symbolisiert, das Gespenst der Vergangenheit; denn der eifersüchtige Zigeuner verkörpert die verzehrende Sorge, die uns am Leben hindert. Der von seinem Wiedergänger, seinem Tyrannen und seiner fixen Idee befreite Candelas bannt auf immer den Zauber des Todes und der Erinnerung. Wie aber, wenn der metaphysische Leichtsinn nur eine bloße biologische Nachlässigkeit wäre? Denn gerade die leichtsinnige Nachlässigkeit sorgt ja dafür, daß uns die tiefe Sorge, die metaphysische Sorge des eigentlichen Ursprungs und des endgültigen Endes ferngehalten wird. Die Sorglosigkeit heilt Candelas von seiner Obsession; doch suchen Sorge und das gute Gedächtnis die trügerische Sinekure heim. Ach! die philosophische Sorge läßt wie ein heimlicher Gewissensbiß das Problem wiederaufleben, von dem die biologische Nachlässigkeit uns ablenkt. Der Leichtsinn vertreibt die Sorge, die Sorge aber stört die selige Nachlässigkeit. Willkommen die von der göttlichen Vorsehung bestimmte Sinekure, die uns der Sorge des Todes enthebt! Willkommen die Leichtfertigkeit, die uns leben hilft! Doch auch: Wehe dem Sorglosen, der der tödlichen Unergründlichkeit keine Beachtung schenkt! Wehe der uneingestandenen Sinekure, die die Wahrheit verheimlicht!

Die Philosophen haben nicht immer aus Leichtsinn gesündigt. Eine Art naiv realistischer Substantialismus läßt sie den Tod in den Tiefen des Lebens suchen, so wie sich etwa die mittelalterliche Kunst des Todes das Skelett unter der leiblichen Erscheinung verborgen dachte und hinter dem strahlenden Antlitz des Lebens die Fratze des Todes, hinter der lächelnden Jugend das hämische Grinsen des Dahingegangenen erblickte. Sollte der Tod im Innern des Lebens lauern wie der scheußliche Schädel, den das Gesicht verbirgt, und dessen Knochengerüst er ist? Der unsichtbare Schädel jedenfalls ist der Grund unserer Sorge. Er ist gewissermaßen die fixe Idee der makabren Durchleuchtung. Wer weiß? »Melencolia« ist vielleicht der Name, den Dürer dieser uneingestandenen Sorge gab. Die Sorge Dürers ist der Sorglosigkeit eines Raffael diametral entgegengesetzt. Raffael wendet sich ganz dem Kind, der Naivität, der Hoffnung, der Verheißung der Zukunft, der strahlenden Bejahung der Farbe und des Lichts zu; in seiner Welt der frühlingshaften Sinekure gibt es weder Angst noch Arglist; nicht der Schatten eines Mißtrauens kräuselt die lächelnden Lippen seiner Mütter Gottes, nicht die geringste Unruhe trübt die Makellosigkeit der Leiber, die Sorge wirft ihren Schleier nicht auf die wolkenlose Unschuld; die Angst vor dem Verfall vergiftet das selig aufblühende Leben nicht. Der Künstler des Makabren hingegen, der Künstler der nekrophilen Zivilisationen, löst aus der nichtssagenden Positivität eine überempfindliche Negativität, die er ihrerseits wieder sichtbar macht. Das Makabre ist der höhnische Einfall des metaempirischen Endes in die Fortdauer der Zwischenzeit. Ist die philosophische Malerei so gesehen nicht die Aufdeckung unserer Obsession, die Epiphanie einer Besorgnis, die keine plastische oder leibliche Realität hat, und die unsere vertrauensselige Treuherzigkeit verwirrt, wenn sie an die Oberfläche der Erscheinung steigt? Die Sorge um den Tod bringt die auf dem Grund des Lichts verborgene Finsternis an den Tag. Das fröhliche Durcheinander des Lebens und der Erscheinungen in ihrer Buntheit und Vielgestaltigkeit ist nur eine Folge von Variationen über ein einziges monotones Thema: das düstere Thema des Todes; schwarz ist die Grundfarbe dieser bunten Vielfalt, und die Gestaltlosigkeit ist das Fundament der vielgestaltigen Verschiedenartigkeit. Huizinga führt in seinem *Herbst des Mittelalters* einen Satz von Odo von Cluny an, der das imaginäre zweite Gesicht der Makabren treffend charakterisiert: »Die Schönheit des Körpers besteht allein in der Haut. Denn wenn die Menschen sähen, was unter der Haut ist, wenn sie so, wie man von dem Luchs in Böotien sagt, das Inwendige sehen könnten, würden sie sich vor dem Anblick der Frauen ekeln.«[13] Der Tod und das Mädchen! Die Schönheit der Frauen, das heißt die Positivität des Seins in seiner vitalsten Form, wird argwöhnisch beobachtet und vom Schatten des Nichts bereits verdunkelt ... das sind der masochistischen Nekromanie eines Hans Baldung Grien wohlvertraute Themen. Das »Ständchen« der *Lieder und Tänze des Todes*, denen Mussorgski die Verse des Grafen Arsenij Golenischtschew-Kutusow zugrunde legte,[14] verlieh dieser blasphemischen Gegenüberstellung erschütternde Intensität. Nicht nur das eingefallene Gesicht des Greises spricht, wie es ganz natürlich scheint, vom Tode, sondern auch die Jugendfrische des Mädchens, was paradox und skandalös ist. Der Greis spricht

13 [Johan Huizinga: *Herbst des Mittelalters*, Stuttgart 1975,] S. 194.

14 [Modest Mussorgski (1839-1881): *Lieder und Tänze des Todes* (1875), Liederzyklus.]

unumwunden davon, das Mädchen hingegen nur indirekt. Die Schönheit ist Anwesenheit par excellence und höchstmögliche morphologische Vollkommenheit; deshalb auch hegt der Pessimismus gegen dieses Meisterwerk einen solch bitteren Groll und frevlerischen Haß. Bei den Hellsehern, die das zweite Gesicht haben und für die zweite »Natur« empfänglich sind, geht die Verdoppelung manchmal bis zum Dualismus: dann ist der Tod nicht mehr nur geringstes Sein, sondern Antichrist und manichäisches Gegenprinzip. In seinem Stich *Ritter, Tod und Teufel* verdoppelt Dürer den Ritter, der das Symbol der bejahenden Kraft und vitalen Positivität ist.[15] Tod und Satan stehen für das Anschwellen der meontischen Doppelung, die uns durch die Dichte und Betriebsamkeit des Seins gemeinhin verborgen bleibt. Die Nichtheit, die der Schatten des Lebens ist, nimmt ihrerseits Gestalt an. So wird Goya einmal grausam junge Mädchen und alte Frauen einander gegenüberstellen. Im Gleichnis von den *Drei Toten und den drei Lebenden*[16] wird der Dualismus zum Dialog. Als Nietzsche Dürers Stich betrachtete, mußte er unwillkürlich an Schopenhauer denken, und vielleicht war er damit noch weit mehr im Recht, als er annahm. In der Tat gefiel sich die pessimistische Romantik, gefielen sich Schelling und Nietzsche darin, hinter der strahlenden Fülle des Heidentums einen melancholischen Hintergedanken zu sehen, der dessen glänzende Positivität verdüstere; sie waren der Auffassung, daß die griechische Tragödie diese heimliche Sorge in der Dichte des Optimismus filigranhaft mit zum Ausdruck bringt. Der Pessimismus ist oft nicht mehr als eine invertierte oder gar pervertierte Lektüre des Werdens. In der zeitlichen Positivität will Schopenhauer lediglich Negation und sich ausdünnende Existenz sehen; die Anwesenheit verwandelt sich in Abwesenheit. Allgemeiner ausgedrückt bedeutet dies, daß der Pessimismus im Tod eine Art unsichtbarer oder kryptischer Tiefe zu entdecken glaubt, die sich unter den sichtbaren Erscheinungen verborgen hielte. Der Tod wäre demnach die metaempirische Kehrseite und Unergründ-

15 Siehe auch: Hans Baldung Grien: *Der Tod und das Mädchen*, *Der Tod und die Frau* (Basler Museum) und *Reiter mit Tod und Mädchen* [Paris, Louvre]. Siehe ebenfalls: Ernst Bertram: *Nietzsche: Versuch einer Mythologie* [Bonn 1985]. Petrarca, Michelangelo und Il Poliziano haben dieses Thema behandelt.

16 [Johan Huizinga,] a. a. O., S. 200.

lichkeit des Lebens. Niemand noch hat die geheimnisvolle, esoterische Kehrseite der Vorderseite direkt gesehen, vielleicht aber kann man sie bisweilen erahnen, so wie man die andere Seite des Mondes zu schauen glaubt, die unserer direkten Anschauung seit Anbeginn der Zeiten verborgen ist. Mehr noch: die tödliche Übernatürlichkeit zeichnet sich dem Pessimismus zufolge wie ein Relief im Innern der vitalen Positivität ab. Das Todesgefühl impliziert ohne Zweifel ein Mißtrauen gegen die widerrufliche Natürlichkeit. Daher werden für den Menschen dank seiner röntgenartigen Hellsichtigkeit die undurchdringlichsten Schirme durchsichtig, daher sieht er durch das frische, rosige, lebendige Fleisch hindurch den Knochenschädel grinsen. Er gräbt und wühlt unter dem Schein, stößt durch die Schale, dringt durch die Hülle, entblößt die Kehrseite und die *andere Seite* der Dinge und findet ein scheußliches Gerippe vor, das die Haut verborgen hatte: für jede Wahrheit lauert in der Tiefe ein zusammengekrümmtes Ungeheuer.

Ist diese hypostasierte Negation, die als dem Innersten des Lebens zugehörig betrachtet wird, etwas anderes als eine Metapher oder ein Mythos? Was Bergson über die Nichtheit und Spinoza über das Böse sagte, wäre auch über den immanenten Tod zu sagen. Der domestizierte Tod, von dem Rilke behauptet, daß er im Leben wohne,[17] ist genausowenig ein Prinzip wie das Schweigen eine Sprache ist; daher ist es nur eine Redensart, wenn die Dichter, die die klangvolle Positivität in die Ordnung der negativen Größen übertragen, die Stimme des Schweigens zu vernehmen glauben. Und so auch hypostasiert der Substantialismus aus Aberglaube das dem Leben eingeschriebene Nein des Todes. Das mythologische Gespenst des buchstäblich zwischen den Zeilen flüsternden Todes kann der Philosophie des diesseitigen Todes keinen Inhalt geben, ist doch das Denken des diesseitigen Todes ein leeres Denken. Ist der Tod des Brigge, der den Himmel anbrüllt, nicht das Leben?[18]

Der Tod im Leben ist demnach ein Phantasma; die Fülle des Seins ist vollkommen in ihrer Dichte und Positivität und verflüchtigt sich nicht. Und dennoch: sich unter dem Vorwand, daß die Nicht-

17 [Rainer Maria Rilke: *Schluszstück*, in: *Werke*, Frankfurt/M. 1982, Bd. I, 1, S. 233.]

18 [Rainer Maria Rilke: *Die Aufzeichnungen des Malte Laurids Brigge*, Frankfurt/M. 1982.]

heit nicht denkbar sei, das Recht abzusprechen, über die Nichtheit des Todes zu spekulieren, hieße die Legitimität des philosophischen Denkens schlechthin zu bestreiten. Da ein leichtfertiger Nominalismus nur die bloße vitale Positivität gelten läßt, ist er ebenso einfältig wie der tragische Realismus. Platter Phänomenismus und Nominalismus bieten den »drohenden Schatten«, der dem Dasein erst sein Relief gibt, wohlfeil an. Der Aktualismus, der die zeitliche Form des Nominalismus ist, erachtet seinerseits die Zukunft für nichtig. Der Nominalismus befände sich nur dann im Recht, wenn sich die Konzeption auf die Wahrnehmung und die Idee auf das Bild reduzieren ließe. Die Freiheit, über die unmittelbaren Gegebenheiten der aktuellen Wahrnehmung hinauszugehen, ist nicht das Vorrecht, sondern das Recht des vernunftbegabten Menschen. Der vernünftige und tiefsinnige Mensch ist mit einem besonderen Talent begabt, das ihm erlaubt, das Inwendige der Dinge zu sehen, die unsichtbare Schönheit zu schauen, die Stimme der Stille zu vernehmen und durch diese Stimme hindurch die andere, die unhörbare Musik zu hören, die man mit dem Ohr der Seele vernimmt, und so schließlich die innere Wahrheit zu erfassen. Den gedämpften Lärm von Kitesch kann das Ohr des Leibes wahrnehmen, doch die Glocken der unsichtbaren und lautlosen Stadt und die himmlischen Glockenspiele des pneumatischen Kitesch[19] sind für die Menschen bestimmt, die mit dem zweiten Gehör begabt sind. »Der Tod geht um« ... Gabriel Dupont hat diesen Titel für seine elfte *Heure dolente*[20] gewählt. Und tatsächlich, der Tod geht in diesem von der Schwindsucht auf fünfunddreißig Jahre begrenzten Leben um, wie er im fünften Akt[21] im Zimmer Melisandes und in den *Liedern und Tänzen des Todes* von Mussorgski umgeht. Der sinnliche Mensch denkt an das, was er sieht, der tiefsinnige Mensch aber denkt an die Abwesenden, wenn er die Anwesenheit sieht, er denkt an das, was er nicht sieht und was nicht da ist und was vielleicht überhaupt nicht existiert; er

19 [Nikolaj A. Rimsky-Korsakow: *Die Legende von der unsichtbaren Stadt Kitesch und der Jungfrau Fewronia* (1902-04); Oper in 4 Akten nach Wladimir I. Belski.]

20 [*Heures dolentes* 11: La mort rôde, Pianozyklus von Gabriel Dupont, entstanden 1903-05.]

21 [Von Maurice Maeterlincks (Text) und Claude Debussys (Musik) Oper *Pelleas und Melisande*, Stuttgart 1972.]

sieht also auf seine Weise, was er nicht sieht, und sieht das Unsichtbare mit dem geistigen Auge: Platon zufolge vermag diese übernatürliche oder überempfängliche Sicht hinter die pellicularen Erscheinungen zu blicken und ist daher der Wahrnehmung der Erscheinungen so entgegengesetzt wie die überluzide Hellsicht der bloßen Vision, die intelligible Intuition der Essenz der wahrnehmenden Intuition und die νόησις der ὅρασις.[22] Dank dieser alles durchleuchtenden Gabe des zweiten Gesichts und der zweiten Bewegung des Geistes entdeckt der Hellseher eine zweite Natur, die vielleicht die erste ist. Diese Natur, die er unter den oberflächlichen Erscheinungen ausmacht oder sie ihnen zugrunde legt, ist in der Aktualität der unmittelbaren Gegebenheiten schon latent vorhanden und vorgezeichnet. Es gibt noch etwas *anderes* als die platte Aktualität der Erscheinungen; es gibt eine Tiefendimension, die der leichtfertige Sensualist für ein Trugbild hält, die der tiefsinnige Mensch aber mit einbezieht. Die bewußte Vorstellung, die über das bloß Wahrgenommene hinaussieht, ist folglich das Grundprinzip der Sorge.

Die zeitliche Form dieser Tiefe ist unsere Fähigkeit, die Gegenwart über die Ufer treten zu lassen und hinzunehmen, was noch nicht ist, aber sein wird, ist die Fähigkeit, die Zukunft, das Mögliche oder Nicht-Aktuelle zu denken und über ein Kommendes zu spekulieren, dessen Werden sich durch sein Eintreten bestätigen wird; denn die Künftigung läßt eine virtuell vorhandene Wahrheit zu gegebener Zeit in Erscheinung treten. In anderen Worten: die Voraussicht ist die zeitliche Form der Hellsicht; der Blick unseres zweiten Gesichts ist eine Vision, die nicht etwa »durch etwas hindurch« oder »unter etwas« blickt, sondern die »vorher-sieht«; es ist eine Vision, die die Folgen voraussieht, keine Vision, die die Essenz wahrnimmt. Das eindringende Bewußtsein vertieft seine Vision, das synoptische und vorausschauende Bewußtsein aber erweitert seinen Horizont über den punktuellen Augenblick hinaus und erweist sich so als fähig, über seine Nasenspitze hinauszusehen. Praktisch gesehen ist das Abwarten die Folge der Zeitlichkeit: der vorsichtige Mensch verdankt dem Abwarten den Vorteil, den Balthasar Gracián *mora*[23] nannte, das heißt den Vorteil der

22 [Die »geistige Schau« dem »Sehen«.]

23 [»Aufschub«; Balthasar Gracián:] *Handorakel und Kunst der Weltklugheit* [Stuttgart 1954], u. a. Maxime 132.

Frist und des aufschiebenden Vertagens. Das vorausschauende, das phonetische Bewußtsein ist ein Bewußtsein, das sich um das Morgen sorgt. Biologisch gesehen ist das Besorgtsein mit der Geistestätigkeit verbunden wie die Migräne mit dem Gehirn. Chronologisch gesehen ist das Besorgtsein der Zustand eines Bewußtseins, das sich im voraus um etwas sorgt, das es noch gar nicht gibt und auf dem die abwesende Anwesenheit dessen lastet, was später sein wird. So wie die Schau der unsichtbaren Essenz das metaphysische Paradox des sechsten Buches der *Politeia*[24] ist, so ist die antizipierende Voraussicht das moralische Paradox, das im *Philebos*[25] dem hedonistischen Streben nach Augenblicklichkeit entgegengesetzt wird. Die Sorge ist der Preis, den es zu zahlen gilt, wenn man aufhören will, »mens momentanea« oder ein mentales Protozoon zu sein, oder wenn man, wie es im *Philebos* in etwa gesagt wird, das Molluskenstadium hinter sich lassen will. Das Glück ist die Sorge der Lust. Solange der Mensch über die Gegenwart nicht hinausblickt, gefällt er sich ungetrübt in seiner Lust; der Mensch sorgt sich aber um den kommenden Tag und die Folgen seiner Lust. Gewiß sind die Folgen der Lust nur virtuell in der Lust enthalten und existieren nur in unserer Vernunft; denn ich kann meine Lust noch so lange abtasten, beriechen und abhorchen, ich finde in der Süße des Gefühls nicht den geringsten Vorgeschmack eines späteren Schmerzes, der mir angeblich drohen soll, und nicht das kleinste Anzeichen einer Krankheit, die man mir vorhersagt. Der Magenkrampf ist in der Qualität der Lust, die man beim Verzehren einer köstlichen und unbekömmlichen Speise empfindet, analytisch nicht enthalten, man fühlt ihn höchstens voraus. Deshalb bilden wir uns zuweilen lieber ein, daß der Magenkrampf als Strafe hinzugefügt wird. Das Vergnügen spricht die eindeutige Sprache des Vergnügens, ohne den leisesten Unterton ... Einzig die Zeit entwickelt die Folgen der Lust! Nun aber ist der besorgte und vernünftige Mensch ein Mensch, der im Genießen der Lust nicht etwa an die Lust, sondern an den Schmerz denkt, dessen Ankündigung sie ist. Er denkt nicht an die Lust, die er soeben empfindet, sondern an die nebulöse Zukunft eines Schmerzes, den er gar nicht verspürt. Wie jeder weiß, ist die Gesundheit ein prekärer Zustand, der nichts Gutes verheißt. Wenn es gut mit der Gesundheit steht, ist es höchste Zeit, sich zu beunruhigen! Und so

24 [Platon: *Politeia* 507 a ff.]
25 [Platon: *Philebos* 18 e ff.]

auch denkt der vernünftige Pessimist, wenn die Sonne scheint, nicht an das schöne Wetter, sondern denkt besorgt an die Wetterverschlechterung, die das schöne Wetter ankündigt. Im Sommer denkt er nicht etwa an den Sommer, sondern schon an den Herbst, der ihn ablösen wird. Die Sorge ist der vorweggenommene Gedanke an den Herbst mitten im Sommer. Dort, wo eine *mens momentanea* nur an die *hora momentanea*, an die augenblickliche »meteorologische« Zeit denkt, denkt das besorgte Bewußtsein an die »chronische« Zeit in ihrer Ganzheit. Die Wolke der Sorge verdüstert uns den heiteren Sommerhimmel; und sie ist es auch, die das schlechte Gewissen der Lust ist und die Lauterkeit des naiven Genusses trübt. Das Mißtrauen kann ohne Zweifel mit dem Vertrauen bekämpft werden, da es ebenfalls eine vom Zentrum der atomistischen Wahrnehmung sich ausbreitende Anschauung ist und mit den gleichen Waffen kämpft wie die besorgte Zeitlichkeit. Das Mißtrauen kann jedoch nicht unter dem einfachen Vorwand, daß die Einbeziehung des Nicht-Existierenden – das heißt die zeitliche Inexistenz des Noch-nicht und die gegenwärtige Inexistenz der Essenz – eine teuflische Perversion und eine pervertierte Sorge sei, ausgeräumt werden. Ist die Weisheit der Sorglosigkeit die tiefste Weisheit? Das Evangelium führt uns das Beispiel der unschuldigen Schwalben und Finken vor Augen, die keine Schätze sammeln und auch nicht für ihren Ruhestand Vorsorge treffen. Μὴ μεριμνήσητε εἰς τὴν αὔριον.[26] Μὴ μετεωρίζεσθε.[27] Mehr noch: »Es ist genug, daß ein jeglicher Tag seine eigene Plage habe«,[28] die also keine Sorge mehr ist, ist es doch die Plage des Tages, die Plage der gegenwärtigen Stunde; heute die Plage des heutigen Tages, morgen die des morgigen Tages – und gerade nicht die Plage des morgigen oder des übernächsten Tages am heutigen Tag; darum sollt ihr jeden Tag von neuem das Brot der Sorglosigkeit essen. Das also werden die Anwälte der Schwalben, Fénelon und Kierkegaard, nicht müde, nach dem Evangelium zu wiederholen. Der Fabeldichter dagegen vertritt die Sache des emsigen Insekts und der Vorsorge, plädiert für jene, die in Erwartung des noch fernen Winters besorgt ihre Vorräte anlegen: συνάγουσιν εἰς ἀποθήκας.[29] Die Weisheit des Augenblicks, die Weisheit der

26 Matth. VI, 34 [»Darum sorget nicht für den anderen Morgen«].
27 [»Fahret nicht hoch her«;] Luk. XII, 29.
28 [Matth. VI, 34.]
29 [Aesop: Die Grille und die Ameise, in: *Fabeln*, 4. Buch.]

Sperlinge, ist keine Weisheit. Wären die Sperlinge des Evangeliums weiser als die Austern im *Philebos*? Die Voraussetzung dafür, daß ein Kind ohne Sorge um den morgigen Tag singen und plappern kann, ist, daß ein besorgtes Wesen diesen morgigen Tag vorhersieht und an seiner Stelle Vorsorge trifft für ihn; die Voraussetzung dafür, daß die Weisheit der Sorglosigkeit überleben kann, ist, daß der besorgte Erwachsene an ihrer Seite um ihr Überleben und ihre Sicherheit bemüht ist; denn nicht zuletzt predigt die Sorge die Weisheit der Sorglosigkeit! In Wahrheit würde eine Augenblicksexistenz oder eine punktuelle Existenz kaum einem Einzeller genügen, wie sollte sie da dem großen, denkenden Metazoon, den man Mensch nennt, genug sein können? Man kann einzig feststellen, daß die tiefe, vernünftige Wahrheit der Sorge und die tiefe, oberflächliche Wahrheit der Sorglosigkeit zwei sich widersprechende und doch gleich wahre Wahrheiten sind.

Die Sorge um die Zukunft drückt letztlich die zu erwartende Gegenwart des Todes aus, ist der Tod doch die letzte Zukunft und das Futur des Futurs. Die Sorge um die geheimnisvolle Unergründlichkeit übersetzt letztlich die abwesende und unsichtbare Anwesenheit des Todes, ist der Tod doch das in unserem Innersten am tiefsten verborgene Geheimnis. Die Angst der Gegenwart heißt Zukunft; die Angst des Heute heißt morgen, und die Angst des morgigen Tages heißt übermorgen. Die Angst der Ängste aber, die exponierte Angst, die man Verängstigung nennen könnte, die diffuse letzte Angst also, heißt Tod. Und da diese Angst die am weitesten entfernte ist, liegt sie auch tiefer als alle anderen, denn sie befindet sich auf dem Grund der Tiefe. Sie ist also in beiden Dimensionen zugleich, in Zeit und Raum, die Angst der Ängste. Die beiden Dimensionen sind übrigens eng voneinander abhängig: denn gerade weil der Tod die in der Zeit am weitesten entfernt liegende Zukunft ist, ist er das am tiefsten vergrabene Geheimnis. Geheimnis und Zukunft sind die unterschwellige, uneingestandene und unausgesprochene Hypothek, die die Anwesenheit der Gegenwart und die Gegenwart der Anwesenheit untergräbt. Jedenfalls sind die Unsichtbarkeit, die radikale Abwesenheit und die Nicht-Existenz des Todes inmitten eines positiven Lebens kein Grund, das Problem als ein Pseudoproblem zu verleumden. Im Gegenteil, ebenso wie die Zeit, die ja auch ein Ungreifbares ist, ist das Nichtsein des Todes ein philosophischer Gegenstand par excellence. Doch wie alle philosophischen Gegenstände ist dieser – und das in noch größerem Maße – ein zweifelhafter, sich entziehender und verschwommener. Gewiß ist die Versuchung groß, ihn in bestimmten kritischen oder privilegierten Augenblicken der gelebten Dauer zu lokalisieren. Wir könnten ihn beispielsweise im Alterungsprozeß situieren, wenn die vitale Positivität so durchscheinend und dünn wird, daß wir den Tod auf den Zügen des Sterbenden wie ein Filigran sich abzeichnen sehen, so wie man etwa hinter dem von der Krankheit ausgezehrten Gesicht den noch unter dem Fleisch verborgenen Totenschädel erahnt. Das ist verständlich: der Tod scheint vor allem beim Nahen der Todesstunde erkennbar zu sein, meint man doch, seine Botschaft so auf frischer Tat zu erheischen. Wir werden zu gegebener Zeit zeigen, daß diese Hoffnung abwegig ist. Sollte es »Offenbarungen des Todes« geben, um einen Ausdruck Leo Chestows zu zitieren, dann kommen sie viel eher aus dem Leben selbst als aus dem letzten Seufzer. Der Dogmatismus des gesunden Menschenverstandes erwartet in seiner naiven Neugier natürlich Erleuchtungen und Offenbarungen »in extremis«, die den Aussprüchen eines zum Tode Verurteilten in seiner letzten Stunde vergleichbar wären … Könnte der Sterbende nicht endlich des Rätsels Lösung geben? In Wahrheit ist nicht das Ende die Enthüllung des Geheimnisses, sondern die Kontinuität offenbart das Geheimnis. Das Geheimnis offenbart sich uns in jedem Augenblick der Zwischenzeit, in jedem Lebensalter – wie weit der Augenblick der Enthüllung vom letzten Augenblick auch entfernt sein mag. Der Tod hält sich nicht wie ein Dieb hinter einem Vorhang verborgen, den man nur niederzureißen brauchte … Deshalb hat das Denken auf den Tod mit konzentrierter Aufmerksamkeit nichts zu tun: die Aufmerksamkeit und im besonderen die sinnlich wahrnehmende Aufmerksamkeit bezeichnet den Ort im Raum, das heißt, daß sie in einem Koordinatensystem die Anwesenheit des Gegenstandes oder die Lärmquelle so genau wie möglich auszumachen, zu orten und zu bestimmen sucht. Sie ist somit analytisch. Sie liegt auf der Lauer nach Einzelheiten, sie lauscht, späht, prüft und horcht ab; sie überwacht bestimmte Gegenstände oder bestimmte verdächtige und aufschlußreiche Zeichen, die es zu deuten gilt; sie wehrt sich gegen die Zerstreuung, die ihre Anstrengung zunichte machen würde oder ihre Zielsetzung ins Wanken geraten ließe. Die Untersuchung hat ihr Ziel erreicht, wenn sie sich um den einzigen Punkt herum, der die Zielscheibe des aufmerksam gespannten Menschen ist, zusammengezogen und zugespitzt hat. Das gilt zum Beispiel für den Detektiv, den dieser oder jener Umstand fesselt, der seinen Blick auf sich gezogen hat; das gilt für den Psychoanalytiker, der für jeden symbolischen Lapsus, jede Fehlleistung empfänglich ist, damit sie ihm die Interpretation eines Falls erleichtern; und das gilt besonders für den Arzt, der den verdächtigen Atem, das anormale Rasseln, das verräterische Symptom zu bestimmen sucht, wovon seine Diagnose schließlich abhängen wird. Der aufmerksame Mensch zeigt mit dem Finger auf die schmerzende Stelle ... doch der Schmerz sitzt nicht immer dort, wo der Patient ihn ausmacht. Die Aufmerksamkeit sagt dem Patienten: hier ist es, hier sitzt das Übel, der Schmerz ist an diesem Punkt. Gewiß beschränkt sich der Schmerz nicht nur auf die schmerzende Stelle oder das Ende der schmerzleitenden Nervenbahn; er strahlt vielmehr auf die Umgebung aus und betrifft mehr oder weniger große Flächen: ursprünglich punktförmig, dehnt er sich aus und wird von dem, der ihn verspürt, als diffus empfunden. So weiß der Kliniker, wenn es not tut, von den zu präzisen pathognomischen Zeichen zum gesamten Organismus überzugehen, um den psychosomatischen Komplex in seiner Ganzheit in Betracht zu ziehen. Und doch ist der Schmerz irgendwo ansässig, und die Krankheit, so atmosphärisch sie auch sein mag, entbehrt selten des anatomischen Substrats. Der Tod nun betrifft die Ganzheit unseres Seins. Und obwohl jede Krankheit zum Tode führen kann, ist die Sterblichkeit an sich doch keine Krankheit; sie ist auch nicht wie die Neurose eine besondere und mehr oder weniger zufällige Anomalie, die mit charakteristischen Zeichen und Symbolen an die Oberfläche der Psyche stiege ... Die Sterblichkeit, die normal und pathologisch zugleich ist, ist die Krankheit aller Krankheiten; sie ist die Krankheit von Kranken wie von Gesunden, ist die Krankheit jener, die nichts haben und nirgendwo Schmerz verspüren, ist die Krankheit jener, die mit dreißig Jahren und die Krankheit derer, die mit neunzig Jahren an Altersschwäche sterben; der Tod ist die Krankheit der Gesundheit! Er ist etwas völlig Normales, wie Epikur und Marc Aurel, Lukrez und Epiktet im Chor wiederholen, und doch ist er stets pathologisch; er ist der Hominität des Menschen koessentiell und dem Wesen der Kreatur doch stets fremd:

er ist die nicht zu bezeichnende Krankheit, die man Sterblichkeit nennt. Dieser über allem liegende Fluch, der auf dem Geschick des Menschen lastet, oder, um es beim Namen zu nennen, diese kreatürliche Endlichkeit, fordert von uns nicht eigentlich konzentrierte Aufmerksamkeit, sondern eher eine gewisse Hingabe an die Intuition. Ein »Meditieren« über den Tod, wenn es so etwas gibt, kann nur dies sein: ein zerstreutes Denken, das nicht wie die Aufmerksamkeit fürchtet, abgelenkt zu werden und von der Zerstreuung in die Auflösung zu gleiten. Anspannung des Geistes und Intensität der Vision werden zweitrangig. Wir sollten anderen den inquisitorischen Blick, die den Raum ausleuchtenden Scheinwerfer und das peinlich genaue Aufspüren der Symptome überlassen! Man klopft keinen Kranken ab, der sich bester Gesundheit erfreut; das Ohr der Seele aber kann durch pneumatisches Hören sehr wohl das Unterschwellige vernehmen, das in der Masse der vitalen Positivität mitschwingt. Auf den Seiten, die Tolstoj dem Tode widmet, kommt zwar ein Wort immer wieder vor, es ist das Wort der Objektivität, Vnimanie, Aufmerksamkeit. Die zweite Sterbende seiner Erzählung *Drei Tode*[30] ist auf ihrem Totenbett ganz Aufmerksamkeit, ganz strenge und majestätische Aufmerksamkeit. Und wenn er in *Anna Karenina* die letzten Augenblicke Nikolaj Lewins beschreibt, hebt er den aufmerksam gespannten Ausdruck des Blicks hervor.[31] Vielleicht ist die analytische, objektive und aufmerksame Luzidität tatsächlich ein Vorrecht des Sterbenden, der seine ganze Aufmerksamkeit auf das konzentriert, was in extremis Zeichen werden will ... doch bleiben für uns Menschen des Diesseits die Zeichen in der Masse des Kommenden geheimnisvoll verschwommen. Sicherlich gibt es eine Aufmerksamkeit für das Leben; die vitale Positivität fordert ja gerade die aufmerksame Wachheit und den forschen Blick, und die Spannung des Lebens verlangt höchste Luzidität. Eine »Aufmerksamkeit« für den Tod gibt es aber nicht. Der ganze Geist entspannt sich vielmehr und ist einzig auf den sich verflüchtigenden Charakter jenes unbestimmten Fehls, jener unbestimmten Krankheit mit dem Namen Sterblichkeit eingestimmt. Es folgt daraus, daß das Nachsinnen über den Tod kein technisches Spezialgebiet ist, das sich auf

30 [Leo Tolstoj: Drei Tode, in: *Sämtliche Erzählungen*, Frankfurt/M. 1980, Bd. 2.]

31 [Leo Tolstoj:] *Anna Karenina* [München 1978], V, 20.

eine bestimmte Klasse von Phänomenen beschränken würde und einer bestimmten Kategorie von Forschern vorbehalten wäre. Dieses Nachsinnen, das alles in allem eine bestimmte allgemeine Betrachtungsweise der Existenz in ihrer Ganzheit ist, ist ebenso wie die Liebe buchstäblich die Angelegenheit aller; jeder ist zuständig, niemand hält ein Monopol. Es ist also etwas metaphorisch, wenn man von der Sorge um den Tod spricht. Der Tod gehört nicht eigentlich zu den Sorgen, die unsere Zukunft, unsere Pläne oder unseren Werdegang belasten. Wie eine Krankheit, die man sich zuzieht, oder ein vorübergehendes Gebrechen hat die Sorge stets einen mehr oder weniger beiläufigen und zufälligen Charakter; Sorgen sind »Ärgernisse«, die man seiner Gesundheit, seiner Arbeit, seiner Armut oder seines ehelichen Verdrusses wegen hat; schließlich fällt die Sorge, die eine spezielle Beunruhigung ist, so sehr mit ihrer Ursache zusammen, daß sie selbst zur Ursache wird ... Der Tod hingegen ist ein universelles Unglück und eine diffuse Krankheit. Er ist zunächst das in gewisser Weise ungreifbare handicap oder, wenn man so will, der unwägbare Fehl, der auf unserer ganzen Existenz lastet. Diese Vorwegnahme am Beginn, diese vorweggenommene Hypothek, und dies vom Augenblick der Geburt an, ist das konstitutionelle Übel, das wir Endlichkeit nennen; zum anderen ist der Tod nicht das außergewöhnliche Pech einiger Menschen, er ist auch nicht das Unglück bestimmter Benachteiligter, er ist der allen gemeinsame Fluch; den Menschen trifft es nicht als Kranken, Ungeschickten oder Hilflosen, sondern »als den Menschen schlechthin« oder, wie man zu sagen pflegt, αὐτὸς καθ' αὑτόν,[32] was soviel heißt wie: der Mensch ist sterblich und nicht etwa, weil er dieses oder jenes wäre oder es nur in gewisser Hinsicht oder in dieser oder jener Beziehung wäre. Der Mensch ist wesentlich und absolut und ganz einfach sterblich: ἁπλῶς![33] Die Krankheit befällt die Seinsweise, der Tod aber vernichtet das Sein der Art und Weise. So weiß auch die Barmherzigkeit den Aposteln zufolge nichts von der προσωποληψία,[34] das heißt: sie zieht weder die Person noch den gesellschaftlichen Stand oder die soziale Situation in Betracht; sie ist der conditio humana schlechthin inhärent. Daher verteidigt die »Wache an den Schran-

32 [»Durch sich selbst«.]

33 [»Einfach, schlechthin«.]

34 [»Parteilichkeit«.]

ken des Louvre«[35] auch nicht den König! Das Sein der Kreatur ist begrenzt, nicht das »Tun« ist schuldig. Manche Theologen wären nicht böse darüber, wenn man den Unterschied zwischen Fluch und Pech, zwischen Verhängnis und Scheitern verwischen würde, denn sie stellen sich die Sterblichkeit gerne als Strafe vor. Indem man den Tod auf ein partitives und empirisches Phänomen reduziert, bagatellisiert man ihn von neuem. Die Absurdität des Endes ist dem Verdruß der Kontinuität so entgegengesetzt wie das metaphysische Elend dem persönlichen Unglück. Die Sterblichkeit ist nicht nur niemals »kraft irgendeiner Eigenschaft«, sie ist nicht einmal der »Grund« unserer Sorge im eigentlichen Sinne: sowenig wie sie ein quatenus[36] zuläßt, sowenig antwortet sie auf die Frage cur.[37] Warum diese sorgenvolle Stirn? Die Antwort, »weil er leberkrank ist«, ist eine Antwort, die den Grund und den Umstand für die Sorge angibt. Das Weil neutralisiert in der Tat das Warum und verschließt der Frage den Mund. Die Antwort »weil er eines Tages sterben wird«, ist ebenfalls keine Antwort, denn sie antwortet mit der Frage selbst, die kreisförmig zum Warum führen muß: ist die Notwendigkeit des Sterbens nicht die Essenz des Lebens? Sterben müssen ist also nicht eigentlich ein Anlaß zur Beunruhigung, der Tod selbst vielmehr ist die Quelle empirischer und natürlicher Beunruhigung. Der Tod ist das Beunruhigende jeder Beunruhigung, er ist das, was jeder Sorge eine tragische Dimension verleiht. Ein erhöhter Blutdruck, Herzstiche oder ein Zuviel an Harnstoff sind Anlaß zur Sorge, weil sie einen möglichen Tod implizieren. Doch gilt die Sorge nicht direkt dem Tod, mehr noch: die empirischen Sorgen, die sich wie wild auf der Bühne gebärden, um die Galerie zu amüsieren, sind eher das Alibi für eine entfernte und tieferliegende Angst; es sind paradoxerweise die Sorgen, die für die wahre Nachlässigkeit der Vorsehung stehen; die geschäftige Besorgtheit erlaubt uns, das Undurchdringliche der wahren Sorglosigkeit auf uns zu nehmen. Rheumatismus und Steuern sind für den ängstlichen Menschen ein wahrer Glücksfall. Wie simple Euphemismen dienen sie dazu, die Unter-

35 [François de Malherbe (1555-1628): Consolation à M. du Périer sur la mort de sa fille, in: *Œuvres*, Paris 1971: »Et la garde qui veille aux barrières du Louvre n'en défend point nos rois«.]

36 [»Wie lange?«]

37 [»Warum?«]

haltung auf ein anderes Gleis zu bringen, halten das Geschwätz in Gang, das uns daran hindert, an unser Elend zu denken, und begrenzen die diffuse Angst auf einen bestimmten Punkt. Wie man die Sepsis leichter bekämpfen kann, wenn sie sich auf einen Abszeß beschränkt, so wird auch die allgemeine Angst gutartig, wenn sie gerinnt und sich in konkreten Sorgen niederschlägt. Umgekehrt ist die metaempirische Angst vor dem Tode buchstäblich Abwesenheit von Sorgen oder Sorglosigkeit. Die motivierten Sorgen lenken von der unmotivierten Angst ab, und umgekehrt ist die ungenannte und sogar unnennbare Angst die verschwiegene und unsichtbare Quelle der nennbaren Sorgen ... Ist es denn nicht schon beruhigend, seiner Krankheit einen Namen geben zu können? Die Benennung bannt den furchterregenden Zauber der unbestimmten Gefahr. Da die namenlose Angst unnennbar ist, ist sie auch uneingestehbar; sie ist vor allem aber auch deshalb uneingestehbar, weil sie unmotiviert ist und das vernunftbegabte Wesen nicht gerne eingesteht, was ideologischer Motive entbehrt! Die uneingestehbare Angst verhält sich zu den eingestehbaren Sorgen wie das schlechte Gewissen zu den benennbaren und bestimmbaren Skrupeln. Nun bezieht sich aber das schlechte Gewissen auf die vollendete Tatsache, es ist das Gewicht einer beschämenden Vergangenheit, die auf der Gegenwart lastet. Die Todesangst hingegen bezieht sich auf die Zukunft und richtet sich nicht auf etwas, das zu erledigen wäre, sondern auf ein künftiges Ereignis, auf ein Kommendes, und nicht etwa auf eine Angelegenheit oder Aufgabe. Weil hier unser ganzes Sein in Frage steht, unser Sein und nicht unser Haben und auch nicht diese oder jene unserer Handlungen, ist die Todesangst mehr die Scham denn die Schande zu sterben. Man schämt sich, etwas »gemacht« zu haben, man schämt sich aber nicht, sterblich zu sein. Die Sorge ist über die dicke Wolke, die das heitere Wetter trübt, beunruhigt, die Angst aber gerät über die Relativität der Zeit schlechthin in Unruhe und beklagt die Vergänglichkeit des heiteren Himmels überhaupt. Der leere Gegenstand, der Gegenstand unserer dumpfen und allgemeinen und gegenstandslosen Unruhe ist also die Negativität, die letztlich und endgültig alle Wege der Zukunft sperrt, den fernen Horizont verstellt, die Menschen daran hindert, ernsthaft zu große Pläne zu schmieden oder auf zu lange Sicht hin zu planen und ihre Unternehmungen gründlich und ohne Hintergedanken in Angriff zu nehmen; sie nimmt den Menschen somit den Mut, bis ans Äußerste zu gehen und an das Extreme zu rühren (denn der Tod, der das äußerste Ereignis ist, ist selbst das Extreme). Oder anders gesagt: Die Sterblichkeit ist der Schatten auf dem Bild, und dann nennen wir sie Alternative; es wird uns gesagt, daß die Freude niemals rein und ungetrübt sei, das Glück nie lange ohne Beimischung von Unglück bleibe und aller Optimismus einen bitteren Beigeschmack besitze. Die implizite Grenze und die geheime Unzulänglichkeit sind kein greifbares oder zufälliges Pech, das man ernstlich anklagen könnte, sie rühren vielmehr von der Quodditas[38] her, das heißt von der Tatsächlichkeit des Lebens im allgemeinen, von der Tatsache, daß das Leben das Leben ist, und nicht etwa von bestimmten Lebensumständen. Der zarte Schleier der Melancholie, den die Todesangst auf uns fallen läßt, hat mit dem Schwarm von Sorgen, der das von Unruhe gequälte Gewissen heimsucht, somit nichts gemein.

Als wir den Tod diesseits des Todes suchten, fürchteten wir, nichts zu finden. Auf den ersten Blick scheint tatsächlich alles vom Sein und nicht vom Nichtsein zu sprechen. Alles spricht vom Leben, die Idee der Sterblichkeit inbegriffen; nichts spricht vom Tod, auch die Philosophie des Todes nicht. Das Leben veröffentlicht nicht τὴν τοῦ θανάτου δόξαν, das Leben erzählt nicht vom Ruhm des Todes, der nichts Ruhmvolles hat und ohne Glanz und Herrlichkeit ist. Das Leben erzählt nur vom Ruhm des Lebens,τὴν δόξαν τοῦ βίου; das Leben veröffentlicht die Köstlichkeit und den Triumph des Lebens. Das Leben spricht nur vom Leben und den Lebenden. Dies ist die obligatorische Positivität, zu deren unteilbarer Fülle wir gewissermaßen verurteilt sind. Auch wenn wir es wollten, wir könnten sie nicht ausdünnen: die Straße, auf der Passanten ihren Beschäftigungen nachgehen, die Kastanienbäume, mit deren Laub die Sonnenstrahlen spielen, die Schreie der Kinder im Garten – all dies ist positive Fortdauer und reine Anwesenheit, und das Nichts ist nirgendwo sichtbar, außer vielleicht für einen verdrehten Geist. Es bedarf ohne Zweifel einer gewissen Dosis metaphysischer Perversion, um das Gegenteil zu denken. In diesem Sinne ist das Leben ganz und gar diesseitig. Ja, bis zur äußer-

38 [Wörtl.: »Daßheit«.]

sten Grenze, bis zur neunundfünfzigsten Minute der elften Stunde, bis zur letzten Sekunde der letzten Minute, bis zum letzten Augenblick der letzten Augenblicke ist das Leben irdisch. Im Diesseits, worin wir uns befinden, kommt kein stoffliches Zeichen aus dem Jenseits zu uns, gibt es kein Vorzeichen einer anderen Welt, einer Welt von jenseits des Grabes. Nur Spiritismus, Interpretationsdelirium oder die Augen des Glaubens urteilen hier anders ... Es wäre Zeitverschwendung, hienieden nach Überresten suchen zu wollen, die wie Meteore aus unbekannten Welten gefallen wären, unsinnig, auf dieser Welt hienieden Nachricht von jenseits des Grabes, in diesem niederen Leben Botschaft vom überirdischen Leben erhalten zu wollen.

In dieser Rechnung würden Abwesenheit und Möglichkeit für nichtig erachtet werden. In Wahrheit kann ein und derselbe Text von rechts und von links gelesen werden: hierzu bedarf es nur einer unmerklichen Umkehrung, die, ohne daß sie wie in einem Palimpsest unter dem sichtbaren Text einen verborgenen kryptischen Text zum Vorschein bringen oder irgendeine geheime, mit unsichtbarer Tinte geschriebene Botschaft freilegen müßte, den Sinn des Lebens von Grund auf verändert. So wie Optimismus und Pessimismus zwei gegensätzliche Lesarten ein und desselben Textes sind, der einmal vom Philosophen des »Um-so-besser« und einmal vom Philosophen des »Um-so-schlimmer« gelesen wird, so wendet sich je nach der Art, wie man das Buch des Lebens in Angriff nimmt oder interpretiert, alles zum Guten oder zum Schlechten. Nichts spricht vom Tode, und alles spricht davon; nichts bezieht sich darauf, und alles bezieht sich darauf, was im übrigen auf dasselbe hinausläuft! Und genauso verhält es sich auch mit Gott. Die Theologen haben uns mit dem Gedanken vertraut gemacht, daß wenn nichts auf der Erde von Gott spricht oder seinen Namen nennt (jedes einzelne also nur von sich spricht), doch die ganze Schöpfung von der Existenz Gottes zeugt, seinen Ruhm singt, ihn preist, seine Herrlichkeit offenbart und seine unsichtbare Anwesenheit enthüllt ... Was sage ich! Je abwesender er war, desto anwesender wird er sein. Die Umkehrung findet paradoxerweise von einem Extrem zum anderen statt, das heißt vom Ganzen zum Ganzen. Die Allgegenwart ist demnach ein anderer Name für die Allabwesenheit! Die Allgegenwart ist eine pneumatische Form der Gegenwart. Wenn Gott irgendwo seine Wohnstatt hätte, in einem bestimmten Versteck anzusiedeln wäre, zum Beispiel auf dem Grund einer Grotte in Äthiopien, kurz, wenn er lokalisierbar und mit Längen- und Breitengraden räumlich auszumachen wäre, könnten die Erdenbewohner ihn aufsuchen, und sie würden sich schnell davon überzeugen, daß dieser Gott ein Scharlatan oder ein vulgärer Fetisch ist; denn wie jedes andere Objekt auch, ist der Fetisch da, wo er ist, und nicht woanders; ebenso ist der Turm von Pisa in Pisa und der farnesische Stier in Neapel etc. Was irgendwo oder an einem Punkt anwesend ist, ist überall sonst abwesend. Und umgekehrt ist überall verstreut, was nirgendwo ist: ubique nusquam,[39] das ist die verwirrende, widersprüchliche, transspatiale Lage der Seele in bezug auf den Leib und der Vitalität in bezug auf den Organismus; das ist die abwesende Gegenwart der Sterblichkeit in bezug auf die Vitalität. Der unauffindbare Tod ist nicht im Leben eingeschlossen wie der Inhalt im Behältnis, der Edelstein in der Kassette oder das Gift in der Phiole. Nein! das Leben ist vom Tode zugleich umhüllt und durchdrungen; es ist ganz in ihn eingewickelt und durchtränkt von ihm. Nur die oberflächliche und rein grammatische Lektüre meint, das Sein spreche ausschließlich vom Sein und das Leben ausschließlich vom Leben. Das Leben spricht vom Tod, es spricht gar ausschließlich davon. Gehen wir noch weiter: Welches Thema man auch behandeln mag, in einem gewissen Sinne behandelt man immer das Thema des Todes; worüber man auch sprechen mag, zum Beispiel über die Hoffnung, man spricht zwangsläufig vom Tod; über den Schmerz sprechen heißt unausgesprochen über den Tod sprechen; über die Zeit philosophieren heißt über den Umweg der Zeitlichkeit und, ohne den Tod beim Namen zu nennen, über den Tod philosophieren; über den Schein nachzudenken, der eine Mischung von Sein und Nichtsein ist, bedeutet, implizit über den Tod nachzudenken ... Hat die Illusion denn nicht etwas Meontisches? Der Tod ist das Element, das sich in jedem Problem als Rückstand niedergeschlagen hat – sei es das Problem des Schmerzes, der Krankheit oder das Problem der Zeit. Um dies zu erkennen, muß man sich nur endlich dazu entschließen, die Dinge ohne Umschreibung oder Beschönigung beim Namen zu nennen. Alles spricht vom Tode, nur spricht es indirekt und mit verdeckten Karten, durch Hieroglyphen und

39 [»Überall und nirgends«.]

durch untergründige Zeichen. Das Leben ist die Epiphanie des Todes, doch ist diese Epiphanie allegorisch und nicht tautegorisch, es sind Anspielungen, die zu verstehen man imstande sein muß. Das verstandesmäßige Erfassen dieser Zeichen von Intelligenz verändert die Landschaft des Lebens von Grund auf. Was man Resignation nennt und woraus man gern die charakteristische Haltung der Weisheit macht, besteht eher in der losgelösten Art, die diesseitigen Belange der innerweltlichen Existenz zu betrachten, in der verächtlichen Gleichmachung irdischer Größen, in einer gewissen Adiaphorie hinsichtlich allem, was nicht das einzig Wichtige ist. Dieses nie Genannte hat die Tendenz, die liliputanerhaften Belange der Blattläuse und Mücken einer gemeinsamen Nichtigkeit zu unterstellen, ja sie darin aufzuheben. Wir hatten in der vitalen Positivität zunächst die Entdeckung einer negativen Wirklichkeit, die deren *Inversion* wäre, ins Auge gefaßt; dann äußerten wir den Verdacht – und darin waren wir uns einig mit dem Phänomenismus –, daß die Inversion gut das Resultat einer Art manichäischer *Perversion* sein könnte; und nun erscheint uns die diesseitige Wirklichkeit des Todes im Licht einer gewissen moralischen *Konversion* des Lebens zu seiner eigenen und geheimen Innerlichkeit. Paradoxerweise verleiht uns gerade die Konversion Gelassenheit. Ebenso hatten der Aberglaube an die Fülle des Lebens und die Weigerung, den »drohenden Schatten« zu erkennen, in Verbindung mit der plötzlichen Entdeckung des in uns verborgenen Feindes Schrecken und Verwirrung ausgelöst. Der zum Tod seines eigenen Lebens konvertierte Lebende verbringt seine Zeit nicht auf andere Weise als der weltlich Lebende; seine Angelegenheiten sind keine anderen und auch seine Beschäftigungen nicht: es ist der Akzent und das Licht seines Werdens, die verklärt sind.

3. Euphemia und apophatische Inversion

Man kann es kaum verhindern, daß man an den Tod denkt ... oder zumindest so tut, als denke man an ihn; und wir setzten hinzu, daß uns eine stumme Intuition der meontischen Dimension vielleicht nicht immer verwehrt war. Man kann sich aber sehr wohl daran hindern, über den Tod zu sprechen. Das Hindernis der Sprache nimmt, je nachdem, ob es um das Diesseits oder um den tödlichen Augenblick geht, verschiedene Formen an. Bevor wir über das Nicht-Erzählbare des Augenblicks sprechen, müssen wir uns über das Unbenennbare und Unsagbare des Todes im Diesseits Klarheit verschaffen. Die Unsagbarkeit ist ganz offensichtlich auf den vagen, konfusen und diffusen Charakter und die Unbestimmtheit des Ereignisses, das unsere Lebenszeit verkürzt, zurückzuführen. Sprechen heißt, etwas zu sagen, dieses oder jenes zu sagen, indem man sich eindeutiger Vokabeln bedient: selbst das Doppeldeutige ist bald ein paronymes, bald ein homonymes Spiel, das sich in bezug auf eine ideale, eindeutige Sprache definiert. Der verschwommene Charakter der sterblichen Endlichkeit ist wie eine Herausforderung an den Logos, falls der Logos dazu berufen sein sollte, zu bestimmen und zu präzisieren. Es ist somit heller Wahnsinn oder, besser, halsbrecherisch und ein wahres Kunststück, den nebulösen Sinn des sterblichen Ich-weiß-nicht-was »auszudrükken«. Entbehrt dieser Sinn nicht jeder Bedeutung? In der Interjektion »ach!« erahnt man die deprimierende Resignation des Weltschmerzes. Die Menschen sprechen diese Silbe immer dann aus, wenn es direkt oder indirekt um den Tod und das mit ihm verbundene Unglück geht: um das Alter oder die Unwiederbringlichkeit der Zeit ... Zweifellos drückt sich im »ach!« zunächst die *Heillosigkeit* unseres Übels aus, es kommt aber noch hinzu, daß diese hoffnungslose Krankheit *unbestimmt* und *unbenennbar* ist. Das »ach!« ist absichtliches Verschweigen und eine Art wortloser Seufzer. Jeder versteht auf Anhieb das Wort, das undeutlich auf unser Elend anspielt, über das es nichts mehr zu sagen gibt und das in seiner Kürze Bände spricht! Auf dreierlei Arten zumindest läßt sich das Hindernis der Unsagbarkeit jedoch umgehen: die erste ist der *Euphemismus*, die zweite die *apophatische Inversion* und die dritte, die die unsrige sein wird, ist die *Konversion zum Unaussprechlichen*. Man kann zunächst vermeiden, dieses tabuisierte Problem zur Sprache zu bringen ... Könnte die Rede über den Tod dem Waghalsigen nicht Unglück bringen? Begeht der, der das Unsagbare zu sagen oder das Unbenennbare auch nur zu nennen wagt, nicht ein Sakrileg, da er sich herausgenommen hat, an das Undenkbare zu denken? Und wenn nun derjenige, der vom Tode spricht, mit dem Tode bestraft würde? Oder man sterben müßte, wenn man vom Tod spricht? Könnte sich das Objekt nicht gegen das Subjekt kehren, um es zu Boden zu schmettern? Denn das denkende und sprechende Subjekt ist ja schließlich sterblich! Für denjenigen, der in Person das Subjekt des Verbs »sterben« wird, ist der Tod, sagten wir, kein Objekt unter anderem, denn der Tod verwandelt seine Rede plötzlich in Schweigen, und die tödliche Verneinung schlägt um in Mord.

Der Euphemismus erspart uns das unselige Wort, verschluckt vor züchtigen Ohren das anstößige einsilbige Wort; wir ersetzen es durch ein ähnlich klingendes, so wie man etwa amour durch tambour ersetzt. Anstatt der wütenden Erinnyen rufen wir die wohlgesinnten Eumeniden des Todes. Ist es am Schluß des *Phaidon* nicht Sokrates' Wunsch, ἐν εὐφημίᾳ zu sterben?[40] Den in Tränen aufgelösten Schülern wird die Euphemia als eine Bedingung der Euthanasie dargestellt. La Rochefoucauld sagt: »Weder die Sonne noch den Tod kann man fest anblicken.«[41] Doch vielleicht können wir etwas wahrnehmen, wenn wir auf die Seite schauen oder den Blick schweifen lassen. Das »Daneben«[42] oder die Kunst des Umwegs ist der erste Ausweg des Menschen vor dem Unsäglichen.

Der zweite Ausweg nun: die Sprache hält sich auf dem Umkreis, περί, sagt Plotin, wenn er von Gott spricht. In seinem Abscheu vor dem unseligen einsilbigen Wort schleicht der Mensch eher um das Wort herum, als daß er zur Seite ginge. Die Umschreibungen mit ihrer Kreisbewegung mildern den Schock für das verzagte Bewußtsein, das die Bedeutung des Todes nicht wie einen Peitschenhieb empfinden will. Oratio obliqua und Feierlichkeit sind dem Ironiker und dem Preziösen gleich vertraute Taktiken. Allgemeiner gesprochen: wer darauf verzichtet, vom Tod selbst zu sprechen oder die Selbstheit des Todes nicht zu benennen vermag, wird zumindest seine Adjektive, Epitheta und Modalitäten aufzählen; weil er das Unsägliche der *mors ipsa* nicht sagen kann, muß er sich mit einer »adjektivischen« oder modalen Philosophie begnügen. Sind die Umstandsbestimmungen denn nicht wie gemacht für die Umschreibung, die vorsichtig ihren Kreis um die Selbstheit beschreibt, ohne sich je mit ihr zu decken oder gar in sie

40 [»In andächtigem Schweigen«;] *Phaidon* 117 d [: »Denn ich habe immer gehört, man müsse stille sein, wenn einer stirbt«].

41 [François de La Rochefoucauld: a. a. O., Maxime 26.]

42 Siehe: Igor Strawinskij: *Chroniques de ma vie* II, S. 162 [dt.: *Erinnerungen*, Mainz 1983].

einzudringen? Die Quidditas[43] des Todes ähnelt hierin der der Schöpfung, der Freiheit und der Qualität: man kann zwar nicht an das Geheimnis der Schöpfung rühren, wohl aber Anekdoten und Histörchen über den Schöpfer zum besten geben oder selbstgefällig die Kreatur beschreiben. Ebenso kann man dies und jenes über Musiker erzählen, ohne das Wesen der Musik zu erfassen. Es gibt eine ganze anekdotische Philosophie des Todes, die das Problem in erbaulichen Erzählungen und frommem Geschwätz ertränkt. So erzählt sie von berühmten Todesfällen und vom Leben der Märtyrer. Die Aufzählung der letzten Worte und Verfügungen[44] tritt bei ihr an die Stelle der Metaphysik. Biographie, Doxographie, Psychologie und sogar Soziologie werden zu Spielarten einer Periphilosophie. Die Periphrasen dieser peripheren Thanatologie sind die Blüten der Periphilosophie. Nennen wir sie also, da sie mit diesem und jenem herumtändelt, die Philosophie à propos. Der Umweg des Euphemismus, die Kreisbewegung der Umschreibung und die Zickzacklinie der Konversation sind ebensolche Ausflüchte, um die geradlinige Bewegung zu umgehen, die direkt auf das Akkusativobjekt mit dem Namen Tod weisen würde. Stellen wir uns den schwarzen Unbekannten, den Boten der Todesnachricht vor, wie er plötzlich in das Geplauder eines Salons hineinplatzen würde: sein rascher Schritt läßt die sich drehenden Paare auseinanderstieben, in einer Geraden durchmißt er die kreisförmigen Figuren des Walzers und dringt zum Herrn des Hauses vor, um ihm das verhängnisvolle Wort zu sagen, das Wort, das der wirbelnde Ball und das Geplapper auf der Oberfläche des Schicksals nicht mehr ungeschehen machen können. Das Geplapper ist eine List der »Allegorie« und der Euphemia, denn ihm ist es zu danken, wenn der vom Unbenennbaren verängstigte Mensch am Rand des Problems bleibt.

Es gibt aber noch einen anderen Weg, einen radikaleren, um der Selbstheit des Todes auszuweichen: das Schweigen. Anstatt über etwas anderes zu reden, wird der schamhafte Mensch es vorziehen, nichts zu sagen. Und ist Euphemia nicht auch das andächtige Schweigen und die wortlose Andacht? Das Schweigen ist das schlechte Gewissen des Schönredners, des wortreichen und weit-

43 [Die »Washeit«, das Wesen.]

44 Siehe u. a.: *Les Saints desirs de la mort*, 5. Aufl. Brüssel 1713, vom Ehrwürdigen Vater Lalemant, Domherr des Genovevaordens.

schweifigen πολύλαλος:[45] der Rhetor schweigt beim Gedanken an den Tod; der Tod unterdrückt die Rede, schneidet den Sprechern das Wort ab, erlegt dem »homo loquax«[46] Schweigen oder zumindest Zurückhaltung auf. Der Schwätzer, der ja auch ein Todeskandidat ist, hat mit seinem Tod einen Pakt geschlossen: nicht über das zu sprechen, was alle Welt weiß; so zu tun, als ob nichts sei; er erstickt die Rhetorik des Todes im Keim. Ist das beredte Schweigen nicht eine Ehrbezeigung dem Unsäglichen gegenüber?

Die Konvention der Euphemia, die von Mißverständnissen und Halbwahrheiten lebt, ist nur redensartlich eine Lösung: in Wahrheit ist sie ein Gebot, ein Gebot des Schweigens oder der Schicklichkeit, eine Fiktion, in der stets ein Rest böswilligen Verschweigens enthalten ist, ein Versteckspiel, das vom Unsäglichen selbst begünstigt wird. Die apophatische Philosophie hingegen ist ein philosophischer Kunstgriff.

Die apophatische Philosophie scheint zugleich durch unsere Unfähigkeit, die meontische Negativität des Todes direkt auszusprechen, und durch unser Unvermögen, etwas anderes als die vitale Positivität auszudrücken, verurteilt. Die absolute Negativität eignet sich offensichtlich nur zu einer negativen Philosophie. Doch sollte man die wahre negative Philosophie, die eine Philosophie der kontradiktorischen Antithese ist, nicht mit einer Philosophie der Gegensätzlichkeit, die der ersteren ähnlich ist, verwechseln. Der Tod ist, entgegen den orphischen Symmetrien, nicht das »Gegenteil« des Lebens, er ist dem Leben nicht empirisch entgegengesetzt, wie es zwei Extreme einer selben Gattung sind: die Differenz, die sie trennt, ist nicht nur ein einfacher Gradunterschied. Für Leibniz gibt es die Gradunterschiede der Skala, für ihn unterscheiden sich der Lebende und der Tote, wie sich mehr und weniger oder der Größere und der Kleinere unterscheiden. Im *Phaidon* entsteht (γένεσις) das Entgegengesetzte aus dem Entgegengesetzten, ist der Austausch zwischen den Korrelaten dem Prozeß des Wachsens und Abnehmens, αὔξησις und φθίσις,[47] vergleichbar, sind die Komparative ἔλαττον und μεῖζον[48] das Ergebnis

45 [»Geschwätziger Mensch«.]

46 [»Schwätzer«.]

47 [Platon:] *Phaidon* 71 b.

48 [»Kleiner« und »größer«; Platon:] *Phaidon* 70 e.

eines graduellen Vorgangs. Ἐκ τῶν ἐναντίων τὰ ἐναντία γίγνεται[49] ... Sterben und einschlafen[50] werden bei Platon so zu zwei allmählichen Verwandlungen gleicher Natur. Wenn sich das Nichtsein, oder besser: das geringste Sein des Todes, unserem Sein hienieden beimischt, müssen der völligen Vernichtung alle möglichen Übergangsstadien vorausgehen. Das Werden des Lebendigen ist ein von Nichtsein durchsetztes Sein, ein ausgehöhltes und lückenhaftes Sein: die dichte Fülle wird als Hohlraum oder scheinbare Fülle interpretiert; wie ein poröser Stein ist das zeitliche Sein mit Löchern und Möglichkeiten durchsetzt, die seine Dichte mindern; denn die Aushöhlungen des positiven Seins entsprechen einer steten Verringerung unserer Vitalität.

Mehr kann man die radikale Umkehrung, die Tod heißt, wohl nicht verkennen. Schon allein durch die Plötzlichkeit seines Eintretens kann der Tod nicht die Folge eines allmählichen Decrescendo oder Diminuendo oder eines endlosen Ritardando sein, das schließlich in Reglosigkeit erstarren würde. Darüber hinaus würde ein graduelles Decrescendo niemals in das »Ganz-Andere« münden können. Den Philosophen des Decrescendo ist der Tod nichts anderes als das virtuelle Bild und der bleiche Stellvertreter des Lebens, so wie den Philosophen des Mangels die Nichtheit bloßes Defizit des Seins ist. So auch stellen sich die Künstler des Mittelalters den Tod gerne als ein Gespenst oder als den Doppelgänger des Menschen aus Fleisch und Blut, kurz als sein Spiegelbild vor. Chastellain nennt ein makabres Gedicht »Le miroir de mort«.[51] Ist der Tote, der die im Fegefeuer schmachtende Seele und der leichte Hauch ist, für die Spiritisten nicht das als Geist erscheinende Duplikat der sichtbaren Form? Deshalb ist die Philosophie des Mangels, die die natürlichen Unterschiede durch quantitative Verfallserscheinungen ersetzt, im Grunde eine Philosophie der anthropomorphen oder biomorphen Analogien, eine Philosophie, die aus dem überirdischen Leben eine Art innerweltliches Leben, das heißt ein von seiner Last befreites, gemildertes und ausge-

49 [»Aus dem Entgegengesetzten entsteht das Entgegengesetzte«; Platon: *Phaidon* 71 a.]

50 *Phaidon* 71 c.

51 Siehe G.[iuseppe]-A.[ntonio] Brunelli: Jean Castel et le »Mirouer des dames«, [in:] *Le Moyen Age* [62] (1956), S. 96-117. Castel hat auch den *Spécule des pécheurs* verfaßt.

dünntes Leben macht. Solcherart ist die Totenwelt der Odyssee,[52] die eine abgeschwächte Replik des irdischen Daseins ist; das ist auch die unterirdische Innenwelt, in der der schemenhafte Achilles das Gegenstück des diesseitigen Achilles aus Fleisch und Blut ist, in der alles dunstiger Nebel, gedämpftes Echo, bleicher Schatten ist; dort unten ist die muntere Lebhaftigkeit der körperlichen Welt nur noch als unmerkliches Erbeben, Flüstern und kaum hörbarer Laut vorhanden. Ist diese Welt, die sich von der irdischen nur durch einen sehr schwachen Exponenten unterscheidet, wirklich eine »andere« Welt? Nein, diese andere Welt ist nicht absolut, sondern nur relativ anders, also relativ die gleiche. Demnach ist die Umkehrung des Mehr und Weniger reine Metaphorik: der Tod ist auf keiner Stufe das Modell oder das Original, deren Kopie die Vitalität wäre. Bergson kehrte die Inversion des *Timaios*[53] um; er hätte die Ewigkeit gewiß gerne ein »regloses Bild der Zeit« genannt, χρόνου εἰκὼν ἀκινήτη. Wenn das Leben nicht das positive Urbild und die fleckenlose Perle ist, die der Tod imitiert, dann ist der Tod auch nicht das Vorbild, dessen Abbild das Leben wäre. Die Kluft, die sie trennt, ist radikal.

Ist der Tod, wenn er nicht das empirische Gegenteil des Lebens ist, dann wenigstens das kontradiktorische Gegenteil und die diametrale Negation des Lebens? Der Gegensatz würde zumindest den natürlichen Unterschied in Betracht ziehen: er würde erklären, warum die Konversion des Ganzen zum Ganzen (oder eher des Ganzen zum Nichts) nur plötzlich sein kann. In Wahrheit ist das Nicht-Lebendige kein Totes, das Nicht-Lebendige ist vielmehr rohe Stofflichkeit, die niemals lebendig war. Die Materie ist niemals lebendig gewesen, das Tote aber hat *aufgehört* zu leben; die Materie ist nicht, das Tote aber ist *nicht mehr*. Dieses *iam non* stellt die geheimnisvolle und paradoxe Beziehung dar, die trotz allem zwischen den beiden Gegensätzen besteht, ohne deshalb jedoch den unendlichen, metaphysischen, schwindelerregenden Abstand zwischen Leben und Tod aufzuheben. Das Tote mußte, um zu werden, was es ist, über die schreckliche Schwelle des »Sterbens« treten: wie die Geburt ist der Tod in der Tat die unverständliche

52 [Homer: *Odyssee*, 11. Gesang.]

53 [»Ein bewegtes Bild der Ewigkeit beschließt er zu machen (...), nämlich eben das, was wir Zeit genannt haben«; Platon: *Timaios* 37 d.]

Metabasis und der Sprung in eine ganz andere Ordnung. Man muß aber begreifen, daß der völlige Widerspruch dieser beiden Gegensätze, der die qualitative Veränderung deshalb aber nicht unerklärlich macht, diese Veränderung erst bedingt und ermöglicht. Mittels dieses Vorbehalts ist der Tod eher ein umgestülptes denn ein ausgedünntes Leben, eher Nicht-Leben denn Gegen-Leben. Wenn der Tod nicht der drohende Schatten oder der Widerschein des Lebens ist, wenn er nicht dessen Phantasma oder Heiligenbild ist, ist er dann dessen Spiegelseite, dessen Vorder- und Rückseite? Ist der Tod die Replik und die umgestürzte Symmetrie des Lebens? Im *Letzten Tag eines Verurteilten* imaginiert Victor Hugo eine verkehrte Welt, in der der Himmel leuchtet und die Sterne schwarze Punkte auf einem goldenen Untergrund sind.[54] In Wahrheit findet man den Tod weder in der Totenwelt noch in der Hölle. In der Totenwelt gibt es nur Nichtheit und geringstes Sein, in der Hölle nur das tragische Böse und Verzweiflung. Das Reich des Bösen eines Plotin ist nicht nur eine unterirdische Welt, sondern ein Universum gegen den Strich und eine Hemisphäre der Antipoden: das Gegenprinzip dieser schlechten Welt, die Reiche der Kehrseite und die Rangordnungen der Nacht, die davon abhängen, sind die Umkehrung von Himmel und Kosmos auf die richtige Seite. Ein Prinzip hat das Nichtsein zur kontradiktorischen Voraussetzung, und die nächtliche Halbkugel, auf der der Prinz der Finsternis herrscht, ist das Gegenstück zu den Lichtreichen. Doch dieser Dualismus ist eher eine Vereinfachung und ein Manichäismus. Und im übrigen ist die mitternächtliche Welt nicht der Tod! Wenn wir darauf verzichteten, im Tod das bleiche Abziehbild des Lebens zu sehen, dann nicht, um ihn nun als Parodie des Lebens zu behandeln. Die Karikatur ist in der Tat die Umgangssprache des Makabren: die Totentänze äffen die Tänze der Lebenden nach, das abscheuliche Grinsen des Skeletts ist eine sarkastische Parodie auf das Lachen, und die ekelerregende Virago, die im Mittelalter den Tod verkörperte, ist eine groteske Inversion oder Interversion der Frau. Ist der Ekel aber nicht auch Anziehungskraft mit umgekehrtem Vorzeichen? Die »Scherzi« und »Czardas Macabres« Liszts spielen mit ihrem Knochengeklapper das grausige Spiel der frevlerischen Parodie: die possenhaften Staccati und

54 [Victor Hugo: *Der letzte Tag eines Verurteilten*, Basel 1945.]

Pizzicati des *Totentanzes* verspotten die Noten des *Dies irae*; Mephistopheles hat in der *Faust-Symphonie* kein eigenes Thema; alles, was er kann, ist höhnen und persiflieren, er entstellt die Themen Fausts und Margaretes, verspottet mit seinen Grimassen Liebe und Vertrauen; Satan, der für den Geist der Burleske steht, herrscht hier ebenso unumschränkt wie in den vier Fassungen des *Mephisto-Walzers*, der *Mephisto-Polka* oder im »Inferno« der *Dante-Symphonie*. Mitunter taucht die verkehrte Welt nicht wie eine Parodie, sondern wie eine tragische Welt vor uns auf.[55] In den ergreifenden *Liedern und Tänzen des Todes* von Mussorgski[56] hören wir nacheinander den »Trepak« des Todes, das Wiegenlied, das tragisch die Wiege mit dem Grab und die Geburt mit dem Tod in Verbindung bringt, das »Ständchen«, in dem der Tod das Antlitz des Frühlings und der Liebe annimmt, und den Parademarsch des »Feldherrn«, mit dem der Tod seinen Triumph feiert ... der Tod ist abwechselnd Totentänzer, »Njanja«, mordender Liebhaber, Feldherr. In seinen beiden düsteren Barcarolen von 1882, die Liszt *Gondole Funèbre*[57] nannte, wird die gewöhnlich amourösen Lustgärten vorbehaltene Gondel zur höhnischen Barke, auf der der Fährmann Charon die Seelen der Abgeschiedenen über den Styx rudert. Insofern die verkehrte Ordnung das Ergebnis einer wörtlichen und linearen Übersetzung der richtigen Ordnung ist, ist sie genausowenig eine *andere* Ordnung wie die Unordnung eine andere Ordnung oder die Gegen-Welt eine andere Welt ist. Der Widerspruch ist oft eine Art Nachahmung: wie abweichend die Form der Nachahmung auch sein mag, sie ist deshalb nicht weniger unterwürfig und verkennt deshalb nicht weniger die Andersheit. Für denjenigen, der es kopiert, und für denjenigen, der das Gegenteil davon tut, bleibt das Modell stets das Modell. Es genügt nicht, die positiven Eigenschaften des Lebens ins Gegenteil zu verkehren, um, wie auf einem Cliché, jene des Todes zu erhal-

55 [Franz Liszt (1811-1886), ungarisch-österreichischer Komponist; *Totentanz. Paraphrase über »Dies irae«* (1849), Stück für Klavier und Orchester; *Faust-Symphonie* (1857), Orchesterwerk; *Mephisto-Walzer* (1861), Klavierstück; *Dante-Symphonie* (1855-1856), Orchesterwerk.]

56 [Modest Mussorgski (1839-1881): *Lieder und Tänze des Todes* (1875), Liederzyklus.]

57 [Franz Liszt: *La gondole funèbre* (»Die Trauergondel«, 1882), Klavierstück.]

ten. Nein, wir finden die andere Welt nicht als verkehrte Welt in den Spuren der richtigen Welt. Die bloße mechanische Umkehrung des Diesseits behält stets das Diesseits im Schlepptau, und ebensowenig wie der Gegensatz läßt uns der Widerspruch das Ganz-Andere ahnen. Die Rückseite der Vorderseite ist derselben Ordnung zugehörig wie die Vorderseite! Ist die Vorderseite nicht stets und überall das einzige Bezugssystem? Ob man sie nun nachahmt oder ihr widerspricht, die Initiative des Diesseits ist nicht zu umgehen.

Wenn es also eine apophatische Philosophie des Todes gibt, so besteht sie gewiß nicht darin, das Leben zunächst als gegeben zu setzen, um es dann mit einem Schlag durch die mörderische, einschneidende und vernichtende Tat des einsilbigen Wortes »nein« auszulöschen. Der Tod ist nicht eigentlich ein »Nicht-Leben« in dem dogmatischen Sinne, daß das Nichtsein aus dem Sein folge, wenn man dessen Positivität aufhebt, und daß die unmittelbar wahrgenommene Anwesenheit zu einer mittelbar erfaßten Abwesenheit werde, wenn man den Ort ausräumt, den diese Anwesenheit besetzt. Wäre der Tod die leer gebliebene Stelle, nachdem das Nein das ganz und gar affirmative Ja des Daseins von seinem Ort genommen, durchgestrichen und widerrufen hat? Ist der Tod einfach nur ein unbesetzter Platz?

4. Nichtsein und Sinnlosigkeit

Man kann aber dennoch nicht bestreiten, daß der Tod das Nichtsein unseres ganzen Seins und der Non-Sens der Essenz ist und daß diese äußerste Negativität für eine negative Philosophie des Todes besondere Probleme aufwirft. Eine negative Philosophie über Gott ist vorstellbar, wäre sie doch eine negative Philosophie der höchsten Positivität; wäre eine negative Philosophie der absoluten Negativität aber nicht geradezu heller Wahnsinn? Ob nun der Schöpfer in seiner Schöpfung und seinen Geschöpfen »erahnt« wird, oder ob er jenseits des Seins und der Essenz ist, er bedeutet stets die bejahende Fülle und das »Mehr« alles Geschaffenen; denn er trägt Sinn und Zeichen dieser Positivität. Im ersten Fall ist er das Prinzip von allem, was Nichtsein und Inexistenz abgerungen wurde; im zweiten wäre er eher das Prinzip von allem, was gegen das Nicht-Wesen oder die Unwesentlichkeit protestiert, was der Negation standhält und nein sagt zum Nein. Das Göttliche wäre im ersten Fall die Ablehnung der Nichtheit, die das Sein zerstört, im zweiten die Ablehnung des Nichts, das die Essenz vernichtet. Gott ist für uns vor allem der fruchtbare Ursprung des Seins, mehr: der Nährboden, in dem das Sein wurzelt. Wenn Gott »Nichtsein« ist, dann in dem Sinne, daß er »Über-Sein« ist, daß er über dem Sein und jenseits des Seins ist. Der Schöpfer des Seins muß unendlich mehr und besser sein als das Sein; er ist hyperontisch und keinesfalls etwa meontisch. Der, der gibt oder verleiht, ist selbst nicht, was er gibt, noch besitzt er es zuerst, um es dann geben zu können (wie etwa ein Gutsbesitzer, der seine Güter verschenkt). Man kann nicht einmal sagen, daß er es zuerst setzt; er gibt zuerst, er gibt, ohne es vorher zu besitzen, und bringt es durch den Akt des Gebens selbst zum Sein; er gibt also buchstäblich, was er nicht hat! Der Zum-Sein-Bringende hat selbst kein Sein, da er das Sein erst durch den Akt des Gebens schafft. Ebenso ist die strahlende Quelle des Glanzes selbst dunkel. Das lichtbringende Prinzip, das die Dinge mit seiner Helligkeit beleuchtet, leuchtet selbst nicht. Genauer gesagt, Gott, der reines Geben ist, *existiert* nicht; oder, um eine Sprachwidrigkeit Leibniz' zu wiederholen: einzig das Nicht-Existierende »bewirkt Existenz«; das Zum-Sein-Bringende ohne Sein, die reine Triebkraft ohne ontische Dichte spricht nur: *fiat esse*! etwas sei überhaupt! Ist dieses unendlich Gutes tuende Gute, diese unerschöpfliche Freigebigkeit des reinen Akts, ist diese wunderbare und ganz gebende Güte, die den vom Demiurgen sprechenden *Timaios* ἀγαθὸς ἦν[58] sagen läßt, nicht die Definition des Schöpfers schlechthin? Im ontischen Sinn des Verbes »sein« *ist* Gott also nicht. In diesem Sinne *ist* die Essenz ebenfalls nicht, obwohl sie nicht göttlich ist! und auch das Mögliche existiert per definitionem nicht.

Man fühlt sich demnach veranlaßt zu sagen, daß Gott jenseits der Essenz und der Existenz ist, daß er, um mit Plotin und Dionysius Areopagita zu sprechen, ὑπερούσιος, überwesentlich ist. Aber auch dann noch wäre er reinste Positivität. Und wie das Über-Sein nur Sein gibt, wenn es selbst *Nichtheit* des Seins oder Nichtsein ist, so stiftet das Über-Wesen nur Essenz, wenn es selbst

58 [»Er war gut«; Platon: *Timaios* 29 e.]

eine Art *Nichts* ist. Das Apriori, das Erkenntnis ermöglicht, entzieht sich selbst der Erkenntnis, es ist also zugleich gnostisch und agnostisch, und ebenso ist die Quelle des Werts selbst ohne Wert und Bedeutung ... Was also Sinn verleiht, hätte selbst keinen Sinn? Wäre, was Sinn verleiht, ein »Nichts«? Nein, nicht einfach nichts! Nein, nicht schlechthin überhaupt nichts! Das Über-Wesen ist eher, wie Angelus Silesius nach der Kabbala sagt, ein Über-Nichts.[59] Um die Gottheit des Gottes und die Über-Gottheit dieser Gottheit auszudrücken, muß man also auf eine Paradoxologie zurückgreifen, die noch weit hyperbolischer ist als die der Neuplatoniker! Aber noch andere Metaphern können uns diesen verwirrenden Widerspruch eines Nichts, das alles, und eines Über-Nichts, das Über-Wesen und potentiell Allvermögen ist, nahebringen: die meontische Freiheit, sagt Berdjajew,[60] ist ein Nichts auf der Suche nach etwas; der bodenlose Abgrund ist der Grund der Essenzen; wie der metaempirische Gebende selbst nicht ist, was er gibt, so ist auch der metalogische Begründer selbst ohne Grund; Gott ist eine Art unergründliches Nichts, und doch geht die Wahrheit in dieser Unergründlichkeit nicht zugrunde, versinkt nicht in der Tiefe ... Böhmes Begriff Ungrund[61] drückt das geheimnisvolle Zusammenfallen der Gegensätze vielleicht aus: das, was die Wahrheit begründet, ist selbst unergründlich, das heißt ohne Grund, besser: es ist nur deshalb Urgrund, weil es selbst nicht gegründet wurde. In einem Wort: der ungegründete Begründer ist Prinzip oder archē. Anders ausgedrückt: er ist zugleich Anfang und Sinnstifter; er setzt den Sinn ein, und er dient uns dazu, den radikalen Ursprung der ewigen Wahrheiten und Möglichkeiten zu erklären. Negativ ist Gott nur πρὸς ἡμᾶς,[62] nur für die menschliche Vernunft und Rede, da jede sinnliche oder vorstellbare Bestimmung eine Beschränkung seiner Unendlichkeit und ein Widerruf dieser Unendlichkeit ist. An sich aber ist eher die empirische oder intelligible Positivität die eigentliche Negativität; es ist also nicht verwunderlich, daß sie von der höchsten Positivität zurückgewiesen und geleugnet wird.

59 Angelus Silesius: *Cherubinischer Wandersmann* I, 42.

60 Nicolaj Berdjajew: *Essai de métaphysique eschatologique*, Paris 1946, russische Ausgabe, S. 98-104 [dt.: *Versuch einer eschatologischen Metaphysik*, Waltrop 2001].

61 [Im Original deutsch.]

62 [»Für uns«.]

Der Tod hingegen setzt die selbst schon negative Übertragung der göttlichen Negativität voraus; der Tod ist zugleich reine Negation der Essenz und reine Negation des Seins und richtet sich somit doppelt gegen Gott. Er ist weder das stiftende Nichts noch die schöpferische Nichtheit, er ist platte Sinnlosigkeit des Sinns und bloßes Nichtsein des Seins. Vor allem Sinnlosigkeit![63] Der Schatten des Todes ist in nichts dem vergleichbar, was Etienne Souriau den Schatten Gottes nennt, er ist vielmehr der drohende Schatten der Sinnlosigkeit und die Nacht der Absurdität und Unverständlichkeit, die das Dasein verdunkelt. Der Tod stellt die Widerruflichkeit und fundamentale Unbeständigkeit all dessen dar, was menschlich ist. Anstatt dem essentiell ungegründeten Leben Grund und Basis zu geben, gräbt er das Loch und die problematische Leere der Sinnlosigkeit in das Leben; die Sterblichkeit trägt das ihre dazu bei, das schon von vornherein jeder Beständigkeit entbehrende Werden vollends flüchtig, durchlässig und phantasmatisch zu machen. Der Tod hat nicht das gleiche Vorzeichen oder den gleichen Sinn wie die Dauer des Seins; Sinn und Zeichen des Todes sind umgekehrter Art: er widerspricht der Dauer, ist das Weniger ihres Mehr und die Negation ihrer Positivität. Die Beziehung unseres Seins zu seiner Nichtheit zerstört den Grund dieses Seins völlig. Wie sollte der Tod auch den Sinn des Lebens stiften? Er selbst ist so wenig Grund, daß er einer Begründung dringend bedürfte! Gewiß, die Dauer des Werdens gründet sich auf nichts; trotzdem hat sie für das Geschöpf, das in der Gegenwart und nach der Weisheit der Gegenwart lebt, das heißt, ohne nach dem Jenseits zu schielen, zumindest einen immanenten Sinn; gäbe es die Sorge um den Tod nicht, würde die vergängliche Kreatur in der unerschütterlichen »Selbstverständlichkeit« des Zeitlosen leben. Nichts liegt dem Tod ferner, als dem Werden seinen letzten Sinn zu geben, im Gegenteil, er entzieht ihm das wenige an Sinn, das es noch für ein sorgloses Bewußtsein hat. Der Tod ist, wenn man so will, die tiefe Wahrheit des Lebens, aber diese Wahrheit ist weder wesentlich, noch trifft sie den Kern, und sie ist auch keine intelligible Positivität, die der leiblichen Existenz die fehlende Beständigkeit geben könnte ... Nein! Diese Wahrheit ist eher eine Gegenwahrheit, dieses Prinzip eher ein Gegenprinzip, das der un-

63 Siehe das bemerkenswerte Buch von Simon Frank: *Symsl jizni* (»Der Sinn des Lebens«), Paris 1925, russ. Ausg.

durchdringlichen Absurdität unserer Zunichtewerdung zugrunde liegt. Paradoxerweise ist das Leben eine Anspielung auf diese heimtückische Antithese, die das Übel der Endlichkeit ist. Das Geheimnis der Negativität, das sie in sich trägt, straft unseren Seinsgrund Lügen und widerspricht der affirmativen Verständlichkeit des menschlichen Geschicks. Der Tod ist die Tiefe des Lebens, doch ist diese Tiefe keine dialektische, in die man hinabsteigen könnte, wenn man den kryptischen Sinn der exoterischen Erscheinungen zu deuten imstande ist, denn die dialektische Tiefe ist Höhe und Aufforderung zu einer anagogischen Bewegung des Denkens. Nein, diese Tiefe ist buchstäblich die unterste und tödliche Tiefe, und die Kraft, die uns in die Tiefe zieht, sollte nicht Erhebung, sondern Schwerkraft und Geotropismus heißen. Anstatt in die dichte Intelligibilität einzutauchen, versinkt der Geist im Sumpf. Noch im göttlichen Ungrund[64] deutet alles auf Aufstieg und Zukünftigkeit hin; in der tödlichen Wesenlosigkeit und Inexistenz aber ist alles Hoffnungslosigkeit, Verflachung, Verfall. Kurz, der tödliche Grund des Lebens ist alles andere als Begründung oder Stiftung: die tödliche Tiefe ist eine Tiefe der Sinnlosigkeit ... Was in Chiffren und Hieroglyphen aufscheint, ist nicht der geheime Sinn des Sinns des Lebens, es ist der Widersinn dieses Sinns und die in diesem Sinn tief verborgene absurde Sinnlosigkeit; die tödliche Tiefe ist keine sinnvolle, sondern eine leere Tiefe. Sinn und Essenz des Daseins sind so mit einem Schlag zerstört.

Der Tod ist nicht das Prinzip des Lebens, das heißt, er ist weder seine Begründung noch sein chronologischer Ursprung; der Tod ist vielmehr die Endung, da er das letzte Ereignis ist; der Tod ist das Ende. Aber was für ein Ende! Es ist ein erbärmliches und dahingepfuschtes Ende, das eher der wilden Flucht gleicht, die die Niederlage besiegelt ... Das Sein endet nicht in Schönheit oder in der Apotheose des Orgelpunkts wie ein Nocturne von Chopin, sondern in gebrochenen Linien wie das Finale der *b-Moll-Sonate*. Reden und Ansprachen gipfeln in einem glanzvollen Schluß, der den Sinn des Werks zutage treten läßt und noch einmal zusammenfaßt. Der Tod aber ist gemeinhin das bloße Aufhören des Seins, das mit den letzten Augenblicken eines Savonarola oder Boris Godunow gewöhnlich nichts zu tun hat. Der Tod, der nicht

64 [Im Original deutsch.]

der fruchtbare und mütterliche Ursprung des Seins ist, ist auch nicht dessen Krönung; er ist das, wohin alles in panischem Schrekken, in Unordnung und allgemeinem Zusammenbruch und in Auflösung des gesamten Organismus in der Tat zurückkehrt und worauf alles zuläuft. Haben wir nur gelebt, um zu formlosem Staub zu werden und in die Ununterschiedenheit der Stofflichkeit zurückzusinken? Ein so tristes Ende hat mit den idealen und moralischen Absichten der Finalität wirklich nichts gemein ... Ach! das Ende des Lebens war bei weitem nicht die Absicht des Lebens! Eher das Gegenteil ist wahr: das Ende des Lebens widerspricht den Absichten des Lebens. Das Nichtsein, das das Ende des Seins ist, ist keineswegs dessen Seinsgrund! Die Seinsgründe, die dem Sein seinen Wert verleihen wie die »vivendi causae« dem Leben, scheint das Nichtsein uns zu entziehen ... Das Nichtsein besiegelt letztlich die Sinnlosigkeit des Lebens. Der Tod ist keine Erklärung für das Leben, er ist aber auch nicht dessen Rechtfertigung oder letzter Grund. Ob man den Sinn als Bedeutung oder als Richtung und angestrebte Orientierung definiert, ist unerheblich, denn in beiden Fällen ist der Tod sinnlos. Ist es vielleicht die Bestimmung des Werdens, das Sein zum Nichtsein zurückzuführen, woraus es hervorgegangen war? Wenn der Endpunkt mit dem Ausgangspunkt zusammenfällt und der Grenzstein *ad quem*[65] auf den Grenzstein *a quo*[66] verweist, kann man wohl von einem Fluch sprechen! Zu ebendieser Vergeblichkeit der Arbeit und des Daseins hat Gott Adam verdammt, und diese äußerste Vergeblichkeit war es auch, die den Prediger Salomo so sehr verdroß. Τί τὸ γεγονός; αὐτὸ τὸ γενησόμενον. Καὶ τί τὸ πεποιημένον; αὐτὸ τὸ ποιηθησόμενον.[67] Denn ein Werden, dem die Vergangenheit als Zukunft dient, ist kein Werden, sondern ein Zyklus ohne Teleologie, ein Ixionsrad und eine Sinnlosigkeit. Und darüber sollte einem nicht die Lust am Leben vergehen? Der Tod hebt die Zweckmä-

65 [»Wohin«.]

66 [»Woher«.]

67 Prediger I, 9 [: »Was ist's, das geschehen ist? Eben das hernach geschehen wird. Was ist's, das man getan hat? Eben das man hernach wieder tun wird.«]; siehe auch: Genesis III, 19; siehe ferner: Clément Rosset: Le Sentiment de l'Absurde dans la philosophie de Schopenhauer, [in:] *Revue de Métaphysique et de Morale* [69] (1964), S. 66: die zwecklose Finalität.

ßigkeit der Geburt nachträglich auf und verneint die Nützlichkeit des winzigen Wegs, den das Leben uns in der Ewigkeit der Nichtheit beschreiben läßt. Der Tod läßt uns an der Vernunft des Seins zweifeln und flüstert dem Menschen früher oder später ins Ohr: *Wozu das alles?* Auch der altgewordene Milliardär hört einmal die fünf Silben dieser heimtückischen Frage, spätestens an dem Tag nämlich, da er sich fragt, warum und für wen er so viele Reichtümer in seinen Sammlungen angehäuft, so viele kostbare Besitztümer zusammengetragen und solch große Schätze gesammelt hat; und ihm kommt der Verdacht, daß all sein Hab und Gut vielleicht eitel und nur blauer Dunst ist. Wozu also: ἱνατί.[68] Auch wenn intelligible Essenz und Wahrheiten den Tod ewig überlebten, würde der Tod noch einen Zweifel auf den Sinn des Lebens werfen; was das Leben vernichtet, stellt auch dessen Sinn in Frage; was das Sein zunichte macht, zerrüttet und verneint auch die Essenz dieses Seins.

Nur auf indirekte Weise und wie zufällig bekommt der Tod einen Sinn: indem er der Mitte des Seins die Leere der Sinnlosigkeit eingräbt, zwingt er uns, für das Sein absolute Gründe zu suchen; die Unsterblichkeit, die in Ermangelung der Ewigkeit die letale Negation leugnen würde, dient uns dazu, die meontische Leere des Todes zu füllen, und bringt eine transzendente Fülle in das Leben. Der vom Ende und von der ihm verwehrten Zukunft verwirrte Mensch ersinnt eine andere Welt, ein anderes Leben, eine andere Ordnung, ein Anderswo und Später, ein anderes, das ihm das unüberwindliche Hindernis des Todes verweigert. Die Gefängnismauer läßt uns unwillkürlich an die freie Luft und die Außenwelt denken, die verschlossene Tür an das Jenseits, das dahinter beginnt. Schon der bloße Appell an das Jenseits läßt ein metaphysisches Denken entstehen, das die absurde Zunichtewerdung, der wir ausgesetzt sind, rechtfertigt.

Wenn der Tod Sinnlosigkeit ist, ist er um so mehr Nichtsein. Gott ist Nichtsein, weil er über dem Sein ist, und der Tod ist Nichtsein, weil er unter dem Sein ist. So kennt Plotin zwei Arten des Nichtseins: die des Einen und die der Materie; göttliches Nichtsein und Nichtsein des Bösen verhalten sich zueinander wie der Zenit sich

68 Prediger II, 15.

zum Nadir verhält, oder besser, sie sind die beiden Pole, zwischen denen die Emanationslehre die Stufenleiter ihrer Hypostasen aufstellt. Ohne Zweifel liegt in dieser Art Symmetrie etwas Exemplarisches. Gott und der Tod lassen sich nicht wie das Gute und das Böse, wie positive und negative Größen einander gegenüberstellen. Es kann gleichwohl ohne allzu große Vereinfachung festgestellt werden, daß der Tod im Gegensatz zur fruchtbaren Nichtheit, in der eine zukünftige Welt virtuell enthalten ist, die sterile Inexistenz darstellt. Er gibt das Sein nicht, ganz im Gegenteil, er entzieht es uns und macht es zunichte; er ist nicht nur die Nichtheit unseres Seins, er ist das Prinzip unserer Vernichtung. Das Prinzip der Vernichtung verhält sich zur Nichtheit wie die aktive Negation bzw. die Ablehnung zum Nichtsein. Und so ist die zweite Natur, die unsere Angst unter der ersten vorausahnt, keine »Natur«, sondern eine Gegennatur, wie auch die Wahrheit des Todes eine Gegenwahrheit ist; denn die Sterblichkeit ist gewissermaßen eine natürliche Teratologie! Da der Tod raubt, was der Schöpfer geschaffen hat, ist er buchstäblich »Entschöpfung«.

Man kann diese Negativität auch in zeitliche Begriffe fassen. Gott, sagten wir, ist der metaempirische Anfang der Existenzen, so wie die Gottheit des Gottes das metalogische Prinzip der Essenzen ist; und es gibt keine Existenz ohne Konsistenz oder Subsistenz. Das Prinzip gründet den Sinn, und der Anfang ist die Ausgangsposition der Zukunft. Ist Zukunft nicht in gewisser Hinsicht die gelebte und empirische Form des Sinns? Insofern die »Bedeutung« »richtungweisend« ist und Ideal und Hoffnung verspricht, heißt sie Zukunft. Die Zukunft ist letztlich der *Sinn der Gegenwart*, und der Augenblick ohne Dauer (uns obliegt es, später seine geheimnisvolle Wahrheit zu entdecken) stellt eine der charakteristischen Formen des Absurden dar. Das anfängliche fiat[69] ist nur schöpferisch, wenn es lebensfähige Geschöpfe und eine dauerhafte Schöpfung hervorbringt. Die Idee der Einsetzung beschwört in der Tat eine feste und dauerhafte Ordnung, die unser Vertrauen nicht enttäuscht. Wenn das fiat totgeborenen Werken und Frühgeburten, die den Augenblick nicht überdauern, zum Leben verhilft, so weil die tödliche Negativität die göttliche Positivität in ihm zunichte macht; da läßt der Tod dem Neugeborenen nicht einmal Zeit zu

69 [»Es werde«.]

existieren und beendet abrupt den Werdegang seines Lebens, indem er ihn im Keim erstickt; da vernichtet der Tod im Augenblick seines Entstehens das kaum entworfene Werk; da tritt er fast augenblicklich dazwischen und wirft die Existenz auf einen Mindestzustand zurück, der an das flüchtige Aufblitzen eines Wetterleuchtens erinnert. Im allgemeinen läßt der Tod die Kreatur eine Zeitlang leben, bevor er der anfänglichen Positivität entgegenarbeitet, mehr noch: der Tod findet nur etwas zu vernichten, weil Wesen geboren werden und in einem nennenswerten Zeitraum ihre Lebensdauer verleben. Wir können also weder die Nichtheit im Reinzustand noch die reine Positivität des Ewigen fassen. Ein durch den Tod begrenztes Sein, das der Tod als Sein definiert ... dies ist die mittelbare Wahrheit unserer Endlichkeit. Prinzip und Gegenprinzip, das den Anfang bezeichnende Prinzip und das hohnvolle Prinzip der Auflösung, das Prinzip, das den Werdegang des Werks begründet, und das Gegenprinzip, das den Schlußpunkt unter dieses Werk setzt, bedingen einander. Setzt das Nein der Weigerung nicht stets eine anfängliche Bejahung voraus, der polemisch zu widersprechen seine Aufgabe ist? Keine Negation ohne »negandum«![70] In dieser Hinsicht ist das Nein des Todes, wenn man es mit dem Ja der Schöpfung vergleicht, tatsächlich auf Widersinn und Gegenläufigkeit ausgerichtet; darüber hinaus ist dieses Nein radikal.

Zunächst zur rückläufigen Bewegung: die Schöpfung springt plötzlich vom Nichtsein zum Sein über, wobei sie vom Nichtsein ihren Ausgang nimmt; der Tod nun, diese umgekehrte Wundertätigkeit, springt plötzlich vom Sein zum Nichtsein, wobei sein Ziel das Nichtsein ist. Im Tod verkehrt sich also die Richtung des Pfeils. Der Lebensprozeß, den das Altern nach und nach verlangsamt, stockt, macht kehrt und geht den Weg zurück zu seinem Ursprung. In einem Wort, der Tod ist nicht Prinzip, sondern Ziel. Man würde wohl kaum die Schlußfolgerung wagen, wenn dieses Münden-In Vernichtung und Verflachung bedeuten würde! Das Ende des Lebens, so sagten wir, ist nicht das Ziel des Lebens im axiologischen, teleologischen und normativen Sinn des Wortes. Der Lebensprozeß, der zum Scheitern verurteilt ist, fällt in sich zusammen und mündet in die Leere der Nichtheit; denn der Tod

70 [»Verneintes«.]

steht für das Scheitern schlechthin. Teilweise Niederlagen rufen teilweise Enttäuschungen hervor. Die größtmögliche Niederlage aber, die Tod heißt, erzeugt letztlich tragische Verzweiflung. Der *Triumph des Todes*, von dem Petrarca[71] und, auf ihre Weise, Mussorgski und sein Dichter Golenischtschew Kutusow[72] sprechen, ist schmerzlicher Widerspruch und bitterer Hohn: denn dieser Triumph ist der Triumph der Nichtheit, es ist der Sieg der Niederlage und gelungenes Scheitern, es ist die monströse Umkehrung einer Positivität, die vor allem anderen dazu gemacht schien, das Sein und das Leben zu bejahen. Der Tod ist die Einbahnstraße oder Sackgasse, wohin alle agogischen Gleise führen, die unsere Freiheit gebaut hatte. Er sagt zum Bewegungsprinzip: Halt! Bis hierher und nicht weiter! Sosehr der Erfolg vor allem die Möglichkeit des Weitermachens, Überlebens, Überspringens und des Sich-aufrecht-Erhaltens im Sein ist, sosehr das elementarste Gelingen Verlängerung über den Augenblick hinaus ist, so sehr ist der Tod, der totes Gleis und auf ewig unterbrochene Künftigung ist, die Höchststufe des Scheiterns und der völlige Zusammenbruch; er ist nicht nur das Mißlingen irgendeiner Zukunft, sondern das Mißlingen der Zukunft schlechthin.

Dies sei nun unser zweiter Punkt: Der Tod ist Auflösung, doch eine äußerste Auflösung, denn sie ist total und endgültig. Der Tod ist umfassende Drangsal; er ist nicht die Aufhebung einiger lebenswichtiger Funktionen unter Ausschluß der anderen, sondern Vernichtung aller vitalen Phänomene des gesamten Organismus; er setzt nicht wie eine Krankheit diesem oder jenem Unterfangen ein Ende, sondern bedeutet das Ende des Seins schlechthin. Er vernichtet selbst das Denken, das diese Vernichtung denkt. Der Widerspruch verneint ein Attribut eines bestimmten Gegenstandes; der Tod hingegen vernichtet die Gesamtheit der Gegenstände für das Denken, das sie erfaßt.[73] Er vernichtet die Gesamtheit der Person samt ihrem Denken. So also vernichtet der Tod unendlich mehr als die sinnliche Wahrnehmung: über die Beschränkung dieses oder jenes Sinnesbereichs hinaus ist er Ausdruck der kreatür-

71 [Francesco Petrarca: Die Triumphe, in: *Das lyrische Werk*, Darmstadt 1958.]

72 [Modest Mussorgski:] *Lieder und Tänze des Todes* IV: Der Feldherr.

73 [René] Le Senne: *Le Devoir*, [Paris 1950] S. 60-68.

lichen Endlichkeit schlechthin. Die Grenzen, die die Reichweite unserer Organe definieren, zeigen nicht das Ende von allem, sondern von etwas an; an gewissen Punkten zeichnen sie die lokale Beschränkung unserer Natur ein. Der höchste Grad, jenseits dessen der Organismus nicht mehr überleben kann, stellt hingegen die äußerste Grenze aller Grenzen dar, und dies für die Totalität unseres Seins. In dieser allumfassenden Begrenzung laufen all unsere einzelnen Grenzen zusammen und gehen darin auf. Man kann allmählich aufhören, zu sehen oder wahrzunehmen, ohne deshalb gleich zu sterben; man kann zunehmend undeutlicher sehen und wahrnehmen und doch weiterleben; umgekehrt aber hört der, der zu sein aufhört, auch auf zu sehen, zu hören, zu fühlen und zu empfinden ..., denn um zu fühlen, zu sehen, etc., muß man zuerst existieren. Ist das Sein nicht gewissermaßen die Grundvoraussetzung und die allgemeine Vorbedingung für alles Tätigsein und Funktionieren? Das Aufbrechen einer Pulsadergeschwulst streicht mit einem Zug die ganze Positivität durch; das Nein des Todes tilgt auf einen Schlag alle Verästelungen und Verlängerungen des Ja des Lebens. Der Tod ist nichts weniger als das Nichts unseres Ganzen, denn es handelt sich um *unser Alles*,[74] wie Pascal den Leichtfertigen vorhält. Der Tod ist die große Auflösung von allem, er ist also Vernichtung; das Nihil, das sein Ziel ist, ist nicht das *Nichtsein eines Teils des Seins*, und auch nicht das *Mindersein des ganzen Seins* (das heißt die umfassende Verringerung des ganzen Seins), dieses Nihil ist das *völlige Nichtsein des ganzen Seins*. Gewiß, der Tod ist nicht an und für sich und objektiv Vernichtung; denn die anderen, die Zeugen, die ewige Natur überleben mich; und wie die Idee des Aufhörens, die eine partitive und relative Idee ist, einen Hintergrund an Fortdauer voraussetzt, in bezug auf den aufhören kann, was aufhört, verlangt die Auflassung nach einer Fülle und der Entzug nach einem Bezug auf das Ganze, dem man etwas entnehmen kann. Das Ende eines Menschen, das in die Fülle der Welt eine kaum merkliche Leerstelle gräbt, ist buchstäblich nicht das Ende von allem. Und doch ist mein eigener Tod für mich das Ende der Welt und der Geschichte. Darin zumindest ist die tödliche Verneinung, die wir zum impliziten Ja in Bezug setzten, tatsächlich absolute und höchste Negation.

74 [Blaise Pascal:] *Pensées* III, Fragm. 194 [Edition Brunschvicg; dt.: *Über die Religion und einige andere Gegenstände*, Heidelberg 1978].

Die Auflösung von allem ist auch das Ende von allem. Weil er die radikale Vernichtung des Seins ist, ist der Tod der Abbruch der zeitlichen Fortdauer; er ist also nichts anderes als das Aufhören des Seins, denn es versteht sich von selbst, daß Sein und Fortdauer des Seins ein und dasselbe sind. Die Nichtheit, die wie das Böse oder die Hölle ein Absolutes und ein totalitärer Superlativ, ein Höhepunkt, ein Grenzkonzept und ein umgekehrtes metaempirisches Maximum ist, wäre nicht die radikale Nullität, wenn sie eine zeitliche Begrenzung zuließe, wenn sie sich in einer einzigen ihrer Dimensionen – und gerade in der wichtigsten – erschöpfen würde, wenn sie jenseits aller Kategorien mit Ausnahme einer einzigen stünde: die kleinste Ausnahme wäre genug, um aus der reinen Nichtheit etwas Relatives und Gemischtes zu machen. Wenn ein winziges Atom Grau sie trübt, ist das Weiße nicht mehr weiß, die Schwärze nicht mehr schwarz und die Finsternis nicht mehr Finsternis, sobald der erste Lichtstrahl sie bleicht; beim ersten Schimmer der Morgendämmerung hat die Nacht aufgehört, Nacht zu sein; denn ebenso wie die Nichtheit ist die Schwärze ein absoluter Superlativ. Wäre eine Nichtheit, die nicht ewig, das heißt nicht zeitlos ist, wirklich Nichtheit? Eine »zeitliche Nichtheit« (vorausgesetzt, ein solcher Widerspruch ist überhaupt denkbar) ist nicht nichts, sondern etwas; eine vorläufige Inexistenz ist vielmehr eine virtuelle Existenz, das heißt ein Seinsversprechen! Gleichermaßen ist ein Übel, das ein Augenblick oder eine Stufe des Werdens ist, nicht das Übel schlechthin, es ist vielmehr ein Gutes oder ein »geringeres« oder notwendiges Übel, oder anders ausgedrückt: das relative und indirekte Gute, das von einer Güte, die das Gute als Präzedenzfall und das Böse als notwendige Folge will, mittelbar gewollt wurde. Hier ist das Böse ganz einfach das Mittel, das das Gute »ermöglicht«, und der Wille, der ein solches Mittel will, ist ganz einfach der gute Wille und der ernsthafte Wille, der sich für den Zweck und die Mittel zur Erlangung dieses Zwecks begeistert. Es wäre im vorliegenden Fall eher böser Wille, das Böse nicht zu wollen, sondern den Zweck unmittelbar, also machiavellistisch zu wollen ohne die unreinen Mittel, die ihn ermöglichen. Da der Optimist die Offensichtlichkeit des Bösen nicht leugnen kann, verwandelt er es in eine Übergangsphase. Die Hölle ist nicht mehr Hölle, wenn sie lediglich ein schmerzhafter Zeitabschnitt und eine dem bestraften Menschen auferlegte Prüfung ist, die vorübergeht.

Wie die Zeitdauer der Strafverbüßung für den Verurteilten oder der Aufenthalt auf der chirurgischen Station für den Operierten, ist diese provisorische Hölle eher ein reinigendes Feuer denn eine Hölle; um die unselige Dauer zu überstehen, bedarf es nur der Geduld und des vernünftigen Abwartens. Die Mediatisierung nämlich ist eine Art List, eine Täuschung und ein verwirrendes So-tun-als-ob, auf das die »mens momentanea« leicht hereinfällt. Die Negation wird geleugnet, die Antithese überstiegen und im Licht versöhnt! Kommt in der Vorstellung von der »Prüfung« nicht schon der begrenzte Zeitraum zum Ausdruck, der nicht nur das erhoffte Jenseits offenläßt, sondern dieser Hoffnung auch noch ihre erwartungsvolle Kraft, ihre lebendige Weite und ihren verdienstvollen Wert verleiht? Gott prüft Hiob, um festzustellen, ob er verzweifeln wird, das heißt, ob er das augenblickliche Übel für ein absolutes Übel halten wird. Und tatsächlich hätte Hiob beinahe Ewigkeit und Augenblick verwechselt. Die Hölle ist nur höllisch, wenn sie ewig ist. Unser Entsetzen hypostasiert in dieser Grenzvorstellung, die nicht so sehr undenkbare wie unlebbare Absurdität eines ewigwährenden Unglücks, die skandalöse Sinnlosigkeit eines Leidens ohne Ende, die Ungeheuerlichkeit einer nie endenden Qual. Ist, so gesehen, die Todesstrafe nicht eine Art Sakrileg? Die Todesstrafe ist ein Recht, das sich der empirische Mensch anmaßt, um seinem Nächsten ein metaempirisches Übel zuzufügen, und dies ohne Zuerkennung einer Frist und jenseits aller chronologischen Relativität. Der Verurteilte wird dem Anschwellen der Dauer, dem Auftrieb der Künftigung, den heilsamen Tugenden des Werdens entzogen. Da man nichts auf die Besserung des Übeltäters gibt, steht seine Bosheit unumstößlich fest. Die Bestimmung der großen Unverbesserlichen ist es demnach, in der Hölle die Galeerensträflinge der ewigwährenden Zwangsarbeit zu werden. Wenn jede Zukunft, jede Perspektive verschwunden ist, wird der Mensch von Verzweiflung ergriffen; wenn jede Hoffnung auf Rückführung gesunken ist, ist es Zeit, von Tragik zu sprechen. Und ist nicht Hiob an dieser Unlösbarkeit *beinahe* verzweifelt? Hiob wäre *beinahe* verzweifelt, er hatte die Verzweiflung bereits *gestreift*, als er plötzlich wie ein Seiltänzer von der Verzweiflung in die Hoffnung sprang. Doch der Tod ist kein Tod mehr, wenn er nur ein »Augenblick« ist.

Demzufolge ist das *Nichts* zugleich ein *Nichts-mehr*, das heißt, es ist nicht die reine und einfache Nichtheit, sondern das Nichtsein eines Seins, das einmal war, dieses Nichts-mehr ist seinerseits zugleich ein Niemals-mehr-etwas, ein *Nichts-mehr-auf-immer*, eine endgültige Aufhebung, was nicht örtlich beschränkte oder teilweise Aufhebung, sondern globale Auflösung, also endgültiges Aufhören bedeutet. Der Tod vernichtet nicht nur die Ganzheit des Lebens, er vernichtet es auch für immer; das Nichtsein unseres ganzen Seins vernichtet dieses Sein ein für allemal und auf immer; auf immer und ewig! Immer und niemals sind keine empirischen Adverbien, einzig der zeitlose Verstand verleiht ihnen einen positiven Sinn; denn der Verstand ist gewillt, Werden und Ermattung hinzunehmen. Der moralische Wille tut unserem Leichtsinn Gewalt an. In seiner unmenschlichen Unerbittlichkeit empört er sich gegen Vergessen und Verlust der Zuneigung, gegen Undankbarkeit und Verleugnung, gegen die Zeit, die die Treue wanken läßt, den Kummer lindert und die Wunden heilt ... Denn welcher Mensch aus Fleisch und Blut könnte schwören: niemals oder für immer? Höchste Höhe oder tiefste Tiefe – der Tod ist ein Ende. Die Summe aller Negation ist auch ein Ende, das Extrem des Todes (man mag es als Maximum oder Minimum betrachten) ist zugleich ein »Höchstes« und »Letztes«. Die Letztheit des Todes ist nicht relativ, sie ist absolut, daher schließt sie jedes »Später« aus. Der Abbruch der Dauer ist also ebenso endgültig wie vollständig, mehr: er ist endgültig, weil er vollständig ist. Sicherlich, die Vernichtung kann endgültig sein, ohne deshalb vollständig zu sein. Das ist zum Beispiel bei Wirbeltieren ohne Regenerationsfähigkeit der Fall, wenn ihnen ein Körperteil unwiderruflich verlorengeht. Doch wenn die Verstümmelung nicht wiedergutzumachen ist, so vielleicht deshalb, weil schon das Individuum selbst nicht zu ersetzen ist. Andererseits kann eine allem Anschein nach vollständige Vernichtung nicht endgültig sein; dann aber handelt es sich um ein heiliges Versprechen oder um das Wunder der Auferstehung. Der magische Charakter dieses Versprechens ist nichts anderes als die Bestätigung einer solchen Notwendigkeit. Jede globale Vernichtung ist fatalerweise ein endgültiges Aufhören; denn wenn der Tote wieder lebendig werden könnte und der Tod dieses Toten eine bloße zeitliche Aufhebung bedeutete, würde dies beweisen, daß bestimmte Organe verschont geblieben wären und der Tod teilweise und folglich scheinbar, kurz, daß der Tod kein Tod, sondern höchstens ein langer Winterschlaf oder eine kleine Ohnmacht und so etwas wie ein In-den-Schlaf- oder Ins-Verborgene-Verbringen gewesen wäre. Aus nichts kann nichts wiederentstehen ... Das Nein des Todes ist nur dann wirklich tödlich, wenn es allgemein und folglich unwiderruflich ist. In einem beinahe allgemeinen Aufhören würde die örtlich begrenzte Fortdauer dieser oder jener Funktion dem Leben gestatten, wieder anzuheben, und dem Toten erlauben, wiederaufzuerstehen; das Ende wäre nicht mehr endgültig und unwiderruflich, es wäre lediglich eine vorläufige Unterbrechung. »Dem sinnlich Wahrnehmbaren« sterben oder in dieser oder jener Hinsicht oder in diesem oder jenem Sinne sterben, kann dies, absolut gesprochen, sterben heißen? Dieser mit Umstandsbestimmungen und Einschränkungen versehene Tod ist ein kleiner Tod und ein metaphorischer Tod. Das Nein dieses Todes ist ein Ja; in der Weigerung schwingt hier unterschwellig ein Versprechen mit. Das ist nicht der Tod *schlechthin*, das ist nicht schlicht und einfach der Tod. Der Tod hat mit extremen Momenten oder Gipfelpunkten, wie sie etwa die reine Wahrnehmung und Intuition oder die reine Liebe und der heroische Entschluß darstellen und die sich im Laufe eines Lebens bisweilen ereignen, nichts gemein. Nach diesen punktuellen Momenten schließt sich die Zwischenzeit wieder um ihre sehr mittelmäßige Alltäglichkeit: auf diese Weise gelingt dem Genie durch die Gnade der Inspiration ein flüchtiger Durchbruch zum Jenseits hin – und findet sich einen Augenblick später im Diesseits wieder. Man kann das Absolute nicht in äußerster Weise erfahren, ohne daran zu sterben! Die Seele, die dem sinnlich Wahrnehmbaren stirbt, erreicht einen Augenblick lang den höchsten Gipfel ihrer selbst – und existiert dann weiter. Andererseits kann die flüchtige Erscheinung des Absoluten wiederauftauchen ... um dann von neuem zu versinken und so fort. Der Vorgang der blitzartigen Berührung ist wiederholbar; die stets enttäuschte, doch stets wiederauflebende Hoffnung kompensiert die Enttäuschung über die Verflachung. Sollte der Mensch nur die Wahl zwischen dieser Enttäuschung und der Verzweiflung über das Sterbenmüssen haben? Ist es denn gesagt, daß wir eine unbeschränkte Dauer im Jenseits nicht zu erwarten haben, und sei es in Form der Nichtheit? Die größtmögliche Erfahrung, die dem Tod entspricht, der Gipfelpunkt der Empirie, der das Signal zum Tode gibt, ist nicht wie die anderen »metaempirischen Erfahrungen« das Ende einer Abfolge innerhalb einer umfassenderen Abfolge; sonst wäre der Tod ja lediglich ein Ereignis innerhalb einer Abfolge. Der Tod ist vielmehr das Ende der Abfolge der Abfolgen. Deshalb auch ist er das genaue Gegenteil einer wiederholbaren Erfahrung: man stirbt nicht mehrmals, man stirbt ein einziges Mal, einmal und dann niemals wieder! Der Tod ist also ein Augenblick, der die Ewigkeit einweiht. Ist der Tod selbst, *mors ipsa*, nicht per definitionem der Augenblick, der jede Möglichkeit einer Wiedergeburt oder eines Überlebens ausschließt? Ist das tödliche Aufhören nicht die Auflösung der Dauer ohne Fortsetzung, ein Augenblick ohne ein Morgen und ohne posthume Verlängerung? Der Tod ist der Augenblick, der kein »Danach« kennt! Der Tod verschließt jeden Ausgang und verhindert jede Künftigung. In keinem Fall, in keiner Form, unter keinen Umständen, unter keiner Bedingung und zu keinem Zeitpunkt nimmt der Tod sein Nein zurück. Der Tod ist nicht der unendliche Horizont, der uns anzieht, er ist die undurchdringliche Mauer, vor der wir zurückprallen. Der Mensch, dessen Zeit hienieden abgelaufen ist und der das Geschenk seines Daseins erhalten hat, stößt an die ehernen Tore, deren Verschlossenheit und unerbittliches Schweigen das *Anathema* Leonid Andrejews[75] so hoffnungslos machen. Der Tod ist das absolute Nein.

Das Nein schlägt die Tür hinter sich zu, hebt Verhandlungen auf und unterbricht (zumindest in einem Punkt und bis auf weiteres, zumindest lokal und vorläufig) die Beziehungen und Kommunikationen unter den Menschen. Es ist ja nicht so, daß die Ablehnung auf immer jede Frage unmöglich machen, jeden neuen Vorschlag zurückweisen und jede Aufnahme von Beziehungen und Gesprächen unvorstellbar machen würde: das »Immer« und »Niemals« der menschlichen Schwüre, sagten wir, hat stets einen relativen Wert, und nichts hindert den, der »niemals mehr« gesagt hat, daran, wieder ans Werk zu gehen, wenn er gefragt wird, oder seine Weigerung zurückzunehmen, wenn er antworten will. Das Nein erschwert jedoch die Wiederaufnahme des Dialogs: das einsilbige, trockene und sterile Wort der Negation erstickt alles Un-

75 [Leonid N. Andrejew: *Anathema. Ein tragisches Spiel in sieben Bildern*, Berlin 1911.]

vorhersehbare im Keim, das jede Verhandlung belebt und vorantreibt; die Verhandlung stockt. Das etwa ist das Nein des launischen Bräutigams, der im letzten Augenblick seine Meinung ändert und vor dem Standesamt kehrtmacht! Anstatt die erwartete und unumgängliche Einwilligung zu geben und das rituelle und angemessene Ja zu sagen, das den normalen Ablauf der Zeremonie ermöglichen könnte, zieht es der Nein-Sager[76] vor, die Hochzeitsfeier zu unterbrechen, das ganze Protokoll des Hochzeitstages durcheinanderzubringen und Verwirrung unter den Gästen zu stiften. Die Hochzeitsgesellschaft ist wie vom Schlag getroffen und gelähmt, es herrscht allgemeine Verwirrung. Kurz, die ungesellige Weigerung stoppt die Liturgie der Fortsetzung und ruft einen Skandal hervor. Ist die Weigerung, die eine zweite Bewegung, eine zurückgenommene, zweitrangige und exponierte Bewegung ist, nicht immer in gewisser Weise eine widernatürliche Komplikation? Der Tod nun, der die Summe aller Neins und die einschneidendste und radikalste Form der Abdankung ist, erwürgt in der Schlinge seiner äußersten Weigerung blitzartig jede Fortdauer. Im radikalen Nein, im schlichten Nein des Todes sind alle Negationen enthalten, und es ist müßig, sie alle aufzuzählen. Ähnlich befreit uns das große, radikale Böse davon, die sekundären Laster des Bösen, wie Hinterhältigkeit, Eifersucht und Kleinlichkeit im Detail aufzuführen. Wer das einsilbige Wort Tod ausspricht, hat alles in einem Wort gesagt: die Angelegenheit ist geregelt (wenn es eine gab), die Akte geschlossen; die Verfolgung wird abgebrochen; es ist die große, allgemeine Auflösung! Von dem Augenblick an, da der Beamte verstorben ist, braucht man sich um seine Existenz nicht mehr zu scheren, er wird aus der Liste der Kader gestrichen, von all seinen Verpflichtungen befreit, von all seiner Not geheilt; die Schulden sind jetzt alle bezahlt, die Komplikationen behoben, die Probleme auf einen Schlag gelöst; der Kranke ist zugleich mit der Krankheit, und die Beitragszahlungen sind zugleich mit dem Beitragspflichtigen verschwunden! In diesem Sinne ist die Behandlung durch den Revolver die radikalste Behandlung (denn man kann nicht alles Unglück auf einmal haben, und das größte erspart einem alles andere); die Bewohner der Friedhöfe, die Rentner der Existenz, sind wahrlich aller Sor-

76 [Im Original deutsch.]

gen ledig! Das Eintreten von irgend etwas schlechthin ist plötzlich unmöglich geworden. Klick! Der Stromkreis ist unterbrochen, die Elektrizität ausgeschaltet, alles ist plötzlich in Dunkel getaucht. »Der Geist, der stets verneint« ist nicht Mephistopheles, es ist der Tod. Der Tod ist der Geist, der nein sagt. Der unmanierliche Gast, der einen großen Pariser Empfang oder eine bedeutende, nicht weniger pariserische Vernissage zum Schauplatz seines Schlaganfalls wählt, dieser ungesellige Gast sagt auf seine Weise nein: seine Art des Neinsagens ist, inmitten der Petits fours zusammenzubrechen. Ohne eine Erklärung oder die Angabe eines Grundes bricht er zusammen, er warnt niemanden, macht sich nicht die Mühe einer Entschuldigung, und der Schlag läßt ihm nicht einmal genug Zeit, um mit einem Wort den Skandal etwas abzuschwächen. *Wie wird man ihn los*? fragt Eugène Ionesco.[77] Und genauso kommt auch der *Herr aus San Francisco* bei Iwan Bunin[78] in einen Palazzo auf Capri, um dort an einem Herzanfall zu sterben. Von allen »Schnitzern« oder Taktlosigkeiten ist der plötzliche Tod, der Panik im Hotel Excelsior auslöst, der unanständigste: es ist unanständiger, in einem Salon an einem Schlaganfall zu krepieren, als dort lauthals oder auch extrem vergeistigt zu diskutieren, unanständiger, als in einem Konzert laut zu gähnen, sich beim Gebet vor Lachen zu schütteln oder schlecht zu riechen. Erinnern wir uns noch einmal an das Bild vom Todesboten, an den Herrn in Schwarz, der das Fest stört und die Unterhaltung stocken läßt, als er das schicksalhafte Wort ausspricht. Das Nein des Todes, dieses kleine Wort, das unanständig und in gewisser Weise obszön ist, hindert die Leichtfertigen daran, »Auf Wiedersehen« und »Bis bald« zu sagen. Die Embolie ist ein Blutgerinnsel, das nein sagt! Indem sie den Lebensfaden durchtrennt, stört die Parze das weltliche Spiel der Verlängerung und schneidet der Dauer, die weder Anfang noch Ende hat, brutal das Wort ab; sie unterbricht das Hin und Her der Fragen und Antworten und vereitelt deren Wiederanheben.

77 [Eugène Ionesco: *Amédée oder Wie wird man ihn los*, in: *Werke* Bd. 1, München 1985.]

78 [Iwan A. Bunin: *Der Herr aus San Francisco*, Berlin 1976.]

5. Das unsägliche Schweigen und das unaussprechliche Schweigen

Um die Essenz zunichte zu machen, bedarf es nichts Geringeren als eines bösen Geistes. Um das Sein zu vernichten, und nicht etwa das Sein des Seins oder die Tatsache, daß Sein ist, oder gar die Quodditas des Seins, sondern das endliche Sein, genügt der Tod! Denn die Dauer des Seins ist, obwohl sie theoretisch selbstverständlich scheint, ungesichert und zufällig; tausend Zufälligkeiten können den Abbruch herbeiführen, der die Dauer alles Lebendigen in jeder Minute bedroht und in Frage stellt. Wenn das Sein auch am nächsten Tag noch sein soll, bedarf es der ausdrücklichen Verlängerung: Gott, die Liebe und die Freiheit helfen uns diese Verlängerung garantieren und verleihen der tödlichen Nichtheit somit eine Art Positivität. Der Tod wird erst dann Gegenstand einer erregenden und fruchtbar bestürzenden Spekulation, wenn die Hoffnung auf Gott, Liebesversprechen und zukunftverheißende Freiheit dem Aufhören des Seins eine Zukunft folgen läßt, die Leere des Nichtseins mit Sein füllt, und die tödliche Negation durch ihre dreifache Affirmation und das tödliche Nein durch ihr dreifaches Ja unwirksam macht. Löst man das Nichts, das man »Tod« nennt, aus dieser Fülle, ist es nicht einmal Nichtheit! denn die Nichtheit kann wie das kosmogonische Chaos Hesiods zumindest fruchtbarer Anfang, Einsetzung und stiftendes Prinzip sein. Im tiefsten Dunkel, sagt der Areopagit, leuchtet das göttliche Mysterium und entzündet sich, wie Böhme sagt, das Feuer der Freiheit: das geheimnisvolle Dunkel (δνόφος), einer durchsichtigen Nacht ähnlich, ist möglicher Reichtum und Versprechen unzähliger zukünftiger Bestimmungen; das Dunkel der Unwissenheit dürstet nach dem Licht. Deshalb spricht Dionysos Areopagita von einem »dunklen Lichtstrahl«, Gregor von Nyssa von einem λαμπρὸς γνόφος (leuchtenden Dunkel).[79] Sind solche Paradoxien nicht jeder apophatischen Theologie vertraut? Zu sagen, daß Gott dunkel oder daß sein Licht so gleißend und blendend sei, daß es unsichtbar zu sein scheint, ist das gleiche. Das hybride Bild

79 [Gregor von Nyssa:] *Leben des Moses* II, 163; siehe auch: Henri-Charles Puech: La Ténèbre mystique chez le Pseudo-Denys l'Aréopagite et dans la tradition patristique, [in:] *Etudes carmélitaines* [23] (1938), S. 33-53.

des Helldunkel oder der dunklen Helligkeit könnte den Widerspruch vielleicht aufheben; denn die Dämmerung, die die Synthese von Tag und Nacht ist, kann vielleicht mehr evozieren als die Mittagshelle; die Doppeldeutigkeit eines nicht wie bei Jesaja verborgenen, sondern wie bei Pascal halb verborgenen Gottes[80] enthüllt sich unserer Ahnung im Halbschatten des Zwielichts. Ist das göttliche Mysterium nicht halbe Ungewißheit und sozusagen nicht offensichtliche Offensichtlichkeit? Dies alles ist das Dunkel des Todes nicht. Der Tod ist so dunkel wie der tiefe See, von dem die Prosa der Dahingegangenen spricht. Im Gegensatz zur lichten Finsternis, die alles offenläßt, ist der Tod das absolute Dunkel. Erhellt er das Leben, so wie die übernatürliche Finsternis das Leben erhellt, indem sie es mit ihrem dunklen Licht erleuchtet? Er wirft vielmehr auf das, was lebt, im voraus die drohenden Schatten der Nacht.

In *De mystica theologia* ist nicht nur von der »Finsternis, die lichter ist als das Licht«, sondern auch von der »mehr als lichten Finsternis des Schweigens« die Rede.[81] Die Unterscheidung zwischen Nichtheit und Nichts kann in der Tat vom Visuellen ins Auditive transponiert werden. So wie das göttliche Dunkel für unsere Ahnung eine Art Halbschatten ist, in dem zahllos aufblühende Gestalten sich undeutlich enthüllen, so gleicht das göttliche Schweigen einem übernatürlichen Pianissimo, in dem das Ohr der Seele die geheime Musik und die geheimnisvollen Glocken der unsichtbaren Stadt vernimmt. Und umgekehrt ist das tödliche Schweigen ein absolut stummes Schweigen, so wie die tödliche Finsternis absolutes Dunkel und blinde Nacht ist.

Tödliche Stille und göttliches Schweigen sind einander entgegengesetzt wie das Unsägliche und das Unaussprechliche; denn Ἄρρητον und Ἄφατον[82] sind die beiden Arten, auf die ein Geheimnis sich dem Ausdruck verweigert. Das Unaussprechliche läßt sich nicht in Worte fassen, weil die Worte fehlen, ein so reiches Myste-

80 Jesaja XLV, 15; Blaise Pascal: Brief an Mlle. de Roannez, Oktober 1656 [in: *Pascal*, hg. v. R. Schneider, Frankfurt/M./Hamburg 1954, S. 255 f.].

81 [Pseudo-Dionysios Areopagita:] *Über die mystische Theologie*, [Stuttgart 1994] Kapitel I, 1025 B und Kap. II, 997 B.

82 [Gr. ἄρρητος: »unsagbar, unaussprechlich, unbeschreiblich«, sei es als geheim, heilig, sei es als gräßlich, abscheulich; ἄφατος: »unsagbar, entsetzlich, ungeheuer«.]

rium auszudrücken oder zu definieren, weil darüber unendlich viel zu sagen, unermeßlich viel anzudeuten und endlos zu erzählen wäre. Der Tod ist unsagbar, weil es über ihn von vornherein absolut nichts zu sagen gibt. Das Unaussprechliche entzieht sich insofern dem Ausdruck, als es sich unendlich ausdrücken ließe und ungezählte Wörter hervorriefe; da sich diese Sturzfluten von Wörtern aber gegenseitig aufheben würden, gelangen sie nicht zum Ausdruck. Das Unausdrückbare-Unaussprechliche ist wie das Unaussprechliche des Damascius[83] das Unbestimmte, in dem alle Bestimmungen virtuell enthalten sind und sich gegenseitig aufheben; das Unausdrückbare-Unsagbare hingegen ist rein ausschließender Natur. Die Dichtung oder die Schöpfung, die die Inspiration des Unaussprechlichen in uns hervorruft, verspricht uns eine glanzvolle Zeit der Dichtung und Meditation; denn dieses geflügelte Mysterium weckt geflügelte Gedanken: Erwartung, Geburt des Heiligen, Anfang und Aufstieg bringen die frühlingshafte Natur des Unaussprechlichen zum Ausdruck. In dieser Hinsicht ist der Tod absolut unpoetisch; alle Pläne, alle Hoffnungen verflachen in der Berührung mit der undurchdringlichen Wand des absolut »Unpoetischen«.

Unaussprechlichkeit und Unsagbarkeit hüllen sich beide in Schweigen; doch wie verschieden ist ihr Schweigen! Das Schweigen des Unaussprechlichen ist ein Präludium zu jenem verbalen Zustand, der das dichterische Wort einsetzt und auslöst: so ist das prophetische Schweigen beschaffen, in dem alles in Erwartung eines neuen Zeitalters in der Schwebe bleibt; dergestalt ist das Schweigen, das nie versiegende Dichtung und nie versiegenden Gesang ankündigt … Was sage ich! dieses Schweigen ist bereits Gedicht und Musik, ist stillschweigende Musik und stummes Gedicht, und beide sind in der fruchtbaren Tiefe des Chaos verborgen. Die Inspiration, die sprechen macht, die Inspiration, die dem Dichter die lyrische Macht des Verbs verleiht und die Einblasen des Lebenshauches ist, steht folglich im Widerspruch zur tödlichen Aushauchung: bezeichnet der letzte Atemzug nicht das Zurückfallen des Seins in das endgültige Verstummen? Ist das Wort nicht eine Form von ontischer und vitaler Bejahung? Gott und Tod sind Schweigen, und sie zwingen dem Lärm des Homo

83 [Damascius, Neuplatoniker des 5. Jh. n. Chr. aus der Schule von Alexandria.]

loquax[84] ihre Stille auf: angesichts des Allerheiligsten und des Leichnams verstummen die Schwätzer, und der Gesprächige unterbricht sich. »Wir müssen leiser sprechen ... Die Menschenseele ist sehr schweigsam ... Sie muß jetzt Ruhe haben«, sagt Arkel am Bett der Toten im fünften Akt.[85] Gott verlangt das gleiche Schweigen, doch im Hinblick auf die Sammlung. Wie das erhabene Schweigen der Nacht ist das Schweigen Gottes eine Stille voll entfernter Stimmen und unhörbarer Töne, die dem Menschen als Antwort auf seine Fragen etwas kaum Vernehmliches und Dunkles ins Ohr flüstern; und in der Stille der Nacht auch, als sie das Ohr an die Erde legt, hört die Fewronia Rimsky-Korsakows die Glocken von Kitesch läuten;[86] und in der Stille der Nacht beim Gesang der Nachtigall, beim Gemurmel der Eichen und beim Rauschen des weissagenden Laubs hören Liszt und Lamartine mit dem Ohr der Seele die unaussprechliche Musik: durch die Wohlklänge des Abends hindurch hören sie einen anderen Lobgesang, eine Andeutung von etwas ganz anderem, eine von anderswo herkommende Stimme. Die *Harmonies poétiques et religieuses*[87] sind ohne Zweifel eine solch unsichtbare Harmonie, eine solche Musik der Stille,[88] die erfüllt ist von Gemurmel und Gesang. Verleiht die gewaltige Fülle des göttlichen Schweigens der Sammlung des Menschen nicht einen konkreten Inhalt? Das Schweigen des Unaussprechlichen, durchsichtig wie eine Sommernacht und unzählbar wie das Sternengewimmel, beschwört das allgegenwärtige und unendlich kleine Leben, das sich in der Unermeßlichkeit des Universums verliert.

Das unaussprechliche Schweigen, das stumme Antwort ist, hat etwas Erhabenes, das unsägliche Schweigen hingegen flößt uns

84 [»Schwätzer«.]

85 [Von Maurice Maeterlincks (Libretto) und Claude Débussys Oper *Pelleas und Melisande*.]

86 [Nikolaj A. Rimsky-Korsakow: *Die Legende von der unsichtbaren Stadt Kitesch* (1902-04), Oper in 4 Akten.]

87 [Klavierzyklus von Franz Liszt, komponiert zwischen 1840 und 1852 nach einem Gedichtzyklus von Alphons de Lamartine von 1830.]

88 Federico Mompou: *Musica callada* [Klavierzyklus]; Mompou selbst erklärt, in der Wahl dieses Titels von der »Soledad sonora« des Johannes vom Kreuz inspiriert zu sein [: »La noche sosegada en par de los levantes del aurora, la música callada, la soledad sonora, la cena que recrea yenamora«; Juan de la Cruz: *Cantico Espiritual*, Strophe 14].

Angst und Schrecken ein. Im Gegensatz zum schweigenden Sternenhimmel beschwört das unsägliche Schweigen des Todes das furchterregende Schweigen der unendlichen Räume, das Pascal schaudern ließ;[89] hier bleibt unsere Frage ohne Antwort; hier verhallt unsere Stimme in der Wüste: der Tod, stumm und taub, erwidert unseren Ruf nicht, und der Dialog fällt in die hoffnungslose Einsamkeit des Monologs zurück. Mit dem, den niemals jemand sah und dessen Existenz oder Absurdität niemals bewiesen werden konnte, mit der göttlichen Doppeldeutigkeit also, sind alle Hoffnungen erlaubt und alle Enttäuschungen möglich, mit dem aber, der zu leben aufgehört hat und nicht wiedergeboren werden wird, ist einzig die Hoffnungslosigkeit möglich. Anstatt immer weiter in die durchsichtige Tiefe der Liebe vorzudringen, stößt der Mensch an die Mauer der Nichtheit.

Gott als das Unauslotbare und Unnennbare mag weitschweifigen Dissertationen wohl den Atem nehmen und sich durch seine Herrlichkeit der Alltagssprache entziehen, man kann vom göttlichen Ich-weiß-nicht-was gleichwohl stotternd sprechen, »balbuciendo«, wie Johannes vom Kreuz sagt.[90] Der Areopagit,[91] der die relative Prägnanz des Evangeliums bewundert, stellt fest, daß der Täufer immer lakonischer wird, je mehr er sich Gott nähert;[92] und in der Tat, je mehr man dem Überwesen entgegenstrebt, desto spärlicher werden die Worte; wenn die Seele auf dem Gipfel ihres Aufstiegs dann angelangt ist, fasert die Rede aus und wird zu einem bloßen Punkt, einem Punkt, der der äußerste Punkt einer Spitze ist; und dieser Punkt ist das Unaussprechliche. Wenn also die Verknappung des Logos ihren Höchststand erreicht hat, tritt Schweigen ein. Andererseits aber wollen die auf dem Gipfel der wissenden Unwissenheit zusammengedrängten und dicht gewordenen Worte nichts mehr, als sich in Rede zu ergießen. Wie der reißende Sturzbach über den Gebirgsabhang stürzt die Lawine der Wörter zu Tal. Das Überquellen in der Emanationslehre Plotins ist ein Bild für dieses Strömen. Der Gletscher des höchsten Schwei-

89 [Blaise Pascal: *Pensées*, Fragm. 206.]
90 [Juan de la Cruz: *Cantico Espiritual*, Strophe 7: »Un no sé qué que quedan balbuciendo«.]
91 [Pseudo-Dionysios Areopagita:] *Über die mystische Theologie*, a.a.O., Kap. I, § 3.
92 [Vgl.: Joh. I.]

gens hält die Wörter gefangen und ist zugleich die Quelle nie versiegender Ergüsse. In gleicher Weise, aber in anderen Bildern, ist das Unaussprechliche Gegenstand stummer Intuition: die geschwätzigen Erörterungen ballen sich zusammen und münden schließlich in den zugleich glühenden und eisigen Brennpunkt des dunklen Lichts; doch der Mensch, den die Dichte und Intensität der Intuition schweigen heißt, brennt darauf, zu sprechen und zu singen, denn die transdiskursive Intuition ist die Möglichkeit des endlosen Sprechens. Und wie der Augenblick des anfänglichen fiat eine Dauer in sich trägt, die die Zwischenzeit zur Entfaltung bringen wird, birgt auch die Intuition eine poetische Form in sich, die sich endlos als Diskurs entfalten wird. Der wortreiche Logos bildet also das Fundament einer Pyramide, deren Spitze die schweigende Intuition ist. Das Unaussprechliche ist das unausdrückbare Schweigen, das die Zungen löst und dem Dichter durch Eingebung oder unmittelbare Inspiration die Gabe des Gesanges verleiht. Es ist demnach nicht verwunderlich, daß Gott ein unerschöpfliches Thema der Weltdichtung ist. Ist er nicht derjenige, der »macht«, ποιεῖ? Ist er als der Erfinder der Welten nicht der größte Dichter? Und ist die Dichtung des Höchsten nicht ihrerseits der ewige Gegenstand aller Dichtung?

Ebenso wie Gott ist die Freiheit ein unaussprechlicher Gegenstand der Intuition, weil sie der virtuelle Ursprung aller Entscheidungen ist, die aus dem Willen entstehen. Sie erfindet unvorhersehbare Handlungen, die im Lauf des Werdens aufeinander folgen. Sie ist eine Quelle, die weder versiegt noch sich erschöpft, denn die Selbstheit braucht ein ganzes Leben, um das Mögliche zu entfalten; dies zu erzählen würde endlos dauern, und die geschichtliche Darstellung würde endlos darüber berichten müssen. Was sage ich! Endlose Berichte wären noch zu kurz für die zahllosen Ereignisse!

Die Liebe schließlich ist unaussprechlich, weil sie unauslotbar ist. Auch wenn sie die Menschen oft still macht, läßt sie sie doch bisweilen beredt werden und verwandelt jeden Liebenden in einen Dichter. Die Liebe ruft eine Art dichterischer Trunkenheit hervor. Εὐπορεῖ λόγων περὶ ἀρετῆς, sagt Diotima im *Gastmahl*.[93] Wenn, Platon zufolge, die Liebe Zeugung, κύησις, impliziert, ist sie dann

93 [Platon: *Symposion*] 209 b [: »Eine Fülle von Reden über die Tugend«].

nicht die schöpferische Kraft par excellence, ἐκ τοῦ μὴ ὄντος εἰς τὸ ὂν ἰόντι αἰτία?[94] Darin zumindest ist die Liebe buchstäblich »Poesie«, ποίησις; und umgekehrt sind die Dichter auf ihre Weise γεννήτορες, Erzeuger und Männer der Liebe. Die Liebe ist nicht nur im erotischen, sondern auch im poetischen Sinne Demiurg. Sie löst fruchtbare Begeisterung aus und gibt dem Menschen wohltönende Gesänge ein. Die Liebe ist nicht unsagbar, sie ist vor allem nicht mittelbar; sie ist sagbar, doch ist sie größer, reicher und tiefer als das Wort. Ich kann Ihnen nicht einmal eine Vorstellung vom Geschmack der in Tee getauchten Madeleine geben, ich kann es nur indirekt, indem ich durch den Zauber der Wörter Ihre eigene Erinnerung daran heraufbeschwöre. Wie sollte ich Ihnen eine Vorstellung vom fröhlichen Überschwang der Liebe geben, der sich mit dem unbeschreiblichen Duft vermischt, den der Flieder hat, wenn man zwanzig Jahre alt ist und die laue Frühlingsluft alle Wesen in Aufruhr versetzt? Es ist dies ein einzigartiges Geheimnis, von dem niemand eine Vorstellung zu vermitteln imstande ist. Es ist das Geheimnis einer Nacht in Prag. Hingegen kann ich dem anderen dazu verhelfen, seine Prager Gärten, die ebensogut irgendeine kleine Grünanlage in der Provinz sein können, in seiner eigenen Vergangenheit wiederzufinden. Der andere, gebannt von der Poesie der Erinnerung, läßt in sich den Zauber der Liebe wiederaufleben, der für jeden einzelnen unvergleichlich und doch bei allen ähnlich ist. Wie die Qualität ist die Liebe unaussprechlich, weil sie dem Liebenden zahllose Vergleiche, Analogien und Metaphern eingibt, mittels deren er den anderen eine Vorstellung von der Intuition zu geben imstande ist. Hier ist alles Anspielung; jeder einzelne dieser Vergleiche ist für sich genommen ungenügend, einseitig, ja sogar gefährlich, denn er kann denjenigen, der ihn wörtlich nimmt, bei ihm stehenbleibt und nicht über das Bild hinausgeht, in die Irre führen; doch die endlose Folge von Metaphern kann uns letztlich eine Ahnung des Geheimnisses vermitteln, so wie uns die Häufung in sich widersprüchlicher Bilder bei Plotin nach und nach eine Vorstellung von der irrationalen Intuition des Einen vermittelt. Obwohl es nicht der gleichen Ordnung zugehörig ist, kann man vom *Ganz-Anderen* eine Vorstellung vermitteln, indem man gerade von diesem *Ganz-Anderen* ausgeht:

94 [Ebd.] 205 b [: »Was für etwas Ursache wird, aus dem Nichtsein in das Sein zu treten«].

also ausgehend vom Roten das Gelbe, vom Violetten Fis-Dur und ausgehend von einer Sommernacht Des-Dur ahnen läßt! Die Vorstellungskraft setzt die Intuition in Gang, und die Intuition, indem sie den abrupten Sprung tut, den die Metaphern ihr eingeben, ergänzt auf Anhieb das Unaussprechliche und läßt es wiederaufleben.

Nun aber ist eine Intuition der tödlichen Unsagbarkeit oder eine Gemeinschaft mit dem Nichtsein nicht möglich. Der Duft einer Rose ist »unvergleichlich«, weil er allem ein wenig ähnlich und allem verwandt ist und die unerschöpfliche Vergangenheit der brüderlichen Erinnerung beschwört. Der Tod ist unvergleichlich, weil er absolut nichts und niemandem gleicht. Das Unsägliche des Todes ist ohnegleichen, ohne Bezug zu etwas und keiner endlichen Erfahrung angemessen. Wenn man vom Leben ausgeht, kann man vom Tod nicht einmal annähernd eine Ahnung vermitteln; nichts kündigt ihn an, nichts erinnert an ihn; von diesem Unvergleichlichen haben wir weder ein Vorgefühl noch einen Nachhall, haben wir weder Vorgeschmack noch Nachgeschmack. Erfahrungen, die sich im Zuge der Fortdauer wiederholen können, haben ein Echo oder eine Rückwirkung zur Folge, dank deren wir uns von ihrem Duft durchdringen lassen, ihren Geschmack kosten und ihre Süße herausdestillieren können. So spricht man etwa über die Nachkriegszeit. Der Morgen nach der Liebe, die Erinnerung an einen Rausch, die Nachwirkung eines längst versunkenen Frühlings sind Anlaß endlosen Wiederholens. Doch der Tod kennt kein Morgen ... Wie über diesen Augenblick sprechen, der kein Danach kennt? Die Letztheit des allumfassenden Unheils zerschmettert den posthumen Epilog, und dies im nämlichen Augenblick! Der Tod schließt jeden Rückblick und jede Erinnerung aus. Er schließt ebenso jede Antizipation aus. Es ist nicht nur nicht möglich, einem anderen eine Vorstellung davon zu geben, man selbst vermag ihn sich nicht einmal annäherungsweise vorzustellen. Der Tod ist keine Erfahrung im eigentlichen Sinne, die mitzuteilen ich nur nicht imstande wäre, er ist vielmehr etwas, das noch nie jemand erfahren hat, etwas, dessen Geschmack noch nie jemand auf der Zunge hatte und dessen qualitative Färbung nicht vorstellbar ist. Wenn die Intuition der Qualität nicht mitteilbar ist, so weil ich niemandem das einzigartige Geheimnis anvertrauen kann, in dessen Besitz ich bin. Niemand aber ist im Besitz des tödlichen Geheimnisses. Das Unsägliche hat weder Geschmack noch Würze, noch Geruch, während das Unaussprechliche dagegen Geschmack und Würze konzentriert enthält. Vielleicht läuft dies auf das gleiche hinaus, doch unterscheidet sich das Schweigen, das aus dem Unaussprechlichen resultiert, grundsätzlich von der Stummheit, zu der uns das Fade, Geruch- und Farblose verurteilt. Das Unaussprechliche macht stottern, das Unsagbare aber mit seiner leeren Eintönigkeit ist Anlaß endloser Wiederholung. Die Verlegenheit, in die uns das Unaussprechliche bringt, ist eine erfreuliche Weglosigkeit, die wir dem Überfluß unserer Mittel und der Qual der Wahl zu verdanken haben; das Unsägliche hingegen erstickt jeden Elan schon im Keim. Während das Unaussprechliche inspirierende Freigebigkeit bedeutet, ist das Unsägliche eher sterilisierende Dürre: das Geheimnis der Liebe befruchtet und bewegt den Geist und macht ihn dichterisch, die Gorgo der Unsagbarkeit hingegen versteinert und betäubt ihn. Man ist versucht, in den beiden den Gegensatz von Bezauberung und Behexung zu sehen: das eine befruchtet den Geist und macht ihn zum Schöpferischen fähig, das andere versteinert und bannt ihn wie durch eine Betäubung; denn das Unsägliche ist eher Verzauberung denn Bezauberung. Das Geheimnis des Unaussprechlichen verhält sich zur Magie des Unsäglichen wie der Zauber der Liebe zur Zauberei des Todes. Ist der Zauber nicht fruchtbare Positivität, Zukunftsversprechen und vor allem Vitalität? Denn gerade das lebendige Geschöpf, und allen voran die Frau, die Trägerin der Zukunft, bezaubert uns ja … Die Bezauberung durch die Unwissenheit, worauf sich das Unaussprechliche gründet, ist zugleich die Zauberquelle jeglichen Wissens: in dieser Bezauberung verbirgt sich das Unkenntliche, das Erkenntnis bringt, das Irrationale, das Wissen freisetzt, und das Geheimnis, das einzig dem Verständlichen einen Sinn geben kann. Wäre die wissende Unwissenheit des Unaussprechlichen nicht zufällig das, was man Erkenntnis nennt? Setzen wir nun der wissenden Unwissenheit des bezaubernden Unkenntlichen den hoffnungslosen Unverstand und die Vergeblichkeit des Sagens entgegen, worin uns die Behexung durch das Unsägliche einschließt. Das Unsägliche ist nicht wie der Eros Diotimas der Sohn des Überflusses und der Dürftigkeit,[95] es ist viel-

95 [Platon: *Symposion* 203 b.]

mehr reine Dürftigkeit, πενία παντελής, und absolute Armut: der fruchtbaren Einfachheit und wundersamen Armut des Kindes Eros setzt der Tod seine heillose Sterilität und die dumpfe Faszination des Undichterischen entgegen. Daher läuft die Philosophie des Todes Gefahr, nur stagnierende Tautologie zu sein. Und muß sie nicht auf der Stelle treten, da sie jede Entwicklung, jeden dialektischen Fortschritt ausschließt? Über das absolut »Unerzählbare« gibt es nichts zu erzählen. Diese Philosophie hat noch kaum begonnen, während sie schon am Ende ist; es ist, als wollte sie uns betäuben. Wenn es um den Tod geht, fallen Alpha und Omega zusammen, und das erste Wort ist *ipso facto* das letzte. Der Philosoph des Todes ist schon beim ersten Anlauf am Ende seiner Kunst. Der Tod sagt nein oder, besser, antwortet nicht, denn seine einzige Antwort ist quälende Stummheit. Jedenfalls verfügt das tödliche Nein nicht über das Beiwerk der Nuancen und Anspielungen wie das Nein des Unaussprechlichen, das über unzählige Vorbehalte und Unterschwelligkeiten hinweg letztlich »Ja« oder zumindest »Vielleicht« sagt und, auch wenn es nichts verspricht, Hoffnung zuläßt. Das Nein des Unsäglichen ist »tautegorisch« und adialektisch; es verlangt nicht nach Verständnis oder Interpretation, es ist auch nicht dazu da, positive Hintergedanken in uns aufkommen zu lassen. Das Nein des Unsäglichen ist das pure Nein; es sagt nein und damit Schluß, es schlägt die Tür hinter sich zu … Oder, anders ausgedrückt: das Nein des Todes, das eine kategorische Weigerung ist, setzt den Schlußpunkt unter unsere Abhandlungen und läßt unsere Rede vor Schreck erstarren.

Wir werden uns dennoch zu fragen haben, ob die Analogien, die, einzeln betrachtet, stets unzureichend sind, nicht doch in der Lage wären, uns letztlich so etwas wie eine Intuition des Todes zu vermitteln; ob der Tod nicht sozusagen »poetisiert« werden kann. Ist der Tod der Superlativ des Schmerzes? Ist er das umgekehrte Spiegelbild der Liebe? Ist er eine große Reise? Ist er ein tiefer Schlaf? An diese letzte Analogie lassen uns die »Wiegenlieder des Todes« von Mussorgski und Suk[96] und das symphonische Gedicht *Du berceau à la tombe* von Liszt denken.[97] Jede einzelne dieser

96 [Modest] Mussorgski: *Lieder und Tänze des Todes* II; Joseph Suk: *Ukolebavky*, op. 33, Nr. 6.

97 [Franz Liszt: *Du berceau à la tombe* (»Von der Wiege bis zum Grabe«, 1881-82).]

unwillkürlichen Analogien muß von der apophatischen Philosophie zurückgewiesen werden. Und doch stellen auch Eros, Algos und Hypnos derartige empirische Annäherungen dar, in deren Horizont man das metaempirische Geheimnis des Todes ahnen könnte.

Kann der Tod in irgendeiner Kategorie der Aussage gedacht werden? Eigentlich ist das Wort »Kategorie« hier schlecht gewählt, da Kategorien Umstandsbestimmungen der Prädikation sind, und der Tod, wie Gott, nicht vorhersagbar ist. Der Tod ist außerhalb jeder Kategorie; im absoluten Nein des Unsäglichen sehen sich alle positiven Bestimmungen vernichtet. Kategorien dienen zur Klassifizierung und Einordnung gewisser Bestimmungen je nach der betreffenden Befragung dieser Bestimmungen. Der Tod eines Menschen aber ist ein unvergleichliches und in seiner Art einzigartiges Ereignis und eine solitäre Ungeheuerlichkeit; diese nicht zu klassifizierende und nicht zu vergleichende Negation des eigenen Seins ist auf einer ganz anderen Ebene angesiedelt als der Rest und mit dem Rest in keiner Weise zu vergleichen. Indem sie uns zwingt, in jeder Hinsicht bis zum Äußersten zu gehen, sprengt die absolute Vernichtung jede Form von Kategorie.

Gestehen wir es endlich: Der Tod läßt sich nicht in eine abstrakte, bereits bestehende Kategorie fassen, wie man zum Beispiel eine Art zu einer bestimmten Gattung zählt oder eine einzigartige Erfahrung mit den vorhandenen Maßstäben der Erfahrung schlechthin mißt. Der Tod ist mit den anderen Ereignissen der Dauer nicht vergleichbar, da er diese Dauer ja erwürgt; der Tod ist einer anderen Ordnung, einer anderen Welt, einer anderen Ebene und einem andern Maßstab zugehörig. Der eigene Tod kann daher nicht unter eine begriffliche Rubrik subsumiert werden. Andererseits ist der Tod auch keine Kategorie neben anderen Kategorien, keine Kategorie, unter die man Erfahrungen fassen und einordnen könnte – wir werden dies im Zusammenhang mit dem Augenblick noch zeigen. Die Kategorie der Qualität, die wenigstens in der Vorstellung besteht, erlaubt, die Zusammengehörigkeit der wahrgenommenen Qualitäten zu begreifen: obwohl sie nicht direkt erlebt wird, macht sie die Tonlage der Klänge und Farben deutlich. Der abstrakte Ort selbst ist kein Gegenstand der Erfahrung, er zeigt aber an, wie die Lage eines lokalisierbaren Gegenstandes im

Raum auszumachen ist. Die leere Zeit wird nicht direkt wahrgenommen, doch macht sie in jeder Minute die konkrete Veränderung und den steten Wechsel der Gegenwart, die Abfolge von vorher und nachher begreiflich. Was aber macht mir der Tod begreiflich? Der Ort kann als Raum begriffen werden, der mit konkreten Inhalten versehen ist, die Dauer als Zeit, die aus erlebten Ereignissen besteht ... Das Leben aber ist kein mit Sein gefüllter Tod. Der Tod ist mehr als Verneinung des Lebens, denn er vernichtet es; da er es tötet, ist er mehr als nur ein Widerspruch des Lebens. Die Beziehung des Seins zur Nichtheit oder der Dauer zum Abbruch ist nicht, wie etwa die Beziehung des konkreten Werdens zur abstrakten Zeit, die Beziehung eines Mehr zu einem Mehr oder gar eine umgekehrte Beziehung, sie ist vielmehr die Beziehung eines Mehr zu einem Minderen. Der Tod, so sagten wir, trägt nicht das gleiche Zeichen oder den gleichen Sinn wie die positive Fülle der erlebten Erfahrungen, sondern hat ein anderes Zeichen und einen anderen Sinn. Daher kann er diese Fülle auch nicht begreiflich machen, im Gegenteil, er macht sie eher unbegreiflich!

Zweites Kapitel
Das Organon-Obstaculum

1. Das kurze Leben

Zweifellos würde die Feststellung genügen, daß der Tod nicht nur die Nichtheit unseres leiblichen Seins, sondern auch das Nichts und gar das Niemals-mehr unserer psychosomatischen Ganzheit ist; damit ist alles gesagt, und nachfolgende Negationen werden überflüssig; danach wird die Präzisierung, daß das sterbliche Nichts um so mehr Verhältnis und Wechsel, Ort und Zeit ausschließen muß, unnötig. In gewisser Hinsicht jedoch ist es aber vielleicht nicht unzulässig, vom letalen »Apriori« zu sprechen: der *Sterbliche* ist, noch lange bevor er *sterbenskrank* ist, *todgeweiht*, das heißt ausersehen zu sterben. Der Lebende ist vom Augenblick seiner Geburt an zum Tode verurteilt; von Anfang an sind seine Konstitution und sein Lebensrhythmus, seine verschiedenen Lebensalter und die großen biologischen Veränderungen auf die begrenzte Dauer eingestimmt, die der menschlichen Gattung zugeteilt ist. Das gegenwärtige Sein des Menschen ist durch die Tatsache, daß er eines Tages, irgendwann einmal, zu leben aufhören wird, paradoxerweise einer Verminderung unterworfen; das Ende, das vielleicht in dreißig Jahren eintreten wird, verändert dieses Sein von Anfang an, obwohl es noch nicht in seine gegenwärtige Morphologie eingeschrieben ist; mehr: der heutige Tag wäre ohne den noch weit entfernten Tod nicht, was er ist! Der Tod ist nicht das schlichte, endgültige Ende des Lebens, sondern der vorher kommende Ausgang des Lebens. Die schon lange vorausgefühlte, letzte Zukunft alles Zukünftigen wirkt auf unsere Gegenwart gewissermaßen zurück; die Antizipation des Endes alles Endlichen wirft auf die ihm vorausgehende Dauer ein ganz bestimmtes Licht. Die Vorstellung, daß der Tod die Sinnlosigkeit des Lebens, die Unbeständigkeit unseres ganzen Seins, die Widerruflichkeit des Werdens und die Vergeblichkeit alles Menschlichen schlechthin ist, macht uns das Dasein gewiß nicht verständlicher, sie verleiht ihm aber Färbung und Prägung *sui generis*; als ob das Leben noch Leben wäre ohne eine gewisse Dosis Sinnlosigkeit! Dieses äußerste Paradox einer sinnvollen

Sinnlosigkeit hüllt sich jedoch in ein Geheimnis, das das Apriori nicht enthält. Wir sagen: das gnoseologische Apriori ist das Unerkennbare, das Erkenntnis bringt, das Undenkbare, das die Bedingung für jegliches Denken ist, die dunkle Quelle des Lichts ... Der Tod hingegen ist in keiner Weise die Quelle, auch nicht die dunkle Quelle, des Glanzes! Der Tod ist nicht nur das Unbegreifliche – denn dann wäre er ja nur, was nicht gedacht werden kann –, er ist auch das Unlebbare, das, was dem Leben widerspricht und es vernichtet: der Tod ist das Absurde. Die Tatsache, daß der Sinn des Lebens ausgerechnet aus diesem Widerspruch erwächst, hat etwas Irrationales. Man kann sogar sagen, daß der Tod dem Leben eine Form aufzwingt, obwohl der Tod selbst formlose Form ist, die die Zersetzung der organischen Form bewirkt; die Energie, die während des Daseins die unbeständigen und anfälligen Strukturen, genannt Organe und Gewebe, speiste, versiegt; an die Stelle des Körpers tritt der Leichnam, der nicht mehr imstande ist, seine Gestalt zu bewahren. Der Tod ist das Gespenst der Gestaltlosigkeit, das als Drohung über unserem Dasein schwebt. Doch paradoxerweise erhält die drohende Rückkehr zum Gestaltlosen das Leben in seiner Spannung! Die drohende Gestaltlosigkeit ist nicht die Gestalt des Lebens, sie erhält vielmehr das Leben in seiner Gestalt. Auf die Gefahr hin, positiv und negativ umzukehren, definierte Bichat das Leben als »das Zusammenspiel von Funktionen, die dem Tod Widerstand leisten«.[1] Die vitale Positivität kann in der Tat als fortwährende Negierung der eingeschriebenen Negation betrachtet werden: doch diese Negation bleibt in der täglichen Bejahung des Daseins meist unbemerkt, es ist, als achte eine biologische Finalität darauf, sie im Unbewußten so tief wie möglich unter Verschluß zu halten. Was gemeinhin unbemerkt bleibt, kann jedoch durch Schmerz und Krankheit zutage treten; in dem Augenblick, da die implizite Negation lebensbedrohlich wird, verwandelt sich der Widerstand gegen die Negation in verzweifelte Auflehnung: die Lebensgefahr, die den Selbsterhaltungstrieb weckt, macht die ständige Verfallsdrohung, die über den lebendigen Strukturen schwebt und ihr fragwürdiges Gleichgewicht schließlich zerstören wird, offensichtlich; der Lebende wehrt sich gegen die äußerste Antithese und verteidigt im biologischen Auf-

1 [Xavier Bichat: *Physiologische Untersuchungen über den Tod*, Leipzig 1912.]

ruhr seines ganzen Wesens erbittert die plötzlich angefochtene organische Gestalt.

Allgemeiner ausgedrückt: Das Vorwissen vom Tode passioniert, pathetisiert und dramatisiert die endliche Dauer, die das Schicksal uns zumißt. Die Unendlichkeit der Zeit wird ebensowenig erlebt wie die Unendlichkeit des Raums. Und wie der konkrete Raum, von dem Bachelard in seiner *Poetik des Raumes*[2] spricht, ein in sich abgeschlossener Ort, ein Haus oder das angestammte Dorf ist, wo der Mensch seinen Wohnsitz aufschlägt und sein Nest baut, ist die konkrete Zeit eine vom Tod abgesteckte, abgerundete und stilisierte Zeit; denn es gibt sehr wohl eine »Poetik« der Zeit! Wir haben nicht die Ewigkeit vor uns. Wir sind nicht in eine unbestimmte Dauer gestellt oder in eine anorganische und gestaltlose Zeit getaucht, deren Ende sich irgendwo am Horizont verliert. Nein! die Lebenszeit ist nicht diese gestaltlose Zeit … »Tanquam semper victuri vivitis«,[3] doch Seneca wendet sich hier an Gespenster. Die Lebenszeit ist eine begrenzte Zeit, der gerade ihre Endlichkeit eine Organisation, Bestimmung und Abfolge von Augenblicken verleiht: die Lebenszeit drückt sich als Zeitabschnitt aus. So wie sich aufeinanderfolgende Perioden und Episoden von der übergeordneten Lebenszeit abheben, so erscheint diese übergeordnete Zeit ihrerseits, diese Zeit aller Zeiten, die eingezwängt ist zwischen Geburt und Tod, wie eine Episode in der Ewigkeit der Nichtheit: die beiden Nichtheiten, in deren Umklammerung sie sich befindet – die Nichtheit vor dem Anfang und die Nichtheit nach dem Ende –, machen aus der übergeordneten Zeit eine mit Wirbeln durchsetzte, mit einem Skelett versehene, strukturierte Zeit, in der sich die kleinen, untergeordneten Zeiten unendlich artikulieren. Ähnlich der gegenwärtigen Gestalt einer Person, die wie eine aus der Unendlichkeit des Raumes herausgeschnittene Einfriedung ist, stellt das persönliche Leben einen Werdegang von einigen Jahrzehnten dar, der in die Unermeßlichkeit des Ozeans der Ewigkeit eingeschrieben ist. Die Endlichkeit, das heißt die ungreifbarste und neutralste Sache der Welt mit der lächerlich geringen Dauer, ist es, die der nackten Zeit ihren Wert verleiht! Ist die Zeit nicht das Gegenteil einer Ware? Aber wenn die Zeit schon nicht Geld »ist«, so kann sie doch die aus-

2 [Gaston Bachelard: *Poetik des Raumes*, Frankfurt/M. 1987.]
3 [»Ihr lebt als ewig Besiegte«; Seneca: *De brevitate vitae* 4, 2 f.]

gezeichnete abstrakte Grundbedingung jeglicher Bereicherung sein. Seit Seneca[4] ist sich die Philosophie des Zeitwerts bewußt und verschmäht nicht mehr seine ökonomische Reglementierung und seinen »richtigen Gebrauch«. »Non exiguum temporis habemus, sed multum perdidimus. Satis longa vita ... Non accepimus brevem vitam, sed fecimus.«[5] Seneca, der den Leichtfertigen vorwirft, einen solchen Schatz zu vergeuden (»re omnium pretiosissima luditur«[6]), empfiehlt, über die Tage Buch zu führen: »Recense vitae tuae dies.«[7] In der christlichen Philosophie steht die Vorbereitung auf das ewige Leben für den richtigen Gebrauch der Zeit. »Nichts ist kostbarer als die Zeit, denn mit einem einzigen Augenblick kann man sich den Genuß einer ruhmvollen Ewigkeit erwerben.«[8] Nicole, der die Einteilung des Tages durch einen strengen Stundenplan festlegt, verurteilt den eitlen Zeitvertreib und das, was Seneca »temporis jactura«[9] nannte. »Der Tag wird kommen«, sagt Fénelon, »da uns eine Viertelstunde wertvoller und wünschenswerter erscheint, als alles Glück der Welt. Gott, der freigiebig und großmütig in allem andern ist, lehrt uns durch die weise Einrichtung der Vorsehung, wie sehr wir auf den richtigen Gebrauch der Zeit bedacht sein müssen, da er uns niemals zwei Augenblicke zugleich gibt und uns den zweiten erst gewährt, nachdem er den ersten zurückgezogen hat und den dritten noch in der Hand behält, wobei völlig unklar ist, ob wir ihn haben werden. Die Zeit ist uns gegeben, damit wir mit der Ewigkeit behutsam umgehen; und die Ewigkeit wird nicht zu lang sein, um den Verlust an Zeit zu bereuen, wenn wir sie mißbraucht haben.«[10] Das Aufholen der

4 [Seneca:] *De brevitate vitae* 1, 3; siehe Nicoles Kommentar: »Réflexions sur le traité de Sénèque: ›De la brièveté de la vie‹« [in: Pierre Nicole: *Œuvres philosophiques et morales*, Hildesheim 1970].

5 [»Wir haben nicht wenig Zeit – nur vertan haben wir viel davon. Das Leben ist lang genug ... Wir haben kein kurzes Leben bekommen, sondern wir haben es kurz gemacht«; Seneca: *De brevitate vitae* 1, 3-4.]

6 [»Mit dem Allerkostbarsten treibt man ein Spiel«; ebd., 8, 1.]

7 [»Zähle die Tage deines Lebens«; ebd., 7, 7.]

8 Der Pater Nicolas du Sault: *Adresse pour chercher Dieu par les voies naturelles et surnaturelles*, [Paris] 1651.

9 [»Zeitverschwendung«; Seneca: *De brevitate vitae* 3, 1; Pierre] Nicole: »De l'usage du temps« (Essai, posthum) [a. a. O.].

10 [François de] Fénelon: *Réflexions saintes pour tous les jours du mois*, 27. Tag [in: *Œuvres*, Paris 1982-97].

»verlorenen« Zeit hat also einen Sinn. Die Zeit, die geschmackloser, geruchloser und farbloser als reines Wasser und ungreifbarer und unwägbarer ist als atmosphärische Luft, bekommt einen unschätzbaren Wert, wenn sie uns spärlich zugeteilt wird. Der in der Wüste Verschmachtende gäbe zweifellos alles Gold der Welt für einige Tropfen Wasser, die in einer Phiole übriggeblieben sind, und was gäbe der zum Tode Verurteilte nicht alles für einige Augenblicke Aufschub? So wie die Seltenheit und, am Rande des Nichts, die Einmaligkeit, die das Fast-Nichts ist, die Dinge verteuern und ihnen einen Wert verleihen, so werten die Kürze der Frist und letztlich der auf Einmaligkeit angelegte Augenblick, der das Fast-Nie ist, das Werden auf; denn ebenso wie der »Hapax«[11] die äußerste Spitze und der absolut seltene Superlativ der Ausdünnung ist, so ist der Augenblick das Quasi-Inexistierende und das zweifelhafteste Ereignis überhaupt. Was sage ich! Das Fast-Nichts an Dauer, die wie eine entschwindende Erscheinung ist, ist viel näher beim Inexistierenden als die individuelle Haecceitas![12] Derjenige, dem eine Viertelstunde mehr gewährt wurde, darf diese kostbaren fünfzehn Minuten nicht verschwenden, denn die Zeit drängt! Wie soll aber der, der nur über einen einzigen Augenblick verfügt, diesen Augenblick nutzen? Was wird er aus diesem winzigen Aufschub machen, um nicht auf ewig seine letzte Chance zu verspielen? Nun kann es vorkommen, daß ein Augenblick ohne Dauer den Wert eines langen Intervalls in sich konzentriert und in einem Minimum an Zeit ein Maximum an Leidenschaftlichkeit erzeugt ... Es kann vorkommen, daß sich ein stetiger und mehr oder weniger vorhandener Genuß plötzlich im Brennpunkt einer blitzartigen Freude verdichtet. Das leidenschaftliche Konzentrat des punktuellen Augenblicks ist in diesem Falle mehr wert als Jahre friedlichen Glücks! Was aber ist das Leben, das sich im Meer der Ewigkeit verliert, anderes als ein großer »Augenblick«? In dem Maße wie die Jahrhunderte einander ablösen und das Vergessen sein Werk tut, wird die Biographie des Dahingegangenen zunehmend zweifelhafter und beginnt sich zu verlieren: von dem, was einmal ein Leben war, bleibt kaum etwas, kaum eine Spur ... In unserer Beziehung zum anderen ist es gerade die Hinfälligkeit oder Labilität des Werdens, die uns das geliebte Wesen so kostbar

11 [Altgr. ἅπαξ: »(nur) einmal, ein für allemal«.]

12 [»Diesheit«.]

macht, und sie erklärt auch unsere grenzenlose Freude an der vergänglichen und sehr zerbrechlichen Unschuld des Kindes, unsere fast krankhafte Zuneigung zu dessen Widerruflichkeit und unbefangener Frische. Wir können diese Unschuld nicht ewig hegen, pflegen und schützen! Wie das Unendliche ins Endliche fassen, wie die Intensität und Tiefe der Liebe in die lächerlich kurze Zeit, die die göttliche Zeit der Kindheit ist, einschließen? Wie die Ewigkeit durch Leidenschaft ersetzen? Was aber vor allem von der faszinierenden Todesdrohung befruchtet wird, ist das eigene Leben. Der Mensch der Tat würde ohne das Fallbeil des Verfallstags mit seinen Unternehmungen nie zu einem Ende gelangen, der Schaffende würde ohne die zeitliche Begrenzung sein Werk nie beenden, und der Lebende im allgemeinen würde nichts fertigstellen, wenn ihm nicht der Tod auf den Fersen wäre und er sich nicht vom unheilvollen Ende und der intuitiven Vorahnung seines kurzen Werdegangs gedrängt fühlte: dem Vorläufigen ausgeliefert und doch über eine gewisse Frist verfügend, wird der auf Bewährung Verurteilte zu großen Dingen fähig. Die unsichtbare Negation, die über dem menschlichen Leben schwebt, nährt in uns eine Besorgnis, eine Verblüffung und einen Zustand des Unbehagens, der der fruchtbaren Weglosigkeit, in die Sokrates seine Gesprächspartner stürzte, ziemlich ähnlich ist. Wer weiß, ob nicht gerade die Vorahnung des Todes dem kurzen Leben sein übereiltes Tempo, seinen raschen und nervösen Rhythmus, seine pathetische Intensität gibt? In einer solchen Fulminanz ist vielleicht das Leben eines Chopin oder Puschkin verlaufen ... Es ist zwar richtig, daß das Genie, während es sein kurzes Leben lebt, dessen Kürze nicht unbedingt voraussieht: erst im nachhinein und in der vollendeten Zukunft, kurz: den anderen, dem überlebenden Bewußtsein und denjenigen, die am Leben bleiben, erscheint dieses Leben kurz ... Doch das wissen Biographen und Zeugen erst hinterher! Solange der Lebende am Leben ist, weiß er nicht, daß sein Leben kurz sein wird: für den, der lebt, ist das Leben, was es ist, weder kurz noch lang; und wenn der vorzeitige Tod, der viel zu früh gekommen ist, die Kürze dieses kurzen Lebens besiegelt hat und es sich herausstellt, daß dieses kurze Leben wirklich kurz gewesen ist, dann gibt es den Lebenden nicht mehr, in dessen Bewußtsein dies dringen könnte ... Und doch scheint alles darauf hinzudeuten, daß das kurze Leben des Genies das Werk eines langen Werdegangs in wenigen Jahren vollenden muß: die Entwicklungszeit ist kurz, die Vollkommenheit früh erreicht und die Zeit des suchenden Umhertastens auf ein Mindestmaß beschränkt; es ist, als ob eine heimliche Hast das Werden dieses glühenden Lebens vorwärtstreibe und seine Lebensphasen zusammendränge.

2. »Weil« und »obwohl«: Endlichkeit, Leiblichkeit und Zeitlichkeit

Es gehört zur Vereinfachung, das heißt zu jedem eingleisigen und einseitigen System, die Doppelsinnigkeit des tödlichen Apriori zu verkennen. Dieses Apriori aber unterhält zum Leben eine zugleich kausale und konzessive Beziehung. Das Leben behauptet sich *trotz* des Todes, gegen den Tod und ohne Rücksicht auf den Tod, und doch ist das Leben erst Leben, *weil* es zum Tode verurteilt ist. Der Tod ist das Organon-Obstaculum[13] des Lebens. Das Leben umgeht weder das negative Hindernis des Todes, noch verwandelt es die Behinderung in ein Instrument, um sich als lebendig zu erweisen; der Tod ist nicht zum einen Hindernis und zum andern Instrument ... nein! Das Hindernis selbst ist ganz und gar Mittel, das Impediment Instrument: »quanquam« und »quoniam«[14] bringen beide gleich gut die Alternative, den unlösbaren Widerspruch und die paradoxe Beziehung des Lebens zu seiner Negation zum Ausdruck. Wie in den Fällen, in denen der Einwand gerade der verwirrende Grund ist (»credo *quia* absurdum« und nicht etwa »*quamvis* absurdum«, »certum *quia* impossibile« und nicht etwa »*etsi*«[15]), behauptet und bejaht sich der lebende Mensch nicht nur trotz des tödlichen Hindernisses, gegen das er sich auflehnt, sondern auch *ipso facto* dank des Hindernisses. Und doch verhindert dieses Daseinsbedingung gewordene und zugleich von außen einfallende und immanente Hindernis unablässig, was es selbst ermöglicht. Soll man hier von einer zynischen und etwas ironischen Herausforderung an das Prinzip des Wider-

13 [»Instrument« und »Hindernis« zugleich.]
14 [»Obwohl« und »weil«.]
15 [»Ich glaube, *weil* es absurd ist«, und nicht etwa »*obwohl* es absurd ist«, »es ist sicher, *weil* es unmöglich ist«, und nicht etwa »obwohl« es unmöglich ist.]

spruchs sprechen oder von einer bewundernswert erfinderischen Ökonomie, die das Nichtsein in den Dienst der Seinsbejahung stellt? Auf die gleiche Weise bedient man sich der Wasserfälle, um Turbinen anzutreiben und die zerstörerische Kraft der Sturzfluten in Antriebskraft zu verwandeln: die bezähmte Gewalt schlägt um in Gehorsam ... Das Organon-Obstaculum aber ist kein Ingenieurstrick, der die feindlichen Kräfte in den Dienst des Menschen stellt. In Wahrheit ist die Doppeldeutigkeit des Organon-Obstaculum unendlich und seine Dialektik nicht aufhebbar. Der Geist sieht sich von Widerspruch zu Widerspruch geworfen und kann sich nicht festlegen. Wenn uns einzig das Hindernis ein lächerliches Leben möglich macht, so hindert uns doch stets und auf tragische Weise das Organ daran. In einem Wort: der Mensch braucht das Gift, an dem er stirbt; er braucht die Sterblichkeit, um zu leben! Ironie oder Ökonomie, das spielt hier keine Rolle. Ist der Lebende nicht wie süchtig nach seinem süßen Gift, nach dem verwirrenden Dilemma eines zugleich vitalen und mörderischen Todes?

Der Leib zum Beispiel ist das Organon-Obstaculum der Seele. Die Seele wiederum stört das reibungslose Zusammenspiel der Organe, indem sie sich ihrer bewußt ist, zugleich aber ist sie das lebendige Prinzip, ohne das das leblose Fleisch Aas wäre; umgekehrt beschwert, entstellt und leugnet das Fleisch den Geist und bietet doch zugleich der schmachtenden Seele in der und durch die Verkörperung die Möglichkeit einer persönlichen und determinierten Existenz; der Leib ist also auf seine Weise der Tod des Lebens der Seele und in gewisser Weise auch der vitale Tod dieses Lebens: der Leib ist die aufgehobene und bezwungene Seele, um in dieser Aufhebung zu existieren. Unter Umständen aber kann das Organon-Obstaculum mehr Hindernis als Organ sein; dies ist der Fall bei einem Versagen oder bei Ungeschicklichkeiten, wenn der Leib zu einer leblosen, dem Geotropismus unterworfenen Masse wird; dies ist der Fall bei Schmerz und Krankheit, wenn sich das Hindernis verhärtet und der Leib nur noch eine Wand ist, die sich unserer Freiheit entgegenstellt. Im allgemeinen ist das Organon-Obstaculum vor allem ein betroffenes und kompliziertes Organ: so ist das Gehirn das organische Hindernis des Denkens, das Auge das organische Hindernis des Sehens und die Sprache das organische Hindernis des Sinns; Georg Simmel beschrieb in der *Tragö-*

die der Kultur[16] eine ähnlich dialektische Ambivalenz: wenn der Geist sich ausdrücken will, braucht er Zeichen, diese aber leugnen und behindern ihn, obwohl sie ihm dienen; kraft welcher eigenartigen Laune des Schicksals kann sich der Sinn nur unter Hemmungen ausdrücken? Das aber ist, was man die Kunst des »Stils« nennt ... Das Werk verleugnet den Schöpfer, der es hervorgebracht hat, und doch gäbe es ohne Schöpfung auch keinen Schöpfer; ebenso sieht sich der Erzeuger von seiner undankbaren Nachkommenschaft verleugnet. Das ist nicht alles: Die Schrumpfung oder Verengung der individuellen Existenz ist die Bedingung für jedes echte und determinierte Leben; es ist eine hinderliche und doch determinierende Bedingung, gerade weil sie hinderlich ist! Ist die Beschränkung nicht der Preis, den es hienieden für das eigene Leben zu bezahlen gilt? Muß man nicht Ballast abwerfen, um intensiv zu existieren? Denn man kann nicht gleichzeitig jemand und alle Welt sein! Wer alles ist, ist nichts! Die Person ist das Paradox der negativen Positivität und des begrenzten Unendlichen. Wer akzeptiert, wenig zu sein, nur das zu sein, was er ist, wird »zumindest« hier und jetzt *ein wenig*, wird dieser und nicht etwa jener sein. Er wird sich nicht im Unbestimmten auflösen. Dies gilt auch für die Kunst, vor allem für die Bildhauerei: der Widerstand der Materie ist das hemmende Instrument der Form, die die Hand des Künstlers dem sich widersetzenden Marmor entreißt; denn man modelliert ja nicht Wolken! Dichtung und Musik erfinden ihrerseits schwierige Probleme, erlegen sich die überflüssigen Regeln des Sonetts und die oft willkürlichen Verbote von Fuge und Kontrapunkt auf und schließen sich in die Beschränkung eines streng reglementierten Spiels ein, um eine Daseinsberechtigung zu haben. Nietzsche nennt dies *in Ketten tanzen*.[17] Der Künstler braucht die Fesseln seiner Anagramme und Kalligramme, um sich frei zu fühlen. Die Schwerkraft bedingt durch ihre hemmende Wirkung die Anmut der Tänzerin und die von Erfolg gekrönte Mühe des Bergsteigers. Ebenso ist der Triumph

16 Das ist das, was Berdjajew »Objektivierung« nennen wird [vgl.: Georg Simmel: Der Begriff und die Tragödie der Kultur, in: *Philosophische Kultur*, Leipzig 1919].

17 [Friedrich Nietzsche: Der Wanderer und sein Schatten 140 (*Menschliches, Allzumenschliches* II, 2. Abt.), in: *Kritische Studienausgabe*, Berlin/New York 1988, Bd. 2, S. 612.]

des Virtuosen ein Sieg über Müdigkeit und Langsamkeit, über die Reglosigkeit der Muskeln und Trägheit der Organe … Durch eine Kippbewegung, worin man die fundamentale Alternative erkennt, wird die Schwerkraft paradoxerweise zum Organon-Obstaculum der Aufwärtsbewegung. Verlangt der Elan, ορμή, nicht geradezu nach einem Gegengewicht? Einzig die stumme Dichtung und Musik der Engel weiß vielleicht nichts von der lebenswichtigen Beschränkung …

Der Trotz-Weil-Komplex hat je nachdem, ob es sich um den Tod oder um den Leib handelt, einen anderen Akzent. Der Organismus und seine Organe sind das Organon-Obstaculum des Geistes, doch sind sie (wie die Wörter schon sagen) mehr Organ denn Hindernis: hier ist das »Trotz« paradox, esoterisch und zweitrangig, das »Weil« aber fordert im Todesfalle den gesunden Menschenverstand heraus. Der Leib ist nur indirekt und zeitweilig die Negation der Seele; er ist eine vorläufige und lokale Unterbrechung des geistigen Lebens. Der Organismus ist zuallererst die Ganzheit der natürlichen Instrumente und Werkzeuge, die dem Individuum Leben möglich machen. Die Offensichtlichkeit des Leibes, das Volumen, das er im Raum besetzt, sind anscheinend das Kennzeichen einer unzweideutigen Positivität. Bergson, der Theoretiker des Organon-Obstaculum, des Virtuellen und Unausdrückbaren, hebt die Zweitrangigkeit der Negation und den phantasmatischen Charakter der Möglichkeit hervor und vertreibt darüber hinaus die Todesangst. Zweifellos ist das Organ Bergson zufolge[18] eher ein umgangenes Hindernis denn ein angewandtes Mittel, eher Negation denn positive Realität; ohne Zweifel ist das Auge eine Art »kanalisierter Sicht« … Es ist aber nicht weniger zutreffend, daß sich die Sehwerkzeuge zunächst als ein »Mehr«, als ein Mittel zum Sehen und als physische Voraussetzung der visuellen Funktion darstellen und daß allem Anschein nach nur ein verdrehter Geist das Gegenteil behaupten kann! Gleichermaßen drücken nach üblicher Auffassung die Sprachzeichen den Sinn direkt aus und unterhalten mit ihm eine einfache und selbstverständliche Beziehung. Lassen sie den Sinn entgleisen oder führen sie zu Mißverständnissen, so tun sie das erst in zweiter

18 [Henri Bergson:] *Evolution créatrice*, [Paris 1969,] S. 94-95 [dt.: *Schöpferische Entwicklung*, Jena 1930].

Linie; Wörter sind grundsätzlich ein Kommunikationsmittel und ein Mittel, um sich verständlich zu machen; der Sinn springt also dank und nicht trotz der Sprache von einem Geist zum anderen über: dies zumindest ist das Postulat eines naiven Vertrauens, das weder von der Verzerrung der Lüge noch von der Qual des Unausdrückbaren etwas weiß. Die Sprache steht dem hegemonialen Denken theoretisch zur Verfügung, wie das Steuer dem Piloten, die Violine dem Geiger, die Orgel dem Organisten und das Instrument dem Instrumentalisten zur Verfügung steht. Die klangliche Positivität der Wörter müßte demnach ebenso wahrhaftig sein wie die optische Positivität der farblichen Erscheinung oder der Morphologie; denn nur für einen komplizierten und etwas verdrehten Geist, nur für einen Dichter oder die philosophische Reflexion drückt sich der Gedanke trotz der Sprache aus und wird vom Organon-Obstaculum deformiert und gebrochen. Der Einfältige vermutet unter dem eindeutigen Organ noch nicht die Doppeldeutigkeit des Organon-Obstaculum. Allgemeiner gesprochen: die persönliche Existenz als die Verkörperung einer Anwesenheit wird direkt und unmittelbar als affirmative Fülle erlebt: sie ist, was dem Wesen zu sein und ganz es selbst zu sein erlaubt. In der kreatürlichen Endlichkeit macht das unbefangene Bewußtsein nicht wirklich die primäre Erfahrung der Negation und des Mangels, es empfindet nicht direkt den Verzicht, ein anderer zu sein, oder die Verhinderung, sich anderswo zu befinden, und fühlt nicht eigentlich die Unmöglichkeit, alle anderen, überall und immer zu sein: nein, Anwesenheit ist nicht zuerst Negation der Allgegenwärtigkeit, Gegenwart nicht die Negation der Allgegenwart und Individualität nicht die Negation der Totalität, Anwesenheit ist vielmehr Anwesenheit, und Gegenwart ist Gegenwart ohne Bezug auf Ubiquität, Ewigkeit und Universalität und ohne irgendeinen Hintergedanken. Die gegenwärtige Anwesenheit sagt von vornherein schlicht und absolut ja aufgrund jener ontischen Tautologie, die man vielleicht besser »Tautousie« nennen sollte ... Einzig ein übertrieben besorgtes Bewußtsein denkt in Gegenwart einer Person an die zahllosen Möglichkeiten, die dieses Dasein ausgeschlossen und auf immer zur Nichtexistenz verdammt hat, läßt den Hintergrund der unzähligen anderen, deren Negation diese Person ist, wiederaufleben, stellt sich die Leere vor, von der sich diese Person abhebt und in der sich ihre Gestalt abzeichnet, erfaßt alle anderswo und all das andere, worauf diese Person verzichten mußte, um jemand zu sein, und zieht die Beschränkungen in Betracht, die der Preis für jede konkrete Existenz sind. Niemand verfiele auf den Gedanken, daß das Ich ein Nicht-Anderer sei! Vielmehr stellen die anderen das Nicht-Ich, die Negation des Ich dar ... Warum sollten sich die so reiche und eigenständige Enklave, die man Monade nennt, der Mikrokosmos im Kosmos und das Universum im Universum nicht selbst genügen? Warum sollte diese Ganzheit in ihrer Einsamkeit und Einmaligkeit nicht unabhängig sein? Das Ich hat ein Gesicht, es ist nicht nur der weiße Fleck und die vom umgebenden Nicht-Ich freigelassene Stelle! Sicherlich, wenn sich der Mensch im Zuge der Fortdauer zu einer Wahl gezwungen sieht, empfindet er schmerzlich das Opfer gewisser Möglichkeiten, das Verbot zu kumulieren und die Notwendigkeit der Alternative. Doch kann man die große, intelligible, metaempirische und ahistorische Option, aufgrund deren das endliche Wesen nur ist, was es ist, Wahl nennen? Niemand kann sich erinnern, freiwillig sein Schicksal oder seinen Charakter in einer vorgeburtlichen Existenz gewählt zu haben ... Diese Wahl, wenn man überhaupt von einer Wahl sprechen kann, ist niemals beschlossen und nie zu irgendeinem Zeitpunkt getroffen worden: die unvordenkliche Wahl ist, wann immer man sie auch ins Auge faßt, stets schon vorgegeben und vorgefaßt; die endliche Kreatur ist, wann immer man sie auch betrachten mag, stets schon positive Negation oder verneinte Position. Wie uns der Pessimismus gerne vorhält, hatte das Wesen, das ist, nie die Wahl zwischen geboren werden und nicht geboren werden; das potentielle Wesen wurde aus dem einfachen Grund nie nach seiner Meinung gefragt, weil es überhaupt nie einen Daseinskandidaten gab ... Vor der Geburt war niemand da, der hätte wählen können, und danach war es bereits zu spät! Folglich ereignet sich das »Unglück, zu sein« nur in der metaphorischen Sprache der Mythologie. Was für die persönliche und leibliche Existenz gilt, gilt um so mehr für Wahrnehmung und Empfindung. Wenn wir jede vorgefaßte Meinung ausklammern, spricht uns die Empfindung ausschließlich von der Anwesenheit, die unmittelbar für die Äußerlichkeit steht, und stellt lediglich die konkrete Besonderheit fest; bedauerlicher- und glücklicherweise ist die Abwesenheit nur im Vergleich mit etwas anderem abwesend und ist Gegenstand eines augenblicklichen und positiven Gefühls: sind Vergangenheit und Zukunft der gemachten Erfahrungen nicht selbst Modalitäten der Gegenwart? Worauf die Sicht verzichtet, um zu sehen, kann man nicht sehen, und die unsichtbaren Dinge, die sie, wäre sie unendlich, hätte sehen können, sind nicht in einer Darstellung, sondern in einer Vorstellung, das heißt in einer potenzierten Darstellung, gegeben. Das Feld und die Reichweite, die sie begrenzen, werden als ein Mehr und nicht als ein Weniger erlebt. Ein Organ sieht vorurteilslos, was es sieht, und fühlt, was es fühlt ... Sprechen konkrete Offensichtlichkeit und zwangsläufige Wahrhaftigkeit des Hier und Jetzt nicht zugunsten des Nominalismus? Ἔστι γὰρ εἶναι, μηδὲν δ' οὐκ ἔστιν:[19] dieser Ausspruch, der einem genialen Truismus oder einer Art Lapalissade[20] ähnelt, faßt in sich die große Tautologie des Eleatismus zusammen. Man könnte sie zweifellos übertragen, indem man auf die anscheinend privative Endlichkeit der persönlichen Anwesenheit das anwendet, was Parmenides vom Sein und der Totalität dessen, was anwesend ist, sagt. Der Tod ist, ganz wie die leibliche Individualität, das Organon-Obstaculum, doch wird es hier vom anderen Ende her betrachtet: das Organon-Obstaculum ist hier zunächst Hindernis, offensichtliches Hindernis und unsichtbares Organ; für den gesunden Menschenverstand ist er ein Hindernis und für die mittelbare Reflexion ein Organ. Es ist die Positivität des »Weil«, die nicht offensichtlich und paradox ist. Der Tod, so sagten wir, ist das stupide Fiasko, die blinde Störung, das absurde und nicht auszugleichende Hemmnis, das einem Wesen seine volle Verwirklichung unmöglich macht. Wie kann diese Negation, die niemand leben kann und die nie jemand gesehen hat, für das menschliche Dasein konstitutiv sein? Man muß wohl von Hoffnungslosigkeit sprechen, wenn das Tragische im Komplex des Organon-Obstaculum das tödliche Hindernis einseitig freisetzt und bloßlegt und der Tod somit zum reinen Hindernis wird; das Sprungbrett, von dem die Schwere immer wieder abfederte, ist verschwunden; aus einer dialektischen und untragischen Lage ist der Mensch in eine undialektische und tragische Lage zurückgesunken ...

19 [»Das Seiende aber ist, und das Nichtseiende ist nicht«; Parmenides: Fragment 28 B 6 (Diels/Kranz).]

20 [Binsenweisheit; siehe oben, Einleitung »Das Geheimnis Tod und das Phänomen Tod«, Fußnote 37.]

Auf halbem Wege zwischen Tod und persönlicher Endlichkeit stellt die Zeit ein Mittelding dar, in dem sich Organ und Hindernis die Waage halten. Das Werden, das eine Mischung aus Sein und Nichtsein ist, ist dem Nichtsein allemal vorzuziehen. Das Werden ist buchstäblich besser als nichts! In dieser Hinsicht sind Zeit und Raum in allen Punkten vergleichbar: der Raum zwingt die undurchdringbaren Körper, *partes extra partes* zu koexistieren und genau voneinander geschiedene Orte zu besetzen; er erlaubt somit die Bewegung oder Verschiebung, die sie miteinander verbindet. Der Raum, der das Prinzip des Exils und der Trennung ist, bestätigt den Verzicht der Kreatur auf Allgegenwart, trotzdem bietet er unseren Unternehmungen ein unbegrenztes Feld. Das Meer zum Beispiel trennt die Kontinente und ist doch gleichzeitig der Verbindungsweg zwischen ihnen. Dank (und nicht etwa trotz) des Hindernisses, das sie ja eigentlich isolieren müßte, sind die Menschen imstande, sich an andere Orte zu begeben, ihre Waren zu tauschen, umherzureisen, zu verhandeln und den Antrieb der menschlichen Beweglichkeit nutzbringend umzusetzen. Wie der Raum ist die Zeit das, was zugleich trennt und verbindet, entfernt und annähert. Andererseits verurteilt die Abfolge der Augenblicke das im Werden begriffene Wesen zu einer einzigen Gegenwart, zu einem einzigen Jetzt, und hindert es daran, Sein und Gewesen-Sein »uno eodemque tempore«[21] zu kumulieren. Das »Immer« des Ewigen ist ihm ebenso verwehrt wie das »Überall« der Ubiquität. In den Begriffen des Mangels gedacht, erscheint das zeitliche Wesen wie herausgefallen aus der Totalität dessen, was anwesend ist, und aus dem »aeternum nunc«.[22] Die Zeit, die eine in Abfolge aufgelöste Gleichzeitigkeit ist, hindert den Menschen daran, jeden Augenblick tatsächlich alles zu sein, was er sein kann; sie zwingt ihm die Geduld auf, die die Tugend der Erwartung ist. Andererseits aber ist die Zeit der Werdegang unserer Freiheit par excellence: im Gegensatz zur Beschaffenheit der platten und unabänderlichen Zeitlosigkeit stellt sie für das unvollkommene Wesen die Hoffnung dar, ein anderer werden zu können. Die Zeit ist ein relativ positives Mittel, um sich im Werden nach und nach zu vervollständigen und eine Möglichkeit nach der anderen wahrzunehmen; darin zumindest ist sie so etwas wie eine Wiederher-

21 [»Zugleich in derselben Zeit«.]

22 [Dem »ewigen Jetzt«.]

stellung, und ihre gemischte Natur ist sowohl Rechtfertigung für den *Timaios* als auch für Bergson.[23] Eine äußerst ausgeklügelte Ökonomie! Dieses Milieu, das unendlich fügsamer und ungreifbarer ist als die atmosphärische Luft, ist zugleich absolut unkomprimierbar und beliebig komprimierbar: die Zeitlichkeit der Zeit oder Quodditas[24] – die substantielle Zeit der Langeweile, die nackte und leere Zeit der bloßen Erwartung – ist das uns zugeteilte Schicksal; doch die Modalitäten dieser Zeit und die Weisen des Werdens sind buchstäblich ἐφ' ἡμῖν, von uns abhängig. Die Tatsache der Künftigung ist schicksalhaft, die Gestaltung der Zukunft aber liegt bei uns. Anders gesagt: Während das Gesicht der Zukunft von unserer Freiheit abhängt, ist die »Zukünftigkeit«, die die Tatsächlichkeit von Zukunft ist, nicht von uns abhängig. Gott hat uns die Zeitlichkeit, die die Tatsächlichkeit der Zeit ist, mit der Erlaubnis zu ihrem beliebigen Gebrauch auferlegt, damit wir uns in ihr verwirklichen und unsere Möglichkeiten wahrnehmen. Uns ist nicht nur genug Spielraum gegeben, diese Zeit mit unseren Unternehmungen und Angelegenheiten zu füllen, wir haben auch die Möglichkeit, die für die Durchsetzung unserer Ziele notwendige Zeit beliebig zu verkürzen und zu beschleunigen. Dem völligen Gehorsam der Zeit ist nur der unendliche Widerstand der Zeitlichkeit gleichrangig. Und so ist, was verhindert, zugleich, was ermöglicht; was ermöglicht, indem es verhindert, und was verbindet, indem es trennt und aufschiebt. Dies ist die unbegreifliche Doppeldeutigkeit des Mittelbaren! Das Werden, das das andere durch stetige Veränderung eintreten läßt, ist demzufolge zugleich Agogie[25] und Umweg, guter Leiter und Ursache der Verspätung; das Verfließen der Augenblicke, das einige vielleicht »Dialektik« nennen werden, stellt den Weg der verschleppten Vereinigung recht gut dar. Die nicht verwirklichte Möglichkeit läßt uns die Negativität der undurchsichtigen Zeit, die uns vom Wirklichen abschließt und uns nicht in dessen Genuß kommen läßt, schmerzlich spüren; gleichzeitig aber spiegelt sie dem Menschen Hoffnung auf verlockende Verwirklichung vor. In der Arbeit geht die Künftigung, die den Eintritt der Zukunft vorbereitet, mühseliger und

23 [Vgl.: Platon: *Timaios* 37 d ff. und Henri Bergson: *Schöpferische Entwicklung*, a. a. O.]
24 [»Daßheit«, Faktizität.]
25 [Von altgr. ἀγωγή: »Führung, Transport«.]

holpriger vonstatten, doch behält sie ihre auf den Weg bringende Kraft, ja, verstärkt sie gar. Wenn sich die Zeit auf die nackte Zeitlichkeit reduziert, der Mensch sich also in einer tragischen Lage befindet, gewinnt das Hindernis die Oberhand über das Organ: dann steht die bewegungslose, versteinerte und leblose Zeit nur noch für die aufschiebende Dichte unseres Schicksals. Dann ist die Zeit der Hoffnungslosigkeit, die tragische Zeit, wieder zum reinen Hindernis geworden. Das Hindernis behält auch die Oberhand im Scheitern, doch nur zufällig und momentan: das Werkzeug wendet sich gegen den, der es gebraucht, und diese Umkehrung der normalen Ätiologie vergrößert das potentielle Hindernis, das jedes Werkzeug mit sich bringt; Ursache und Wirkung vertauschen die Rollen. Das Scheitern wird jetzt nicht mehr als Niederlage der schwerfälligen Körperlichkeit, sondern als Panne des Werdens aufgefaßt. Wenn der Tod, der ein vollständiger und endgültiger Abbruch ist, das Äußerste und der Superlativ des Scheiterns ist, wenn der Tod den allumfassenden und maximalen Zusammenbruch bedeutet, der auf immer jede Künftigung unmöglich macht, erscheint das Scheitern im eigentlichen Sinne als eine Art winziger Tod oder besser als eine vorläufige und teilweise Tragödie, die stets einen zufälligen Charakter hat: man kann sagen, daß die Entfernung zwischen diesem zufälligen Lapsus des Werdens und dem Tod unendlich ist.

Das Hindernis einer trennenden und negativen Zeitlichkeit verweist auf ein vermittelndes und verwirklichendes Organ, was die Zeit im eigentlichen Sinne ist. Doch das Denken oszilliert unablässig zwischen Organ und Hindernis … Wie wir am Hohn des Alterns sehen werden, ist die Zeit, durch die sich das Sein behauptet, indem es das Nichtsein des Todes verneint, selbst ein allmählicher Tod. Das Werden, das uns nicht nur dazu dient, die Fristen der lebensnotwendigen Verwirklichung zu verkürzen, sondern auch die Nichtheit zurückzudrängen, führt uns letztlich auf diese Nichtheit zu; das Werkzeug unserer Verwirklichung und Entwicklung bringt uns auch dem am Ende stehenden Nichtsein jeden Tag näher: heute mehr als gestern, aber viel weniger als morgen; wann immer man das Lebewesen auch betrachten mag – es wird seinem Tode nie näher gewesen sein. Aufgrund eines ironischen und wahrlich verwirrenden Widerspruchs, der uns aus der

Hoffnung in die Verzweiflung stürzt, ist die Regression der Progression zuinnerst eingeschrieben und hält Schritt mit ihr. Es ist aber nicht so, daß die Regression die Progression im eigentlichen Sinne aufheben würde: glichen sich Fortschritt und Rückschritt aus, würden sie das Werden schlichtweg lähmen. Das Hinzugehen auf das Nichtsein, das die Verwirklichung des Wesens unablässig Lügen straft, doppelt die Verwirklichung durch einen gegenteiligen Prozeß, der wie eine unterirdische Linie kontrapunktisch zur ersten verläuft. In jedem Augenblick impliziert die Positivität Negativität und die Evolution eine Involution, die wie ihre Interlinearversion anmutet. *Das Quasi-Inexistente gelangt unablässig etwas mehr zu Existenz, bewegt sich aber gleichzeitig auf die Inexistenz zu!* Die zerstörende und gestaltende Zeit ist ein Tod, der Leben ist, doch ist dieses Leben ein Leben, das Tod ist. Beweist dieser Widerspruch nicht aufs neue die Zwischenstellung der Kreatur?

Der Widerspruch von Organ und Hindernis gerinnt gewissermaßen in der Positivität des Leibes. Andererseits ist er in der Doppelsinnigkeit der Zeit in flüssigem Zustand vorhanden. Mehr: die Zeit verflüssigt den leiblichen Widerspruch an sich. Vielleicht sollte man an dieser Stelle die simple Tragödie des Widerspruchs von der außerordentlichen Tragödie des Notwendig-Unmöglichen abgrenzen. Ein Widerspruch ist die unselige Lage, in welcher Gegensätzlichkeiten, die einzig damit beschäftigt sind, sich gegenseitig zu leugnen, durch einen wechselseitigen Haß befangen sind; diese unselige Lage ist aber keinesfalls hoffnungslos, sie ist eigentlich ganz simpel ... für eine simple Lage eine simple Lösung: die Gegensätzlichkeiten können sich ja in einmütiger Übereinstimmung den Rücken zukehren, sich trennen und ihrer Wege gehen! Wenn der Abscheu auf Gegenseitigkeit beruht, ist das Verständigungsmittel schnell gefunden ... In diesem Sinne ist eine unselige Lage nicht tragischer zu nennen als eine glückliche. Im Falle der zentrifugalen Gegenseitigkeit wie im Falle der wechselseitigen Anziehung drängt sich die Lösung geradezu auf! Die Lösung heißt Trennung. Doch ist das Werden, das Abfolge von vorher und nachher ist, nicht Trennung auf seine Weise? Denn hier bedeutet Trennung Vermittlung! Im Konfliktfall ist die Trennung die Gewähr für den Fortbestand der Existenz. Wie die räumliche vermag auch die zeitliche Trennung das Problem der kriegerischen Koexistenz zu lösen: Gegensätzlichkeiten können am selben Ort existieren, doch niemals gleichzeitig; da sie also nie zusammen sind, löst sich das Problem, das von ihrer wechselseitigen Abneigung herrührt, von selbst: dadurch, daß das Werden die Gegensätzlichkeiten nacheinander oder abwechselnd in Erscheinung treten läßt, wird die Kriegsgefahr, die die Folge eines wechselseitigen Ausschlusses wäre, weniger drohend. Die Zeit bedient sich hier listig der Verschleppungstaktik! Gegensätzlichkeiten, die gleichzeitig nicht existieren könnten, tauchen abwechselnd auf, eine tritt nach der anderen in Erscheinung, ohne sich gegenseitig zu zerstören, zuerst die eine, dann die andere ... somit werden die Gegensätzlichkeiten zu »Momenten«. Was sage ich! Es ist ihnen unmöglich, einander zu ertragen und während desselben Augenblicks, der sie in das Werden projiziert, zu koexistieren: anstatt aufzubrechen, entwickelt sich der Widerspruch. Ist die Entwicklung denn nicht eine verlangsamte und sozusagen kanalisierte Explosion? Der Wechsel von Vor- und Nachzeitigkeit ist die einzige den Gegensätzlichkeiten erlaubte Dimension und die einzige ihnen offenstehende Laufbahn. Auf diese Weise mildert, glättet und befriedet die Zeit den Widerspruch; dank der Dauer, die die Wunden heilt, die Untröstlichen tröstet und das Zerrissene wieder zusammenfügt, wird die starre Tragödie flüssig und fließend. Das Werden löst das Tragische der Tragödie auf, das heißt, macht aus der hoffnungslosen Tragödie ein Stationendrama: die einander ablösenden Gegenwarten, die eine nach der anderen, aber niemals gleichzeitig eintreten, tun ein übriges, um den Antagonismus aufzulösen.

3. Das Tragische des Notwendig-Unmöglichen

Das Werden *ermöglicht* die unmögliche Koexistenz, indem es die Symbiose dessen, was unvereinbar ist, entzerrt: es hat mit dem Tragischen folglich einen Modus vivendi gefunden. Aber es geht noch um mehr! Denn das Unmögliche, erinnern wir uns daran, ist ebenfalls notwendig. Trennung und Symbiose sind beide gleichermaßen notwendig und unmöglich ... Das Notwendig-Unmögliche hat weder mit dem einfachen Tragischen des gegenseitigen

Abscheus noch mit einer auf Nicht-Gegenseitigkeit beruhenden Lage, in der der eine dem anderen, der flieht, nachjagt, etwas gemein; denn es gibt ein zusammengesetztes Tragisches, das sich sowohl vom Widerspruch als auch von einer einseitigen Beziehung ohne Entsprechung unterscheidet. Die einseitige Beziehung steht am Anfang einer endlosen Suche, doch ist diese Verfolgungsjagd, obwohl sie Zeit in Anspruch nimmt, keine »Lösung«: es ist das Schicksal der beiden Korrelate, sich niemals zu treffen; der Haß ist hier die Antwort auf die Liebe und umgekehrt, da diese beiden gegensätzlichen Empfindungen in Ermangelung jeder Gegenseitigkeit auf zwei verschiedene Köpfe verteilt sind. Das zusammengesetzte Tragische aber ist der Widerspruch eines Widerspruchs: da es eine auf tragische Weise tragische Situation und eine zerrissene Wechselbeziehung ist, steigert es das Wirrnis bis zur größten Verwirrung; in dieser hochgradigen Tragödie, in diesem Tragischen hoch zwei, wo gegenseitige Anziehung und gegenseitiger Abscheu einander Lügen strafen, wollen zwei gegensätzliche Begriffe jeweils zwei gegensätzliche Dinge zugleich: Liebe und Haß koexistieren hier in jedem Korrelat. Die beiden einander zugleich entsprechenden und entgegengesetzten Begriffe brauchen wie Süchtige, was sie verabscheuen, sie brauchen das geliebte Gift, das sie tötet. Dies ist die affektgeladene und wahrhaft doppeldeutige Situation zweier leidenschaftlich Verliebter: weder können sie miteinander noch ohneeinander leben, sie können einander weder entbehren noch ertragen; sind sie voneinander getrennt, sehnen sie sich nacheinander, sind sie vereint, zerfleischen sie sich gegenseitig; sie können weder zusammenleben (da sie einander nicht entsprechen) noch sich trennen, und so wechseln sie zwischen Abwesenheit und Koexistenz hin und her. Ein äußerst widersinniger Konflikt! Dieses Hin- und Hergerissensein ist das Notwendig-Unmögliche. Die Trennung, die gewöhnlich die Begegnung verhindert, wird in der romanesken Leidenschaft zur paradoxen Bedingung für die Liebe; die Liebe will die Vereinigung, doch würde sie erlöschen, wenn die Vereinigung nicht verhindert würde! Sie beeilt sich also, wenn sie zu glücklich ist, die Distanz wiederherzustellen, die aus dem Geliebten einen absolut anderen Anderen macht. Ohne Andersheit gibt es keine Beziehung. Dieser Auffassung sind nicht nur die Troubadoure, sondern auch Raimundus Lullus. Während Racines

Andromache[26] für das Tragische ersten Grades, für das Tragische einer Liebe ohne Gegenliebe steht, verkörpert seine *Bérénice*[27] eher die extreme Spannung des Hin- und Hergerissenseins. Berenice und Titus lieben einander und verlassen sich doch »invitus invitam«;[28] und obwohl Berenices Gefühle einfach sind, ist die Situation wesenhaft komplex und verwirrend. Angezogen und abgestoßen voneinander, wie sie sind, scheinen sie nicht zu wissen, was sie wollen ... Was tun? Wohin gehen? Auf welches Ruhekissen werden die beiden Gegensätze ihren Kopf betten? In Wahrheit bedürfen sie einer dritten Lösung, die zwischen »Ohne« und »Mit« liegt; das Prinzip der Scheidung jedoch schließt einen solchen Mittelweg aus. Die hoffnungslose Alternative ist also ein Dilemma. Ich sterbe, weil ich nicht sterbe, »muero porque no muero«, heißt es in der Hymne der heiligen Therese.[29] Doch dieser paradoxe Widerspruch hat für den übernatürlichen Optimismus einen einfachen und positiven Sinn, der jeden Gedanken der Hoffnungslosigkeit ausschließt. Wenn unser Leben ein Tod nur ist, wie es in einem im *Gorgias*[30] zitierten Vers des Euripides heißt, ist Gestorben-sein leben, und Tod und Leben werden einfach umgekehrt. Es ist aber auch ein Sterben-weil-man-nicht-stirbt vorstellbar, das keineswegs einem Leben-weil-man-nicht-lebt entspricht: derjenige, der in diesem Fall stirbt, stirbt wirklich; derjenige aber, der lebt, stirbt nicht weniger, obwohl er anders stirbt. In beiden Fällen, wird man sagen, stirbt der Lebende, und die Möglichkeit der Wahl, die uns gelassen wird, scheint lediglich für die Art des Todes zu gelten; wir werden nicht gefragt, ob wir sterben oder leben wollen (»an ... annon«[31]), sondern welchen Tod wir sterben wollen; wir werden nicht zur »Quodditas«, sondern nur zur Art und Weise gehört. Wollen Sie lebendig oder sterbend sterben? Denn wie auch immer, das letzte Wort hat das Nichtsein! Schlimmer noch: wer stirbt, weil er nicht sterben kann, kann

26 [Jean Racine: *Andromache*, Stuttgart 1961; Tragödie in fünf Akten (1667).]
27 [Jean Racine: *Berenize*, Stuttgart 1964; Tragödie (1670).]
28 [»Wider seinen und ihren Willen«.]
29 [Santa Teresa de Jesús (d. i. Theresia von Avila): Copla II, in: *Obras completas*, Madrid 1986.]
30 [Platon: *Gorgias*] 492 e.
31 [»Ob« oder »ob nicht«.]

in Wirklichkeit weder leben noch sterben; sein unmögliches Leben ist kein Leben, es ist aber auch kein Tod; es ist weder eine Mischung aus Leben und Tod, noch ist es etwas, das zwischen Tod und Leben läge. Es ist das Notwendig-Unmögliche schlechthin. Deshalb kann der Verurteilte, der ja als Lebender gilt, weder sein Schicksal annehmen noch sein Schicksal nicht annehmen (indem er sich etwa dagegen auflehnen würde).

Dies zumindest ist die unvorstellbare Grenze, die man weder denken noch leben kann, die Hoffnungslosigkeit heißt und die der naive Aberglaube in der Hölle ansiedelt: die Hölle ist das verewigte Notwendig-Unmögliche, ist somit wirklich gewordene Absurdität. Die Hölle, eine wahrlich unmögliche Vorstellung, ist die metaempirische Grenze, zu der in der Empirie alle hoffnungslosen Situationen hinstreben; denn eine empirisch unmögliche und notwendige Situation, das heißt eine einfach schwierige und fast unvermeidliche Situation wie etwa eine tragische Verstrickung oder eine Sackgasse, in der man weder vor- noch zurückgehen, weder stehenbleiben noch sich bewegen kann, gibt uns einen Vorgeschmack von der »Hölle«. Der Utopie der höchsten Glückseligkeit, die ewig seliger Augenblick und glückhafte Stunde ist, steht die Ungeheuerlichkeit der ewigwährenden Qual gegenüber. So wie wir uns die Seligkeit vorstellen, indem wir durch unsere Einbildungskraft den Augenblick der Freude zu einer Dauer werden lassen, so stellen wir uns auch vor, wie wir das höchst Unlebbare leben, indem wir durch unsere Einbildungskraft den Augenblick des größten Todesschmerzes umschlagen lassen in eine Dauer, jenen Augenblick des Schmerzes, der nicht mehr nur ein vorübergehender ist im Auflösungsprozeß des Sterbens, sondern hyperbolische Qual. Wie kann aber die Existenz von einer radikalen Vernichtung verneint und zugleich durch ein Weiterleben in der Hölle ständig erhalten, gestärkt und gespeist werden? Fragen wir noch nachdrücklicher: sind die Verdammten, die im Kessel des Teufels schmoren, tot oder lebendig? Sie sind in Wahrheit weder das eine noch das andere. Diese unablässig zerstörte und wiederaufblühende, diese tragisch zerrissene Existenz ist die Absurdität schlechthin.

Das Werden läßt nicht nur den Widerspruch, sondern auch das Notwendig-Unmögliche vorübergehen. Zunächst zu den Gegensätzen: Der Tod widerspricht dem Leben, aber Positivität und Negativität sind nie genau gleichzeitig vorhanden. Der Tod läßt das Leben leben (und macht es gar leben, wie es posthum scheint), *bevor* er es vernichtet; der Tod vernichtet das Leben, *nachdem* er es hat leben lassen. Solange das Wesen am Leben ist, ist die letale Negativität nur potentiell und latent vorhanden. Sicher, Leben und Tod schließen sich gegenseitig aus, aber sie müssen ja auch nicht, einmal jede Metapher beiseite gelassen, zusammen auftreten und sind per definitionem nie gleichzeitig gegeben: solange das Leben in seiner Fülle besteht, ist der Tod eine bloße Besorgnis und ein bloßer Gedanke im Hintergrund; und wenn der Tod sich einstellt, nimmt er das Wesen *ipso facto* aus seinem Sein und reißt es durch sein bloßes tödliches Erscheinen unverzüglich weg von seinem Ort. Tod und Leben sind folglich nicht gleichzeitig möglich – außer vielleicht einen Augenblick lang oder für die winzige Dauer eines Funkens oder Lidschlags! Deshalb dachten die Alten, daß den Menschen sein Tod nichts angehe, weder vorher, weil er da ja noch am Leben ist, noch nachher, weil dann niemand mehr da ist, der betroffen sein könnte. Kann man sich eine zwingendere Alternative vorstellen?

Der verwirrende Widerspruch der Gleichzeitigkeiten aber löst sich nun vor allem unter dem Aspekt des Zurückgestoßenwerdens des Erzeugers von seiner Nachkommenschaft in seine zeitliche Alternative auf. Gewiß, es handelt sich hier insoweit um einen Widerspruch, als der Vatermörder aus dem hervorgegangen ist, den er tötet. Sophokles' Tragödie[32] hat sich hierüber nicht getäuscht, sah sie im Vatermord doch die Essenz der tragischen Ironie. Und doch ist es nicht *uno eodemque tempore*,[33] auch nicht in jenem äußersten Moment, da der Erzeuger sein Geschöpf erzeugt und sich schließlich von ihm verleugnet sieht. Mehr, das Leben des einen macht dem Leben des anderen Platz. Verleugnung und Undankbarkeit schwächen so den Skandal des Widerspruchs ab: wird die im explosiven Komplex des Widerspruchs enthaltene Tragödie nicht dank der Verleugnung evolutiv und progressiv? Es ist ganz einfach der biologische Eigennutz, der vom Erzeuger auf die Nachkommenschaft überwechselt. Hier ist der tragische Gehalt ziemlich gering.

32 [Sophokles: *König Oidipus*.]

33 [»Zugleich in derselben Zeit«.]

Nun aber zu einem Fall, wo nicht mehr nur der Widerspruch durch das Sedativ der Abfolge gelindert wird, sondern sich das Paradox des Notwendig-Unmöglichen auf wundersame Weise erfüllt: dies ist der Fall, wenn der Tod des einen unmittelbar (und nicht etwa nach einer gewissen Frist) die biologische Bedingung für die Geburt des anderen ist. Der Erzeuger muß zurücktreten, damit das von ihm Gezeugte überleben kann, er muß sich selbst verneinen, indem er ein anderes Wesen setzt, und geht so zugrunde in der Bejahung seiner schöpferischsten Positivität. Tolstoj stellt der später zu erwartenden Undankbarkeit die augenblickliche Undankbarkeit des Neugeborenen gegenüber, das die kleine Fürstin im Augenblick seiner Geburt tötet. In *Krieg und Frieden*[34] werden die beiden Gegensätze – der Tod der Mutter und die Geburt des Kindes – einander gegenübergestellt, ohne daß nach einer Erklärung für die ungerechte und skandalöse Spannung dieser Alternative, die empörende Absurdität dieses Opfers und das undurchdringliche Geheimnis des radikal Bösen gesucht würde. Der eigene Tod, so sagten wir, ist das Organon-Obstaculum des eigenen Lebens; in der Beziehung der eigenen Selbstheit zum anderen, insofern der Andere absolut verschieden ist von dieser Selbstheit, kann der eigene Tod, der für das eigene Leben ein einfaches Hindernis ist, ein einfaches Instrument für das Leben des anderen sein; oder besser: der Tod des einen bedingt und »ermöglicht« das Leben des Anderen. Aber insofern der andere ein Teil unserer selbst ist, ist der eigene Tod zugleich Hindernis und Instrument für das eigene Leben; denn derjenige, der stirbt, lebt im anderen weiter, überlebt in ihm und behauptet sich indirekt in diesem anderen Selbst. Bisweilen stellt sich uns das grausame Spiel des Umkippens der Alternative in Form eines Dilemmas oder eines tragischen Gewissenskonflikts dar: es ist nicht mehr der Tod selbst, der es übernimmt, ohne uns zu fragen, den Erzeuger, da er uninteressant geworden ist, zu beseitigen, es ist vielmehr der Arzt, der entweder das Kind oder die Mutter opfern muß; denn es gilt als ausgemacht, daß man das Leben um den Preis eines Todes zu kaufen und eins gegen das andere einzutauschen hat. Eine heillose Verstricktheit macht aus der Vernichtung die Bedingung für das Entstehen, und dies in beiden Fällen ... Der Kronosmythos bringt

34 [Leo Tolstoj: *Krieg und Frieden*,] II. Teil, I, Kap. 9.

in seiner bildhaften Sprache unseren Widerstand gegen die zeitliche Lösung des Widerspruchs eindringlich zum Ausdruck: der Menschenfresser, der seine eigenen Kinder nach der Geburt verschlingt, stemmt sich verzweifelt gegen den Lauf des Werdens; indem er die zu erwartende Undankbarkeit im Keim erstickt und die Emanzipation seiner Nachkommenschaft von vornherein zu verhindern sucht, glaubt er der Verdrängung der Vergangenheit durch die Zukunft und der Verleugnung des Schöpfers durch sein Geschöpf entgegenwirken zu können. Kronos ist nicht nur nicht das Prinzip der Zeit, er ist die auf Eis gelegte Künftigung schlechthin: Kronos, der das Werden aufhält, will das normale Eintreten der Zukunft verhindern. Nun aber vermag niemand etwas gegen die Zeit, und Kronos läßt sich seinerseits von Chronos mitschleifen: Zeus stößt ihn in die unteren Regionen des Universums zurück und stellt die normale Abfolge der Generationen wieder her. Die blutigen Sohnesopfer der ersten Zeitalter vermögen nichts gegen die Vatermorde der Tragödie: die moderne Gewalt wendet sich gegen die widernatürliche Erstickung des Abkömmlings und ermöglicht den Eintritt des Neuen; die Gewalt läßt die großen historischen Veränderungen zum Zuge kommen. Die Verleugnung der Zeit läßt, auch wenn sie die *contradictio in adjecto*[35] umgeht, einen pneumatischen und dilatorischen Widerspruch, der nicht weniger anrüchig ist, bestehen: derjenige, der das Leben gibt, wird vom Undankbaren auf skandalöse Weise verleugnet, anstatt mit zärtlicher Sorge und Glück belohnt zu werden. Dieses Mißverhältnis zwischen Lebengeben und Vernichtung ist keine undenkbare Absurdität in dem Sinne, in dem die Identität von A und Nicht-A im Augenblick eine undenkbare Absurdität ist: dieses Mißverhältnis ist zumindest ein Skandal! Der mitleidigen Uneigennützigkeit, die Böses mit Gutem vergilt, entspricht die bösartige Uneigennützigkeit, die Gutes mit Bösem vergilt, und somit eine Interesselosigkeit mit umgekehrten Vorzeichen ist. Die eigentliche Undankbarkeit, also die kleine, teilweise Verleugnung, die des Habens und nicht des Seins wegen verleugnet, ist eine geringere Abart des Skandals. Das Hin- und Hergerissensein des Notwendig-Unmöglichen spiegelt sich hier in der tiefen Ambivalenz der beiden Situationen: zwischen dem Erzeuger, der von dem,

35 [»Widerspruch im Beiwort«.]

was ihm konsubstantiell, koessentiell und blutsverwandt war, verleugnet wird, und der Nachkommenschaft, die dem, was sie liebt, aber am Leben hindert, durch eine unsichtbare Nabelschnur verbunden ist, entsteht eine affektive Spannung. Das Individuum, das einzig für die Liebe zu arbeiten glaubt, betreibt so seine eigene Entwertung. Schopenhauer hat sich darauf verwandt, diese List der Gattung zu vereiteln, das Mißverständnis der Liebe aufzudekken und dem Genarrten die Augen zu öffnen.

Betrachtet man nun die ambivalente Beziehung des schöpferischen Geistes zu seinen Werken, nimmt die Verleugnung einen mehr metaphorischen Charakter an; denn jetzt geht das Wesen des Schöpfers nicht mehr nur in seinem Geschöpf auf, jetzt wird das Genie im »opus operatum«[36] schlechthin unkenntlich; in diesem Sinne zumindest haucht der Erzeuger sein Leben in seinem Erzeugnis aus. Andererseits ist es vielleicht übertrieben, wie Georg Simmel von einer Tragödie des Ausdrucks oder der Kultur zu sprechen;[37] denn die Zeit, die die Absurdität des Widerspruchs durch den Skandal der Verleugnung ersetzt, macht auch das jeder Schöpfung innewohnende Paradox geschmeidig. Das Geheimnis der Schöpfung ist weder vorher im Schöpfer selbst noch nachher in der Vollendung des Geschaffenen enträtselbar; es kann aber während des unbegreiflichen Übergangs vom Schöpfer zum Geschaffenen überrascht werden. Vorher ist es zu früh, nachher zu spät, im Augenblick des Entstehens aber, für die Dauer eines Blitzstrahls, kann sich die günstige Gelegenheit bieten, die Schöpfung in flagranti zu erfassen; dies ist ohne Zweifel nur einen Augenblick lang, nur für die Dauer des allerflüchtigsten Augenblicks möglich. In diesem Sinne ist die erklommene Höhe einer Genialität, die sich selbst über den punktuellen Augenblick hinaus nicht überlebt, enttäuschend … Und doch ist es das Verlöschen, das das Hervorbrechen der Erscheinung ermöglicht, ganz wie das Verglühen den Funken sprühen oder den Blitz aufflammen läßt. Die Möglichkeit, die vergehende Erscheinung ist, verwelkt, sobald sie zur Verwirklichung gelangt; und doch wäre die Möglichkeit ohne diese Verwirklichung nur ein kraftloser und unfruchtbarer Schatten. Allgemeiner gesprochen: Der Anfang verliert seine Initiations- und

36 [Im »geschaffenen Werk«.]

37 [Vgl.: Georg Simmel: Der Begriff und die Tragödie der Kultur, in: *Philosophische Kultur*, Leipzig 1919.]

Initiativfunktion in den ersten Augenblicken der Dauer: der den Anfang bezeichnende Augenblick wird sofort Wiederholung und Gewohnheit; und doch ist es die den Anfang zurückstoßende Dauer, die dessen Vorrang nachträglich zur Geltung gelangen läßt. Auf die gleiche Weise muß die fade Gegenwart erst Vergangenheit werden, bevor sie Würze bekommt: zwischen der reizlosen Gegenwart und der unwirklichen Vergangenheit muß es folglich einen ungreifbaren Augenblick geben, der Reiz und Wirklichkeit in sich vereinigt und so der Alternative entgeht. Mehr: Ist die zeitliche Dauer etwa etwas anderes als die Ausstoßung unzähliger Augenblicke, die von Gegenwart zu Gegenwart unablässig erneuert werden? Das Sein taucht unaufhörlich auf aus dem Nichtsein, und unaufhörlich vergeht das Sein im Nichtsein … Das Werden, das ständiger Eintritt der Zukunft ist, ist die gärende Lösung, in der das Unlösliche der notwendigen Unmöglichkeit auftaut.

Das durch die Wirkung der Zeit in Bewegung gesetzte Notwendig-Unmögliche (gleichgültig, ob es notwendige Unmöglichkeit oder unmögliche Notwendigkeit ist) wird zum Organon-Obstaculum, was keineswegs heißen soll, daß der Leib »bald« Organ, »bald« Hindernis oder entsprechend der Geist bald Herr ist über die Organe, um sich zu verwirklichen, und bald Sklave der Organe, so daß er stolpert, leidet oder stirbt; denn der Wechsel von Gelingen und Scheitern würde bedeuten, daß der Leib abwechselnd vermittelt, ohne zu verhindern, und verhindert, ohne zu vermitteln. Nein! Die beiden verwandten Gegensätze decken sich ständig in ihrer notwendigen und unverständlichen psychosomatischen Symbiose. Deshalb ist das »vinculum«,[38] das sie verbindet, nahezu unfaßlicher Natur. Gewiß, das Werden ist eine nicht rückgängig zu machende Abfolge; es ist zunächst ein Verfließen, in dem jede neue Gegenwart die Gegenwart des Vortags zurückdrängt und ersetzt; hierin ist es Verleugnung. Andererseits aber ist das Werden Vorformung und Überleben: Überleben der Vergangenheit und Vorformung der Zukunft in der Gegenwart. Ein Gegensatz löst den anderen ab, das Werden aber, insofern es Bewahrung und Immanenz ist, hält das Vorhergehende im Innern des Folgenden fest. Das Werden ist folglich kein bloßes Dahinglei-

38 [»Band, Fessel«.]

ten oder Vergehen. Es ist aber auch ebensowenig ein Amalgam aus Leben und Tod, Geist und Leiblichkeit und ist auch nicht die Entdeckung einer dritten Instanz, die in der Mitte zwischen Sein und Nichtsein läge. Anstatt von einer Versöhnung oder Synthese müßte man vielmehr von einem vibrierenden Hin- und Herpendeln sprechen. Man kann die Bewegung des Hin- und Herpendelns zwischen den Extremen dialektisch nennen, wenn man hinzufügt, daß es sich nicht um einen stufenweisen Fortschritt handelt ... Die ambivalente Beziehung der abstoßenden Anziehung, die weit davon entfernt ist, auf einem toten Punkt zu verharren, erzeugt ein wesentlich prekäres und unsicheres Gleichgewicht: das Unlösbare löst sich unablässig und endlos und bleibt doch stets ungelöst. Die explosive Mischung, die wir das Notwendig-Unmögliche heißen, streift jeden Augenblick die Katastrophe, jeden Augenblick wird die Detonation gerade noch vermieden und auf später verschoben; die Amphibie flüchtet bisweilen in extremis in die unwägbare Berührung einer Intuition und erfaßt aus nächster Nähe das Erscheinen des Akts ... Aber ach! einen Augenblick später ist das psychosomatische Wesen wieder in das platte Einerlei der täglichen Fortdauer zurückgefallen. Dennoch bleibt, daß die bevorstehende Krise, die im Begriff ist auszubrechen, auf wundersame Weise vertagt wird. Diese inexistente Existenzweise, die man Werden nennt, wird letztlich durch die Bewegung aufrechterhalten: wie der Radfahrer das Gleichgewicht verliert und nach rechts oder links fällt, wenn er nicht mehr in Bewegung ist, so würde auch das Notwendig-Unmögliche zerfallen, wenn es unbeweglich bliebe. Es wählt also wie der Radfahrer die Bewegung, das heißt den Fall nach vorn; das Werden ist eine Art fortgesetzter Fall. Bald so, bald so und koste es, was es wolle, verlängert das Werden mehr schlecht als recht seine inexistierende Existenz von Wiederansatz zu Rückfall und von Rückfall zu Wiederansatz dank unablässig wiederkehrender akrobatischer Wunder; von Systole zu Diastole, von Diastole zu Systole und von Wunder zu Wunder erneuert ein fortwährender Glücksfall die Schläge des fragilen Muskels, der Herz heißt. Das hinkende Wesen setzt seine sehr glückhafte Verlängerung über alle möglichen Gefahren, günstigen Gelegenheiten und in letzter Minute noch abgefangenen Mißlichkeiten hinweg humpelnd fort. Genauer gesagt: Die beiden unvereinbaren Unmöglichkeiten, die man Seele und Leib nennt, passen dank des Modus vivendi des Werdens eigentlich ganz gut zueinander; zusammen sind sie im großen und ganzen eine eher passable und lebbare Mischung: der zum täglichen Leben Verurteilte befindet sich trotz tödlicher Gefahren und Eheszenen doch recht wohl. Dank der Zeit ist unser unerträgliches Leben letztlich doch ein sehr erträgliches, fast annehmbares und wunderlicherweise lebbares Leben, das sich jenseits aller Aufregungen und Bedrohungen bis zum tödlichen Ende, *usque ad mortem*,[39] fortsetzt. In dem Augenblick, da sich das Notwendig-Unmögliche nicht so sehr als etwas Notwendiges, denn als etwas Unmögliches herausstellt, da die Unmöglichkeit über die Notwendigkeit endgültig die Oberhand gewinnt, in diesem Augenblick hört das Herz auf zu schlagen, und der Seiltänzer stürzt in die Tiefe. Bis aber diese Katastrophe eintritt, löst sich die unwirkliche Wirklichkeit des Notwendig-Unmöglichen unablässig in Dynamik auf. Dadurch wird erklärlich, daß das Werden jedem Geschmack gerecht wird, vor allem den beiden gegensätzlichen Haltungen von Pessimismus und Optimismus: der Pessimismus, der in der stets drohenden Explosion des Notwendig-Unmöglichen seine Rechtfertigung findet, schlägt in Optimismus um, wenn man das Werden als Eintritt in das Sein und fortwährende Geburt betrachtet; denn man kann im Werden entweder die negative Rückseite oder die Vorderseite, die das Positiv des Negativs ist, sehen. Das Sein, das stets in Gefahr ist, in das Nichtsein zurückzusinken, und das in letzter Minute unablässig aufgefangen und vor dem ihm auflauernden Tod in extremis gerettet wird, findet im Werden eine fulminante Lösung seines unlösbaren Problems. Dem Werden ist es zu verdanken, wenn das Tragische der Hoffnungslosigkeit schlicht und einfach nur *ernst* ist.

4. Die Wahl

Das Notwendig-Unmögliche löst sich besonders in den dramatischen Brüchen der Wahl. Ist die Wahl, die eine vorübergehende Krise ist, nicht wie eine Überstürzung der latenten Alternative? Das Werden ist eine Art stetiger und großer, jedoch nicht gelenk-

39 [»Bis zum Tode hin«.]

ter Wahl, ist eine spontane, jedoch sehr langsam vor sich gehende Wahl, kraft derer Charakter und Person sich unaufhörlich bestimmen, Gestalt annehmen, sich in ihrer Besonderheit bestätigen und sich gewissermaßen verjüngen und spezifizieren, indem sie anders werden. Die zeitbedingte Veränderung konzentriert sich bisweilen in äußersten Krisen, wie sie die Wahl der beruflichen Laufbahn oder die Wahl einer Frau darstellen. Geschieht es nicht in der Geschichte, daß eine Entwicklung, die eigentlich mehrere Jahrhunderte hätte dauern müssen, durch eine revolutionäre Entscheidung auf sechzig Minuten zusammengedrängt wird? Das Werden ist eine aufgelöste und quasi unmerkliche Wahl; umgekehrt ist die Wahl mit ihren schroffen Rhythmen beschleunigtes Werden und konzentrierte Veränderung, wobei sich der Prozeß in einer gut erkennbaren Form verdichtet. Plötzliche Entscheidungen beschleunigen so von Zeit zu Zeit die graduelle, unaufhaltsame und unfreiwillige große Entscheidung, die Altern heißt. Hier wird das Organon-Obstaculum in seiner Aktualität und im Akt selbst, der ihm zum Leben verhilft, gesehen. Da die verkörperte Existenz und die kreatürliche Endlichkeit im allgemeinen eine bereits gewählte Wahl und ein vorherbestimmtes Schicksal darstellen und der empirische Mensch per definitionem stets *nach* der großen metaempirischen Entscheidung der Individualität steht, sind die einzelnen kleinen Entscheidungen im Laufe eines Daseins unser ausdrücklicher und persönlicher Beitrag zur Alternative. Die Hauptentscheidung, die radikale Entscheidung, spaltet sich so zweifellos in zweitrangige Gabelungen auf und verzweigt sich in immer spezialisiertere und mehr voneinander abweichende Wahlmöglichkeiten. Da es zwischen beengender Existenz und unendlicher Inexistenz zu wählen galt, da die Kreatur nicht in sich vereinigen konnte, was möglich war, und um jemand zu sein, darauf verzichten mußte, alles zu sein, hat das Schicksal im Augenblick ihrer Geburt bereits für sie die Bestimmung gewählt; diese Bestimmung ist die Negation. Was nun die Wahlmöglichkeiten der Empirie betrifft, so sind dies alles Entscheidungen, durch die die Kreatur ihre Einseitigkeit bestätigt und ratifiziert, sich in ihre Endlichkeit findet und den Fluch der Alternative annimmt, anstatt verzweifelt dagegen Sturm zu laufen. Es wäre der alles an sich reißenden Kreatur sicherlich viel lieber, nicht wählen zu müssen; sie träumt vielleicht davon, alle nicht zu vereinbarenden Vorteile auf einmal an sich zu bringen ... Manchmal aber zwingen sie die Umstände, ihren metaempirischen Ehrgeiz zurückzuschrauben und eine eindeutige Wahl zu treffen: das endliche Wesen übertreibt seine Endlichkeit; indem es wählt, unterstreicht es seine »häretische« Dissymmetrie. Die winzigen Tragödien der Wahl bieten ihm die Gelegenheit, einer schicksalbedingten Situation, gegen die es vergebens kämpfen würde, freiwillig zuzustimmen. Deshalb heilt die Wahl auch nicht eigentlich den unheilbaren Fehl der Alternative, sie verschlimmert und vertieft ihn im Gegenteil, indem sie die Endlichkeit annimmt; denn wer wählt, muß noch tiefer einsinken und in der bedrückenden Enge Wurzeln schlagen! Wahl bedeutet immer auch Opfer und Zurückdrängung zahlloser anderer Möglichkeiten, die nicht gewählt werden und dadurch inaktuell sind. Auf Kosten solcher Opfer kommt die Wahl erst zustande. Auf wieviel muß man verzichten, um eines zu wählen! Wieviel Eventualitäten müssen ewig eventuell bleiben, damit ein einziges tatsächliches Ereignis eintreten kann! In einem gewissen Sinne ist die gelungene Wahl weitaus beunruhigender als das Scheitern; Lapsus oder Fehlleistung und sogar eine quälende Niederlage haben stets etwas Zufälliges und folglich Vermeidbares; das Scheitern ist an sich untragisch. In der Wahl und durch die Wahl hingegen eignet sich die Kreatur die Einengung an, die ihr das konstitutionelle Verhängnis aufzwingt; die Kreatur hat sich dem Status der Alternative dauerhaft angepaßt. Denn während das Scheitern mögliches Gelingen und Bedauern über versäumte Erfolge impliziert, trägt die Wahl, die ein relativer Erfolg des Menschen ist, einen metaphysischen Fehl in sich, den zu überwinden niemand sich anmaßen kann.

Und doch ist die Wahl, wenn schon kein Heilmittel für die unheilbare Krankheit, so doch zumindest eine Art Lösung für das unlösbare Unglück. Es ist eine einschränkende Lösung, aber immerhin eine Lösung! Die Wahl, die gelenkte Künftigung ist, eröffnet einen Ausweg aus der Sackgasse und stößt die verriegelten Türen ein Stück weit auf; oder anders gesagt: die Wahl ist eine Drainage des steinigen Werdens, sie hält die Geschmeidigkeit und Beweglichkeit der Veränderung stoßweise aufrecht und gibt dem durch Zaudern unbeweglich gewordenen zeitlichen Fluß seine agogische Funktion wieder. Ist die *Lösung* nicht wesentlich ein Mittel, die Existenz von etwas über den Augenblick hinaus zu verlängern? Ist das *Gelingen*, das elementare Gelingen, nicht die Garantie, daß das Sein weiterhin sein wird? Ist die *Hoffnung*, auch die bescheidenste Hoffnung, nicht die Versicherung, daß der Lebende überleben wird? Durch den Ausweg einer bestimmten und aussondernden Wahl kann sich das Wesen in einen neuen Anfang flüchten und wieder Pläne schmieden. Die Wahl, die die angehaltene Zeit wieder in Bewegung bringt, setzt die Geschichte von neuem in Gang und gibt der menschlichen Amphibie die Möglichkeit, ihren Weg weiterzugehen: dies etwa bewirkt eine chirurgische Amputation, die uns, indem sie den Körper verstümmelt und dem Organismus etwas entzieht, das Weiterleben ermöglicht. Solange die Kreatur noch wählen kann, ist sie noch nicht bis zum Äußersten getrieben, jenem Äußersten, das für alle Menschen das Aufhören des Seins bedeutet; solange sie noch wählt, ist alles gut! Denn dann spielt sie noch nicht um alles oder nichts! Wer wählt, bewahrt sich das Vertrauen und nimmt in Erwartung des Dahingehenmüssens seine zeitliche Chance wahr. Im übrigen ist die Wahl eine positive Geste und eine Bejahung, in der die Negation lediglich mitschwingt: die Ablehnung gewisser Möglichkeiten hebt die Aktualisierung der gewählten Möglichkeit nur um so deutlicher hervor; wählen ist vor allem nehmen; für etwas optieren heißt vor allem etwas adoptieren, αἱρεῖσθαι,[40] und meist gar vorziehen, was also auch beiseite lassen bedeutet: das Hindernis taucht folglich erst in zweiter Linie und indirekt auf; das Ja hat das Nein und das Mehr das Weniger erobert. Doch dies ist nicht alles: Anstatt das Unglück der bedrückenden Enge gezwungenermaßen zu akzeptieren und *volens nolens* zu ertragen, verwendet der freie und endliche Mensch seine Freiheit darauf, eine gute Wahl zu treffen und eine gute Endlichkeit zu wählen. Wenn er schon nicht die Freiheit hat, das Veto der metaempirischen Alternative zu überschreiten, so hat er doch zumindest die Wahl der besten Möglichkeit, das heißt der besten Einseitigkeit; da es als ausgemacht gilt, daß die Endlichkeit in keinem Fall überwunden werden kann, hat man uns wenigstens genug Spielraum gelassen, was die Art und Weise der Endlichkeit betrifft. Die Versöhnung der Gegensätze ist uns verwehrt, die Wahl dessen aber, was am besten ist, hängt von uns ab; die Quodditas der Wahl, das heißt die Tatsache, daß überhaupt

40 [»Nehmen, ergreifen, gewinnen«.]

gewählt werden muß, ist eine unumgängliche Notwendigkeit, ἀμετάπειστόν τι, die richtige Wahl aber bleibt uns überlassen. Dies ist die rationale Wahl, in der Ch. Perelman[41] die Ausübung von Freiheit erkennt. Leibniz zufolge soll die göttliche Weisheit selbst, da es ihr an wahrhaft unendlicher Allmacht mangelt, durch diese eminent moralische und selektive Wahl definiert sein.[42] Hierin unterscheidet sich die metaempirische Zweiheit der Entscheidung, die unfreiwillig und verhängnisvoll wie ein Ultimatum ist, von der nicht in Zahlen zu fassenden Mehrzahl der Wahl: die bunte und vielgestaltige Mannigfaltigkeit der Nuancen, Färbungen, Eigenschaften und Modalitäten, die sich auf der reichen Palette der empirischen Seinsweisen ausbreiten, sind die unserer Wahl vorbehaltenen und unerschöpflichen Gegenstände, die es zu sortieren gilt. Beim Herannahen des Todes verliert die Wahl ihre Möglichkeiten und die Auswahl ihre »eligibilia«;[43] die Alternative eines zum Tode Verurteilten (wenn es überhaupt eine Dichotomie gibt) verwandelt sich in ein Dilemma: das Wesen hat jetzt nicht mehr die Wahl zwischen zwei oder mehreren Seinsweisen, sondern zwischen zwei oder mehreren Weisen des Nichtseins, also zwischen verschiedenen Arten zu krepieren; es wird lediglich gefragt, in welcher Sauce es gegessen zu werden wünscht, an welcher Krankheit es sterben will oder welche Hinrichtungsart es bevorzugt: die Guillotine vielleicht oder die Garrotte, den Schierlingsbecher oder den elektrischen Stuhl ... Diese Wahl ist die Karikatur der Wahl oder ein böser Scherz! Da die Nichtheit keine Eigenschaften hat, und ein Nichtsein vom anderen folglich nicht zu unterscheiden ist, kann man auch gleich sagen, daß der für so viele mögliche Tode in Frage kommende Kandidat keine Wahl hat. Da er seinen bevorzugten Hinübergang aus dem breiten Spektrum möglicher Hinübergänge noch nicht ausgewählt hat, sieht er sich selbst als Posten an einer Wegkreuzung stehen, aber ach! deren Wege führen alle in dieselbe Richtung ... schlimmer: führen nirgendwo hin; unter diesen Umständen ist die Wahl nur eine ver-

41 [Chaim Perelman (1912-1984), polnischer Philosoph und Rechtstheoretiker.]

42 [Vgl.: Gottfried Wilhelm Leibniz: *Versuche in der Theodicée über die Güte Gottes, die Freiheit des Menschen und den Ursprung des Übels*, in: *Philosophische Werke in vier Bänden*, Hamburg 1996, Bd. 4.]

43 [»Auswählbarkeiten«.]

meintliche und der Ausweg, der sich zu eröffnen scheint, nur ein scheinbarer. Macht die Gestaltlosigkeit des Nichtseins, zu der der Wählende unwiderruflich verurteilt ist, die Wahl an sich nicht schon zu einer Farce?

5. *Die Rückwirkung der Grenze*

Der Tod ist vor allem in zeitlicher Hinsicht das Organon-Obstaculum des Lebens. Der Tod zieht die schmale Grenze, auf der die Negativität des Hindernisses und die Positivität des Organs zusammenfallen; die Grenzlinie des Todes besiegelt die Endlichkeit des menschlichen Lebens in der Zeit; denn es wird gesagt, daß die dem Lebewesen zugeteilte Dauer sich durch Anfang und Ende eines bestimmten Zeitraums begrenzt. Die ganze Doppeldeutigkeit der Grenze liegt darin, daß sie zugleich ja und nein sagt.[44] Diese Doppeldeutigkeit drückt auf ihre Weise die Doppelsinnigkeit des zeitlosen Zeitpunkts und des Irgendwo, das nirgendwo ist, aus. Die Grenze setzt und weist zurück, weist zurück, indem sie bejaht, und bejaht, indem sie zurückweist. Insofern sie nach außen gewendet ist, schließt sie die Andersheit aus, beschränkt unsere Ansprüche und besiegelt die Entsagung eines Wesens, das darauf verzichtet, alle Wesen zugleich in sich zu vereinigen; sie schließt uns ein in die Umzäunung unserer Endlichkeit; sie spricht dem Lebenden jedes Ultra ab, wonach er streben könnte. Doch die Grenze verläuft nicht nur jenseits, sie ist gleichzeitig im Diesseits: durch die bloße Tatsache, daß sie bereits den ersten Augenblick einer ganz anderen Ordnung darstellt, ist der Tod noch der letzte Augenblick des Lebens und gehört als solcher zum Leben, er ist also noch ganz diesseitig. Die Grenze zur anderen Welt ist dadurch noch ein Teil unserer Welt hienieden; als ein Immanentes und aufgrund ihres inneren oder diesseitigen Gefälles umschließt und definiert sie die positive Form der Existenz; insofern sie auf das Zentrum des begrenzten Wesens gerichtet ist, bejaht sie dessen organische Individualität, wie eine Landesgrenze die nationale Eigenständigkeit eines Staates bejaht. Begrenzung ist immer auch Bestimmung, und das endliche Wesen sieht sich durch seine Be-

44 G.[eorg] Simmel: *Lebensanschauung* [*Vier metaphysische Kapitel*, München u.a. 1922], I: Die Transzendenz des Lebens.

grenzung definiert; schon die Wörter sagen es uns: das Unendliche, ἄπειρον,[45] ist im privativen Sinne die Negation des Endlichen.

Trotzdem ist die Idee der Grenze eine räumliche Vorstellung, und man wendet sie nur in Analogie auf den Tod an; denn der Tod ist ein Grenzerlebnis in der Zeit, wo es weder Grenzlinien noch Formen oder Gestalten gibt; der Tod setzt den Schlußpunkt unter die Abfolge von Erlebnissen und ist hierin eher der allerletzte Augenblick als die »Grenze«. Die Grenze, die die körperliche Form der Person einfaßt und umschreibt, ist im Raum stets unmittelbar gegeben, sie ist von der Person nicht zu trennen und ist ein Leib mit ihr: sie schafft den Organismus durch einen zentripetalen Akt, der außerhalb der Zeit liegt. Die Grenze ist nicht nur integrierender Bestandteil der Form, sie ist die Form selbst, ist tätige Form. Davon zeugt im besonderen das Kunstwerk: verkörpert die Schönheit, die sich auf dem Höhepunkt ihrer formalen Vollendung in ihrer verzauberten Insularität rundet, nicht das System der ästhetischen Geschlossenheit? Solcherart ist das ovale Stück Universum, das man Portrait nennt: die Hand des Zeichners zieht die Umrißlinien mit einer wahrhaft demiurgischen Geste, setzt die Existenz eines Gesichts und bringt zum Sein, was sie zeichnend umschreibt. »Und die Form sagt: Ich bin.«[46] Dank der Kunst stellt sich zwischen Positivität und Verzicht ein harmonisches Gleichgewicht her, ein Gleichgewicht, das die immerwährende und substantialistische Weisheit der Griechen zu verwirklichen suchte, indem sie die Autarkie anstrebte. »Sapientia rerum terminos novit«,[47] sagt Seneca ... Die Endlichkeit des Kunstwerks, τὸ ὡρισμένον καὶ τέλειον,[48] war eine Goethe, Solger und Schelling vertraute Vorstellung. Das zeitliche Kunstwerk, Musik, Gedicht, Film, Drama oder Roman, entspricht einem Mittelding zwischen der räumlichen Form der Plastik und der gestaltlosen Form des Lebens: denn wenn die Dimension der Sonate und des Romans die zeitliche Abfolge ist, so ist diese Abfolge doch vorhersehbar; eine Symphonie kann noch einmal gespielt, ein Roman noch einmal

45 [Wörtlich: »das Unbegrenzte«.]

46 Jean Cassou: *Trois poètes* [*: Rilke, Milosz, Machado*, Paris 1954], S. 35.

47 [»Die Weisheit kennt die Grenzen der Dinge«; Seneca: *Briefe an Lucilius*, Buch 14, Brief 16.]

48 [»Das Begrenzte und Vollendete«.]

gelesen werden. Über den Sarkasmen und Gewalttätigkeiten Mephistopheles' in der *Faust-Symphonie*[49] schweben schon die mystischen Akkorde des Schlußchors. Das Leben aber kann man nicht noch einmal von vorn beginnen. In der Abfolge der unwiederbringlichen Ereignisse, die unser erlebtes Werden ausmachen, ist die Grenze per definitionem ein Noch-Nicht, da das Ende des Lebens für den Lebenden stets zukünftig ist, und dies bis zum letzten Augenblick ... Ja, bis zur letzten Minute unserer letzten Stunde bleibt die zeitliche Grenze des Lebens eine zukünftige. Folglich ist das zu erwartende Aufhören des Seins weder buchstäblich vorgegeben noch in der Gegenwart des Seins analytisch vorhanden: das Sein impliziert unmittelbar nur Positivität und Fülle des Seins, und es ist demnach unmöglich, aus ihm den Tod abzuleiten. Wenn uns diesseits des Todes Positivität und aktuelle Gegenwart gegeben sind, so heißt das nicht, daß uns auch die begrenzende Form gegeben ist: in dieser Hinsicht, und weil der Tod Form und Ende zugleich ist, mag die erlebte Gegenwart wohl form- und endlos erscheinen; insofern der Lebende aber »moriturus« ist, zum Sterben bestimmt, nimmt unser Werden indirekt die Hypothek der Endlichkeit und die Bestimmung durch die Form an: es scheint dann eine formlose Form oder besser: eine uniforme Gegenwart zu sein; denn diese Gegenwart ist hienieden selbst schon mit der Aussicht auf unseren späteren Tod belastet; denn diese Gegenwart ist das schwächliche, fehlerhafte und kränkliche Jetzt einer Kreatur, die einst begonnen hat zu sein und einmal sterben wird. Die vorweggenommene Wirkung einer rückwirkenden Gesetzmäßigkeit macht sich indirekt bemerkbar; der unsichtbare und gegenwärtige Tod, der gegenwärtige und spätere Tod, der über dem Leben schwebt, erklärt die Unzulänglichkeit, Mangelhaftigkeit und Rastlosigkeit unseres Werdens. Ohne diese potentiell anwesende Zukunft würde die Gegenwart mit der Ewigkeit verschmelzen, und ihre zeitlose Fülle wäre die Quelle der Seligkeit; unsere ewige Gegenwart aber ist nichts anderes als immerwährende Wiederholung, als eintönige und sehr langweilige Fortsetzung ohne Dichte oder Konsistenz; dies etwa ist das mittelmäßige Leben eines armseligen Angestellten, für den sich die ewige Gegenwart auf eine jede Zukunft oder Perspektive entbehrende

49 [Franz Liszt: *Faust-Symphonie* (1854).]

Alltäglichkeit reduziert. Und doch wird dieses tagtägliche Leben, das Alter und Tod ausgesetzt ist, im Augenblick gelebt, als sei es ein *aeternum nunc*[50] ohne Anfang und Ende: die Liebe, die sich zwei Liebende schwören, ist in dem Augenblick, da sie schwören, ewig, für Dritte ist sie etwas Vorübergehendes. Widerruflich, labil im nachhinein und ewig für den, der im Begriff ist, sie zu leben, ist die unselige Ewigkeit einer Kreatur, die zugleich lebenslänglich zum Leben und zum Tod verurteilt ist! In dieser gestaltlosen Ewigkeit ist die begrenzende Form tatsächlich nicht gegeben ... Umgekehrt wird uns das Sein entzogen, wenn uns Form und damit die letzte Grenze gegeben werden; denn dann ist nichts mehr da, was zu begrenzen wäre! Das formlose Sein oder die vom Nichtsein überflüssig gemachte Form ist die unerbittliche Alternative, die nicht zu umgehen ist. Hoffen Sie nicht darauf, sie betrügen zu können oder sich durch List des Geheimnisses der Form zu bemächtigen, bevor uns das Sein entzogen wird ... Fein ausgeklügelter Mechanismus verhindert jede Gleichzeitigkeit. Welch unbeugsame, verwirrende Alternative! Ist die Alternative im allgemeinen nicht das Hin- und Herpendeln, das die Künftigung antreibt und in Bewegung hält? Die Abfolge ist letztlich nichts anderes als ein fortwährender Bruch, aufgrund dessen ein Augenblick niemals mit einem anderen zusammen gegeben ist, sondern stets vor einem folgenden und nach einem vorigen kommt. Die Abfolge gewährt uns die Gegenwart, indem sie uns die Vergangenheit entzieht, indem sie aus dem Heute ein Gestern macht; wenn sie nichts dagegen einzuwenden hat, daß wir »uno eodemque tempore«[51] wahrnehmen und uns erinnern, so verbietet sie uns doch, daß wir gleichzeitig sind und gewesen sind; wenn der Anfang gegeben ist, ist das Ende noch nicht, und wenn das Ende gegeben ist, ist der Anfang nicht mehr ... Das Nicht-mehr ist das Depot des Werdens, das das Noch-nicht unablässig in die Vergangenheit zurückstößt. Nur handelt es sich dieses Mal nicht um die kleinen Brüche, die im Zuge der Dauer auftreten, sondern um den großen, letzten und endgültigen Bruch, der der Dauer selbst für immer ein Ende macht und der, indem er die Unmöglichkeit einer Gleichzeitigkeit von Sein und Form besiegelt, das Elend der Endlichkeit und Einseitigkeit der Kreatur festschreibt. Solange das Wesen exi-

50 [»Ewiges Jetzt«.]
51 [»Zugleich in derselben Zeit«.]

stiert, bleibt die Form des Wesens im Nebel des Noch-nicht (nondum) und der Möglichkeit; und wenn die Form endlich Gegenwart werden will, versinkt das Wesen in der Nacht des Nichtmehr (iam non); wie Eugen Onegin und Tatjana Larina in Puschkins Roman[52] spielen Wesen und Form Versteck miteinander und sind nie gleichzeitig vorhanden. Der Tod stilisiert das dahingegangene Leben und macht es groß und würdig ... Doch bekanntlich existiert diese Würde vor allem für die Überlebenden, wie auch die »Würde« des Krieges hauptsächlich diejenigen im Munde führen, die nicht an ihm teilnehmen, so etwa Historiker, große Strategen, Kriegsromanschreiber und Schlachtenmaler; der in das Handgemenge verwickelte Infanterist ist darüber vermutlich ganz anderer Ansicht als Militärhistoriker und Geschichtsphilosophen. Was ist daran erstaunlich, wenn der Lebende, der in der Immanenz des Dazwischen und in der Mittelmäßigkeit des Alltagslebens befangen ist, für diese »Würde« keinen Sinn hat?

»Die Wahrheit«, sagt Gracián,[53] »kommt immer zuletzt – sie hinkt mit der Zeit hinterher.« Schelling nannte seinerseits »Erinnerung«[54] die Rückwirkung des Endes auf den Anfang: der Anfang wird erst am Ende klar; was vorher war, offenbart sich erst in den Folgen.[55] Dies trifft vor allem auf den Tod zu: so wie das Spätere stets den Sinn dessen, was vorher war, freilegt, so auch macht erst das endgültige Ende den Sinn der ganzen Dauer deutlich; das Ende, das die sich rundende Totalität zur Vollendung bringt, legt über die allgemeine Bedeutung eines Lebens Zeugnis ab und besiegelt dessen geschichtsstiftenden Anteil. Dr. E. Minkowski hat dies in bewundernswerten Worten zum Ausdruck

52 [Alexander Puschkin: *Eugen Onegin*, Zürich 1981.]

53 Siehe: Werner Krauss: *Graciáns Lebenslehre* [Frankfurt/M. 1947], S. 127.

54 [Im Original deutsch.]

55 [Friedrich Wilhelm Joseph Schelling:] *Philosophie der Mythologie*, [in: *Ausgewählte Schriften*, Bd. 6, Frankfurt/M. 1985,] 28. Vorlesung: »Am Ende zeigt sich, was im Anfang war«; ders.: *Philosophie der Offenbarung*, [Frankfurt/M. 1977,] 28. Vorlesung: »Das Ende offenbart, was im Anfang war«; ders.: *Philosophie der Mythologie*, [a. a. O.,] 13. Vorlesung: »Überall also legt hier das Spätere Zeugniss über die Bedeutung des Früheren ab«; siehe auch die 27. Vorlesung [und] *Philosophie der Offenbarung*, 21. Vorlesung [alle Zitate deutsch im Original].

gebracht.[56] Wir vergessen die Fehler des Dahingegangenen oder machen sie durch Idealisierung und Beschönigung im nachhinein zu Qualitäten, wie man ja auch dem Leichnam ein festliches Kleid für sein Begräbnis anlegt; wir retuschieren eifrig an einer beispiellosen Schematisierung und Vereinfachung seiner Botschaft. Die Abwesenheit adelt die Einzelheiten, Gefühlsausbrüche und Kleinlichkeiten einer lästigen Präsenz. Der Tod verwandelt das Leben in eine Biographie und wirft im nachhinein Licht, Ordnung und manchmal gar eine moralische Rechtfertigung darauf. Die Form des Ganzen nimmt erst im letzten Moment, während des letzten Lidschlags des letzten Augenblicks, Gestalt an; deshalb muß man die Todesstunde abwarten,[57] bevor man ein Leben beurteilen, deuten und zum Beispiel wissen kann, ob ein Mensch wirklich glücklich war; ebenso muß man den letzten Akkord einer Sonate abwarten, um sich über das ganze Werk ein Urteil bilden zu können. Sicherlich, je näher das Ende rückt und je leerer die Sanduhr wird, desto geringer sind die Möglichkeiten der Umkehr; es wird zunehmend unwahrscheinlicher, daß sich die Schicksalszahl verändert. Es betrifft vor allem die Wahlmöglichkeiten, wenn die Arithmetik von einem bestimmten Moment an eine Umkehrung der Situation oder des größten Teils nicht mehr zuläßt: das Spiel ist ausgespielt, und dies sehr oft noch vor dem Ende. Wenn es sich um ein unbekanntes Kunstwerk handelt, dessen Dimension die Zeit ist, oder um ein menschliches Leben – und dann erst recht –, hindern uns die mögliche Freiheit und die sich aus ihr ergebenden Ungewißheiten daran, vor dem Ende des Endes eine Vorhersage zu treffen; denn das Leben eines Menschen, und sei es auch noch so bescheiden, ist immer erstes und letztes Hören, ist stets eine Uraufführung einer Folge einzigartiger Erfahrungen. Der Zeuge kann also nur dann sein Urteil fällen, wenn er bis zum Schluß bleibt. Wer weiß, ob die letzte Minute ein allem Anschein nach ehrbares Leben nicht urplötzlich entwertet oder ein abscheuliches rehabilitiert oder ob zwischen dem vorletzten und dem letzten Seufzer nicht ein letztes Ereignis, eine letzte Maßnahme, eine Ent-

56 [Eugène Minkowski:] *Le Temps vécu*, 1933, S. 123-125 [dt.: *Die gelebte Zeit*, Salzburg 1971/72].

57 Siehe: [Michel de] Montaigne [: *Essais*] I, 19 [dt.: Zürich 1953], Ovid zitierend: »Scilicet ultima semper Exspectanda dies homini est«; [»Freilich, dem Menschen bleibt stets sein letzter Tag abzuwarten.«]

deckung oder ein Schlußwort plötzlich alles in Frage stellen? Wer weiß, ob nicht alles in einem neuen Licht gesehen werden muß und ob nicht Leben oder Werk in der letzten Minute einen unverhofften Sinn und eine andere Färbung bekommen, die die ungeduldig vor Schluß Aufgebrochenen nicht mehr kennenlernen? *Boris Godunow*[58] erhält einen völlig anderen Sinn, je nachdem ob er mit dem Tod des Zaren aufhört, wie Rimsky-Korsakow entschieden hatte, oder mit dem Lied des Schwachsinnigen, der über die Rußland drohenden Leiden weint und dem Land Unheil voraussagt, wie Mussorgski selbst es ursprünglich gewollt hatte. Im ersten Fall ist *Boris Godunow* eine traditionelle Oper, die mit dem Tod des Helden endet, und in deren Mittelpunkt eine historische Figur steht; im zweiten offenbart sich *Boris Godunows* tiefere Bedeutung und bestürzende Botschaft, die das Schicksal des russischen Volkes ist. Durch diese Offenbarung am Schluß aber ist *Boris Godunow* einzigartig. Der letzte Augenblick kann also sehr wohl noch alles verändern! Wer zu sehr in Eile ist, um bis zur letzten Minute zuzuhören, hat Pech gehabt! Denn vielleicht ist gerade das letzte Wort der Schlüssel zum Geheimnis … Nur nicht vor dem Ende aufbrechen!

Daher rührt, daß die Finalität der menschlichen Existenz notwendigerweise retrospektiv sein muß und sie nicht antizipiert werden kann; das ist in der Geschichte so, die stets unvollendet ist, und das ist auch beim Lebenden der Fall; denn solange der Lebende am Leben ist, lassen die Abenteuer der Freiheit jede vorhersehbare Finalität scheitern. Warum ist es so, daß sich die Botschaft eines Lebens, die vor dem Ende nicht abzusehen ist, stets im nachhinein offenbart? Leibniz sagt, zwischen ungeordneten Punkten könne immer eine intelligible Ordnung gefunden, Konstellationen gezeichnet, mögliche Gruppierungen aufgedeckt, Harmonie und Legalität wiederhergestellt werden.[59] Auch Bergson dachte, daß eine gewisse Ordnung imstande wäre, sich im wüstesten Chaos unablässig zu regenerieren. Aber er dachte dabei gleichfalls an den Organismus, an jene offene Totalität, die sich in der Dauer entwik-

58 [Oper von Modest Mussorgski nach dem gleichnamigen Drama von Alexander Puschkin, bearbeitet von Nikolaj Rimsky-Korsakow.]

59 [Vgl.: Gottfried Wilhelm Leibniz: *Monadologie* 69 ff., in: *Philosophische Werke in vier Bänden*, Bd. 2.]

kelt und sich durch Erneuerung verwirklicht. So stillos und formlos ein Leben auch sein mag – es hat wie der Sternenstaub seine Ordnung und seinen Sinn; doch dieser Sinn und diese Ordnung scheinen erst ganz zuletzt auf, wenn der Lebenslauf des Lebenden vollendet ist. Solange das Leben am Leben ist, sind Legalität und Finalität nicht erkennbar ... Doch beginnen wir nun zu erraten, daß ein Gesetz diese Entwicklung *geleitet haben wird*, daß die Geschichte einen Bogen *beschrieben haben wird*. Das »Futur II«, das eine durch Vorwegnahme als Vergangenheit konzipierte Zukunft ist, dient Bergson[60] zur Erklärung des Paradoxons von der halb vorhergesehenen Unvorhersehbarkeit: wenn alles vorbei sein wird, sind wir *fast* sicher, daß die »Botschaft« des dann vollendeten Lebens verständlich sein und daß es überhaupt eine Botschaft geben wird; dann werden wir begreifen, was der Abgeschiedene für seine Zeit an Unersetzlichem und Eigenständigem darstellte. Wir sind rückblickende Propheten; daher ahnen wir auch, daß dieses Leben einen Sinn hat; welchen Sinn es aber hat, vermögen wir nicht zu sagen. Wir ahnen, *daß*, ohne zu wissen, *was*; wir sehen flüchtig die Wirksamkeit des *quod*, ohne das *quid* bezeichnen zu können; ich kann nicht voraussagen, was geschehen wird, sagt Bergson, wenn er vom falschen Wiedererkennen spricht, »aber ich sehe voraus, daß ich es gewußt haben werde«. Doch ist dieses Wiedererkennen nicht echt und falsch zugleich? Denn wenn man lernen kann, was man bereits weiß, und entdecken, was man seit langem schon gefunden hat, kann man umgekehrt auch wiedererkennen, was man noch nicht wußte: hier ist eine Art metaempirischer Vertrautheit gegeben, die der platonischen Anamnese zu vergleichen wäre; der Mensch, der sich zu erinnern glaubt und doch niemals gewußt hat, fängt bei Nummer zwei an; die Nummer zwei ist hier die erste. Wenn mir doch nur ein wahrer Prophet das Geheimnis der Zukunft sagte – ich würde es wiederer-

60 [Henri Bergson:] *Essai sur les données immédiates de la consciensce* [Paris 1946], S. 139 [dt.: *Zeit und Freiheit*, Frankfurt/M. 1989]; [ders.:] *Energie spirituelle* [*Essais et conférences*, Paris 1949], S. 138; [ders.:] *La pensée et le mouvant.* [*Essais et Conférences*, Paris 1946:] Le Possible et le Réel, S. 110 [dt.: *Denken und schöpferisches Werden. Aufsätze und Vorträge*, Hamburg 1993]; [ders.: *Les*] *deux sources* [*de la morale et de la religion*, Paris 1967], S. 72 u. 313 [dt.: *Die beiden Quellen der Moral und der Religion*, Frankfurt/M. 1992].

kennen, obwohl ich es nicht kenne! Wie kommt es aber dann, daß ich das Schlüsselwort zur Zukunft nicht alleine finden kann? Wenn das unwägbare Genie sein nächstes Meisterwerk geschrieben haben wird, werde ich es zweifellos wiedererkennen, als sei es aus einer organischen Notwendigkeit entstanden und das einzige Meisterwerk, das es hätte schreiben können, und ich werde glauben, es schon immer vorhergesehen zu haben; was nicht heißt, daß ich es anstelle des Verfassers hätte schreiben können ... Auf dieselbe Weise enthüllen die Titel, die Debussy am Ende seiner *Préludes* aufführt, im nachhinein den Sinn eines jeden Stückes, und doch kann man die Landschaft, die er wachrufen wird, nicht vorausahnen (es sei denn, man kennt sie bereits). Das ganze menschliche Leben ist eine mehr oder weniger geniale Improvisation in dieser Hinsicht. Der posthume und rückwirkende Charakter seiner Finalität erlaubt, die Verkennung zu erklären, deren Opfer es auf fast fatale Weise ist; denn auch noch das unbedeutendste Leben wird in gewissem Sinne stets verkannt. Es ist eine Tatsache, daß sich der Sinn eines Lebens stets zu spät enthüllt und die Biographie, wenn sie sich zwischen den beiden schicksalhaften Daten endlich vollendet hat, unseligerweise mit dem Nachruf verschmilzt! Erst nach ihrem Tode werden wir unseren Zeitgenossen gerecht. Warum ist es so eingerichtet, daß der Sinn nie *während* des Lebens offenkundig ist? Warum müssen verkannte Helden und Genies erst sterben, bevor sie Anerkennung finden? Ja, warum diese grausame Verschiebung, diese ungerechte Verspätung, diese lächerliche Wiedergutmachung? Das Fehlen jeglicher Gleichzeitigkeit, die schlechte Synchronisation von Sinn und Sein und die höhnische Alternative, die uns zwingt, zwischen Form ohne Sein und Sein ohne Form zu wählen oder uns mit einem schemenhaften Futur II zufriedenzugeben, sind das Prinzip des wesentlichen *Mißverständnisses*, die Elemente unseres *Unglücks* und die Ursache des kreatürlichen *Fluches*. Deshalb auch liegt in der späten Anerkennung, die auf die Verkennung folgt, stets eine Art ergreifender Wehmut. »Sie haben gelebt«, sagen wir bisweilen, oder besser »sie haben geliebt«, wie es am Schluß des *Sees* von Lamartine heißt.[61] Liegt in diesem grammatikalischen Perfekt nicht etwas Lakonisches und Verhaltenes, dessen Feierlichkeit jedermann auf Anhieb begreift? Darum

61 [Alphonse de Lamartine: Le Lac, in: *Méditations poétiques*, Paris 1950.]

haben die *Letzten Worte*, die von einem Menschen auf der Schwelle zum Nichtsein gesprochenen *ultima verba*, von denen Claude Aveline eine Auswahl zusammenstellte,[62] einen ganz anderen Ton als die wortreichen Reden und eloquenten Gespräche der Lebenszeit. Der dahingegangene Sinn, der Sinn von jenseits des Grabes, der durch den Tod seines Wesens beraubt wurde, sehnt sich ebenso zurück wie der Zauber: denn der entkörperte Sinn ist eine Art Zauber und der Zauber wie eine Art ungreifbarer und kryptischer Sinn eines Gesichts, eines Blicks oder eines Lächelns. Der Zauber der Zeit unterscheidet sich darin von der zeitlosen Schönheit, daß einzig der Künstler imstande ist, sie zu begreifen oder zu schaffen: er nimmt den »Zauber« des Seins heute und unmittelbar jetzt wahr und muß nicht warten, bis die Gegenwart vergangen ist; der Künstler transzendiert auf geniale Weise die unselige Alternative, die das Sein von seinem Sinn trennt. Ist die Freude nicht das schöpferische Gefühl, das die Positivität eines sinnvollen Seins den überglücklichen Menschen eingibt? Diesen Zauber im Präsens nennen wir Schönheit: die Schönheit verewigt die glückhafte Gelegenheit, die für die unkünstlerischen Menschen so flüchtig wie ein Blitzstrahl ist: das Noch-Nicht des Sinns und das Nicht-Mehr des Seins gehen im ewigen Jetzt der schöpferischen Freude auf. Der Zauber im Präsens ist nicht mit dem Zauber *der* Gegenwart zu verwechseln, der einer nostalgischen und bereits rückwärtsgewandten Weise, die Gegenwart wahrzunehmen, entspricht, so als sei diese Gegenwart schon Vergangenheit: die vergängliche Gegenwart verursacht uns eine Art antizipiertes Bedauern; der Zauber dieser vorzeitigen Rückwärtsgewandtheit ist den Geheimnissen Vermeers nicht fremd, er fasziniert aber vor allem in Musik und Poesie, weil Musik und Poesie im Werden befangene, fließende und zauberische Werke sind; die Musik steht in dieser Hinsicht zwischen dem wirklichen und bis zum letzten Augenblick formlosen Leben und der Kunst im eigentlichen Sinne. Wenn der Zauber im Präsens und der Zauber der Gegenwart nur für den schöpferischen Menschen wahrnehmbar sind, so entfaltet sich der Zauber der Vergangenheit dem Zuschauer … oder Zuhörer. Wir alle sind mehr oder weniger posthume Künstler, rückblickende Poeten des Präteritums und prosaische Dichter;

62 [Claude Aveline: *Les mots de la fin*, Paris 1957.]

jeder ist für die prosaische Poesie eines unbedeutenden Provinzstädtchens empfänglich ... unter der Voraussetzung, daß er dort nicht mehr wohnt, daß das belanglose Städtchen mit seinen Anlagen und verschlafenen Gassen in das Reich der Erinnerung gehört. Der Zauber des Heute ist heute so wenig wahrnehmbar wie die Schwere der Luft, er wird sich erst morgen entfalten; erst die verflossene Zeit wird der geruchlosen Gegenwart einen Duft, den faden Stunden Geschmack verleihen ... Deshalb ist die sanfte »Ricordanza«[63] auf ganz natürliche Weise mit der Poesie der Wehmut verbunden: ein kaum merklicher Hauch von Melancholie, ein gewisser zerbrechlicher Zauber legen ihre zarten Schleier auf das Werk der Erinnerung; es ist notwendig, daß uns die Gegenwart entzogen wird und sie folglich vergangen sein muß, um ihren »Zauber« auszustrahlen, so wie es auch notwendig ist, daß sich die Anwesenheit entfernt, um uns teuer zu werden. Das Gedächtnis läßt uns das Bild, das es von seinem physischen Körper getrennt hat; daher auch ist es bei allen Menschen das natürliche Präludium zum Dichterischen; der Zeit, die Vergangenheit herstellt, und die Vergehen ist, entströmt also selbst eine Art Poesie – doch diese Poesie ist gehaltlos, unvermögend und steril, in ein Gedicht wird sie nicht münden. Das Alter entwickelt den unbrauchbaren und widerruflichen, den vergeblichen und rührenden Sinn unserer Erfahrungen, wie es den Geschmack des Weins und den pittoresken Zauber von Gebäuden oder Möbeln nach und nach herausbildet. Jedem Angedenken entströmt etwas Sehnsüchtiges und Zerbrechliches, Glyzinien gleich, die ihren Duft in der Nacht verströmen. Das träumerische Albumblatt, das Liszt »Jadis«[64] nannte, läßt uns den fernen Widerhall eines längst vergangenen Glücks vernehmen, das aus den Tiefen der Erinnerung aufzusteigen scheint. Es ist etwas Unstillbares und Unaussprechliches, mit dem wir nichts anzufangen wissen. Womit könnte man diese höchst vergebliche Bezauberung vergleichen, wie sie ausdrücken? Und wie vor allem wäre das Sein mit dem Sinn in Einklang zu bringen, wie es halten und besitzen? Die Erinnerung an das verlorene Para-

63 [»Erinnerung«.]

64 [Franz Liszt:] *Der Weihnachtsbaum* [12 Stücke für Klavier zu vier Händen (1882)], 10. [Stück]. »Aus den Tiefen der Erinnerung« heißt der retrospektive Titel, den [der russ. Komponist] Anatol Alexandrow seiner ersten *Vision*, Opus 21, gab.

dies ist für den Menschen Ausdruck des Bedürfnisses, Sein und Sinn, die die Zeit getrennt hat, miteinander zu verbinden. Kann aber ein Paradies etwas anderes sein, als verloren? So süß ist die Wehmut der Vergangenheit, daß wir sie bisweilen durch die Beschwörung von Abwesenheit und Trennung mitten in der Gegenwart künstlich hervorrufen: Roman und Tragödie bedienen sich der Ferne, der Abreise, des Todes und des Hindernisses, um der Fortdauer Würde und Stil zu verleihen und um noch in diesem Leben die Form des Formlosen erkennen zu können; wir tun so, als sei der Lebende schon tot, wir stellen ihn uns irgendwo in weiter Ferne und bereits der Vergangenheit angehörend vor, indem wir die rückblickende Stilisierung antizipieren, deren Aufgabe es ist, die prosaische Existenz einer Reinigung zu unterziehen, zu rechtfertigen und ihr Größe und Würde zu verleihen. Wir geben uns schon hienieden einen Vorgeschmack von der Würde, die erst der Tod der Kreatur zu geben imstande ist.

Die Irreversibilität ist besonders dann heillos, wenn es sich um unsere eigene Unschuld handelt; denn man kann nicht zugleich sein und wissen, wer man ist. Ist dieser unglückliche Umstand nicht die Alternative per se? Man kann nicht zugleich unschuldig sein und es wissen: die Unschuld im Präsens, die augenblickliche Unschuld war nichts anderes als eine substantielle Unbewußtheit. Umgekehrt tritt das Bewußtsein der Unschuld und das Ideal der Reinheit erst zutage, wenn die Unschuld genommen und längst abgelegt ist. Gleichermaßen schließen sich Bescheidenheit und das Bewußtsein der Bescheidenheit im allgemeinen aus. In der Beziehung des Ich zu seinem Selbst stellen Sein ohne Bewußtheit und Bewußtheit ohne Sein in der Tat zwei aufeinanderfolgende Lebensalter, zwei verschiedene Momente dar, die nicht »uno eodemque tempore« gegeben sein können. Die gemeinsame Anwesenheit des Kindes und des Jünglings hingegen scheint diese Gleichzeitigkeit zu verwirklichen; hier ist der Zauber im Präsens, den man Kindheit oder Jugend nennt, auf zwei Köpfe verteilt: die eine ist, aber weiß noch nicht, was sie ist, die andere weiß, aber ist schon nicht mehr, was sie weiß; es bedarf also zweier Personen, um ein *unschuldiges Bewußtsein*, das gleichermaßen eine *bewußte Unschuld* wäre, völlig wiederherzustellen. Hat aber die Gleichzeitigkeit dieser beiden unabhängigen Hälften die Alternative wirklich transzendiert? Das Kind wird uns besonders teuer, wenn wir es uns als die allernächste Vergangenheit, als die unserer Sehnsucht versprochene vergangene Zukunft, als den ersten Kandidaten der Präterition vorstellen: sobald uns dieses anfällige Meisterwerk, die vergängliche und so schnell dahinwelkende Unschuld, bewußt wird, krampft sich uns das Herz zusammen, und wir empfinden im voraus bittere Reue, die wunderbare Reinheit, die uns dargeboten wurde, nicht gebührend geschätzt zu haben. Die Jugend ist ihrerseits ein unbegreiflicher Zauber, dessen Wirklichkeit man nicht gleichzeitig mit seinem Wert schätzen kann. Die Jugend in der Gegenwart, die sich ihrer Jugend unbewußte Jugend, empfindet über ihr Jungsein keine allzu große Befriedigung; nein, diese verzauberte Vergangenheit war, als sie noch Gegenwart hieß, nicht besonders bezaubernd! Wie der glückliche Süden ein von den Nordländern erfundenes, verlorenes Paradies ist, ist die Jugend das von den Erwachsenen im nachhinein erfundene Goldene Zeitalter, außer vielleicht in der Faselei professioneller Jugendlicher oder für früh verwelkte Epheben. Hingegen können Kindheit und Jugend für den Erwachsenen, jedoch außerhalb seiner selbst, also in einer anderen Person, verkörpern, was seinem Erwachsenenbewußtsein fehlt: das physische Sein und die gelebte Wirklichkeit.

Wie von den kleinen, einander ablösenden Toden, die jeden Augenblick im unwiederbringlichen Werden eintreten, ein »Zauber« ausgeht, so geht auch vom Tod selbst ein »Zauber« aus, das heißt die Form des Lebens in ihrer Ganzheit und Einmaligkeit. Der Tod ist kein relatives Hindernis, das uns während der Lebensdauer die Gleichzeitigkeit von Erinnerung an die Vergangenheit und gelebter Tatsächlichkeit unmöglich macht, der Tod ist das absolute Hindernis, das die Einmaligkeit der Existenz schlechthin besiegelt und die Wiederholung dieser Existenz für immer verwehrt. Die relative Grenze umschreibt innerhalb der Lebensdauer eine Abfolge von Zeitabschnitten, die sich im nachhinein abrunden, so zum Beispiel teilt sich meine dahingegangene Jugend in abgeschlossene Perioden ein; die absolute Grenze des Todes aber macht der Lebensdauer im allgemeinen und der Möglichkeit einer Verlängerung oder eines Wiederanhebens im besonderen ein Ende. Jetzt geht es nicht mehr um Abfolgen innerhalb der großen Abfolge, die während der Zwischenzeit eine Begrenzung erfahren, jetzt wird die allen Abfolgen übergeordnete Abfolge vom Nichtsein beendet. Das irreversible Werden ließ im nachhinein zumindest noch die schemenhafte Unwirklichkeit der Erinnerung bestehen, die als Kontrapunkt die physische Realität einer neuen Gegenwart hat; die unaufhaltsam fortschreitende Dauer ließ zumindest noch ein Bewußtsein am Leben, ein bezeugen-könnendes Bewußtsein, das imstande war, die Anwesenheit durch den Kult der Abwesenheit, die gegenwärtige Fülle durch die bittere Freude an den dahingegangenen Tagen, den Kunstgenuß durch die wehmütige Poesie der Rückwärtsgewandtheit und durch die unselige Musik der Zeit zu kompensieren ... Der Tod gewährt uns nicht einmal diesen Trost; nicht die geringste Frist gibt uns wenigstens die sehr flüchtige Zeit der Erinnerung; der Tod vernichtet nicht nur die Wirklichkeiten der Wahrnehmung, sondern auch die Möglichkeiten und Spektren der Erinnerung. Können die kleinen verfehlten Gelegenheiten der unwiederbringlichen Zwischenzeit später wiedereingeholt werden, wenn auch nicht in ihrer ursprünglichen Form, sondern auf andere Weise, so trifft dies für die Gelegenheit der Gelegenheiten, die absolute Gelegenheit, nicht zu ... Eine versäumte Jugend bleibt versäumt, so viel ist sicher, denn man ist nur einmal jung im Leben, und die Jugendzeit wiederholt sich nicht; es ist aber nicht unmöglich, daß derjenige, der keine Jugend gehabt hat, ein schönes Alter erlebt; es ist nicht unmöglich, etwas anderes später relativ besser zu machen; an Gelegenheiten fehlt es hieran solange nicht, als unserer Hoffnung ein Rest an Zukunft bleibt. Ein verlorenes Leben hingegen ist unwiderruflich verloren; wenn man das Leben verloren hat, hat man alles verloren! Da es kein Später gibt, gibt es auch kein Wiederaufholen. Eine versäumte Jugend ist etwas nur zum Teil Mißlungenes und folglich reparabel; ein verlorenes Leben aber ist der völlige Bankrott, der uns in Verzweiflung stürzt.

Zwar kann das absolute Hindernis, das Organon-Obstaculum, durch ebendas, was es ist, als die metaphysische Bedingung unseres Lebens schlechthin betrachtet werden; die Unwiederbringlichkeit der Augenblicke der Zwischenzeit konjugiert und färbt die Existenz auf vielfältige Weise, doch bestimmt der Tod, was im Leben wesentlich ist. So bewahrheiten sich einmal mehr Pascals Aphorismen über die menschliche Grenzgemeinschaft, denen Georg Simmel so tief nachgedacht hat. Die Doppelsinnigkeit des Werdens bietet uns in der Tat Anlaß zu Trost und Trostlosigkeit, und zwar nicht abwechselnd, sondern gleichzeitig: das Sein ist uns zunächst ohne begrenzende Form gegeben, die, wenn sie sofort vorhanden wäre, daraus ein Meisterwerk voll Sinn machen würde; wird uns dann die Form endlich gegeben, entzieht man uns das Sein, dem die Form seine Form verliehen hätte; die Positivität unserer formlosen Gegenwart ist eine langweilige Positivität, eine gestaltlose Scheinewigkeit, wonach ... Aber gibt es denn ein Danach? Wir bekommen die Form nicht, um sie zu genießen – im übrigen gibt es dann kein »wir« mehr: was die Form anbelangt, so werden wir gerade einmal das Fallbeil der Negation kennenlernen, das der vitalen Fortdauer ein für allemal ein Ende macht. Der Mensch gleitet so ohne Übergang vom Formlosen in die Inexistenz: die Form der eigenen Existenz ist ein Geschenk, das er den Überlebenden macht und in dessen Genuß er selbst niemals kommt! Es ist daher nicht verwunderlich, daß die Griechen das Werden für eine Hybride aus Sein und Nichtsein hielten; das Werden, das fortwährende Rückführung des Notwendig-Unmöglichen ist, ist in der Tat zugleich Mittel der vitalen Verwirklichung und Zugehen auf den Tod. Die widersprüchlichen Gefühle, die uns die Zeit eingibt, lassen sich jedoch nicht miteinander verbinden, um daraus eine wohldosierte Mixtur zu brauen, die dem Weisen zu einem heiteren Gleichmut verhelfen könnte. Nein, Optimismus und Pessimismus stellen keine trostlose Tröstung oder hoffnungslose Hoffnung dar, wobei sich Hoffnung und Hoffnungslosigkeit gegenseitig aufheben würden: man müßte vielmehr sagen, daß der Mensch in einer Art vibrierender Bewegung zwischen Vertrauen in die Gegenwart und nahe Zukunft und Hoffnungslosigkeit, was die ferne Zukunft anbelangt, hin- und herpendelt. Dieses Hin- und Herpendeln ist die Doppelsinnigkeit schlechthin. Das Sein des Werdens nährt teuflische Unvorhersehbarkeit und verrückten Leichtsinn; das Nichtsein des Werdens bedeutet untröstliche Trostlosigkeit, die alles mit sich reißt, wenn sie den Menschen anfällt. Der Mensch ist nicht »zwischen beidem« zu Hause, er schwankt in einer steten Pendelbewegung zwischen beidem hin und her ... In diesem kinetischen Sinne, der sich in das Bild des unablässigen Kommens und Gehens fassen läßt, und nicht etwa in einem statischen Sinne, kann man von einer Zwischenstellung der Kreatur sprechen. Wäre diese Zwischenstellung nicht zufällig das, was Ernst genannt werden muß?

Drittes Kapitel
Die Halböffnung

1. Die Quodditas des Geheimnisses

Die Halböffnung drückt, wie das Organon-Obstaculum, die tiefe Doppeldeutigkeit des Todes aus. Halböffnung, Ahnung … Alles bleibt entschieden im Halbdunkel, wenn es sich um den Menschen handelt. Nachdem wir gesehen hatten, daß der Tod zugleich die Verhinderung von Leben und die Grundvoraussetzung für das Dasein ist, entdeckten wir, daß er zugleich unüberwindliches Hindernis und unendlich verschiebbarer Zeitpunkt ist. Vom Tode haben wir ein Halbwissen, das ebensogut halbes Nichtwissen oder gelehrte Unwissenheit ist; über den Tod haben wir halbe Macht, die ebenso halbe Ohnmacht ist … Unwissendes Wissen und ohnmächtige Macht, halbe Erkenntnis und schwache Kraft: in der Beziehung der sterblichen Kreatur zu ihrem Tod ist alles halb und doppeldeutig. Wir wollen nun nacheinander einen gnostischen und einen drastischen Standpunkt vertreten.

Wir sagten zuvor, daß das Geheimnis des Todes in sich selbst unsagbar und undurchsichtig, daß einzig der adjektivische Umkreis des Geheimnisses sagbar sei und allein die Epitheta der Selbstheit beschrieben werden könnten. Ist die Vernichtung des Seins nicht eine Sinnlosigkeit? Und warum ein Aufhören der Dauer und nicht vielmehr Ewigkeit? Solche Fragen ohne Antwort zielen auf den dunklen Grund des Geheimnisses. Die Unterscheidung von dunklem Kern und sagbarem Umkreis wäre auf die Existenz selbst anzuwenden, das heißt auf das Sein des Seins, besser auf das Nichtsein des Seins: es ist der Ursprung des Seins, der dunkel ist, wohingegen die Art und Weise des Seins völlig im Licht liegt; wir kennen den Sinn des Daseins nicht, wir wissen auch nicht, warum uns das Sein gegeben ist und nicht vielmehr nichts, wir können aber endlos über Seinsweisen und die Art zu leben sprechen. Zahlreiche andere Geheimnisse scheinen in der gleichen Lage zu sein: Freiheit, Lebensfähigkeit des Lebens, Verbindung von Seele und Leib, deren eigentlicher Ursprung unbekannt ist, scheinen in ihrer Offensichtlichkeit selbstverständlich.

Man kann aber auch das Gegenteil sagen, und vielleicht sogar mit mehr Recht; denn die Doppeldeutigkeit des Geheimnisses ist selbst unendlich doppeldeutig. Die Beleuchtung des Geheimnisses ist auch hier noch das Helldunkel mit seinen im Dämmerlicht liegenden Reliefs, doch sind die Vorzeichen andere: diesmal ist das Geheimnis etwas, dessen Existenz man vermutet oder errät, dessen Umstandsbestimmungen aber unbekannt sind. Das Sein liegt jetzt in der Mittagshelle, und die Seinsweisen bleiben im Dunkel und im Nebel. Die wissende Unwissenheit im Hinblick auf das Geheimnis hat mit einem numerischen und nur unvollständigen Wissen, mit einer annähernden und lückenhaften Kenntnis, die nur nicht alle modalen Einzelheiten ihres Gegenstandes ausgeschöpft hätte, nichts gemein, ebensowenig hat sie etwas zu tun mit persönlichen Angaben, denen lediglich etwas hinzuzufügen wäre, wie zum Beispiel Vorname, Alter oder Wohnsitz ... Und ebensowenig wie es sich um einen Sammelbegriff handelt, handelt es sich um zwei symmetrische Hälften, deren eine im Schatten läge. Man kann eigentlich nicht einmal sagen, daß das Sein seine Modalitäten an »Wichtigkeit« übertreffe, wie man etwa sagt, daß »primäre« oder wesentlichere Eigenschaften den »sekundären« Eigenschaften überlegen seien; denn die unbekannten Dinge und das erahnte Ich-weiß-nicht-Was liegen nicht auf derselben Ebene und gehören einer anderen Ordnung an! Das unwissende Wissen um das Geheimnis ist vage Einsicht, *scientia vaga*: sie errät vage, daß ein Ereignis stattgefunden hat, sie verfügt aber über kein anekdotisches Detail und schon gar nicht über die Koordinaten von Zeit und Raum, mit deren Hilfe man es punktuell ausmachen könnte. Nun aber gibt es nur deshalb ein Geheimnis, weil die verborgenen Umstände nicht etwa unbekannt, sondern weil sie unerkennbar sind, sie sind nicht bis auf weiteres und nur gemäß dem gegenwärtigen Stand unseres Wissens unbekannt, sie sind es a priori und auf ewig. Darum tritt die Theologie ebenso auf der Stelle wie die Thanatologie. Pascal sagt zum Beispiel nach Johannes Chrysostomos, daß der Mensch die Existenz Gottes ahne, aber weder dessen Natur noch dessen Eigenschaften kennen könne.[1] Sagen wir unsererseits: der Mensch errät mit dem »Herzen«, daß Gott *existiert*, er kann aber mit dem Verstand nicht definieren, worin er *besteht*; die Gewißheit eines *Es gibt* und die Unmöglichkeit, *dieses oder jenes*

1 [Blaise Pascal: *Pensées*, Fragm. 233 (Ed. Brunschvicg).]

näher zu bestimmen, widersprechen sich. Fügen wir noch hinzu, daß keine positive Wissenschaft in der Lage ist, Gott in Zeit und Raum auszumachen, seine Größe einzuschätzen, sein Aussehen zu beschreiben, auf die Fragen wo, wann und wie eine Antwort zu geben oder seine Attribute zu bestimmen; und doch hat das Quod, die Tatsache, daß Gott existiert, für Pascal etwas Offensichtliches, es ist für ihn eine massive, summarische und undurchdringliche Tatsache. Der, der überall und nirgendwo, immer und niemals ist und der sich jeder kategoriellen Bestimmung entzieht, soll sich dem Menschen in seiner reinen Quodditas offenbaren. Gott ist folglich nicht verborgen, sondern fast verborgen, *fere absconditus*, und diese halbe Verborgenheit macht das Geheimnisvolle des Geheimnisses aus. So ahnen wir auch das Unendliche, ohne bestimmen zu können, ob dieses Unendliche eine gerade oder ungerade Zahl ist, da jede Zahl, deren Quantität man konkret angibt, notwendigerweise endlich ist; hier bleibt die Frage »wieviel« ohne Antwort, und die Frage »wie« bleibt offen, wenn es sich um die Freiheit oder die Vitalität handelt. So gewiß es ist, *daß* ich bin, sagt Descartes, so unklar ist, *was* ich bin.[2] So wie sich alle Einzelheiten der Zeitlichkeit und der Bewegung an Stationen festmachen lassen, so gehen die Einzelheiten des Lebens auf physiologische Vorgänge zurück; und doch entsteht trotz unserer Analysen die synthetische Offensichtlichkeit der Vitalität unablässig aufs neue; die Einzelheiten der Freiheit reduzieren sich auf Determinismen und Motivationen – und trotzdem bin ich frei! Ich bin frei, nur dürfen Sie nicht fragen, wie. Freiheit und Vitalität lassen sich nicht beweisen, und doch protestiert ihre Evidenz gegen jedes reduktionistische Verfahren. Wie Gott existiert die Freiheit, ohne in etwas zu bestehen, und sie existiert um so mehr, je gehaltloser sie ist. In ihrer Quodditas und ihrem »Es gibt« ist die Zeit etwas Grobumrissenes und Entferntes; aus der Nähe besehen, ist dieses Ich-weiß-nichtwas nichts mehr. Johannes Chrysostomos[3] drückt sich in seiner Abhandlung *Über das Unbegreifliche* (Περὶ ἀκαταλήπτου) ähnlich aus, wenn er von den Vereinigungsweisen von Seele und Leib spricht. Was für die Freiheit, das wesentlich bejahende und schöpferische Vermögen gilt, gilt ebenso für die Positivität des Lebens und im umgekehrten Sinne auch für den Tod. »Alles, was ich

2 [René Descartes: *Discours de la méthode* IV, 2.]

3 [Griechischer Kirchenvater des 4. Jh.s n. Chr.]

weiß«, sagt Pascal, »ist, daß ich bald sterben werde, aber was der Tod selbst ist, den zu vermeiden ich nicht wissen werde, das weiß ich am wenigsten.«[4] Das beschreibbare und greifbare Element des Lebens ist letztlich das Reglose, das heißt der Tod; das denkbare und erzählbare Element des Todes ist stets das Lebendige. So wie die *hora libertatis*, die Minute der Freiheit, das fiat der Entscheidung und das Innerste des Wollen-Wollens unserem Diskurs hartnäckig entzogen bleiben, so weicht die *hora mortis*, die für jedes Lebewesen in der Fülle und Fortdauer des gelebten Werdens unablässig umgangen und ertränkt wird, zurück und stiehlt sich in Richtung Zukunft hinweg: die Stunde des eigenen Todes, die von Stunde zu Stunde verschoben und von Tag zu Tag hinausgezögert wird, ist für das Denken des lebenden Menschen niemals und zu keinem Augenblick gegenwärtig und bezeichenbar. Und doch wird das denkende Wesen sterben müssen! Als Tatsache ist der Tod absolut gewiß, als Zeitpunkt aber ist er völlig ungewiß. Die Quodditas Gottes dagegen ist nicht so evident, ganz im Gegenteil! Zunächst zur Ungewißheit: wenn der Zeitpunkt des Todes ebensowenig mit völliger Sicherheit bestimmt werden kann wie das Vorüberziehen von Kometen, so ist das nicht nur mangelnden Vorhersagemethoden oder fehlenden Instrumenten zuzuschreiben und auch nicht unseren gegenwärtig noch ungenauen und nur annähernd richtigen Prognosen, die lediglich wegen der Komplexität der biologischen Determiniertheit und einer bestimmten Zufallsquote vage blieben; denn in diesem Falle wäre unsere Ungewißheit ebenso empirisch wie die Ungewißheit der Wettervorhersagen, und wir wären nur nicht imstande, die Stunde, die eine Ziffer auf dem Ziffernblatt der Uhr, oder gar das Datum, das eine Zahl auf dem Kalender ist, zu bestimmen. Nein! die Vorhersage ist aus metaphysischen Gründen nicht möglich. Es handelt sich nicht um eine zufällige Ungenauigkeit, sondern um eine wesentliche Unbestimmtheit. Wir werden zeigen, daß der Augenblick des Todes außerhalb jeder Kategorie liegt. Was hier unbestimmt ist, ist die Antwort auf die Fragen Wo und Wie, ist das Verhältnis

4 [Pascal:] *Pensées* III, Fragm. 194; siehe auch Fragm. 233: »Wir wissen, *daß* es ein Unendliches gibt, aber wir sind unwissend über sein Wesen ... Wir wissen nicht, *was* dies ist« [Hervorhebungen von Vladimir Jankélévitch]; siehe ferner: [René] Descartes: *Meditationes de prima philosophia* II, 5.

des allgemeingültigen Gesetzes zu meinem Einzelfall, ist vor allem die Antwort auf die Frage »Wann«. Und in der Tat, wir werden an einer bestimmten Krankheit oder nach einem bestimmten Unfall, an diesem oder jenem Ort, zu diesem oder jenem Zeitpunkt, unter diesen oder jenen Umständen, auf diese oder jene Weise eines bestimmten Todes sterben ... aber wir wissen es nicht im voraus. Der Tod ist also nur insoweit unbestimmt, als er noch ausstehender Augenblick ist. Er ist eher unvorhersehbar denn unbestimmt. Gott ist für den Menschen auf ewig unbestimmt, und das Unendliche ist für unseren Verstand unendlich unbestimmt, die Todesumstände aber bleiben nur so lange offen, bis der Todestag da ist. Der Tag und die Stunde sind die Offenbarung des letzten Augenblicks, und der Tod selbst bestimmt sie in extremis, indem er eintritt. Dem Betroffenen wird das Geheimnis seines Todes erst im letzten Augenblick enthüllt; der Lebende erfährt die Stunde erst, wenn der Tod da ist, das heißt, wenn er aufhört zu leben; er *lebt* ja die Gegenwart seines Todes nicht und kennt folglich dessen Zeitpunkt so lange nicht, bis der letzte Augenblick gekommen ist. Denn wenn der Tod eingetreten ist, ist der Lebende nicht mehr am Leben! Die Bestätigung der Gewißheit ist folglich stets posthum. Im nachhinein oder rückblickend wird der Tod ein in allen Einzelheiten bestimmtes Ereignis gewesen sein, das aber nur für die Überlebenden und für Dritte in der Gegenwart ist; die Stunde des eigenen Todes ist nur im Futur II gewiß! Hierin ist das Ereignis des Todes der ersten Bewußtwerdung oder der ersten Lüge vergleichbar: wir wissen wohl, daß das Kind einmal seine Unschuld verlieren muß, aber wir wissen weder wann noch aus welchem Anlaß. Auf der einen Seite die zufallsabhängigen Ereignisse, von denen man nicht weiß, ob sie sein werden und wann sie eintreten, auf der anderen astronomische oder biologische Phänomene, von denen man weiß, daß sie sein werden und wann sie sich ergeben: dazwischen liegt das Ich-weiß-nicht-was des Todes, das vor allem ein Ich-weiß-nicht-wann ist. Drückt die ungewisse Gewißheit des Todes nicht die ganze Doppeldeutigkeit der Zukunft aus? Wir wissen, daß es auf jeden Fall eine Zukunft geben wird, auch wenn wir nicht mehr da sind, wenn morgen heute sein wird, und daß der nächste Sonntag kommen wird, auch wenn wir nicht mehr da sind, um ihn Sonntag zu nennen; *was* aber dieser nächste Tag sein wird, ob es ein fröhlicher oder ein trauriger sein wird, das wissen wir nicht. Halten wir vor allem fest, daß die Ungewißheit des Todes insbesondere den Zeitpunkt betrifft. Das Ereignis des Todes, das, wenn man es in seiner metaphysischen Tatsächlichkeit oder seiner natürlichen Notwendigkeit betrachtet, ein absolut gesichertes Phänomen ist, ist nur hinsichtlich seines Zeitpunkts und seiner Umstände eine *Eventualität*. Was könnte es, vom biologischen und statistischen Standpunkt aus gesehen, Sichereres geben als die Tatsache des Todes? Diese Tatsache an sich ist jedoch das schlichte Eintreten oder Auftreten des Todes, ist die *Tatsache, daß* der Tod eines Tages kommen wird. Die Tatsache-daß beantwortet die Frage *quid sit mors, quid*,[5] das heißt *qualis* (oder *quomodo*)[6] und *quanta, quando et ubi*[7] nicht, sondern spricht einfach die Tatsache *quod mors sit*[8] aus. Wie sich der Kantsche Wille ganz allgemein verpflichtet fühlt, ohne noch zu wissen, wozu, so weiß das denkende Schilfrohr Pascals,[9] *daß es stirbt*, weiß abstrakt, daß es sterblich ist, versteht aber nicht, *was* der Tod ist und ist unwissend über dessen Wesen. Je nachdem, ob das Pronomen »quid«[10] fragt, oder ob die Konjunktion »quod«[11] aussagt, verändert sich der Sinn des Verbs »sein«. Im ersten Fall ist es Kopula und verlangt die Beifügung eines Prädikats zum Subjekt, im zweiten ist es ontologisch und drückt ein ganz formales und gehaltloses *Es gibt* aus. Das Quid ist betont, und seine ausdrückliche Absicht ist, nach sekundären Eigenschaften zu suchen, die zu einer bereits existierenden Substanz gehören; das Quod, das mit seinem Verb eine Einheit bildet, verkündet kategorisch das Urteil, daß etwas existiert, deshalb ist das Quod keine Bestimmung, sondern eher eine völlig unbestimmte Bestimmung! Das Quod ist unbeschreibbar ... Die Modalitäten bleiben gebunden an ewig weiterfragende Fragen, da die Antwort nur Wiederholung der Frage sein kann, und sie Fragen ohne Antwort hervorrufen. Die Quodditas ist vielmehr eine

5 [»Was der Tod sei, was«.]
6 [»Wie beschaffen« oder »welcher Art«.]
7 [»Wie lange, wann und wo«.]
8 [»Daß der Tod sei«.]
9 [Blaise Pascal: *Pensées* VI, [Fragm.] 347 [: »Nur ein Schilfrohr, das zerbrechlichste in der Welt, ist der Mensch, aber ein Schilfrohr, das denkt.«]
10 [»Was«.]
11 [»Daß«.]

Antwort ohne Frage, eine Antwort, die sozusagen bereits »beantwortet« ist: kaum hatte man Zeit, »an mors sit«[12] zu fragen, ist der entstehenden Frage auch schon durch die Gewißheit, eines Tages sterben zu müssen, Einhalt geboten. Doch ist diese vage und abstrakte Gewißheit keine Intuition im eigentlichen Sinne, dazu ist sie zu primär! Denn wie sollte eine Quodditas, deren quidditative Umstände ungewiß sind, auch nicht ungreifbar und nebulös erscheinen? Man weiß, daß der Tod kommen wird, aber da man nicht weiß, *was* der Tod ist (quid sit mors), weiß man letztlich auch nicht, *was* kommen wird; und wie man nicht weiß, *wann*, so weiß man auch nicht, worin das, was kommen wird, besteht, noch, ob das, was kommen wird, überhaupt »in etwas besteht«: das als sicher geltende und angstvoll erwartete Ereignis reduziert sich folglich auf die bloße, ungreifbare Tatsache des Eintretens oder Kommens. Hier aber hat das Verb kein Subjekt! Denn der Tod ist ein Eintreten, ohne daß etwas eintritt; und da dieses Eintreten keine neue Existenzweise einleitet, ist es eher eine Abreise! Die Todesumstände sind ungewiß, aber nicht absolut unbestimmt; umgekehrt ist die Tatsache des Todes gewiß, aber weit davon entfernt, klar zu sein ... Im Gegenteil, nichts verschließt sich der Einsicht mehr als die Tödlichkeit des Todes. Für denjenigen, der zugleich drinnen und draußen ist, ist der Tod, wie wir sehen werden, ein problematologisches Geheimnis. Es verhält sich also mit dem Tode, wie es sich mit allen Geheimnissen verhält: das Wissen weiß hier nur vage, *daß*, während das Unwissen das *Was* nicht kennt. Dies ist das unwissende Wissen, das wir Ahnung nennen. Die Ahnung ist aber ebenfalls keine Erkenntnismethode; und wenn der Visionär ein Lügner ist, so ist es der »Ahnungsvolle«, wenn es um den Tod geht, nicht weniger.

2. *Mors certa, hora certa sed ignota*[13]

Der Tod ist also, wie der Gott Pascals, halb verborgen: *fere absconditus*. Wir sprachen in seinem Zusammenhang vom Helldunkel. Vom Standpunkt der Erkenntnis aus scheint der Tod, der durchsichtiges Geheimnis, oder gegen den Strich: dunkle Offensichtlichkeit ist und den wir im Zwielicht des Halbschattens wähnen, in

12 [»Ob der Tod sei«.]

13 [»Der Tod ist gewiß, die Stunde ist gewiß, aber unbekannt«.]

seinem »Es gibt« offensichtlich und in seinen zweifelhaften und unvorhersehbaren Umständen rätselhaft zu sein. Das Verhältnis von Tag und Nacht kehrt sich jedoch um, wenn man sich auf den Standpunkt der Tat und des erlebten Schicksals stellt: die taghelle Offensichtlichkeit der Quodditas wirft ihre bedrückende Finsternis auf das Leben, doch im Morgengrauen der »Wannheit« leuchtet uns der erste Schimmer des anbrechenden Tages auf und mit ihm die erste Hoffnung, das Halseisen des zum Tode Verurteilten zu lösen. Und da es zweierlei Zwielicht mit entgegengesetzten Bedeutungen gibt – das Zwielicht der Abenddämmerung, das in die Nacht übergeht, und das Zwielicht des Morgengrauens, das den Tag ankündigt –, gibt es auch zwei verschiedene Interpretationen der Doppeldeutigkeit des Todes, deren eine dem Pessimismus des Optimismus und deren andere dem Optimismus des Pessimismus entspricht. Wir wollen zunächst beim pessimistischen Helldunkel verweilen, wo die Finsternis der Gewißheit den Sieg über die Lichtheit der Ungewißheit davonträgt. Die halbe Offensichtlichkeit des Todes ist eine in der Dämmerung liegende Offensichtlichkeit, die schon von den nächtlichen Schatten verdunkelt wird. *Mors certa, hora incerta.*[14] Vom Evangelium zu Bernhard von Clairvaux, von der *Nachfolge Christi*[15] bis zu Nicoles *Essais de morale*[16] hat diese Antithese der Meditation über den Tod nicht nur Rhetorikthemen, sondern einen schier unerschöpflichen Anlaß zu Sammlung und Verwirrung geliefert. »Quid vero in rebus humanis certius morte, quid hora mortis incertius invenitur?«[17] »Nil mortalibus vel morte certius, vel incertius hora mortis.«[18] »Nescis quando morieris«, heißt es in der *Nachfolge.*[19] Für die Kirchenväter

14 [»Der Tod ist gewiß, die Stunde ungewiß«.]

15 [Thomas von Kempen: *Nachfolge Christi*, Zürich/Einsiedeln/Köln 1979.]

16 [Pierre Nicole: *Essais de morale*, Paris 1999.]

17 [»Was aber ist in den menschlichen Dingen sicherer als der Tod, was unsicherer als die Stunde des Todes«.]

18 [»Nichts ist dem Sterblichen so sicher wie der Tod, nichts so unsicher wie die Stunde des Todes«;] Bernhard von Clairvaux: *De conversione ad clerios*, Kap. 8, 16, [in: *Sancti Bernardi*] *Opera*, Paris 1690, [Band] I, S. 484, 109 u. 364.

19 [»Du weißt nicht, wann du sterben wirst«; Thomas von Kempen: *Nachfolge Christi*, I. Buch:] »Winke für das geistliche Leben«, Kap. 23 (»De meditatione mortis«), Abschnitt 3.

und Geistlichen liegt die Betonung auf *mors certa* und nicht auf *hora incerta*: die Gewißheit der Tatsache steht der Ungewißheit des Zeitpunkts gegenüber im Vordergrund und teilt letzterer etwas von ihrer angsterregenden Strenge mit; die Gewißheit des Sterben-Müssens macht die Ungewißheit der Stunde etwas weniger ungewiß und verwandelt die Hoffnung in drohende Gefahr. Ist »incertus« nicht das Adjektiv der Doppeldeutigkeit schlechthin? Bald ängstlich, bald sorglos, die Ungewißheit ist zweischneidig. Hier führt die Ungewißheit des Wann letztlich nur zu einer Verstärkung und Verhärtung der Gewißheit des Quod, sie verschlimmert die Folgen dieser traurigen Gewißheit, anstatt sie abzuschwächen! Sie wissen um die Tatsache, die beklagenswerterweise die Quodditas Ihres Schicksals ist, Sie kennen aber weder Tag noch Stunde, und dies ist nicht etwa ein Glück, sondern der *Gipfel des Unglücks*. »Die Stunde ist ungewiß«, das heißt: jede Stunde kann die letzte sein, und so auch, *velut ultima*,[20] muß man sie entgegennehmen. Ὡς ἐσχάτην,[21] sagt Marc Aurel. Und Seneca: »Omnis dies velut ultimus ordinandus est.«[22] Aber nur »veluti«! Als ob! Auf der Sonnenuhr der Kirche von Cambo stehen die vier Wörter: »Dubia omnibus, ultima multis.«[23] Dieses Gefühl der möglichen Letztheit jeder Stunde beruht selbst zum Teil auf einem tiefen Mißtrauen gegenüber der Dauer des Werdens, andererseits (aber das läuft auf das gleiche hinaus) auf der Furcht, die wir vor der Verletzlichkeit des Organismus und der Widerruflichkeit des Daseins im allgemeinen haben. Wir sprachen vom wundersamen Wiederanheben, das dem Notwendig-Unmöglichen von Minute zu Minute sein Fortbestehen erlaubt; doch diese artistische Wiederherstellung kann dem von Minute zu Minute Überlebenden, betrachtet man sie unter umgekehrten Vorzeichen und aus pessimistischer Sicht, wie eine ständige Vernichtungsdrohung vorkommen; die Dauer des Seins ist nicht mehr selbstverständlich: die Dauer ist jetzt ein sehr zufallsbedingter Fortbestand, eine unsichere und von tausend Gefahren bedrohte Beständigkeit.

20 [»Gleichsam als letzte«.]

21 [»Wie die letzte«; Marc Aurel: Εἰς ἑαυτόν II, 5 [dt.: *Selbstbetrachtungen*, Stuttgart 2001].

22 [»Jeden Tag behandeln, als wäre es der letzte«; aus der Sentenzensammlung des Publilius Syrus: *Proverbia* 27, gelegentlich Seneca zugeschrieben.]

23 [Diese Stunde ist »ungewiß für alle, die letzte für viele«.]

Auch bei Descartes ist die Dauer theoretisch der Gnade eines unergründlichen Willens ausgeliefert, der dieser Dauer von einer Minute zur anderen ein Ende machen, seine Geschöpfe entseelen, das Sein vernichten und den Fortbestand des Universums willkürlich in Frage stellen kann: doch abgesehen davon, daß diese hyperbolische Hypothese der »Entseelung« eine »unmögliche Vermutung« ohne jede Wirkung auf die tätige Weisheit des Philosophen ist, genügt die göttliche Gewährleistung, um die zeitliche Verlängerung des Seins über den Augenblick hinaus zu sichern. Die Gewährleistung sichert uns zu, daß die unvordenkliche und unerschütterliche Fortdauer des Seins nicht aufhören, daß die Zeit nicht unterbrochen und daß das Universum nicht plötzlich mit einer Embolie geschlagen oder von einem Schlaganfall heimgesucht wird. Doch die Versicherung gegen Katastrophen wie den Weltuntergang oder das Ende der Geschichte garantiert noch keineswegs die Fortdauer der persönlichen Existenz oder das Überleben der Lebenden; denn das Leben des Einzelnen ist weder mit der universellen Existenz noch mit einer ewigen Wahrheit vergleichbar; vielmehr ist das Leben des Einzelnen paradoxerweise geschaffene, ewige Wahrheit oder, wie wir zeigen werden, ewig sterbliche Wahrheit; das Denken ist zeitlos, das denkende Wesen aber ist vergänglich und kann von einem Augenblick zum anderen vernichtet werden. Das Dahinscheiden eines Menschen ist eine Absurdität, die jeden Augenblick tatsächlich stattfindet. Hier wäre jedes Zuviel an Vertrauen tödlicher Leichtsinn. Für den, der intensiv die Unbeständigkeit der Dauer erlebt und sich ihrer Diskontinuität wohlbewußt ist, für den, der den unvorhersehbaren Willen und die im Verborgenen liegenden Pläne des Schöpfers tragisch oder einfach ernst nimmt, das heißt sie buchstäblich auffaßt, ist die Energie und der Zusammenhalt der aufeinanderfolgenden Augenblicke erlahmt; daß das Dasein weitergeht, ist lediglich auf eine Folge von sehr prekären Verlängerungen und eine diskontinuierliche Serie von zeitweilig ausgesetzten Rettungsversuchen zurückzuführen. Der stillstehende Augenblick hat, ohne daß der böse Genius dabei seine Hand im Spiel hätte, nicht die Kraft, sich selbst zu überleben. Adieu, sorglose Sicherheit,[24] für die eine Fortdauer der Zwischenzeit und spontane Weiterent-

24 [Thomas von Kempen: *Nachfolge Christi*, I. Buch:] »Winke für das geistliche Leben«, Kap. 23, 7: »nullum diem ... securum« [»Kein Tag ist verbürgt«].

wicklung die besten Bürgen gewesen wären. »Cras est dies incerta«, predigt die *Nachfolge*. Der morgige Tag ist nicht garantiert ... »Et quid scis si crastinum habebis?«[25] Und nicht nur der morgige Tag, sondern der nächste Augenblick, der allernächste Augenblick ist ein gefährliches Abenteuer: »Cum mane fuerit, puta te ad vesperum non perventurum.«[26] So hängt das Schwert über Damokles, der für einen jeden von uns steht, das Schwert, das jeden Augenblick den Lebensfaden durchtrennen kann: zwischen Leben und Tod hängt unsere Existenz nur an einem Faden, an diesem Faden! Der Faden der Zeit ist so dünn und brüchig geworden, daß ein Hauch genügt, ihn reißen zu lassen. Oder anders ausgedrückt: wir leben von Woche zu Woche, schlimmer, wir leben in den Tag, ja, »leben in die Minute hinein« mit der Gefahr des tödlichen Aufhörens vor Augen, die auf dem Grunde der Dauer lauert, wie ein Kranker, der in seinen Adern ein winziges Gerinnsel hat und der bei der kleinsten Bewegung von einem Augenblick zum anderen zu Boden stürzen kann.

Die Widerruflichkeit der Dauer zeigt sich in biologischer Hinsicht vor allem an der Verletzlichkeit der Organe, die schon für sich unsere grundsätzliche Endlichkeit zum Ausdruck bringt. Der Tod ist jeden Augenblick möglich. Wer weiß, ob Sie nicht morgen früh schon von einem Gehirnschlag niedergeworfen oder heute abend noch von einem Fieberanfall dahingerafft werden? Wer weiß, ob Sie heute nachmittag nicht an einer Erdbeere ersticken? Ein platzendes Blutgefäß, eine Stauung in der Herzkammer: es bedarf wenig, um den Faden reißen zu lassen. Der Tod kann lange vor dem Durchschnittsalter kommen, das die statistische Wahrscheinlichkeitsrechnung für diese Art Ereignis ausgemacht hat, er kann viel früher kommen, als man glaubt, vielleicht schon heute nachmittag um siebzehn Uhr.

Ohne Zweifel läßt die Unbeständigkeit des Werdens und des vergänglichen Körpers, genannt Gesundheit, beim Menschen bisweilen demütige Dankbarkeit aufkommen für das Geschenk, das die andauernde Existenz in seinen Augen darstellt; denn das Weiterbestehen muß der Unbeständigkeit unablässig abgerungen wer-

25 [»Der morgige Tag ist ungewiß; wer weiß, ob du ihn erlebst?«; ebd., Kap. 23, 1.]

26 [»In der Frühe mache dich darauf gefaßt, den Abend nicht zu erleben«; ebd., Kap. 23, 3.]

den; der Mensch ist jeder Frist, jedem Mehr an Existenz, jedem Hinauszögern des Todes und jeder Stunde, die die Glocke ihm ankündigt, dankbar. Der Mensch murmelt in seinem Herzen: danke, daß ich bis dreiviertel fünf Uhr leben durfte. Meist aber ist alles darauf ausgerichtet, Angst und Besorgnis in uns wachzuhalten: das Fehlen jeglicher Garantie, was die Fortdauer der einzelnen Augenblicke betrifft, das Fehlen jeglichen Versprechens hinsichtlich der Zukunft, deren Aufgabe es ist, die Gegenwart zu verlängern, der Mangel an Sicherheit, den die Unsicherheit gebiert ... Der Mensch, der an der *Treue* seiner Lebenszeit zweifelt, verliert jedes Vertrauen in die Fähigkeit der Künftigung, das Kommende auch wirklich kommen zu lassen. Vor allem aber: sobald er sich seiner umstrittenen Position bewußt wird und deren tragischen Charakter erkennt, verliert er den Schlaf, denn die blinde Hingabe des Schläfers ist ja die simpelste Form unseres Vertrauens in die Trägheit und den Automatismus einer Fortdauer, die auch dann noch anhält, wenn wir die Augen schließen. Die implizite Voraussetzung für den Schlaf ist, daß sich die vertrauten Dinge beim Erwachen wieder vorfinden, daß der böse Genius unsere Abwesenheit oder Bewußtlosigkeit nicht ausnützt, um uns mit dem Aufbrechen einer Pulsadergeschwulst, einem Herzstillstand oder ähnlichem hereinzulegen. Wir begrüßen den heiteren Morgen, der über die Leere und Dunkelheit der nächtlichen Ohnmacht hinweg die Gegenwart des Heute und die Vergangenheit des Gestern verbindet und die Treue der Fortdauer besiegelt. Schlaflosigkeit ist vor allem Mißtrauen. Der Verfall der Stunden und die Heimsuchung durch die Vernichtung, die die Diskontinuität impliziert, halten unsere Aufmerksamkeit wach. Deshalb empfiehlt Pascal, wenn er die Nacht in Gethsemane kommentiert, Wachsamkeit: »Nicht schlafen darf man bis dahin!«[27] Huizinga[28] zeigt, wie zur Zeit Chastellains und der Totentänze die Erinnerung an Lazarus den Geist des Menschen wachhält; der wiederauferstandene Lazarus soll nichts anderes als jammervolles Grausen vor dem Tode gekannt haben. Die Meditation über die Hora incerta versetzt die Menschen in Alarmbereitschaft. Sicherlich besteht ein großer

27 [Blaise Pascal: *Pensées*, Fragm. 553 (»Das Mysterium Jesu«): »Bis an das Ende der Welt wird die Agonie Jesu dauern: nicht schlafen darf man bis dahin«.]

28 [Johan Huizinga:] *Herbst des Mittelalters* [a. a. O.], S. 203.

Unterschied zwischen dem μελέτημα θανάτου[29] des *Phaidon* und der Vorbereitung auf den Tod, wie die *Nachfolge* sie begreift: der platonische Weise behält den Ereignissen gegenüber die Initiative; und obwohl Sokrates noch für denselben Abend seinen unabwendbaren Tod erwartet, überspielen Gelassenheit und gesetzte Worte das angsterregende Fliehen der Stunden und machen aus der letzten Qual eine belanglose Nebensache. Dieser »letzte Tag eines Verurteilten« ist ein Tag wie jeder andere. Sokrates gibt vor, die letzte Stunde dieses letzten Tages und die letzte Minute dieser letzten Stunde für ein unbedeutendes Vorkommnis[30] zu halten, und in Erwartung der letzten Prüfung, die ach! *hora certissima*[31] ist, plaudert er über dieses und jenes, als stünde nichts an. Die Ergebung in das Schicksal geht mit einer völligen Verfügbarkeit der Vernunft Hand in Hand. Und trotzdem wird der Tod im *Phaidon* nicht als Problem, zu dem man die Distanz des Problematischen hat, und nicht als abstrakter Gegenstand behandelt: er ist in absehbarer Zeit fällig und muß unmittelbar erlebt werden! Der mittelalterliche Christ, Zeuge einer dramatischen und bewegten Geschichte, die sich in Umstürzen abspielt und von Gewalt erschüttert wird, ist viel eher im Schlepptau der Ereignisse: wie er vormals aus Furcht vor dem Jahre 1000 in Panik geriet, treibt ihn nun die Ungewißheit über seine letzte Stunde um; Timor und Tremor, Angst und Zittern beherrschen jetzt die Zeit, die von der meontischen Leere unablässig bedroht ist. Zwischen dem ständigen Alarmzustand und der passiven Ruhe des hoffnungslosen Menschen liegen jedoch Welten; anstatt die Zeit nach Minuten zu zählen, die Tropfen auf Tropfen unerbittlich verrinnen, anstatt auf die sich leerende Klepsydra zu starren und die immer kleiner werdende Zeitspanne, die ihn noch vom unheilvollen Ende trennt, auszurechnen, befindet sich der Mensch in leidenschaftlicher Gespanntheit auf den drohenden Tod. Die Gefahr, sagt die *Nachfolge*, taucht »insperate, subito et improvise«[32] auf, also unversehens, und die *Winke für das geistliche Leben*

29 [Der »Beschäftigung mit dem Tod« oder der »Sorge um den Tod«.]

30 [Platon:] *Phaidon* 63 e: θαρρεῖν μέλλων ἀποθανεῖσθαι [»müsse getrost sein, wenn er im Begriff ist zu sterben«]; 64 a: ἥκοντος θανάτου [»Wenn der Tod käme«].

31 [»Gewisseste Stunde«.]

32 [»Unerwartet, plötzlich und unvorhergesehen«; Thomas von Kempen:] »Winke für das geistl. Leben«, [a. a. O.,] Kap. 23, 3 und 7.

machen es sich zur Aufgabe, das Unerwartete auf ein Minimum zu reduzieren, um uns Panik und Überraschungen zu ersparen, so daß der Mensch, obwohl im ungewissen über den Zeitpunkt, seinem Tod zuvorkommen kann, bevor ihn dieser einholt, und so den, der glaubte, ihn zu überraschen, seinerseits überrascht. Um dem Schicksal gegenüber im Vorteil zu sein, nimmt der Mensch, der seine Stunde nicht kennt, jede Stunde an, als sei es seine letzte, wie der Stoiker sagt; er sieht sich als Sterbender auf Lebenszeit; er zieht es vor, jeden Augenblick der Dauer mit dem widernatürlichen Bewußtsein seines möglichen Endes zu vergiften. Dieses notwendigerweise diskontinuierliche Bewußtsein aber ist der natürlichen Intention des Seins, die auf Fortsetzung des Seins gerichtet ist und die verlangt, daß jedes Aufhören als zufälliger Unfall behandelt wird, entgegengesetzt. Und doch glaubt das bedrohte Wesen, nur unter dieser Bedingung die Oberhand über die Bedrohung zu behalten und durch einen vertraut gewordenen Tod die Überraschung zu vereiteln. Um von der Stunde nicht überrascht zu werden, soll es daher genügen, daß der Lebende von seiner Sterblichkeit nicht etwa eine begriffliche und banale Kenntnis hat, sondern sie hautnah und leidenschaftlich erfährt. Ist man vielleicht vorbereiteter als die anderen, wenn man den ganzen Tag wiederholt: Bruder, es heißt sterben? Wir können daran zweifeln. »Esto memor«[33] wiederholt Baudelaires Uhr jede Minute, und nach Marc Aurel sagt auch Leo Chestow: *Memento mori!* Μέμνησο.[34] Aber lassen wir die *Nachfolge Christi* zu Wort kommen: »Semper ergo paratus esto, et nunquam te imparatum mors inveniat.«[35] In der Sorge um eine ganz pneumatische »Vorbereitung« erkennt man den Geist der Wachsamkeit, von dem das Evangelium spricht: »Ὅτι οὐκ οἴδατε τὴν ἡμέραν οὐδὲ τὴν ὥραν, sagt der Apostel Matthäus[36] und Markus: Ἀγρυπνεῖτε. οὐκ οἴδατε γὰρ πότε ὁ καιρός ἐστιν,[37] ἤ

33 [»Ich bin das Gedenken«; Charles Baudelaire: *Die Blumen des Bösen* LXXXV: »Die Uhr«.]

34 [»Gedenke des Todes! Erinnere dich!«]

35 [»Sei also bereit, daß dich der Tod nie unvorbereitet trifft«; Thomas von Kempen: a.a.O., Kap. 23, 3.]

36 [»Von dem Tage aber und von der Stunde weiß niemand«;] Matth. XXIV, 36; siehe auch XXVI, 41.

37 Markus XIII, 33 [: »Wachet. Denn ihr wisset nicht, wann es Zeit ist«; vgl.:] Apostelgeschichte I, 7 u. 1. Thessal. V, 1.

ὄψε ἢ μεσονύκτιον ἢ αλεκτοροφωνίας ἢ πρωί. μή ἐλθὼν ἐξαίφνης εὕρῃ ὑμᾶς καθεύδοντας.[38] Wie der *Phaidon*, der in der asketischen Abtötung eine richtiggehende Propädeutik des Todes sah,[39] empfiehlt uns auch Lukas: Γίγεσθε ἕτοιμοι, seid bereit und lasset eure Lichter brennen, damit das Licht glänze in der Finsternis der Nacht! Vigilate! Estote parati![40] Denn diese Wachsamkeit, die das Werden überwacht, ist, wenn sie auch nicht immer Seelenfrieden gibt, mit der Hellsicht unlöslich verbunden. Treffen Sie also Ihre Reisevorbereitungen und Ihre letzten Verfügungen; halten Sie sich bereit wie Soldaten im freien Feld, denen ein Sturmangriff bevorsteht, denn man kann Sie jede Minute abberufen …

Die Milderung, die uns die Ungewißheit des Zeitpunkts gewährt, ist also, wenn man dem Pessimismus glauben soll, nur eine scheinbare: es ist die Frist eines zum Tode Verurteilten, es ist die erbärmliche und so vergebliche, kleine zusätzliche Minute, die der Verurteilte seinem Henker abbettelt. »Die Menschen«, sagt Victor Hugo, »sind alle zum Tode verurteilt mit unbestimmtem Aufschub.«[41] Wie ein heldenhafter Feldherr, der Zeit zu gewinnen und die unausweichliche Niederlage hinauszuzögern sucht, kämpfen wir mit dem Unbesiegbaren, überlisten die Allmacht und zwingen sie, für diesmal noch zurückzuweichen. Der Mensch, der seinen aussichtslosen Kampf von vornherein verloren hat, entreißt dem Tod seine Beute nur vorläufig und macht ihm höchstens einige armselige Viertelstunden streitig … Eines schönen Tages, früher oder später, wird der Tod jedenfalls das letzte Wort haben: das allmächtige Schicksal wird letztlich triumphieren, gleichgültig, was wir unternehmen, um es hinauszuzögern; »ducunt fata volentem, nolentem trahunt«.[42] Wir sagten auch, daß sich alles eines Tages zum Guten wendet, das schlechte Wetter, Krankheiten und Nie-

38 [»Ob er kommt am Abend oder zu Mitternacht oder um den Hahnenschrei oder des Morgens, auf daß er nicht schnell komme und finde euch schlafend«;] Markus XIII, 35-36.

39 [Platon: *Phaidon*] 65e: παρασκευάζεσθαι [»vorbereiten, ausrüsten«].

40 [»Seid nun wach (allezeit)! Seid bereit!«] Lukas XXI, 36 und XII, 35-40.

41 [Victor Hugo:] *Der letzte Tag eines Verurteilten*, Kapitel 3 [Basel 1945].

42 [»Den Willigen leitet das Schicksal, den Widerstrebenden schleift es mit«; Seneca: *Briefe an Lucilius* 107, 11.]

derlagen, kurz, alles, außer dem Tod, den wiedergutzumachen unmöglich ist. Der *dies incerta* ist für den Menschen bestenfalls eine mehr oder weniger lange Frist und eine zeitweilige Verschiebung der unumgänglichen Prüfung, doch die Verlängerung erweist sich stets als unbedeutend und kann im übrigen nicht ewig dauern. Hebt sich nicht jede endliche Dauer, ob kurz oder lang, im Kontakt mit dem Unendlichen und der ewigen Nichtheit auf? Was heißt schon früher oder später, wenn man doch sterben muß![43] Der Überlebende wird also nur vorläufig überleben: diesmal wird der Kranke seinem Schicksal noch einmal entgehen. Wie lange wird er ihm aber standhalten können? Wie lange werden wir das unabwendbare Ende noch hinauszögern können? Wer, von der Möglichkeit getäuscht, das schicksalhafte Datum auf unbestimmte Zeit hinausschieben zu können, gegen den Tod ankämpft, läuft folglich in eine Sackgasse. Das menschliche Leben befindet sich auf den ersten Blick in einer ausweglosen Lage. Der Horizont ist verstellt. Ist die Offenheit der Lebenszeit nicht eine optische Täuschung? Anstatt uns zu einem festgelegten Zeitpunkt zu verurteilen, indem es den Tag und die Stunde der Hinrichtung vorherbestimmen würde, spielt das Schicksal lieber mit seiner Beute und sucht es mit Fristen zu zerstreuen; es belastet sie länger mit der Hypothek des unabwendbaren Endes. Der Schluß ist immer der gleiche, da das Spiel, so abwechslungsreich es sein mag, stets auf die gleiche hoffnungslose und eintönige Weise zu Ende geht. Den Fatalisten zufolge kann unsere Ungewißheit über den Zeitpunkt kaum die fundamentale Vorherbestimmtheit des Todes verbergen ... Zweifellos kann uns der Tod gewiß sein, ohne daß der Zeitpunkt feststeht. Wie aber, wenn die Stunde des unheilvollen Endes zufällig vorher schon festgelegt wäre? *Mors certa, hora certa!* Alles wäre dann gewiß: die Tatsache, die wir sicher wissen, und die Stunde, die wir ungewiß glaubten. Soll dies heißen, daß das Quando im Absoluten des göttlichen Ratschlusses ebenso gewiß ist wie das Quod? In diesem Falle würde einzig unsere psychologische Unkenntnis der endlichen Kreatur die Illusion einer objektiven Ungewißheit herstellen: οὐκ οἴδατε, ihr kennt den Tag nicht, und die Engel im Himmel kennen ihn auch nicht, Gott aber kennt ihn. Das Urteil ist gefällt, und der Verurteilte in seiner bejam-

43 Marc Aurel: [*Selbstbetrachtungen*] II, 14.

mernswerten Verzweiflung weiß nur, und auch dies nur vage, daß ein Urteil über ihn verhängt wurde und der Zeitpunkt feststeht, aber er kennt weder die genaue Stunde noch die Art der Qual, die ihn erwartet. Wir werden krepieren, aber wir wissen nicht, wann ... Was für ein Trost in unserem Elend! Wie im Leibnizschen System des Prästabilierten muß es Gott wohl belustigen, wenn er die aus seinen Händen hervorgegangene Monade dem Dachziegel entgegenlaufen sieht, den er seit Ewigkeiten bereithält, damit er an diesem Morgen und an dieser Straßenecke auf sie herunterfällt; kurz danach werden die Menschen, die bemitleidenswerten Genarrten, den Dachziegel vom Morgen »Zufall« nennen ... Wenn die Kreatur wenigstens noch eine Marionette wäre und ihrer Sterblichkeit ebensowenig bewußt wie ihrer Todesumstände oder sie einem Schlafwandler in Trance ähnelte und von ihrer wahren Entfremdung nichts wüßte, würde sie sich, im Glauben frei zu sein, trotz der offensichtlichen Heteronomie der Situation fast glücklich fühlen. Aber ach! der Mensch ist ein halbwegs klarsehender Hampelmann, der zumindest hellsichtig genug ist, um unglücklich zu sein. Es wäre ohne Frage besser gewesen, wenn der Hampelmann von seiner lächerlichen Freiheit niemals etwas gewußt hätte ... Zu seinem Unglück aber kennt der Mensch einen Teil der Wahrheit und ausgerechnet den wichtigsten und eindeutigsten: er weiß, daß er sterben muß und daß der Zeitpunkt vielleicht schon feststeht; was das im dunkel Bleibende anbelangt, so handelt es sich dabei lediglich um die näheren Umstände, um nekrologische Auskünfte und genaue Daten; Ort, Zeitpunkt und Name der Krankheit bleiben noch im ungewissen. Was wir nicht wissen und was uns folglich erlauben würde zu leben, ist also unvergleichlich weniger wesentlich als das, was wir wissen und das uns das Leben so schwer macht. In der grausamen Gewißheit über die Tatsache klammert sich der Schiffbrüchige an die dünne Ungewißheit über das Datum; in unserer Verzweiflung, sterben zu müssen, setzen wir alles auf die Hoffnung, zu überleben, doch die Hoffnung ist gering und unbedeutend ... Es ist die Hoffnung der Armen und eine armselige Hoffnung! Die kleine Hoffnung bezieht sich nicht wie die große Hoffnung auf Effektivität, Sieg, Gesundheit oder Erfolg, und dies unabhängig vom Zeitpunkt im eigentlichen Sinne; ohne Zweifel wünschen wir, daß das Erhoffte bald eintreten möge, so schnell wie möglich, und wenn möglich gar augenblicklich; das Wichtigste ist, daß es überhaupt eintritt, später wird man dann sehen! Dies ist die Hoffnung unseres Lebens, die wir »Verzweiflungswunsch« nennen wollen und die der großen und simplen Alternative Ja oder Nein, Alles oder Nichts, Leben oder Tod ausgesetzt ist. Die kleine, bürgerliche Hoffnung richtet sich auf Fragen wie *Wann? Wo? Wieviel?* Ihr Bereich ist der des Kleinverdieners, ist das Mehr oder Weniger, sind Zeitumstände und Steigerungsstufen; ihre Hoffnung ist, Zeit zu gewinnen und die Minuten aufzuhalten. Diese trübe Hoffnung hofft nicht, über den Tod zu triumphieren, sie hofft nur, ihn hinauszuschieben. Unter diesen Bedingungen ist der – was die Tatsache selbst betrifft – hellsichtige, und – was die Umstände angeht – blinde Mensch wie ein großes Kind, mit dem das Schicksal Versteck spielt, indem es ihm gewisse Geheimnisse vorenthält: einerseits entzieht man ihm die Hälfte der Wahrheit, andererseits präsentiert sich ihm die übriggebliebene Hälfte nobel gekleidet in Euphemismen und Periphrasen und ist so unpersönlich wie möglich; denn die »mors certa« ist eher ein konzeptueller Gemeinplatz denn erlebte Erfahrung. Das Schicksal gleicht einem Arzt, der sich mit einem hinter dem Rücken versteckten Skalpell dem Kranken nähert. Was wir der Ungewißheit über die Stunde letztlich verdanken, ist falsche Ruhe; denn es gibt sehr wohl eine trügerische Ruhe, die entweder von der Unkenntnis oder von einem Mißverständnis oder dem Entschluß herrührt, nicht tiefer zu gehen. Aber der erwachsene Mensch will sich nicht ständig mit solchen Kindereien abgeben, er wehrt sich bisweilen dagegen, daß man ihm die Augen verbindet: zur Halbwahrheit verurteilt, glaubt er sich dennoch stark genug, die ganze Wahrheit zu ertragen; er begreift nicht, daß das Wissen der ganzen Wahrheit die Hoffnungslosigkeit der zum Tode Verurteilten für ihn bedeuten würde.

3. Mors certa, hora certa[44]

Der Mensch lebt in Angst, wenn er, obgleich er das Datum nicht kennt, zu argwöhnen beginnt, daß es schon feststehe, wenn er anfängt, die Heimlichkeiten zu durchschauen. Der in einem Eng-

44 [»Der Tod ist gewiß, die Stunde ist gewiß«.]

paß gefangene Mensch weiß, daß er sterben muß und daß sein Todestag feststeht, nur weiß er nicht, welcher Tag dies sein wird; der in Todesangst lebende Mensch kennt also zugleich das Quod im allgemeinen und das Quod des Quando, obwohl er das Quando selbst nicht kennt und es nicht zahlenmäßig benennen kann; denn Tag und Stunde sind ihm unbekannt. Der Verzweifelte hingegen weiß zunächst einmal, was alle wissen und was kaum Folgen hat: daß er irgendwann eines Tages sterben wird (er kennt also das Quod); er weiß aber auch etwas, das er eigentlich gar nicht wissen dürfte: daß er an einem bestimmten Tag zu einer bestimmten Stunde sterben wird (also das Quando); er weiß somit über seinen eigenen Tod alles, was man darüber wissen kann, einschließlich dessen, was er lieber nicht wissen sollte. Hierin unterscheidet sich die beklemmende Verzweiflung vom Schicksalsschlag der Angst, d.h. vom Entsetzen einer Furcht, die von der Ungewißheit noch immer leicht gemindert wird. Wenn die Zeit der Angst eine von alarmierenden Zuständen und von Besorgnis zerfressene Zeit ist, so ist die Zeit der Verzweiflung eine tote und völlig räumliche, eine bereits vergangene Zeit; und während die Angst fieberhaft zwischen Hoffnung und Verzweiflung oszilliert, ist die massive und kompakte Verzweiflung ganz sie selbst. Dies ist die unerträgliche Situation eines zum Tode Verurteilten, dem die lebensnotwendige Ungewißheit des Quando, die noch wichtiger ist als die Luft zum Atmen, letztlich verweigert wird. Victor Hugo beschreibt dieses Ersticken im *Letzten Tag eines Verurteilten*, Leonid Andrejew in seiner packenden *Geschichte von den sieben Gehenkten*; Dostojewskij, der im Gegensatz zu Sokrates einige Wochen lang tatsächlich μέλλων ἀποθανεῖσθαι[45] war, da er in Sibirien diese grausige, von einer »hora certa« begrenzte Frist selbst erlebt hat, widmet ihr einige Seiten in seinem Roman *Der Idiot*. Die gleichzeitige Kenntnis des Quod und des Quando tötet den Lebensnerv der strukturierten Zeit der täglichen Aktivität und zersetzt sie, sie macht sie zu einer unerträglichen und unmenschlichen Zeit: der Mensch, der auf die bloße Aussicht eines unabwendbaren Verfallstags reduziert ist, gleicht einem in die Enge getriebenen Tier. Das allmähliche, langsame und unerbittliche Verfallen der letzten Frist ist für das in panischem Schrecken befindliche Bewußtsein

45 [»Im Begriff zu sterben«; Platon: *Phaidon* 63 e.]

eine unerträgliche Obsession. Das vom Insekt der Zeit langsam zernagte Leben, das – wie bei Baudelaire – vom Tick-Tack der Uhr allmählich zermürbte Leben wäre also nichts anderes als die Wartezeit eines zum Tode Verurteilten. Denn der unbewegliche und abgeschlossene Zeitraum, der, wenn er sich erschöpft hat, zum Nullpunkt des Todes wird, ist selbst eine tote Zeit. Es ist die Zeit der Sanduhren und Klepsydren. Wenn jeder verflossene Augenblick von dem, was an Lebenszeit bleibt, abgezogen werden muß, so weil das Vergehen nicht mehr durch die unerschöpfliche Erneuerung von Möglichkeiten oder durch die unablässige Wiederherstellung der Zukunft aufgefangen werden kann. Die Möglichkeiten sind begrenzt, sie machen ein von Tag zu Tag weniger werdendes und schließlich aufgebrauchtes Quantum aus, eine sich durch allmähliche Schmälerung verringernde Masse, eine Hoffnung, deren Spielraum sich kontinuierlich verkleinert. Heute mehr als gestern und weit weniger als morgen, so daß, was gelebt, »aufgelebt« wurde. Der zur Folter der Erwartung ohne Hoffnung verdammte Mensch lebt nun von seinem Zeitkapital und die Zeit, die ihm noch bleibt, läuft nur noch wie mit der Stoppuhr gemessen ab und kann sich nicht mehr in die Zukunft projizieren: die schöpferische Entwicklung ist versiegt. Wer die Stoppuhr in der Hand hält und bestimmte Zeitabschnitte mißt, zählt die Tropfen in der Klepsydra oder macht die Minuten auf dem Zifferblatt aus, die eine nach der anderen aus der Zukunft in die Vergangenheit flüchten und dann unwiederbringlich hinter uns liegen. Oder anders ausgedrückt: die Zündschnur ist schon angezündet, und man kann nur noch zusehen, wie sie bis zur Explosion niederbrennt. Diese Quantifizierung der Zeit erzeugt beim Verurteilten einen krankhaften Geiz und eine Angstphobie vor der verlorenen Zeit. Augenblicke, die einem so spärlich zugeteilt werden, kann man nicht mehr verschwenden! Die Zeit des zum Tode Verurteilten, die einen begrenzten Vorrat aufzehrt, hat ihre schöpferische Kraft und ihre Fähigkeit zur Erneuerung eingebüßt; vorbei die Hoffnung auf Besserung und Fortschritt! Alles ist schon vorgegeben, hätte Bergson gesagt: selbst die Zukunft ist schon zu Ende, das heißt, ist Vergangenheit; oder einfacher: die Zukunft verflacht in einer zeitlosen Gegenwart ohne Relief und Perspektive. Was sein wird, ist schon gewesen, seufzt der verzweifelte *Prediger Salomo*;

»und geschieht nichts Neues unter der Sonne ...«[46] Was soll uns ein Werden, das Vergangenheit gebiert und nur das Alte zur Welt bringt? Eine auf Eis gelegte Künftigung und ein buchstäblich endzeitliches Werden – dies hat der in die Enge getriebene Mensch zu erwarten, wenn ihm das Vorwissen von seinem zeitlich feststehenden Tod jede Öffnung auf ein wirkliches Morgen verwehrt. Aber ohne Künftigung gibt es auch kein Vergehen mehr; denn eine Vergangenheit ohne Zukunft ist nicht einmal Vergangenheit. Dadurch, daß »Kommen« und »Eintreten« stillstehen, erstarrt die Erinnerung: zwischen der zu Eis gewordenen Zukunft und dem verdinglichten und versteinerten Präteritum ist der unablässige Kreislauf des Werdens nicht mehr spürbar. Das Schiff ist auf Eis gelaufen. Man versteht, daß Prometheus, indem er den Menschen das Vorwissen von seiner Todesstunde verweigert, ihm eine widernatürliche Qual ersparen wollte; so müssen wir die Augenblicke, die wir noch vor uns haben, nicht wie Körner verlesen oder Silbe für Silbe buchstabieren. Prometheus gewährt uns die Gunst der Unwissenheit und damit die Illusion der Zukunft.

4. *Mors incerta, hora incerta*[47]

Im *Gorgias* wird erzählt, daß Prometheus angesichts der Reichtümer der Unwürdigen und auf Zeus' Befehl beschloß, den Sterblichen das Vorwissen von ihrem Tod zu entziehen: Παυστέον ἐστὶν προειδότας αὐτοὺς τὸν θάνατον. νῦν γὰρ προίσασι:[48] Prometheus selbst sagt bei Aischylos: Τυφλὰς ἐν αὐτοῖς ἐλπίδας κατῴκισα ...[49] Diese Hoffnung ist vielleicht nicht ganz blind, obwohl sie auch nicht völlig klar sieht. Sie, die hellsichtige Blinde, ist das größte Heilmittel für unser Übel, φάρμακον νόσου,[50] sie bleibt nach Hesiod als einzige in der Büchse zurück, als Pandora den Deckel

46 [Prediger 1, 9.]
47 [»Tod und Stunde sind ungewiß«.]
48 [»... muß dieses aufhören, daß sie den Tod vorher wissen; denn jetzt wissen sie ihn vorher«; Platon:] *Gorgias* 523 d.
49 [»Ich siedelte in ihnen blinde Hoffnung an«; Aischylos: *Der gefesselte*] *Prometheus* 250.
50 [Aischylos: a. a. O. 249.]

lüftet:[51] als sich Not, Klagen und der Schwarm todbringender Krankheiten über die Welt ergossen – αἶψα γὰρ ἐν κακότητι βρότοι καταγηρασκούσι[52] –, blieb die Fee Hoffnung bei uns, um das Prinzip der Zukunft zu retten. Die Hoffnung hält das Kellerfenster halboffen, damit der Ruf des Unbekannten und das Licht der Zukunft zu uns dringen. So wie halboffen zugleich halbgeschlossen ist, da die Tatsache gewiß ist, bedeutet halbgeschlossen zugleich eine halbe Aussicht, da die Stunde ungewiß ist: solcherart ist das menschliche Leben. Als das Licht durch das halbgeöffnete Fenster in das Verlies Blaubarts strömt und die erdrückenden Mauern durchbricht, zeigt Ariane am Ende von Dukas' Oper den Frauen den Weg in die Freiheit.[53] Man sagt, eine Tür habe entweder offen oder geschlossen zu sein, doch die Türen der Zeit sind gleichzeitig geschlossen und offen, je nachdem ob man, wie wir es eben taten, das Hindernis des Todes im allgemeinen, oder ob man, wie jetzt, lediglich die Ungewißheit des Zeitpunkts betrachtet. Im übrigen ist auch die kleinste Halböffnung schon eine Öffnung, ja geradezu eine ungeheuere Öffnung, so dünn der Lichtstrahl auch sein mag, den sie eindringen läßt; denn die Tür der Hoffnung wird kaum aufgestoßen, da öffnet sie sich auch schon weit auf den unendlichen Horizont. Sagen wir es noch nachdrücklicher: das ganze Leben öffnet sich unablässig der Zukunft und bleibt doch stets eingeschlossen in sein unabwendbares Schicksal. *Hora incerta* heißt jetzt nicht: »vielleicht früher als Sie denken« oder »vielleicht gleich«, sondern: »irgendwann, einmal später vielleicht und ... wer weiß? vielleicht nie! Vielleicht, vielleicht ...« Dies Vielleicht spielt auf das halbgeöffnete Fenster an. Von solcher Art ist, es sei hier daran erinnert, die Doppeldeutigkeit der Ungewißheit. Die Ungewißheit bekommt einen anderen Sinn, je nachdem ob Gefahr in Verzug ist und die Drohung uns auf den Fersen ist oder ob das Unglück in eine unbestimmte Zukunft verlegt wird. Furcht, Bangen und Mißtrauen flüsterten: Die Stunde ist zwar ungewiß, aber da die Tatsache gewiß ist, ist es besser, sich auf alles gefaßt zu

51 [Hesiod:] *Werke und Tage* 96 [dt.: *Theogonie. Werke und Tage*, München/Zürich 1991].

52 [»Jäh befällt die sterblichen Menschen das elende Alter«; Hesiod: *Werke und Tage* 93, a. a. O.]

53 [Paul Dukas: *Ariane und Blaubart* (1907), Oper nach einem Drama von Maurice Maeterlinck.]

machen. Nun aber sagt sich der vertrauensselige und zuversichtliche Mensch: Die Stunde ist ungewiß? Wohlan denn! So ist immer noch Hoffnung. Durch eine regelrechte Umkehrung, die den Sinn der Dauer verklärt, ohne jedoch auch nur ein Wort ihres Textes zu verändern, wird die Gefahr jeder Minute auf der Stelle zu einer Verlängerung der Minute; die gefährdete Erneuerung des Notwendig-Unmöglichen scheint, wenn man sie von der Vorderseite aus betrachtet, wie eine siegreich fortgesetzte Bejahung. Alles schien Lebensgefahr zu bedeuten, und alles wird jetzt zur Frist.

Die Gewißheit der Tatsache färbte in pessimistischer Sichtweise offenbar auf die Ungewißheit der Stunde ab, da sie den Zeitpunkt des Todes als so sicher wie die Tatsache des Todes an sich darstellte. Und nun ist das ganze Gegenteil der Fall, da die hoffnungsvolle Ungewißheit der Stunde die Gewißheit der Tatsache beeinflußt, sie vage und nebulös macht und fast Zweifel an dieser Gewißheit aufkommen läßt; die Gewißheit, sterben zu müssen, die von der Unbestimmtheit und dem zufälligen Charakter des Zeitpunkts erschüttert wird, ist jetzt plötzlich gar nicht mehr so gewiß! So steigt uns die Zufälligkeit der Todesstunde gewissermaßen zu Kopf und läßt uns an der sichersten Sache der Welt letztlich zweifeln: da man ja nie an einer bestimmten Krankheit oder zu einem bestimmten Zeitpunkt sterben muß, beginnt sich der Mensch, der trunken ist von unseliger Hoffnung, zu fragen, ob man überhaupt sterben muß. Hier müßte man sagen: *hora incerta, mors incerta*: eine allgemeine Ungewißheit schwebt nun über dem Ganzen, das sich aus Quod und Quando zusammensetzt. Ist der, der »sine die«[54] und gar »sine hora«[55] verurteilt wird, eigentlich verurteilt? Das Doppeldeutige, das von der Ansteckung der kaum ungewissen Gewißheit durch die fast gewisse Ungewißheit herrührt, läßt Zweifel an der Möglichkeit zu sterben schlechthin aufkommen, Zweifel, die nie ganz zerstreut werden und die eine wahnwitzige Hoffnung auf Unsterblichkeit nähren; denn ein kleiner Zweifel in diesem Bereich ist ein ungeheuerer Zweifel; denn eine Mischung aus Gewißheit und Ungewißheit ist Ungewißheit. Die Gewißheit ist wie die Notwendigkeit absolut oder ist nicht: die Beimengung eines Milligramms an Zufälligkeit läßt sie schon

54 [»Ohne Tag«.]

55 [»Ohne Stunde«, also ohne Vollstreckungstermin.]

verdächtig erscheinen; die Abstufung von der Gewißheit zur Wahrscheinlichkeit, dann zum Zweifel und schließlich zur gegensätzlichen Überzeugung geht in Windeseile vor sich. Nein, man vertraute nicht ohne weiteres auf das Crescendo der leidenschaftlichen Hoffnung, wenn ein stets erneuter Aufschub dies nicht begünstigen würde. Wer weiß? Vielleicht werde ich endgültig vom Hinübergang ausgenommen, sehe ich doch durch eine stets erneuerte Frist den fatalen Verfallstag hinausgeschoben, komme ich doch immer wieder davon und springe ich doch von Gefahr zu Gefahr; vielleicht macht man mit mir eine besondere Ausnahme, und ich muß nicht das Schicksal der anderen teilen ... In jedem Menschen steckt ein alter Soldat, der sich, weil er glücklich allen Kugeln entgangen ist und alle Kämpfe überlebt hat, schließlich für unverwundbar hält. Und wenn mich der Tod vergessen würde und er mich gar nicht wollte? Natürlich hält diese unsinnige Hoffnung weder der Reflexion noch der Erfahrung stand. Doch darum geht es hier nicht. Sicher werde ich sterben, doch ich werde später und anderswo, irgendwann eines Tages und an einem unbestimmten Tag ohne Datum sterben, an den man nicht denken muß; jedenfalls nicht jetzt und nicht an dieser Krankheit; zumindest nicht diesmal, sondern das nächste Mal; es ist immer das nächste Mal, immer irgendwann später, immer morgen ... Und wenn es niemals wäre? Nein, meine Stunde ist noch nicht gekommen, nein, ich bin noch nicht an der Reihe, und vielleicht bin ich es nie ... Wir sagten: Jede Hoffnung ist erlaubt, auch die wahnwitzigste. Wir sollten aber besser nicht insistieren oder tiefer schürfen; denn man wagt kaum, daran zu denken. Die Unbestimmtheit der Drohung erlaubt, über diesen Punkt hinwegzugehen. Jedenfalls kommt der Tod nie jetzt, sondern immer das nächste Mal. Ich werde im allgemeinen, aber nicht im besonderen sterben, irgendwann eines Tages, aber nicht heute; an Trinitatis oder am Sankt-Nimmerleins-Tag, aber nicht unmittelbar jetzt, nicht *hic et nunc*. So also beschließt der Lebende, um sein Leben erträglich zu machen, oberflächlich und ungenau zu bleiben, das Schicksal nur von oben her zu betrachten und den Dingen nicht auf den Grund zu gehen; denn wenn er die Wahrheit vom sicheren Tod in ihrer ganzen Tiefe bedenken und die Gefahr erkennen würde, wäre er nicht mehr imstande zu leben. Diese Sorglosigkeit, die einer schützenden Frivolität gleichkommt, hat mit dem, was Pascal Zerstreuung und Scheler metaphysischen

Leichtsinn nennt, manches gemein. Alles in allem ist der Optimismus hier die wohltuende Sorglosigkeit, dank derer der besorgte Mensch seine Sorgen nicht ernst zu nehmen braucht. Und wir weigern uns nicht nur, die unmittelbar drohende Gefahr zu sehen, sondern ich weigere mich für mein Teil einen Bezug zwischen dieser Gefahr und meinem eigenen Schicksal herzustellen; nicht nur, daß der Tod endlos auf das nächste Mal verschoben wird, er ist überdies auch noch etwas, das nur die anderen angeht. Wir zeigten dies im Zusammenhang mit dem Tod in der dritten Person: die anderen sterben hier und heute. Der Tod betrifft das sterbliche Wesen aufgrund eines allgemeingültigen Gesetzes, doch mich im besonderen betrifft er nicht; die Anwendung des Gesetzes auf meine eigene Selbstheit wird schamhaft ausgespart. Das Alibi, das den Tod immer dem anderen zuschiebt und die Rückläufigkeit, die ihn von Augenblick zu Augenblick verschiebt, tragen das Ihre dazu bei, ein schon so problematisches Aufhören vollends unwahrscheinlich zu machen. Man muß nie an diesem oder jenem Tag sterben; doch hat für den, der nicht an einem bestimmten Tag stirbt, Dienstag nicht, Mittwoch nicht und auch Sonntag nicht, sondern der lediglich im allgemeinen sterben muß, der Tod überhaupt einen Sinn? Besser: Was ist ein angeblich notwendiges Ereignis, das niemals eintreten muß? Was ist ein Ereignis, wenn man von jedem möglichen Eintreten, sei es früher oder später, zu einem beliebigen Zeitpunkt somit, absieht? Ein Ereignis, das (endlos) nicht einzutreten braucht, ist eine bloße verbale Verallgemeinerung, Ausdruck eines abstrakten und leeren Gesetzes und eine theoretische Vorstellung, die jeder Realität entbehrt. Ein Ereignis ist kein Ereignis mehr, wenn es weder Zeit noch Ort hat und außerhalb von Geschichte und Geographie liegt; ein Ereignis ist kein Ereignis mehr, wenn es zu keinem Zeitpunkt und nirgendwo eintritt ... Was sage ich! Ein Ereignis ist vielleicht nichts anderes als der Schnittpunkt der chronologischen und topographischen Koordinaten. Sicherlich, der Tod existiert als Datum in Personenstand, Todesanzeigen, Totenscheinen und biographischen Nachschlagewerken; doch ist dies ein anderer Todesfall für mich, oder es ist mein Todesfall für die anderen. Der eigene Tod, der Tod in der ersten Person, ist etwas, das nie eintritt und das also buchstäblich οὐδὲν πρὸς ἐμέ[56] ist. Eine nomi-

56 [»Nichts für mich«; Epiktet: *Encheiridion* I (dt.: *Handbüchlein der Moral*).]

nalistische Philosophie würde uns zweifellos auffordern, noch weiter zu gehen. Wenn Datum und quidditative Bestimmungen feststehen, ist die Quodditas um so mehr gegeben: wer zum Beispiel das *Wann* und *Wo* kennt, weiß erst recht um das *Daß*. Doch umgekehrt heißt, das *Daß* ohne das *Wer* zu kennen, nichts wissen. Der Untersuchungsrichter zum Beispiel weiß wohl, daß es gemeinhin einen Schuldigen gibt, aber er kennt den Gesetzesbrecher nicht, er kennt den Namen dessen nicht, der den Coup gelandet hat. Der Richter ist in seiner Untersuchung wirklich gut vorangekommen! Man kann sagen, daß er nicht einmal das erste Wort in dieser Angelegenheit kennt; oder genauer: er kennt des Rätsels Lösung nicht, er kennt das *Schlüsselwort* nicht, worum sich alles dreht. So also weiß, wer nur die Tatsache als solche kennt, nichts oder fast nichts, mehr: er führt alle an der Nase herum. Etwas ohne das Wer, Wann und Wo zu kennen, heißt dies wissen? Das dürfte wohl eher ein Scherz sein. Oder heißt etwa lieben, ohne zu wissen, wen, wirklich lieben? Ist diese oberflächliche Liebe ohne direktes Objekt, ohne den Akkusativ der Liebe, vielleicht leidenschaftlich, aufrichtig und ernst gemeint? Der Halbwissende, der das Quod, aber nicht das Quid kennt, gleicht einem halbherzigen Liebhaber, dem unwilligen Liebhaber, der ganz allgemein bis bald und auf Wiedersehen sagt, ohne ein nächstes Rendezvous zu vereinbaren; wer nicht *wann* sagt und die nächste Zukunft im vagen läßt, hat nicht die Absicht wiederzukommen. Er sagt ganz allgemein: bis demnächst, ohne den *Tag* zu bestimmen. Unser Freund hat es nicht eilig; denn diese Unbestimmtheit ist eher für eine freundschaftliche Beziehung denn für die leidenschaftliche Dringlichkeit der Liebe charakteristisch. Und so auch ist ein Ereignis, das im allgemeinen, aber nicht zu einem bestimmten Zeitpunkt eintritt – zumindest was den Betroffenen angeht –, *wie* ein Ereignis, das nie eintritt: dieses Ereignis ist reine Potentialität. Es ist jedoch nicht einfach nichts, denn im Hinblick auf Dritte tritt es ja einmal an einem bestimmten Ort und zu einem bestimmten Zeitpunkt ein, doch für den Betroffenen selbst ist diese endlos aufschiebbare Zukunft wie nichts, *instar nihili*. Fassen wir zusammen: Wenn der Tod gewiß ist, so ist es der Zeitpunkt noch lange nicht; steht aber die Stunde, die eine äußerste Bestimmung ist, fest, so ist die allgemeingültige Tatsache des Sterbenmüssens desto gewisser. Ganz allgemein, irgendwann eines Tages sterben zu müssen ist keine

Bestimmung, solange man nicht wo, wann, wie, wer und woran sagt ... Einzig die Umstände erlauben eine eindeutige Bestimmung und unverwechselbare Einmaligkeit; der Tod ist erst dann ein wirkliches Ereignis, wenn er mit der unvergleichlichen Situation eines Einzelnen und mit dem individuellen Hapax verbunden ist. Er unterscheidet sich nicht von der Unsterblichkeit, er ist zumindest ein Nichts-für-mich, wenn diese Verbindung unterbrochen ist. Auf diese Weise scheint die Notwendigkeit des Sterbens letztlich vermeidbar zu sein; anders gesagt, was augenblicklich zwingend scheint, wird immer mehr zu etwas Zufälligem: wenn nicht an und für sich, so doch für sich selbst, scheint der, der eines Tages, aber an einem endlos in der Schwebe bleibenden Tag, stirbt und für den der zukünftige Tod ein unablässiges Noch-nicht ist, sich von einem unsterblichen Wesen kaum zu unterscheiden. Immerwährendes Leben wäre also gewissermaßen der Horizont dieses Vertrages, den unsere Hoffnung unablässig erneuert. Kurz, die Wirklichkeit des Todes im allgemeinen und die Umstände des Todes unterscheiden sich nicht mehr; oder vielmehr: die Quodditas selbst ist wie der Zeitpunkt oder der Name der tödlichen Krankheit ein Umstand unter anderen geworden: so wie es nie zwingend ist, an diesem oder jenem Tag, auf diese oder jene Weise zu sterben, wäre es also auch nicht zwingend, überhaupt sterben zu müssen. Die metaempirische *Angst* hat dem An- und Abschwellen der empirischen *Furcht* und einer wahnwitzigen Hoffnung Platz gemacht; denn ich fürchte, diesmal, an dieser bestimmten Krankheit oder während dieser gefährlichen Mission zu sterben ... Die Tatsache des Todes ist ebenso wie irgendeine andere bestimmte Gefahr zu einer völlig vermeidbaren Sache geworden, der zu entgehen keinesfalls absurd und die zu betrügen immer möglich ist.

5. *Mors certa, hora incerta*[57]

Aber ach! die Jahre vergehen, der Tod wird immer wahrscheinlicher und die Gesundheit mehr und mehr zu einem Wunder; da sich der Organismus immer mehr verbraucht, zielen die Überle-

57 [»Der Tod ist gewiß, doch die Stunde ungewiß«.]

benschancen auf Null, und die Gewißheit zu sterben nähert sich der Hundertprozentgrenze; das heißt, daß es auf die Dauer unwahrscheinlich wird, dem fatalen Unfall zu entgehen; denn da die unumstößliche Tatsache als Hypothek auf der verbleibenden Zeit lastet, wird der Aufschub früher oder später zu Ende sein. Gleichwohl hält sich das Subjekt trotz des Zugehens auf den Tod, das für Dritte ersichtlich ist, für unvergänglich: in der Tat, es gibt keinen Grund, warum man ausgerechnet an einem bestimmten Tag sterben sollte. Entspricht diese Mischung aus Unsicherheit und Hoffnung nicht der faszinierenden Natur des Abenteuers? Denn auch das Abenteuer ist eine Halböffnung. Wie die einzelnen Abenteuer unseres Lebens, ist unser ganzer Lebenslauf etwas Halbgeschlossenes; so daß, wenn unser ganzes Leben ein großes Abenteuer ist, jedes einzelne Abenteuer sozusagen ein kleines, verkürztes und intensives Leben innerhalb des großen ist. Der Mensch denkt ganz allgemein an den Tod, er trifft Vorsorge und schließt für die Zeit, da er nicht mehr sein wird, Versicherungen ab, aber er zieht niemals den Tod im besonderen in Betracht.

Wenn *mors certa, hora certa* die Formel der Hoffnungslosigkeit, *mors certa, hora certa sed ignota* die Formel der Angst und *mors incerta, hora incerta* Ausdruck trügerischer Hoffnung ist, wäre in der asymmetrischen Formel *mors certa, hora incerta* die Devise eines ernsten und kämpferischen Willens zu sehen, der von Hoffnungslosigkeit und trügerischer Hoffnung gleich weit entfernt ist. Denn die Diskrepanz von quodditativer Gewißheit und zeitlicher Ungewißheit gibt unserem Leben den notwendigen Elan, um uns tätig sein zu lassen. Der Mensch befindet sich in einer tragischen Lage, wenn der Zeitpunkt des Todes so gewiß ist wie die allgemeine Notwendigkeit, irgendwann eines Tages sterben zu müssen: dies ist die Hölle der *Hoffnungslosigkeit.* Er gerät in tranceähnliche *Angstzustände*, wenn der Zeitpunkt des Todes, der dem Sterblichen doch gewöhnlich verborgen bleibt, als ebenso unumstößlich vorherbestimmt vermutet wird wie die Tatsache des Todes an sich. Schließlich löst sich das Leben in Gleichgütigkeit und *Überdruß* auf, wenn wir uns, da die Tatsache des Todes ebenso zweifelhaft geworden ist wie dessen Eintreten, zu einer Scheinewigkeit verdammt fühlen. Nach der gestaltlosen Zeit des Überdrusses, nach der versteinerten Zeit der Angst und nach der ohnmächtigen und unfruchtbaren Zeit der Hoffnungslosigkeit kommt nun die fruchtbare Zeit der Betätigung. Auf die bereits eingetretene Zukunft folgt nun eine wirklich zukünftige Zukunft. Der Abstand zwischen der abwartenden, verstopften und wirkungslosen Zeit der Hoffnungslosigkeit und der vom Ernst halb erschlossenen Zeit ist ebenso groß wie zwischen passivem Bevorstehenden und aktiver Dringlichkeit.

Denjenigen, der sich nun auf den drastischen Standpunkt stellt, erscheint das Mißverhältnis von sicherem Tod und ungewisser Stunde als ein wesenhaft anregendes und in gewisser Weise belebendes. Was wir wissen, das heißt die Quodditas des Todes, ist ausgerechnet das, worüber wir nichts vermögen; und was wir umgekehrt nicht wissen, das heißt die Umstandsbestimmungen des Todes, ist etwas, das im großen und ganzen von uns abhängt; anders ausgedrückt: wir wissen etwas, worüber wir nichts vermögen, und wir vermögen etwas, worüber wir nichts wissen; was wir wissen, das heißt, das unüberwindliche Hindernis des Todes, steht nicht in unserer Macht, was wir hingegen nicht wissen, nämlich den Zeitpunkt, liegt bis zu einem gewissen Grade bei uns: er ist von Ernährungsweise, Hygiene und Mäßigung abhängig; oder anders gesagt: was für das Wissen Öffnung bedeutet, ist dem Handeln verschlossen und umgekehrt. Dieser ironische Chiasmus von Wissen und Können ist eine Form der fundamentalen Alternative, worin sich die Endlichkeit ausdrückt und die wir durch das doppeldeutige System des einverleibten Einzuverleibenden zu erklären haben werden. Beides zu wissen, beides zu können heißt nicht nur den bevorstehenden Tod hinausschieben, sondern ihn schlechthin besiegen, und würde bedeuten, jenseits der kreatürlichen Alternative zu sein; denn die Verbindung von Allwissenheit und Allmacht hat etwas Übermenschliches und gar Undenkbares. Das eine wie das andere zu wissen und weder das eine noch das andere zu können ist das hoffnungslose, und wenn auch nicht undenkbare, so doch unlebbare Geschick der zum Tode Verurteilten. Weder das eine noch das andere zu wissen, doch beides zu vermögen, das heißt, den Tod übersteigen und damit hinausschieben zu können, hieße, einem Engel gleichzukommen. Das einzige System, das die lebenswichtige Halböffnung der Existenz aufrechterhalten kann, ist das ungerade oder ungleiche System, das wir Alternative nannten: das eine zu wissen (worüber wir nichts vermögen) und das andere zu können (worüber wir nichts wissen); können, ohne zu wissen, und wissen, ohne zu können, dies ist die Kippbewegung, die der Tat ihren Elan verleiht; die wissende Unfähigkeit dient der unwissenden Macht als Stoßkraft. Halb-Wissen und Halb-Können beziehen sich also niemals auf den gleichen Teil des Geheimnisses. Das *scio quod*,[58] das ein ohnmächtiges Wissen, und das *nescio quando*,[59] das ein unwissendes Können ist, sind in gewisser Weise die beiden sich ergänzenden und voneinander losgelösten Hälften einer allwissenden Allmacht, die der Verstand nicht zu fassen vermag – das ohnmächtige Wissen ist für unser Vermögen, den Tod hinauszuschieben, nun kein absolutes Hindernis, denn es erlegt ihm die entscheidende Grenze auf, ohne die sich dieses Vermögen im Taumel der Gleichgültigkeit auflösen würde, es ist vielmehr dessen Organon-Obstaculum. Unsere Macht ist nur wirksam, weil sie nicht unendlich ist. Und wie der Hebel an einem bestimmten Punkt ansetzt, um, was schwerwiegt und widersteht, zu heben, so stützt sich die behinderte Macht auf ein unabänderliches Schicksal, um das Leben zu verlängern und den Wirkungsbereich unserer Freiheit auszudehnen. Somit geben Negativität und die Unbesiegbarkeit des Todes unserer verändernden und vorwärtsgewandten Betätigung erst Sinn, Berufung und entscheidende Richtung. Weder Medizin noch Kunst maßen sich an, das Hindernis zugunsten einer Wunderkreatur in Luft aufzulösen oder gar zu vernichten; denn diese glorreiche Vernichtung ist eher eine Spezialität von Scharlatanen und Wundertätern. Deshalb ist das Schicksal unserer Sterblichkeit hart und mild zugleich!

Das schließt jedoch nicht aus, daß das Einwirken der Menschen auf den Tod gemeinhin im Gegensatz zu ihrer Luzidität steht. Ich weiß nicht: folglich gibt es noch etwas zu tun. Die Unwissenheit, in der wir uns hinsichtlich des Zeitpunkts befinden, durchlüftet gewissermaßen unser Leben und läßt uns frei atmen, indem sie die Sorge über den sicheren Tod ein wenig mildert. Die Ungewißheit, die über den Zeitpunkt besteht, macht es dem Willen möglich, sich in dieses Unbestimmte zu stürzen, um es zu beeinflussen und sich auf die noch nicht gespielte Partie des Schicksals zu verlegen. Der Mensch der Tat gebraucht auf diese Weise den Spielraum an Hoffnung, der ihm bleibt; die Möglichkeiten selbst laden ihn dazu ein,

58 [»Ich weiß, daß«.]
59 [»Ich weiß nicht, wann«.]

sein Glück zu versuchen. Es verhält sich aber nun nicht so, daß die Tat unabhängig von Naturgesetzen wäre und willkürlich die Gestalt der Dinge verändern könnte, denn sie geht, ganz im Gegenteil, die Wege des Determinismus und folgt nicht etwa den launenhaften Zickzacklinien der Phantasie; sie verwirft jedoch die Fatalität. Hierin zumindest treibt die Ungewißheit – oder die Zufälligkeit – die Tat an, so wie umgekehrt die Notwendigkeit die Tat lähmt und den Menschen in seinem angeborenen Quietismus verharren läßt. Die Freiheit findet hauptsächlich in einer werdenden Welt oder in einer in Fluß befindlichen Gesellschaft ihr Betätigungsfeld, deren Ausprägungen wesenhaft vorläufig sind und erst durch die Einwirkung des Menschen Gestalt annehmen. Machen! Diese revolutionäre und gewalttätige Haltung setzt voraus, daß das Gegebene ein ganz anderes sein könnte, daß man es nicht schlichtweg hinnimmt und daß die Veränderung seiner Gestalt der Führung und Beaufsichtigung bedarf. Es ist hauptsächlich der Wille, der am Wirken der historischen Zeit mitarbeitet, der das Aussehen der Zukunft modelliert und modifiziert, indem er die Künftigung leitet. Der drastische Wille hat bisweilen etwas Massives und Ungefähres, das die Feinheiten der Analyse auszuschließen scheint; oft genug verändert unsere freiheitliche Kraft das Schicksal in der Nacht der Unwissenheit. So gehören zu jeder wahrhaft mutigen Entscheidung und jeder mehr oder weniger gefahrvollen Wahl einige Sekunden Blindheit ... Die Widerstandskämpfer der Résistance hätten 1940 wohl kaum etwas unternommen, wenn sie ihre Chancen ausschließlich im Hinblick auf die allgemeine Lage und das damalige Kräfteverhältnis beurteilt hätten; ihr gefährliches Engagement war nicht das Ergebnis einer rationalen Einschätzung der Wahrscheinlichkeiten; sie nahmen den Kampf nicht auf, weil sie ausgerechnet hatten, daß sie die Stärkeren wären! Auch diejenigen, die alles auf eine absurde Hoffnung setzten und wider jeden gesunden Menschenverstand glaubten, wählten in der Nacht. Dort, wo uns das tragische Licht der Evidenz und die drückende Gewißheit zu Demission und Kapitulation raten müßten, macht die unsinnige Hoffnung, die nein sagt zum Schicksal, das Unmögliche möglich und das Unvernünftige vernünftig: das unsinnige Trugbild trägt hier mehr Wahres in sich als die absurde Wahrheit!

6. Das Sich-Schicken in die Quodditas: Sterblichkeit, Schmerzhaftigkeit, Räumlichkeit und Zeitlichkeit

Unabweisbar ist die Quodditas des Todes, hierin sagt das Schicksal nein und schließt die Tür; ungewiß der Zeitpunkt, hierin sagt das Geschick ja und öffnet halb die geschlossene Tür. Die Ungewißheit der Stunde (um damit zu beginnen) macht uns glauben, daß die Würfel noch nicht gefallen sind. Wenn die Kreatur auch nicht allmächtig ist, das heißt die unendliche Macht, die Substanz der Dinge zu transsubstantialisieren, nicht tatsächlich besitzt, so hat sie doch die unbestimmte Macht, die Seinsweisen der Dinge zu modifizieren und die Formen zu verändern: innerhalb der Grenzen, die ihm seine Relativität zuweist, ist der Mensch fast allmächtig; innerhalb dieser Grenzen kann oder wird der Mensch eines Tages fast alles können, was er will. Er will, also kann er; er kann, also wird er machen; denn alles, was getan werden kann, muß getan werden; denn alles, was möglich und machbar ist, ist erlaubt und muß versucht werden und wird eines Tages eintreten. Ja, innerhalb der Grenzen des Quod kann und muß folglich alles eingesetzt, gewagt, erforscht und unerschrocken in Angriff genommen werden: πάντα γὰρ τολμητέον.[60] Das Organ möchte benutzt, die Funktion ausgeübt und das Bewußtsein sich der Dinge bewußt werden. Alles scheint darauf hinzudeuten, daß die Freiheit das Recht habe, alles, dessen sie fähig ist, auszuschöpfen – vorausgesetzt, daß die Macht der Freiheit überhaupt ausgeschöpft werden kann; die Freiheit spannt die Reichweite ihrer transformatorischen Handlung bis ins Unendliche, und nichts begrenzt diese sich ausdehnende Kraft in quantitativer Hinsicht oder bezüglich der Dauer der Geschwindigkeit oder der Umstandsbestimmungen, so daß wir unsere Rekorde ständig selbst brechen. Dank der Freiheit verfügt der Mensch über Weite, vergrößert er sein Volumen und den Spielraum seiner Existenz, kann er den lebensnotwendigen Raum und die Lebensdauer ausdehnen, die er zum Atmen und zu seiner Betätigung in allen seinen Dimensionen braucht, und stößt so schließlich die Mauern seines kleinen Kerkers so weit wie möglich zurück. Zahllose faszinierende Aufgaben, eine lange und erfreuliche Karriere eröffnen sich auf diese

60 [»Alles muß ja gewagt werden«.]

Weise dem fortschrittsgläubigen Willen; denn innerhalb des Rahmens, den die Umstände und Modalitäten der Fortdauer uns stekken, gibt es viel, und gar unendlich viel zu tun ... Was von uns abhängt, τὰ ἐφ' ἡμῖν, ist folglich nicht das Grundsätzliche, doch seien wir beruhigt! Es ist zugleich die abwechslungsreichste und interessanteste Aufgabe, über die auch unsere Arbeit am meisten vermag, weil sie eine fast unerschöpfliche Vielfalt von Gradunterschieden, Modalitäten und Tonalitäten impliziert: solange einzig die Geschwindigkeit der Flugzeuge, die ständige Verbesserung des materiellen Komforts und die zunehmende Verlängerung der Lebensdauer zur Diskussion stehen ... immerzu! Damit kann man einen fleißigen Menschen wohl beschäftigen, damit lassen sich auch die Anstrengungen einer wesenhaft philanthropischen melioristischen Zivilisation rechtfertigen; wenn unser Problem das Immer-Mehr, das Immer-Besser, das Immer-Stärker, das Immer-Höher und das Immmer-Schneller ist, wenn es unser Problem ist, die menschliche Macht unablässig zu vermehren und auszubauen, stehen den Techniken der industriellen Perfektionierung schöne Tage in Aussicht; eine unbegrenzte Perspektive eröffnet sich unserem Mut, der fortschrittsgläubigen Hoffnung ist eine lange Karriere sicher, und eine große Baustelle ist Tag und Nacht offen für unsere medizinischen, sozialen und pädagogischen Betätigungen, für unser Bedürfnis, die Natur zu verändern, Berge zu durchstechen und den Lauf der Flüsse zu begradigen. Letzten Endes ist der Mensch (denn darum geht es uns hier) *fast* allmächtig, was das Wann und Wie des Todes betrifft. Da man niemals zu einem bestimmten Zeitpunkt oder an einer bestimmten Krankheit sterben muß, da es nicht unvorstellbar ist, eine bestimmte Krankheit zu verhindern, den fatalen Tag um einen Tag, die letzte Stunde um eine Stunde und den Augenblick des Todes um einen Augenblick hinauszuschieben, da es keinen Grund gibt, warum der von den Ärzten aufgegebene Kranke heute sterben soll, und nicht etwa morgen oder übermorgen und *sic in infinitum*,[61] und da jeder Tod, und sei er noch so natürlich, auf seine Weise ein plötzlicher Tod ist, nex,[62] verschiebbar und unmerklich zufällig, bleibt dem Arzt ein beliebiger Spielraum, um das Leben des Kranken sozusagen unendlich zu verlängern; wenn der Tod schlechthin unvermeidlich

61 [»So bis ins Unendliche«.]
62 [»Gewaltsamer Tod, Mord, Hinrichtung«.]

ist, so hätte gleichwohl jeder einzelne Tod in seinem hic et nunc vermieden werden können. Wer weiß, ob die zunehmende Langlebigkeit von Verlängerung zu Verlängerung und von einer Wiederbelebung zur anderen nicht letztlich in die Unsterblichkeit mündet? Wer weiß, ob unsere Behandlungsmethoden nicht imstande sein werden, die Fatalität selbst auszuschalten, dadurch, daß wir Krankheiten heilen, die durchschnittliche Lebenserwartung verlängern und die fatale Stunde hinausschieben? Wer weiß, ob wir dadurch, daß wir ständig mehr Zeit gewinnen und den Tod vergessen, nicht ganz heimlich die Ewigkeit gewinnen? Edgar Morin läßt es uns hoffen.[63] Zielt die Vertagung des Quando durch die asymptotische Annäherung vielleicht auf die Aufhebung des Quod schlechthin ab? Die *hora incerta* ist die Rechtfertigung für den obersten Imperativ jeder medizinischen Deontologie. Es ist ein einfacher, aber auch ein ebenso dringlicher und unbedingter wie einfacher Imperativ! Jeder Kranke, und sei er auch in einem noch so hoffnungslosen Zustand, muß für heilbar gehalten und dementsprechend behandelt werden, und dies bis zum letzten Atemzug ... Denn wie soll man wissen, ob der letzte Atemzug wirklich der letzte ist? Erst im nachhinein, und wenn kein weiterer folgt, erweist sich der letzte Herzschlag als der letzte ... Der Lebende wird erst posthum und auf dem Kalender ein Sterbender gewesen sein, dann nämlich wenn der schließlich eingetretene Tod der Umgebung des Toten rückblickend erlaubt haben wird, die Agonie als solche zu erkennen; der Sterbende ist erst in Futur II ein Sterbender! Unmittelbar jetzt gibt es keinen Sterbenden. Unmittelbar jetzt gibt es einen Lebenden, der im Sterben liegt und genesen kann. Die tödliche, hoffnungslose Krankheit wird sich also erst rückblickend als tödlich und hoffnungslos erwiesen haben; wer noch am Leben ist, und sei er auch nur eine Minute von seinem Tod entfernt, kann seinem Tod noch augenblicklich entgehen und überleben: und stünden die Chancen nur 1:1000, so würde dies wenige ausreichen, die unsinnigsten Einsätze und alle Bemühungen, auch die übermenschlichsten, zu rechtfertigen. Haben wir denn nicht schon kaum glaubliche Rettungen, außergewöhnliche Heilungen und in letzter Minute noch geglückte Wiederherstellungen erlebt, die ans Wunderbare grenzten? Der Bruchteil

63 [Edgar Morin:] *L'Homme et la mort* [Paris 1976].

eines Aufschubs, eine winzige Frist sind für den auf Bewährung Verurteilten eine unermeßliche Hoffung und eine Öffnung auf die Zukunft. Die Positivität des gelebten Seins ist so kostbar, daß der geringste Aufschub in diesem Falle wie eine Unendlichkeit, wie eine unschätzbare Gnade und eine dem Geretteten kostenlos angebotene, unerhörte Chance erscheint: die armselige Frist wird jetzt gewissermaßen zum übernatürlichen Symbol unserer menschlichen Macht über das Schicksal ... Die »Euthanasie«, die Maeterlinck zu befürworten scheint,[64] sieht ganz nach einer Abdankung aus. Nein, solange auf den Lippen und in der Brust noch ein schwacher Lebenshauch spürbar ist, sind die Würfel noch nicht gefallen; bis zur neunundfünfzigsten Minute der elften Stunde bleibt noch alles offen! Das Herz schlägt noch schwach? Also ist noch Hoffnung vorhanden. Dank der intelligenten, vorausblickenden und aufschiebenden Tat gewinnt der Mensch, dem der Tod auf den Fersen ist, an Spielraum, er bekommt Abstand und entschärft so das nahe Bevorstehen der ungewissen Stunde; der in die Enge getriebene Mensch schiebt das Verfallsdatum, das kein Schicksal festgelegt hat, soweit wie möglich hinaus. Als wir vom sicheren Tod sprachen, zeigten wir, wie sich der Ängstliche, aus Angst in seiner Unachtsamkeit überrascht zu werden, durch das Gebet auf den schrecklichen Besucher vorbereitete. Aber der vorsichtige Mensch begnügt sich nicht, wie die Trappisten, damit, wachend zu warten; er organisiert tatkräftig den Widerstand gegen den Feind, trifft Verteidigungsmaßnahmen und plant sogar seinen Gegenschlag im voraus. Balthasar Gracián sagt im *Handorakel*, daß die mora, das Moratorium die wahre Würde des vernunftbegabten Menschen ausmachen; Strategen, Höflingen und Diplomaten empfiehlt Balthasar Gracián das »Warten können«.[65] Ist die Vorsicht denn nicht wesenhaft abwartend? Der Mensch, der abwartet, verbreitet Zeit um sich herum, um die Initiative zu behalten, oder genauer: er entwirft eine Zukunft und versichert sich so gegen die Hoffnungslosigkeit, die eine erschöpfte, abgelaufene, entleerte und zur Gegenwart gewordene Künftigung sonst in uns aufkommen ließe. Das Abwarten wird besonders dann dramatisch, wenn sich der zum Äußersten

64 [Maurice Maeterlinck:] *La Mort*, [Paris] 1913.

65 [Balthasar Gracián:] *Handorakel und Kunst der Weltklugheit*, Maxime 55: »Warten können«.

getriebene Mensch in extremis nochmals eine kleine Zukunft baut, um etwas freies Feld vor sich zu haben; oder wenn Medikamente dem Kranken eine armselige Zukunft von wenigen Tagen vorspiegeln, vor ihm eine kurze und erbärmliche Perspektive ausbreiten und seine bescheidenen Zukunftspläne vorläufig rechtfertigen. Denn diese elementare Frist ist für den Todkranken die lebenswichtige Voraussetzung für alle anderen Fristen, ohne die die anderen unnütz sind. Zuallererst leben, *primum esse*! Und dann, wenn man Muße hat, kann man sich mit den verschiedenen Lebensarten auseinandersetzen! Die Verlängerung der Lebenszeit – der nackten Zeit der substantiellen Existenz – geht der Suche nach dem Zeitvertreib, der diese Zeit füllen soll, voraus; die Aufrechterhaltung des vegetativen Seins steht vor der Wahl der Inhalte und Seinsweisen, die die bloße Existenz ausstaffieren; denn der unbedingte Imperativ des Seins mit seiner dramatischen Dringlichkeit hat absolute Priorität vor dem hypothetischen Imperativ des guten Lebens. Genau dies besagt die unabweisliche, kategorische und »axiomatische« Evidenz des Selbsterhaltungstriebs. Wenn er erst gerettet ist, hat der vormals Verurteilte Zeit genug, sich solch luxuriösen Problemen wie Lebenskunst, Glück, Ehefrieden usw. zu widmen. Doch die Vorbedingung hierfür ist, daß der zum Tode Verurteilte begnadigt, das heißt, ihm der Galgen erspart wird, um den Rest wird er sich dann schon selbst kümmern! Vorausgesetzt, daß der Kranke am Leben bleibt, mag er auch amputiert, vermindert und verstümmelt sein, dann öffnen sich die Türen der Hoffnung von neuem, um den Wind der Freude einzulassen ... Ist die Freude nicht der Jubel, in die derjenige ausbricht, dessen Tod soeben noch einmal verschoben wurde? Es ist die *hora incerta*, die einen solch wunderbaren Sieg möglich macht. Herr über den Zeitpunkt in einem gewissen Maße, ist der Mensch doch nicht vom *quod* befreit. Zweifellos ist die Notwendigkeit des Sterbenmüssens nicht logisch, und umgekehrt ist (was aber auf das gleiche hinausläuft) die Unmöglichkeit zu sterben ihrerseits keineswegs eine logische Unmöglichkeit, was heißt, daß es weder absurd noch widersprüchlich ist, ewig zu leben, wie es etwa absurd und widersprüchlich wäre, das Identitätsprinzip zu verletzen. Bezogen auf das, was das Denken konstituiert, hat die Resignation keine Daseinsberechtigung: die Resignation bleibt gegenstandslos, wenn ein »anderes«, ein *aliter* nicht einmal vorstellbar ist, wenn die bloße Möglichkeit eines anderen Zustandes nicht gedacht werden kann. Niemand ist versucht, das Undenkbare zu denken, und kann es daher auch nicht machen wollen. Dieser Notwendigkeit suchen wir mit unseren Gebeten auch nicht zu entkommen, denn sie ist, wie Aristoteles sagt, ἀμετάπειστον τι,[66] unabwendbar und unerbittlich; und Platon sagt, daß selbst die Götter darüber nichts vermögen: ἀνάγκη δ' οὐδὲ θεοὶ μάχονται.[67] In *Athen und Jerusalem* zitiert Leo Chestow diese Worte immer wieder.[68] Nun aber resignieren die Götter, die selbst unsterblich sind, nicht etwa vor der Sterblichkeit, sondern vor einer Notwendigkeit a priori, die zu überwinden niemand in den Sinn kommt, denn in dem Augenblick, da wir eine solche Hoffnung hegten, hätte unser Bewußtsein diese Notwendigkeit bereits einbezogen und würde implizit deren Rechtmäßigkeit voraussetzen. Nein, wir haben die unsinnige Hoffnung, den Tod durch unablässiges Hinausschieben eines Tages zu transzendieren: dieser unbefristete Aufschub lenkt unsere Wünsche gewissermaßen auf den fernen Horizont; die Hoffnung des Menschen richtet sich auf die Grenze, besser: auf das Absolute. Die Unsterblichkeit ist in der Tat eher unvorstellbar denn unfaßbar, eher unlebbar denn undenkbar. Gewiß liegt in der Vorstellung von einem immerwährenden Leben, von einer Existenz ohne Ende etwas Absurdes und gar Ungeheuerliches, doch in dieser Hinsicht ist der Tod, der unserer Sehnsucht nach Unendlichkeit auf unerklärliche Weise und brutal widerspricht, nicht weniger absurd. Zweifellos ist das »ewige Leben« genauso ein Widerspruch in sich wie die Quadratur des Kreises, und doch hat die Vernichtung des Menschen, wie wir zeigen werden, etwas Unbegreifliches. Da das endliche Wesen nicht absolut einseitig ist, ist die Notwendigkeit seines Todes auch nicht absolut eindeutig. In einem Wort: der Tod ist nicht so sehr »Notwendigkeit« denn »Schicksal«, er ist metaempirisches Schicksal, kein empirisches Unglück. Zwischen den vermeidbaren Unglücksfällen der Empirie und der analytischen Notwendigkeit, die reine Positivität und reine Fülle ist (denn sie ist das System unseres Den-

66 [Aristoteles:] *Metaphysik* 1015 a 32.

67 [»Dem Schicksal (der Notwendigkeit) können nicht einmal die Götter widerstehen«.]

68 [Leo (S)chestow: Athen und Jerusalem. Versuch einer religiösen Philosophie, München 1994.]

kens schlechthin), ist Raum für das schicksalhafte Übel des Todes. In diesem schicksalhaften Übel erkennen wir einmal mehr die paradoxe Doppeldeutigkeit des Notwendig-Bösen; kein Übel ist je notwendig, außer in der Hölle, das heißt im Reich der Hoffnungslosigkeit; keine Notwendigkeit muß schlecht sein, außer in einer absurden und bösen Welt. Das Schicksal der Sterblichkeit der Kreatur vereinigt auf geheimnisvolle Weise in sich die beiden Gegensätze: die tragische Zufälligkeit des Bösen und die natürliche Ordnung der Notwendigkeit. Insofern als der Tod das Böse und sein Zeitpunkt stets willkürlich ist, wehrt sich der Mensch leidenschaftlich gegen ihn, verschiebt ihn mit aller Kraft stets auf den nächsten Tag und treibt Schritt für Schritt die ungewisse Stunde vor sich her; er ist von ihrer Unvermeidlichkeit nie ganz überzeugt. Insofern als das Böse notwendig, als der Tod eine positive Bedingung für das Leben ist und er im allgemeinen Kontext einen Sinn hat, wo das Böse zu einem Bestandteil des Guten wird, fügen wir uns in das Schicksal unserer Sterblichkeit. Die Resignation findet ihre Daseinsberechtigung zugleich in der Unabwendbarkeit unserer Endlichkeit und in der Möglichkeit, sie als besiegt zu begreifen, eine Möglichkeit, die von der Lebensverlängerung und der Hoffnung auf Aufschub der *hora incerta* ständig offengehalten wird: unsere Unvollkommenheit hindert uns nicht an der Vorstellung einer größeren Vollkommenheit, und dies ist weder absurd noch widersprüchlich; die Unmöglichkeit von Glück hindert den Geist nicht daran, sich das Idealbild einer ungetrübten Glückseligkeit vorzustellen.

Das Schicksal des Menschen ist »elastisch«, das heißt, daß es beliebig, aber nicht unendlich ausgedehnt werden kann: es kommt der Augenblick, da diese Zeit aus Gummi reißt. Folglich ist die *Tatsache*, *daß* der Mensch sterben wird, das heißt die Quodditas des Todes, unser unabwendbares Schicksal, worin wir uns fügen müssen. Der Mensch vermag nichts gegen die allgemeingültige Notwendigkeit, eines Tages, früher oder später, auf mehr oder weniger lange Sicht hin sterben zu müssen, er vermag jedoch alles, oder *fast* alles, gegen die Bestimmung des Zeitpunkts, alles, außer dem Wesentlichen natürlich: über die Unbestimmtheit des Quod hat er keine Macht, wohingegen das Quando weitgehend von seinen Bemühungen und seiner Energie abhängt. Die Tatsache, *daß*, anders gesagt: der schicksalhafte Kern unseres Unglücks, stellt also das »unentbehrliche« Element dar, an dessen Peripherie die Umstände lediglich einen »entbehrlichen« Vorhof bilden. Gott hat niemals gesagt, daß das sterbliche Wesen, dessen Zeit abgelaufen ist, nach einer bestimmten Frist zwangsläufig dahingehen muß; Gott setzt das Alter nicht fest, er nennt keine Zahl, wie etwa die Uhr die Ziffer der Stunde angibt: er hat zum Beispiel nie gesagt, daß es *die* Stunde und keine andere sein wird ... Er hat beschlossen, daß das Leben des Menschen endlich sei, aber er hat dessen Dauer nicht festgelegt; er hat nicht gesagt, aus wieviel Jahren dieses endliche Leben bestehen wird... Das Schicksal, wenn es überhaupt eines gibt, sagt nicht: so und soviel, es setzt kein bestimmtes Jahr fest. Gott ist wie ein großer König, der keine Zeit hat, sich mit Kleinigkeiten abzugeben: *de minimis non curat Deus* ... Gott schert sich nicht um Details! Das überläßt er der Kreatur, damit die Halbfreiheit des Menschen tätig werden kann. Gott überläßt dem Menschen die Modalitäten und behält sich selbst die Quodditas vor. So besteht das Geheimnis darin, daß er gibt und zugleich vorenthält. Das Leben hört auch nicht automatisch auf, nur weil der Lebende jetzt am Ende seiner Lebensfähigkeit angelangt oder angeblich am Ende seiner Kraft wäre ... Wir haben die Freiheit, gegen die Endlichkeit unserer Kräfte endlos zu kämpfen und der Erschöpfung unserer Energie einen unerschöpflichen Mut entgegenzusetzen. Im nachhinein wird das gewählte Alter für den Tod einer Person ohne Zweifel wie ein vorherbestimmtes Alter erscheinen, doch vorher und bis zum Tod selbst stehen Wann und Wieviel teilweise in unserer Macht. Gott hat nur die Prinzipien festgelegt, er hat uns das Sterbenmüssen nur im allgemeinen und *sine die* auferlegt; dadurch hat er erreicht, daß die Unbestimmtheit der Stunde für unsere Freiheit in ein Betätigungsfeld umschlägt. Und umgekehrt: alle Krankheiten können und müssen geheilt werden, doch die *Sterblichkeit*, die, wie wir es auch im Zusammenhang mit der Sorge sagten, zugleich die Krankheit der Krankheiten und die Krankheit der Gesundheit ist, die Krankheit der Kranken und die Krankheit der Gesunden, und die die »Tatsache« der Krankheit und die »Tatsache« des Todes ist, ist selbst unheilbar. Unsere Antibiotika und Wiederbelebungsmethoden können den Tag und die Stunde hinauszögern, denn jede Krankheit muß bis zur letzten Minute als heilbar betrachtet werden; doch die Sterblichkeit an sich, die die tödlichen Krankheiten erst tödlich macht, ist selbst keine Krankheit, oder wenn es eine ist, so ist es eine buchstäblich hoffnungslose und von vornherein unheilbare. Eine krankhafte Störung wird in bezug auf einen Normalzustand oder Mittelwert, den sie stört, definiert. Doch wovon wäre die Sterblichkeit die Störung? Von welcher Norm? Die Sterblichkeit, die eine normale und völlig natürliche Anomalie ist, ist Ausdruck der Endlichkeit jeder Kreatur. Da die Sterblichkeit nichts Pathologisches ist, findet die Therapie bei ihr auch nichts zu heilen: der Kranke ist eigentlich gesund; wenn er doch nur ein wenig krank wäre, so könnten unsere Heilmittel wenigstens ihre Wirkung tun ... wenn er doch nur krank wäre, so könnte er dem Arzt einen Feind liefern, gegen den er kämpfen kann; wenn er krank wäre, könnte er sich endlich behandeln lassen! Die Sterblichkeit verweigert sich also jeder Kommunikation und jeder Übertragung. Man kann jemandem unter gewissen gegebenen Umständen das Sterben ersparen, indem man sich für ihn opfert, indem man sich selbst anstelle des auserwählten Opfers anbietet, aber man kann nicht *schlechthin* anstelle eines anderen sterben. Dies ist etwas, das man selbst tun muß und wo niemand jemandes Stelle einnehmen kann.

So wie die Sterblichkeit der schicksalhafte Kern des Todes ist, so ist die »Schmerzhaftigkeit« gewissermaßen das Schicksal des Schmerzes: jeder einzelne Schmerz ist zufällig, kein Schmerz ist für sich genommen unvermeidlich, zweifellos aber ist die Tatsache des Schmerzes eine schlechthin notwendige. Ohne Zweifel ist es im allgemeinen notwendig, daß jemand irgendwo zu einem bestimmten Augenblick leidet, obwohl dieser jemand nicht notwendigerweise du oder ich und dieses Irgendwo nicht notwendigerweise hier und jetzt sein muß. Warum hier und nicht dort, warum der eine und nicht der andere, warum *hic et nunc* und warum dieser Schmerz in dieser Form und dieser Heftigkeit? Die Antwort auf diese Fragen ist weitgehend von unseren Techniken und Anstrengungen abhängig; denn wir haben genügend Spielraum, um das Leiden zu mindern, hinauszuzögern oder umzuleiten, einen Schmerz gegen einen anderen auszutauschen oder einen Schmerz in einen anderen zu verwandeln und so zum Beispiel aus einer Migräne Rheuma oder aus einem Ischias rasende Zahnschmerzen zu machen. Das Schicksal widersetzt sich den Permutationen, die umstandsbestimmte Varianten und quiddative Verschiebungen im Rahmen des Quod sind, nicht, es verwehrt uns aber, die Quodditas dieses Quod mit der Wurzel auszureißen. Jeder Schmerz kann schmerzlos gemacht werden, gegen die Schmerzhaftigkeit an sich aber gibt es kein Analgetikum. Durch ein fortwährendes Alibi und eine Art unbegrenzter Rückläufigkeit schiebt einer dem anderen den Ball zu, und der Schmerz, der Leiden ohne leidendes Subjekt geworden zu sein schien, geht so vom einen zum anderen über, nimmt andere Formen an und flüchtet sich woanders hin; und doch wird das ungreifbare Elend, die Schmerzhaftigkeit an sich, die der Schmerz eines jeden und niemandes ist, jeden Augenblick zum persönlichen Schmerz einer Person.

Wir werden ebenfalls zu beweisen haben, daß die *Räumlichkeit* die unausrottbare Quodditas des Raumes ist, so wie die Zeitlichkeit die unerschütterliche Quodditas der Zeit ist. Der Raum öffnet sich beliebig unseren Aktivitäten: der Mensch bewegt sich darin mit wachsender Geschwindigkeit, er durchbricht die »Schallmauer«, entzieht sich der Erdanziehung, ohne daß diesen schwindelerregenden Unternehmen a priori eine Grenze gesetzt wäre. Und doch bleibt es uns verwehrt, gleichzeitig überall zu sein! Sogar die Lichtgeschwindigkeit ist noch eine empirische und endliche Geschwindigkeit, die von der Allgegenwart unendlich weit entfernt ist. Unsere Bewegungen im Raum werden immer schneller, doch läßt sich die Räumlichkeit des Raums nicht auf einen Schlag fassen: die Alternative Hier oder Dort untersagt dem Menschen weiterhin die magische und feenhafte Allgegenwart, die es ihm möglich machen würde, überall zugleich zu sein, πανταχοῦ ἅμα, wie Plotin sagt; um von einem Ort zum anderen zu gelangen, muß man sich noch immer deplazieren. Wenn sich also die Bahnen, auf denen wir uns bewegen können, unendlich vor uns erstrecken und alle Wege offenstehen, so lastet doch darum der Fluch der Arbeit nicht weniger schwer auf uns. Wir zeigten, wie der Raum Hindernis ist, insofern er die Menschen trennt, und zugleich Instrument, insofern er sie miteinander kommunizieren läßt. Und wir wollen jetzt sagen, daß die Räumlichkeit das Hindernis ist, das die Menschen einander fernhält; denn sie ist das leblose Prinzip der Distanz, die verhindert, daß zwei oder mehrere Wesen am selben Ort koexistieren. Die Räumlichkeit als Hindernis bedeutet, daß jedes undurchdringliche Wesen seinen eigenen Ort besetzt, wovon es andere wegschiebt; sie ist der kleinste

Nukleus, der unentbehrlich ist. Umgekehrt aber ist der Raum das Organon, das topographisch getrennte Wesen miteinander verbindet; der Raum öffnet uns unzählige Wege durch Luft, Land und Meer, damit wir uns von einem Punkt zum anderen fortbewegen können.

In gleicher Weise verhält sich die *Zeitlichkeit* der Zeit zur Zeit dieser Zeitlichkeit wie das Obstaculum zum Organon. Was bedeutet die Fügsamkeit des homogenen Raumes, verglichen mit der Fügsamkeit der Zeit? Die Freiheit dringt in dieses völlig gehorsame, indifferente und neutrale Milieu, das man Zeit nennt, nach Belieben ein; daß die Zeit beweglich und geschmeidig sei: damit ist wenig gesagt, denn sie ist eher ungreifbar denn geschmeidig; sie ist nicht nur gehorsam, sie ist ganz einfach völlig inexistent! Die inexistierende Existenz dieses Milieus, das unendlich viel unwägbarer ist als die atmosphärische Luft, impliziert für die Freiheit des Menschen eine stillschweigende Aufforderung, die in etwa bedeutet: macht, was ihr wollt, alles ist erlaubt, alles ist möglich und gestattet und wird folglich sein. So hängen Umstände, Gestaltung und Beleuchtung der Zukunft von unserer Arbeit und unseren Unternehmungen ab; die Gestaltung der Zukunft steht zu unserer vollen Verfügung und wird das sein, was wir aus ihr machen. Dies sind die Möglichkeiten, die der Mensch »können kann«, die nicht wie die natürlichen Virtualitäten automatisch, sondern durch die Wirkung unseres »Können-Könnens« zur Verwirklichung gelangen. Im übrigen kann jeder Zeitraum verkürzt, jede Frist herabgesetzt, jeder Vorgang abgebogen und beschleunigt werden. Ist die Ökonomie der Zeit für die Leistungstechniken nicht das wichtigste und unablässig weiter verbesserte Ergebnis unserer Macht über das Hindernis? Präzisieren wir gleichwohl: die Arbeit des Menschen verändert zwar die Seinsweisen der Zukunft, aber sie ändert nichts an der Quodditas der Künftigung, das heißt an der Tatsache, daß es überhaupt eine Zukunft geben wird. In gleicher Weise komprimieren wir die Dauer unserer Unternehmungen in der Zeit, die Zeit selbst aber, die Selbstheit der Zeit, die Zeitlichkeit, ist ein nichtkomprimierbares Schicksal. Die für die Verwirklichung eines Unternehmens notwendigen Zwischenzeiten der Zeit hängen von unserer Schnelligkeit ab, doch die Zeit dieser Zwischenzeiten liegt nicht bei uns. Das »Tempo« einer Sonate ist vom Metronom ... oder vom Virtuosen abhängig, die universelle Zeit jedoch, die alle »Tempi« aller Sonaten einhüllt, kann weder verlangsamt noch beschleunigt werden, sondern fließt gleichförmig. Nein, die Dauer eines Vorgangs wird nie völlig verflacht oder zunichte gemacht; auch wenn man sie unablässig beschleunigt, kann sich eine Entwicklung nicht auf jenen punktuellen Augenblick, jenen Augenblick ohne Dauer reduzieren, die die Metaphysiker bisweilen *aeternum nunc*, ewiges Jetzt, nennen ... Die vierundzwanzig Stunden zum Beispiel, die mich von morgen trennen, sind unabänderlich und betragen in jedem Falle vierundzwanzig Stunden, ob ich sie nun damit verbringe, die Minuten auf der Uhr zu zählen, Kreuzworträtsel zu lösen, Daumen zu drehen oder zu schlafen; die Woche, die mich vom kommenden Sonntag trennt, hat immer dieselbe Dauer auf dem Kalender, welchen Zeitvertreib ich auch wählen mag: es ist die Zeit der Erwartung, der reinen, substantiellen Zeitlichkeit der Langeweile, eine Zeit, die nur Geduld und Resignation erfordert; der größte Philosoph der Welt, und mag er es noch so eilig haben, muß warten, bis der Zucker in seinem Philosophenglas schmilzt, das Wasser endlich kocht und die Wunde sich schließt; er mag ruhig mit dem Fuß aufstampfen, die Zeit für den Schmelzvorgang bleibt bei einer bestimmten Temperatur und bei einem bestimmten Sättigungsgrad konstant, ebenso wie die Kochzeit bei einem bestimmten Druck und sogar die Zeit der Wundheilung bei einem bestimmten Alter konstant bleiben. Ist diese nackte Zeitlichkeit der Erwartung, *tempus nudum et purum*, diese Zeit in Rohform, deren Unabänderlichkeit und Reglosigkeit wir empfinden, ist diese negative Zeit, die man weder beschleunigen noch beseitigen kann, nicht die Tatsache der Zeit schlechthin? Wenn jede zusätzliche Verzögerung ausgeschaltet wurde, bleibt immer noch ein notwendiges Minimum, ein Rest an Chronizität, den man nicht überwinden kann und dessen einzige Funktion ist, die einander ablösenden Augenblicke diskursiv miteinander zu verbinden. Das Ich-weiß-nicht-was, das man Zeitlichkeit nennt, setzt unseren Unternehmungen einen sanften und ungreifbaren Widerstand entgegen: scheinbar gehorsam und zutiefst unkomprimierbar und unabänderlich, widersteht dieses Ungreifbare, ohne daß es physisch existieren würde, und es besteht fort, ohne in etwas zu bestehen; wenn das Hindernis ein Fast-Nichts ist, findet unser Wollen keinen Anhaltspunkt mehr, um auf das, was widersteht, Druck auszuüben. Man könnte sagen, daß der ungreifbare und unsichtbare Feind in einigen Detailfragen nachgibt, um dafür im wesentlichen um so hartnäckiger Widerstand zu leisten. Die Langsamkeit oder Geschwindigkeit der menschlichen Demiurgie ändert an der Sache nichts: es genügt das Intervall einer verschwindend geringen Zeit, eine winzige Frist oder der millionste Bruchteil einer Sekunde, um unsere kreatürliche Endlichkeit zu besiegeln und unsere Unfähigkeit, das Ziel sofort zu erreichen, offensichtlich zu machen. Im Hinblick auf die Zukunft zeigt sich die schicksalhafte Zeitlichkeit in der Tatsache der Abfolge und in der Tatsache der Vermittlung, im Zwang, die Zwischenstufen durchlaufen und »per gradus debitos« vorangehen zu müssen, kurz, in der Dichte der Erwartung. Seitens der Vergangenheit steht die Tatsache der Präterition im allgemeinen für das Schicksal; hier heißt die Quodditas Unwiederbringlichkeit und Irreparabilität: unwiederbringlich, weil die Vergänglichkeit der Vergangenheit nicht noch einmal gelebt werden kann, es sei denn unter der unwirklichen und ohnmächtigen Form der Erinnerung, und unwiderruflich, weil der einmal begangene Fehler nicht wieder getilgt werden kann. Ebenso können wir zwar die Modalitäten der Zukunft gestalten und modifizieren, wir können aber die Künftigung an sich nicht abschaffen, und genauso verhält es sich mit den Spuren und empirischen Folgen einer schlechten Tat, die wir zwar neutralisieren und verwischen können, indem wir zum Beispiel die Dinge künftig besser machen, deren Tatsache an sich aber, nämlich diese Tat begangen zu haben, wir nicht auszulöschen vermögen. Die gemachte Sache, *factum*, kann sozusagen fast ungeschehen gemacht werden, doch die *Tatsache* des Gemachthabens, *fecisse*, bleibt unzerstörbar: man kann die »res facta« verbessern, man kann aber nicht, ohne sich in Widersprüche zu verwickeln, aus dem »factum« ein »infectum« machen und bewirken, daß die gemachte Sache nicht gemacht worden ist. Während die auf die Zukunft gerichtete Reue zum Ausdruck bringt, daß der moralische Agens fähig geblieben ist, die Zeit zu verbessern und sein Leben umzugestalten, stehen das Bedauern des Irreversiblen und Gewissensbisse des Unwiderruflichen eher für die Ohnmacht und Verzweiflung des Menschen angesichts der Zeitlichkeit. Zu glauben, man könne gegen den Strom der Zeit schwimmen und das Werden umkehren oder die Zukunft unmittelbar zur Gegenwart werden lassen, als könnten die dazwischenliegenden Momente mit einem Satz übersprungen werden, hieße in beiden Fällen den Engel spielen und würde bedeuten, die Nutzung der Zeit mit der Vernichtung der Zeitlichkeit, das heißt mit dem Trugbild der Zeitlosigkeit zu verwechseln.

Die Tatsache, daß es Schmerz gibt, also die Schmerzhaftigkeit, bedeutet Tod; die Tatsache, daß Zeit existiert, also die Zeitlichkeit, bedeutet Tod; und die Tatsache, daß es Tod gibt, heißt Sterblichkeit. Obwohl unsere Einwirkung auf die Zeit unserer Einflußnahme auf den Tod genau entgegengesetzt zu sein scheint, sind beide Tatsachen vergleichbar. Wir sind um die Komprimierung der Zeit bemüht, aber wir suchen den Tod hinauszuschieben: derselbe, der alle Fristen verkürzen und die Vermittlung auf das Mindestmaß reduzieren will, möchte möglichst lange leben und den Zeitpunkt seines Todes so lange wie möglich hinauszögern. Durch die Vernichtung der Zeitlichkeit könnte sich der zeitunterworfene und sterbliche Mensch über die Sterblichkeit hinwegsetzen! Denn durch die Aufhebung der »Zeit« genannten Negativität zur Unmittelbarkeit oder durch die Abschaffung der »Tod« genannten Nichtheit zur Ewigkeit zu gelangen ist ein und dasselbe. So also vermag der Mensch alles gegen Zeit, Unglück und Tod, doch er vermag nichts gegen die »notwendige Zeit«, die wir Zeitlichkeit nannten, nichts gegen das notwendige Übel, das die Tatsache des Unglücks und das Unglück des Unglücks schlechthin ist. Die Handlungen, durch die der Mensch auf den empirischen Raum und die empirische Zeit, auf physischen Schmerz und Tod einwirkt, haben einen partitiven und gewissermaßen »adjektivischen« Charakter: Formen umzuformen, Modalitäten zu modifizieren, Körper gemäß dem Prinzip der Selbsterhaltung zu versetzen und Ereignisse gemäß dem Prinzip der Dauer hinauszuzögern oder zu beschleunigen, dies obliegt dem Menschen, was sich, wie ersichtlich ist, einzig auf die Umstände der Seinsweisen erstreckt. Im Raum, wo es nur darum geht, Distanzen zu verkürzen und Entferntes in die Nähe zu rücken, und in der Zeit, wo man sich glücklich schätzt, zehn Minuten gespart, einige Sekunden weniger gebraucht und einen Zeitplan verbessert zu haben, genügen uns schon recht armselige Fortschritte. In gleicher Weise bemächtigt sich der Mensch allmählich der Krankheit und des Schmerzes, indem er alle Stufen des Komparativs durchläuft: er beschränkt seinen Ehrgeiz darauf, die Gesundheit von Kranken bis auf weiteres wiederherzustellen, die ungewisse Stunde des sicheren Unglücks hinauszuzögern oder die Fortdauer des Daseins von Tag zu Tag zu verlängern; die Krankheit, so sagten wir, ist eine behebbare Störung, und die Medikation ist die Gesamtheit der Wiedergutmachungen, die diese rückgängig zu machende Störung ausschalten oder beheben, um die Ordnung wiederherzustellen. Die Operationen auf der Oberfläche des Schicksals, die kleinen Schönheitsoperationen, die der Mensch an der Zeit, am Raum und an der Natur vornimmt, beschränken sich also auf die Wiederherstellung des Status quo oder auf die Wiedereinsetzung vorgegebener Elemente, um mit Bergson zu sprechen. Einzig eine metaempirische und wahrhaft wunderbare Operation wäre in der Lage, der Kreatur die universelle Präsenz, die Omnipräsenz und die ewige Gegenwart, die Ewigkeit ist, zu verleihen; unsere Grammatik der quidditativen Beziehungen verfügt über kein geeignetes Verb, das eine solche Operation ausdrücken könnte, die auszuführen der halbe Hexenmeister des Dazwischen nicht die nötige Kraft hat. Der Tod, der das Alles-oder-Nichts, die Alternative des Seins oder des Nichtseins, und nicht etwa, wie es Leibniz wollte, das Mehr oder Weniger der Erhöhungen oder Verminderungen bedeutet, hat mit unseren empirischen Wiederherstellungen und Verschiebungen nichts gemein; der Tod ist, wie wir sehen werden, keinesfalls Transformation oder Metamorphose, das heißt der Übergang von einer Form in die andere, sondern Vernichtung, das heißt Übergang einer Form in die Abwesenheit von Form; auch wenn er »trans« wäre, wäre er dann wohl eher Transsubstantiation denn Transmutation; der Tod entreißt das Wesen seinem Sein, und zwar radikal, *radicitus*.[69] Einzig die *creatio ex nihilo* stünde auf der gleichen Stufe mit der *decreatio in nihilum*, mit der Vernichtung … Jede Wunschvorstellung von Auferstehung setzt folglich einen schöpferischen Prozeß voraus, aber auch jede Verjüngung, womit nicht die teilweise und vorläufige Verjüngung, die durch Hauttransplantationen erreicht wird, gemeint ist, sondern die völlige Regenerierung, die ein wahres Geschenk ist, wenn sie die physische und psychische Abnutzung bekämpft, Gleichgültigkeit und

69 [»Mit Stumpf und Stiel«.]

affektive Erschöpfung heilt, die die Folge von Gedächtnis- und Möglichkeitsverfall sind, und den Lebensschwung wiederherstellt, dessen Triebfedern unsere biologische Müdigkeit erschlaffen ließ. Dies ist die eschatologische Hoffnung und die glänzende Zukunft, deren Bild uns die Apokalypse am Horizont aufscheinen läßt, indem sie uns einen neuen Himmel und eine neue Erde verheißt: καὶ ὁ θάνατος οὐκ ἔσται ἔτι,[70] ... ὅτι χρόνος οὐκέτι ἔσται.[71] Denn das »ewige Leben« ist einer ganz anderen Ordnung zugehörig als ein endlos verlängertes Leben, das ewige Leben wäre eine himmlische Gnade! Die Unsterblichkeit ist nicht die »Grenze« der Langlebigkeit, ebensowenig ist die Ubiquität die Grenze der Geschwindigkeit, das heißt einer allmählich beschleunigten Bewegung, oder die Unmittelbarkeit der Grenze eines nach und nach verringerten Intervalls. Kein stufenweises Crescendo, kein kontinuierliches Immer-mehr und kein empirischer Fortschritt können uns die Gnade des Augenblicks gewähren, gleichviel, ob es sich um Geschwindigkeit oder Verlängerung handelt, da diese Gnade plötzlich und unteilbar ist: die Ewigkeit selbst ist ein Alles-oder-Nichts. Umgekehrt ist auch die Sterblichkeit, das absolute Hindernis, einer ganz anderen Ordnung zugehörig als die empirischen Hindernisse und die mehr oder weniger gravierenden Schwierigkeiten, die sich auf dem Weg der Langlebigkeit auftürmen. Quodditas des Todes und physische Ursachen, die uns in unserer Existenz bedrohen, sind keine vergleichbaren Krankheiten wie tödliche oder gutartige Erkrankungen; denn wäre dem so, wäre die Notwendigkeit des Sterbenmüssens an sich ein Übel unter anderen und läge auf derselben Ebene wie die anderen, es wäre ein Übel, das neben anderen heilbaren nur im Augenblick noch nicht behandelt werden kann. In der Aufzählung oder, wenn man so will, in der Bestandsaufnahme der Übel, die uns befallen, müßte die Tatsache des Übels an sich vertreten sein! Heißt dies, daß alle Übel, außer einer einzigen einstweiligen Ausnahme, außer einem einzigen Übel, das auf der à jour gehaltenen Liste der jährlichen Plagen vorläufig noch als unheilbar aufgeführt ist, heilbar sind? Der fortschrittsgläubige Optimismus hält die Unsterblichkeit ohne Zweifel nicht definitiv für unmöglich, sondern nur bis auf weiteres und aufgrund unseres augenblicklichen technischen

70 [»Und der Tod wird nicht mehr sein«;] Offenbarung XXI, 4.
71 [»Daß hinfort keine Zeit mehr sein soll«;] Offenbarung X, 6.

Standes und der gegenwärtigen Bedingungen der biologischen Forschung nicht für möglich, das heißt, er wartet auf die Entdekkung eines Serums gegen den Tod ... Kurz, die Sterblichkeit an sich würde sich von den tödlichen Krankheiten unterscheiden, wie sich eine Gattungsspezies von anderen unterscheidet, und der Zwang, sich einstweilen mit jener, nicht aber diesen abzufinden, wäre Gegenstand einer Kasuistik der Resignation, einer opportunistischen Deontologie und eines resignierten Empirismus, wo kein Prinzip mehr eine Rolle spielt. Bereits die Hoffnung, den Tod zu »besiegen«, drückt in der anthropomorphen Sprache der Sachzwänge die Tendenz aus, die Quodditas zu quiddifizieren. In Wahrheit hat der Tod mit den Feinden, mit denen sich die Menschheit gewöhnlich mißt, nichts gemein; der Tod, der so ungreifbar wie die Zeit und gar noch unbesiegbarer ist, kann für den Menschen kein Feind sein ... Zu wem würden wir in eine kriegerische Beziehung treten? Wen würden wir bekämpfen? Gegen wen würden wir die Feindseligkeiten eröffnen? Der Kampf gegen den Tod ist ein Kampf ohne Gegner, und die Vorstellung von Sieg oder Niederlage ist lediglich eine Metapher. Der »Triumph« des Todes ist ein Anthropomorphismus, doch die Allmacht der Sterblichkeit steht für unsere Unfähigkeit, diesem unerbittlichen Gesetz zu entgehen. Die Beziehung der Quodditas zu den verschiedenen Todesursachen ist eher die Beziehung der metaempirischen Form zu empirischen Inhalten. Unser Vermögen ist von innen her und a priori durch einen konstitutionellen Fehl begrenzt, der mit den Zufallsfaktoren und den konkreten Umständen, die das Leben tatsächlich verkürzen, unvergleichbar ist. Weder an dieser oder jener Krankheit noch unmittelbar heute zu sterben ist eine von lokalen, vorläufigen und relativen Schwierigkeiten beschränkte Möglichkeit; doch niemals zu sterben ist eine völlige Unmöglichkeit, eine absolute, entmutigende und unüberwindliche Unmöglichkeit, und unsere Ohnmacht verhält sich zu dieser Unmöglichkeit wie die Vorder- zur Rückseite oder wie die subjektive Seite des Schicksals zur objektiven Seite dieses Schicksals. Folglich herrscht zwischen τὰ ἐπ' ἐμοί und τὸ οὐκ ἐπ' ἐμοί,[72] zwischen dem, was von uns, und dem, was nicht von uns abhängt, völlige Unvereinbarkeit.

72 [Epiktet: *Encheiridion* I (dt.: *Handbüchlein der Moral*).]

Der Gegensatz zwischen Zeitpunkt und Quodditas erlaubt uns, zwischen zwei völlig verschiedenen Arten der Resignation zu unterscheiden: die eine ist a posteriori oder nachfolgend und resigniert nie völlig, die andere ist a priori oder vorherig. Die Resignation *danach*, die »post rem« eintritt, ist eine durch Begegnungen und Lektionen der Erfahrung aufgeklärte Resignation: zu wissen, worin man sich schicken muß, in welche Dinge, welche Übel und bis zu welchem Grad, ist eine von der Statistik abhängige Frage, die je nach Epoche und technischem Stand tausend verschiedene Antworten zuläßt; man kann nicht allgemeinverbindlich antworten, da sich die Lage nächste Woche schon verändern kann; es handelt sich hier eher um eine Folge negativer Verzichtleistungen, die indirekt den Umriß eines kleinen, unablässig deformierten und verengten Schicksals zeichnen, denn um eine wirkliche Resignation. Die Beziehung zwischen der Resignation a priori und der Resignation a posteriori ist die gleiche wie zwischen einem systematischen Skeptizismus und einem von Niederlagen und Enttäuschungen aufgeklärten Zweifel. Die Resignation vorab, die im voraus und aus Prinzip resigniert, zieht nicht die Konsequenzen aus einer Niederlage, die sie vielleicht nie erlitten hat: man müßte vielmehr sagen, daß sie dem möglichen Scheitern zuvorkommt und daß der Resignierte angesichts des Schicksals abdankt und auf einen möglichen Einfluß verzichtet.

Heißt, sich in die Tödlichkeit des Todes schicken, tatsächlich abdanken? Verzichtet der Mensch, der den Kampf gegen die Sterblichkeit ablehnt, und doch Schritt für Schritt gegen den Tod angeht, auch nur auf eine seiner Fähigkeiten? Ist die Unterscheidung zwischen der Quodditas, die unser Schicksal ist, und dem Werdegang des Quid, wo unsere Freiheit unendlich und unsere Macht grenzenlos ist, wirklich das Kennzeichen eines fortschrittsfeindlichen, obskurantistischen und unwissenden Geistes? Wir haben zwar den philanthropischen Meliorismus,[73] der das Quod quiddifiziert, quantifiziert, qualifiziert und kritisiert ... Doch der resignative Pessimismus, der das »Quid« und das »Quando« quoddifiziert, beruht seinerseits auf einer Verkennung des Schick-

73 [Gutmenschentum; wörtl.: »menschenliebende Verbesserei«.]

sals, auf einer Verwechslung und eingleisigen Vereinfachung: nach dem zu guten Willen, der den Tod als Krankheit und das Übel als Unglück behandelt, begegnen wir jetzt dem bösen Willen, der schon aus Krankheit und Zeitpunkt ein Schicksal macht. Das notwendige Übel der Zeit und das notwendige Übel des Todes, die scheinbar im Gegensatz zueinander stehen, sind auch hier wieder genau symmetrisch: dem guten Willen, der es eilig hat und dessen Wahlspruch »so früh wie möglich«, »so schnell wie möglich«, »und wenn möglich, jetzt sofort« lauten könnte, steht der suspekte, machiavellistische Wille gegenüber, der verweilt und zu seinem Vergnügen auf den Pfaden der Vermittlung flaniert, der Geschmack findet am Dazwischen und das Mittel zum Zweck macht; dieser böse Wille, der weit davon entfernt ist, die Wartezeit möglichst auszusparen und die Funkstille auf ein Mindestmaß zu beschränken, bummelt gegen jede Vernunft, um das Verfallsdatum hinauszuzögern; er ist eher ein bornierter Wille oder gar ein Unwille denn eine Willensregung; anstatt die nutzlose Zeit auszusparen, fügt er noch mehr nutzlose Zeit hinzu und »setzt noch eins drauf«. Umgekehrt gibt der böse Wille den Kampf gegen den Tod schneller und früher auf als nötig; er spielt selbst Schicksal, und zwar nicht, indem er die Fristen unnötig verlängert und einen Bummelstreik veranstaltet, sondern weil er zu früh abdankt und es zu eilig hat, die Grenzen seiner Macht zu ziehen und zu kapitulieren. Sicherlich gibt es Gradunterschiede, was die schuldhafte Resignation betrifft, das hängt vom Zeitpunkt ab, den der zur Abdankung entschlossene Wille wählt, um den Kampf und die Ausübung seiner Macht einzustellen: dies kann sofort und von Anfang an auf halbem Wege oder kurz vor der verhängnisvollen Schwelle und kurz vor der äußersten Grenze des Unmöglichen der Fall sein; in jedem Falle jedoch gibt der böse Wille zu früh und zu vollständig auf, er ist etwas zu eilfertig und hierin den Feiglingen ähnlich, die 1940 zu schnell übergaben.[74] Er bemüht sich kaum, bis ans Äußerste seiner Kräfte zu gehen. Er beschließt schlicht, daß es nun genug sei. So auch bemüht sich der Dogmatismus, der auf die dialektische Entwicklung verzichtet, nicht weiter und dekretiert autoritär: ἀνάγκη στῆναι;[75] dieser willenlose Wille,

74 [Anspielung auf die schnelle Kapitulation Frankreichs im Zweiten Weltkrieg, was die Franzosen »la drôle de guerre« zu nennen pflegen.]

75 [»Das Schicksal steht (fest)«.]

dem es an Elan fehlt, um tatsächlich, leidenschaftlich, mit ganzer Seele, aufrichtig und ernsthaft zu wollen, bleibt willkürlich mitten auf dem Weg stehen; obwohl er noch genügend Kraft hätte, um weiterzugehen, hält er inne, er hört auf zu *wollen*, wo er noch in der Lage wäre zu *können*! Er »könnte aber können«, wenn er nur wollte! Unsere Macht enthält keinen Hinweis darauf, ab welchem Punkt das Maß zum Unmaß und der Gebrauch zum Mißbrauch wird; nichts zeigt die Schwelle an, jenseits deren das Sakrileg beginnt: nicht die Macht sagt uns, jetzt innezuhalten, sie impliziert nicht das Kriterium ihrer eigenen Grenze, das eigentliche Sakrileg besteht vielmehr darin, nicht bis zum Äußersten unseres Vermögens zu gehen, das uns gegeben ist! Doch der Abergläubische urteilt hier anders ... Sekundiert von Trägheit, Selbstmitleid und vielleicht Überdruß, beschwört der schwache Wille, um seine Sache zu verteidigen, ein Schicksal, das lediglich als Vorwand und Rechtfertigung dient; er findet es bequem, seinen Bemühungen eine Grenze »ne varietur«[76] zu setzen, und somit sind von vornherein alle Abdankungen und Desertionen entschuldigt; der defätistische Wille zieht zwischen dem Möglichen und dem Unmöglichen eine unüberwindliche Demarkationslinie: zu einem bestimmten Zeitpunkt unterbricht er plötzlich die Stetigkeit seiner Bemühungen und setzt zum Beispiel abergläubisch eine bestimmte Menge oder Zahl fest, die die verhängnisvolle Schwelle des Unmöglichen bedeuten soll und die man nicht überschreiten darf ... bei Todesstrafe! Nun aber erlegt die Endlichkeit unseren Fähigkeiten keine bestimmte Reichweite auf und begrenzt unsere Freiheit nicht auf ein im voraus abgestecktes Feld. Willkürlich ist die Entscheidung, durch die der Träge den Bereich seiner Fähigkeiten abzirkelt und begrenzt, sich versagt, darüber hinauszugehen und jenseits weiterzusuchen, und so für immer das Neuland des Unmöglichen und Unheilbaren in der Finsternis läßt. Der Mensch hätte also Macht über das Schicksal, bis ihm diese Macht von der »Konkurrenz« einer bestimmten Rekordgeschwindigkeit, einer Höchstdistanz oder einer unüberschreitbaren Altersgrenze streitig gemacht wird ... Die juristische Haftbarkeit ist vielleicht *bis zu* einem bestimmten Grad gegeben, Pflicht und Liebe aber kennen weder Begrenzung noch Maß. Der unbegrenzt

76 [»Die nicht variiert«.]

und bis zu seinem letzten Atemzug verpflichtete Mensch zieht es vor, Stunde und Anzahl zu nennen: bis hier nur, *hactenus*, und nicht weiter! Der zur Kapitulation neigende Wille dekretiert, daß das Schicksal hier beginnt und daß es von jetzt an unnütz sei, zu kämpfen, sich zu empören oder aufzulehnen. Er beschließt zu verzweifeln und proklamiert lauthals, daß es keinen Ausweg gäbe. Woher weiß der böse und schwache Wille dies? Wer hat es ihm gesagt? Weiß er besser als Gott, ob ein Übel heilbar oder unheilbar ist? Das Unerkennbare, Unmögliche, Unheilbare, der soziale Mißstand und der moralische Fehltritt stellen in wachsender Heuchelei die fünf großen, schlechten Gründe für den bösen Willen und die fünf, immer weniger überzeugenden Entschuldigungen für unseren unverbesserlichen Machiavellismus dar. Und wie soll man wissen, ob das gegenwärtig *Unerkennbare* nicht tatsächlich unbekannt ist? An dem Tag, an dem das Unbekannte endlich bekannt wird, verstehen wir im nachhinein, das heißt a posteriori und a fortiori, daß das Unerkennbare ganz zu erkennen gewesen wäre. So ist jede Epoche versucht, ihre augenblickliche Unkenntnis durch einen Willkürakt im voraus zu sanktionieren: wir verkünden vorschnell, daß das Unbekannte keinesfalls und zu keinem Zeitpunkt ergründet werden könne, bis zu dem Tag, da uns die Erfahrung eines besseren belehren wird. Wenn nun aber das *Unerkennbare* etwas ist, das nicht ergründet werden *kann*, so weil es a priori »unmöglich« ist, es zu erkennen; man muß folglich zugeben, daß das Unerkennbare keine bestimmte Sache, sondern eher pneumatischer Natur ist: da jede bestimmte Sache auf mehr oder weniger lange Sicht hin ergründet werden kann, muß das Unerkennbare einer ganz anderen Ordnung zugehörig sein als diese Sache. Ist nun diese ganz andere Ordnung nicht das Geheimnis der Quodditas schlechthin?

So auch läßt sich das *Unmögliche*, das heißt, was vom Menschen niemals und in keiner Weise vollbracht werden kann, meistens auch auf einen untergründigen Willen, auf den Subwillen zum Scheitern, zurückführen. Das Unmögliche ist der als Schicksal verkleidete böse Wille. Tatsächlich aber überwindet der unerschrockene Mensch physische Unmöglichkeiten, überschreitet die Schallgeschwindigkeit, entreißt sich der Erdanziehung und bricht in den kosmischen Raum ein, ohne daß Gott den dreisten Tempelschänder straft; die Schallmauer war also gar keine heilige

Mauer und der kosmische Raum nicht unverletzlich! Gott hält es zweifellos nicht für ungehörig, daß wir auf dem Mond landen ... wenn wir es vermögen!

Gott hat auch niemals untersagt, den sogenannten *unheilbaren* Schmerz zu stillen, noch hat er verboten, daß heilbare Krankheiten geheilt werden; denn alle Krankheiten sind heilbar! Auch wenn man vorläufig noch resignieren muß, ist es doch niemals nötig, sich geschlagen zu geben; wer zu schnell aufgibt, ist a priori suspekt. Ist die unterlassene Hilfeleistung für einen Todkranken bisweilen nicht bewußter Mord? Die »Euthanasie« ist lediglich für nach Vorwänden suchende Defätisten und für Deontologen, die im Dienst ebendieser Defätisten stehen, eine Gewissensfrage. Für die Menschen des Mittelalters war es ein Sakrileg, die »heiligen« Krankheiten und die angeblich von Gott geschickten Leiden heilen zu wollen; die modernen Menschen aber, die weder heilige Leiden noch unberührbare oder verfluchte Krankheiten gelten lassen und die kein Tabu mehr kennen, behandeln Lepra und Epilepsie und heilen unheilbare Leiden – und es regnet kein Feuer vom Himmel, das sie auf der Stelle vernichten würde, um sie für ihre Anmaßung zu strafen.

Um so weniger kann die *soziale Ungerechtigkeit*, die ja menschlichen Ursprungs ist, als Schicksal betrachtet werden: von Descartes bis zu Marx und den revolutionären Denkern von heute war jede wahre Philosophie in dieser Hinsicht stets eine Philosophie der Nicht-Billigung gewesen; das Schicksal, das beschworen wird, um den bestehenden Zustand zu rechtfertigen, ist eine zum Gebrauch für Ausbeuter und die Gegner alles Neuen bestimmte menschliche Erfindung; das Schicksal ist der eingestehbare Vorwand unserer nicht eingestehbaren Selbstgefälligkeit.

Das soziale Übel bedeutet zum einen Leid durch die Folgen, die es nach sich zieht, und zum anderen moralisches Vergehen hinsichtlich der Absicht, durch die es inspiriert ist. Das *Vergehen* selbst als Schicksal zu betrachten ist nicht nur der Gipfel des Unverzeihlichen, es ist die Böswilligkeit in Reinform. Kurz zuvor hatte der böse Wille a priori eine nur zum Teil vorher existierende Schwierigkeit übertrieben, und jetzt stellt er, völlig aus der Luft gegriffen, ein Hindernis auf, das gar nicht existiert. Der böse Wille wollte das Hindernis, er übertrieb es gar noch, um seiner Sache zu dienen, und wurde so böswillig schlechthin. Wenn es um den

Kampf gegen den Krebs geht, heißt wollen gleichzeitig auch unmittelbar und auf der Stelle können: Sterblichkeit und Krankheitshäufigkeit erklären die tatsächliche Langsamkeit und Relativität jedes Sieges. Doch geht es hier um die Absicht. Jetzt kann man wohl sagen: das »Unmögliche« ist nicht ethisch! In einem Bereich, wo wollen können bedeutet, wo das Können sich gleich dem selbst unendlichen Wollen erweitert, wo der Wille alles kann, was er will, und wo die Freiheit per definitionem autokratisch und allmächtig ist, scheut sich der böse Wille nicht, mit sich selbst in Widerspruch zu sein, indem er nämlich vorgibt, nicht anders zu können, als er es tut; er beruft sich, ich weiß nicht auf welche Fatalität der Lüge, als hänge die Lüge nicht völlig von unserem freien Willen ab; er erklärt: es wird immer Kriege geben, und vergißt, daß Kriege keine Katastrophen an sich sind wie Erdbeben oder Vulkanausbrüche, in die sich der Mensch als ohnmächtiges Opfer oder bestürzter Zuschauer tief bekümmert zu schicken hätte. Der Krieg ist ein Übel, das Menschen anderen Menschen freiwillig antun ... Ein Vulkanausbruch ist kein »Skandal«, wohl aber sind es der Krieg, der eine vom Menschen gemachte Geißel ist, und die Lüge. Die Lüge ist eine vom Lügner bewußt begangene Sünde und daher der Prototyp des vorsätzlich begangenen Unrechts. Das Vergehen hinzunehmen ist folglich nicht nur ein Fehler mehr, denn das Sich-Schicken in ein Übel, das nur aufgrund einer bewußten Böswilligkeit existiert, ist das Übel per se, oder, um es noch einfacher auszudrücken: hinzunehmen, Schlechtes zu wollen ist bereits Böswilligkeit; das Sich-Fügen in die Böswilligkeit ist selbst schon Böswilligkeit, was sage ich! es ist die Böswilligkeit schlechthin, die Böswilligkeit a priori, die ureigenste Absicht ist, die schlechte Begründungen konstruiert und mit der alles seinen Anfang nimmt. Es besagt also wenig, wenn man feststellt, daß die »Zulassung« der Verfehlung die nächste »Begehung« noch schwerer wiegen läßt, wie etwa der Vorsatz ein Verbrechen noch gravierender macht! Die Zulassung ist selbst schon Begehung, *ipsa commissio!* und zwar grundsätzlich! Hinsichtlich der Qualität der Intention wiegt sie ebenso schwer wie die Sünde im eigentlichen Sinne. Ganz wie die Bereitwilligkeit zur Versuchung schon Versuchung ist und unsere Niederlage vorwegnimmt, ist die heuchlerische Hinnahme der Sünde eine als Scheinheiligkeit und guter Hirte verkleidete, komplizenhafte Böswilligkeit. Wie könnte man ein nicht existierendes Übel hinnehmen, das nur durch die Wirkung der Resignation selbst entsteht? Dieser Teufelskreis der Böswilligkeit ist sophistischer Machiavellismus par excellence. Doch die Arglist ist leicht zu durchschauen: denn wer sich im voraus für seine Lüge entschuldigt, tut so, als ob er zu lügen gezwungen sei, und betrügt daher ganz offensichtlich; indem er Ohnmacht vorschützt, stellt er nur seine Böswilligkeit unter Beweis. Das ist das wahre »Argument der Trägheit«, argos logos, wie die Megariker[77] sagten: es rechtfertigt das quietistische Sich-Fügen in ein Pseudo-Schicksal, das der Übelgesinnte sich selbst zurechtlegt und das alle Verantwortlichkeit aufhebt, indem es Möglichkeiten und zukünftige Kontingente ausschließt.

Das einzig wahrhaft unerbittliche Schicksal, von dem man hier sprechen kann, ist jenes, das im Innersten des Wollens durch die bloße Tatsache, gewollt zu haben, entsteht. Diese immanente Notwendigkeit ist ebenso immanent wie das Identitätsprinzip; denn man kann nicht zugleich gemacht und nicht gemacht haben. Wenn eine Sache einmal gemacht ist, schreibt sich das Anders-gemacht-Haben in einen anderen Kontext, das heißt in die Geschichte einer anderen Person ein ... Die Unmöglichkeit, nicht getan zu haben, was man doch freiwillig getan hat, und nicht etwa die Unmöglichkeit, nicht anders zu können (denn die Zukunft unserer Entscheidungen hängt vom Zufall ab), diese im nachhinein so unbeugsame Unmöglichkeit ist keine materielle im eigentlichen Sinne und beruht auch nicht auf einem später hinzutretenden Hindernis, sie ist der Ausübung unseres Könnens, das stets ein historisches Ereignis ist, vielmehr zuinnerst eingeschrieben, besser: sie ist unsere in ihr Gegenteil verkehrte Freiheit schlechthin, ist a priori Ohnmacht unserer kreatürlichen Macht und Negativität jeglicher Positivität. Warum sollte man diesen nicht greifbaren Fluch, diese subtilste Form der Endlichkeit nicht Alternative nennen? Als wir von der Irreversibilität der Zeit sprachen, sagten wir in etwa, daß der Wille auflösen kann, *was* er gemacht hat, daß er aber nicht die *Tatsache als solche*, etwas gemacht zu haben, aufheben kann; was getan wurde, ist nie getan worden, die Tatsache des Gemachthabens aber, *fecisse*, ist unaufhebbar. Der moralische Wille ist insofern allmächtig, als er alles tun kann, was er will, und das Gewollte

77 [Philosophische Schule von Megara, gegründet Ende des 5. Jh. v. Chr.]

unbegrenzt das Mögliche seines Könnens ist. Demgegenüber erweist sich die Allmacht als erbärmlich ohnmächtig, insofern sie nämlich über die Effektivität ihres eigenen Gemachthabens nichts vermag. Diese Halb-Macht läßt sie dem halben Zauberer, dem tragisch überwältigten Lehrling, der mitgerissen wird von den Kräften, die er entfesselte und die ihm seine Freiheit nehmen, ähnlich werden. Einmal gewollt zu haben, *voluisse*, ohne je »ent-wollen« zu können: dies ist die einzige Quodditas eines *fast* allmächtigen Wollens! Tatsächlich ist das Wollen nicht *stricto sensu* allmächtig, doch ist es nicht am Handelnden, dies zu sagen, zumindest so lange nicht wie er handelt und von seinen eigenen Handlungen spricht; das sollte man getrost Dritten oder den Zeugen der Handlung überlassen. Der Handelnde, der sich den Blickwinkel des Philosophen zu eigen macht und über seine eigene Lage hinausschielt, kann in der Tat versucht sein, dem Unentbehrlichen das Entbehrliche hinzuzufügen und aus Selbstgefälligkeit zu sündigen ... Laufen wir nicht Gefahr, vorzeitig zu kapitulieren, wenn wir uns der Kluft zwischen dem Unglück und dem Übel dieses Unglücks zu sehr bewußt sind? Die Unbefangenheit ist die Bedingung für den guten Willen, das Unmögliche zu können.

Die falsche Weisheit, die die heilbare Krankheit behandelt, wie man nur den unabwendbaren Tod behandeln darf, und die sich zum Zeitpunkt verhält, wie man sich nur der Quodditas und der Sterblichkeit gegenüber verhalten darf, ist eine resignierende und beruht nicht auf einer lebendigen »sophia«,[78] sondern auf einem »Sophismus«.[79] Ist der substantialistische Sophismus (denn darum handelt es sich hier) nicht eine auf Eis gelegte Sophia? Der Substantialismus glaubt eher an die unveränderliche Substanz des *esse*,[80] denn an die unbegrenzte Dynamik des *posse*.[81] Der das Machen-Können außer acht lassende Substantialismus betrachtet den Menschen als etwas Statisches, dessen Umrisse von der endgültigen Grenze der Notwendigkeit bestimmt sind, und will Grenzen und Reichweite der menschlichen Unternehmungen für immer festlegen. Hierin ist der Substantialismus wahrhafter Nihilismus

78 [»Weisheit«.]
79 [»Spitzfindigkeit, Klügelei«.]
80 [»Sein«.]
81 [»Können«.]

und die Resignation, zu der er auffordert, wahrhafte Hoffnungslosigkeit. Er verdinglicht die Freiheit und verkennt ebendadurch die Wahrheit des Menschlichen: denn das menschliche Wesen hat weder eine bestimmte Form noch eine tatsächliche Natur; der Mensch ist ganz zu machendes Sein und Machen-Können und nicht einfach nur Sein, er ist Handlungsmittelpunkt und Handlungsspielraum, ist formlose Position sich ständig verformender Formen. Die Tat des Menschen steht strahlend im Raum, und ihre natürliche Dimension ist die Zeit, die der Werdegang des Ungewissen ist; in jedem unvollendeten Augenblick ist der Mensch ein Noch-Nicht, das sich unaufhörlich ereignet und dessen Berufung sich stets in der Zukunft verwirklicht. Der Elan unseres Könnens trägt uns stets über etwas hinaus, zwingt uns unaufhörlich jenseits und weiter ... Denn wer kaum *ist*, *kann* unendlich! denn wer fast nicht existiert, schiebt die Grenzen des Schicksals unendlich weit von sich weg. Dieses hinsichtlich des Zeitpunkts unendliche Vermögen ist aber, was die Tatsache als solche betrifft, von erbärmlicher Hilflosigkeit. Jede Grenze kann ohne Sakrileg überschritten werden, die Tatsache der Grenze als solche aber ist unüberschreitbar, ist diese Tatsache der Grenze doch nichts anderes als unsere Endlichkeit ... So sind die Phänomene innerhalb des Universums unendlich erklärbar, das Universum als Totalität und die Verhältnisse des Seins an sich aber entziehen sich uns. Wozu etwas? Und seit wann? Und warum ist etwas und nicht vielmehr nichts? Diese metaphysischen Fragen legen, Schopenhauer zufolge, nur die Absurdität des Daseins bloß. Wir selbst sagen: Der Mensch ist zugleich außerhalb und innerhalb des Todes; außerhalb durch das transzendente Bewußtsein, das er vom Tode hat, und innerhalb insofern, als das denkende Wesen selbst ein sterbliches Wesen ist: der Todesgedanke hat Macht über Krankheit, Leiden, Tag und Stunde, die Sterblichkeit des denkenden Wesens jedoch schließt dieses Wesen, das sie doch transzendiert, von Kopf bis Fuß ein. Das Denken kommt dem Tode zuvor, das Apriori des Todes aber steht vor jedem Denken. Selbst das Sich-Schicken in den Tod ist bereits spontane Initiative und in gewisser Weise Zurückdrängung des Schicksals. Und doch muß, auch wer resigniert, sterben! Die conditio humana ist demzufolge hart und weich: hart wie das Schicksal, weich wie das Geschick, also geschmeidig. Wir tasten die Umrisse unserer Endlichkeit nach schwachen Stellen ab und dringen unbegrenzt in ein Schicksal ein, das nie ganz nichtet. Darum macht die Gerontologie immer größere Fortschritte, während die Thanatologie gänzlich auf der Stelle tritt: die durchschnittliche Lebensdauer des Menschen nimmt ständig zu, und trotzdem ist der gegen Krankheit immer besser gewappnete Mensch dem Tode noch genauso hilflos ausgeliefert. Und umgekehrt gilt: obwohl die unbesiegbare Quodditas des Todes und die unauslöschliche Sterblichkeit jede Hoffnung zunichte machen, weckt der technische Fortschritt unaufhörlich die schlafende Hoffnung. Die Resignation zwingt die Hoffnung stets in die Grenzen des Schicksals zurück, wohingegen die unermüdlich neue Breschen schlagende Hoffnung die Resignation zerplatzen läßt und dem im Belagerungszustand lebenden Menschen wieder eine Zukunft gibt. Der Feige beeilt sich zu verzweifeln, denn er fürchtet sich zu sehr vor der Zukunft: er hätte zuviel zu hoffen! Die Entscheidung, die Möglichkeiten und Chancen der Künftigung nicht auszuschöpfen, ist wahrer Mord, es ist der Mord an der Zeit und ist die Hoffnungslosigkeit der Hoffnung ... So werden wir unablässig von nicht resignierender Hoffnung auf resignierende Enttäuschung und von Resignation auf unsinnige Hoffnung verwiesen, und es geschieht bisweilen, daß die beiden Gegensätze in einem einzigen und ambivalenten Gefühl zusammenfallen, anstatt sich, indem sie das Hin- und Herschwanken des Geistes perpetuieren, abzuwechseln. Dies ist die Ambivalenz, die auf der Doppeldeutigkeit beruht, dies die innere Zweideutigkeit, die von der Halböffnung unseres Werdens herrührt. Das lachende Morgen, das uns der Held der Résistance ankündigt, der Freudengesang der Zukunft, von dem Bergson am Ende seiner Aufzeichnungen über Ravaisson[82] spricht, beziehen sich auf die bloße quidditative Hoffnung. Gabriel Péri[83] ist für eine bessere Zukunft gestorben, aber er hat uns nicht, wie der Engel der Offenbarung, versprochen, daß die Zeitlichkeit der Zeit abgelaufen, aufgezehrt und erfüllt und die Tödlichkeit des Todes überwunden sei. Die Unterscheidung zwischen quod und quid erklärt die Mischung aus Optimismus und Pessimismus, der das Organon-Obstaculum ih-

82 [Félix Ravaisson (1813-1900), franz. Philosoph, Vertreter des sogen. Spiritualismus, auf den Henri Bergson einen Nachruf schrieb.]

83 [Gabriel Péri (1901-1941), franz. Journalist u. Politiker der Résistance, wurde 1941 von den Deutschen erschossen.]

ren Sinn gab: unser elastisches Schicksal rechtfertigt zugleich Enttäuschung und unvernünftigen Ehrgeiz, die Resignation des Weisen wie den *sinnlos vernünftigen* Ehrgeiz des Menschen in seiner Eigenschaft als Arzt, Techniker und Ingenieur zum Beispiel.

8. Ausgang und Anfang

Wir haben hier einzig vom Ausgang zu sprechen, da er allein über Öffnung oder Schließung entscheidet. Das Werden ist wesentlich Künftigung: in einem vorderseitigen, das heißt auf die Zukunft gerichteten Werden, gibt das Kommende die Gangrichtung an, und diese Richtung ist zunächst Orientierung und Direktion, Berufung und Endlichkeit. Der Schluß ist unglücklicherweise von größerer Bedeutung als der Anfang, da er das letzte Wort hat; daher erinnert man sich auch mehr an die alten Tage eines Dahingegangenen als an seine Kinderzeit ... Die geschlossene Tür ist also, was uns daran hindert, nicht etwa in die Vergangenheit zurückzukehren, sondern vorwärtszugehen! Wohl hat das Leben eines Tages begonnen und ist so durch den Tag der Geburt von seinem Anfang getrennt, es bleibt aber dennoch halb offen, da der Zeitpunkt des Endes unbestimmt ist; der kleinste Hoffnungsschimmer und der geringste Ausblick genügen, um ein Dasein, das nicht immer dagewesen ist, zu ventilieren und in ihm die Unendlichkeit des Kommenden herzustellen.

Deshalb gilt um so mehr: wenn der Ausgang im Gegensatz zum Anfang, der ja bestimmt ist, nicht nur hinsichtlich des Zeitpunkts, sondern auch der Quodditas unbestimmt wäre, wäre das Leben mehr als halb offen, es wäre völlig offen; dies ist, im Gegensatz zur *Ewigkeit* als solcher, der Fall bei der *Unsterblichkeit*, das heißt bei einem Wesen, das eines Tages zu existieren begonnen hat, das aber, einmal auf der Welt, endlos weiterexistiert; das in der Vergangenheit seinen Anfang nahm, aber nicht mehr aufhören wird zu leben. Diese Art Offenheit ist nicht die Offenheit eines absolut ewigen Wesens, das heißt eines gewissermaßen »von beiden Seiten« und »von beiden Enden« her (*a parte ante* und *a parte post*)[84] oder schlechthin ewigen Wesens (denn eine Ewigkeit ohne Anfang und

84 [»Von der Seite davor« und »von der Seite danach«.]

Ende hat keine »Enden«, es sei denn, man bedient sich des Zeitbegriffs), sondern die Offenheit eines »relativ ewigen« oder »halbewigen« Wesens (wenn man so sagen darf), das am Tage seiner Geburt *ewig* geworden ist ...! Eine solche Hoffnung scheint dem zugleich natürlichen und übernatürlichen Wesen, dem Halbgott, kurz, diesem Zwischenwesen, das der Mensch ist, wohl anzustehen: ein relativ »absolutes« und nicht absolut absolutes Wesen durfte sich wohl, nicht etwa ein ewig ewiges, sondern ein zeitlich ewiges oder zeitlos zeitliches, also halb-ewiges Geschick erhoffen. Und doch scheint in der Abfolge der Jahrtausende die Unsterblichkeit mit der Ewigkeit zu verschmelzen: nichts scheint letztlich die Ewigkeit, die einmal begonnen hat, von der Ewigkeit, die niemals ihren Anfang nahm, zu unterscheiden; denn ein Unendliches ist nicht größer oder kleiner als ein anderes Unendliches, die Unendlichkeiten sind sich in ein und derselben Unendlichkeit gleich. Die Unsterblichkeit würde so also die Bestimmung des Ewig-Geborenen erfüllen, das heißt einer Kreatur, die in ihrem Anfang menschlich und durch ihre unendliche Offenheit göttlich ist.

Der umgekehrte Fall, den man das *Immerwährende* nennen kann, beweist die entscheidende Bedeutung des Ausgangs nicht weniger: halb-göttlich wie der Unsterbliche, doch vom anderen Ende her, ist der Immerwährende das unvordenkliche Wesen, das hypothetisch schon immer existiert hätte, plötzlich aber aufhörte zu sein und eines Tages ins Nichts zurücksänke. Diese Hypothese ist jedoch eine rein theoretische, denn wenn ein Wesen schon immer existiert hat, steht es zweifellos außerhalb der Zeit, und seine Vernichtung ist folglich absurd. Gleichviel, auch wenn die Existenz eines Wesens nie zu beginnen brauchte, unterliegt sie doch in dem Augenblick unweigerlich dem Ende, da sie aufhört: wie »immerwährend« dieses nicht gezeugte, doch verwesliche Wesen auch sein mag, es ist verurteilt! Worauf es einzig ankommt, ist das Ende!

Das gelebte Leben, das von der Zukunft her durch die Ungewißheit der Stunde halboffen bleibt, ist in anderer Hinsicht von beiden Enden her geschlossen: vom Ausgang her ist es durch die Gewißheit des Quod geschlossen, und vom Anfang her ist es durch den Zeitpunkt der Geburt doppelt verriegelt. Die gelebte Dauer, die in ihrem Anfang bestimmt und in ihrem Ausgang teilweise unbestimmt ist, wird wie durch einen Luftstrom von der

Zukunft angesogen. Das Mißverhältnis von Geburt und Tod erklärt die intentionale und »vektorielle« Richtung unseres Lebens. Wenn, da das Werden ja irreversibel ist, die Tür zum Ausgang so hermetisch verschlossen wäre, wie die Schwelle des Anfangs bestimmt ist, würde der Wanderer des Lebens vor dieser Tür zurückprallen: dies ist die geschlossene Tür des Schicksals, die Leonid Andrejew zu Beginn seines *Anathemas*[85] beschreibt; die der Hoffnung beraubte Existenz kauert sich dann innerhalb ihrer Umklammerung zusammen. Wenn hingegen, da der Anfang ja bestimmt ist, irgendein Versprechen auf Überleben die Tür weit öffnet und das Aufhören in Fortdauer verwandelt, stürzt sich der von seiner unermeßlichen Zukunft gepackte Lebende durch die Tür und verläßt die Welt hienieden auf den Flügeln der Hoffnung. Wenn sich nun aber das Leben, das einseitig an den Fixpunkt der Geburt gebunden und am anderen Ende tödlich ist, dank der Zufälligkeit der letzten Stunde in der Offenheit hält und folglich halbfrei ist, wird die endlose Erneuerung unserer Vorhaben möglich, obwohl der Ausgang leider immer der gleiche ist: die *hora incerta* stellt noch für die Altersschwächsten einen Luftzug dar, der sie atmen läßt ... Der Zeitpunkt der Geburt ist tatsächlich stets, was der Zeitpunkt des Ablebens im nachhinein und auf posthume Weise gewesen sein wird: eine feststehende, in Ziffern ausgedrückte Zahl, vergleichbar der Personalausweisnummer oder den anthropometrischen Karteikarten in der Verwaltung. Der Ursprung ist folglich in gewisser Weise vorherbestimmend, da er durch sein Eintreten den Zeitpunkt der Geburt und den anfänglichen Augenblick der Existenz bestimmt: die Geburt kann nach Ort und Datum, das heißt mit den beiden Koordinaten von Zeit und Raum genau ausgemacht werden. In der gesamten Geschichte der menschlichen Gattung und im ganzen Universum hat eine in ihrer individuellen Einzigkeit und Haecceitas einzigartige Monade *hic et nunc* begonnen zu sein; ein einzigartiger Werdegang eines Lebens hat an einem bestimmten Tag, zu einer bestimmten Stunde, in diesem Haus und in dieser Wiege seinen Anfang genommen: hier und jetzt, in diesem punktuellen Augenblick hat alles begonnen! Durch seine chronologische und topographische Bestimmtheit und durch seine kalendarische und geographische

85 [Leonid Andrejew: *Anathema*, Berlin 1911.]

Präzisierung stellt das Ereignis der Geburt die absolut unveränderliche und eindeutige Gegebenheit unseres Schicksals dar: durch dieses den Anfang bezeichnende Ereignis sind Mißhelligkeiten und schicksalhafte Elemente, die die Fortdauer der Existenz belasten werden, bereits vorgegeben; biologische Faktoren, anatomische Fehlbildungen, Erbanlagen ... fast alles entscheidet und knüpft sich an in der Geburtsminute der *hora certa*. Und umgekehrt sammelt sich alles, was in unserem Leben hoffnungsvoll, nicht unmittelbar gegeben, noch nicht verspielt, kurz, was möglich ist, um die Zukunft des Ausgangs. Das Geburtsdatum eines Menschen war immer schon Teil des Personenstandes, gehörte von jeher zu unserem Lebenslauf und hat unser Schicksal vorherbestimmt. Das Datum meines eigenen Todes aber wird erst rückblickend und für die Überlebenden, das heißt im Futur II, mein Geschick besiegelt, meinen Werdegang beendet und meinen Personenstand vollständig gemacht haben; vorher und zu Lebzeiten des Betroffenen bleibt die persönliche Biographie unvollständig.

Das Mißverhältnis von Geburt und Tod wird im allgemeinen durch das Mißverhältnis von Vergangenheit und Zukunft erklärlich: denn zwischen letzteren findet eine irreversible Luftzirkulation statt, die Künftigung heißt. Die Vergangenheit ist, was sie ist, oder besser: was sie war, und das Identitätsprinzip legt ihre schicksalsbedingte Gestalt auf immer fest. Die Bestimmung des Präteritums verweist uns unablässig auf die Doppelsinnigkeit des Noch-Nicht. Zwischen der ältesten Vergangenheit und der entferntesten Zukunft besteht also ein völliges Mißverhältnis; denn so wie der Tod die entfernteste Zukunft, das noch einzutretende Kommende und das vor uns stets in der Schwebe bleibende Noch-Nicht (Nondum) ist, so ist die Geburt das äußerste Präteritum und die älteste Vergangenheit unseres Lebens; der eigene Tod (oder der persönliche Tod eines anderen) ist die Zukunft, die, außer für die Überlebenden, niemals vergangen sein und, außer für Dritte, niemals gegenwärtig sein wird: ist die Todesangst nicht die Furcht, daß diese Zukunft, die dazu gemacht ist, ewig Zukunft zu sein, eines Tages Gegenwart werden könnte? Und umgekehrt ist die eigene Geburt (die meinige für mich, die deinige für dich) die Vergangenheit, die niemals Gegenwart und erst recht nicht Zukunft war ... außer für unsere Eltern: dieses der Erinnerung vorzeitige Schon-nicht-mehr wird stets vorbei und unwiderruflich verjährt sein. Man wird vielleicht einwenden, daß sich die Geburt zur vorgeburtlichen Ewigkeit verhält wie der Tod zur postletalen Ewigkeit: als gäbe es zwischen dem unvordenklichen oder immerwährenden Nichts des Nichtseins, das dem Sein vorausgeht (denn das Sein war nicht immer gewesen), und dem ewigen Nichts des späteren Nichtseins (denn das Sein wird nicht immer sein) eine Art Symmetrie. Es braucht jedoch viel, um aus Geburt und Tod zwei zwillingshafte Geheimnisse zu machen: je nachdem, ob es sich um den Anfang oder um das Ende handelt, verändert die Umkehrung der Beziehungen zwischen Nichtsein und Sein alles; denn zu Anfang folgt das Sein auf das Nichtsein und am Ende das Nichtsein auf das Sein. Vom Augenblick des Anfangs bis zum letzten Augenblick, von Alpha zu Omega, kehren sich die Ordnung und der Sinn der Veränderung buchstäblich um. Nein, zwischen dem Zum-Sein-Gelangen desjenigen, der noch nicht war, und der tragischen Vernichtung dessen, der bereits war, gibt es keine Entsprechung oder Gleichwertigkeit; die meontische Ewigkeit bekommt einen anderen Sinn, je nachdem, ob sie *vor* oder *nach* der ontischen Zeitlichkeit liegt. Am Tage der Geburt denken die Zeitgenossen an das neue Wesen, das erscheint, sie denken nicht an die finstere Nacht, die diese Morgenröte erleuchtet, nicht an das Schweigen, das der erste Schrei bricht, nicht an die Ödnis, die die neue Anwesenheit bevölkert. Wenn das In-Erscheinung-Treten des Neuankömmlings, des Neugeborenen, der Neuheit, die Finsternis der Nichtexistenz belebt, wäre es eine Art pessimistischer Perversion oder gar Inversion, zurück auf die beendete Nichtexistenz zu blikken, anstatt das Auftreten der neuen Existenz mit dem Blick nach vorn zu betrachten. Das richtige Bewußtsein begrüßt freudig nicht etwa die Negativität der Decreatio, sondern das Mehr der schöpferischen Positivität; und in der Tat, eine aus der Schöpfung resultierende Traurigkeit ist buchstäblich widernatürlich, weil sie sich am Widersinn und an der Gegenströmung orientiert, das heißt an der unmöglichen Umkehrung des Werdens ... Ist das Werden, das das Kommende eintreten läßt, nicht eine irreversible und kontinuierliche Künftigung? Wenn die Geburt eine verlöschende Erscheinung wäre wie der Funke oder sich auf das In-die-Welt-Setzen eines totgeborenen Wesens beschränken würde, würde sie, je nachdem welche Seite man betrachtet, Optimismus wie auch Pessimismus rechtfertigen ... Doch die Geburt ist ein Augenblick, der ein Intervall anschlägt, ein Beginn, der am Anfang der Fortdauer von mehreren Jahrzehnten steht! Die Stufe folgt auf die Erscheinung, anstatt dem Verlöschen vorauszugehen ... Der Anfang ist in der Tat nicht so tragisch doppelsinnig wie der Ausgang: der Tod setzt im letzten Augenblick die Form des Lebens, doch muß er dieses Leben verneinen, um die Form zu setzen; er sagt ja und nein zugleich. Die Geburt hingegen sagt zweimal ja: sie bejaht zunächst und bestätigt dann, was sie bejaht: sie setzt das Leben also doppelt, einmal, weil sie wie der Tod dessen bestimmende Grenze ist, zum anderen, weil sie das Wesen sein läßt, anstatt es zu erwürgen, und eine lebbare Fortdauer einweiht. Der Anfang sagt ja, indem er ja sagt zu seinem ersten Ja ... aber er ist ein feststehender Zeitpunkt. Der Tod sagt ja, indem er nein sagt, aber seine Stunde ist ungewiß. Nur im nachhinein und konzeptuell gedacht, entsprechen sich Anfang und Ende in der Gegenwart, wie sich Objekte im Raum entsprechen; erst rückblickend werden Geburt und Tod, die beide von ihrem Nichts flankiert sind, wieder symmetrisch wie rechts und links: die irreversible Fortdauer, die unabänderliche Abfolge und die unvorhersehbare Künftigung scheinen dann wie eine gerade Linie auf einem Bild oder wie ein Roman, dessen Ausgang man im voraus kennt. Aber das Leben ist nicht dieser tausendmal gelesene und wiedergelesene Roman; das Leben ist keine auf Schallplatte aufgenommene Sonate, die man von der ersten bis zur letzten Note auswendig kennt. Das eigene Leben ist ein Buch, das jeder für sich immer zum ersten Mal liest! Das im Werden begriffene Werden, das im Augenblick und allmählich gelebt wird, behält stets einen ungeraden und abenteuerlichen Aspekt, der von der Ungewißheit der Stunde herrührt. Ist die halboffene Zeit unseres Lebens mit ihrer unabwendbaren Sterblichkeit und ihrem endlos aufschiebbaren Tod, die zwischen der endgültigen Grenze der Geburt und der dehnbaren und fließenden Grenze des Todes liegt, nicht ein Abenteuer?

Viertes Kapitel
Das Alter

1. Der vom Untergang widerlegte Seinsbeginn

Man ist versucht, im Alter die Symptome der Sterblichkeit und ersten Anzeichen des Todes zu sehen: für alle Lebenden, das heißt für alle Sterblichen stellt das Jahr für Jahr fortschreitende Alter die Form dar, die ein durch den Tod unausweichlich begrenztes Werden im Diesseits annimmt. Wäre das Alter etwa eine Art aufgelöster Tod, ein kontinuierlicher und auf die Dimension des Intervalls vergrößerter Augenblick? Das hemmende Element mit dem Namen Alter würde demnach den unerzählbaren Augenblick in einen chronischen Prozeß auflösen ... Wenn der Tod eine Geschichte entwickelt, kann man sie nach Belieben erzählen! Und doch gibt es in dieser Geschichte eine Art inneren Widerspruch, der sie kompliziert, doppeldeutig und teilweise ungreifbar macht: er kompliziert sie, weil er ihr entgegenarbeitet und sie zugleich konstituiert, sie bejaht und zugleich verneint. Im Werden des Lebens erkennen wir die Paradoxologie des Organon-Obstaculum: es ist ein kontinuierlicher Seinsbeginn und zugleich (und nicht etwa zusätzlich) ein kontinuierliches Zugehen auf das Nichtsein. Was sage ich! es ist nur in dem Maße Beginn, wie es dieses Zugehen-auf ist! Die gelebte Zeit, die weder einfacher Fortschritt noch einfacher Rückschritt ist, baut auf und zerstört zugleich; in ihr kompliziert die kontinuierliche Ausdünnung des Möglichen den endlosen Vorgang, dank dessen sich das stets Unvollständige unablässig vervollständigt; der Rückfluß kompensiert den Fortschritt und neutralisiert zugleich dessen Eroberungen. Durch das, was sich auflöst, knüpft sich auch ständig wieder etwas an und umgekehrt: in dem Maße, wie das Leben zerstört, baut es auch wieder auf, baut also, was es zerstört; es ist zugleich Baustelle, wo ein Gebäude entsteht, und Ödland, wo dieses Gebäude durch eine fatale Abtragung verfällt. Die Rezession selbst ist der Werdegang des Lebensprozesses. Und so läßt uns, was uns in jeder Minute verwirklicht, jede Minute dem Tode näher kommen ... Nun verhält es sich aber nicht so, daß der Untergang dem Wachstum folgen würde, wie etwa die zweite Lebensphase auf die erste folgt: die Aktualisierung des Möglichen ist ein Beginn, der in sich schon lange Untergang ist. Im Grunde könnten die unmerklichen Vorboten des Verblühens und die Vorzeichen des noch in weiter Ferne liegenden Verfalls bis in die früheste Kindheit zurückverfolgt werden. Ein wahrer Hohn, dieser Übergang zur Tat! Mit dem ersten Herzschlag hat das Neugeborene auch schon den ersten Schritt auf das Nichts zu gemacht ... »Mit dem Tag eurer Geburt brecht ihr auf zum Leben wie zum Sterben«, sagt Montaigne[1] im Sinne Senecas und Augustins. »Prima, quae vitam dedit, hora, carpsit ...«[2] »Das unablässige Werk eures Lebens ist, euren Tod zu wirken.«[3] Auch der Kardinal Bérulle[4] wird sich dahingehend äußern wie vor ihm bereits Bernhard von Clairvaux: »Quid vero agimus ex quo primum incipimus vivere, nisi morti appropinquare, et incipere mori?«[5] Während der ersten Hälfte seines Daseins entfernt sich der junge Mensch, der den aufsteigenden Abhang erklimmt, von dem, dem er sich nähert: hierin gleicht der Heranwachsende dem von Hoffnung geschwellten Menschen, der in die Morgenröte eines strahlenden Frühlings blickt; der Frühling entfernt sich vom Winter, indessen der Sommer ihn ihm aber wieder näher bringt; denn die Sonnenwende, die der Höhepunkt des Jahres und die Jahreszeit der vollen Blüte ist und jenseits welcher Untergang und Abnahme der Tage beginnen, steht ach! schon bevor.[6] Das Leben ist demzufolge Wachstum und Verfall zugleich, doch solange der Mensch diesseits der Sonnenwende der Reife bleibt, wird der Verfall vom Wachstum verdeckt; gelangt der Mensch aber zum absteigenden Abhang des Werdens, verbirgt der Verfall uns das Wachstum. Mit anderen Worten: Das

1 [Michel de Montaigne:] *Essais* I, 20 [: »Philosophieren heißt sterben lernen«].

2 [»Die erste Stunde, die das Leben euch gibt, verkürzt es (bereits)«; Seneca: *Der rasende Herkules*, III. Akt, Chor, Vers 874.]

3 [Michel de Montaigne: a.a.O.]

4 [Kardinal Pierre de Bérulle (1575-1629), Gründer des franz. Oratoriums, Kopf der theologischen »Ecole Française«.]

5 [»Was man in Wahrheit tut, vom Anfang des Lebens an, ist nichts als sich dem Tode annähern und anfangen, zu sterben«.]

6 Balthasar Gracián: *Handorakel und Kunst der Weltklugheit*, Maxime 39: »Die Werke der Natur gelangen alle zu einem Gipfel ihrer Vollkommenheit: bis dahin nahmen sie zu, von dem an ab.«

Leben hat sehr wohl einen Sinn, doch wird diesem Sinn von einer Sinnlosigkeit widersprochen, die ihn gleichwohl bedingt. In dem Maße wie die Zeit verrinnt, taucht der im Sinn inbegriffene Widersinn des Alterns immer hartnäckiger an der Oberfläche des Werdens auf; und so wie der gealterte Organismus seine Verluste immer schlechter ausgleicht und traumatische Verletzungen immer langsamer kompensiert, so auch überzeugt die optimistische Hoffnung, die unentwegt gegen die ständig erneuerten Nichtigkeitserklärungen von Niederlagen und Enttäuschungen ankämpft, jeden Tag etwas weniger und ist von Jahr zu Jahr schwerer aufrechtzuerhalten. Ja, es fällt jeden Tag etwas schwerer, zu sagen, warum und im Hinblick worauf man lebt und was das alles eigentlich soll. Die dem Leben eingeschriebene Absurdität, die theoretisch schon im frühesten Alter ausgemacht werden kann, drängt sich so immer stärker auf. Beim Neugeborenen bereits, das die ganze Zukunft noch vor sich hat, könnte man eine winzige und in gewisser Weise homöopathische Dosis Sinnlosigkeit in der Unendlichkeit von Sinn entdecken; beim Greis hingegen, da der Spielraum an Zukunft zum Nullpunkt tendiert, verlieren sich die letzten Spuren von Sinn vollends im Meer der Sinnlosigkeit. Der »Sinn des Lebens« impliziert für diejenigen, die ihn suchen, Bedeutung und Richtung zugleich. Wie könnte der Tod, der das Nichts unseres Seins, das heißt Nichtsein ist, der das Nichts jeden Ortes, das heißt nicht etwa irgendwo, sondern nirgendwo ist, und der das Nichts jeglicher Fortdauer bedeutet, diesen Sinn ausdrükken? Nein, die Nichtheit hat keinen »Sinn«: die Nichtheit ist vielmehr Abwesenheit von Sinn, das heißt buchstäblich *Sinnlosigkeit*. Auch das Nirgendwo ist keine »Richtung«; es ist ohne Zweifel ein etwas bitterer Scherz, eine Bewegung, die nirgendwohin führt, Bewegung zu nennen: eine solche »Bewegung« ist eher ein zielloses Gehen, ein blindes Vagabundieren, ein Umherirren aufs Geratewohl, oder besser: eine Unbeweglichkeit. In gleicher Weise ist ein Werden, das zu nichts wird, ein Nichts an Werden: die Inexistenz des Ziels (denn die Vernichtung ist kein »Ziel«) vernichtet durch die ansteckende Wirkung der Negation dieselbe Bewegung, die uns dahinführen soll; denn wer wird, ohne sagen zu können, was er wird, noch welcher *andere* er wird, wird nicht – und jemand, der nicht mehr wird, ist niemand mehr. Wenn das Werden einen Sinn hat, anders gesagt, zu etwas wird, und wenn der im

Werden Begriffene dies oder jenes, das heißt relativ anders wird, so kann dies nur in der Immanenz der intravitalen Zwischenzeit, innerhalb der endlichen Fortdauer, zu einem bestimmten Zeitpunkt dieser Fortdauer und nur in bezug auf die Interessen oder einzelnen Inhalte der Empirie geschehen. Das Werden in seiner Ganzheit aber wird zu nichts und bezieht sich auf nichts; ebenso ist das ganze Leben, wenn man es absolut betrachtet, eher absurd, es ist von jener ateleologischen Absurdität, die schon Schopenhauer erstaunte und die irrationalistische Metaphysik zur Verzweiflung brachte. Der einzige Ausweg, um dieser Sinnlosigkeit einen Sinn zu verleihen, scheint auf den ersten Blick zu sein, das individuelle Leben in den Rahmen einer überindividuellen Geschichte zu stellen, in der es ein Moment, ein Glied in der Kette oder ein Zeitabschnitt wäre: so wie unsere Welt ein Mikrokosmos im Innern und das Universum selbst ein Mikrokosmos innerhalb seiner Galaxis wird, die wiederum das Universum des Universums und Makrokosmos aller Makrokosmen ist, so würde die Biographie von X oder Y eine empirische Episode in dieser metaempirischen Super-Existenz, in dieser Biographie der Biographien werden, die das übergeordnete, fortwährende Leben der menschlichen Gattung ist. Wenn man die Ansicht vertritt, daß der Dahingegangene für die Nachwelt oder zukünftige Generationen gearbeitet hat oder daß das Leben ein Vorspiel zum Weiterleben ist, wird die Fortdauer jenseits der Leere der tödlichen Sinnlosigkeit wiederhergestellt. Damit das Ende im Sinne des Zu-Ende-Seins mit dem Ende im teleologischen Sinne zusammenfallen kann, darf es nicht das Ende *von allem* sein, denn sonst ist es ein Ende ohne Finalität; denn sonst ist der Werdegang der Monade, die endgültig dem ewigen Nichts anheimfällt, lediglich eine vergebliche Erscheinung und bloße Vanitas[7] ohne Sinn und Verstand. Die traurige Lösung am Schluß wirft rückblickend einen zweifelhaften Schatten auf die Ernsthaftigkeit der Fortdauer, die ihr vorausging. Dem Greis kommen von Tag zu Tag mehr Zweifel angesichts der Tatsache des Alterns: das verflossene Leben, das im Begriff ist, für immer aufzuhören, erscheint ihm wie ein unwirklicher Traum und so mit Wehmut getränkt wie ein Kalender vom vergangenen Jahr mit seinen überflüssig gewordenen Beschäftigungen, mikrosko-

7 [»Eitelkeit, Vergänglichkeit«.]

pisch kleinen Umtrieben und seinen verblaßten Verabredungen. Bald warten nur noch einige Schaufeln Erde, »und das wird es dann gewesen sein«! Hat es sich wirklich gelohnt, geboren zu werden, das irdische Praktikum zu absolvieren und diese absurde Reise abzuschließen, um so zu enden?

Das Werden des Lebewesens ist also keine bloße Veränderung oder irgendein belangloses Werden, es ist ein Werden, das eine »Intention« hat, und zwar eine schlechte; das gelebte Werden ist leider auf das Nichtsein gerichtet ... Dies ist die Entropie, die aus der gelebten Zeit einen Alterungsprozeß macht. Im und durch das Altern wird das ungreifbare Ich-weiß-nicht-was der Zeitlichkeit als konkreter und kennzeichnender Vorgang sichtbar! Der Vorgang selbst entspricht, wenn man ihn von innen her betrachtet, der Erfahrung einer unbestimmten und teilweise unmotivierten Erschöpfung, die die biologische Ermüdung und das Nachlassen des vitalen Elans nicht immer ganz erklären können. Auch wenn das Geheimnis der biologischen Verjüngung entdeckt wäre, würde ich noch altern; auch wenn der Alterungsprozeß der Organe gebremst oder verlangsamt werden könnte, würde uns das Gewicht der Jahre und der Erinnerungen noch altern lassen; und wenn der Mensch sein Geburtsdatum nicht kennen würde und seine Jahre nicht zählen müßte, so würde ihn doch etwas insgeheim auf das bevorstehende Greisenalter aufmerksam machen und ihm sein Alter ins Ohr flüstern; und hätte der Greis auch keinen Zeitbegriff, so würde die verflossene Zeit doch auf seinen Schultern lasten; denn es ist die Zeit im Reinzustand, die uns altern läßt, wobei reine Zeit allmähliche Abstumpfung, das Verblühen der Frische, das Versiegen des Schwungs und jeder leidenschaftlichen Überzeugung und den Verlust der Unbefangenheit bedeutet. Zwar ist die Erfahrung des Verfalls eine stetige: das Vergehen der Tage und Jahreszeiten, Abenddämmerung und Herbst geben der menschlichen Wehmut stets neue Nahrung. Das Verwelken, das auf die Blüte folgt und das Lösegeld für den Höhepunkt ist, bestätigt unablässig die traurige Wahrheit der zum Tode führenden Abnutzung. Schließlich macht jeder selbst die Erfahrung dieses Prozesses, wenn er die von der Arbeit oder einer Muskelanstrengung herrührende Erschöpfung empfindet: sind die Kurven der Ermüdung mit ihrem zwischen aufsteigender und abflachender Phase angesiedelten Maximum nicht wie ein Schema und eine Zusammenfassung des organischen Verfalls schlechthin? Doch sind der Lauf der Gestirne und das Verblühen der Blumen, die sich vor den Augen des Zeugen ständig wiederholen, keine eigentlichen Erfahrungen in der ersten Person, da Sternenuntergang, Verblühen und Erschöpfung unablässig wiederkehrende Vorgänge sind. Nun aber ist mein Leben für mich kein Zeitabschnitt, der von einem früheren und einem späteren eingerahmt wird, noch ist es wie die Weltalter, von denen Heraklit und Philolaos sprechen, ein durch sein »großes Jahr« beendeter, wiederholbarer Kreislauf, dessen Rhythmus durch die ewige Wiederkehr bestimmt wird.[8] Der Optimismus der Wiedergeburt stellt sich das Leben eines Individuums tatsächlich als einen kreisförmigen Zeitabschnitt vor, der sich durch die nächste Wiederverkörperung schließen würde. Doch heißt dies nicht, aus dem Tod eine vorläufige Episode im Meer der kosmischen Ewigkeit machen? Man sagt, daß das Alter der Herbst des Lebens sei, aber jeder Herbst folgt auf die vorherige Erneuerung, der er dann wiederum vorausgeht; dem Menschen, der seinen Frühling im letzten Jahr verfehlt hat, wird der Frühling im nächsten Jahr vielleicht um so besser gelingen; wieviele Frühlinge sind nicht in Aussicht für einen versäumten! Der stete Wechsel der Jahreszeiten hebt uns unsere Chancen auf und erlaubt uns jedes Jahr aufs neue, die versäumte Gelegenheit wiedereinzuholen; würde er nicht schneller als der Frühling ermüden, könnte der Mensch jedes Jahr von dieser neuen Jugend profitieren. In der pessimistischen Lesart ist der Frühling der Vorbote des Winters, optimistisch betrachtet aber keimt in der Tiefe des Winters bereits eine noch so ferne Hoffnung. Wie kommt es, daß die stete Wiederkehr des Winters den unermüdlichen Frühling nicht entmutigen konnte? Sagen wir vielmehr: die süße, poetische Wehmut des Herbstes ist nur poetisch und süß, weil uns die Hoffnung auf den nächsten Frühling über die Vergänglichkeit der Dinge hinweg leuchtet; im Fallen der Blätter ahnt der Mensch bereits das Versprechen der Knospen, in der Schwermut des Abends fühlt er die baldige Morgendämmerung voraus; die Zukunft scheint durch die Gegenwart hindurch, es sei denn die Gegenwart ist mit der Zukunft doppelbelichtet

8 [Vgl.: Heraklit, Fragm. 22 B 100 (Diels/Kranz).]

und wir taumeln zwischen Gegenwart und Zukunft, zwischen Traurigkeit und Freude hin und her und zögern die Lust der sicheren Heilung hinaus. Dies ist das Spiel der Dichter. Keine verschwiegene Hoffnung jedoch, zumindest nicht in der natürlichen Ordnung der Dinge, mildert die Traurigkeit, altern zu müssen; dieser Verfall ist leider ein ernsthafter, der jeder Poesie entbehrt! Er ist nicht nur irreversibel, er ist auch endgültig und unauswechselbar und kann nicht mehr kompensiert werden. Der Alterungsprozeß ist ein Verfall, der nur einmal im Leben und nur einmal pro Leben eintritt und der im Gegensatz zur Müdigkeit kein Wiederanheben oder Aufholen kennt. Deshalb ist das Alter auch nur in Analogie oder annäherungsweise der Müdigkeit vergleichbar; denn unter normalen Umständen schließt die Müdigkeit die Wiederherstellung nicht aus, sondern impliziert sie geradezu ... Und wenn die Müdigkeit im Laufe der Jahre immer weniger zu kompensieren ist, so ist wiederum die Irreversibilität des Alterns dafür verantwortlich; denn da das Altern die Wundheilung und Regenerationsfähigkeit verlangsamt, kann die Kompensierung der Verluste, die der Organismus erleidet, auch keine vollständige mehr sein; das Alter verschärft das biologische Defizit: im großen und ganzen ist Wiederherstellung möglich, doch nur auf einer unteren Ebene, wie zum Beispiel nach einer Gehirnblutung. Ein Organismus, der nur noch auf Abwehr reduziert ist, muß jede Beeinträchtigung mit einem Verlust oder einem Rückzug bezahlen. Es ist also stets die Zeitlichkeit des Alterns, die den Hintergrund für die Verschlimmerung der Müdigkeit abgibt. Die Müdigkeit ist reparabel, das Altern jedoch, das Müdigkeit par excellence und Müdigkeit der Müdigkeit ist, verringert die Möglichkeit der Wiederherstellung und wartet nur darauf, für immer das Irreparable herzustellen. Wie könnten das kleine Alter der Müdigkeit und die große Müdigkeit des Alters zwei verschiedene Spielarten ein und desselben Gesetzes sein? Das Altern, das eine allgemeine Entropie der gelebten Zeit, und die Müdigkeit, die ein lokal begrenzter und teilweiser Verfall ist, gehören in der Tat nicht derselben Ordnung an und haben ebenso wenig miteinander gemeinsam wie der Teil und das Ganze ... Der Arbeiter kann es müde sein zu arbeiten, der Gärtner umzugraben und der Schmied zu schmieden, doch ist es die Kreatur im allgemeinen, ist es der Greis in diesem Sinne müde, zu leben, es sei denn metaphorisch?

Es ist eigentlich nicht ermüdend, zu sein oder zu werden, überhaupt zu »existieren«: für manche Kranken bedeutet es eine Anstrengung zu atmen, doch die Fortdauer des Seins ist an sich die einfachste Sache der Welt; nicht das substantielle Sein ist schwierig oder ermüdend, es sind vielmehr die Seinsweisen und Existenzmodi. Wie das Altern den Verfall des Verfalls darstellt, so ist das Greisenalter die Krankheit der Krankheiten; doch die Krankheit der Krankheiten ist *keine* Krankheit, was heißen soll, daß es keine Krankheit ist, die ein bestimmtes Organ befällt oder in dieser oder jener Hinsicht den ganzen Organismus in Mitleidenschaft zieht ... Das Alter ist die Krankheit der Zeitlichkeit, folglich ist es normal und pathologisch zugleich. Das Alter ist in dem Sinne die normale Anomalie, wie der Tod die Krankheit der Gesunden ist! Nun aber ist diese metaphysische und nicht lokalisierbare Krankheit aufgrund ihres diffusen Charakters unheilbar: man kann sie wohl hinauszögern, ihren Verlauf hemmen und ihre Entwicklung scheinbar bremsen, man kann aber keinen Vorgang rückgängig machen, der in jedem Fall unerbittlich fortschreitet. Die Menschen würden sich bereits glücklich schätzen, wenn sie langsam altern oder bestenfalls so lange wie möglich den Status quo aufrechterhalten könnten ... Wie auch immer, Altern wird nie in Verjüngung umschlagen! Die Umkehrung des Werdens und das Zurückholen der Zeit bedeutete zu allen Zeiten für die Sterblichen die Wunderkur und übernatürliche Heilung schlechthin, was durch rein menschliche Mittel nicht zu erreichen war; denn die Rückkehr zu den Quellen der Jugend würde, mehr noch als die verwirklichte Ewigkeit, einen Sieg über den Fluch der Zeit darstellen. Steht die Vorstellung von einer ewigen Jugend, die eine wahre *contradictio in adjecto* ist (denn die Jugend ist per definitionem etwas Vorübergehendes) nicht für das verwirklichte Unmögliche schlechthin?

2. Die Abtötung. Und wenn das Leben ein fortwährender Tod wäre?

Enthüllt uns das Altern nach und nach den Tod? Diese Illusion scheint vor allem für diejenigen eine Berechtigung zu haben, die wie Bernhard von Clairvaux und Bérulle aus dem Leben einen Tod machen: »Haec enim vita qua vivimus mors est«,[9] sagt Bernhard von Clairvaux. Wir erinnerten an den im *Gorgias* zitierten Vers des Euripides, den Leo Chestow in seinem *Dépassement des évidences*[10] kommentiert: Τίς δ' οἶδεν εἰ τὸ ζῆν μεν ἐστι κατθανεῖν, τὸ κατθανεῖν δὲ ζῆν.[11] Wäre die Umkehrung hier etwa eine Form von metaphysischer Perversion? Von allem, was die Paradoxologie auf den Kopf gestellt hat, um dem gesunden Menschenverstand zu widersprechen, ist dieses *Leben ist sterben* gewiß nicht das Unsensationellste oder was am wenigsten Anstoß erregen würde. Diese paradoxe Umkehrung von Leben und Tod, von Positiv und Negativ, womit schon die Dialektik eines Heraklit spielt, ist bei dem Gründer des Ordens des Bethauses[12] ein häufig auftauchendes Thema. »Anscheinend haben wir das Leben nur bekommen, um zu sterben ... Dieses Leben ist kein Leben, sondern Tod, denn wenn wir leben und geboren werden, sterben wir, und unser erster Schritt ins Leben ist der erste Schritt in den Tod [...] denn auch wenn wir leben, sterben wir ...«[13] Nach Montaigne greift auch Bérulle häufig das Paradox von der »mors vitalis« auf, die eine »vita mortalis« krönt. »Wir müssen sterbend leben und sterben, als ob wir lebten, das heißt wir müssen eine Art Leben üben, das wirklicher Tod ist, und eine Art Tod tragen, der wirklich Leben ist.«[14] Und an anderer Stelle, da er »Selbstverleugnung« predigt: »Wir sind geboren worden, um zu sterben [...] Wer den Tod flieht, flieht das Leben, denn

9 [»Daß nämlich das Leben, das wir leben, der Tod ist«.]

10 Leo Chestow: [»Le dépassement des évidences«, in:] *Sur la balance de Job.* [*Pérégrinations à travers les âmes*, Paris] 1929, S. 27ff.

11 [»Wer weiß, ob unser Leben nicht ein Tod nur ist, gestorben sein dagegen Leben?« Platon: *Gorgias*] 492 e; siehe auch Heraklit: Fragm. [22 B] 62 (Diels/Kranz): ζῶντες τὸν ἐκείνων θάνατον, τὸν δὲ ἐκείνων βίον τεθνεῶτες [»Sie leben ihren Tod und sterben ihr Leben.«].

12 [Kardinal Pierre de Bérulle.]

13 [Pierre de Bérulle:] De la mort et de l'âme et du corps, in: *Opuscules de piété*, (Ed. du P. Rotureau), Aubier 1944, § 32 (S. 147-148) (= Migne [: *Patrologiae Cursus Completus*, *Series Latina*, Bd.] 171); »Nascentes morimur, finisque ab origine pendet«, sagt Manilius, den Montaigne (*Essais* I, 20) zitiert: [»Mit unserer Geburt beginnt unser Sterben, der Anfang enthält das Ende«; vgl.:] Novalis: *Schriften*, hg. v. J. Minor, 4 Bde., Jena 1907, Bd. II, S. 113: »Leben ist der Anfang des Todes« [im Original deutsch].

14 Pierre de Bérulle: »Vivre et mourir est la devise des Chrétiens«, [a. a. O.] § 147, S. 432.

der Tod ist das Leben, und diese Art Tod ist Tod und Leben zugleich. Dergestalt daß, wenn wir den Tod umarmen, wir das Leben umarmen«.[15] Für Aschermittwoch schreibt er: »Wir glauben lebendig zu sein und sind doch schon tot [...] Tot, werden wir Gott geboren [...] und wir leben nur, wenn wir uns selbst gegenüber tot sind.«[16] »Morir viviendo«, sagte Quevedo,[17] und Gracián in seinem *Criticon*:[18] »Leben heißt nichts anders als jeden Tag sterben.« Und Montaigne: »Ihr seid im Sterben, dieweil ihr im Leben seid.«[19] Hierin hätte Montaigne mit dem Kanzelredner Bourdaloue[20] übereingestimmt! Denn unser ganzes dem Altern ausgesetztes Leben ist ein Sterbensprozeß; der Werdegang unseres Lebens ist ein fortwährender Tod und stete Vernichtung. Bérulle hat in der Tat keine Augen für die tiefe Fruchtbarkeit des Lebens und erweist sich so als ein Nachkomme Platons: das Leben »ist nichts anderes als ein stetiges Hinfließen auf den Tod«,[21] und die Lebenszeit ist nur Verfall und Katagenese. Wenn das Vertrauen in die Fortdauer des Seins schwindet, gibt es keine Vergangenheit mehr und die Gegenwart verflüchtigt sich; die Zukunft existiert augenblicklich noch nicht, und bald wird sie vergangen sein, ohne je wirklich gewesen zu sein: bevor sie überhaupt noch in Mode war, wird sie schon wieder unmodern sein. Nichtsein des Schon-nicht-mehr, Nichtsein des Noch-nicht und Fast-Nichts des Jetzt: dieses dreifache Nichtsein steht für eine Scheinexistenz; die Lebenszeit ist ein Traum, ein unablässig aufgeschobener Anfang, ein nie gehaltenes Versprechen, oder, um mit Heraklit zu sprechen: ein Fluß, dessen Strömen nicht aufgehalten werden kann und der uns zwischen den Fingern zerrinnt. So also ist die meontische Inkonsistenz der gelebten Zeit beschaffen. Die Abtötung ist folglich nicht nur eine asketische Übung, sie stellt das unerbittlich fortschreitende Werk

15 [A. a. O.] § 149 (S. 436).

16 [A. a. O.] § 154: »De l'obligation à la mort et de mourir à nous-mêmes« (S. 444).

17 [Francisco de Quevedo y Villegas: Sueño de la muerte, in: *Los Sueños*, hg. v. I. Arellano, Madrid 1995.]

18 [Balthasar Gracián: *Criticón oder Über die allgemeinen Laster des Menschen*, Hamburg 1957.]

19 [Michel de Montaigne: *Essais* I, 20.]

20 [Louis Bourdaloue (1632-1704), Jesuit und einer der berühmtesten Kanzelredner zur Zeit König Ludwigs 14.]

21 [Pierre de Bérulle: a. a. O.] § 32 (S. 147); § 154 (S. 444).

des täglichen Alterns dar; mehr noch: die Askese ist eine systematische Abtötung: dies ist das θανατᾶν der Philosophen und Eingeweihten im *Phaidon* im Gegensatz zum ἀποθνήσκειν der Weltlichen.[22] Der Lebende beginnt schon am Tag seiner Geburt zu sterben und setzt dann Tag für Tag und Minute für Minute seine tägliche Abtötung fort bis zum Gnadenstoß des Todes im eigentlichen Sinne. Mehr oder minder manichäische Metaphern dienten bisweilen dazu, diese abtötende Funktion des Alterns auszudrükken. Wenn die Nichtheit ebenso im Inneren des Seins verborgen ist wie ihre hypostasierte oder substantialisierte Antithese, wenn sich unter der Positivität der Organe und Gewebe wirklich eine immanente Negation verbirgt und eine tödliche Krankheit von Anfang an im Lebewesen wohnt, dem das Nichtsein vorherbestimmt ist, dann leuchtet ein, daß die Abfolge der Jahre, die die Dichte der ontischen Positivität nach und nach erschöpft und ausdünnt, letztlich den im Leben enthaltenen Tod durchscheinen läßt: so wie das Gewebe eines vom täglichen Gebrauch dünn und fadenscheinig gewordenen Kleidungsstücks immer mehr zum Vorschein kommt, so tritt das Skelett des abgemagerten Greises immer mehr durch die Haut (wenn man der Ansicht ist, daß das Skelett der Tod *ist*). Denn der Lauf der Zeit hat eine zersetzende Wirkung auf Wesen und Dinge. Die Zeit wäre demnach die Dimension der Auflösung. Doch sind diese Vorstellungen nicht von einer groben Metaphorik? Denn das hieße ja, daß der Tod im Leben eingeschlossen wäre wie die Seele in der leiblichen Hülle. »Impegit in vitam mors«, sagt Bernhard von Clairvaux, »et inclusit intra se vita mortem, et absorpta est mors a vita.«[23] Das aber heißt, die doppelte Absurdität des »inesse« vergessen: das Sein-in drückt nicht nur räumliche und topographische Verhältnisse aus, Ortsbestimmungen somit, die hier nicht gelten, dieses Inbegriffensein ist vielmehr doppelt sinnlos, wenn der Inhalt des Behältnisses Tod heißt, der eine vorab hypostasierte und reine Negation ist. Wenn das Wesen der Seele im Zuge der Verminderung der leiblichen Hülle nicht allmählich sichtbar wird, kann der Tod in einem durch den Alterungsprozeß immer mehr verfallenden Körper erst recht

22 [Dieser Unterschied läßt sich durch eine Übersetzung nicht ausdrükken; vgl.: Platon: *Phaidon* 61 c ff.]

23 [»Hineingeworfen in das Leben ist der Tod, und es enthält das Leben den Tod in sich, und verschlungen ist der Tod vom Leben«.]

nicht zum Vorschein kommen; zu keinem Zeitpunkt scheint das Nichts des Todes durch den abgezehrten Körper, aus dem das Leben flieht.

3. Die allmähliche Abnutzung. Der zum Tode Verurteilte

Aus dem Werden ein sterbendes Leben zu machen bedeutet, nur die Hälfte der Wahrheit zu betrachten und im Altern einen einfachen und adialektischen Vorgang zu sehen, bei dem die Abtötung den Tod allmählich bloßlegt. Das aber heißt, die tiefe Doppeldeutigkeit des »Organon-Obstaculum« zu verkennen. Das Leben, das in einem fortwährenden Sterben begriffen ist, ist zugleich auch in einem ständigen Geborenwerden begriffen; wir nannten es eine regressive Progression; wie der Funke des Augenblicks, der die kleinste Einheit ist, ist das Leben erscheinendes Verschwinden, oder umgekehrt: die Erscheinung wird vom Verschwinden der Erscheinung unablässig erschwert; denn die Erscheinung erscheint nur in ihrem eigenen Verschwinden. Wie könnte die Doppeldeutigkeit eines entstehenden und sterbenden Lebens nicht zugleich Pessimismus und Optimismus rechtfertigen? Versuchen wir, die einseitige Lektüre durch eine doppelte zu ersetzen, was zunächst eine Binsenweisheit und eine traurige, objektive Wahrheit zugleich bedeutet: das Altern bringt uns dem Tode näher, und dies physisch und im Wortsinne, denn es wäre kein Leichtes anzunehmen, daß das Alter ein bloßer Glaube, der Tod ein bloßer Verzicht und der Sterbende lediglich ein Abtretender wäre. Sicherlich tritt der Tod nicht ohne eine Art Einwilligung und nicht ohne Aufgabe des Lebenswillens ein. Jacques Madaule[24] hat auf die unendliche Erschöpfung hingewiesen, die den Greis letztendlich dazu bringt, aufzugeben. Die Abdankung alleine würde noch niemandem das Leben kosten. Der alternde Mensch ist nicht Opfer einer teuflischen Einflüsterung, es sei denn redensartlich! Nein, Sklerose der Gewebe und Gefäße, die zunehmende Zerbrechlichkeit der Knochen, ein erschöpftes Herz und Weitsichtigkeit sind keine »Einflüsterung« … Es sind dies die Vorzeichen der bevorstehenden Leblosigkeit; die vitalen Funktionen erlahmen; die Zellen

24 [Jacques Madaule:] *Considération de la mort*, [Paris] 1934, S. 28-29.

altern; die Arterien werden brüchig; Gifte und Toxine verderben auf die Dauer, und zwar nach und nach und jeden Tag etwas mehr, die chemische Zusammensetzung der Säfte. Schließlich krümmt sich der Körper, als zöge ihn eine Art letaler Geotropismus schon zum Grab hinab, als drücke ihn seine eigene Schwere bereits nieder und hinunter in tellurische Tiefen. Die vergehende Zeit macht das Platzen eines Gefäßes immer wahrscheinlicher, der Herzstillstand wird immer drohender, das Überleben des verfallenden Organismus immer ungewisser und die Fortdauer unseres Seins immer gefährdeter. Denn es ist eine Tatsache, daß das Altern die Todesgefahr erhöht und die Hoffnung auf Überleben schwächt; mit zunehmendem Alter wird die Erneuerung des Daseins fast zu einem Wunder; da der Verfall fortschreitet, hängt dieses Dasein nur noch an einem Faden: dies ist die von der statistischen Wahrscheinlichkeitsrechnung und einer allgemeingültigen Gesetzmäßigkeit unentwegt bestätigte Wahrheit. Die pessimistischen Aussichten sind in dieser Hinsicht also gerechtfertigt. Die Irreversibilität und die Kontinuität des abgeschlossenen Werdens geben der unerbittlich fortschreitenden Abnutzung, die Altern heißt, in der Tat einen Sinn. Heute bin ich etwas »toter« als gestern und etwas weniger tot als morgen! oder, was auf das gleiche hinausläuft: in welchem Augenblick unseres Lebens wir uns auch befinden und welchen Platz wir auf der geeichten und markierten Strecke unseres Werdegangs auch einnehmen mögen (denn das Vorwärtskommen in diesem Werdegang hängt für einen jeden von uns und in jedem Moment vom Geburtsdatum ab), niemals werden wir älter gewesen sein; an welchem Tag und zu welcher Stunde unseres Jetzt wir uns auch immer befinden mögen, niemals wird dieses Jetzt dem Tode näher gewesen sein; was immer das Datum auf dem Kalender und Stunde und Minute auf der Uhr sein mögen, das Ende wird nie näher gewesen sein. Unser Alter ist folglich stets so fortgeschritten wie nur möglich. Und so verkürzt und vermindert jeder neue Tag das Intervall etwas mehr, das uns in dieser Minute noch vom Tod trennt. Das Chagrinleder schrumpft jeden Tag unerbittlich und erbarmungslos. Bernhard von Clairvaux' *appropinquare*[25] ist in dieser Hinsicht völlig gerechtfertigt.

Das Identitätsprinzip hat die Irreversibilität des Werdens, die

25 [»Sich nähern, herannahen«.]

unser heilloses Schicksal für immer besiegelt, noch unabwendbarer gemacht. Das Schon-Gelebte kann nicht mehr gelebt werden, es ist von der Gesamtheit der Jahre, die jedem Wesen zugeteilt ist, gewissermaßen abgezogen; was wir jeden Tag, jede Stunde und Minute »ableben«, geht unserer Lebenszeit ab; soviel Gelebtes, soviel *Vergangenes*; was gelebt ist, bleibt um so weniger zu leben! Jede Mahlzeit, die man zu sich nimmt, ist eine Mahlzeit weniger. »Jede Stunde, die ihr lebt, entwendet ihr dem Leben; ihr zieht sie von ihm ab«, sagt Montaigne.[26] Das Gelebte wird unserem Kredit an Überleben abgezogen. Man lebt auf Kosten des Lebens, oder anders ausgedrückt: die Lebenden leben auf ihrem *vivendum*.[27] Denn jede verflossene Stunde verkürzt die Frist, die uns noch zu leben bleibt, da sie uns dem Ende näherrücken läßt: in dem Moment, da sich die bereits gelebte Zeit nicht erneuert und die Aktualisierung des Möglichen nicht kompensiert wird, wird die noch verbleibende Lebenszeit, die vom gelebten Leben aufgezehrt wird, unerbittlich kleiner. Was der Schöpfer gibt, hat er noch, da seine unerschöpfliche Großzügigkeit seinen unermeßlichen Vorräten entspricht; was das Geschöpf aber gegeben hat, hat es nicht mehr, denn das Gegebene wird ihm auf der Passivseite eines begrenzten Habens verbucht. Und so würde der Mensch, wenn er ewig lebte, seine Zeit wahllos vergeuden. Doch die Jahre sind kostbar, und die verlorene Zeit ist unwiederbringlich verloren ... Die noch zu lebende Zukunft und die gelebte Vergangenheit bilden wie das *faciendum* (*infectum*)[28] und das *factum*[29] der endlichen Aufgaben eine konstante Größe und ein genau bestimmtes Quantum sozusagen, doch dergestalt, daß dieses unablässig auf Kosten von jenem größer wird, die Zukunft somit zugunsten der Vergangenheit ständig abnimmt. Denn das Prinzip der Selbsterhaltung, das alternativ für geschlossene Systeme und endliche Größen gilt, verlangt, daß die Bereicherung des einen mit der Verarmung des anderen bezahlt werden muß ... oder in einem anderen Bild: der Lebensfaden spult sich ohne Unterbrechung ab, der aufgewickelte Teil verliert in dem Maße, wie der abgewickelte Teil gewinnt, ähnlich dem Faden in jenen Maschinen, die ihn von einer Spule auf die

26 [Michel de Montaigne:] *Essais* I, 20.
27 [»Noch-zu-lebenden«.]
28 [Das »Noch-zu-Tuende«, »Ungetane«.]
29 [das »Getane«, die vollendete »Tat«, das »Werk«.]

andere wickeln. Der Tod ist das Leben, das sich abgespult hat. Das Bild von Klepsydra und Sanduhr (um bei den herkömmlichen Metaphern zu bleiben) war schon immer die Obsession des alternden Menschen; man stellt sich Zukunft und Vergangenheit gern als Gefäße oder kommunizierende Röhren vor, die sich auf der einen Seite mit dem füllen, wovon die andere sich entleert: die Zeit würde also die Inhalte des Hoffnung genannten Behälters in den Gedächtnis genannten Behälter gießen, so als ob Vergangenheit und Zukunft tatsächlich symmetrisch wären; durch Umfüllung verwandeln sich die Hoffnungen in Erinnerungen und die Vorhaben in Bedauern; das Werden stellt die Erinnerung mit Hilfe des Kommenden her, und diese Erinnerungen lagern sich hinter uns ab wie die Sedimente des Zeitstroms; die Künftigung verliert so ihre lebendige Kraft zugunsten einer immer schwerer wiegenden Präterition, die unseren altersbedingten Verfall immer unrettbarer macht. Dies also ist das nicht mehr rückgängig zu machende Alter, an dessen Ende die Senilität steht: zunächst ist noch alle Hoffnung vorhanden und noch nichts zu beklagen, und am Ende gibt es nur noch den Verlust und keine Hoffnung mehr; zunächst ist ein Maximum an Zukunft und ein Minimum an Vergangenheit vorhanden, und am Ende bleibt ein Maximum an Vergangenheit und ein Minimum an Zukunft. Am Anfang steht die Jugend, das Alter ohne Vergangenheit: eine unermeßliche Zukunft saugt die Zeit der Jugend an und hebt sie durch ich-weiß-nicht-was für eine Erhöhung empor. Die freie Luft des Zukünftigen, der hoffnungsvolle Elan und der Reiz des Möglichen verleihen diesem Alter, dessen Vergangenheit so kurz und dessen Zukunft so lang ist, seine dynamische Kraft: ist das Jetzt der Jugend nicht ganz und gar ein Noch-nicht? Erwachsen ist, bei wem sich Vergangenheit und Zukunft auf halbem Wege zwischen den beiden Extremen die Waage halten, »nel mezzo del cammin di nostra vita«;[30] der Erwachsene hat den halben Weg bereits zurückgelegt: vom Zurückliegenden angezogen durch die rückwärts gewandte Kraft der Erinnerungen, vom Reiz des Zukünftigen in die Gegenrichtung strebend und gleich weit entfernt von den beiden Ufern, verharrt der Erwachsene sozusagen reglos in der Aktualität der Gegen-

30 [»In der Mitte unseres Lebensweges«; Dante Alighieri: *Die göttliche Komödie*, Inferno, 1. Gesang, 1-3: »Nel mezzo del cammin di nostra vita / mi ritrovai per una selva oscura / che la diritta via era smarrita«.]

wart; ebenso reglos scheint die Mittagssonne im Zenit zu stehen. Ist das Alter der Reife, das im Zentrum des Lebens liegt, das heißt von Anfang und Ende gleich weit entfernt ist, nicht vor allem das Alter der Ausgeglichenheit? Wenn der Höhepunkt des Lebens einmal überschritten ist, kippt das Ungleichgewicht um zugunsten der Vergangenheit: man könnte meinen, die Zeit versteinere allmählich unter dem Gewicht der fortschreitenden Sklerose, und die Last der Erinnerungen zöge das abnehmende Bewußtsein hinunter zur Erde; der Streifen Hoffnung, der noch am Horizont leuchtet, wird allmählich schwächer: der unseren Vorhaben gelassene Spielraum an Möglichkeiten, unsere Freiheit und unser Handlungsspielraum schränken sich immer mehr ein. Das Spiel ist ausgespielt, oder beinahe, und die noch weichen und potentiellen Teile unseres Schicksals sind im Begriff, sich ebenfalls zu verhärten und auszutrocknen. Der Mensch, der am Ende nur noch Gedächtnis, verzweifeltes Gedächtnis ohne Hoffnung wäre, dieser Mensch hätte aufgehört zu leben; der Tod kommt, wenn der letzte Hoffnungsschimmer sich in Reue verwandelt, das Letztmögliche sich verwirklicht hat, die letzte Frist der Erneuerung aufgebraucht oder (um in einem anderen Bild zu sprechen) der letzte Tropfen Zukunft in das Becken der Klepsydra gefallen ist; so »beendet der Mensch seine Zeit« in dieser Welt. Anders ausgedrückt: Der Mensch ist einer Uhr vergleichbar, die stehenbleibt, wenn die Unruhe nicht mehr funktioniert. Wenn der Greis eine lange Vergangenheit mit einem winzigen Rand an Zukunft ist, ist der Tote ein Wesen, das nur noch Vergangenheit ist. Doch verdient eine Vergangenheit ohne Zukunft überhaupt diesen Namen? Wenn es keinen weiteren Augenblick gibt, nicht einmal die unmittelbar nächste Minute und nicht einmal die nachfolgende Sekunde, um die Vergangenheit zu »empfinden«, sie wiederzukäuen oder bei ihr zu verweilen, hört die Vergangenheit auf, Vergangenheit zu sein: denn es war ja die Künftigung, und mag sie auch noch so kurz gewesen sein, die aus der Vergangenheit Erinnerung und eine Lektion machte, wie es ja auch die Präterition ist, und sei sie noch so gering, die der Hoffnung den aufsteigenden Schwung des Kommenden aufdrückt. Das Versiegen der Künftigung macht auch der Präterition ein Ende: das von jeglicher Erneuerung abgeschnittene Präteritum wird fahl, reglos und schicksalhaft. Die Ablagerung, der nichts Neues mehr zugeführt wird, wird zur bloßen

Lagerstätte; die Konservierung, die keine korrelative Neuschaffung mehr bereichert, wird zur bloßen Konserve: denn die Vergangenheit selbst war nur in bezug auf die Zukunft vergangen. Dies also geschieht, wenn das Fertig-Gemachte vom Sich-Machenden und vom Machen-Müssen abgeschnitten ist; das Schön-Gemachte, das nichts mehr zu tun und kein Kommendes mehr hat, ist zum Ersticken verurteilt; das heillos verdinglichte Präteritum stirbt an Entkräftung. Kann man sich wohl eine unermeßliche Zukunft fast ohne Vergangenheit vorstellen (trifft dies nicht zum Beispiel auf die Kindheit zu?), so kann hingegen niemand, außer dem Verzweifelten und dem zum Tode Verurteilten, eine Vergangenheit ohne jede Zukunft haben: die Künftigung, durch die sich das Kommende in jeder Minute vergegenwärtigt, ist also genau, was die Vergangenheitlichkeit der Vergangenheit ausmachte! Doch dies ist noch nicht alles: wenn das Werden kein Kommendes mehr zurückzudrängen hat, gibt es keine Erinnerungen mehr zu evozieren, und überhaupt kein Werden mehr! Das zu einem Nichts an Kommendem getriebene Werden hört schlechthin auf, Werden zu sein ... Denn eine völlig zur Vergangenheit gewordene Zeit ist eine entzeitlichte Zeit. Kann eine Zeit, die nicht mehr über ihre drei einzelnen Zeiten verfügt, und die nur noch Vergangenheit ist, noch zeitlich genannt werden? Eine vollständig vergangene Zeit wäre vielmehr Raum. Man kann die drei Zeiten nicht aus der Lebenszeit herauslösen; Gegenwart und Vergangenheit sind nicht ohne ein Minimum an Antizipation und einen bescheidenen Spielraum an Voraussicht vorstellbar ... Jede Zeit der Zeit hat nur in Wechselbeziehung mit den beiden anderen einen Sinn. Die Zeit vervollständigt sich nicht durch das Anhängen des nächsten Augenblicks an den vorigen: die ständige Immanenz (im Überleben wie in der Vorprägung) dieser drei Zeiten in jeder einzelnen Zeit macht das Werden aus. In jedem Augenblick und in jedem Alter lebt der lebendige Mensch mit seinen drei gleichbleibenden Zeiten. Das *Tragische* in dieser Hinsicht ist die Gesamtheit der Umstände, die den Menschen abrupt in die Situation der »Senilität« versetzen: das gewöhnlicherweise unbemerkt vor sich gehende Altern beschleunigt und konzentriert sich plötzlich blitzschnell; das Tragische drängt einen im allgemeinen wie in einer Lösung aufgelösten und sich über Jahre erstreckenden Vorgang in wenigen Tagen oder Stunden zusammen; die langsamen

Rhythmen des Laufs auf den Tod hin überstürzen sich plötzlich, und diese schwindelerregende Eile gebiert im Menschen eine unlebbare Verzweiflung; die diffuse Erwartungshaltung, die das Leben kennzeichnet, verwandelt sich in den Wundstarrkrampf der Angst. Dies ist der Fall bei dem zum Tode Verurteilten, auf den wir, als wir von der Halböffnung in der Formel von »mors certa, hora certa« sprachen, eingingen. Der Alterungsprozeß, der sich bei Tolstojs *Iwan Iljitsch*[31] noch innerhalb einiger Monate zusammendrängt, die seine unheilbare Krankheit währt, und wo Hoffnung fast ausgeschlossen ist, überstürzt sich bei den Verurteilten Victor Hugos, Dostojewskijs oder Leonid Andrejews[32] innerhalb weniger Stunden. Hier ist die Spannung am höchsten. Der Verurteilte sieht seinen Aufschub und den ihm noch verbleibenden Spielraum, um sich fortzubewegen, zu warten und zu handeln, erbarmungslos aufgehoben: geht das Antizipierenkönnen mit der prospektiven und progressiven Berufung zur Tat und mit der Würde des Bewußtseins nicht Hand in Hand? Man gibt dem Verurteilten seine lebenswichtige Künftigung wieder, wenn man die *hora certa* außer Kraft setzt. Daher hat die Strafumwandlung in extremis für den Verzweifelten der elften Stunde den wunderbaren und wahrhaft unermeßlichen Charakter der Gnade; ohne Zweifel ein trauriges Geschenk, diese armselige Fortdauer ohne Perspektive, das dem Begnadigten hier zugestanden wird [...] Und doch ist es ein herrliches Geschenk, denn das lebenswichtige Moratorium bedeutet, daß das Aufhören des Seins auf unbestimmte Zeit verschoben und *sine die* auf später vertagt wird. Diesmal ist es noch nicht soweit! Die Fortdauer des Seins aber ist unendlich kostbar, wie immer das fortgeführte Dasein auch aussehen mag, gleichgültig, ob das Wesen ein Galeerendasein fristet, leidet, gedemütigt wird oder angekettet ist. Schon das bloße Dasein ist von unschätzbarem Wert, unabhängig davon, ob es mehr oder weniger angenehm ist [...] Nun aber können wenige Augenblicke in dieser Hinsicht ebenso wertvoll sein wie ein ganzes Leben. Man kann sich leicht vorstellen, wie der Verurteilte, der den Richtplatz betritt, zurückweicht; zweifellos ist nicht nur das empirische

31 [Leo Tolstoj: *Der Tod des Iwan Iljitsch*, Frankfurt/M. 1979.]

32 [Victor Hugo: *Der letzte Tag eines Verurteilten*, Basel 1945; Fjodor M. Dostojewskij: *Der Idiot*, München 1976; Leonid Andrejew: *Anathema*, Berlin 1911.]

Grauen vor dem schrecklichen Henkerswerkzeug daran schuld. Es handelt sich vielmehr um eine metaempirische Panik: das von der Aufhebung der Zukunft niedergeschlagene Bewußtsein versucht verzweifelt, sich einen Horizont wiederzugeben, eine Zeitlichkeit und einen erbärmlich kleinen Werdegang wiederherzustellen; in der Hoffnung, das Irreversible aufzuheben, flüchtet es sich in die Vergangenheit; durch das Zurückweichen sucht es die Fortdauer noch einmal zu verlängern, auch wenn sie nur den qualvollen Aufstieg zur Schädelstätte bedeutet. Denn der Gang zur Hinrichtung wird zum Spaziergang, wenn er uns gewährt wird, um die Hinrichtung aufzuschieben und ein verurteiltes Dasein vorläufig zu verlängern. Durch das Almosen dieser geringfügigen Verlängerung kann der Verzweifelte wieder Hoffnung schöpfen; es bedurfte einer einzigen Minute, damit die Gewißheit der Stunde plötzlich ungewiß erscheint ... Deshalb verlangt der Verzweifelte nach dem Sauerstoff der Zukunft und ruft nach Luft! Eine kleine Minute noch, Herr Scharfrichter! noch eine einzige, winzige Sekunde, nur noch die Zeit, um einen Wunsch zu tun oder einen kleinen, bescheidenen Plan zu fassen – dann stürzt sich das große Wunder, das bisweilen alle Erwartungen erfüllt, vielleicht in die Leere dieses verschwindend geringen Aufschubs, um aus der winzigen Frist eine unermeßliche Zukunft zu machen. Wer weiß, ob der Engel der Erlösung nicht in extremis vor der unwiderruflichen Geste des Henkers eingreift! Aber ach! der Verurteilte sträubt sich vergebens: der elementare Spielraum, der ihm erlaubt, »bis später« zu sagen und ein Vorhaben aufrechtzuerhalten, so mittelmäßig es auch sein mag: all dies ist ihm verwehrt; er ist schon im Begriff, »morgen« zu sagen, und zittert: doch nein, es wird kein Morgen mehr geben [...] Ist der letzte Tag des Verurteilten nicht in der Tat die Summe von zählbaren Augenblicken, die einer nach dem anderen vertropfen, verperlen und die letzte Frist unerbittlich aufzehren? Die Zeiger rücken unablässig vor, die begrenzte Zeitspanne, die den zum Tode Verurteilten noch vom verhängnisvollen Ende trennt, nähert sich nach und nach dem Nullpunkt. Victor Hugo hat in unvergeßlicher Weise diese Steigerung der Angst geschildert, die nicht nur von Stunde zu Stunde, sondern von Minute zu Minute größer wird.[33] Immer wenn das Leben auf

33 [Victor Hugo: a.a.O.]

ein vorher festgelegtes, vorherbestimmtes und vorgegebenes Maß begrenzt ist, bleibt die Aufzehrung des noch zu durchlebenden Intervalls unkompensiert und in unerbittlicher Weise gleichmäßig, bis zu dem Augenblick, da die Frist gänzlich abgelaufen ist [...] Der Verurteilte, der vor der Hinrichtung steht, zählt das Tick-Tack der Uhr, wie der Hypochonder seine Atemzüge und Herzschläge, der Sammler seine Briefmarken und Sicherheitsnadeln und der Geizige seine Taler. Schlägt die krankhaft ängstliche Genauigkeit nicht oft um in eine Zahlenmanie? So wie der Geiz, der ja eine Zählsucht ist, seine Geldstücke wieder und wieder zählt, so macht die Todesangst eine Bestandsaufnahme ihrer letzten Augenblicke: im einen wie im anderen Fall erklären sich Atomisierung und Registriersucht durch ein Defizit an Vitalität [...] Denn Vitalität bedeutet auch Großzügigkeit! Die Natur zählt im Frühling ihre Gänseblümchen nicht, und es kommt ihr nicht auf eine Knospe an: so auch geizt der Erwachsene, der die Ewigkeit vor sich glaubt und der sich auf dem Höhepunkt seiner besten Jahre befindet, nicht mit den Augenblicken, und es kommt ihm auch nicht auf eine Stunde an. Doch dem Verurteilten, dem nur noch wenige Stunden bleiben, werden die Minuten so kostbar wie die Wassertropfen auf dem Boden einer Phiole für den Verirrten in der Wüste. Mehr: Eine gänzlich quantifizierte Zeit, deren Stunden und Minuten gezählt sind, ist nur noch Raum. Leonid Andrejew[34] beschreibt, wie ein Dieb, dem seine Verfolger in einem Zug auf den Fersen sind, aus einem Eisenbahnabteil in das andere flüchtet, bis er das letzte erreicht hat und sich so in den unvermeidlichen Tod getrieben sieht. Seine Überlebensfrist ist gerade so lang wie der Zug! Seine Hoffnung mißt hundert Meter! Die Meter dürfen nicht vergeudet werden. Am Ende ihrer Reise durch die Lebensalter angekommen, ähneln der Verurteilte, dessen Stunde gewiß, und der Greis, dessen Stunde ungewiß ist, dem Reisenden, der einen vorherbestimmten Weg zurücklegt: je näher er seinem Zielort kommt, desto schneller schlägt sein Herz, desto größer wird das Lampenfieber; er gerät in Panik und stellt das Gepäck bereit; er zählt die Bahnstationen, die vorbeifliegen und die Kilometer, die er hinter sich läßt, er errechnet die immer geringer werdende Entfernung, die es noch zurückzulegen gilt, mißt den immer spitzer

34 [Leonid Andrejew: a.a.O.]

werdenden Winkel, den die Zeiger auf seiner Uhr zur Auskunftsstunde bilden. Der Stück um Stück zurückgelegte Werdegang des Lebens ist gleich der Summe der Teilstrecken, die ihn ausmachen; er unterscheidet sich folglich in nichts von der Bahn eines beweglichen Körpers. Verdinglichung müßte man vielleicht die Krankheit eines von der *hora certa* reglos gemachten Werdens heißen. Καθ' ἑκάστην ἡμέραν ἀπαναλίσκεται ὁ βίος καὶ μέρος ἔλαττον αὐτοῦ καταλείπεται, sagt Marc Aurel:[35] Tag für Tag verbrauchst du Leben, Vorsicht! Der Vorrat geht zu Ende …

4. Die beiden Blickwinkel: Was gelebt ist, ist gelebt, und was gelebt ist, bleibt noch zu leben übrig

Der zum Tode Verurteilte, der auf monströse Weise mit dem, was ihm noch an Leben bleibt, und mit dem noch vor ihm liegenden Weg konfrontiert ist, wird zum entsetzten, fassungslosen und verzweifelten Zuschauer seines eigenen Lebens. Im allgemeinen jedoch betrachtet der »sine die« und »sine hora« zum Tode verurteilte Mensch sein eigenes Leben unter einem doppelten Blickwinkel, aufgrund dessen wir von einer Halböffnung sprachen. Wenn man das Alter synoptisch, retrospektiv oder von der dritten Person aus betrachtet, kann es nichts weiter als die allmähliche Erschöpfung eines begrenzten Vorrats an Möglichkeiten darstellen: für eine Überbewußtheit, die die Gesamtheit des Werdens im Blick hat, anstatt auf dem Erdboden in der Spur der einzelnen Ereignisse zu kriechen, braucht sich der Werdegang des Lebens, der als eine in Abschnitte gegliederte Zeitspanne gesehen wird, in der Tat erst allmählich auf; für das transzendente Denken, das die Dauer durch räumliche Koexistenz und die Zeitabfolge durch das Panorama der Zeitlosigkeit ersetzt, wird das Mögliche durch seine Aktualisierung unablässig ausgedünnt. In dieser Hinsicht hat der Rückblick den gleichen Sinn wie der synoptische Blick, er zeigt uns, wie die bereits zurückgelegte Wegstrecke allmählich am Gesamtweg frißt. Übrigens ist jedes Panorama an sich schon

35 [»Daß mit jedem Tage das Leben verrinnt und ein immer kleinerer Teil von ihm übrigbleibt«; Marc Aurel: *Selbstbetrachtungen*] III, 1. Und weiter: τῷ ἐγγυτέρω τοῦ θανάτου ἑκάστοτε γίνεσθαι … [»Weil die Nähe des Todes jedesmal wächst«].

retrospektiv, ebenso wie jeder Rückblick in gewisser Weise auch ein Rundblick ist; denn eine synoptische Betrachtungsweise der Existenz antizipiert zwangsläufig den Ausgang dieser Existenz und setzt einen geschlossenen Kreis, eine vollendete Biographie, eine abgeschlossene und in sich geschlossene Zeit und ein vollständig gewordenes Werden voraus; den gesamten Werdegang des Lebens überfliegen heißt, im vorhinein den dem Danach vorbehaltenen Platz einzunehmen und sich ein schon ganz vollendetes Werden zu geben, indem man die Fiktion des Futur II herstellt. Zuletzt ist das alles überschauende und posthume Bewußtsein (was auf dasselbe hinausläuft) ein Bewußtsein in der dritten Person: es betrachtet sein eigenes Leben vom Gesichtspunkt eines anderen aus, und als sei es das Leben eines anderen; weit davon entfernt, innerhalb seines eigenen Werdens zu verbleiben, macht sich das Werdende zu seinem eigenen Zuschauer oder Zeugen seines Werdens. Es wirft auf das Schauspiel seines eigenen Lebens den gleichen Blick, den Dritte auf das unsrige werfen. Nun aber muß bekanntlich immer der andere sterben, nur er und nicht etwa ich [...] Der Mensch verhält sich also zu sich selbst wie das besorgte Bewußtsein zum Unschuldigen, den es zum Tode verurteilt weiß. Ob Überbewußtheit des gesamten biographischen Werdegangs oder verspätetes Bewußtsein des schon gewordenen Werdens oder aber Bewußtsein seiner selbst, das das Selbst als Objekt betrachtet: die drei Arten des Bewußtseins sind ein und dasselbe Bewußtsein, und sie bestätigen von ihren drei Blickwinkeln aus die unerbittliche Verringerung der Lebensbahn.

Andererseits aber ist der Mensch im Innern seines eigenen Schicksals gefangen, das er von innen heraus erlebt: unmittelbar jetzt und abgesehen von jedem Rundblick, weiß das zeitgenössische Bewußtsein des Sich-Machenden, das Bewußtsein ohne Überbewußtheit noch nichts vom Altern. Eine nach und nach erlebte Gegenwart ist eine Gegenwart ohne Ende. Jeder kann den Kontrast zwischen erlebter Zeit und objektiver Chronologie an sich selbst spüren: in der konkreten Situation vergeht die Zeit langsam, obwohl sie im nachhinein als schnell vergangen scheint; das verrinnende Leben scheint endlos, das verronnene aber lächerlich kurz. Die Zeit kommt uns lang und das Leben kurz vor! Erklärt die Widersprüchlichkeit der Perspektiven von erlebtem

Adagio und Presto im Rückblick nicht den ambivalenten Charakter unserer Klagen? Für die Überbewußtheit oder das rückblikkende Bewußtsein wird sich die Zeit zwischen ihrem Ende und ihrem Anfang zusammenziehen; doch unterdessen dehnt sie sich endlos vor uns. Am Anfang stehen Langeweile, verlorene Zeit und ewige Gegenwart, später dann die Angst! Man könnte sagen, daß die Angst Baudelaires[36] und die Trugschlüsse Zenons[37] die beiden Grenzfälle ein und desselben Zeitkomplexes darstellen. Einerseits Zenons Zerlegung der Bewegungszeit, andererseits die leider jedem Wesen zugeteilte und begrenzte Zeitspanne [...] Das Ticken der Uhr markiert gewissermaßen die einander ablösenden Augenblicke, die an dem uns zugeteilten Stück Leben nagen; »jeder Augenblick verschlingt dir ein Stück der Wonne, die jedem Menschen für seine ganze Lebenszeit gewährt ist«.[38] Vom Gastspiel unseres Lebens, das das Insekt der Zeit zerstört, bleibt bald nichts mehr! Der Tag neigt sich seinem Ende zu, Nacht breitet sich aus, die Klepsydra leert sich. Der durch das Schwinden der zählbaren Minuten in Schrecken versetzte Mensch möchte das Werden zurückholen und den Flug der Zeit unterbrechen, vergeblich klammert er sich an den fliehenden Augenblick. Ist diese manisch-arithmetische Angst, die die Dauer zersetzt, nicht wie ein gegen den Strich gebürsteter Eleatismus?

Denn zwei sehr gegensätzliche Ängste können aus dem Verfall der Bewegung entstehen, je nachdem ob wir die Bewegung als ein sich erschöpfendes Ganzes oder als ein sich in unendlich kleine Bewegungen aufspaltendes Teilbares betrachten. Die erste Angst ängstigt sich, weil die Zeit zu schnell vergeht, das Werden zu rasch, das Leben zu kurz und der Tod zu nahe ist; die zweite, die schon fast eine Phobie ist, ängstigt sich wegen der zu langsamen Bewegung und des zu langen Weges. Während die Langsamkeit aber in räumlicher Hinsicht als Verzweiflung an der Möglichkeit des Gelingens, des ans Ziel Kommens oder des sich ihm Näherns und als Angst, einzusinken, erlebt wird (ist das Ideal der Bewegung nicht, das Werden zu überfliegen und durch den Aufbruch das Werden zu verräumlichen?), wird sie in zeitlicher Hinsicht eher als ein vages Versprechen auf Unsterblichkeit empfunden.

36 [Vgl.: Charles Baudelaire: Die Uhr, in: *Die Blumen des Bösen* LXXXV.]
37 [Vgl.: Zenon von Elea: Fragmente 29 A 25-28 (Diels/Kranz).]
38 [Baudelaire: a.a.O., Zeile 7-8.]

Wenn es um das Leben schlechthin geht, haben wir es nicht mehr so eilig, an dessen Ende zu gelangen, wir wollen gar nicht so schnell vorwärts – oder an das Ziel der Reise kommen: wir hätten es lieber, daß dem Spaziergang kein Ende gesetzt wäre! Von hier aus gesehen können uns die Trugschlüsse Zenons, die die Unmöglichkeit der Bewegung beweisen wollen, keine Angst mehr einjagen: hätte es doch dem Himmel gefallen, daß Achilles niemals die Schildkröte eingeholt hätte![39] Dann hätte Sokrates hoffen dürfen, niemals die Schwelle zum Jenseits überschreiten zu müssen [...] Gäbe es nicht den Leerlauf des Wartens oder äußerst langweilige Beschäftigungen, würden wir eigentlich nichts lieber tun als bummeln. Oder, um es noch präziser zu sagen: jedes einzeln für sich genommene Intervall der Dauer ist für uns eine Art räumlicher Weg, den wir so schnell wie möglich hinter uns bringen wollen; doch die Dauer der Dauer, das heißt das Leben im allgemeinen, kommt uns nie lang genug vor. In Wirklichkeit wird das Leben eines Tages mit dem Tod enden, so wie ein in Bewegung befindlicher Körper an seinem Ziel anlangt, die Veränderung in das andere und die Mutation in das Neue mündet; und so wie jeder Tag, jede Phase oder Epoche zu Ende geht, um der folgenden Periode Platz zu machen, so auch geht die Periode der Perioden, das Leben, eines Tages zu Ende, ohne irgend etwas Platz zu machen. Doch ein in seinem Innern verbleibendes Bewußtsein findet die ewige Gegenwart gewissermaßen im Gewimmel der unzähligen und winzigen Augenblicke, die das stete Werden ausmachen. Die musikalische Zeit ist in dieser Hinsicht wie eine exemplarische Stilisierung der Lebenszeit: für die Überbewußtheit, die die Entwicklung überblickt oder die Lösung des Knotens antizipiert, wird die Sonate nach Ablauf einer halben Stunde zu Ende sein; der dem Zauber seiner ewigen halben Stunde hingegebene Hörer hingegen hat alles um sich herum, was nicht Sonate ist, vergessen und was so ihre Dauer ermessen lassen könnte; denn die unschuldige Ekstase weiß nichts von Sorgen, Minuteneinteilungen oder dem Ende des Konzerts [...] Der Bewohner des *Totenhauses*[40] hat sich die beiden Blickwinkel gleichzeitig zu eigen gemacht: in Omsk zählt Dostojewskij die

39 [Vgl. Zenon von Elea, a. a. O.]

40 [Fjodor M. Dostojewskij: *Aufzeichnungen aus einem Totenhaus*, in: *Sämtliche Werke*, Bd. 3, München/Zürich 1977.]

Tage, die ihn noch von der Hinrichtung trennen,[41] zur gleichen Zeit aber flüchtet er sich als Erzähler des Fürsten Myschkin[42] in die unergründliche Tiefe der Details und geringfügigsten Umstände, die er uns mikroskopisch genau vor Augen führt. Gott weiß, was ein zum Tode Verurteilter, dessen ganze Zukunft in fünf kostbaren Minuten besteht, mit diesen fünf, gut genutzten Minuten anfangen kann! Zwei Minuten, um von den Genossen Abschied zu nennen; zwei Minuten, um ein letztes Mal still nachzudenken, noch einmal das Antlitz der Dinge rings um sich zu schauen und die vergoldete Kuppel der Kirche, die im hellen Sonnenschein glitzert, zu betrachten [...] Müßte die letzte Viertelstunde eines Verurteilten nicht mehrere Jahrhunderte dauern, wenn man ihren ganzen Reichtum ausbreiten würde? Wäre diese letzte Viertelstunde zwischen dem Gang zur Richtstätte und dem Augenblick, da das Wort *Feuer!* erschallt, nicht genausolang wie die ganze Weltgeschichte? Die in einem einzigen Augenblick komprimierte Dauer ist der Kraft vergleichbar, die in den Atomen eines Sandkorns schlummert. Dostojewskij, der Victor Hugo gelesen hatte, stellt sich den Verurteilten auf seinem Weg zum Schafott vor, wohin ihn der Karren bringt; nur noch drei Straßen trennen ihn davon, und da an der Ecke des Platzes taucht die letzte Bäckerei auf ... Warum drängen sich dem, der sterben muß, solch lächerliche Einzelheiten auf? Der Schaulustige in der ersten Reihe mit der Warze auf der Stirn, der Henker, an dessen Rock unten ein ganz rostiger Knopf ist ... unzählige Wahrnehmungen, überquellende Erinnerungen ... Ionesco sagt in *Der König stirbt*: »Eine Stunde, die gut genutzt ist, ist mehr wert als Jahrhunderte über Jahrhunderte Vergessen und Nachlässigkeit. Fünf Minuten genügen, zehn Sekunden, die bewußt sind. Ihm ist eine Stunde gegeben. Sechzig Minuten, dreitausendsechshundert Sekunden. Da hat er noch Glück gehabt.«[43] Aber ach! es ist eine verdorbene Zeit, denn sie ist ja nur die Frist eines zum Tode Verurteilten ... Was für die angsterfüllte Frist gilt, gilt erst recht für die entspannte Dauer des Alltäglichen. Der Mensch, der darauf verzichtet, den Werdegang

41 [Der 1849 zum Tode verurteilte Dostojewskij wurde von Zar Nikolaus I. erst auf dem Richtplatz begnadigt und zu vier Jahren Verbannung und Zwangsarbeit in der Festung Omsk in Sibirien verurteilt.]

42 [Fjodor M. Dostojewskij:] *Der Idiot* [a. a. O.], I, 5.

43 [Eugène Ionesco: *Der König stirbt*, Neuwied/Berlin 1964, S. 27.]

seines Lebens zu überblicken, und sich mit Lust in die heitere Dichte der Gegenwart stürzt, wird eine Art ewige Jugend kennen: eingetaucht in dieses *nunc*, das nie zu Ende sein wird, in das tägliche Heute und die formlose Fortdauer, deren Mittelpunkt überall, deren Grenze aber nirgendwo ist, weiß er nichts von einem zwischen Alpha und Omega eingezwängten Werden; er hat nie vom Nichtsein reden hören, das leider die letzte Zukunft des Werdens sein wird: die Sorge um den Tod ist ihm also fremd. In einem gewissen Sinne sind die bejahende Fülle der ewigen Gegenwart und die Positivität der gemachten Erfahrungen beim Greis nicht geringer als beim jungen Menschen: das Greisenalter ist eine Art abnehmender Vitalität, doch diese abnehmende Vitalität ist trotz allem eine sehr lebendige; daher unterscheidet sich die Vitalität des Greises auch nicht durch seine quantitative Dichte von der Vitalität des Erwachsenen, das heißt durch ihr Quantum an Sein und durch ihr Gewicht, nein, ihre Quantität und die Spezifik ihres Lebenstons sind nur anders. Wie für die nominalistische Erfahrung Vergangenheit und Zukunft nur eine Spielart der Gegenwart und Modalitäten der Anwesenheit sind, so sind Jugend und Alter Spielarten der Lebensspannung und unterschiedliche Existenzweisen. Bergson, der die »Psychophysik« anklagte, forderte uns auf, das Erregende, das mehr oder weniger stark sein kann, nicht mit der Empfindung, die Qualitätsunterschiede kennt, zu verwechseln; denn es gibt kein vergleichbares Maß zwischen den Stufen eines Anwachsens oder Abnehmens und den Modalitäten einer Modifikation, zwischen Steigerung und Veränderung, zwischen wachsenden Größen und Seinsweisen; so auch muß man sich hüten, objektive und erlebte Abfolge zu verwechseln, wenn man vom Alter spricht. Die eine ist durch die stufenweise Entwicklung bestimmter numerischer oder quantifizierbarer Faktoren, wie zum Beispiel die längere Dauer der Heilungszeit oder Reaktionszeit und verlangsamte Reflexe gekennzeichnet, die andere besteht in einer qualitativen Veränderung der gemachten Erfahrungen. Die »Veränderung« ist der Vorgang, durch welchen das Bewußtsein *anders* wird, anders und nicht etwa geringer! Deshalb auch hat das Altern weder mit einer Ausdünnung des Seins noch mit einem Erlöschen der Lebensdichte etwas gemein. Das Alter ist folglich eine Seinsart wie die Jugend oder das reife Alter; und diese Seinsart ist lediglich für ein synoptisches und darüberstehendes Bewußtsein und nur, wenn man von außen her vergleicht, mißt oder urteilt, defizient; von innen her erlebt ist die greise Gegenwart für den alten Menschen nicht leerer als die jugendliche Gegenwart für den jungen, sie hat nur eine andere Gangart, einen anderen Rhythmus und ein anderes Tempo; eine andere Klangfärbung. Und wie der Rentner sein Vergnügen findet, Pläne schmiedet und die ihm gemäßen Zerstreuungen sucht, die Kranken im Hospital ihre kleinen Freuden und Sorgen haben, so richtet sich der Greis in seiner Seinsweise, seiner greisen Gegenwart ein und steht mit ihr im Einklang; und diese greise Gegenwart ist lebbar, vollständig und auf ihre Weise absolut wie jede Gegenwart, obwohl sie verlangsamt erlebt wird; die greise Gegenwart genügt sich ebenso selbst wie die erwachsene. »Ist man gesund«, sagt Pascal,[44] »so begreift man nicht, was man tun würde, wenn man krank wäre«, weil wir nämlich »zu der Lage, in der wir sind, die Leidenschaften der Lage hinzufügen, in der wir nicht sind«. Doch kaum kommt die Krankheit, und der Mensch kennt nur noch die seiner Gegenwart als Kranker gemäßen Wünsche. Gewöhnlich vermindert das Alter den Geschmack am Leben und senkt die Vitalität. Mit zwanzig mag der Tod unerträglich scheinen und die Vernichtung unvorstellbar, in einem Alter also, da der junge Mensch seine jugendliche Vitalität in eine gewisse Antizipation der Senilität und die von der Senilität vervielfachten Todesmöglichkeiten projiziert. Die Natur scheint das Ihre zu tun, um zwischen Vitalität und Begierde ein konstantes Gleichgewicht aufrechtzuerhalten, um uns so jede kopflose Panik zu ersparen! So wie ein Greis, der niemals das Leben überblickt, immer jung bleiben kann, wenn er sein Alter ignoriert, das heißt, wenn er seine tatsächliche Position auf der abschüssigen Bahn seines Lebenslaufes ignoriert, so kann ein junger Mensch auch schon alt sein, wenn er sich der Verhältnisse seines eigenen Werdegangs etwas zu sehr bewußt ist, wenn er seine eigene Biographie zu gut überblickt. Scheler glaubte gar an eine Art »metaphysisches Altern«, das vom tatsächlichen Alter und vom Personenstand unabhängig ist: man kann mit fünfundzwanzig Jahren älter sein als mit fünfundsiebzig;

44 [Blaise Pascal:] *Pensées* II, Fragm. 109; Brunschvicg sieht diesen Text im Zusammenhang mit Montaigne: *Essais* I, 20 und [Jean de] La Bruyère: De l'Homme [= *Les Caractères ou Les Mœurs de ce siècle*, Paris 2004, Kap. 11].

dies ist der Fall bei den früh Verderbten; denn es kommt vor, daß ein Mensch, chronologisch gesehen, weit vom Tode entfernt und qualitativ doch sehr alt ist; das pneumatische Alter stimmt bekanntlich nicht immer mit der Zahl der Lebensjahre überein … Das hohe Alter läßt sich durchaus nicht immer am nahen Bevorstehen des Todes messen! Sind Nähe und Abstand nicht Raumvorstellungen und gesellschaftliche Konzepte? Nein, das Alter läßt sich weder an einem kalendarischen Datum noch an der Kilometrierung eines Weges festmachen!

Somit ist das erlebte Werden von der Lebensdauer in Abzug zu bringen und wiederum auch nicht. Bei zeitlich begrenzten Beschäftigungen, so sagten wir, verschlingt die bereits getane Arbeit durch allmähliches Abtragen immer mehr von der noch auszuführenden Arbeit; denn auf diesem Gebiet ist jeder Fortschritt endgültig erworben, das heißt irreversibel; was gewonnen wurde, wurde endgültig gewonnen und wird nicht wie bei den Höllenqualen sofort wieder verloren. Stehen Sisyphos' vergebliche Arbeit und die hoffnungslose Tätigkeit der Danaiden nicht für eine fluchbeladene Beschäftigung? Der Erdarbeiter, der so und so viele Meter Graben ausgehoben, die Arbeiterin einer Spinnerei, die so und so viel Faden hergestellt hat, sind um ebendiese Menge mit der täglichen Arbeit weitergekommen; denn der Arbeiter in seiner Eigenschaft als Arbeiter kann tatsächlich zum Ende seiner Arbeit gelangen. Der Arbeiter als Mensch, die Frau als Mensch und der Mann als Mensch aber, kurz, der Mensch und nicht etwa der Mensch als –, in einem Wort: der Mensch ohne *quatenus*[45] verwirklicht sich endlos. Von außen betrachtet, ähnelt das Dasein des Menschen dem Graben des Erdarbeiters; und dieses Dasein ist nichts weiter als ein Werdegang oder, schlimmer noch, als ein von den sich ablösenden Stufen des Vorwärtskommens markierter und vom Rentnerdasein begrenzter Lebenslauf. Wird diese Existenz hingegen von innen heraus erlebt, entwickelt sie sich in einer unerschöpflichen, unversiegbaren und buchstäblich unverwüstlichen Gegenwart. Dies ist der Abstand zwischen einer überflogenen Zeit und einer nach und nach erlebten Zeit. Für den Lebenden selbst ist das, was gelebt ist, noch nicht gelebt; was gelebt ist, bleibt

45 [Ohne »Maß«; wörtl.: »wie weit, wie lange«.]

noch zu leben, unablässig zu leben und wieder zu leben. In dieser Beziehung ist das gelebte Leben der Pflicht oder der Liebe vergleichbar. Die Pflicht, die wir zu erfüllen haben – um damit zu beginnen –, haben wir immer zu erfüllen. In moralischer Hinsicht ist, was getan wurde, niemals wirklich getan, es wird im Gegenteil immer wieder zunichte gemacht; was getan wurde, bleibt folglich noch zu tun und muß unaufhörlich neu getan werden, so als sei nie etwas getan worden; in der Moral ist das *factum* stets ein *faciendum* ... Was getan und zugleich noch zu tun ist, ist ebendadurch ein unendlich Sich-Tuendes. Der Zeuge, der Zuschauer oder die dritte Person, die detachierte oder das Bewußtsein der anderen leitende Überbewußtheit, weiß, daß die Pflicht im Grunde eine begrenzte Aufgabe ist; der Zeuge zieht unsere Endlichkeit in Betracht und rechnet mit der Schwachheit des Fleisches; vielleicht wacht er, wie der Gott des Apostel Paulus, darüber, daß wir nicht über unsere Kräfte hinaus in Versuchung geführt werden. Dem Handelnden aber, insofern er seiner eigenen Pflicht immanent ist und im Brennpunkt des Handelns steht und der sich weigert, sich selbst wie ein Schauspiel zu betrachten, stehen solche Betrachtungen nicht an; denn er wäre nur zu sehr geneigt, den objektiven und herablassenden Standpunkt des Zeugen für sich geltend zu machen, er wäre mehr als interessiert daran, sich den synoptischen Blickwinkel der dritten Person zu eigen zu machen; gewiß ist der Handelnde schwach, gewiß fehlt es ihm an Reserven; doch es ist nicht an ihm, dies zu sagen, er sollte es nicht einmal wissen ... Diese Wahrheiten (denn trotz allem sind dies Wahrheiten), die uns leicht zu Kopf steigen könnten, sind nicht die Sache des aktiv Handelnden: man sollte Dritten die Aufgabe überlassen, uns zu entlasten oder unser Verdienst zu messen. Für den unbefangen Handelnden zählt nur eins: die Unbegrenztheit seiner Pflicht, die Allmacht seines Könnens und die Unendlichkeit seines Wollens. Die Überbewußtheit weiß, daß das Wollen nur das Mögliche darf; der Handelnde aber glaubt, daß Wollen Können ist, denn ein leidenschaftlicher Kämpfer kann alles, was er will! Die Pflicht, die weder eine chronologische noch topographische Beschränkung anerkennt, bleibt endlos bestehen für das leidenschaftliche, unschuldige und unermüdliche Wollen, das mit all seiner Kraft, bis zum letzten Blutstropfen, bis zur völligen Selbstaufgabe und ohne jeden Vorbehalt oder irgendeine Einschränkung will; dieses Wollen will bis in den Tod hinein für den anderen leben. Desgleichen kann der Liebhaber, der seiner Geliebten die Treue schwört, von der unfehlbaren und unveränderlichen Ewigkeit seiner Liebe aufrichtig überzeugt sein. Der Psychologe jedoch, der ironische Zeuge dieser trunkenen Schwüre, kann nicht umhin, die beiden frisch Verliebten mit einem blasierten und desillusionierten Lächeln zu betrachten. Das panoramische Bewußtsein, das weiß, was es von unserer kreatürlichen Frivolität und unserem unverbesserlichen Wankelmut zu halten hat, ist ebendadurch fähig, diese sehr provisorische Ewigkeit, dieses zeitlich begrenzte Absolute, das man Liebe nennt, einzuschätzen. Denn die Leidenschaft erlischt irgendwann, unseren Schwüren zum Trotz. Sie kann im Laufe eines einzigen Lebens sogar mehrere Male vorüber sein und dank der Wiederbelebung der Treue in dem einen oder anderen Fall mehrmals wieder anheben. Dennoch wäre der Liebhaber, der seine Liebe mit den unpersönlichen Augen des Theologen oder des unbeteiligten Zuschauers betrachtet, ohne Zweifel ein recht lauer Liebhaber und ein ziemlich erbärmlicher Scheinheiliger, der nur nach Entschuldigungen und Vorwänden suchte, um die Treue zu brechen. In gleicher Weise auch liebäugelt der moralisch Handelnde, der zum Zuschauer hinüberschielt, mit dem selbstgefälligen Hintergedanken, sich selbst zu schonen, zurückzustellen und von jeder Verpflichtung freizusprechen. Sicherlich ist eine Überbewußtheit, die den moralisch Handelnden demoralisiert und den wenig überzeugten Liebhaber entmutigt, ziemlich armselig und mittelmäßig; sicherlich wollte der entmutigte Liebhaber nichts anderes, als daß man ihm Mut macht; sicherlich wollte der wider Treu und Glauben Handelnde nur eine Rechtfertigung für seine Abdankung oder sein fehlendes Engagement. Ein zugleich luzides und leidenschaftliches Super-Bewußtsein ist ohne Zweifel denkbar, wie man sich ja auch einen Weisen vorstellen kann, der die traurige Wahrheit seines kurzen Lebens überschaut und trotzdem nicht die Heiterkeit der ewigen Gegenwart verliert. Im allgemeinen jedoch schließen sich Heiterkeit und Luzidität aus. Im Falle der Pflicht und der Liebe – wovon eben die Rede war – bestanden Scheinheiligkeit und Machiavellismus eher darin, die Perspektive der Überbewußtheit zu vertreten, etwas zu überschauen also, um es sabotieren zu können. Im Falle des Alterns aber sind wir eher geneigt, die synoptische Wahrheit der Abnutzung zu verkennen und uns

Hals über Kopf in die Immanenz des *aeternum nunc* zu stürzen: »Wir lassen uns die Augen angenehm blenden«,[46] um die Sanduhr nicht sehen zu müssen, wir verschließen züchtig die Ohren, um das quälende Tick-Tack der Uhr nicht zu hören. Der Mensch überläßt sich mit geschlossenen Augen dem illusorischen Privileg der ersten Person und allen Euphemismen und stillschweigenden Mißverständnissen, die ihm der Illusionismus eingibt. Aber auch: wie sollte man selbst nicht zugleich der desillusionierte Dritte sein, der dieses dem Nichtsein bestimmte kurze Leben einschätzt? Wie das Bewußtsein an der Bewußtwerdung hindern? Wer sich vom allgemeinen Gesetz ausnimmt, bringt das für alle gültige Standardmaß auf sich in Anwendung: er tut so, als ginge ihn der Tod nichts an, er ist aber der erste, der an der Berechtigung dieser Fiktion zweifelt, und der erste, der die Wahrheit ahnt ... Wäre er seinem eigenen Leben gegenüber ein so unbeteiligter Zuschauer wie dem Leben anderer gegenüber, würde er dessen Endlichkeit völlig kaltblütig betrachten. Verbliebe er im Innern seines eigenen Werdens, ohne es je zu überschauen, würde er in der vollkommenen Fülle der Sorglosigkeit leben. Tatsächlich aber pendelt er zwischen Überbewußtheit und eigener Innerlichkeit hin und her, diese taucht ihn in die Nacht des blinden Engagements, jene verleiht ihm die Gelassenheit des Unbeteiligtseins. Ist die Zerrissenheit eines geteilten Halb-Bewußtseins nicht das Synonym der Hoffnungslosigkeit? Oder vielmehr: die Hoffnungslosigkeit bricht unablässig auf in der Hoffnung, wie die Hoffnung unablässig aufkeimt in der Hoffnungslosigkeit. Das Tier ist dem Verfall ausgesetzt, wird sich dessen aber nicht bewußt; der Mensch ist dem Verfall ausgesetzt, muß ihm aber beiwohnen. Der Mensch, der seiner eigenen Pflicht gegenüber Abstand wahren kann, erweist sich als unfähig, seinem eigenen Tod gegenüber völlig unbeteiligt zu sein: er ist in ihm und zugleich außerhalb von ihm! Wer sich von außen betrachtet, ist deshalb nicht weniger im Inneren; wer im Inneren ist, kann leider! sich nicht von außen sehen.

Das Bewußtsein, alt zu werden, rührt somit nicht eigentlich von direkten Erfahrungen oder von Schlußfolgerungen her. Die direkte Erfahrung – vorausgesetzt, sie ist aufrichtig – spricht uns

46 Pascal: *Pensées* II, [Fragm.] 82.

nicht vom Verfall, sie enthüllt uns nur eine Fülle, die qualitativ verändert, aber nicht quantitativ ausgedünnt ist. Die naive Erfahrung des Werdens, die weder etwas voraussetzt noch mittelbar etwas rekonstruiert, wird stets in der bejahenden Fortdauer der Gegenwart gemacht. Die bloße unpersönliche Schlußfolgerung, die ein erhöhtes Schlafbedürfnis, das Vergessen von Eigennamen, die Verminderung des Sehvermögens und die zunehmenden Schwierigkeiten beim Treppensteigen als Anzeichen des Alterns deutet, die ein abstrakter Gedankengang ist und vom Zeichen auf den Sinn schließt, würde allein nicht ausreichen, um uns zu überzeugen. Der Verfall ist hier eher eine Interpretation und ein Urteil denn unmittelbare und aufrichtige Erfahrung. Wie durch die Wirkung irgendeiner metaphysischen Sinekure richtet sich gewöhnlich eine undurchdringliche Wand auf zwischen der objektiven Betrachtungsweise und der tatsächlichen Erfahrung, zwischen einer Biographie, die eher eine Nekrologie ist, und dem Leben des Lebenden selbst, das heißt zwischen dem vom Biographen im nachhinein erzählten Leben (da der Erzähler und derjenige, von dem erzählt wird, zwei verschiedene Personen sind) und dem tatsächlich vom Subjekt selbst und in der allmählichen, unvorhersehbaren Abfolge der Tage gelebten Leben. Die objektive Betrachtungsweise hat die Endlichkeit der Lebensspanne im Blick, doch will sie diese Endlichkeit nur für die anderen gültig wissen; die tatsächliche Erfahrung ist für mich gültig, doch will sie den Tod nicht anerkennen. Das Bewußtsein, zu altern, entsteht, wenn diese Erfahrung und diese Betrachtungsweise, die normalerweise inkompatibel sind, miteinander interferieren. Der Mensch, der entschieden die traurige Wahrheit der versiegenden und sich abnutzenden Zeit auf sich anwendet, ist in der Situation des Arztes, der an ebender Krankheit leidet, deren Spezialist er war. Und tatsächlich gibt es zwei Abfolgen: die objektive Zeit, die gleichmäßig und täglich auf den Tod zuschreitet, und die ewige Gegenwart, die plötzlich eines Morgens auf den Tod stößt, ohne sich ihm eigentlich täglich und stündlich genähert zu haben. Diese beiden Abfolgen sind, wenn man so will, einander koextensiv, insofern, als sie letztendlich gleich lange gedauert haben werden: doch ihre Parallelität ist nicht kongruent, sie ist unregelmäßig, enttäuschend und launenhaft, so enttäuschend und kapriziös, wie die Gleichzeitigkeit von Seele und Körper, die Entsprechung von Denken und Gehirn, das

Verhältnis von Empfindung und Erregung und der Kontrapunkt von Sinn und Zeichen, von Musik und Wörtern sein kann. Bergson fiel auf, daß die qualitative Veränderung der Empfindung das stufenweise Crescendo des Erregenden in keiner Weise Stufe für Stufe oder Schritt für Schritt widerspiegelt; das gilt gleichfalls für das Gedächtnis, das im großen und ganzen vom Gehirn abhängt, ohne daß man jedoch die Erinnerungen in den verschiedenen Teilen der Hirnrinde buchstäblich lokalisieren könnte. Der Sinn ist der Abfolge der Wörter im allgemeinen inhärent, und trotzdem trifft es nicht zu, daß jedem Wort ein Sinnfragment »Punkt für Punkt« entsprechen würde. Und es trifft ebenfalls nicht zu, daß das qualitative Altern des Menschen Tag um Tag und bis in die kleinsten Einzelheiten hinein sein Voranschreiten auf dem Lebensweg anzeigen würde; dies trifft nicht auf das Detail zu, im großen und ganzen und indirekt aber ist es richtig, wie eben auch das Verhältnis von Empfindung und Thermometer, von Altern und Kalender nur eine annähernde Wahrheit ist. Für die Verurteilten gleichwohl gehorcht die wachsende Angst Stunde um Stunde einem regelmäßigen und immer unerträglicher werdenden Crescendo. Diese Parallelität wird sich vor allem im nachhinein und gewissermaßen im Futur II als wahr erwiesen haben; diese Parallelität, die von den Ephemeriden der täglichen Existenz ständig widerlegt wird, wird letztlich im Rückblick ihre Rechtfertigung finden. Im Intervall von Geburt und Tod ist das Aufeinandertreffen der beiden Chronologien selbst intermittierend ... Das Werden, sagten wir, ist eine an Tiefe und Intensität unendliche Fortdauer, aber ihr Werdegang hat nur eine endliche Ausdehnung; das Leben ist eine vorläufige Ewigkeit, ein Unerschöpfliches, das sich eines Tages tatsächlich erschöpfen wird! Der Mensch, der in eine endlose Gegenwart getaucht ist, überblickt diese provisorische Ewigkeit nur zufällig und gelegentlich. Das Ernstnehmen, es sei hier daran erinnert, besteht gerade darin, daß man sich nur zeitweilig der Zeit bewußt ist oder daß man nicht unentwegt an die Zeit denkt; denn das Bewußtsein der kontinuierlichen Zeit ist ein diskontinuierliches Bewußtsein ... Die Aufmerksamkeit für das Werden und die Überwachung des Werdens schlummern im allgemeinen! Anders gesagt: Die stetige Veränderung des Organismus enthüllt sich dem Bewußtsein nur entfernt, das heißt schlagartig und ruckweise: der Alterungsprozeß geht in Stufen vor sich, auf das Bewußtsein aber, das wir davon haben, trifft dies nicht zu, und nach konsternierenden Entdeckungen erfährt der Mensch bisweilen die Ironie von unvorhergesehenen Kehrtwendungen und einer paradoxen Sorglosigkeit; im Crescendo der Angst wechseln sich Fluß und Rückfluß ab. Wie ein Kranker, der sich am Vorabend seines Todes plötzlich besser fühlt, fühlt sich der Greis manchmal jung, nachdem er am Vortag sein eingefallenes Gesicht und die Senilität seines Habitus im Spiegel entdeckt hat. Übertreiben wir jedoch nicht! In dem Maße, wie die Jahre einander ablösen, neigt das Bewußtsein zu altern sehr wohl dazu, die Anzeichen des Alters im großen und ganzen zu bestätigen; in dem Maße, wie sich die Altersschwäche des Organismus verstärkt, wird diese intermittierende und sporadische Bewußtwerdung immer häufiger und eindringlicher; es wird zunehmend schwieriger, nicht nach der objektiven Zeit zu schielen; unsere Fiktion einer ewigen Gegenwart, unsere leicht zu durchschauenden Euphemismen werden von Tag zu Tag unhaltbarer; die Worte »bis nächsten Sonntag« klingen im Munde eines Greises von Woche zu Woche weniger überzeugend. Die traurige Offensichtlichkeit des Alters und die brutalen Wahrheiten des Kalenders machen die optimistischen Übereinkünfte letztlich unmöglich, die höflichen Mißverständnisse unhaltbar und verwandeln unsere falsche Sicherheit in Panik. Das Altern entwickelt im Menschen eine ganz besondere Empfindlichkeit, die ihn äußerst sensibel macht und ihn in jeder kleinen Veränderung ein kritisches Zeichen und einen verdächtigen, heiklen und unendlich folgenreichen Hinweis sehen läßt. So wie der erste Milchzahn eines Kindes seiner Umgebung die immense Zukunft des Erwachsenen ankündigt, so signalisiert das erste graue Haar dem Erwachsenen die drohende Zukunft des Todes. Wie kann eine solch oberflächliche und harmlose Veränderung wie die Verfärbung eines Haares plötzlich von so großer Bedeutung sein? Dies aber ist die im Bewußtsein des Alterns verborgene, bittere Ironie: das bloße Weißwerden eines Haares trägt eine ganze Welt von Bedeutungen, Vorahnungen und Ängsten in sich; das silberne Härchen an der Schläfe ist plötzlich die Ankündigung und das Vorzeichen unseres Schicksals, die Quintessenz und gewissermaßen das Symbol der Conditio humana geworden. Die Tiefendimension dieser sensiblen Chiffre, und man braucht dabei den Dingen nur auf den Grund zu gehen, heißt Tod! Auf diese Weise etwa entdeckt eine Schöne plötzlich die verräterische Falte am Augenwinkel, wenn sie in den Spiegel blickt: eines schönen Morgens wird die mit sich selbst konfrontierte Leichtfertige durch den Spiegel auf die bittere Wahrheit ihres Alters und in einem allgemeineren Sinn auf den Ernst ihrer Situation gestoßen. Sie hat auf Anhieb alles begriffen, was es zu begreifen galt ... Jeder weiß, worüber die verblühten Schönen nachsinnen, wenn sie peinlich genau ihren Spiegel befragen; dieses Nachsinnen ist, obwohl es seinen Namen zu sagen nicht wagt, ein Nachsinnen über den Tod. Und jeder weiß auch, worauf die Falte eine Anspielung ist: die Falte ist eine Anspielung auf den Tod. Die stumme Sprache der Falten ist leider universal, und jeder versteht sie, auch wenn er nicht studiert hat ... Mit den Anspielungen auf den Tod verhält es sich wie mit den sexuellen Anspielungen: sobald es um Sexuelles geht, stellen noch die Stumpfsinnigsten eine geistige Beweglichkeit und die Taubsten eine feines Ohr unter Beweis, dessen man sie nie für fähig gehalten hätte. Wir nannten diese Bewußtwerdung, die ein Ernstnehmen ist, und dieses Bewußtsein zu altern, aufgrund dessen dem Mann und der Frau zum ersten Mal die Abnutzung der Zeit bewußt wird, »Vergegenwärtigung«. Die Vergegenwärtigung ist die erste Interferenz der gelebten Zeit und der von oben betrachteten Zeit, die erste Begegnung des Menschen mit seinem Schicksal. Dieses erste Tête-à-tête eines um sein objektives Bild verdoppelten Subjekts findet vor dem Spiegel statt. Wörtlich genommen, heißt vergegenwärtigen nicht, etwas Unwirkliches in die Wirklichkeit zu heben (in dem Sinne etwa, wie man ein Vorhaben verwirklicht), sondern die eigentliche Tragweite und schwerwiegende Bedeutung gewisser Anzeichen entdecken, mehr: es heißt, daß man etwas entdeckt, was man schon gefunden hat, etwas lernt, was man schon weiß, und etwas wahrnimmt, was man immer schon gesehen hat. Man wird sich zum Beispiel eines Schmerzes bewußt, der ohne Zweifel seit langem schon vorhanden war, der aber plötzlich heute die Schwelle zum Bewußtsein überschreitet ... der Stich in der Seite, der bis dahin unbemerkt blieb, wird mit einemmal zu einem Vorzeichen, über das sich zu beunruhigen der Kranke guttut: er weiß, was dies zu bedeuten hat. Wie der Gleichgültige plötzlich die Persönlichkeit des Nachbarn entdeckt, den er seit Jahren flüchtig grüßt, der Passant mit einemmal für die Schönheit eines Platzes empfänglich wird, den er jeden Tag überquert, ohne ihn zu sehen, und der Spaziergänger auf eine tausendmal gesehene Landschaft plötzlich einen ganz neuen Blick wirft, so wird sich der alternde Mensch eines Morgens der grausamen Realität bewußt. Eines Morgens erblickt er dieses faltige Gesicht, das sein eigenes ist und das er bis jetzt nur oberflächlich wahrgenommen hatte; ganz in Gedanken untersucht er eingehend das Vorzeichen; schweigend betrachtet er das faltige Gesicht, als habe er es nie zuvor gesehen und als sehe er es heute zum ersten Mal! Und in der Tat entdeckt er die Wahrheit zum ersten Mal ... er wiederentdeckt seinerseits und für sich, was die Menschen schon immer gefunden haben ... Ja, solange die Welt Welt ist, macht der alternde Mensch eines Tages vor dem Spiegel diese nicht unerwartete Entdeckung; und – was der Gipfel ist – es ist stets eine Überraschung für ihn ... Eine schöne Entdeckung! wird man sagen ... Wußten Sie das nicht? Nein, wir wußten es nicht! Oder das Wissen dieser urbekannten Wahrheit, dieser sehr alten Neuigkeit, dieses großen Geheimnisses, das die Spatzen von den Dächern pfeifen, war eine Verkennung. Ist das Auftun der Augen, von dem in der »Genesis« berichtet wird,[47] nicht auf seine Weise die Entdekkung des Gefundenen? Denn der Unschuldige hatte Augen, um nicht zu sehen! Διανοιχθήσονται ὑμῶν οἱ ὀφθαλμοί ...[48] Adam erfährt eigentlich nichts Neues, aber er wird seiner Nacktheit gewahr und wird sich der Unterscheidung von Gut und Böse bewußt. So auch erfährt der alternde Mensch nichts, was er nicht bereits weiß, er entdeckt jedoch die traurige Wahrheit in einer neuen Dimension und in einem neuen Licht. Im Vorhergehenden betrachteten wir die Vergegenwärtigung unter einem dreifachen Aspekt: das abstrakte Konzept des Todes enthüllt sich dem Menschen plötzlich als ein *tatsächliches Ereignis*; es ist nicht verwunderlich, daß ein abstraktes Konzept Gegenstand eines stummen, ahnenden und in gewisser Weise schlummernden Wissens ist; denn dies ist die mnemonische Art, auf die wir die bloßen Möglichkeiten kennen; und es ist ebenfalls nicht erstaunlich, daß ein tatsächliches Ereignis in einem diesem Ereignis ziemlich ähnlichen historischen Akt »Wirklichkeit« wird; denn während das erworbene Wissen die bloßen Möglichkeiten speichert, ist der Erwerb von Wissen etwas, das sich tatsächlich ereignet. Die erfahrungsge-

47 [1. Mose III, 4-7.]
48 [»Öffnet eure Augen!«]

mäße Tatsächlichkeit der Bewußtwerdung entspricht der Tatsächlichkeit des Todes. Zweitens würde der alternde Mensch die unpersönliche Sphäre der Gemeinplätze und frommen Banalitäten nicht verlassen, wenn er in der Vergegenwärtigung nicht die prophetische Verbindung zu seinem eigenen Tod erkennen würde; ein fertiges Wissen ist zugleich ein Wissen, das niemanden speziell etwas angeht. Die *gelebte Betroffenheit*, die in der ersten Person erlebt wird, ist die Grundbedingung, um etwas ernst und erst recht »tragisch« zu nehmen. Diese Betroffenheit in der ersten Person hat aber weder mit einer abstrakten Monadologie noch mit einem unpersönlichen Personalismus oder gar mit irgendeinem *Ismus* etwas zu tun; denn es handelt sich nicht um das *Ich* (das Ich als solches), sondern um *mich*, der ich in diesem Augenblick ich sage. Zeitlich gesehen schließlich, scheint mir dieses tatsächliche Ereignis, das meine persönliche Angelegenheit ist, nahe zu sein: nicht in dem Sinne, daß der alternde Mensch buchstäblich den Zeitpunkt seines Todes erfahren würde (Stunde und Minute auf der Uhr, den betreffenden Monat auf dem Kalender), er empfindet vielmehr intensiv seine *Nähe*; wenn es einen augenblicklichen Tod anzugehen gilt, das heißt ein »proximum«,[49] von dem uns keine aufschiebende Mittelbarkeit, kein eingeschobenes Dazwischen und keine Mittelfristigkeit mehr trennen, dann ist großer Mut vonnöten. Ist der Mut nicht die Tugend der Vorposten? Diese drei Aspekte der Vergegenwärtigung sind in der Erfahrung des Alterns natürlich unlösbar miteinander verbunden: der Tod ist für mich nur ein tatsächliches Ereignis, weil er meine Privatangelegenheit ist und weil sein Fälligsein in naher Zukunft liegt; der Tod betrifft mich persönlich insofern, als er ein tatsächliches Ereignis und nahe Zukunft ist; der Tod ist nur in der ersten Person und als tatsächliches Ereignis eine nahe Zukunft: andernfalls wäre er ja weiteste, platonischste und konzeptuellste Zukunft.

Jedenfalls ist die Vergegenwärtigung, die das Ereignis in der Eventualität und den je eigenen Tod in der Sterblichkeit entdeckt und die uns die Vorboten dieses je eigenen Todes wahrnehmen läßt, weder eine gedankliche Herleitung noch eigentlich eine einfache Erfahrung oder eine direkte Lektüre unserer zukünftigen Nichtheit: die Vergegenwärtigung ist vielmehr, auf halbem Wege

49 [»Nahes«.]

zwischen beidem, eine Art experimenteller Bewußtheit, die man Intuition nennen kann, und die gewissermaßen die metaphysische Ahnung unseres Schicksals der Endlichkeit ist. Diese Ahnung ist zum einen die unmittelbare Deutung eines Vorzeichens, aber sie ist auch Voraussehung und Prophetie. Und da dem volkstümlichen Glauben zufolge die Ankündigung der Ankunft die Aufgabe des Engels ist, ist man versucht zu sagen, daß es der unsichtbare Todesengel ist, der durch diese Zeichen zu uns spricht und uns mit seinem Flügel streift; denn der Himmelsbote verkündet jetzt nicht mehr Geburt und Anfang, sondern das Ende.

Zweiter Teil
Der Tod im Augenblick des Todes

Die Scham des unerzählbaren Augenblicks

Dem *Phaidon* ist, wie man weiß, der Unterschied zwischen ἀποθνήσκειν[1] und τεθνάναι[2] nicht unbekannt;[3] jenes bezeichnet den Augenblick des Todes, dieses bezieht sich auf die conditio der Toten, auf den Zustand eines bereits toten und begrabenen Toten. Stünde der Augenblick des Todes, der zwischen den Problemen des Diesseits und dem Geheimnis des Jenseits liegt, etwa für das geheimnisvolle Problem oder das problematische Geheimnis, das heißt für eine Gelegenheit, die eine auf halbem Wege zwischen Vision und Blindheit angesiedelte Ahnung zuließe? Ist der Augenblick des Todes, der anzusetzen ist zwischen dem geheimnislosen Vorher, da das den Tod denkende Wesen anwesend, der Tod aber abwesend ist, und dem geheimnisvollen Danach, wo der Tod allgegenwärtig, aber kein lebendes Wesen mehr vorhanden ist, das ihn denken könnte, nicht das in der günstigsten Gelegenheit überraschte Während? Wäre der sterbende Tod zwischen dem hellen Tag des Lebens und der dunklen Nacht des schon gestorbenen Todes das Aufleuchten des alles offenbarenden Funkens, der Lichtstrahl und Blitz, der ein Tag in der Nacht und der jähe Mittag in der Finsternis der Mitternacht ist? Bringen wir zunächst in Erinnerung, warum eine Philosophie des Augenblicks des Todes nicht möglich ist und warum diese Unmöglichkeit einen ganz anderen Sinn hat als im Diesseits. Dabei fehlt es der Philosophie des Diesseits nicht an Stoff, sie geht an der Frage jedoch völlig vorbei; die beständige Dichte der Empirie und die Fortdauer der Zwischenzeit nehmen unsere Erzählungen, Diskurse und Gedankengänge zweifellos bereitwillig auf; doch ist dies nicht philosophischer Verbalismus? Man kann sich über das Altwerden unterhalten, kann die zunehmende Erschöpfung und Abnutzung, die die Zeit mit sich bringt, abhandeln, man darf dabei jedoch nicht vergessen, daß die senile Gegenwart in der Erfahrung des Greises ebenso positiv ist wie die jugendliche Gegenwart in der Erfahrung des jungen Menschen. Nirgendwo in dieser Fülle können wir die tödliche Verneinung oder die Leere des Nichtseins entziffern; die

1 [»Sterben, getötet werden«.]
2 [»Tot sein, gestorben sein«.]
3 [Vg.: Platon: *Phaidon*, 67 e.]

Abwesenheit ist noch immer eine Form von Anwesenheit und Gegenwart, und unsere Endlichkeit erleben wir, vorausgesetzt, die Überbewußtheit mischt sich nicht ein, als ewige Gegenwart. Das Leben spricht uns nicht von der Nichtheit, das Leben spricht ausschließlich vom Leben! Anders die Philosophie des Augenblicks des Todes, die auf das Zentrum des Geheimnisses abheben möchte ... wenn eine solche Philosophie überhaupt möglich ist: sie ist aber nicht möglich, weil sie ohne lebbare Konsistenz ist, weil sie in diesem Nichts an Dauer nichts zu sagen hat und aus dieser Sinnlosigkeit keine Schlüsse zu ziehen vermag. Die so geschwätzige Philosophie des Diesseits enthüllt uns nichts über den Tod. Die Erfahrung des Augenblicks würde uns vielleicht zu dieser »Botschaft« verhelfen, doch müßten wir feststellen, daß sie unbrauchbar ist. Wie sollte die Intuition des Sterbenden ein Aufblitzen oder ein Signal erfassen können, dem sie per definitionem weder gleichzeitig noch koextensiv ist? Gewiß wäre eine Art blitzschneller Gleichzeitigkeit, ein punktuelles Zusammentreffen des Selbstbewußtseins mit dem letalen Augenblick vorstellbar, doch ist diese Gleichzeitigkeit völlig unbrauchbar, da es im Augenblick danach, oder besser: im selben Augenblick weder ein Bewußtsein mehr gibt noch ein sich selbst bewußtes Wesen. In der uns vertrauten Gleichzeitigkeit, die eine Symbiose oder ein zeitlich Synchrones ist, dehnt sich das Zusammenfallen in Koexistenz und sogar Kohabitation; denn sie impliziert das gemeinschaftliche Leben, das heißt die jeden Tag fortgesetzte und erneuerte Alltäglichkeit; das den Dingen als Zeuge gegenüberstehende Bewußtsein zieht das, was sich ereignet, *währenddessen*, die Dauer während ihrer Dauer, die Gegenwart *während* ihres Eintretens, die Zeiger *während* ihres Umlaufs und die Geschichte während ihres sich offenkundigen Vollziehens in Betracht: doch hier ist das den Dingen als Zeuge gegenüberstehende Bewußtsein nicht nur dem Sich-Machenden gleichzeitig, sondern verweilt bei ihm durch die Erinnerung und kommt ihm gar durch die Voraussicht zuvor; »in dem Maße wie« bedeutet in diesem Fall (ebenso wie »tagtäglich«) ein wenig vorher und vor allem ein wenig nachher; die beiden »soeben«, das des unmittelbar Bevorstehenden oder Vorliegenden und jenes des soeben Entflohenen, der nächsten und der vergangenen Minute, verdichten die akute Intuition und kleiden sie sozusagen aus. Die Intuition des Augenblicks des Todes bei einem Sterblichen aber, vorausgesetzt, es gäbe sie, wäre eher einer unwägbaren Berührung ähnlich denn einem Kontakt; denn sie kann nur streifen und nicht berühren. Das unablässige Nebeneinander, das die Bedingung ist für eine langsame, intuitive Durchdringung, die Begleitung der Weggefährten auf dem Weg der Zeit, die gemeinsam durchlaufenen Etappen, die horizontale Parallelität der Symbiose und mehr noch der Rückblick des Nachgeschmacks: all dies ist dem Sterbenden verwehrt. Was für das Bewußtsein in bezug auf den eigenen Tod gilt, gilt ebenso für den Tod des anderen: die Lebenden *stehen* dem Todkranken in seinen letzten Augenblicken *bei*, dann *geleiten* sie den Toten zu seiner letzten Ruhestätte; den Sterbenden aber begleitet niemand; niemand ist bei ihm, wenn er den einsamen Schritt macht. Nein, der Augenblick des Todes kann keinesfalls Erkenntnisobjekt oder Gegenstand der Spekulation oder Überlegung sein. Die blitzartige Gleichzeitigkeit, die eine auf die Dimension des Augenblicks zusammengedrängte und dann aufgehobene ist, wird nicht psychologisch und bewußt erfahren – weil das Bewußtsein entweder vorzeitig oder nachzeitig ist. Der jähe Kelch des Todes ist keine Sache, *res*, denn wäre er »etwas«, dann wäre seine Masse Gegenstand der Anschauung und des Diskurses, er wäre dann aber nicht mehr Augenblick.

Die gewisse Scham, die der Tod uns empfinden läßt, rührt größtenteils vom undenkbaren und unerzählbaren Charakter des letalen Augenblicks her. Denn wie es eine Scham des biologischen Fortbestandes gibt, gibt es eine Scham des metaempirischen Abbruchs: wenn die Wiederholung regelmäßig auftauchender Bedürfnisse etwas Anstößiges an sich hat, so ist die Tatsache, daß ein Blutgerinnsel dem Leben plötzlich ein Ende setzen kann, nicht weniger anrüchig. Schon aus der bloßen Schwierigkeit, einfach wegzugehen, könnte man eine Phobie des Abschieds und die Scheu unseres natürlichen Weitermachenwollens vor dem letzten Augenblick herauslesen. Wer weder zu beginnen noch aufzuhören wagt, schämt sich in gewisser Weise über das erste und letzte Mal! Ist das Tabuwort Tod nicht das anstößige, unaussprechliche, unnennbare und uneingestehbare, einsilbige Wort schlechthin, das ein durchschnittlicher, der Zwischenzeit gut angepaßter Mensch züchtig in wohlanständige und wohlgesetzte Umschreibungen einzuhüllen sich schuldig ist, so wie er etwa das trockene Nein einer Ablehnung ohne Widerruf in beschönigende Periphrasen auflöst oder das Nichts mit allen möglichen Nuancen versüßt oder eine negative Antwort mit einem Schwall von Umstandsbeschreibungen begleitet? Die Phobie vor dem kurzen Wort, die Neigung zu überquellenden Sätzen und voluminösen Adjektiven ist besonders in der volkstümlichen Ausdrucksweise spürbar; Redseligkeit ist oft eine Form von Ängstlichkeit. Sprechen wir also viel und schwindelerregend schnell, um uns mit Worten zu betäuben? Die Phobie des kurzen Wortes und die Phobie des Augenblicks sind vielleicht ein und dieselbe; denn es ist sicher, daß die brutale Einfachheit des Ereignisses falsche Ausflüchte und verschlungene Umwege erklärt. Deuten die Umstände und Umschreibungen in einer Sprache, die vielleicht an Plotin und Bergson gemahnen, nicht auf die Umständlichkeiten und Umwege der Intelligenz vor dem kritischen Punkt, dem *anstößigen Augenblick*, hin? Wir ähneln dem böswilligen Menschen, der kein ganz reines Gewissen hat, oder dem Prahlhans, der von seinen vermeintlichen Heldentaten und Glücksfällen erzählt: der falsche Don Juan spricht letztlich von dem, was er nicht macht. Liebe und Mut machen, wenn sie aufrichtig sind, nicht so geschwätzig, im Gegenteil, sie machen den Menschen eher stumm oder zumindest lakonisch, da Tun und nicht Reden der selbstverständliche Wahlspruch derjenigen ist, die bereit sind, dem Äußersten zu trotzen, und sich nicht vom Wiegenlied der Zwischenzeit einlullen lassen. Offensichtlich hüllen sich die Davongekommenen, wenn sie den Tod aus nächster Nähe gesehen haben, gern in Schweigen. Nun muß man aber ihre Stummheit nicht als eine mit tiefsinnigen Hintergedanken, Anspielungen und mit Untergründigem gespickte Zurückhaltung interpretieren; dies trifft eher auf die Verschwiegenen zu, die viel wissen und wenig sagen ... Außerdem hat der Davongekommene, der den Tod aus der Nähe sah, nichts gesehen, da er ja davongekommen ist: es handelt sich hier vielmehr um eine wissende Unwissenheit, um ein geheimnisvoll unwissendes Wissen. Andererseits kann umgekehrt nicht geleugnet werden, daß die Menschen um so mehr sprechen, je weniger sie wissen. Es ist die Scham des punktuellen und punktförmigen Augenblicks, die uns die Rede eingibt, welche die akute Spitze flach pressen und das scharfe Fallbeil des Todes stumpf machen soll. Das Umgehen durch die Rhetorik, das Auflösen in Rhetorik ist vielleicht ein Mittel, dieser äußerst kurzen Ausdrucksweise des letzten Augenblicks auszuweichen. Oder, um in einem anderen Bild zu sprechen: Der Schamhafte wirft über das Antlitz des Todes den Schleier seiner Rede, wie Tartuffe sein Taschentuch auf Dorines Brust wirft ... Versteckt diesen obszönen Tod, den ich nicht sehen kann!

Eine erste Art, den Augenblick des Todes beiseite zu schieben, bestünde darin, ihn in Erzählungen und Mythologeme aufzulösen. Doch die Erzählung erzählt eine Kette von Ereignissen; auch wenn sie ein einziges Ereignis erzählt, wie zum Beispiel die Schlacht von Borodino, setzt sich dieses große Ereignis noch aus einzelnen kleinen Ereignissen zusammen, die sich ihrerseits wiederum in unendliche Zwischenfälle, Begebenheiten und anekdotische Details aufsplittern. Ein mächtiges geschichtliches Ereignis ist durch seine potentielle Teilbarkeit erzählbar. Dieses Gewimmel von winzig kleinen Geschichten macht den historischen Roman aus; die unbegrenzte Teilbarkeit und Zusammenhangslosigkeit von winzigen Umständen und spaßigen Minuten machen, von weitem und im großen und ganzen gesehen, die berühmte Schlacht oder den revolutionären Tag aus. Nun aber kann man lange versuchen, den Augenblick des Todes zu analysieren, zu seinem Kern vorzudringen, sich ihm soweit wie möglich zu nähern, die Augen aufzureißen und das Mikroskop, ja, gar das stärkste Ultra-Mikroskop zu Hilfe zu nehmen – man wird nichts anderes entdecken als die nackte Tatsache des Sterbens. Der Augenblick des Todes ist das auf die »Quodditas«[4] oder die unteilbare Tatsächlichkeit des plötzlichen Abbruchs begrenzte elementare Ereignis. Kein reduktionistisches Verfahren kann über die hoffnungslos tautologische Feststellung der *Tatsache-daß* hinausgelangen. Die geschwätzige Philosophie hält sich lieber an die Umstände der Tatsächlichkeit und bleibt dabei heillos an der Peripherie. Sie kann auf die Frage »*Quid* est mors?«[5] nicht antworten. Ist der Augenblick nicht die bloße, leere Tatsache des tatsächlichen Eintretens? Der Augenblick des Todes, der wesenhaft ohne umstandsbestimmenden Inhalt ist, reduziert sich auf ein kalendarisches Datum und auf eine Sekunde auf der Uhr. Daher gibt es von diesem unteilbaren Augenblick nichts zu erzählen (ἱστορεῖν), keine diskursive Ausdehnung aufzurollen und keine dem Verständnis sich erschlie-

4 [»Daßheit«.]
5 [»Was ist der Tod?«]

ßende Tiefe zu verzeichnen. Das Vorher und Nachher fallen hier in einem Punkt zusammen: die extrem kurze Erzählung des extrem einfachen Ereignisses ist daher genauso schnell begonnen wie beendet. Der Diskurs läuft hier sofort auf Sand. Das Intervall beschränkt sich auf ein Nichts. In diesem unendlich kleinen Ereignis, das das Aufhören des Seins darstellt, gibt es keine Mikroereignisse. An diesem zugleich oberflächlichen und unausgebreiteten Nichts gleitet die Dialektik ab, ohne Halt zu finden. Das Unerzählbare entmutigt jede Erzählung, läßt jede Fabel im voraus versiegen. Haben sie keine »res gestae«[6] und Chroniken mehr – Annalen, Ephemeriden oder Stundenpläne –, an die sie sich halten könnten, und sind sie unfähig, ihren millionsten Bruchteil einer Sekunde auszufüllen, sterben die Erzählungen und Romane des Augenblicks an Entkräftung. In der Philosophie des Zunichtewerdens hat sich die Philosophie der Präexistenz so zugespitzt, daß sie ihrerseits verschwindet. Muß der Roman des millionsten Bruchteils einer Sekunde, der durch Ausfasern und Reduktion schließlich so dünn geworden ist wie die äußerste Spitze des Augenblicks des Todes, nicht ebenfalls in der Nichtheit des Schweigens enden? Der Diskurs über den Augenblick erstirbt wie ein unmerkliches Geflüster; er erstirbt letztlich mit dem letzten Seufzer, jenem Seufzer, den Petrarca »un sospir breve« nennt und der dem Mund des Sterbenden entweicht.[7]

Hätten wir, da sich die Schwelle zwischen Diesseits und Jenseits dem Diskurs entzieht, lediglich die Wahl zwischen der Erzählung des Diesseits, die Biographie, und dem Roman des Jenseits, der Eschatologie und phantastische Erzählung ist? Jedenfalls ist man versucht, den Augenblick durch den Zustand und den Tod durch den Toten zu ersetzen ... Da Erzählung und Logos nicht möglich sind, muß die Liturgie des Leichenbegängnisses den Augenblick, den man »nicht sehen kann«, zudecken; sind die »nekrologischen« Verhaltensweisen vielleicht wirksamer als eschatologische Träumereien? Wie am Schluß einer Oper verewigt die Zeremonie den ungreifbaren Augenblick in der Apotheose eines Orgelpunkts und läßt seinen erhabenen Klang nachhallen; die Totenglocke meldet, grüßt und bläht eine Anspielung auf, die so flüchtig ist, daß sie

6 [»Tatenberichte«.]

7 [Francesco Petrarca: Die Triumphe (Triumph des Todes), in: *Das lyrische Werk*, Darmstadt 1958.]

Gefahr läuft, unbemerkt zu bleiben. Diesmal wird Arkel nicht sagen können: »Ich habe nichts gehört«[8] ... Obwohl schon lange nichts mehr ist, überdauert eine Art Totentanz, der von einem Leichenballettmeister angeführt wird, das Ereignis weit über den fatalen Abbruch hinaus; dank der Reden, die seinen Nachhall nicht verebben lassen, dank der majestätischen Stimme der Orgel, wird der letzte Seufzer gewissermaßen zu einem ewigen Seufzer. Auf die flüchtige und nahezu unmerkliche Aushauchung dieses letzten Seufzers folgen im Gewölbe der Kathedrale die Stürme und Windstöße des *Requiems* von Berlioz,[9] und bisweilen gar gerinnt der Augenblick zu einer Lichtaureole. Die große Totenfeier mit ihren festlichen Trauerzügen und ihrem Pomp erlaubt dem Augenblick, über seine Plötzlichkeit hinauszutreten und wie eine Sonne seine äußerste Spitze zu umstrahlen; ein glorreicher Augenblick nimmt die Stelle des kaum merklichen ein. Gabriel Duponts *Antar*[10] stirbt zu Pferde, seine Rüstung funkelt in der Sonne, und ähnlich auch taucht die lange, goldene Abenddämmerung am Ende eines Sommertages den ganzen Himmel in rote Glut. Was aber ist aus dem nicht wahrnehmbaren Augenblick geworden? Es gibt ihn nicht mehr, er ist unter den Bergen von Blumen und Hymnen verschwunden. Liszt, der große Orchestrierer der *Héroide funèbre*,[11] fand Gefallen an der finsteren Pracht, in der der Augenblick verweilt und sich verewigt ... Es wäre aufschlußreich, Liszts pomphaften *Triomphe funèbre du Tasse*[12] mit dem Tod Melisandes, jenem so diskreten Tod, der so wenig wahrnehmbar ist wie der Atem Gottes, oder dem bewundernswerten Text von Gabriel Dupont: *La Mort rôde*[13] zu vergleichen. Sterben macht kein Geräusch, ein Seufzer verursacht keinen Lärm, ein Herzstillstand ist lautlos. Für Debussy, den Dichter des Pianissimo und der äußersten Gedrängtheit, war der Augenblick noch wirklich die

8 [Maurice Maeterlinck: *Pelleas und Melisande*, Stuttgart 1972, 5. und letzter Akt; Vertonung (Oper) von Claude Debussy (1902).]

9 [Hector Berlioz: *Requiem* (1837) für Chor und Orchester.]

10 [Gabriel Dupont (1878-1914): *Antar*, Oper in 4 Akten und 5 Aufzügen nach Chekri Ganem, Uraufführung Paris 1921.]

11 [Franz Liszt: *Héroide funèbre* (Heldenklage), Symphonische Dichtung (1857).]

12 [Franz Liszt: *Triomphe funèbre du Tasse* (1877).]

13 [Gabriel Dupont:] *Les heures dolentes* XI [Zyklus für Solopiano, Paris 1905]; steht in krassem Gegensatz zum Schluß von *Antar*.

sich verflüchtigende Minute; bei den Musikern der Romantik jedoch, die besonders der Majestät des Todes die Ehre erweisen, blähen Übersteigerung und Emphase den Augenblick bis zur Ewigkeit auf und lassen so maßlos überquellen, was weder Masse noch Volumen hat. Das Geheimnis des letalen Pianissimo taucht in den grandiosen Chorälen nicht auf. Und als sei dies noch nicht genug, feiern die Hinterbliebenen mit andächtiger Regelmäßigkeit den Jahrestag dieses Augenblicks: was ein einziges Mal eingetreten ist, wird dank der Treue des Gedächtnisses zu etwas Regelmäßigem; der Kalender macht aus dem unauswechselbaren Geheimnis ein wiederkehrendes und fast vertrautes Geheimnis; die Zeremonien mimen die Wiederholung des zu kurzen Augenblicks. In diesem Sinne gedenken die Gläubigen an jedem Karfreitag immer wieder des ewig letzten Seufzers Christi; und da sie am übernächsten Tag nicht weniger treu seine Auferstehung feiern, vermischt sich der Augenblick, der doch tragisch sein sollte, in der Vertrautheit des Gottesdienstes vollends mit dem Dasein. Die periodische Wiederkehr ist zweifellos auch ein Schutz gegen die Leichtlebigkeit der Menschen, die unfähig sind, den Augenblick unbegrenzt andauern zu lassen, und die die Erhabenheit ihrer Trauer nicht lange aufrechterhalten können. Ob periodisch wiederkehrend oder andauernd, das Fest erlaubt dem Augenblick des Todes in beiden Fällen, ein vertrauter Teil des täglichen Lebens zu sein. Der Sterbende hört nicht mehr auf zu sterben! Es bedarf eines Bruchteils einer Sekunde, um den letzten Seufzer auszuhauchen, und eine ganze Ewigkeit lang kann er dann währen ... Es versteht sich von selbst, daß diese rein symbolischen Verhaltensweisen nicht den Augenblick ohne Dauer, sondern lediglich die soziale Erschütterung der Hinterbliebenen verewigen: sie sollen die Schärfe des Bruchs abschwächen und verwischen. Die komplizierten Riten und Symbole, die nach dem Aushauchen des letzten Seufzers überhandnehmen, beweisen vor allem unsere erbärmliche Ohnmacht: die Hinterbliebenen wissen nicht, was tun, noch, womit sich beschäftigen; nein, es ist nicht gesagt, daß es dabei sein Bewenden habe, daß auf das letzte Aushauchen des letzten Atemzugs endgültig die ewige Nichtheit folge und der Tod ein für allemal nein gesagt hat! »So schnell, so schnell [...] Sie geht, ohne ein Wort«.[14] Die Lebenden zumindest werden sich

14 [Maurice Maeterlinck: *Pelleas und Melisande*, a. a. O., 5. Akt, Schluß.]

bemühen, den Bruchteil der Sekunde zu verlängern: die schwarze Kleidung überdauert das tragische Dahingehen noch lange. Oder aber, da man nie weiß, was man an einem Grab machen soll, wird man Blumen arrangieren: dies beschäftigt wenigstens die Hinterbliebenen, die angesichts ihres Verstorbenen seltsam untätig sind; der duftende Erdboden, der das Bild des aufblühenden Lebens ist, überdeckt die unheilvolle Leere der Nichtheit. Wir stehen lange in andächtiger Sammlung vor dem Orgelpunkt aus Marmor, den man Mausoleum nennt. Die Trauer ist somit eine Angelegenheit der Lebenden; es sind die Lebenden, die sich eifrig zu schaffen machen und den Augenblick in eine Inszenierung verwandeln, der Tote aber hat sich bekanntlich aus allem zurückgezogen.

Erstes Kapitel
Der Augenblick des Todes entzieht sich jeder Kategorie

1. Der Augenblick des Todes ist kein quantitatives Höchstmaß

Als vereinzeltes und unvergleichliches Ereignis läßt sich der Augenblick des Todes auf keinen Begriff bringen. Wir versuchten, den Tod an sich in irgendeine Kategorie zu fassen, um ihn denken zu können. Aber zunächst einmal hat die Trennung von Quantität und Qualität nur in der Empirie einen Sinn und gilt lediglich für relative Steigerungen und Veränderungen. Das Zunichtewerden ist zugleich die hyperbolische Grenze der Verminderung und die hyperbolische Grenze der Veränderung. Suchen wir nun zu beweisen, daß die Kategorie der Quantität auf den Augenblick des Todes ebenfalls nicht anwendbar ist. Ist der Augenblick des Todes ein Höchstmaß? Man wird sagen, daß er dem höchsten Grad an Schmerz oder der größtmöglichen »Leidensintensität« entspricht: der Schmerz führt zum Beispiel zum Tode, wenn er ein bestimmtes, erträgliches Höchstmaß übersteigt. Der Tod, das heißt die Tatsache des Sterbens, die dem Alleräußersten jeglicher Erfahrung entspricht, stellt eine »Grenze« dar. Der Tod ist etwas, das man findet, wenn man in einer Erfahrung bis an das äußerste Ende und bis zum äußersten Rand des Menschenmöglichen geht, wenn man diese Erfahrung ausschöpft, ohne sich unterwegs aufzuhalten. Er ist die tiefste Tiefe der Tiefe und die höchste Höhe der Höhe, das letzte Ziel jeder Entfernung und die äußerste Steigerung jedes Crescendos, kurz, er ist die unüberwindliche Grenze, die jeder ins Absolute getragenen Erfahrung gesetzt ist; der Tod steht am Ende aller Wege, in welche Richtung man sie auch verlängern mag; und so wie man früher oder später auf den Ozean stoßen würde, wenn man einen Pariser Boulevard beliebig in irgendeine Himmelsrichtung verlängern würde, so begegnet man dem Tod, wenn man die Intensität einer Empfindung oder Erregung unablässig steigert: eine schonungslos aufgeblähte Erfahrung muß schließlich explodieren und verliert sich in der Nichtheit; irgendwann einmal reißt der Faden! Jenseits eines bestimmten Punktes hören Schmerz und auch die Freude auf, erträglich zu sein, und ihr fortwährendes Übersteigertsein kann uns töten! Geschieht es denn nicht bisweilen, daß jemand vor Freude stirbt? So widerruflich ist die psychosomatische Existenz des Sterblichen, so bedroht seine Fortdauer, sein Organismus ist verletzlich und seine Brust eng; denn der Tod kann durch alle Poren und Nahtstellen der leiblichen Hülle in uns eindringen. Für das unsterbliche Wesen, das durch sein unverwundbares Kettenhemd der Unsterblichkeit dazu verurteilt ist, endlos zu leben, haben Gefahr, Mut oder Abenteuer keinen Sinn; vielleicht hätten die Engel nicht übel Lust zu sterben wie alle anderen auch, um sich so einmal der Gefahr aussetzen zu können; doch sie sterben vor Kummer, nicht sterben zu können ... sie vergehen vor Lust, sich einmal in Gefahr zu befinden. Der Tod ist das Schmerzhafte eines jeden Schmerzes, wie er das Gefährliche einer jeden Gefahr, das Abenteuerliche jedes Abenteuers und das Übel jedes Unglücks und jeder Krankheit ist. Die Krankheit ist nur Krankheit, weil die Kreatur theoretisch an ihr sterben kann, und sei es, daß es sich lediglich um ein Wehwechen oder um eine banale Migräne handelt; bedeutet ein Furunkel etwa nicht, daß man unter Umständen daran sterben kann? Die Gefahr ist nur insofern gefährlich, als sie Lebensgefahr bedeutet. Eine Gefahr, die von vornherein einen möglichen Tod ausschließt, ist keine ernste Gefahr, sie ist lächerlich; sie ist das Simulacrum einer Gefahr, womit »engagierte« Literaten spielen. Ebenso ist ein Abenteuer, von dem man im voraus weiß, daß man heil wieder daraus hervorgeht, kein Abenteuer, sondern vielmehr Großsprecherei! Das Abenteuer ist nur abenteuerlich, weil man nicht weiß, wie weit es gehen kann, oder aber man ahnt es, ahnt es früher als einem lieb sein kann; es kann uns bis zu dem Äußersten führen, das für alle endlichen Menschen ohne Ausnahme Tod heißt. Und schließlich rührt es vom Tod her, wenn der Mut mutig, der Heroismus heroisch und die Opferung so tragisch ist. Der glühende Mut bejaht das Opfer ganz und gar, ohne Vorbehalt oder Bedingungen, ohne Hintergedanken oder »distinguo«, das heißt möglicherweise bis in den Tod hinein, *usque ad mortem!* Alle Aufrichtigkeit und aller Ernst des Helden liegen in diesem *bis hinein.* Der Held spielt falsch, wenn er von vornherein weiß, daß ihn eine hilfreiche Hand in letzter oder vielmehr in vorletzter Minute, anders ausgedrückt: in der neunundfünfzigsten Minute der elften Stunde, vor dem Nichts retten wird. Dieser Held ist kein Held, sondern ein Possenreißer, und sein Heldentum ist eine rhetorische Figur, mehr: ein Scherz. Wenn sich der Held »bis zum« Tod, das heißt den Tod *ausgenommen*, opfert, handelt es sich eher um eine empirische Aufopferung denn um ein metaempirisches Opfer. Dies ist der Unterschied zwischen der diesseitigen Opferbereitschaft einer Weisheit, die sich »bis« zum Tod aufopfert, den Tod aber ausschließt, und der jenseitigen Opferbereitschaft einer Heiligkeit, die sich »bis« in den Tod hinein opfert, den Tod also miteinbegreift. Beide sind ἕως θανάτου,[1] die eine aber bleibt diesseits des Todes, wohingegen die andere, die ganz übernatürliche, auch das Jenseits nicht ausschließt; die das Jenseits miteinbeziehende Opferbereitschaft opfert sich bis zum letzten Augenblick des Lebens, der ipso facto auch der erste Augenblick des Todes ist. Die diesseitige Aufopferung, die ganz dem Irdischen verhaftet bleibt, ist grundsätzlich untragisch; sie sagt: hactenus! bis hierher und nicht weiter und macht vor der Schwelle des Todes halt. In der hyperbolischen Dämonie des Opfers hingegen nimmt es der Märtyrer auf sich, für den anderen zu sterben; diese völlige Hingabe ist das Größtmögliche, dessen ein Mensch fähig ist; denn kein Mensch kann mehr geben als sein eigenes Wesen; denn wir haben nichts Größeres zu geben als unsere Person und unser Leben. Die Hingabe ist nicht weniger vollkommen, wenn der Engel Gottes in letzter Minute, besser: im vorletzten Augenblick auf absolut unvorhergesehene Weise das Schwert des Opferpriesters abwendet: es genügt, daß der in letzter Sekunde Davongekommene, der in extremis durch diesen Theatercoup der Vorsehung gerettet wurde, den Tod in aller Unschuld und ohne Berechnung hingenommen hatte. Von dem Moment an, da der Held von vornherein bewußt alle Folgen seiner Handlungen – den Tod nicht ausgenommen – einbezieht, ist das Opfer echt: da er schließlich in dieser Welt verblieb, obwohl er aufrichtig den Schritt darüber hinaus wagen wollte, wird er einen Augenblick lang die Berührung der beiden Welten erfahren haben; wer weiß? vielleicht war seine Verzweiflung die notwendige (doch nicht ausreichende) Bedingung für das Wunder. Kurz: der Tod ist das Ernste in jedem Opfer, der Einsatz eines jeden Wagnisses, das Salz des Abenteuers. Das Leiden selbst macht uns nur aufgrund der oft

1 [»Bis zum Tod«.]

unmerklichen Dosis Tod, der verschwindend geringen und sozusagen homöopathischen Dosis Tod, die es enthält, leiden. Das tödliche Risiko steht eins zu tausend, und doch ist es die Angst vor dieser winzigen Möglichkeit, die sehr weit entfernt und unwahrscheinlich scheint, ist es diese kleine Besorgnis, die die Gefahr gefährlich und das Lotteriespiel faszinierend macht ... Dies wird offensichtlich an dem Tag, da sich der bis dahin nur in Büchern stehende Begriff in eine unmittelbare Bedrohung verwandelt, da die entfernte und platonische Möglichkeit zu einer sehr baldigen und nahe bevorstehenden Eventualität wird.

Das Nichtsein unseres Seins tritt also am äußersten Ende einer extremen Erfahrung ein. Doch dieses äußerste Ende selbst ist nur extrem, weil die Kreatur in ihrer Dauer endlich und in ihren Dimensionen begrenzt ist. Das Crescendo der Hitze, des Lichts oder des Lärms kann physikalisch unbegrenzt sein, das menschliche Leben jedoch endet sehr früh, und noch bevor das Crescendo seinen Höhepunkt erreicht hat; die anfällige Existenz des Abenteurers endet vor dem möglichen Ende des Abenteuers! Aus dem dreifachen Unendlichen des Raums, der Zeit und der numerischen Abfolge, das unsere lebensbedingte Positivität ganz und gar einhüllt und umgibt, schneidet sich die Person eine begrenzte Fläche heraus, die der unseren Sinnesorganen auf der unendlichen Tastatur der Schwingungen zugewiesene, durchschnittliche Bereich ist, welch letzterer die »Reichweite« dieser Sinnesorgane ausmacht. Diesseits und Jenseits erstrecken sich endlos über die beiden Unendlichkeiten, das Infrasensible und das Ultrasensible, das Infrasichtbare und das Ultrasichtbare, das Infrahörbare und das Ultrahörbare, die das Feld unserer Sinneswahrnehmungen begrenzen, umschließen und bestimmen. Das wahrnehmbare Höchstmaß und Mindestmaß sind die beiden Grenzen, jenseits welcher jeweils das gestaltlose Meer des Nichtwahrnehmbaren beginnt: in der unermeßlichen Nacht des Unsichtbaren, in der endlosen Stille des Unhörbaren, in der Finsternis, die der Nullpunkt von Licht und Klang ist, wird der Mensch blind und taub. Allgemeiner gesprochen: die kreatürliche Endlichkeit ist einbegriffen in dieser Unbegrenztheit an Zeit, die Ewigkeit heißt. So wie die Kontinente auf den Weltmeeren wie Inseln schwimmen, so ist unsere Endlichkeit von der anfänglichen und abschließenden Ewigkeit umgeben: aufgetaucht aus der vorhergehenden Ewigkeit und aufgesogen von der jenseitigen, wird die geschichtliche Biographie einer Person auf der Grundlage der Nichtheit zwischen Geburt und Tod zusammengedrängt. Der Mensch ist von allen Seiten her begrenzt, eingesäumt und bestimmt. Wie sollte uns das kleine Dazwischen, das kurze Zwischenspiel, das man Leben nennt, nicht ständig zu Bescheidenheit und Maß ermahnen?

Bevor er verborgene Tiefe ist, entspricht der Tod also einem bestimmten Höchstmaß, das sich in einer numerisch bestimmbaren Menge ausdrückt; denn so wie das Optimale (ein gemäßigtes Klima etwa) auf halbem Wege zwischen dem Maximum und dem Minimum die dem Leben zuträglichsten Durchschnittswerte darstellt, gibt es ein Höchstmaß an Hitze, Schmerz oder Erschöpfung, wo Leben unmöglich wird. Auf dem Höhepunkt des Schmerzes explodiert die Existenz. Zweifellos ist dieser Punkt ein Punkt unter anderen, eine Größe unter anderen auf der Wertskala, ein Grad, der einer Steigerung auf dem Thermometer entspricht. Bei einer bestimmten Anzahl von Tropfen wird das Medikament zu einem tödlichen Gift, doch handelt es sich hier um irgendeine Anzahl, jenseits welcher noch weit mehr Tropfen auf der Stufenleiter der Posologie[2] möglich sind … nur stellt diese begrenzte, allen anderen Zahlen ähnliche Zahl die tödliche Dosis dar! Bei zehn Tropfen geht das Leben weiter, wenn auch mit mehr oder weniger gravierenden Störungen; bei elf Tropfen jedoch, das heißt nach einem Tropfen mehr, was einen unmerklichen und belanglosen Unterschied ausmacht, stürzt der Lebende tot zu Boden. Was geschieht zwischen dem zehnten und dem elften Tropfen? Der elfte wäre die »kritische Dosis«, eine Dosis jedoch, die je nach Individuum oder von einem Augenblick zum anderen für ein und dasselbe Individuum variabel ist: »Ein Vogel wäre daran nicht gestorben«, sagt der Arzt, der Melisande beisteht[3] … So wie eine bestimmte Schwingungsfrequenz der akustischen Wahrnehmung von Fis-Dur als physikalischer Vorwand dient, so repräsentieren irgendeine Zahl unter anderen Zahlen und ein bestimmter Grad auf der Wertskala den physischen Unfall, bei dem die große metaphysische Mutation eintritt, die wir Tod nennen. Ebenso wie sich die Empfindung verändert und in eine andere Qualität umschlägt,

2 [Von altgr. πόσος: »wie groß?«, »wie weit?«, »wie lange?« oder »wieviel?«.]

3 [Maeterlinck: *Pelleas und Melisande*, a. a. O.]

wenn die Erregung mengenmäßig anwächst, so geht die Existenz schlechthin zugrunde, wenn der kritische Punkt erreicht ist, der das Signal zum Schiffbruch gibt. Das Mißverhältnis zwischen dem empirischen Fortbestand endlicher Größen und der metaempirischen und wahrhaft unendlichen Bedeutung einer bestimmten ausgezeichneten Steigerung, die die Grenze zwischen Tod und Leben anzeigt, ist also vollkommen: einerseits die Katastrophe des eigenen Todes, andererseits eine empirische Fortdauer ohne Ende. Der Tod eines Menschen ist ein Zwischenfall, ein unbedeutendes Glied in einer endlosen Kette, mein eigener Tod aber ist für mich die Tragödie des letzten Augenblicks, ist das Ende der Welt und das Ende der Geschichte, kurz: ist das Ende von allem: was in sich keineswegs das Ende der Zeit bedeutet, ist für mich das Ende aller Zeiten. Liegt im Gegensatz dieser beiden Blickwinkel nicht eine bittere Ironie? Der Augenblick des Zunichtewerdens, der die Fortdauer erwürgt, bezeichnet unseren Zugang zu einer ganz anderen Ordnung. In dieser Hinsicht zumindest ist der Superlativ des Todes, verglichen mit den Komparativen der Empirie, unvergleichlich; in dieser Hinsicht ist der »tödliche Grad« inkommensurabel. Wenn der Tod also diesem oder jenem Quantum einer Steigerung entspricht, dann nur in einem sehr doppeldeutigen Sinne.

2. *Der Augenblick des Todes ist keine qualitative Veränderung*

Hingegen scheint der Tod, insofern er Mutation ist, zur Kategorie der qualitativen Veränderung zu gehören. Die Qualität ist nur durch die Veränderung erkennbar, denn sie bestimmt sich durch die Andersheit. Die unterschiedliche Veränderung, die die Abfolge der Qualitäten ausmacht, füllt Zeit und Bewegung: die Veränderung verleiht dem Werden somit einen konkreten Inhalt. Der unter dem Aspekt der Veränderung betrachtete Tod wäre demnach eher Intervall denn Augenblick, eher Fortdauer denn genau datiertes Ereignis; was zur Diskussion steht, ist nicht mehr die Frage »wann«, sondern die Natur der Veränderung. Das Prinzip der Verwandlung, das das Prinzip der Selbsterhaltung bestätigt, indem es letzteres nuanciert und auflockert, kann das tiefe Unbehagen, das die tödliche Vernichtung in uns wachhält, vielleicht aufheben ... Nichts geht verloren, und folglich »in nihilum nil potest reverti!«[4] wie Lukrez sich zu überzeugen sucht. Denn wie sollte man sich einen Verlust, der durch nichts ersetzt, eine Beseitigung, die durch absolut nichts ausgeglichen wird, vorstellen? Nun aber kann man das Zunichtewerden im Tod nicht einer »Veränderung« gleichsetzen, es sei denn gesprächsweise. Gewiß ist das Werden, wie der Tod, irreversibel, doch ist dies eine Irreversibilität in der Fülle, denn das Werden ist auf jeden Fall – ob es sich nun um einen Reifungs- oder Alterungsprozeß handelt – eine Veränderung in der Dauer. Demgegenüber kann die tödliche Vernichtung, die der Übergang vom Sein zum Nichtsein ist, nur plötzlich und diskontinuierlich sein, was auf die Behauptung hinausläuft, daß alle Tode, und seien sie noch so lange vorbereitet worden, plötzlich sind! Danach steht es uns frei, den Tod ohne Ironie eine »Veränderung« zu nennen ... Doch was für eine sonderbare und ungeheuerliche »Veränderung«! Die Grenz-Mutation mit dem Namen Tod, die zunächst Veränderung und vor allem unausdrückbar ist, weil sie zu den empirischen und partitiven Beziehungen, im Hinblick auf die unsere Sprache zugeschnitten ist, in keinem Verhältnis steht, entzieht sich der Sprache. Alle unsere Verben zum Beispiel drükken Teiloperationen oder Operationen auf der Oberfläche aus: eine Transferierung oder Umsetzung von Ort zu Ort, das Versetzen ein und desselben Objekts an eine andere Stelle, die Übersetzung oder Übertragung desselben Textes von einer Sprache in die andere, das Transponieren einer Musik von einem Ton in den anderen – all dies sind Operationen, wo die Veränderung nur in bezug auf ein Substrat verändert, wo die Mutation einen unveränderlichen Hintergrund voraussetzt, wo sich die Verwandlung nur in bezug auf das Unwandelbare definiert. In einem noch allgemeineren Sinne bestehen »Verwandlung«, »Umbildung« und »Metamorphose«, die den Übergang von einer Form in die andere oder von einer Gestalt in die andere bedeuten, letztlich in einer Travestie; denn was ist die Travestie anderes als eine Verwandlung durch Kleider, die das Aussehen der Person verändert, ohne die Person selbst zu verändern? Proteus, der Vielgestaltige, kann sich nicht unkenntlich machen. Durch die verschiedenen Verkörperungen

4 [»In nichts kann nichts zurückkehren«; Persius: *Satiren* III, 84; vgl.: Lukrez: *De rerum natura* I, 150: »Nullam rem e nihilo gigni divinitus umquam«; (»Nichts kann je aus dem Nichts entstehen durch göttliche Schöpfung«).]

einer Sängerin hindurch, die nacheinander etwa Gwendolin, Penelope, Melisande, Ariane, Jaroslawna und Fewronia sein würde, bleibt die Einheit des Stils erkennbar; die Sängerin bleibt in aller Verwandlung durch Rollen und Flitter stets dieselbe Sängerin, wie auch ein König trotz seiner ganzen Garderobe an Uniformen und Inkognito-Verkleidungen immer derselbe König bleibt. In den Verkleidungen eines Mannes, der sich bald als Gendarm, bald als Bischof, bald als Küchenjunge, Frosch oder Märchenprinz kostümiert, kann die Metamorphose das schlecht überschminkte Wesen kaum angreifen. Die Selbstheit wechselt die Farbe ihrer Schale, das heißt, sie gibt sich eine neue Haut und bleibt doch in der Substanz dieselbe, was das Konzept der Modifikation noch deutlicher macht. Jede ausdrückbare und beschreibbare Veränderung ist eine »Modifikation«; das heißt, daß die Veränderung die Modi der Substanz modifiziert, die Substanz selbst aber unangetastet läßt. Die Entwicklung verwandelt die Seinsweisen, ohne das Sein dieser Weisen zu verändern. Wie phantasievoll der Komponist das zu variierende Thema auch behandeln mag, es bleibt durch die vielfältigen Variationen hindurch, die es modifizieren, immer es selbst. Die sensationellsten, eindrucksvollsten und feenhaftesten Metamorphosen, die das Thema am phantastischsten ausschmücken und die Erscheinung des Lebenden am nachhaltigsten verwandeln, sind auch nur adjektivische Modifikationen, oder, wenn man will, lediglich äußerliche Veränderungen auf der Oberfläche der Haut oder der Rinde. Die erstaunlichen Wunder, von denen uns Ovid[5] und Charles Perrault[6] erzählen, verkleiden nur die äußeren Modalitäten und bleiben an der Oberfläche des Wesens: nur die Epidermis ist betroffen, nicht aber der Kern des Wesens. Daher ist der Tod für die Anhänger der Palingenese nur eine Verwandlung unter anderen ... Derjenige, der anders geworden ist, wäre gar nicht *anders*, das heißt würde sich gar nicht relativ unterscheiden, wenn er nicht relativ derselbe geblieben, wenn die verwandelte Form nicht der ursprünglichen vergleichbar wäre und ein feiner, aber doch dauerhafter Faden das Vorher und Nachher der Metamorphose nicht noch miteinander verbinden würde. Drücken die Vorsilben »Trans« und »Meta« nicht das Überflüssige und Zweitrangige der Veränderung in bezug auf das Substrat dieser Verände-

5 [Ovid: *Metamorphosen*, Zürich/München 1988.]
6 [Charles Perrault: *Sämtliche Märchen*, Stuttgart 1986.]

rung aus? Der Übertritt vom Leben in das *Über-Leben* würde diesseits und jenseits des Todes die Fortdauer eines substantiellen Lebens implizieren.

Das Bergsonsche Paradoxon war in seinen hyperbolischsten Aspekten zum großen Teil eine Bekehrung zur Grenzidee der reinen Veränderung:[7] die radikale Veränderung wäre demnach jenseits der modalen Veränderungen die wahre Wundertätigkeit des Werdens. Es gibt einen Transformismus, besser: einen adjektivischen Transformationismus, der einen kaum versteckten Substantialismus verschleiert, es gibt einen scheinbaren Mutationismus, der verdeckte Unbeweglichkeit ist. Die reine Veränderung darf nicht mit dem Begriff der hypostasierten Veränderung verwechselt werden; denn der Begriff der Veränderung ändert sich nicht. Andererseits darf die Veränderung auch nicht mit dem verwechselt werden, »was sich verändert«: in diesem *was* sich verändert geht das Subjekt oder der Träger des Verbs der Veränderung voraus, anders ausgedrückt: Das Mutieren ist den Substantiven der Grammatik gegenüber zweitrangig. Nein, das Bewußtsein ist kein Sein-das-wird, es ist ganz Werden, so wie es ganz Freiheit ist. Das Wasser ergießt sich in das Flußbett, die Bewußtseinsinhalte indes strömen keineswegs in das Innere eines leeren Milieus, das die Dimension der Zeit wäre. Hier sind die Modalitäten die Substanz selbst, und folglich ist das Werden unser Wesen an sich, unser einziges und ganzes Wesen; denn wir haben kein anderes *esse* als das *fieri*.[8] Und endlich ist die Person selbst und zur Gänze – die Johannität von Johannes, die Andreität von Andreas, die Selbstheit eines jeden – ein Werden aus Fleisch und Blut. Vielleicht sollte man diese gänzliche Transmutation, diese nicht mehr teilweise oder geringfügige, sondern ontische und metaempirische Entwicklung, die das Werden summa summarum ausmacht, und dank deren sich das aus seinem eigenen Kern geschleuderte Wesen ekstatisch und zur Gänze von Wesen zu Wesen begibt, »Transsubstantiation« nennen. Hierin ist das Werden Schöpfung und fortwährende Innovation. Haben wir es hier nicht eher mit einer qualitativen Modulation denn mit einer teilweisen Modifikation zu tun?

7 [Henri Bergson:] La Perception du changement, 2. conférence, [in:] *La Pensée et le mouvant*, [Paris 1938,] S. 163 [dt.: *Denken und schöpferisches Werden*, Hamburg 1993].

8 [Kein anderes »Sein« als das »Werden«.]

Und doch bleibt die Transsubstantiation, so metaphysisch sie auch sein mag, noch immer den epithetischen Veränderungen der Empirie verwandt: sie schreibt sich in der Tat in die Fortdauer und Fülle des Existierenden ein, wohingegen das Zunichtewerden im Tode dieser Fortdauer den Garaus macht. Wenn die Verwandlung das Übergehen von einer Form in die andere, die Transsubstantiation die Überführung des ganzen Wesens in ein neues Wesen ist, und die Histogenese auf die Histolyse folgt, so ist der Tod der Übergang von der Form in die Abwesenheit von Form oder von der Gestalt in die Gestaltlosigkeit und zugleich der Übergang vom Sein in das Nichtsein; er vernichtet zugleich die Modalitäten und die Substanz, die Adjektive und das Wesen, das sie trägt. Hier vermag man nicht zu sagen, welche Art Feenzauber sich im Dazwischen von Vorher und Nachher ereignet hat, da man von einem Nachher im eigentlichen Sinne nicht sprechen kann. Die Verwandlung des Lebenden in einen Leichnam bestätigt die »Grundsätzlichkeit« der Beseitigung durch den Tod eher, als daß sie sie entkräften würde; denn abgesehen davon, daß sie einzig den Körper betrifft, verwandelt sie ihn auch noch in ein gestaltloses Etwas; ist der Leichnam nicht ein grauenvolles Chaos und eine rohe Masse, ein Körper ohne organische Form? Diese Verwandlung in nichts ist also keine Verwandlung, ja nicht einmal eine Verformung! Diese »Verwandlung« ist vielmehr Vernichtung ... Hinausgehend noch über die modale Verwandlung, die der Übergang *vom einen zum anderen* (ἐξ ἄλλου εἰς ἄλλο) oder der Wechsel vom einen in das andere ist, und hinausgehend noch über die radikale Transsubstantiation, die die Verwandlung *eines Ganzen in ein Ganzes* oder die Transmutation des anderen in ein *Ganz-Anderes* ist, läßt die »mutatio in nihilum«, die Tod genannt wird, das Wesen *aus allem in nichts* fallen und stürzt es in das *Nichts schlechthin.* Der Leichnam ist das schöne Neue, worauf diese unheilvolle Innovation hinausläuft. Der relativen Erneuerung, die die Verwandlung in etwas anderes, und der absoluten Innovation, die Schöpfung eines ganz Neuen ist, steht die tödliche Decreatio, die man eine umgekehrte Innovation nennen könnte, gegenüber. Das eine ist dem anderen korrelativ und diesem relativ anderen und relativ gleichen anderen vergleichbar, wie denn auch das andere derselben Ordnung zugehörig ist wie das Eine; was das absolut andere Ganz-Andere betrifft, das nicht nur einfach anders, sondern unendlich anders als das andere und in höchster Potenz anders ist, so ist es einer völlig anderen Ordnung zugehörig als sein anderes und mit diesem anderen in keiner Weise vergleichbar, aber es widerspricht ihm nicht; diese Negation ist die Vernichtung durch den Tod. Deshalb besteht zwischen dem Tod »schlechthin« und den winzigen oder teilweisen Toden, aus denen sich der Alterungsprozeß zusammensetzt, ein wahrhaft metaphysischer Unterschied. Wenn die geringfügigen Verwandlungen, die das Werden werden und das Kommende kommen lassen, ebenso viele Tode wären, anders gesagt: wenn das ganze Leben ein fortwährender Tod wäre, wäre der Tod seinerseits nur eine Veränderung unter anderen. Doch dies sind bloße Redensarten. Der Alterungsprozeß, der das Haar weiß werden läßt, Falten gräbt, Arterien verkalkt, die Blutzusammensetzung ungünstig beeinflußt und die Sekretation und den Metabolismus im allgemeinen umbildet, zwingt, ähnlich den Wechseljahren, der Morphologie des Organismus eine stete Folge von unmerklichen Retuschierungen und einzelnen Veränderungen auf. Der Tod hingegen macht durch all dies einen Strich! Der Tod unterbricht sämtliche Funktionen: Atmung und Blutzirkulation ebenso wie Herzschlag und den gesamten Stoffwechsel; das Fallbeil der Nichtheit löst mit einem Schlag alle Fragen. Wir sagten von der Tod genannten Verweigerung, daß sie die allumfassende Auflösung, die große allgemeine Demobilisierung und die Radikalkur sei, die mit einemmal alle Krankheiten heilt, indem sie den Kranken beseitigt. Unter diesem Aspekt ist die Embolie tatsächlich eine »Lösung«, die so lächerlich wie entscheidend und so simpel wie radikal ist: da sie das Wesen, das Träger aller Probleme ist, niederwirft, »löst« sie erst recht alle Probleme dieses Wesens. Der einschneidende Augenblick des Todes löst mit einemmal, was ein endloses Altern zu vollbringen nicht in der Lage wäre. Der Unterschied, der zwischen der Vernichtung durch den Tod und den dem Alter inhärenten Veränderungen besteht, die so tiefgreifend sein können wie die Arteriosklerose oder nur oberflächlich wie die Kahlköpfigkeit, ist folglich kein gradueller, das heißt ein mehr oder weniger großer Unterschied, sondern ein fundamentaler. Die Zerstörung widersetzt sich wie alle tiefgreifenden Veränderungen der oberflächlichen Abänderung, sie widersetzt sich jedoch auch den tiefgreifenden Veränderungen; denn die Zerstörung ist keine »Veränderung« unter anderen im eigentlichen Sinne. Die größte revolutionäre Verwirrung und der radikalste Umsturz können von der Vernichtung nur eine schwache Vorstellung vermitteln! Eine andere Anordnung oder ein teilweises Versetzen ist noch keine tödliche Vernichtung, eine Verwandlung aber, die das Wesen von Grund auf erschüttern würde, ist es ebensowenig.

Der Tod, so sagten wir, ist weder etwas Quantitatives noch eine qualitative Veränderung, und umgekehrt ist er ebensowenig Mutation eines anderen in ein anderes noch Reduzierung des Großen auf das Kleine oder, wie Leibniz es nahelegt, Einhüllung. Die Zerstörung steht im Gegensatz zu teilweisen Beseitigungen: denn wenn die Distanz zwischen der Ganzheit des eigenen Wesens und einem Teil dieses Ganzen unendlich ist, ist sie zwischen dem Nichtsein meiner eigenen Ganzheit und dem Nichtsein eines einzelnen Teiles nicht weniger unendlich. Wenn man die Portionen, die Bemessung der Scheiben oder das Gewicht der Stücke vergleicht, kann ein Teil kleiner oder größer sein als ein anderer, und für eine neutrale und transzendente Instanz, das heißt in der dritten Person, ist auch die Ganzheit mit jedem ihrer Teile vergleichbar: in den Augen der Gemeinschaft zum Beispiel ist das Leben eines Menschen wichtiger, wiegt schwerer und ist kostbarer als der Arm oder das Bein desselben; daher wird Mord schwerer bestraft als Prügelei; daher wird der Chirurg, wenn Wundbrand droht, das Bein opfern, um das Sein des Subjekts zu erhalten: die Amputation ist hier das kleinere Übel. Der Eigentümer und seine Eigenschaften bleiben hier miteinander vergleichbar. Meine eigene Ganzheit indes ist für mich ein Unvergleichliches außerhalb jeglichen Komparativs: meine eigene Ganzheit ist nicht nur größer als irgendeiner ihrer Teile – sie ist auch einer ganz anderen Ordnung zugehörig; denn meine Ganzheit ist die Fortdauer meines Wesens schlechthin; denn meine Ganzheit ist mein unersetzliches Leben an sich, das, insofern es einmalig und unauswechselbar ist, einen unbegrenzten Wert hat; mehr: mein Wesen, das die Grundbedingung aller Güter des Lebens ist und das allein den Werten ihren Wert verleiht, hat selbst keinen Wert. Man kann folglich nach Belieben sagen (denn beides läuft auf das gleiche hinaus): was Wert verleiht, hat keinen Preis; was den Wert aller Werte verleiht und stiftet, hat einen jeden Preis übersteigenden Preis, einen unendlich hohen, im wahrsten Sinne des Wortes unbestimmbaren und unschätzbaren Preis. Ihn zu beziffern, ist nicht möglich, obwohl der in Gemeinschaft lebende Mensch gut daran tut, der Konvention zufolge einen Tarif festzulegen ... Versichert man sich nicht gegen den Verlust des Lebens? Korrelativ dazu ist die Nichtheit unseres Wesens nicht »sagbarer«, als dieses Wesen an sich quantifizierbar ist. Jenseits der Atrophie irgendeines Organs ist die Nichtheit buchstäblich der Tod des gesamten Lebens; der Tod nimmt nicht etwas weg vom Sein, τι τοῦ ὄντος, eine Portion oder einen Abschnitt etwa, sondern er beseitigt die Ganzheit des Seins und ist nur aufgrund der Vernichtung dieser Totalität tödlich. Ist das Nichtsein des ganzen Seins, oder buchstäblich: das Überhaupt-Nichts ... nicht die Definition der Nichtheit schlechthin? Dies ist der ganze Unterschied zwischen der Amputation, der teilweisen Abnahme auf der Grundlage der Erhaltung oder Fortdauer und der Vernichtung, die eine in ihr Gegenteil verkehrte Wundertätigkeit und das Versinken des Existierenden in die Inexistenz oder des persönlichen Wesens in das Unsichtbare ist. Der Tod bezeichnet nicht die örtliche Leere, die der fehlende Teil oder die Resektion, die diesen Mangel bewirkte, in ein Ganzes gegraben hat: der Tod bezeichnet die absolute, unkompensierbare und durch das Verschwinden der Person aufgerissene Leere. Deshalb auch ist der Leichnam keine bloß unvollständige Form wie der Hinkende, Einarmige oder »der Entstellte«,[9] sondern Formlosigkeit. Der Tod zieht die völlige Zersetzung einer ihrer Selbstheit beraubten Form nach sich. Wie sollte die nicht wiedergutzumachende Vernichtung dieser unersetzlichen Selbstheit nicht Grund sein zu untröstlicher Trauer? Das Opfer des eigenen Lebens ist daher ein unendliches Opfer, oder, um es einfacher zu sagen: eine heroische Tat. Während die Geste, durch welche man etwas gibt, anderes aber behält oder ausspart, eine teilweise und empirische und folglich eine der menschlichen Fortdauer entsprechende ist, macht das Sich-selbst-Geben, das eine Gabe des eigenen Wesens ist, das Paradox und den hyperbolischen Widerspruch einer »totalen Schenkung« möglich. Das Opfer, das die Entscheidung ist, für einen anderen zu sterben (ὑπεραποθνήσκειν), nimmt einen ganz anderen Rang ein als die kleinen Aufopferungen und teilweisen Verzichtleistungen der Fortdauer oder geringfügige Entbehrungen. Aus dem gleichen

9 [Im Original »la gueule cassée«, wörtl.: »die zerschlagene Fresse«.]

Grund ist der Tod nicht die äußerste Schmerzgrenze, noch ist der Schmerz eine empirische Miniatur des Todes. Sicherlich ist der Schmerz ebenso eine Begleiterscheinung der großen Veränderungen der organischen Form wie zum Beispiel der schweren Verstümmelungen, die diese Form entstellen, wie er eine Begleiterscheinung der Krisen ist, die das Vorspiel bilden zu den großen Bekehrungen und Reuebezeigungen des neuen Adam. Vollziehen sich die biologischen Metamorphosen, die Arbeit des Gebärens etwa, wo die Metamorphose in konzentrierter Form sichtbar wird, nicht fast immer unter Konvulsionen und Schmerzen? Impliziert die revolutionäre Neuheit nicht stets eine Art schmerzhafter Initiation? Deshalb vielleicht stellt sich die volkstümliche Überlieferung Heraklit, den Philosophen des Wechsels, gerne weinend vor. Wenn der stete Wechsel, der Werden heißt, auf einen langen Schmerz hinausläuft, wäre der Tod nichts anderes als größtmöglicher Schmerz. Doch der Schmerz des Gebärens, um damit zu beginnen, ließe sich nur dann dem Todesschmerz vergleichen, wenn man im Sinne einer Philosophie der beruhigenden Kompensationen Geburt und Tod als etwas Symmetrisches auffassen wollte. Nun aber ist die natale Verwandlung keineswegs metaempirisch: weder für den Organismus der Mutter, der die Gewaltsamkeit dieser Verwandlung erleidet, den Fortbestand der Gattung aber sichert, noch für den Neuankömmling, der schon vor seiner Geburt ein vorgeburtliches Leben führte. Trägt die Embryologie, die diesseits der Geburt die Präexistenz eines noch nicht existierenden Wesens enthüllt, nicht dazu bei, daß das Ereignis der Geburt resorbiert und, zumindest *a parte ante*,[10] die genetische Kontinuität eines jeden Schicksals wiederhergestellt wird? Andererseits unterscheidet sich auch die Häufung einzelner Retuschierungen unendlich vom Tod. Der Tod ist dem Abnehmen eines Gliedes, dem Ziehen eines Backenzahns oder dem Entfernen einer Niere, die der Ganzheit, deren Teil sie war, entnommen wurde, nicht vergleichbar; denn was bleibt, ist nach der Amputation fähig, sich einem verminderten Zustand anzupassen, mit der Behinderung einen Modus vivendi zu finden und seine organische Form wiederherzustellen; die Abnahme eines Teils, das Zerreißen einer Ganzheit vermitteln uns keine Vorstellung vom Tod. Welcher Be-

10 [»Hinsichtlich des Davor«.]

griffe wir uns auch bedienen mögen, sie bezeichnen stets endliche und empirische Teilungen. Die Philosophie des entzündeten Bakkenzahns ist versucht zu sagen, daß der Tod das Herausreißen des ganzen Wesens aus seinem ihm eigenen Wesen sei, doch auch das ist nur eine Redensart! Zu behaupten, daß im Tod das ganze Wesen außer sich gerät, heißt das Fortleben und Überdauern eines fundamentaleren Wesens vermuten, aus dem die Person herausgezogen ist, und heißt weiter, aus dem Tod eine ich weiß nicht welche maximale Verstümmelung machen, die den Lebenden um seine Existenz amputieren würde ... Wir kehren stets zum selben Punkt zurück: Der Tod ist die Vernichtung schlechthin und ist hierin metaempirisch! Denn die Wurzel des Wesens wird vertilgt! Wenn auch jede Verwandlung nur unter Schmerzen vonstatten geht, wie konnten wir uns im voraus den übernatürlichen Schmerz vorstellen, der einer solch undenkbaren Verwandlung inhärent ist? Dieser Schmerz ist etwas noch nie Dagewesenes, und er hinterläßt keinerlei Nachgeschmack: hier sind Antizipation und Wiedererinnerung nicht mehr möglich. Doch dies ist nicht alles: Der empirische Schmerz verlängert nicht nur die Verletzung, die ihn hervorrief, er dauert auch eine gewisse Zeit für einen sich zwischen zwei Formen in der Schwebe befindlichen Organismus, der die alte Form schon abgelegt hat, ohne jedoch sofort sein Gleichgewicht in der neuen zu finden. Dieses biologische Übergangsstadium von einer Form zur anderen ist der Schmerz. Der anhaltende Schmerz zerfällt in eine Abfolge winziger Mutationen, die die konstruktive Arbeit der Wundheilung vorantreiben und den Regenerierungsprozeß mobilisieren. Der Iktus löst sich auf im Intervall. Welches gemeinsame Maß aber kann man zwischen dem plötzlichen Augenblick des Todes, der über alles ein für allemal entscheidet, und der diffusen, langen und endlosen Gegenwart der schmerzerfüllten Fortdauer finden? Wir sprachen, um unsere Gedanken an etwas festzumachen, vom »absoluten« Schmerz. Doch hat die Verbindung dieser in sich gewissermaßen widersprüchlichen Worte einen Sinn? und gibt es einen Schmerz, der nicht relativ wäre? Der Schmerz, der auf das Fleisch eines endlichen Organismus einwirkt, welcher zu gewaltige Verletzungen nicht in der Lage ist zu ertragen, ist die vermittelte Erfahrung schlechthin. Er ist eine Mischung aus Aktivität und Passivität, ist innerhalb der Zwischenzeit die unselige Mittelbarkeit und ebendadurch ein Ereignis des psychologischen Dazwischen, oder besser: ein Ereignis der Empirie. Ist die empirische Zwischenzeit mit ihren endlichen Inhalten, die sie füllen, mit ihren Zickzacklinien und ihren Wechselfällen, ihren Schwankungen und Widerwärtigkeiten, dem Wechsel von Höhen und Tiefen, ihren einander ablösenden Schicksalswenden und Rückwärtsbewegungen nicht sehr oft eine Fortdauer voller Prüfungen und ein unablässig erneuertes Wiederanheben von Leid? Ein Schmerz folgt auf einen anderen oder ist der Beginn einer vorläufigen Rekonvaleszenz des neuen Menschen. Wie eine auf Heilung zustrebende Krankheit steht der Schmerz mit dem Vorher und Nachher in Verbindung und enthält alle Grade und Degradierungen der Intensität. Der Tod hingegen ist eine metaempirische Krise, die von einem Mehr oder Weniger nichts weiß und die einzig auf das Alles oder Nichts antwortet; der Tod setzt der gemischten Empirie schlichtweg ein Ende. Kann man sagen, daß eine solche Krise »erfahren« oder auch nur empfunden wird? Der Tod ist etwas, das uns widerfährt, doch den Tod *selbst* empfinden wir nicht im eigentlichen Sinne. Die Selbstheit des Todes, die ein extremer und letzter Zufall ist, ist Gegenstand einer abrupt verkürzten Geburtserfahrung. Mehr: es sind ohne Zweifel empiromorphe Analogien, die die Vorstellung vom Tode so monströs machen, indem sie uns den Tod an der Erfahrung eines ins Absolute gesteigerten Schmerzes messen lassen; wenn der Schmerz eines abgeschnittenen Kopfes den gleichen Grad erreicht wie der Schmerz eines geschürften Fingers und man sich jenen ausgehend von diesem vorstellt, ergreift den Verstand wahrlich ein Taumel. Was die Wehwehchen des Alterns betrifft, so spielen sie sich auf einem ganz anderen Niveau ab als der Tod und lehren uns folglich nichts über ihn. Fügen wir hinzu, was weder eine Lapalissade[11] noch ein lächerlicher Trost sein soll: wer leidet, ist noch am Leben; solange er leidet, behält das Leben in ihm noch die Oberhand und die positiven Kräfte sind dem Nichtsein noch überlegen; wenn es an der Gesundheit fehlt, ist der Schmerz noch immer ein Zeichen von Sensibilität; hierin zumindest stellt er einen relativen Erfolg und gar eine bescheidene Hoffnung dar ... Der sophistische Pessimismus kann also leicht in sein Gegenteil verkehrt werden: leiden = fühlen = leben! Die Ärzte helfen dem Kranken bisweilen zu lei-

11 [Siehe oben: Einleitung »Das Geheimnis Tod und das Phänomen Tod«, Anm. 37.]

den, um so die »Häutung« zu unterstützen, für die der Schmerz das Symptom ist. Der Tod hingegen ist nicht nur einer ganz anderen Ordnung zugehörig als der Schmerz, sondern er hätte eher auch eine schmerzbefreiende Wirkung; Maeterlinck hat mit Nachdruck auf diesen erlösenden Aspekt verwiesen. In den religiösen Tröstungen taucht der Tod oft als Initiation zu einer schmerzunempfindlichen Existenz auf und die letzte Prüfung als unser Pfand für diese Existenz; dieses Versprechen wird gehalten und erfüllt und zwar im Aushauchen des letzten Seufzers; der Tod wäre für einen Kranken also sowohl höchster Schmerz als auch der erste Augenblick einer schmerzfreien Existenz. Im *Phaidon* ist er Reinigung: der Sterbende tritt über die Schwelle, die die trübe Grenzgemeinschaft von der höchsten Reinheit und das durchschnittliche Leben vom höchsten Weiterleben trennt. Doch dieses Hinübertreten hat nichts von einer Übersiedelung oder Verwandlung, der Hinübertritt hat nichts von einem Übergang an sich! Wenn der Schmerz das Symptom der Verwandlung, der Tod aber keine Verwandlung ist, gilt es zu wählen: entweder vermittelt uns der Schmerz nicht die geringste Vorstellung von einem Leiden, das entsetzlicher sein muß als jedes uns bekannte Leiden, oder der Tod ist einer ganz anderen Ordnung zugehörig als das Leiden, und folglich kann Sterben nicht weh tun! Denn Leiden erfordert Zeit, derjenige aber, der stirbt, hat buchstäblich keine Zeit zu leiden ... Nein, der Tod ist keinesfalls Verwandlung, weder eine winzige noch eine große, weder eine geringfügige noch eine wesentliche und nicht einmal im eigentlichen Sinne eine maximale! Der Tod ist nicht die Preisgabe dieser oder jener Bestimmungen, er ist die Preisgabe der Form schlechthin; und er ist nicht nur die völlige Preisgabe der Form, sondern die Preisgabe der Substanz an sich, die diese Form trägt, und die Preisgabe des Trägers dieses Trägers und endlos so fort.

3. Der Augenblick des Todes ist kein Wechsel in eine andere Zeit

Auch unter dem Aspekt der zeitlichen Fortdauer ist der Tod keine Verwandlung. »Kontinuationismus« und »Transformismus«, die bei Leibniz an die Immanenz der Empirie gebunden sind, stehlen sich beide über den fatalen Augenblick hinweg. Ergänzen sich hierin nicht das Prinzip der Fortdauer oder des Beharrens des Wesens und das Prinzip der Erhaltung des Habens? Doch der Tod ist nicht nur unsagbar und unbeschreibbar, er ist ebenso unerzählbar, weil er jede Fortdauer abbrechen läßt. Es gibt keinen Wechsel ohne Andersheit, kein Eintreten ohne eine Zukunft, die eintreten zu lassen die Aufgabe des Werdens ist und auf die die Künftigung gerichtet ist, in einem Wort: es gibt kein Werden ohne ein Attribut, das dieses Werden ankündigt und das, da es das Ergebnis der Veränderung ist, stets den Hauptakzent trägt: denn da das Werden per definitionem die Fortdauer der Andersheit oder fortwährende Andersheit ist, wäre es ein wahrer Pleonasmus, dieses Verb und dieses Attribut miteinander zu verbinden: anders werden. Der Tod ist, so betrachtet, eine scheinbare Veränderung, denn es ist eine Veränderung ohne ein *anderes*; der Tod ist ein Werden, das so tut, als werde es etwas, als werde es etwas anderes, das aber zu nichts wird und die Zukunftslosigkeit ... gebiert ... Es ist ein scheinbares Werden und eine eingebildete Schwangerschaft! Weit davon entfernt, sich kreisförmig zu einer Vergangenheit zurückzubiegen, die noch Zukunft wäre, bricht diese Pseudo-Künftigung abrupt ab; die Innovation gebiert weder das Neue, das sie zu versprechen scheint, noch die langen Zeiten, die vor uns gewesen sind und zu denen die zyklische Zeit des Predigers Salomo[12] zurückkehrt: eine solche Metamorphose endet, was die Morphologie betrifft, im Amorphen, eine solch lächerliche Innovation gebiert, was das Neue betrifft, nur das Nichtsein; das tödliche Werden kündigt wohl etwas an, wenn hier überhaupt von Werden die Rede sein kann, doch dieses Etwas wird nicht eintreten, und dieses Etwas ist nichts! Die Mutation verspricht und nimmt im selben Augenblick zurück ... Die natürliche Bestimmung des Werdens, die das noch Ausstehende in ein Gewordenes verwandelt, wird plötzlich geleugnet, brutal unterbrochen und im Handumdrehen erwürgt. Der Tod, sagten wir, ist das Scheitern par excellence ... Rühren der große tragische Mißerfolg, die Enttäuschung der Enttäuschungen und das völlige Zusammensinken nicht von dieser Vernichtung, die ein Abbruch ist, und vom Schiffbruch des Werdens her? Die Mutation im Tode mündet in die Leere des

12 [Prediger I, 4-11.]

Nichtseins und in den Nullpunkt der Nichtigkeit des Wesens: der diesseitige Abhang der Verwandlung findet keine Fortsetzung im Jenseits; das Danach folgt nicht auf das Davor, um so ein Gleichgewicht herzustellen. Was in dieser Scheinmutation fehlt, ist in der Tat der entscheidende Augenblick des Danach: man wird weder die verwandelte Form noch die modifizierten Modi, noch das gewordene Kommende sehen, die die Daseinsberechtigung der Künftigung ausmachen. Dieses unvermittelte Innehalten, das den Vorgang abbrechen läßt, ist der Beginn der großen schwarzen Stille posthumen Nichtseins. Die Künftigung ohne Zukunft, die eine verstümmelte, hinkende und asymmetrische Veränderung ist, schlägt um in das Nichts. »*Was* wird aus *uns nach* dem Tod?« fragt der Abt Théophile Moreux in einem seiner populären Werke;[13] nun ist eine solche Frage aber gar nicht zu stellen, denn aus dem Toten »wird« überhaupt nichts: das Attribut, das Inexistenz ist, das Subjekt, das aufhört zu existieren, und das Danach, das nicht einmal ein »Danach« ist, widersprechen alle drei der Absicht, zu werden und annullieren sie! Das Geheimnis des Zunichtewerdens und das Geheimnis der Schöpfung sind also umkehrbar: im Geheimnis der schöpferischen Positivität sind das Davor, das Schöpfer, und das Danach, das Geschöpf heißt, gleichermaßen greifbar, einzig der Augenblick des Während, der die Schöpfung im eigentlichen Sinne ist, scheint ungreifbar: diese Gegenwart im Angelpunkt zweier Abhänge, zweier Fortdauernden und zweier »Subsistenzen« ist nicht nichts, sondern ein Fast-Nichts und ein Aufblitzen, eine verlöschende Erscheinung. Unter einem anderen Blickwinkel betrachtet, könnte man sagen, daß die Nichtheit in der Schöpfung schon vorweggenommen wird und die Betonung stets auf dem Danach liegt; in der Fülle des Geschaffenen hat das Bewußtsein alle Muße, nach den Überresten der Schöpfung zu suchen. Wie die Schöpfung, ist die Geburt auf das Kommende gerichtet, und das Bewußtsein, das über sie philosophiert, ist der lebendigen Positivität in jedem Augenblick gleichzeitig. Das vorgeburtliche Nichtsein ist demzufolge per definitionem in der Vergangenheit angesiedelt. Im Tod hingegen befindet sich die Positivität der Fortdauer ganz im Gegensatz dazu dahinter und in einem präletalen Sein; die Nichtheit steht ganz und gar in der Zukunft.

13 [Théophile Moreux: *Que deviendrons-nous après la mort?*, Paris 1914.]

Andererseits sagten wir: Die Vernichtung ist nicht nur eine völlige, sie ist auch endgültig; niemals mehr wird etwas anderes eintreten. Der Tod ist eine Veränderung, die für immer jede Möglichkeit der Veränderung erstickt, die der Veränderung fähige Substanz vernichtet und das wandelbare Wesen bis in seine unveränderliche Essenz hinein auslöscht. Folglich ist die letale Verwandlung – wenn es sie gibt – zwangsläufig die letzte. Die empirische Verwandlung läßt die Möglichkeit offen für nachfolgende Verwandlungen, sie verknüpft sich mit anderen Verwandlungen, die sie in Gang setzt und einleitet; jede Metamorphose löst Kaskaden von Metamorphosen aus: so fügen sich die Wunder bei den Heiden oft in eine Reihe von Metempsychosen und aufeinanderfolgenden Reinkarnationen ein; nur das erste Wunder ist schwer! In der affirmativen Fülle der Verwandlung sind alle Hoffnungen und Kompensationen, ist jedes Wiederanheben und In-Schwung-Bringen möglich! Die letzte Metamorphose aber fällt in sich zurück, sie ist also keine Metamorphose; denn die Verflachung in das Nichts des Todes schließt jedes Wiederaufleben aus. Wie sollten sich die Religionen mit diesem durch nichts kompensierten Verlöschen, das ihnen das Brot der Hoffnung aus dem Mund nimmt, abfinden? Zeus' Rückkehr zu seiner ursprünglichen Gestalt nach einer Reihe von hübschen Verkleidungen, pittoresken Verwandlungen und amüsanten Inkognitos wäre, verglichen mit der Wiederauferstehung der Toten, beinahe etwas Natürliches! Leibniz, der ein besonderes Interesse daran hatte, die radikalste aller Verwandlungen zu eskamotieren – denn die Natur macht nichts »per saltum«[14] –, war es sich schuldig, im Tod nur eine Metamorphose von vielen zu sehen. Der Brief an Arnauld,[15] in dem er sich, da er für eine »Involution« der Organismen plädiert, auf Leeuwenhoek und Swammerdam beruft, zieht nur die »Entelechien« in Betracht unter Ausschluß der »Geister«: es ist jedoch deutlich, daß das auszutreibende Gespenst die metaempirische Diskontinuität des Todes ist. Da sich die Me-

14 [»Durch den Sprung«.]

15 [Gottfried Wilhelm Leibniz:] Brief an Arnauld, Sept. 1687, [in: *Hauptschriften zur Grundlegung der Philosophie*, Teil II, Hamburg 1996 (= *Philosophische Werke in vier Bänden*, Bd. 2)], S. 424-443; [vgl.: ders.:] *Betrachtungen über die Lehre von einem einigen, allumfassenden Geiste* § 14 [ebd., Teil I (= *Philosophische Werke*, Bd. 1), S. 305-316]; siehe auch: *Monadologie* § 73 [ebd., Teil II, S. 603 ff.].

temsomatose als zu brutal herausstellt, behauptet Leibniz eine Verminderung oder Einhüllung, die die Rückkehr des Tieres zum lethargischen Leben rechtfertigt. Die Wasserfälle eines Flusses, schreibt er,[16] hindern seine Strömung nicht am Weiterfließen; man versteht, können wir hinzufügen, daß ein nach seinem »Versiegen« vorläufig unterirdisch gewordener Fluß wieder an der Erdoberfläche erscheint; doch der Tod ist in diesem Sinne kein »Versiegen« des Lebensstroms, noch ist er Verschwinden des Werdens. Leibniz spricht an anderer Stelle vom »Fall der Musik«, das heißt von Kadenzen, die eine melodische Linie zu unterbrechen scheinen. Wäre der Tod nichts anderes als ein *musikalischer Fall*? Leibniz' stete Sorge war es, über die Nichtheit des radikalen Ursprungs einen züchtigen Schleier, einen Schleier der Sittsamkeit und Weisheit zu werfen und die Fortdauer jenseits des Endes und diesseits des Beginns wiederzufinden: diese wesentlich »kontinuationistische« Philosophie protestiert also gegen alles, was »schlimmstenfalls« Zerstörung ist, und reduziert die Vernichtung auf eine Verminderung. Trotz dieser Vorsichtsmaßnahmen läßt sich der Bruch, den der Tod darstellt, nicht hinwegzaubern; die Lösung der Kontinuität wird im Fluß der Metamorphosen nicht schmelzen. Das Werden ist ergänzender Wechsel und stete Trennung, die durch anderes ständig kompensiert wird, und dies bis zum Augenblick des Todes, der das letzte Unersetzliche ist.

4. Der Augenblick des Todes weist jede Topographie zurück

Wie der Tod weder in den Begriffen der Veränderung noch in jenen des Mehr oder Weniger, das heißt in den Begriffen der Posologie,[17] denkbar ist, so weist er auch jede Chronologie und Topographie zurück. Wir müssen jedoch bemerken, daß der letzte Seufzer an einem bestimmten Datum auf dem Kalender, einer bestimmten Stunde und Minute auf der Uhr stattfindet: obwohl man den Augenblick des Todes nicht mit Sicherheit voraussehen kann, antwortet dieses Ereignis in jedem Fall, so scheint es, auf die Frage:

16 [Gottfried Wilhelm Leibniz:] *Neue Abhandlungen über den menschlichen Verstand* IV, 16, § 12 [= *Philosophische Werke in vier Bänden*, Hamburg 1996, Bd. 3, S. 512 ff.]; siehe auch: Brief an R. de Montmort, 1715.

17 [Vgl. oben, Anm. 2.]

wann? Der Tod ist ein bestimmbares Unbestimmtes. Aber dieser letzte Augenblick der letzten Augenblicke weiht ein neues Äon, eine zeitlose Ära ein, die die posthume Ewigkeit ist: in diesem Sinne ist der Tod die Schwelle zwischen Zeit und Zeitlosigkeit; er gehört gleichzeitig zu den beiden Welten und hat einen Fuß in einem jeden der beiden Weltalle. Ist er nicht zugleich empirisch und metaempirisch? Der Tod ist ein historisches Ereignis in den Ephemeriden, doch ist es kein Ereignis wie die anderen Ereignisse, da es das absolut letzte ist. Ist der Augenblick, der für jeden Mensch den Beginn der immerwährenden Inexistenz bedeutet, wirklich ein Augenblick des Anfangs und ein neuer Beginn? Gehört denn ein Ereignis der Abfolge, das jeder Abfolge ein Ende macht, überhaupt noch zur Zeitenfolge? Der eigene Tod ist ein Moment der Zeit, der, zumindest für das Subjekt, das Ende der Zeit bedeutet.

Der Tod *tritt in einem bestimmten Augenblick ein* und weiht für den Verschiedenen von diesem Augenblick an und in diesem selben Augenblick eine ahistorische und völlig ereignislose Ewigkeit ein. In gleicher Weise *»findet«* der Tod *irgendwo »statt«*, hic et nunc, und wird augenblicklich und auf der Stelle zu einem transspatialen Ereignis. Das Ereignis des Todes tritt nicht nur zu einem bestimmten Zeitpunkt ein, sondern auch an einem Punkt im Raum, der mit Abszisse und Ordinate bestimmt werden kann; der Schnittpunkt dieser verschiedenen Koordinaten stellt die Tatsächlichkeit her und ermöglicht die Ortung eines Ereignisses, das mit »es gibt« angegeben wird. So gesehen hat der »Todesfall« einen Ort, eine Straße, eine Adresse, und die Angabe des Personenstandes antwortet wie der Befund des Gerichtsmediziners auf die Fragen *Wo* und *Wann*. Diesseits ist der Tod also lokalisierbar; der Tod überrascht den Lebenden hienieden an einem durch Längen- und Breitengrad bestimmbaren Ort; der Mensch stirbt mitten unter uns und wie einer von uns. Doch im Augenblick danach, oder besser: im selben Augenblick (denn zwei miteinander verbundene Augenblicke sind ein und derselbe Augenblick) verliert sich die Spur des Lebenden. Die Philosophie der beruhigenden Kontinuität würde gerne von Übersiedelung oder Versetzung an einen anderen Ort sprechen, wie sie auch von Verwandlungen spricht ... Eine Wanderung, heißt es im *Phaidon*, ἀποδημία[18] oder πορεία;[19]

18 [Platon:] *Phaidon* 61 e.

19 [Ebd.,] 67 a-b: πορεύεσθαι [»aufbrechen, weggehen«].

eine Reise, die uns von hier nach dort führt, ἐνθένδε ἐκεῖσε;[20] ein bloßer Umzug, μετοίκησις.[21] Der Tod eine *Wanderung*? Nein, der Tod ist keine Wanderung. Der Tod ist immerwährendes Exil, also Exil nur im redensartlichen Sinne. Wer »irgendwo« stirbt, wandert danach »nach nirgendwo« aus. Der Tod ist eine »Bewegung«, die nirgendwo hinführt, wie er auch ein »Werden« ist, das zu nichts wird. Welcher Unterschied aber besteht zwischen einem solchen Werden und der Unveränderlichkeit, zwischen einer solchen Bewegung und der Reglosigkeit? Wir begleiten den Sterbenden bis zum äußersten Rand des Lebens, bis zu dem letzten Punkt, der auch die Schwelle zum Nichtsein ist, wie man Reisende bis zur Grenze der Abflugpiste begleitet; jenseits dieser äußersten Grenze läßt uns der Fluggast des großen Fluges im Stich und verschwindet für immer. Und wenn man den Reisenden suchen wollte, würde man ihn nicht mehr finden, weil es ihn nicht mehr gibt ... Er hat sich vor unserer Nase davongemacht, ohne seine Adresse zu hinterlassen. Propal![22] sagt man im Russischen. Wie durch Zauberkraft ist er verschwunden und hat sich verflüchtigt, ist hinuntergefallen durch eine Falltür! Was ist das für ein Taschenspielerkunststück? »Er schaute unter dem Bett nach, im Kamin, in der Truhe: – niemand da; er konnte nicht begreifen, wie er eingedrungen und wieder hinausgelangt war.«[23] Ist das nicht ein Streich des Scarbo, ein schlimmer Zauber eines bösen Geistes? Die Gaukeleien des Zauberkünstlers sind leicht zu durchschauen, wie man auch die Sophismen des Scharlatans vereiteln kann. Nicht auf Eros, sondern auf Thanatos müßten sich Diotimas Worte beziehen: δεινὸς γόης καὶ φαρμακεὺς καὶ σοφιστής.[24] Ein unvergleichlicher Magier, ein Virtuose unter den Taschenspielern! »Ich habe nichts gesehen [...] Seid Ihr sicher« fragt Arkel den Arzt. »Ich habe nichts gehört. So schnell, so schnell [...] Mit einemmal [...]

20 [Ebd.,] 64 a-b.

21 [»Reise, Auslandsaufenthalt« oder »Weg, Marsch«; ebd.,] 117 c; siehe auch [Platon:] *Theaitetos* 176 a-b.

22 [»Verschwunden«.]

23 [E. T. A.] Hoffmann: *Nachtstücke*, zitiert nach: Aloysius Bertrand: »Scarbo«, [in: ders.:] *Gaspard de la nuit* [Stuttgart 1982].

24 [»Ein arger Zauberer, Giftmischer und Sophist«; Platon: *Symposion* 203 d.]

Sie geht dahin, ohne ein Wort zu sagen.«[25] Melisande ist gegangen und hat nicht einmal, wie jeder es tut, wie Clemenceau und Sarah Bernhardt es taten, ihr Schlußwort gesprochen; deshalb kommt sie in Claude Avelines Sammlung[26] auch nicht vor. Wo ist Melisande, und was ist aus ihr geworden? Melisande ist unwiederbringlich verloren, auf immer unauffindbar. Melisande ist pianissimo verschwunden und sozusagen auf Zehenspitzen. Das Spiel ist aus, das ewige Spiel des Todes, das immer erfolgreich ist! Der Sterbliche vollführt in einem Augenblick seine Pirouette und seine unglaubliche Mutation, und er vollbringt sie, wie der Geist von Gott kommt, der leichter ist als der Hauch der leichtesten Brise. Der Todesengel ist durch das offene Fenster gekommen, und seine Flügel zittern sacht und still im Zimmer der Sterbenden. Von diesem Augenblick an bleibt die Frage *Wo*? ohne Antwort. Denn der Tote ist nicht, wenn man von jeder Metaphorik absieht, auf eine Reise gegangen, wie Reisende etwa ihren Wohnsitz verlassen und sich im Raum von einem Ort zum anderen bewegen ... Der Tote ist nicht weggegangen, nicht einmal unvorstellbar weit oder Milliarden von Millionen Lichtjahren weit weg, weder ist er zu den Gefilden des Orion noch zu der Insel der Seligen aufgebrochen; denn Nah und Weit oder die Lichtjahre stellen noch empirische Entfernungen dar! Der Tote ist also nicht relativ abwesend, denn wäre er es, wäre er »woanders«, alibi, was heißt, daß er woanders ist als hier, nicht etwa hier, sondern dort, anderswo, aber doch irgendwo. Da aufgrund der Trennung und Reihenfolge der Orte wer hier anwesend, von allen anderen Orten abwesend ist, ist auch umgekehrt, wer abwesend ist von hier, anwesend dort, wo er sich befindet ... Nein, sterben heißt nicht, sich in diesem Sinne entfernen! Der Tote ist *absolut abwesend*, das bedeutet, er ist anderswo, und zwar nicht anderswo als hier oder dort, sondern anderswo als überall, nicht etwa irgendwo, sondern nirgendwo! Der Tote ist also nicht einmal abwesend ... denn μὴ ὤν und ἀπών[27] sind zwei verschiedene Dinge. Ist die Grenze der Abwesenheit nicht das Nichtsein? Wer »weggegangen« ist, kann »wiederkommen«: dieser Ansicht sind die Spiritisten, die sehr damit beschäftigt sind, ihre Toten in die Gegenwart zurückzuholen und aus dem Leb-

25 [Maurice Maeterlinck:] *Pelleas und Melisande* V, 2.
26 [Claude Aveline: *Les mots de la fin*, Paris 1957.]
27 [»Nichtsein« und »Abwesenheit«.]

wohl ein auf Wiedersehen zu machen ... Bedeutet der Abschied für unsere Hoffnung nicht ein auf Wiedersehen auf lange Sicht? Enden die Qual der Trennung und die sehnsuchtsvolle Erwartung in der Sonate *Les Adieux*[28] nicht in der freudigen Erregung der Rückkehr? Der Glaube an die »Wiedergänger« ist letztlich nichts anderes als diese Hoffnung auf Rückkehr, auf das Sich-Wiederfinden und auf ein Wiedersehen. Wenn der Abwesende lediglich den Ort gewechselt hätte im Raum, wäre die Abwesenheit des Abwesenden in der Zeit nur vorläufig. Wer jedoch zum Nirgendwo aufgebrochen ist (und trotzdem hätte man unrecht zu sagen: er ist nirgendwo hingegangen), ist für immer weggegangen; *nunquam* und *nusquam*[29] sind also miteinander verbunden. Wer unendlich weit weg ist, wird eines Tages nicht wiederkommen, er ist für immer gegangen; anders ausgedrückt: eine unendliche Entfernung impliziert eine endgültige Trennung; die Rückkehr schlechthin ist a priori unmöglich, die Möglichkeit des Wiederkommens an sich ist ausgeschlossen! Wenn der Tote, anstatt sich an einen unzugänglichen Ort zurückgezogen zu haben, *nirgendwo* ist, braucht er, um zurückzukommen, unendlich länger als eine unendliche Zeit. Denn was sind unzählige Lichtjahre neben einer solchen Entfernung? Die zur großen Reise aufbrechen, sind nicht vorübergehend abwesend, sondern zeitlich inexistent und dies »usque ad saecula saeculorum«.[30] Ist diese absolute und absolut unkompensierbare Abwesenheit (da sie nur übernatürlich kompensiert wird), ist diese metaempirische und buchstäblich eschatologische Abwesenheit überhaupt vorstellbar? Ohne Zweifel genügte es zu sagen, daß die große metaphysische Wanderung eine Vernichtung ist ... Man gibt dem Ort aller »dort drüben«, die trotz unserer Ortswechsel niemals für jemanden »hier« sein werden, den Namen Jenseits. Neben dem noetischen ἐκεῖ der Neuplatoniker gibt es das ἐπέκεινα,[31] das darüber hinaus das ganze Jenseitige bezeichnet. Dieses Jenseits ist nicht nur metaempirisch und metaphysisch, sondern auch metalogisch; dieses Jenseits ist anderswo als das Hie-

28 [Ludwig van Beethoven: *Sonate Nr. 26 in Es-dur*, Op. 81 a: »Das Lebewohl«.]

29 [»Niemals« und »nirgends«.]

30 [»Bis in alle Ewigkeit«.]

31 [Altgr. ἐκεῖ: »dort, in jener Welt«; ἐπέκεινα: »jenseits, darüber hinaus, die jenseitige Gegend«.]

nieden, ist anderswo als das Woanders, es ist ein unendlich sich woanders befindliches Anderswo, ein absolut jenseitiges »Abgeschiedenes«. Das *epekeina* ist nicht jenseits von diesem oder jenem, zum Beispiel jenseits einer bestimmten, herkömmlichen Grenze, der Atmosphäre, der Erdanziehungskraft, des Sonnensystems oder gar jenseits unserer Galaxis, sondern es ist jenseits jeder Grenze und jeder bestimmbaren Größe schlechthin, es ist in unendlicher Weise jenseits von Zeit und Raum. In einem Wort: es ist das Jenseits schlechthin! Warum sollte man dieses Jenseits aller Topographie, das kein menschliches Raumschiff je erreichen wird, nicht »Utopie« nennen?

Dennoch liegt in der tödlichen Verflüchtigung etwas Doppeldeutiges. In einem gewissen Sinne ist der Tote weggegangen, und zwar unendlich weit weg, in einem anderen Sinne jedoch ist er hiergeblieben. Vielleicht läuft dies auf das gleiche hinaus. Der Lebende ist weggegangen, ohne sich von seinem Bett zu rühren; doch dieses unerklärliche Wunder genügt, um an die Stelle des Lebenden ... einen Toten zu setzen! Der Schein-Emigrant hat sich hinter einen Rauchvorhang geflüchtet und hat, um uns Sand in die Augen zu streuen und glauben zu machen, daß er noch vorhanden sei, eine leblose Marionette hinterlassen. Der Tote ist noch da und zugleich nicht mehr da ...[32] Was ist also geschehen? Gemäß dem Gesetz der Natur und des Fortbestandes überdauert etwas in der Tat, etwas, das die Tragödie mit dem physischen Prinzip der Erhaltung in Einklang bringt und sie erklärt. Nichts geht verloren, und der Platz wird stets besetzt, da es der Natur, wenn nicht vor der Leere, so doch zumindest vor der Nichtheit graut. Man kann folglich nicht im eigentlichen Sinne sagen, daß der Tote entschwunden sei, ohne Spuren zu hinterlassen: denn es bleiben ja »Spuren«! Es bleiben die ... Überreste, wie man schamhaft sagt; es bleibt die sterbliche Hülle dessen, was einmal ein lebendiges Wesen war; diese »reliquiae« sind zugleich die erbärmlichen Überreste des ehemaligen Organismus, Zeuge des Verschwindenlassens, der Rückstand und der letzte Niederschlag oder Abfall dessen, was von der vernichtenden Mutation zurückgelassen wurde. Das Sichtbare hat

32 F.[rançois] Mauriac: *Journal*, S. 53 [dt.: *Von Tag und Ewigkeit*, Heidelberg 1955], zitiert nach: P.[aul] L.[udwig] Landsberg: *Essai sur l'expérience de la mort* [Paris 1936], S. 26 [dt.: *Die Erfahrung des Todes*, Frankfurt/M. 1973].

sich nicht wie durch einen Zauber in das Unsichtbare aufgelöst: der Tote ist nicht im eigentlichen Sinne unsichtbar geworden, da das Unnennbare, das er zurückläßt und das man als Leiche bezeichnet, zumindest völlig sichtbar ist; die sterbliche Hülle ist sichtbar, doch verdient sie es nicht, angeschaut zu werden, und strenggenommen ist sie auch nicht dazu bestimmt, gesehen zu werden: denn wenn das Fleisch eine Bedeutung hat, so hat es das Aas schon nicht mehr; das Aas ist buchstäblich Sinnlosigkeit; der Lebende wendet sich daher mit Grauen davon ab, und wir werfen einen Schleier auf dies nun unnütz gewordene Gesicht, auf die Züge, die einmal Gefühle ausdrückten und die nun für immer gefühllos, stumm und ausdruckslos sind. Wie wir von der Zweideutigkeit eines Automaten zugleich abgestoßen und angezogen sind, sind wir auch von der seltsamen Zweideutigkeit eines Gesichts ohne Blick, das uns anblickt, ohne uns zu sehen, das uns mit seinem blinden Blick und seinen toten Pupillen ansieht, zugleich angezogen und abgestoßen. Und doch, was ist ein Automat im Vergleich zu einem Leichnam! Der Automat, ein Meisterwerk menschlicher Kunstfertigkeit, war niemals lebendig, seine Form bleibt beständig und verändert sich nicht. Diese geschickte Fälschung aus Wachs oder Stoff ist also nicht mehr als ein guter Scherz; dem Automatenbauer, der das Leben nachahmt, gefällt es, Angst zu machen. Der Leichnam aber war noch vor kurzem ein lebendes Wesen. Wir sind von der körperlichen Erscheinung einer Person sympathisch angezogen, doch das Gefühl, daß diese Person ein lebloses Etwas ist, verursacht uns Ekel. Der Elan der im Entstehen begriffenen Kommunikation vereist auf der Stelle, wird vom Aussehen des Pseudo-Organismus enttäuscht und unterbrochen und verwandelt sich in Abscheu. Liegt in diesem makabren Pasticcio nicht eine Art frevelhafter Hohn? Die heiligste aller Erscheinungen, die Erscheinung des Menschen, des Ebenbildes Gottes, ist hier betrügerisch nachgeahmt worden; wir sind also sehr geneigt, Satan, dem bösen Engel, der das Übernatürliche nachäfft, der simuliert und Prinz der »simili«[33] und selbst eine Karikatur des Guten und ein verkehrter Geist ist, die Schuld zu geben. Um vor uns selbst den Betrug des Todes zu verbergen, finden wir Gefallen daran, das Gesicht des Leichnams zu verschönen

33 [»Gleichnisse«.]

und ihm einen Kult zu weihen: die Hinwendung zu den Mumien, der Fetischismus der Totenmasken sind nur einige Formen einer nekrophilen Pietät, in der angesichts der Zweideutigkeit des Todes die Ambivalenz der Phobie vor dem Tode deutlich sichtbar ist. Da die Leblosigkeit die organische Form unbeständig macht, suchen wir mit der Einbalsamierung dem Verfall entgegenzuwirken. Die Mischung aus Grauen und morbider Anziehung, die der Mensch vor der unreinen Sache empfindet, rührt im Falle des Todes von dieser zweifelhaften Gaukelei her: jemand hat die Lebenden im Stich gelassen, ohne daß man genau angeben könnte, was geschehen ist und worauf diese Wundertätigkeit beruht: Ist es die Seele, die sich durch eine bloße »Exkarnation« verflüchtigt hat? Ist die sterbliche Hülle das, was nach der Entseelung bleibt? Ist der Bettel, der übrigbleibt, das Residuum eines seines belebenden Prinzips beraubten Organismus? Dieses Prinzip war zwar niemals sichtbar, und doch war es dieses Prinzip, dieses lebendige Geheimnis und dieses ungreifbare Ich-weiß-nicht-was, das die organische Form erhalten hatte; ihres Geheimnisses beraubt, deformiert sich die Form, wird formlos und fließend. Die formlose Form ist etwas, das keine Person mehr ist, ist etwas, das niemand ist, οὔτις.[34] Melisande hat kaum den letzten Seufzer ausgestoßen, als man sie auch schon als Abwesende behandelt; denn sie, die dennoch vorhanden ist, hat aufgehört, »Anwesenheit« zu sein. In einem genau entgegengesetzten Sinn machen Tod und Leben die Trennung von Anwesenheit und Abwesenheit unscharf, vage und verschwommen:[35] der Lebende war eine Anwesenheit, die bereits etwas abwesend war, denn der freie, mit Gedächtnis und Vorstellung begabte Mensch, der der Zurückhaltung und des geistigen Vorbehalts fähig ist, ist in seiner unmittelbaren physischen Gegebenheit nie vollständig anwesend. Ist die Seele selbst nicht zugleich abwesend und anwesend, im großen und ganzen der leiblichen Gegenwart inhärent und doch jeder Lokalisierung entzogen? Das Denken meines Partners ist gemäß der Topographie hier anwesend, insofern als es das Denken eines bestimmten denkenden Wesens ist; doch ist es, durch die Telepathie etwa, ganz woanders und gar unendlich weit weg, wenn dieses Wesen spekuliert. Dies besagt nichts anderes, als daß das Bewußtsein, das fähig ist, den Raum zu überfliegen, nir-

34 [»Nicht-dieses«.]

35 Siehe: P. L. Landsberg, a. a. O., S. 15 u. 26.

gendwo angesiedelt ist. Der Tote hingegen ist im umgekehrten Sinne anwesend-abwesend, da er eine kaum anwesende Abwesenheit ist. Der Tod dissoziiert zwei Gegensätze, die wir als untrennbar und unauflösbar zu betrachten gewohnt sind: die physische, sichtbare und greifbare Beschaffenheit des leiblichen Wesens und das ungreifbare Geheimnis, das allein aus diesem Leib »eine Anwesenheit« machte; etwas ist, wenn man so will, anwesend geblieben, und so betrachtet gibt es keine Kontinuität in der Fortdauer des Wesens. Doch das Wesentliche fehlt! Was eigentlich? Niemand vermag es zu sagen, obwohl jeder in dieser übernatürlichen Gaukelei die geheimnisvolle Anspielung auf den Tod erkennt. Die Hinterbliebenen ähneln dem Detektiv, der mit leeren Händen dasteht, die nun leere Stelle untersucht, an der sich das von den Einbrechern geraubte Diadem befunden hatte; er kann nur mehr feststellen, daß die Schmuckkassette in der Tat leer und das Diadem verschwunden ist. Er kann irgend etwas ausmessen, sogenannte Fingerabdrücke abnehmen, kurz, sich sehr beschäftigt zeigen. Die Verlustanzeige drückt hier die lächerliche Enttäuschung eines gefoppten, genarrten und erfolglosen Detektivs aus ... Der Tod ist ein solcher Einbrecher, er entwendet einen Lebenden vor der Nase seiner Umgebung. Wir wissen nicht, wo unsere Reflexion anzusetzen hätte, und drehen und wenden diese unbegreifliche Tatsache hin und her: er ist kalt, soviel steht fest, er bewegt sich nicht mehr, antwortet nicht mehr, und im übrigen ist er nicht mehr vorhanden; wer da ist ... *was* da ist, ist nicht er. Auf diese bloße Tatsachenfeststellung beschränkt sich der Gerichtsmediziner. Die in Gedanken versunkene Familie betrachtet die Stelle, an der vormals ein lebendiges Wesen war, und wo jetzt niemand mehr ist ... Verzeihung! Es ist dieses unreine Etwas da, aber dieses Etwas ist nicht einmal ein Ich-weiß-nicht-was ... Derjenige, der sich entfernt hat, ist an seinem Platz geblieben, was aber an seinem Platz vorhanden ist, ist nichts. Und umgekehrt ist, was uns entzogen wurde, ein Fast-Nichts, und doch ist dieses Fast-Nichts alles ... Um der zweideutigen Gegenwart des Abwesenden einen Gehalt zu geben, um unsere Gedanken an etwas festzumachen und das metaempirische Geheimnis im Raum zu orten, verständigen wir uns über die Wahl eines symbolischen Ortes, das Totenbett zum Beispiel. Wir vollziehen bestimmte Riten, die völlig wirkungslose Gesten sind, um unsere Unfähigkeit, das Unauffindbare wiederzufinden, zu verbergen. Die Hinterbliebenen eines Verstorbenen, die die Weiterführung einer unterbrochenen Geschichte übernehmen, verharren nun in Andacht vor einem noch vor kurzem besetzten Platz, an dem sich wohl noch etwas befindet, wenn man so will, das aber niemand mehr ist, das keine Person mehr ist, das nichts ist; es ist etwas (und was für ein armseliges Etwas!), das vanitas vanitatum[36] ist. Dann der ein wenig lächerliche Trauerzug, der dieses Nichts bis zu seiner sogenannten letzten Ruhestätte geleitet und der wie die verzögerte, stilisierte und zeremonielle Wiederholung der völlig sinnentleerten Bewegung ist: der Bewegung eines Nichts auf sein Nirgendwo zu. Der Zug bewegt sich langsam voran, und langsam ist auch der Trauermarsch, der ihm seinen Rhythmus aufzwingt; denn dieser Jemand, der niemand ist, nirgendwo hingeht und also die ganze Ewigkeit vor sich hat, dieser Herr Niemand hat es kaum eilig; und er hat es nicht nur nicht eilig, er bremst auch die Menschen, die eilig ihren Geschäften nachgehen wollen. Dieser Schritt ist der Schritt eines Menschen, der sich weder zu einer Arbeit noch zu einer Adresse begibt, und der seinen Bruder weder zum Bahnhof noch zum Rathaus oder zur Klinik oder Fakultät, sondern *nirgendwohin* begleitet. Sicherlich befindet sich der Friedhof »irgendwo«, doch die neue Adresse des Inexistierenden ist nirgendwo, nusquam. Und dieser »Un-Ort« ist ebenso lächerlich wie die Prozession, deren Ziel er ist. Namentlich das Grab wird in dieser imaginären Topographie Gegenstand der Pilgerfahrt, herkömmlicher Ort des Zusammentreffens und Knotenpunkt aller Trauerriten: die Hinterbliebenen sammeln sich um das leere Rechteck, das so leer ist wie das leerste Ehrengrabmal, und geben sich den Anschein der stillen Andacht, als wäre das Geheimnis des Todes tatsächlich hier, bestimmbar und lokalisierbar an diesem Platz. »Hier ruht« etwas, das einmal jemand war; eine Puppe, eine Mumie aber ist nicht jemand. Die Trauergemeinde steht ratlos vor der Marmorplatte, die uns vom Geheimnis trennen soll: die hilflosen, verzweifelten und ohnmächtigen Hinterbliebenen wenden sich an eine Platte, unter der leider! nichts ist. Ist der Tod im Sarg eingeschlossen wie der Wein in der Flasche? Ist das Geheimnis tatsächlich in diesem Kasten enthalten? in dieser Urne, in die fromme Hände einmal sorgsam einige Gramm formloser Asche legten? Da

36 [»Nichtigkeit der Nichtigkeiten«; vgl.: Prediger 1, 2.]

wir glauben, die Abgeschiedenheit der dahingegangenen Individualität sicherstellen zu müssen, schließen wir die vom Weltenstaub ununterscheidbaren Überreste sorgfältig ein und verbringen sie an einen gesonderten Platz, als würden sie nicht in das große All eingehen und sich nicht mit der Erde, den Elementen und dem Mineralreich vermischen. Die lächerliche Nichtigkeit jedes *inesse* und jedes »Sein-in« wird hier besonders deutlich. Das Geheimnis der abwesenden Anwesenheit haftet jedem überräumlich Unaussprechlichen an: die Seele, so sagten wir, ist im Leib anwesend, da die ganze Person sie ausstrahlt, und doch ist sie weder in einem diffusen noch in einem fließenden Zustand in irgendeiner bestimmten Partie dieses Leibes, in irgendeinem Organ dieses Organismus oder im Organismus all dieser Organe aufzufinden; die Seele ist buchstäblich ein Ich-weiß-nicht-was. Gott vor allem ist überall und nirgendwo, ubique et nusquam, allgegenwärtig und allabwesend; und seine Lokalisierung in einem besonders geweihten Heiligtum oder im Allerheiligsten dieses Heiligtums ist ebenso metaphorisch zu begreifen wie die Lokalisierung des Toten im Grab oder die Lokalisierung der Erinnerung in bestimmten Hirnwindungen; Gott hat keinen »heiligen Ort« als Wohnstatt, Gott residiert nicht irgendwo, und seine Anwesenheit beim Altar ist eine symbolische; Gott hat keinen Wohnsitz! Tolstoj und Andersen sagen, daß die ganze Natur seine Kirche sei ... Auf eine Frage des Prinzen Wewolod Iwanowitsch antwortet Fewronia in *Die Legende von der unsichtbaren Stadt Kitesch* von Rimsky-Korsakow,[37] daß der Wald der alles umfassende Tempel Gottes sei. Kitesch ist hierin genauso inexistent wie das heilige Jerusalem der *Offenbarung*.[38] Offen gestanden evoziert die immanente Transzendenz Gottes nicht so sehr den Doppelsinn des Sterblichen als vielmehr den der Sterblichkeit, denn die Sterblichkeit ist zugleich außerhalb und innerhalb der Vitalität. Gott war in der Tat niemals irgendwo gewesen, wohingegen der Sterbliche, zumindest zu seinen Lebzeiten, irgendwo in der Welt anwesend war; der Tod vollzieht sich, wenn er kommt, an einem bestimmten Punkt im Raum, an dem Punkt genau, wo er die Kreatur überrascht. Und danach?

37 Nikolaj A. Rimsky-Korsakow: *Die Legende von der unsichtbaren Stadt Kitesch und der Jungfrau Fewronia* (1902-04); Oper in 4 Akten nach Wladimir I. Belski.

38 Offenbarung XXI, 22.

Danach gibt es keine Kreatur mehr, danach ist die Kreatur nirgendwo! Und dennoch ist noch etwas unter der Marmorplatte, und so gesehen behält das Ungreifbare einen Bezugspunkt zur irdischen Welt; ohne Zweifel ist dieser Bezugspunkt ein ebenso nichtiger wie symbolischer Vorwand – doch gleichviel: hier und nicht anderswo ruht die Reliquie eines bestimmten Körpers. Was an diesem Punkt ruht, ist jedoch nicht derjenige, der einmal war, denn die Person ist keine Person mehr! Jedenfalls ist die Doppeldeutigkeit des Todes eine zweideutige Bauernfängerei, da der Tod der Übergang von irgendwo zu nirgendwo ist, und die Preisgabe jeglichen Ortes auf die räumliche Existenz folgt. Gott hingegen ist in aller Ewigkeit überall und nirgendwo: in ihm sind Ubiquität und »Nusquamität«[39] gleich unvordenklich. Gerade weil er nirgendwo ist, ist Gott gewissermaßen überall zugleich! »Ubique«[40] ist in der Tat eine Art, auf die Frage, »ubi«[41] nicht zu antworten und die Verteilung der Orte durcheinanderzubringen und jede Lokalisierung zweifelhaft erscheinen zu lassen ... Der Widerspruch zwischen Überall und Nirgendwo ist in der Tat die *Utopie* par excellence, die Atopie (ἀτοπία)[42] ist, das heißt völlige Absurdität, die jegliche »Topographie« zerstört. Der Tod ist in diesem Sinne gewiß nicht allgegenwärtig, denn eine bestimmte Anwesenheit, die durch die Wirkung des Todes absolute Abwesenheit wird, kann keine Allgegenwart sein; trotzdem führt auch er die Lokalisierungen ad absurdum, und zwar nicht, weil er *ubique-nusquam*[43] wäre, sondern weil er *nusquam-usquam*[44] ist. Swedenborg macht eine Anspielung auf das »Irgendwo« (ποὑ) des Todes, es handelt sich aber um ein Irgendwo, das nirgendwo ist und das der Visionär gerne als ein bloßes Man-weiß-nicht-wo definiert wissen möchte.[45] Der Tod, müssen wir es wiederholen? gehört zu den beiden Welten: zu der Welt hienieden, insofern als er ein lokalisierbares Phänomen oder ein Ereignis, was den Personenbestand betrifft,

39 [Von lat. nusquam: »nirgends«.]
40 [»Überall«.]
41 [»Wo?«]
42 [»Unort«.]
43 [»Überall-nirgends«.]
44 [»Nirgends-irgendwo«.]
45 [Emmanuel Swedenborg:] *Die wahre christliche Religion* §29, vgl.: §693 u. §769 [4 Bde., Zürich 1988].

ist, und zur »anderen« Welt, insofern als der Verstorbene jäh Leib und Seele verliert, *fast* (wenn auch nicht ganz) für immer und für alle Hinterbliebenen verloren ist. Sowohl zeitlich als auch räumlich gesehen, ist der Tod am Berührungspunkt von Diesseits und Jenseits angesiedelt.

5. Im Augenblick des Todes bricht jede Verbindung ab

Abschließend sei bemerkt, daß der Augenblick des Todes nicht in der Kategorie der Beziehung gedacht werden kann. Das letale Nichtsein, das das Nichts unseres ganzen Wesens bedeutet, schließt jede Beziehung oder Kommunikation mit einer Andersheit und jede Möglichkeit einer »Ansprache« aus; eine solche Beziehung würde lediglich für einen Substantialismus existieren, der alle Mühe darauf verwendet, den Tod innerhalb des Lebens zu hypostasieren, oder für eine anthropomorphe Eschatologie, die die Nichtheit mit ihren Schatten bevölkert, die tödliche Finsternis so hell macht wie eine klare Nacht, das Jenseits zu einem bloßen Abbild des Diesseits werden läßt und sich irgendeinen absurden Austausch unter Lebenden und Wiedergängern vorstellt. Wir sagen: Man *verhält* sich in keiner Weise zu jemandem, der niemand mehr ist, es sei denn, man verwechselt die Inexistenz mit einer bloßen Abwesenheit, mit einer relativ anwesenden Abwesenheit, der gegenüber symbolische oder metaphorische Verhaltensweisen vorstellbar sind. Man *wendet sich* an die zweite Person, die eben durch diese Hinwendung zu ihr zweite Person ist; man »wendet sich« aber nicht an die dritte Person, obwohl dritte Personen nur vorläufig und nur heute und weil sie bis auf weiteres aus der Kreisbewegung der direkten Anrede ausgeschlossen sind, dritte Personen sind; andererseits kann der Dritte, der in bezug auf mich *er* ist, in bezug auf andere *du* sein. Der Tote ist eine dritte Person, die niemals zweite sein kann; der Tote wird ewig in der dritten Person sein; darüber hinaus ist er für niemanden ein Du: jeder Kommunikation der Ansprache gegenüber fremd, ist er nur Er, und dies endgültig. Von dem Augenblick an, da Melisande ihre letzten Worte gesprochen hat, spricht man von ihr nur noch in der dritten Person, aber man spricht nicht mehr *zu ihr.* Der Tote unterhält keine Verbindung mehr, und dies nicht etwa in dem positiven Sinne, in dem das Absolute ohne Beziehung ist, er ist vielmehr »irrelativ«. Zwischen den Bestandteilen eines Ganzen ist teilweise Beziehung möglich, zwischen dem Ganzen selbst oder seinen Bestandteilen und dem Nichts dieses Ganzen jedoch ist keine Beziehung möglich; die Beziehung wird hier im Nichtvorhandensein ihres Korrelats annulliert, sie geht an seiner »Nichtigkeit« zugrunde; denn die Beziehung des Seins zum Nichtsein ist eine Null an Beziehung. Unsere Situation ist ebenso irrelativ, wenn man das Jenseits nicht etwa als radikale Nichtigkeit, sondern als absolute Andersheit betrachtet: die Beziehung setzt zwei zumindest vergleichbare, wenn nicht kommensurable Korrelate voraus, zwei Korrelate der gleichen Ordnung oder Ebene. Zwischen einem Kaiser und einem Ackersmann, einem Botschafter und einer Schäferin ist eine gegenseitige Beziehung möglich, denn beide sind elend vor Gott, beide gleich vor dem Tod. Zwischen dem Diesseits und dem Jenseits aber ist keine Wechselbeziehung vorstellbar. Mit dem relativ anderen, das zugleich ähnlich und anders ist, und anders, weil ähnlich, unterhält das Gleiche Beziehungen; mit dem Ganz-Anderen aber, mit dem absolut und schwindelerregend anderen, das sogar anders ist als das andere, haben wir nicht das geringste gemein und keinen einzigen Vergleich. Dies ist der Fall bei der Kreatur vor dem göttlichen Absoluten. Trotzdem sind im Zwiegespräch des Menschen mit der erhabenen Andersheit gewisse Formen des Dialogs, Formen einer religiösen, mystischen oder intuitiven Beziehung nicht notwendigerweise ausgeschlossen; zwischen dem lebenden Wesen und dem meontischen Jenseits dieses Wesens aber scheint eine Beziehung a priori nicht vorstellbar. Der Tote steht mit niemandem in Verbindung, folglich ist der Tod des Toten das absolut Unkommunizierbare. Man mag den Ertrunkenen schütteln wie man will, ihn beim Namen rufen ... er antwortet nicht mehr. Niemals mehr wird der Abwesende anwesend sein. Die Totenglocke, die während der Trauer läutet, findet kein Echo; der Tote antwortet nicht auf den herzzerreißenden Ruf der Trompete; der trostlose Klang erstirbt in der Stille, unter dem Schluchzen der Frauen.

Zweites Kapitel
Das Fast-Nichts des Sterbens

1. Der Tod im Phaidon. *Die Schwelle des Todes wird ausgespart*

Die Griechen, die das Sterben zu bagatellisieren suchten, bemühten sich nicht einmal, es in eine Verwandlung oder ein Werden aufzulösen. Platon, der, wie wir gesehen haben, sehr wohl zwischen ἀποθνήσκειν und τεθνάναι[1] zu unterscheiden weiß, zögert dennoch, was den Augenblick betrifft. Sokrates im *Phaidon* verwechselt keineswegs Hoffnung und Mut, ἐλπίζειν und θαρρεῖν,[2] hoffen und getrost sein: die Hoffnung bezieht sich auf den Lohn im Jenseits, aber es braucht Mut, um das Band der Seele und des Leibes zu lösen, das heißt, um den letzten Augenblick anzugehen. Darüber hinaus deuten einige Begriffe[3] darauf hin, daß Platon sehr wohl die Vorstellung einer ganz anderen und absolut jenseitigen Ordnung hatte, für die der Tod die Voraussetzung ist. Trotzdem wird uns versprochen, daß es jenseits des Lebens etwas gibt, εἶναι τι τοῖς τετελευτηκόσι;[4] auf dieses Etwas richten wir unsere Hoffnung. Gründet sich die elementare Hoffnung nicht auf die Garantie, daß das Wesen auch weiterhin sein wird? Der Tod wäre demnach nicht diese uns schwindeln machende Vernichtung, an die auch nur zu denken uns mit Angst erfüllt. Im Gegenteil, wenn es sich um das Sterben und nicht um den Tod handelt, ist Platon eher geneigt, wie Epikur zu denken, nämlich daß das Sterben nichts sei, οὐδέν, reine, privative Negation. Es gibt nur die Angst vor dem Augenblick, dieser aber wird im *Phaidon* sorgsam ausgespart: die Diskontinuität wird also kompensiert, der Riß wieder zusammengefügt. Der *Phaidon* bietet ein glattes Antlitz ohne Runzeln und Falten, es ist so heiter wie der völlig gleichmütige *Sokrates*, der

1 [Zwischen »sterben« und »gestorben sein, tot sein«; Platon:] *Phaidon* 67 e.

2 [Ebd.,] 63 b; vgl. 64 a: προθυμεῖσθαι (»bemüht sein, guten Mutes sein«); siehe auch: 75 b.

3 Δυοῖν θάτερον [»nach dem Tode«; ebd.] 66 e; πρότερον δ' οὔ [»vorher aber nicht«], 67 a.

4 [»Daß es etwas gibt für die Verstorbenen«; ebd.,] 63 c, vgl.: 64 c

Erik Satie als Vorlage diente.[5] Wie die mustergültige Kontinuität des Rezitativs und der gleichmäßige Gang der Akkorde, die es unterstützen, bei Satie jedes jähe Zickzack und jede konvulsivische Überstürzung ausschließen, so läßt auch das rezitative Gleichmaß im *Phaidon* für pathetische Dissonanzen keinen Platz. Die Wehklagen über das »letzte Mal«, ὕστατον,[6] lassen einen starken Geist nur mit den Schultern zucken. Um den Mißton empfindsamer Seelen (πλημμελεῖν)[7] nicht hören zu müssen, und um jede falsche Note auszuschließen, tadelt Sokrates den unwillig sich gebärdenden Apollodoros aus Phaleron und läßt sein weinendes Weib nach Hause führen. Weinen wie Xanthippe oder sich auflehnen (ἀγανακτεῖν)[8] wie Apollodoros, heißt in der Tat, sich vom Schein, der der Augenblick des Todes ist, narren zu lassen; die Scham müßte uns eher dazu anhalten, unter der tragischen Diskontinuität die tiefe Kontinuität des Diesseits und Jenseits zu suchen. Auch in Apollodoros' Empörung, die weit von Verzweiflung und Angst entfernt ist, liegt eine gewisse Ungläubigkeit hinsichtlich der Ernsthaftigkeit dieses Skandals. Ἡσυχίαν ἄγετε:[9] Sokrates empfiehlt uns die Ruhe, die ein unbewegliches Meer, eine planierte Geschichte und nivellierte Ereignisse in uns schaffen. Und doch gibt es einen »Mißklang«, einen einzigen, am Ende des *Phaidon*, wie es auch im *Sokrates* von Satie die Reibung des aufgelösten c mit dem cis gibt: dieser Mißton ist das unauswechselbare Verb des Augenblicks ἐκινήθη,[10] »er zuckte«, was Todeszuckung bedeutet. Der Aorist, »er zuckte«, der am Ende langer Gespräche über die Unsterblichkeit steht, und eine Dissonanz hervorruft, ist zweifellos das einzige Ereignis im *Phaidon*. Doch dieses Ereignis bleibt so gut wie unbemerkt ... Kaum tritt der Tod in Sokrates' Gefängnis, als sein Blick auch schon starr wird; alles ist zu Ende, bevor es noch begonnen hat; wie am Schluß von »Pelleas und

5 [Erik Satie: *Socrate. Drame symphonique avec voix*, Paris 1919 (Uraufführung 1918).]

6 [Platon: *Phaidon*] 60 a.

7 [»Fehler machen, sündigen«; ebd.,] 117 d [: »Ich habe vorzüglich deswegen die Weiber weggeschickt, daß sie dergleichen nicht begehen möchten.«]; vgl.: Erik Satie: »La mort de Socrate« [3. Teil von *Socrate*], S. 67-68.

8 [Platon: *Phaidon*] 62 d-e; 63 b-c; 64 a; 67 e; 68 b; 69 d; 117 d.

9 [»Haltet euch ruhig«; ebd.,] 117 e.

10 [Ebd.,] 118 a.

Melisande«[11] ist alles heimlich geschehen, auf Zehenspitzen sozusagen. Niemand hat etwas gesehen noch gehört; niemand hat etwas bemerkt. Eigentlich ist Sokrates gestorben, ohne sterben zu müssen! Deshalb ist Sokrates' Tod ein ewiger Tod, ein marmorner Augenblick und ein ebenso maßgebliches Ereignis wie die Schlacht von Salamis oder der Ballhausschwur: Sokrates, der den Schierlingsbecher aus der Hand des Dieners entgegennimmt (wie David es auf seinem Bild darstellt), Sokrates, der mit unbewegtem Gesicht das Gift bis auf den letzten Tropfen trinkt, als tränke er ein herzstärkendes Mittel, Sokrates, der sich ausstreckt, um zu sterben – all dies sind exemplarische, bleibende und in der Geschichte auf immer festgeschriebene Szenen. Sokrates selbst ironisiert seinen Tod, um ihm so alles Quälende zu nehmen: »Mich aber ruft jetzt schon, würde ein tragischer Mann sagen, das Geschick, und es ist wohl beinahe Zeit, sich nach dem Bade umzusehen.«[12] Fast könnte man meinen, er müsse nicht am selben Abend noch um sechs Uhr sterben, und dies alles sei nicht ernst gemeint. Sein letztes Wort ist trivial oder belanglos, wie es beliebt; er sagt: »Wir sind dem Asklepios einen Hahn schuldig.«[13] Dies ist sein Testament und sein letzter Wille, dies seine letzten Worte! Ist das alles, was er zu sagen weiß, wenn die sechste, schicksalhafte Stunde naht?

Der Tod des Weisen, schließlich, ist das Gegenteil eines einsamen Todes. Er starb im Beisein von Freunden, erzählt Phaidon, οὐκ ἔρημος ἐτελεύτα φίλων, es waren derer viele zugegen, παρῆσάν τινες, καὶ πολλοί γε.[14] Man stirbt allein, wird dagegen Pascal einmal sagen; und Valéry: Bei mehreren bin ich geboren, und alleine bin ich gestorben;[15] das heißt: man muß wohl oder übel, von wie vielen man auch umgeben sein mag, den beängstigenden Übergang, wo niemand den anderen ersetzen kann und den jeder für sich angehen muß, alleine vollziehen; selbst das Kruzifix, das der Geistliche dem Verurteilten hinhält, damit er es im Sterben anblicke, befreit den Verurteilten nicht von der schrecklichen letzten Prüfung; das Bild des Kreuzes begleitet den Sterbenden *usque ad mortem*, bis

11 [M. Maeterlinck, a.a.O.]
12 [Platon: *Phaidon*] 115a.
13 [Ebd., 118 a.]
14 [Ebd.,] 58 c-d, im Gegensatz zu Pascal: *Pensées* III, Fragm. 211.
15 [Sokrates zu Phaidros in: Paul Valéry: *Eupalinos oder Der Architekt*, Frankfurt/M. 1973.]

zur Schwelle, bis zum äußersten und letzten Punkt, aber nicht darüber hinaus. Die Schwelle selbst überschreitet man in völliger Einsamkeit … Den Geistlichen zufolge ist Jesus für das Heil der Menschen gestorben, doch gingen sie nicht so weit zu sagen, daß Jesus *anstelle* von Peter oder Paul gestorben sei, damit diese nicht mehr sterben müßten! Als wir von der ersten Person sprachen, zeigten wir, daß der religiöse »Beistand« dem Sterbenden keineswegs erspart, den letzten Schritt des Lebens alleine zu machen … Wie sollte eine solch extreme und zugespitzte Erfahrung, die jeden in der ersten Person betrifft, anders gemacht werden können als in der Vereinzelung und Verlassenheit? In Liszts letzten Werken evozieren das unbegleitete Rezitativ und die ihrer Bässe beraubte rechte Hand den einsam durch Schnee und Nacht dahinschreitenden Wanderer. Auch der Fährmann der *Gondole funèbre*[16] ist nicht zu einem Gespräch mit seinem Reisenden bereit! Sokrates stirbt im Beisein seiner Freunde; Tolstoj hingegen ist nicht bei den Seinen geblieben, um mit ihnen über die Unsterblichkeit der Seele zu plaudern, erfuhr nicht die Tröstungen der Freundschaft und des Geistes: er flieht aus Jasnaja Poljana[17] wie ein Dieb, hinaus auf die Landstraße und stirbt schließlich in einem kleinen Provinzbahnhof, allein und weit weg von aller tröstlichen Präsenz. Astapowo[18] ist das Symbol äußerster Einsamkeit, die den Griechen unbekannt war. Platon also spart die gefährliche Schwelle des Augenblicks aus. Die Selbstheit ist alleine im Augenblick des Todes; man darf sie aber nicht alleine lassen; daher übergeben die Begleiter des Diesseits Sokrates, den sie bis zur äußersten Grenze des Lebens geleitet hatten, direkt den Begleitern des Jenseits, die gerecht und weise sind, damit die Kampfbrüderschaft der Seligen unverzüglich an die Stelle der irdischen Gemeinschaft trete und Sokrates, ob nun tot oder lebendig, niemals alleine bleibe. Bis zum Ende und gar über das Ende hinaus vollziehen sich Leben und Fortleben des Sokrates unter der Begleitmusik von Freundschaft und Gespräch. Die irdischen Unterhaltungen setzten sich über den Tod hinaus, und ohne daß die Kontinuität aufgelöst würde, fort im Dialog mit den Toten: auf der Insel der Seligen kann das auf der Erde begon-

16 [*Die Trauergondel*, Stück für Solopiano von Franz Liszt in zwei Versionen, 1882 u. 1885.]

17 [Geburtsort von Leo Tolstoj.]

18 [Sterbeort von Tolstoj.]

nene Gespräch weitergeführt werden bis ans Ende aller Zeiten. Es versteht sich von selbst, daß der Augenblick des Todes nicht aus Feigheit im Gespräch ertränkt wird; denn in anderer Hinsicht ist der Spötter Sokrates eher ein Held der Lakonik und ein eingeschworener Feind alles Rhetorischen. Es ist jedoch eine Tatsache, daß das Schicksal Sokrates' diesseits und jenseits des Todes einem ununterbrochenen Philosophieren ähnelt, das den Riß des Augenblicks überspannt; die Gesprächsteilnehmer dieses fortwährenden Dialogs vergessen den Gedanken an ihre eigene Angst; sie unterhalten sich, als würde nichts geschehen, als müsse der Weise nicht am selben Abend noch sterben, als wäre dieser letzte Tag eines Verurteilten keineswegs der letzte und als habe der Verurteilte alle Zeit der Welt. Und in der Tat: obwohl Sokrates' Tod nahe ist, unmittelbar bevorsteht, und Sokrates »im Begriff ist«[19] und sich in der Notwendigkeit befindet, zu sterben, wird die Frage nach der Unsterblichkeit mit dem Abstand des Problems und wie ein abstrakter und entfernter Gegenstand erörtert. Nicht wenige Philosophen des Todes verlieren in extremis die Selbstbeherrschung, wenn ihre letzte Stunde gekommen ist, und werden unversehens vom Ereignis überrascht. Ein Weiser ist dann weise, wenn er sich an der Schwelle des Todes – und sei sie noch am selben Abend – nicht anders verhält als im Leben, als der Tod noch fern war. Indem er den unmittelbaren Verfallstag als ein mittelbares Ende begreift, mildert er die beleidigende und demütigende Dringlichkeit des Ereignisses und erreicht, daß seine letzte Stunde dem Bild seines ganzen Lebens entspricht. Bereit sein, zu sterben, heißt bei Seneca, Marc Aurel und den Christen, jeden Tag seines Lebens so zu betrachten, als wäre er der letzte. Bei Platon bedeutet dies eher, den letzten Tag so zu betrachten, als wäre er nicht der letzte. Die Zeit drängt, und wir wissen weder Tag noch Stunde; man muß sich folglich auf alles gefaßt machen. Pascal und Nicole hatten solche Warnungen des Evangeliums verinnerlicht. Bei Platon hingegen weiß der Weise nicht, was es bedeutet, wenn die Zeit drängt! Es gibt in der Tat eine dilatorische Weisheit, die Philosophie des nächsten Tages oder des vorletzten Augenblicks heißen könnte, wie es ja auch einen gewissen abstrakten Idealismus gibt, der den Namen Alibi-Philosophie verdienen würde: diese verweist das Ereignis

19 Μέλλων [»bevorstehend«; Platon: *Phaidon*] 64a: ἥκοντος θανάτου [»beim Eintreten des Todes«].

vom einen zum andern und von einer Stelle zur anderen, jene verschiebt die Fälligkeit von Tag zu Tag. Zugegeben, der Tod geht auf dieses Spiel des ständigen Vertagens ein, da sein Eintreten ja immer verzögert werden kann. Dennoch würde eine Philosophie des vorletzten Augenblicks nicht genügen, die ungetrübte Gelassenheit und die unerschütterliche Seelenruhe Sokrates' zu erklären; denn das Verschieben auf den nächsten Tag gibt uns nicht mehr Sicherheit, ist das Verschieben von Tag zu Tag doch gleichzeitig ein Verschieben, »das von der Hand in den Mund lebt«, das heißt: ein sehr widerrufliches Moratorium und ein unablässig erneuertes und unablässig in Frage gestelltes Wunder. Wenn es für Sokrates die tragische Spannung der Dringlichkeit nicht gibt, so weil ihm das Jähe des Geschehnisses fremd bleibt; im *Phaidon* ereignet sich eigentlich nichts, folglich ist der Tod etwas, das sich nicht *ereignet*. Ist der Augenblick des Todes nicht, wenn man von allen Umständen absieht, das Ereignis im Reinzustand? Im Sein ist, insofern es tatsächlich aus dem Nichtsein tritt, das Ende des Seins als Möglichkeit enthalten, doch die platonische Idee, die etwas ist, das nicht eintritt, stirbt nicht, und die Wahrheit, die sich nicht ereignet, ist ewig. Es ist begreiflich, daß der Augenblick ohne Wahrheit, daß das tatsächliche Geschehen und das geschichtliche Eintreten des irrationalen Ereignisses beim Philosophen der Idee einen wahren Abscheu hervorruft. Der καιρός[20] beginnt zu existieren, wenn ihn ein Bildhauer wie Lysippos zu einer Statue versteinert hat.

2. Der Tod als Kulminationspunkt kleiner Tode

Es gibt sehr wohl einen Weg, den Augenblick des Todes zu banalisieren, bagatellisieren oder gar völlig auszusparen, und alle asketischen Philosophien kennen ihn: er besteht darin, aus dem Leben einen fortwährenden Tod und aus dem Lebenden, wenn nicht ein totgeborenes Wesen, so doch zumindest ein Sterbend-Geborenes zu machen. Was ist leben für den Asketen anderes, als auf kleiner Flamme zu sterben? Was ist die Existenz für einen Asketen, wenn nicht eine Art langes, philosophisches Koma? Hier ist der Tod

20 [Der »gute Augenblick«, die »erfüllte Zeit«; Kairos wurde personifiziert mit Flügeln an den Fesseln und kahlköpfig bis auf einen Haarschopf über der Stirn dargestellt.]

kein einmaliges Ereignis mehr, das am Ende des Lebens steht, sondern eine stete Erscheinung, die im Laufe des Daseins jede Minute präsent ist.[21] Der Tod ist also auf die ganze Lebensdauer, auf alle Stunden und auf alle Minuten dieser Stunden verteilt. Kurz, das Leben würde demnach unaufhörlich aufhören. Das Sein des Menschen hört nicht auf aufzuhören, das Sein des Menschen hört unaufhörlich auf! Sagen wir besser: Die Fortdauer schlechthin ist nichts anderes als ein fortwährendes Aufhören; denn es gibt nur eines, das unaufhörlich währt: das Aufhören. Sterben (aber mußte man nicht zuerst sein, um zu sterben?) ist folglich unsere einzige Beständigkeit! Unter solchen Bedingungen kann eine Reflexion über das Diesseits, die den Tod vor dem Tod erfassen will, weder frühreif noch unzeitgemäß sein; denn sie greift dem Ereignis nicht vor und setzt nie zu früh ein; im Gegenteil, wenn immer sie anhebt, kommt sie zur rechten Zeit, sie hat nur die Qual der Wahl! Da der Lebende ein unablässig Sterbender und das Leben dieses Lebenden ein allmählicher und sehr langsamer Tod ist, der sich über die Dauer von einigen Jahrzehnten erstreckt, ist der Tod aus dem letzten, so oft wiederholten Seufzer jeden Augenblick ablesbar. Wenn man erklärt, daß der Mensch ein einziges Mal, im letzten Augenblick seines Daseins stirbt, muß der Tod in flagranti und in seinem einzigartigen Augenblick überrascht werden, und es bedarf also wahrer Wunder an Akrobatik, um die unheilvolle Gelegenheit im Fluge zu ergreifen. Ist man hingegen der Meinung, daß der Lebende ständig stirbt, ist der Tod dieses Lebenden ständig entzifferbar: da sich der Tod ja dann zur Zwischenzeit koextensiv verhält, ist ihm der philosophierende Zeuge ständig zeitgenössisch. Der Lebende hat genug Zeit, um sich auf ihn vorzubereiten. Wenn er sein ganzes Leben lang in kleinen Raten stirbt, wenn er sein Leben mit Sterben verbringt, hat der Tod im eigentlichen Sinne keine außergewöhnliche Bedeutung mehr. Wenn das Leben ein fortwährender, ein aufgelöster Tod ist, hat die »höchste Not« gar nichts Hohes mehr, sie ist ganz prosaisch der letzte Augenblick und entbehrt jeder Feierlichkeit. Wenn unser Leben ein im ständigen Sterben begriffenes Leben ist, verliert der letzte Seufzer sein Privileg des letzten Seufzers, er wird ein Seufzer unter anderen und wie alle anderen, nur ist er der letzte in der Reihe. Was hat der

21 Marc Aurel [: *Selbstbetrachtungen*] II, 17, Schluß.

letzte Seufzer denn so Bemerkenswertes, und warum sollte die letzte Stunde, unter dem Vorwand, daß sie die letzte ist, privilegiert sein? Es gibt nichts im letzten Augenblick, was wir im Laufe unseres Daseins nicht schon hunderttausendmillionenmal empfunden hätten. Dieser über den Zeitablauf verteilte und in kleine Dosen aufgelöste Tod, der seit der Geburt virtuell präsent ist, entwertet den Augenblick des Endes im eigentlichen Sinne. Warum sollte man vom Tod überrascht werden, da der Tod doch schon vor dem Tod existiert? Den Asketen zufolge ist das Leben ein im Laufe der Zwischenzeit Tropfen für Tropfen destillierter Tod, der bald von dem, der sich altern sieht, mit Schrecken wiedergekäut, bald von einem nur zu willigen Bewußtsein heimlich verkostet und genossen wird; der alternde Mensch konsumiert auf diese Weise sein eigenes Werden Schluck für Schluck; wie die Klepsydra leert sich der Kelch des Lebens nach und nach. Um alles zu sagen: der Tod par excellence, der Tod ohne Umschreibung, wäre nichts anderes als der Spezialfall eines alltäglichen Ereignisses, das im Laufe des Lebens ständig eintritt; und dieser Spezialfall wäre kaum außergewöhnlicher als die tagtäglichen Tode der Fortdauer. Wenn sich der große, endgültige Tod dann ereignet, ist er durch die unzähligen kleinen Tode der Alltäglichkeit und die Reihe der winzigen Hinübertritte, die die Vorboten dieses großen Todes sind, seit langem schon angekündigt worden: Haarausfall, grau gewordene Schläfen und sich lockernde Zähne sind Tode in Miniaturform, welche wiederum Vorzeichen des Todes schlechthin sind. Wie mit Absicht trägt die häufig empfundene Schwierigkeit, den Augenblick des Todes mit Sicherheit festzustellen, dazu bei, diesen Augenblick vollends zu vermischen; daher gerät der Amtsarzt oft in Verlegenheit, wenn er die offizielle Todeszeit bestimmen soll. Dastre[22] bemerkt, daß der amtliche Befund des Gerichtsmediziners eher eine Prognose sei, da gewisse Überreste an Lebensfähigkeit das scheinbare Ableben des Kranken überdauern können: jeder weiß, daß dem Leichnam noch einige Zeit lang Haare und Nägel wachsen, so als hätten sie das große Signal nicht gehört und als scherten sie sich nicht darum. Kouliabko gelingt es, das Herz eines Toten mehrere Stunden nach dessen Ableben zum Schlagen zu bringen. Sind die an Wunder grenzenden Erfolge der Wieder-

22 [Albert Dastre (1844-1917), franz. Physiologe.]

belebungsmethoden nicht auch mit ein Grund dafür, daß die Bedeutung des »Todes an sich« heute verwischt wird?

Um das natürliche Altwerden in seiner Wirkung noch zu unterstützen, empfiehlt uns die Askese jenes gelenkte und beschleunigte, jenes philosophische Altern, das sie Abtötung nennt. Selbst Platon unterscheidet θανατῶσι und ἀποθνήσκουσι:[23] auf der einen Seite die Abtötung der Bacchuspriester und der Weisen, auf der anderen Seite der ordinäre Tod der Weltlichen und Narthecophoren,[24] all jener, die egal wie zu Tode kommen. Man wird jedoch die zeitlose Gelassenheit des *Phaidon* nicht mit der Philosophie des Nach-und-nach verwechseln: Sokrates' Geist erlischt nicht; Sokrates ist am Ende des Gesprächs, vor dem Eintritt des Henkers, nicht toter als zu Beginn des Gesprächs; die vernünftige Seele ist schon hienieden ewig; schon im Irdischen lebt der noetische Mensch durch das Denken im Jenseits, obwohl sein Sein hienieden mit Nichtsein durchsetzt ist; der Tod ist folglich ein unbedeutender Zwischenfall; und was die Abtötung betrifft, so besteht sie darin, das Band zwischen Seele und Leib so locker wie nur möglich zu machen, damit im letzten Augenblick der Knoten leichter zu lösen sei; die Abtötung bereitet ihre Arbeit am Tod vor, indem sie schon in diesem Leben den verständigen Teil isoliert oder reinigt und indem sie das *vinculum*[25] lockert; sie wiederholt die größte tödliche Operation, die dann, wenn der Augenblick gekommen ist, nur noch ein belangloses Spiel sein wird. Die wirklich abtötende Askese besteht eher in der schrittweisen Entkräftung der Existenz durch die einander ablösenden kleinen Tode, die eine Propädeutik des Todes sind.

Ist die Idee der zahllosen, mikroskopisch kleinen Tode des tagtäglichen Lebens denn etwas anderes als eine Metapher? Die Pessimisten, die eine »rückwärtige« Lektüre üben, wollen in der Fortdauer nur die Summe von fortwährenden Abbrüchen lesen: das heißt die vorderseitige Lektüre unterschätzen, die in der Zeit nicht nur den Verfallsprozeß par excellence, sondern auch die mögliche

23 [»Sich nach dem Sterben sehnen« und »verscheiden, sterben«; Platon:] *Phaidon* 64 b

24 [»Narthexträger«; Stab- oder Thyrsosträger bei Bacchanalen.]

25 [»Band, Knoten«; die Fessel, die uns an den Leib bindet.]

Errichtung von Sein sieht. Das Aufhören selbst könnte nichts zum Aufhören bringen, wenn es nicht gleichzeitig wieder ein Anheben und Neubeginn wäre. Folglich gibt es kein gemeinsames Maß zwischen den kleinen intravitalen oder intraseriellen Abbrüchen der Fortdauer, die durch die Verlängerung von etwas anderem stets und unverzüglich kompensiert werden, und dem großen unkompensierbaren Abbruch, der jede Fortdauer schlechthin erstickt. Kein gemeinsames Maß zwischen einem Tod im Kleinen, der durch die Reaktion oder Anpassung des Organismus sofort wiedergutgemacht wird, und dem Tod im eigentliche Sinne; kein gemeinsames Maß zwischen dem kleinen Tod einer Verletzung, die durch die Heilung nach und nach spurlos verschwindet, und dem unendlichen Trauma des großen Todes. Der Tod eines Zahns, die Verkümmerung einer Drüse unterscheiden sich vom Tod wie das Endliche vom Unendlichen. Mit anderen Worten: Die häufigen kleinen Tode, die die unablässige Wiederholung des großen unauswechselbaren Todes wären, sind nur im übertragenen Sinne tödlich. Einfach, absolut, ohne Ergänzung und weitere Präzisierung zu sterben ist etwas völlig anderes, als »dem Wahrnehmbaren« oder »der Welt« zu sterben, also durch Verzicht, Bekehrung oder Abtötung jeden Tag ein wenig zu sterben; denn wer zwanzigmal an einem Nachmittag stirbt, stirbt nicht. Was heißt dies anderes, als daß es keinen »großen« Tod und keine »kleinen« Tode, sondern nur *den* Tod schlechthin ohne Beiwort gibt? Der Tod ist leider! immer »groß«, und es gibt keinen anderen Tod als den Tod an sich, das heißt den völligen Tod. Man stirbt nicht mehr oder weniger oder immer mehr; man stirbt nicht ein wenig, viel oder nach und nach ... man stirbt nicht allmählich. Kann ein fortwährendes und endloses Decrescendo jemals im Tod enden? Gleicht das Leben dem Verglühen einer Flamme, die schwächer wird und flackert, bevor sie endgültig erlischt? Nein, das Leben hat mit dieser verlöschenden Flamme nichts gemein. Jene, die sagen: immer mehr sterben und immer weniger leben, »gradatim«,[26] wenden ebenfalls die Kategorie der Quantität auf einen nicht quantifizierbaren Vorgang an. Hier nämlich handelt es sich keineswegs um eine Stufenfolge des Komparativs, sondern um alles oder nichts. Es geht nicht mehr um die Dosierung des Mehr oder Weniger, son-

26 [»Schrittweise, nach und nach«.]

dern um die Antwort Ja oder Nein. Tod oder Leben! Entweder ganz das eine oder ganz das andere ist hier das Ultimatum. Denn die Alternative ist einschneidend und trennt unnachsichtig; der unvereinbare Gegensatz von Existenz und Inexistenz, der Widerspruch zwischen einem Leben ohne Tod und einem Tod ohne Leben könnte nicht superlativischer, diametraler und maximaler sein. Deshalb weigern wir uns, den Tod als eine Verwandlung aufzufassen: die Mutation eines Gegensatzes in seinen Gegensatz ist dem Umschlagen eines anderen in ein anderes, beziehungsweise eines Extrems in ein anderes Extrem innerhalb einer gleichen Reihenfolge nicht vergleichbar, und folglich auch nicht der Verwandlung des Gegenteils in sein Gegenteil. Die schwindelerregende Mutation von etwas in nichts, die durch einen jähen Umsturz erfolgt, ist also eine radikale Negation. Denn Gegensätze, die nicht in der Lage sind, *uno eodemque tempore*[27] zu koexistieren, können einander lediglich ohne Übergang ablösen. Zuerst das eine, und dann das andere! Das eine nach dem anderen, und nur nach dem anderen! Daher schließt die radikale Mutation Übergänge und Gradunterschiede aus: zwischen Leben und Tod gibt es kein Dazwischen, keinen gemischten oder grenzgemeinschaftlichen Bereich, der zugleich vital und letal, keine neutrale Zone, die weder letal noch vital wäre. Sein oder Nichtsein? Zwischen diesen beiden Extremen, die unvereinbar sind, hat Hamlet die dritte Lösung, die die Vorteile der Existenz mit der Ruhe der Inexistenz verbinden und die Schmerzen des Lebens und das Grauen der Nichtheit aufheben würde, nicht gefunden. Wenn das Leben durch den Tod versteinert wäre und sich die Existenz auf eine bestimmte Mischung aus Sein und Nichtsein reduzierte, wenn das Nichtsein über das Sein immer mehr die Oberhand gewänne und das unreine Sein letztlich in reines Nichtsein verwandelte, könnte man einsehen, warum eine Ahnung vom Tode schon hienieden möglich wäre und warum diese Ahnung je deutlicher würde, je mehr Platz die tödliche Komponente in einer sich zunehmend vereinfachenden Zusammensetzung einnimmt; man würde aber auch besser verstehen, warum es dann weder Leben noch Tod gäbe: denn es wäre dann eine Art lebender Toter vorhanden, eine Art namenloser, aus Sein und Nichtsein zusammengesetzter Brei,

27 [»Zugleich in derselben Zeit«.]

etwas stets zwischen beidem Liegendes, das weder das eine noch das andere ist, und sich nie eindeutig zum einen oder anderen entschließen kann. Utrumque = Neutrum![28] Wer das Altwerden als Eindringen des Nichtseins in das Sein begreift, stellt sich das Nichtsein ein wenig in der Art des μὴ ὄν des *Sophistes*[29] vor: der Tod wäre demzufolge anders als das Sein, das heißt, würde sich von ihm relativ unterscheiden und wäre ihm relativ gleich, folglich eventuell in der Lage, sich mit ihm zu vermischen, um einen lebenden Toten entstehen zu lassen. Auf diese Weise machen die Alten aus dem Werden eine »Mischung« aus Sein und Nichtsein, aus ontischer Positivität und meontischer oder privativer Negativität, als wäre das Nichts ein Ingrediens, fähig, sich mit dem Sein zu vermischen. Heißt dies nicht, das Nein verdinglichen und hypostasieren? Man kehrt so wieder zu der Vorstellung einer tödlichen Präsenz zurück, die dem Lebenden wie eine Bewohnerin des Leibes innewohnen würde. Zu sagen, daß zwischen Sein und Nichtsein jedes Mittelding ausgeschlossen und der Geruch der Nichtheit, der über dem Leben liegen soll, eine bloße Metapher ist, heißt eben dadurch zum Ausdruck zu bringen, daß das Leben bis zu seiner äußersten Grenze lebendig ist: bis zur letzten Sekunde der letzten Stunde und bis zum letzten Augenblick der letzten Sekunde ist der Lebende ein Bewohner des Diesseits ohne jede Öffnung auf das Jenseits; die Erfahrungen dieses Lebenden sind bis zum Schluß »diesseitige« Erfahrungen ohne die geringste Öffnung auf die Jenseitigkeit. Wir können nur eine Seite des Mondes direkt anschauen, obwohl uns eine erfinderische Technik erlaubt, zumindest indirekt die andere Seite zu photographieren, was heißt, daß die verborgene Seite des Mondes noch zu dieser Welt gehört wie etwa das Département Pas-de-Calais.[30] Die verborgene Seite unseres Schicksals aber bleibt uns unwiderruflich entzogen, und keine noch so einfallsreiche List kann uns diesen jenseitigen oder metaempirischen Abhang sichtbar machen oder uns seine Geheimnisse entdecken. Diese Geheimnisse sind somit ein Mysterium, es sei denn, man glaubte an spiritistisches Tischrücken ... Und so ist alles, was wir wahrnehmen und uns vorstellen, feststellen und folgern können, einschließlich des schwindelerregenden Rands unse-

28 [»Sowohl als auch« = »keins von beiden«.]
29 [Platon: *Sophistes* 257 b.]
30 [Das nördlichste Département Frankreichs.]

res Hienieden, der am Abgrund verläuft und die Grenzlinie zwischen Sein und Nichtheit darstellt, ein Bestandteil der vitalen Positivität. Der Forscher brennt vor Wißbegierde, er ist nur noch einen Millimeter vom Ziel, nur noch den Bruchteil einer Sekunde vom Abschluß entfernt, er ist im Begriff zu finden, und er hat beinahe gefunden ... Doch nein! dieses Beinahe bleibt diesseits. Beinahe heißt überhaupt nicht. Wer beinahe tot ist, ist nicht tot, sondern lebendig. Hat, wer sich um Haaresbreite der Nichtheit genähert, überhaupt beinahe gewußt? In Wirklichkeit hat er nicht einmal das Allererste des Anfangs erfahren. Wir sind gleichsam die Gefangenen eines unzerreißbaren Apriori der Fülle und Vitalität: die Kritik, die Bergson gegen eine sogenannte Erfahrung der Nichtheit richtet, läßt sich ebenso auf den Tod beziehen, der das Nichtsein unseres eigenen Seins, die Inexistenz unserer Existenz und das Nichts unserer Ganzheit ist.

Der naturgegebene Unterschied zwischen Leben und Tod schließt nicht nur jeden Kompromiß und jede Vermischung aus, sondern die »ontische Dichte« des Lebewesens bleibt trotz des Alterns auch noch ungefähr konstant. Wir haben gesehen, daß das Wesen, das altert, darum nicht durchlässiger, leichter oder mangelhafter wird; es verändert sich qualitativ, ohne auszudünnen. Der Organismus, der weit davon entfernt ist, sich mit der Leere und dem Wind des Nichtseins zu füllen, ist, obwohl »vermindert«, in jedem Augenblick eine lebbare Totalität. Daher ist die Vorstellung eines allmählichen Zugehens auf den Tod kaum mehr als ein räumliches Bild. Von dem Moment an, da der Lebende lebt, und solange er lebt, ist er in einem gewissen Sinne vom Tode immer gleich weit entfernt, mag er nun dem Tode nahe sein oder nicht. Der Geruch des Nichtseins wird nicht stärker, je mehr sich der Wanderer der Grenze nähert, weil es nämlich weder einen Wanderer noch eine Annäherung gibt; und andererseits ist die Präsenz der Nichtheit aus der Nähe nicht eher spürbar als aus der Ferne, weil die Nichtheit gar keinen Geruch hat. Ist diese Präsenz nicht vielmehr Abwesenheit? Der bei seinem vorletzten Seufzer angekommene Greis ist, wenn er noch atmet, vom Tode genausoweit entfernt wie das Neugeborene; gewiß, er hat nur noch drei Sekunden zu leben, doch das wissen wir erst im nachhinein. So gesehen, sind die Alten genausoweit vom Tod entfernt wie die Jungen, und die Jungen ihm ebenso nahe wie die Alten; ob sie nun dem Tode nahe oder weit von ihm entfernt sind – sie sind alle gleich jung; jung oder alt: sie sind alle gleich weit entfernt! Die Nähe, von der selbst Platon bisweilen spricht[31] und die die Vorstellung einer stufenweisen Annäherung vermittelt, ist also eine bloße Metapher. Dem Tod zeitlich so nahe und metaphysisch so weit von ihm entfernt zu sein und über ihn nicht mehr zu wissen als ein kleines Kind ist zweifellos eine gute Lektion in Ernsthaftigkeit, Demut und prosaischer Nüchternheit für alle Scharlatane, die dazu neigen, Empirie und Metaempirie zu verwechseln, und unfähig sind, dem Überschwang glühender Hoffnung Einhalt zu gebieten. Wie kann man den »finis terrae«[32] und den äußersten Punkt der Existenz erreichen, ohne über die Geheimnisse des Jenseits besser unterrichtet zu sein, ohne ein Wort davon zu erraten, ohne eine Ahnung davon zu haben? Wie kann man so nahe herankommen und doch so weit davon entfernt bleiben? In den volkstümlichen Binsenweisheiten könnte man vielleicht die metaphysischste Antwort finden: eine Viertelstunde vor seinem Tod war Monsieur de La Palisse noch am Leben;[33] und nicht nur eine Viertelstunde vorher, sondern noch eine Sekunde, noch den millionsten Bruchteil einer Sekunde vorher! Diese Tautologie ist also gar nicht so tautologisch, wie es den Anschein hat: sie bringt zum Ausdruck, daß eine Mischung aus Sein und Nichtsein der Gipfel der Absurdität wäre, daß es zwischen Leben und Tod kein Mittelding gibt und daß man noch, auch wenn man an den äußersten Punkt des Lebens rührt, bis zum Schluß im Diesseits verbleibt. Zwar ist Monsieur de La Palisse eines plötzlichen Todes gestorben, doch gilt die Unmöglichkeit einer dritten Lösung nicht weniger für scheinbar allmähliche Tode. Solange das Glas trotz einer Reihe von immer härter werdenden Stößen nicht zersprungen ist, ist es absolut nicht zerbrochen und unterscheidet sich in nichts von einem heilen Glas, und ebenso ist die Mutation nicht weniger jäh, wenn ihr eine allmähliche Abnutzung vorausgeht: solange der Faden nicht von einer letzten Spannung durchtrennt wird, die stärker ist als alle anderen, ist er noch nicht gerissen. Deshalb tut sich zwischen einem noch so ausge-

31 [Platon:] *Phaidon* 67 a: ἐγγυτάτω [»am nächsten«]; siehe [ebd.,] 65 e: ἐγγυτατα ἰέναι τοῦ γνῶναι [»am nächsten dran sein, zu erkennen«].

32 [»Ende der Welt«.]

33 [Vgl. oben: Einleitung »Das Geheimnis Tod und das Phänomen Tod«, Anm. 37.]

dünnten Leben und der Nichtheit, zwischen dem geringsten Sein und dem Nichtsein noch ein Abgrund auf. Wenn die Atmung des Greises fast nicht mehr wahrnehmbar und der Lebenshauch fast nicht mehr spürbar ist, sagt man gerne, daß der Sterbende »kaum noch« am Leben ist. Doch dies ist ganz offensichtlich eine Metapher. So wie die Abwesenheit keine extrem verminderte Anwesenheit ist, so ist der Tod auch kein erschöpftes Leben, das an der äußersten Grenze der Dünnheit so undeutlich geworden wäre wie die Schatten der Totenwelt. Homers *Odyssee* betrachtet den Toten als den Schatten des Lebenden, und Leibniz macht aus der Inexistenz eine minimale Existenz.

3. Das Ereignis des Todes ist kein Nichts, sondern ein Fast-Nichts

Die Kontinuität des Nach-und-nach erschien den Megarikern bekanntlich absurd; so wie Zenon aus Elea die Unmöglichkeit der Bewegung zu beweisen suchte, so bestritten Diodoros und seinesgleichen die Möglichkeit einer Vorhersage, oder allgemeiner: die Möglichkeit jeder Kulmination und des Übergangs. Wie viele Körner sind nötig, damit aus einer Menge Körner ein Haufen *wird*? Wann fängt ein Haufen an? Muß man, da man keine bestimmte Anzahl festlegen kann, annehmen, daß der Haufen schon von Anfang an mit einem einzigen Korn anfängt, oder muß man annehmen, daß er nie anfängt, auch mit hundert Millionen nicht? Die Sophismen, denen die megarische Schule besonders verfallen ist, dienen dazu, einen diskontinuierlichen Gedankengang für kontinuierlich auszugeben, indem der Bruch, der sich unter dieser scheinbaren Kontinuität verbirgt, verdeckt wird. Suchen wir den Bruch! Suchen wir die schwache Stelle im Panzer der redseligen und verfänglichen Kontinuität dieser Rhetorik: sagen wir unsererseits, indem wir die Sprache der megarischen Rätsel sprechen, daß die Philosophie der Abtötung der Sorites par excellence, der Obersophismus der Obersophisten ist. Wenn nämlich Sokrates durch ein allmähliches Verlöschen endlos stirbt, kommt nur eins in Betracht: entweder wird er nie tot sein, so wie Achilles nie die Schildkröte einholt,[34] oder er wird nie lebendig, sondern schon

34 [Vgl.: Zenon von Elea: Fragmente 29 A 25-28 (Diels/Kranz).]

von Geburt an tot sein; er stirbt fortwährend, ohne jemals zu sterben, oder aber (was jedoch auf das gleiche hinausläuft) er lebt endlos, ohne ein Leben, das dieses Namens würdig wäre, zu leben. Denn das Leben wird nicht stufenweise zu einem Tod, genausowenig wie der Tod allmählich aus dem Leben entsteht oder in ihm heranreift. Und doch stirbt er! und doch muß Sokrates *schließlich* sterben ... Tatsächlich gelingt dem Sterbenden sein Tod, wie Achilles die Schildkröte einholt. Hierin zumindest ist die Aporie kein Spiel. Die Megariker aber, die die Entwicklung leugnen und jeden stufenweisen Übergang ablehnen, begreifen das Vorher und das Nachher als zwei aneinandergereihte Zustände: zuerst das Korn, und dann der Haufen; zuerst das Leben, und dann der Tod, und nichts dazwischen. Kurz zuvor noch, vor dem Bruchteil einer Sekunde war Sokrates noch am Leben, und plötzlich ist er auf der anderen Seite, ohne Übergang, und ohne daß man wüßte wie. Wenn der Sterbende schon lange gestorben, tot und beerdigt ist, fragt sich der Megariker noch, wie er wohl hat sterben können, wie er vom Leben zum Hinscheiden gelangt ist; so fragt sich Zenon aus Elea, wie Achilles es wohl angestellt haben mag, die Schildkröte einzuholen ... Dieser Sokrates, der zuerst lebendig und dann tot ist, aber nicht im eigentlichen Sinne *stirbt*, ähnelt letztlich dem Sokrates aus dem *Phaidon*: bevor er noch Zeit hatte zu sterben, ist er bereits tot! Er brauchte nicht zu sterben, um tot zu sein ... Eines schönen Morgens wacht er tot auf, ohne je gestorben zu sein. Was für einen Streich spielt uns da der Virtuose im Betrügen, genannt Tod! Es ist ein richtiggehendes Versteckspiel, das dem geschicktesten Taschenspieler alle Ehre machen würde, ein Meisterstück im Verschwindenlassen. Diese magische Vernichtung ist auf ihre Weise ein »Sophismus«: wer alle Übergänge durchläuft, weiß gut, wie er zum Ergebnis kommen könnte, in Wahrheit gelingt es ihm nicht; wer sich der Magie der Sophismen überläßt, sieht sich plötzlich mit dem Ergebnis konfrontiert, ohne zu wissen, wie er dahin gelangt ist. Dies genau ist das Wunder der Schöpfung: wir sehen lediglich das Vorher und das Nachher, den Schöpfer und das Geschöpf, das Geheimnis des Während aber bleibt uns verborgen. Ist der Tod nicht die Karikatur der Schöpfung, eine wahre decreatio und eine auf den Kopf gestellte Wundertätigkeit? Jedenfalls stellte die Leugnung des Dazwischen für die Griechen ein ausgezeichnetes Gegengift gegen die Todesangst dar. Im Lauf des Werdens gibt es keine Phase, wo sich Leben und Tod treffen würden. Aber eben die Vorstellung einer solchen Begegnung erklärt unser Grauen: die Überbewußtheit schlägt eine Brücke über den Tod hinaus und stellt zwischen Diesseits und Jenseits eine imaginäre Kontinuität her; das Bewußtsein, das Zeuge ist, ist in der Tat der große Vermischer, der seiner eigenen Vernichtung zusieht, der zugleich Schiffbrüchiger und Zuschauer des Schiffbruchs, zugleich erste und dritte Person, Ich-Subjekt und Sich-Objekt ist und der die Fassung verliert, weil er nicht weiß, wie er unschuldig im Nichtsein untergehen soll ... Das Bewußtsein macht sich ein Schreckgespenst, das der vom Leben aus gesehene Tod ist. Widersprüchlicherweise fühlt sich das Bewußtsein selbst kentern: Bergson würde zweifellos bemerken, daß es je lebendiger ist, je mehr es zu sterben glaubt! Das Bewußtsein des Subjekts, das sich in einen Lebenden und einen Toten verdoppelt, zittert bei dem Gedanken, daß es den Tod in sich trägt. Es fühlt sich zu seinen Lebzeiten schon von diesem Tod bewohnt, den zu bekämpfen wir in den Schrecknissen der Agonie gehalten sind: läßt die »Agonie« nicht die Vorstellung eines Kampfes gegen irgendeinen, im gealterten oder kranken Organismus eingenisteten Feind aufkommen? Wer die Immanenz des Nichtseins im Sein leugnet, glaubt folglich ein Mittel zu liefern gegen illusorische Befürchtungen: der Tod und ich, wir sind niemals gleichzeitig gegeben; der Tod und ich schließen einander aus, und wir verjagen uns gegenseitig; solange ich bin, ist der Tod abwesend, und wenn der Tod da ist, bin ich nicht mehr ... Epikur, Lukrez, Epiktet und der Sophist Prodikos scheinen sich über diese Alternative einig zu sein: οὐδὲν πρὸς ἡμᾶς, der Tod ist nichts für mich,[35] der Tod ist für mich nie anwesend! Nein, nie ist jemand betroffen, weder vorher (denn der Tod ist hypothetisch noch nicht eingetreten) noch nachher (denn da ist niemand mehr da, den der Tod etwas angehen könnte). Das wollte Jean Cassou zum Ausdruck bringen, als er sagte: Niemand kann sagen:

35 Epikur: Κυρίαι δόξαι 2, [in: Hermann] Usener: *Epicurea* 71 [Leipzig 1871]; [vgl.: ders.:] *Brief an Menoikeus* 124, [in:] Usener, [a.a.O.] 60; [vgl.:] Epiktet: *Handbüchlein der Moral* I, 5 (über das οὐκ ἐφ' ἡμῖν im allgemeinen) [und] Diogenes Laertius [:*Leben und Meinungen berühmter Philosophen*] X, 27; über Prodikos [vgl.]: Theodor Gomperz: *Griechische Denker.* [*Eine Geschichte der antiken Philosophie*, Berlin/Leipzig 1922,] Bd. I, S. 354-357.

»Ich sterbe«; derjenige, der es sagt, ist sehr wohl lebendig und straft sich selbst Lügen, da er ja spricht. Die anderen um mich herum sterben ohne Zweifel, ich selbst, ich sterbe niemals.

Dennoch vermag die räumliche, platte und statische Logik eines Diodoros Kronos und eines Prodikos, in der es kein Werden und keine Veränderung, keine Latenz und keine Virtualität, keine Tiefe und Perspektive gibt, unsere Befürchtungen nur halb zu zerstreuen. Die leblose Nebeneinanderreihung der Gegensätze erlaubt dieser Weisheit, das Phantasma des Todes dialektisch auszutreiben und zu sagen: diese Sache da ist nicht die meinige. Nun aber ist die Nebeneinanderreihung der Gegensätze, wenn sie schon keine Kontinuität ist, so doch auch keine wirkliche Diskontinuität, sondern vielmehr ein Angrenzen. Man tut so, als ob die Grenze des Lebens ein bloßes, negatives Aufhören wäre, während sie doch positives und stiftendes Prinzip ist; man verkennt folglich ihre rückwirkende Kraft, unsere Endlichkeit zu definieren. Die Demarkationslinie, die die beiden Welten des Seins und des Nichtseins trennt, ist für diese Weisheit eine Grenze ohne Dichte, weniger noch als ein dünner Schnitt oder eine unsichtbare Naht. Zwischen dem Diesseits und dem Jenseits gibt es keine gemischte Zone und nicht einmal eine Schwelle; der Tod ist auch nicht eine Art Gelenk, in dem sich Empirie und Metaempirie artikulieren würden ... Nein! der Tod ist der unteilbare Schnitt zwischen Vorher und Nachher, die Schnittlinie zwischen vitaler Fülle und letaler Leere: die eine hört auf, wo die andere beginnt (wenn man überhaupt sagen kann, daß das Nichtsein beginnt!); der Tod ist das Ende des Lebens, und das Ende des Lebens ist der Beginn des Nicht-Lebens ... oder für diejenigen, die daran glauben: des Weiterlebens nach dem Tode. Mehr nicht. Nun fehlt aber etwas! Etwas, das nichts und folglich fast nichts ist, etwas Ungreifbares, das nichts ist, das alles ist, das zugleich alles und nichts ist. Ist das Fast-Nichts zwischen dem Nichts des Jenseits und dem Alles des Diesseits, wovon die Rede war, nicht, was uns hier beschäftigt? Dies Fast-Nichts ist der Augenblick, das heißt die Tatsache des Hinübergehens und das Ereignis dieses Hinübergehens. Es fehlte also der Augenblick, den die Griechen, da sie weder über Worte verfügten, die ihn hätten ausdrücken können, noch über Konzepte, um ihn zu denken, so völlig verkannten. Es fehlte der Übergang, und zwar nicht ein Übergang, der vermittelt (wie in der Philosophie der Gradunterschiede), sondern ein Übergang, der Grenze bedeutet. Wann immer der Megariker Sokrates betrachtet, ist Sokrates entweder das eine oder das andere, entweder lebendig oder tot; Sokrates ist nie von einem Zustand in den anderen übergegangen; in diesem Sinne hat Sokrates das Hinübergehen nie vollzogen. Und wie die Kraft, die die Bewegung antreibt, den Eleaten unbekannt war, so wußten auch die Megariker nichts vom Moment, der das Werden vorantreibt, das Kommende zum Ziel gelangen läßt und die tödliche Vernichtung verfügt. Die Todesstunde wird ausgespart, verschluckt und plötzlich hinuntergestürzt; der Abbruch, der Sein und Nicht-mehr-Sein trennt, ist das ganze Gegenteil einer Mittelphase oder eines tertium-quid, doch dies heißt noch nicht viel: der Abbruch des Seins ist absolut nichts. Wir wiederum sagen, daß er ein Fast-Nichts ist, da durch die Gnade dieses Beinahe zwischen dem Augenblick und dem Nichts eine Welt und eine unendlich unendliche Distanz liegt. Der Augenblick, der weder etwas noch ein Intervall ist, so kurz dieses Intervall auch sein mag (denn er dauert nicht wenig und nicht viel), kann dennoch als ein winziges Intervall betrachtet werden. Der Abbruch ist keine reine Negativität, sondern ist selbst ein Ereignis. Wenn sein und weiterhin zu sein ein und dasselbe sind, so wie das Nichts und das Niemals-mehr-etwas ein und dasselbe sind, und es folglich keinen inneren Grund gibt, warum das Sein aufhören sollte zu sein, muß der Abbruch entweder einen Willensakt und zusätzliche Energie zu Hilfe nehmen oder von einem zufällig eintretenden Unfall herrühren. Der vernünftige Mensch, der die Qual überwunden hat, die aus dem Zwischenaufenthalt entsteht, hat die Angst vor dem Augenblick deshalb noch lange nicht besiegt. Die Weisen mögen uns wohl beruhigen, daß das Hinübergehen nichts und weniger sei als das Übersetzen über einen dunklen Strom in einer finsteren Fähre und folglich das Problem dieses Übergangs ein Problem sei, das nicht existiere, und folglich alle Angst vor diesem Problem eine eingebildete. Um es noch nachdrücklicher zu sagen: Es ist nicht einmal ein schlimmer Augenblick, den es durchzustehen gilt, wie etwa der Augenblick, da man den Schierlingsbecher trinkt oder einem blitzschnell der kranke Zahn gezogen wird (bevor wir noch Atem holen können, ist der Zahn bereits verschwunden) ... Nein, es dauert nicht einmal den Bruchteil einer Sekunde: es ist absolut nichts, und ihr werdet nichts merken; ihr könnt nicht etwas fürchten, das nichts ist, noch Angst vor etwas haben, das gar nicht existiert, oder vor etwas erschrecken, das gar nicht schrecklich ist. Doch ach! warum überzeugen uns diese Beschwichtigungen so wenig? Warum erscheinen uns diese Tröstungen so unglaubwürdig? Weil die Ursache der Angst, die sozusagen ein unmotiviertes Gefühl ist, nicht das ist, was *existiert,* sondern was *kommen wird*; die Ursache ist keine »Sache«, sondern das Eintreten des Ereignisses. Ohne Zweifel hat man materiell und buchstäblich »nichts« zu befürchten von der reinen und ungreifbaren Quodditas des Eintretens; hierin zumindest scheint unser Lampenfieber »unbegründet«. Ohne Zweifel ist die Phobie vor dem letzten Augenblick, logisch betrachtet, unvernünftig, und trotzdem rühren diese abstrakten Betrachtungen nicht an den Kern des Problems; denn für einen jeden bleibt der Augenblick das erlebte Ereignis par excellence. Wie Kranke, die vor einem chirurgischen Eingriff das Schwinden des Bewußtseins bei der Narkose weit mehr fürchten als die Schmerzen nach der Operation, wie der Stubenhocker, der vor der Ortsveränderung viel mehr Angst hat als vor dem neuen Platz, und wie die Gegnerschaft alles Neuen, die an sich weniger in der empirischen und begründeten Furcht vor der Neuheit als in der metaempirischen und unmotivierten Angst vor der Erneuerung besteht, ist die Todesangst auch entgegen allem Anschein weniger das eingestehbare Grauen vor der Hölle und den ewigen Qualen als die uneingestehbare panische Angst vor dem Nichts des letzten Augenblicks. Auch Jacques Madaule insistiert auf dem Schrecknis des »Übergangs«.[36] Der Augenblick macht uns stumm, wohingegen die eschatologischen Romane offenbar nie versiegen. Daher ist das herkömmliche Grauen vor dem Jenseits, vor dem Weiterleben nach dem Tode, vor der posthumen Existenz ein Vorwand, der uns das Geständnis der Angst vor dem Augenblick erspart; die Fortdauer des Danach, die sagbar ist, liefert dem Augenblick, der unsagbar ist, das Alibi. Nichts, was mich angehen könnte, betonen die Weisen ... dieser leere und ungreifbare Augenblick also: ein Nichts? Weit gefehlt! Der Tod ist ein Fast-Nichts für mich, σχεδὸν οὐδὲν πρὸς ἐμέ[37] – doch hier genügt schon das Fast ...

36 [Jacques Madaule]: *Considération de la mort*, [Paris] 1934, S. 104.

37 [Jankélévitch wandelt den Satz Epiktets ab; vgl. Einleitung »Das Geheimnis Tod und das Phänomen Tod«, Anm. 26.]

Der Tod ist folglich alles für mich! Es gibt nichts, was mich persönlicher, tragischer und näher anginge, nichts, was mehr Mut erforderte, um es in Angriff zu nehmen; denn wo sonst in der Zwischenzeit Seelenstärke und Geduld genügen mögen, um die Dauer des Schmerzes zu ertragen, bedarf es an der Schwelle des Nichts großen Mutes, um den Anfangspunkt des Augenblicks anzugehen. Um zu leiden, braucht man Geduld, um zu sterben, Mut. Niemand kann mir diese einsame Prüfung ersparen. Das System des allmählichen Verlöschens und die schneidende Alternative des Seins oder Nichtseins (zuerst das eine, und dann das andere) versprachen uns einen schönen Tod mit allen Annehmlichkeiten der Betäubung. Soll man nun, da wir zwangsläufig *über* die Schwelle der Angst müssen, folgern, daß uns die Euthanasie verweigert wird?

Es ist demnach unmöglich, ohne den Übergang zu einem neuen Zustand zu gelangen: wenn es durch den Augenblick nicht hindurchginge, wäre das unbeständige Wesen ohne Übergang fortwährend das eine oder das andere, und es könnte nicht vom *einen zum anderen* übergehen; oder es bliebe stets das eine, ohne weitergehen zu können, oder aber es wäre schon immer das andere geworden, und in diesem Fall würde die vollendete Tatsache das Werden überflüssig machen. Es ist der Augenblick, der Zugang gewährt zur Stufe einer neuen Fortdauer. »Wir werden alle verwandelt werden, und dasselbe plötzlich, in einem Augenblick«, ἐν ἀτὸμῳ, ἐν ῥιπῇ ὀφθαλμοῦ, heißt es im ersten Korintherbrief,[38] und Leopardi wird dies noch einmal in frappierender Weise zum Ausdruck bringen.[39] Wir haben den Megarikern vorgeworfen, die Erschütterungen, κινήματα verkannt zu haben, die die Bewegung vorantreiben. Selbst der *Phaidon* – es sei hier daran erinnert – zieht diese letzte Erschütterung in Betracht: ἐκινήθη, er zuckte; nach diesem mißtönenden Aorist gibt es keinen Dialog mehr, und die Spekulationen über die Unsterblichkeit überleben das Spasma nicht, das den Tod des denkenden Wesens ankündigt; das denkende Wesen, dessen Denken auf die Zeit keine Rücksicht

38 1. Kor. XV, 52.

39 [Giacomo Leopardi:] *Zibaldone* [*di Pensieri*] 292-293, in: *Œuvres*, trad. française UNESCO, 1964, S. 508 [dt.: *Das Gedankenbuch. Aufzeichnungen eines Skeptikers*, München 1985 (= *Werke*, Bd. 2), S. 200: »Denn vom Dasein zum Nichts wie vom Nichts zum Dasein geht es nicht stufenweise, sondern nur sprungweise, und der Sprung ist unendlich.«]

nimmt, vollzieht wie alle anderen Wesen auch den »napoleonischen Schritt«, der der ewigen Ausübung der Vernunft unerklärlicherweise ein Ende setzt.

4. Sterben lernt man nicht

In Wahrheit ist die Beziehung des Augenblicks des Todes zum Altern doppeldeutig. Wir stellen fest: Die Möglichkeit zu sterben nimmt mit der Abnutzung des Organismus objektiv zu, und trotzdem erlebt das in seinem Innern verbleibende Bewußtsein seine Gegenwart wie eine ewige Gegenwart. Je gravierender der körperliche Verfall, desto näher kommt der alternde Mensch dem Tode, bis er endlich stirbt. Insofern aber eine Gegenwart stets eine andere aufwiegt, und ein Lebender am Leben ist, solange er noch nicht tot ist, und dies bis zur allerletzten Sekunde, ist der Tod immer einschneidend und transzendent. Diese Doppelsinnigkeit hilft uns vielleicht, die Doppeldeutigkeit einer »Vorbereitung auf den Tod«, die bekanntlich die tägliche Sorge des »Asketen«, das heißt, des Praktikers der geistigen »Exerzitien«, ist, besser zu verstehen. Die Askese, die der *Phaidon* μελέτημα,[40] μελέτη θανάτου[41] oder πραγματεία[42] nennt, scheint uns zu einer Einübung in den Tod, zu einer den Leib abtötenden Propädeutik und zu einer Art geistiger Gymnastik aufzufordern, die das tägliche Geschäft der Philosophen wäre. Wie die Philosophen des allmählichen Todes spricht Platon gar bisweilen von einer Wanderung, πορεία: sich vorzubereiten (παρασκευάζεσθαι)[43] heißt vor allem, neue Gewohnheiten anzunehmen (ἐθίσαι)[44] und sich auf diese Weise in das Lösen des *vinculum*[45] einzuüben, heißt, ohne Augen zu sehen, ohne Sinnesorgane wahrzunehmen und die Essenz mit dem reinen Denken und der reinen Reflexion zu erfassen. Platon hatte als Pädagoge manchmal differenziertere Ansichten über die Allmacht der Einübung, und vor allem über das Erlernen der Tugend ...

40 [»Sorge, Übung«; Platon:] *Phaidon* 64 a, 67 d und 65 e.
41 [»Auf den Tod bedacht sein«; ebd.,] 81 a, 67 e: ἀποθνῄσκειν μελετῶσιν.
42 [»Beschäftigung«; ebd.,] 64 e, 67 b.
43 [Ebd.,] 65 e: παρασκευάζεσθαι.
44 [Ebd.,] 67c: ἐθίσαι.
45 [Vgl. oben, Anm. 25.]

Auch Seneca wird in seinem *De brevitate vitae* sagen: »Tota vita discendum est mori«,[46] worin ihm später auch Nicole zustimmt. Was nun Montaigne betrifft, der nichts von einem Mystiker hat, so setzt er die Einübung in den Tod der philosophischen Übung schlechthin gleich und schreibt eine Abhandlung darüber: »Philosophieren heißt sterben lernen«.[47] Doch die Tatsache, daß man sein ganzes Leben lang sterben lernt, daß diese Übung endlos ist und im Gegensatz zu einer rein technischen Aneignung stets unvollendet bleibt, könnte das Stagnierende einer solchen »Vorbereitung« unter Beweis stellen. Mit Seneca, der an einem Tag, da er besonders inspiriert war, in einem Brief an Lucilius schrieb: *Velle non discitur,*[48] wären wir geneigt zu sagen: *Mori non discitur.* Die Vorbereitung auf den Tod ist vielleicht nur ein hintergründiger Scherz. Denn in was sollte sich der Lehrling einüben? Man kann einen einfachen und unsichtbaren Vorgang nicht lernen; man erlernt Bewegungen, die sich in einzelne Teile zerlegen oder Stück für Stück erwerben lassen. Der Vorgang des Sterbens jedoch, der nicht teilbar ist und sich jeder Analyse entzieht, muß plötzlich und auf Anhieb improvisiert werden, oder, was auf das gleiche hinausläuft: den Augenblick lernt man nicht, ein Augenzwinkern und einen Lidschlag lernt man nicht. Man lernt, wie man weitermacht, und vervollkommnet sich in der Weiterführung zusammenhängender Bewegungen jeden Tag etwas mehr, indem die Muskeln stärker werden, man lernt jedoch nicht, wie man anfängt: *Incipere non discitur*; denn wie die Liebe, beginnt der Anfang durch sich selbst und ist zugleich Anfang und Ende. Dies gilt um so mehr für das Ende aller Enden, dessen Aneignung ebenso rasch zu Ende ist, wie sie begonnen hat. Hier beginnt der Mensch mit dem Ende und endet mit dem Beginn; der Mensch beginnt mit dem Schluß! Im Ende fallen Vollendung und Anfang, Alpha und Omega zusammen. Wir suchen Leid, Krankheit und einzelne Todesumstände zu ertragen, wie man durch tägliche Betätigung seine Muskeln trainiert; sterben aber ist keine Arbeit: in der Selbstheit des Todes begegnet uns weder Hindernis noch Widerstand und nichts, worauf wir trainieren könnten. Schließlich gibt es noch einen anderen Grund, der hier jede Propä-

46 [Seneca:] *De brevitate vitae* 7 [: »Ein Leben lang muß man sterben lernen.«].

47 [Michel de Montaigne: *Essais* I, 20.]

48 [»Wollen lernt man nicht«; Seneca: *Briefe an Lucilius* 81, 13.]

deutik absurd erscheinen läßt: man stirbt nur einmal; das Irreparable des Todes schließt jene Retuschen und Berichtigungen, jene unermüdlichen Wiederholungen, jenes Suchen und Probieren aus, die jede Erlernung kennzeichnen und die Bedingung sind für den Fortschritt schlechthin; keine Rede von Verbesserungen und folglich auch nicht von einem allmählich erworbenen Wissen-wie; man kann einer neuen Erfahrung die Lektionen, Gewohnheiten und Erinnerungen, die wir uns im Laufe der vorhergehenden Erfahrung angeeignet haben, nicht zugute kommen lassen. Die Eingeweihten, die die Taufe des großen Abenteuers empfangen, sind Neophyten und Improvisierer, sie werden es ewig sein und werden es zwangsläufig gewesen sein. Und endlich: Wie, bitte schön, sollte ich mich auf ein Ereignis vorbereiten, das absolut »unerhört« ist und nie gesehen und erlebt wurde, wie sollte ich mich auf einen Augenblick vorbereiten, von dem niemand hienieden weder die geringste Vorstellung hat noch dessen Natur erahnen kann? Lassen wir also diejenigen, die gleichsam jeden Tag ihren auf der Tagesordnung stehenden Tod sterben, sich von Abtötung zu Abtötung vervollkommnen, wie sich fleißige Pianisten durch endlose Fingerübungen perfektionieren: jene sterben zweifellos immer besser; jene scheinen zu wissen, auf was für eine Art von Prüfung sie sich vorbereiten, da sie doch so gut unterrichtet sind ... Worauf sollen wir anderen aber, die wir keinen Wink aus dem Jenseits bekommen und kein Geheimnis besitzen, uns »vorbereiten«? Um sich vorzubereiten, braucht man einen Vorgeschmack von der Gefahr, muß man vage die Richtung vorausfühlen, aus der sie kommen wird ... Alles, was wir jedoch vorhersehen, ist die Quodditas, das heißt die bloße Tatsache des Sterbenmüssens, wir wissen aber nichts über Zeitpunkt und nähere Umstände. Diese Quodditas, die blitzartig sein wird, kann, wie wir gesehen haben, durch keine Propädeutik eingeübt werden; die dialektische Stufenleiter des Gradus ad Parnassum kann hier nicht angewandt werden. Im Gegensatz zu den Tieren haben wir weder eine Vorahnung unseres eigenen Todes noch eine Erwartungshaltung ihm gegenüber. Wir wissen nicht, wie wir sterben werden, in welcher Lage uns der Tod überrascht, wo wir den letzten Augenblick zu erwarten haben: liegend? stehend? auf dem Pferd wie Antar?[49] oder einfach (um mit Rilke zu

49 [In Gabriel Duponts gleichnamiger Oper.]

sprechen) zwischen Tisch und Tür? Ob der Tod nun absoluter, unendlicher Schmerz sein wird oder (was fast das gleiche ist) den empirischen Schmerzen unvergleichbar beziehungsweise schmerzlos ist, in beiden Fällen widersetzt er sich jeder Vorbereitung; denn die Übung bedingt ein stetes Vorwärtskommen, das uns von einem Endlichen zu einem Endlichen trägt, niemals aber in das Absolutandere mündet. Man gewöhnt sich entschieden nicht an den Tod; der Tod ist das einzige biologische Ereignis, an das sich der Lebende nicht anpaßt. Daher trifft er uns stets unversehens, unseren Vorsichtsmaßnahmen zum Trotz. Bourdaloue[50] ermahnt die Gläubigen zwar wie die anderen Kanzelredner auch, sich vom Tod nicht überraschen zu lassen, doch bedeutet dies in der Sprache der Theologie, vor allem der christlichen, mit der letzten Wegzehrung versehen zu sterben. Diese »Vorbereitung« macht uns mit dem Abenteuer, das wir eingehen müssen und dem wir völlig hilflos gegenüberstehen, jedoch keineswegs vertraut. Diese Vorbereitung läßt uns auf der Schwelle der Prüfung mit unserer herzzerreißenden Einsamkeit alleine, anstatt uns vor Überraschungen zu bewahren. So also mag man es anstellen, wie man will: der Mensch wird stets überrumpelt werden; der Feind kommt immer dann, wenn man ihn nicht erwartet, und natürlich immer zu früh. Von Seneca bis La Fontaine handeln die Moralisten unermüdlich diese einfache, ironische Wahrheit ab. Gibt es etwas Unvorhersehbareres als den Tod? Etwas Allbekannteres als das Sterbenmüssen? Den Reden der Menschen nach zu urteilen, sind alle von dieser Zwangsläufigkeit überzeugt, wenige jedoch sind es wirklich. So wie noch der erfahrenste Mensch beim Schlag einer lang erwarteten Explosion zusammenzuckt, so richten auch wir es ein, vom banalsten Ereignis der Welt überrascht zu werden. Wie sollte es auch anders sein, wenn es sich um diese stets überraschende Banalität, um dieses nur zu vorhersehbare Unvorhergesehene oder, wie Alain[51] sagt, um dieses erwartete Unerwartete handelt, das der Tod ist. Als wir vom Ernstnehmen in der ersten Person und vom Altwerden sprachen, sagten wir, daß man erfahren könne, was man bereits weiß, und

50 [Louis Bourdaloue:] Sur la préparation à la mort, [in:] *Sermons* [*du père Bourdaloue, de la Compagnie de Jesus, sur les mystères,* 2 Bde., Lyon 1770; vgl. oben Teil I, Anm. 242].

51 [Alain (Emile Auguste Chartier, 1868-1951), frz. Philosoph u. Journalist, Verfasser der *Propos*, Lehrer von Simone Weil.]

man sich überhaupt nur auf diese Weise unterrichte, da das hundertste Mal wie das erste Mal sei. Wenn in jedem tatsächlichen Ereignis ein relativ unvorhersehbares, neues Element steckt und dieses Element der Vorstellung, die man sich von einem Ereignis machte, stets etwas noch nicht Bedachtes, nicht Vorwegnehmbares und Unerhörtes hinzufügt, so muß dies um so mehr für den Tod gelten, da der eigene Tod für denjenigen, der stirbt, per definitionem kein Präzedenzfall sein kann. Das erklärt, warum die Haltung der Menschen, wenn die letzte Stunde naht, oft so aufschlußreich und enttäuschend ist. Wer gegen empirische Umstände, Prüfungen und Schwierigkeiten der Fortdauer noch so gefeit ist, muß deshalb nicht unbedingt mutig sein, wenn seine letzte Stunde schlägt; und umgekehrt kann es geschehen, daß der Kleinmütigste, wenn er am Rande des bodenlosen Abgrunds steht, plötzlich eine seelische Stärke zeigt, deren wir ihn nie für fähig gehalten hätten: wie manche Katastrophe offenbart der Tod im letzten Augenblick die ureigenste Psyche des falschen Helden und das unerwartete Heldentum dessen, den man feige glaubte. Und ebenso gilt, daß der am besten Vorbereitete sich im fraglichen Augenblick als seltsam unvorbereitet erweist. »Ich bin nicht vorbereitet, aber ich bin bereit«, sagt in bewundernswerten Worten der zum Tode Verurteilte Victor Hugos:[52] im Gegensatz zu den zahlreichen Schwätzern, die sich angeblich vorbereiten und niemals bereit sind, ist er bereit, ohne sich vorbereitet zu haben. Wieviel Kasteiung war da nötig! und wozu? um am Ende doch kläglich zu versagen! Dies ist die Lektion in Demut, die indirekt in Bernanos' *Die begnadete Angst*[53] enthalten ist: auch den Glühendsten und Aufrichtigsten wird die Vorbereitung auf den Tod letztlich nichts nützen. Die Improvisation des Todes besiegelt oft die Niederlage der Asketen, die sich vorbereiten, und den Mut der Autodidakten, die den Tod übers Knie brechen.

5. *Die allmähliche Plötzlichkeit*

In einer Angelegenheit, in der alles zwielichtig ist, kann man jedoch nicht umhin, eindeutig festzustellen, daß das Zugehen auf

52 [Victor Hugo:] *Der letzte Tag eines Verurteilten* [Basel 1945], XXI.

53 [Georges Bernanos: *Dialogue des Carmélites*, Paris 1948 (Uraufführung 1952); dt.: *Die begnadete Angst*, Zürich 1975.]

den Tod uns dem Tod näher bringt. Zweifellos bewegt sich der Mensch auf seiner Lebensbahn ruck- und stoßweise vorwärts, auch weicht er bisweilen zurück; unregelmäßig, diskontinuierlich und unvorhersehbar ist das Zugehen-auf und launenhaft der Ausgang; doch im großen und ganzen nähert sich der Mensch leider dem Tode! Es wäre also ungerechtfertigt, zu behaupten, daß die Art und Weise des Sterbens in keiner Beziehung zur Meditation über die Sterblichkeit stünde. Die Zweideutigkeit kennzeichnet letztlich jede Art von Lernen, was schon ein platonisches Problem war: man kann weder suchen, was man hat (denn warum es dann suchen?), noch, was man nicht hat und wovon man folglich keine Vorstellung haben kann. Muß man dann nicht denken – es sei denn, man akzeptiert das Dilemma einer ewigen Mittellosigkeit oder eines ewigen Reichtums –, daß der zugleich reiche und arme Mensch erwirbt, was er virtuell besitzt und auf seine Weise das wahrnimmt, was er bereits weiß? Die Anamnese oder Wiedererinnerung ist ohne Zweifel dieses Vorwissen, dieses aus Wissen und Unkenntnis zusammengesetzte unwissende Wissen. Man kann also suchen, was man bereits gefunden hat,[54] und es wiederfinden, als habe man es nie gesehen. Die *Nikomachische Ethik* zeigt auf, wie sich die Aporie des Lernens tatsächlich und drastisch im Handeln löst ... Wird man Zitherspieler, indem man Zither spielt? Aber man muß doch schon Zitherspieler sein, um Zither spielen zu können, und muß bereits Zitherspieler sein, um einer zu werden![55] Angesichts dieser Diallele würde uns ein megarisches Ultimatum zweifellos auffordern, uns für eines zu entscheiden: entweder können wir nicht spielen – und wie dann lernen und wovon ausgehen, da uns jeder Zugang verwehrt ist? –, oder wir können spielen – und wozu also das Lernen, da es nichts zu lernen gibt? Das hieße folglich zugeben, daß der Mensch, indem er ohne Übergang vom Nichts zum Ganzen kommt, plötzlich auf geniale und wundersame Weise beginnt, Zither zu spielen; die Gnade der Arpeggien ist auf ihn herabgefahren, wie durch das Wirken des Heiligen Geistes. Und doch heißt dies auch, der Offensichtlichkeit zum Trotz, den Arpeggien und Tonleitern, der täglichen Übung und

54 [Blaise] Pascal: *Pensées* VII, [Fragm.] 553 (»Das Mysterium Jesu«); [vgl. Fragm.] 555 [: »Du würdest mich nicht suchen, wenn du mich nicht besäßest.«].

55 [Aristoteles: *Nikomachische Ethik* 1103 a 27-b 3.]

dem Werden jede Wirksamkeit abzusprechen: der Lehrling bemüht sich suchend in der Finsternis, und plötzlich, ohne daß er wüßte, wie, wird ihm eines schönen Tages die göttliche Gabe gewährt; an diesem Tag ist der Bann gebrochen, und der zum Meister gewordene Schüler wirft die Alternative »jetzt oder nie«, die ihn gefangenhielt, ab. Der Schüler spielt plötzlich Zither, als habe er sein ganzes Leben nichts anderes getan, als sei seine ehemalige Unfähigkeit nur das Ergebnis eines gewöhnlichen Mißverständnisses gewesen; die Virtuosität ist so einfach geworden wie »Guten Tag« und »Guten Abend«. Und so ist die Gnade der Arpeggien widersprüchlicherweise eine *vorbereitete, eine verdiente Gnade*! Platon, der zugleich an die Aneignung und die Gabe der Götter glaubte, hatte schon lange die Zweideutigkeit einer *allmählichen Plötzlichkeit* geahnt. Diotima aus Mantineia, die die doppelzüngige Sprache der Geheimnisse spricht, sagt uns, daß die Stufen der Dialektik eine nach der anderen und nach und nach erklommen werden müssen ἐφεξῆς,[56] das heißt »per gradus debitos«,[57] man aber am Ende des Aufstiegs plötzlich, ἐξαίφνης,[58] springen muß. Der »Kontinuationismus«, der alle Diskontinuität in die Immanenz einer unsichtbaren Kontinuität aufsaugen will, wird diesen plötzlichen Augenblick vielleicht als Resultat irgendeines verborgenen Vorgangs interpretieren wollen: auf die Gefahr hin, letztlich zutage zu treten, würde sich demnach in der Tiefe des Unbewußten ein ganzer Inkubations- oder Reifeprozeß vollziehen. Mehr kann man die komplexe und doppeldeutige Beziehung zwischen der stufenweisen Progression und dem unvermittelten Sprung, zwischen *epheksēs* und *eksaiphnēs* nicht vereinfachen. Die abenteuerliche Plötzlichkeit des »eksaiphnēs« wird durch die Stufenfolge des »epheksēs« nicht zunichte gemacht, im Gegenteil, die Stufenfolge wird uns dieses Abenteuer nicht ersparen! Jenseits aller Dialektik und jenseits aller Stufen ist das ἐπέκεινα,[59] das im sechsten Buch der *Politeia* angedeutet wird, ohne Zweifel Gegenstand höchster Verwandlung; ein hyperbolischer Schwung ist nötig, um es zu erreichen. Platon verurteilt zwar später im *Philebos* den undialektischen Ehrgeiz der Scharlatane, die vorgeben, sich mit

56 [»Der Reihe nach«.]
57 [»Stufenweise«.]
58 [Platon:] *Symposion* 210e.
59 [»Jenseits, darüber hinaus«; vgl.: Platon: *Politeia*, 511 a-e.]

einemmal und unmittelbar (εὐθὺς)[60] erheben zu können, ohne Zwischenstufen durchlaufen zu müssen ... doch hat die Vermittlung selbst nur durch den gefahrvollen Sprung, dessen Vorspiel sie war, einen Sinn. Der Mensch erklimmt den Berg, bis er zum Gipfel gelangt und stürzt sich dann mit einem Sprung in das metaempirische Jenseits. Mit der Vermittlung allein ist das Wesentliche noch nicht getan; mit der Vermittlung allein bleibt alles noch offen. Ohne die entscheidende Prüfung, die unsere Askese krönt, ist nichts gewonnen. Mit der Vermittlung allein muß das Abenteuer im eigentlichen Sinne noch bestanden werden, und die höchste Gefahr steht noch bevor: der Lehrling kann ruhig eine Klasse nach der anderen fleißig absolvieren, kann ruhig seine Vorbereitungssemester gewissenhaft durchlaufen, in dem Moment, da er sich nicht wie ein Blinder mit geschlossenen Augen zu guter Letzt ins Leere stürzt, in dem Moment, da er am Rande des Abgrunds zögert und zittert, ist es, als habe er nie etwas getan; er gleicht dem Anfänger, der das Fallschirmspringen aus Büchern kennt, es in abstracto studiert hat, wenn es aber zum Sprung kommt, sich nicht entschließen kann, in die Tiefe zu fallen. Ohne diesen letzten Sprung ist die Vermittlung ein ohnmächtiger Traum, eine hypothetische, papierne und begriffliche Fortdauer. Kierkegaard hätte vielleicht gesagt, daß einzig der »qualitative Sprung« der traumhaften und schemenhaften Möglichkeit die Aufwertung der Tatsächlichkeit verleihen kann;[61] diese gespensterhafte Vermittlung, die vom Abenteuer, das mit ihr ernst machen würde, getrennt ist, ist nur ein unfruchtbares Spiel und eine Scheindialektik; diese ewig in der Vorbereitung stecken bleibende Vorbereitung ist eine Vorbereitung auf überhaupt nichts. Einzig der unvermittelte Sprung ist die notwendige und ausreichende Bedingung für die Mutation und folglich die Conditio sine qua non, die kategorische, direkte und bestimmende Bedingung. Diese sich stufenweise bewegende Dialektik hingegen, die niemals eine zureichende Bedingung für die Veränderung ist, ist nicht einmal immer ihre notwendige Bedingung; denn es kommt vor, daß sich die Veränderung ohne Dialektik vollzieht; um so mehr hat diese Bedingung, wenn sie notwendig ist, etwas Negatives an sich: die unzureichende Bedingung

60 [Platon:] Philebos 17 a: τὰ δὲ μέσα αὐτοὺς ἐκφεύγει [»Das in der Mitte hingegen entgeht ihnen«].

61 [Sören Kierkegaard:] *Philosophische Brocken* [Frankfurt/M. 1984].

braucht einen zusätzlichen Schwung, die ihr der »treibende« Augenblick gibt, wie Charles Renouvier[62] sagen würde. Dies ist die doppeldeutige Beziehung, die die Intuition zur diskursiven Arbeit unterhält. Es ist zwar im großen und ganzen zutreffend, daß die Intuition nur jene belohnt, die ausdauernd gearbeitet und leidenschaftlich gesucht haben, doch ist auch richtig, daß sie jenen, die sie durch ihre Arbeit verdient hätten, nicht notwendigerweise und automatisch wie ein Salär gegeben wird; niemand nämlich hat ein Recht auf Inspiration, und niemand kann sich beklagen, wenn seine Arbeit vergeblich war. Die Intuition wird vor allem jene belohnen, die an diese Belohnung nicht zu sehr glaubten und die nicht zu gierig auf die gewinnträchtige Wirkung ihrer Arbeit spekulierten. Kurz, die unvorhersehbare Gnade der Intuition verlangt vom Suchenden eine gewisse Unschuld ... sie will nicht erzwungen werden. Wie im letzten Akt der Mysterien bringt die Offenbarung, die den Eingeweihten vorbehalten ist, am Schluß etwas völlig Neues, das die Initiation nicht erahnen ließ, das im Diesseits nicht enthalten, absolut *zusätzlich* und folglich einer ganz anderen Ordnung zugehörig ist. Die Initiation ist deshalb jedoch nicht immer vergeblich gewesen ... Welche irritierende und paradoxe Ironie entzieht der Initiation auf diese Weise ein irgendwie geartetes Undeduzierbares, das aus der Initiation ein zugleich überflüssiges und notwendiges Purgatorium macht?

Zweifellos ist der Tod alles andere als eine unvorhersehbare Gnade; zweifellos ist er eher Fluch denn Inspiration. Man wird vielleicht darüber erstaunt sein, daß wir den Tod mit der Intuition, das Versinken in der Finsternis mit dem Aufscheinen des Lichts vergleichen. Und doch ist die Beziehung der Vorbereitung zum letzten Augenblick in beiden Fällen die gleiche. So wie der gefährliche Sprung die dialektische Steigerung vollendet, ohne jedoch in ihr enthalten zu sein, so setzt der tödliche Sprung, der Salto mortale, dem Altern ein Ende, indem er auf einen Schlag vollendet, was das Altern nie imstande wäre, zu beenden, und hätte es auch eine unbegrenzte Frist hierfür. Der Kontinuationismus möchte uns diesen entscheidenden Sprung ersparen, den wir, nach einem Wort Saint-Simons, den napoleonischen Schritt nannten, indem er zwi-

62 [Charles Renouvier (1815-1903), frz. Philosoph, Gründer der Zeitschrift *Critique Philosophique*.]

schen Diesseits und Jenseits eine Brücke schlägt. Doch diese kontinuationistischen Kunstgriffe sind so unsicher wie Schneebrükken, die über gähnende Gletscherspalten führen ... Es soll hier nun die Rede sein von zwei Wahrheiten, die sich scheinbar widersprechen und doch beide wahr sind: einerseits erhöht die Abnutzung des gealterten Organismus unablässig das Todesrisiko, macht den Tod immer wahrscheinlicher: das ist die »Infinitesimalarbeit«, von der Jacques Madaule spricht, die Arbeit, die die Adern verschleißt und sie eine nach der anderen sprengt;[63] andererseits aber würde der Mensch endlos altern und nicht sterben, wenn nicht etwas Neues hinzuträte, ein manchmal winziger und kaum auszumachender Unfall etwa oder das Platzen eines Gefäßes. Weil ihr ein tatsächlicher Antrieb fehlt, erreicht die Bewegung des eleatischen Achilles niemals ihr Ziel, und wenn dem Sterbenden ein letztes Trauma fehlt, stirbt er unaufhörlich; sein Todeskampf würde sich in den Präliminarien, im Todeskampf des Todeskampfes und in der Einleitung dieser Agonie der Agonie verewigen: »Eine Art Beginn«, schreibt Satie, »eine Verlängerung desselben und ein Mehr dazu, gefolgt von einer unnützen Wiederholung«![64] Es bedarf also eines ausdrücklichen Schlußsatzes, der unter die Vorreden einen Schlußpunkt setzt und Dinge forciert, indem er die vorletzte Minute zwingt, die letzte zu sein. Dieses Neue, das im irdischen Leben absolut nicht vorhanden ist, tritt erst am Ende des Endes ein. Solange dieser Unfall am Schluß nicht die tödliche Absicht des Altwerdens enthüllt, ist das Altwerden eine bloße hypothetische Möglichkeit, mehr: ein bloßer Begriff ... So betrachtet ist jeder Tod, auch der unmerklichste, relativ plötzlich und zufällig; jeder Tod ist in einem gewissen Grade gewaltsam – mehr: der Tod ist die Gewaltsamkeit schlechthin; denn so wie das schöpferische *fiat* das Nichtsein zum Sein bringt, so ist der Tod der Augenblick, der zerstört. Ist der Augenblick, ungeachtet dessen, ob es sich um ein positives oder negatives fiat handelt, nicht, was über die Veränderung bestimmt? Wir haben hinlänglich dargelegt, daß der vernichtende Augenblick selbst keine Verwandlung im eigentlichen Sinne ist und daß die Zufälligkeit der Stunde von die-

63 [Jacques Madaule:] *Considération de la mort* [a. a. O.], S. 32.

64 [Erik Satie (1866-1925):] *Trois Morceaux en forme de poire* [1903, Stücke für vierhändiges Piano]; ders.: *Avant-dernières pensées* [1915, Stück für Piano und Sprechstimme].

ser Plötzlichkeit herrührt. Der Tod ist stets *nex*, brutaler Abbruch, wie immer er auch beschaffen sein mag; daher besteht zwischen einem Dolchstoß und dem sanften Entschlafen des betagten Greises, zwischen einem jähen Tod und dem Adagio der allmählichen Tode auch kein wesentlicher Unterschied. Auch Melisande, die im fünften Akt so sanft entschlummert, stirbt in einem bestimmten Moment, auch Melisandes sanfter Tod ist ein unsichtbar plötzlicher.[65] Deshalb kommt jeder Tod in gewissem Sinne zu früh, auch der schöne Tod des Hundertjährigen, der langsam und endlos eines späten Todes stirbt; denn auch der Hundertjährige stirbt auf seine Weise plötzlich! Die legendärste Langlebigkeit kann den frühreifen und willkürlichen Charakter des Todes kaum überspielen; ein noch so natürlich scheinender Tod ist gar nicht so natürlich: die argwöhnischen Gutachten des Gerichtsmediziners zeigen es ... Da das Leben von Augenblick zu Augenblick wie eine offene Totalität erlebt wird, und dies bis zur letzten Minute, kann das Ende des Lebens im Prinzip ständig verschoben werden: es ist nicht absurd, wenn ein von allen Ärzten bereits aufgegebener Todkranker noch eine Stunde länger lebt und nach und nach immer weiterlebt, bis eine volle Woche daraus wird. Gewiß wird sich jedes Leben in der Tat und im nachhinein als begrenzt erwiesen haben, und hierin ist das zufällige Phänomen auch auf einen natürlichen Vorgang zurückzuführen. Doch wenn schon das Leben nicht endlos verlängert werden kann, so ist doch zumindest der Zeitpunkt des Todes, wie wir gesehen haben, unbestimmt, und auf dieser Unbestimmtheit, die alle Hoffnung zuläßt, beruht auch die ärztliche Deontologie. Wie spät der Tod auch kommen mag, er kommt stets zu früh; stets unterbricht er eine Betätigung, stets platzt er in eine unfertige Arbeit: der Schriftsteller hatte noch nicht alles gesagt (zumindest glaubt er dies), das Werk des Künstlers war noch nicht vollendet, der einfache Mann hatte noch Pläne zu verwirklichen ... Mit anderen Worten: Um einen mehr als dreiviertel Toten, einen kaum noch lebenden Sterbenden, der gleichwohl sehr lebendig und wieder zurückholbar ist (denn Leben und Tod sind unteilbar und stehen in einem völligen Gegensatz zueinander), tatsächlich sterben zu lassen, muß eine unendliche Entfernung zurückgelegt werden, was nur durch einen letzten, plötzlichen

65 [Maurice Maeterlinck: *Pelleas und Melisande*, a. a. O.]

Sprung, durch einen letzten Stoß – durch einen Gnadenstoß, wenn man so will – geschehen kann, ähnlich der letzten Überdehnung, die den brüchigen Faden endgültig reißen läßt; ohne eine letzte Anstrengung könnte man das *virtuell abgeschlossene*, das heißt *absolut unabgeschlossene* Werk nicht vollenden. »Vulnerant omnes, ultima necat«:[66] Louis Aubert las diese vier Worte auf dem Zifferblatt der Uhr von Urrugne im Baskenland.[67] Der Krug geht so lange zum Brunnen, bis er bricht. *Eines Tages* ist das Maß voll. *Eines schönen Morgens* ist der Kelch gefüllt. *In einem bestimmten Moment* reißt das überspannte Seil. Der kritische Punkt hätte aber auch schon früher erreicht werden können, vor der Häufung all der kleinen Veränderungen, die schließlich den Bruch ausmachen; und trotz des organischen Verschleißes hätte die Krisis ebensogut erst später eintreten können: eine halbe Minute vor der Krise war der Kandidat auf den Schlaganfall, der gleich zusammenbrechen wird, es aber nicht ahnt, noch am Leben und hätte ohne diesen zufälligen Unfall noch Monate und Monate weiterleben können. Das abgenutzte Kabel, das gleich reißen wird, ist eine Sekunde vor der letzten fatalen Anspannung noch ganz und kann es unbegrenzt bleiben. Trotzdem begünstigt die Arterienverkalkung etwa eine Aneurysma-Ruptur und läßt die Gefahr von Stunde zu Stunde wachsen.

Man sieht hieraus, daß jede Behauptung über die Beziehung des letzten Augenblicks zum Alterungsprozeß von der gegensätzlichen Behauptung widerlegt werden kann. Der Mensch stirbt *letztendlich*, weil er *immer älter* wird, und dennoch ist der Tod, auch wenn er den Endpunkt des greisen Verfalls kennzeichnet, nicht eigentlich die logische Schlußfolgerung, da man sehr lange altersschwach sein kann, ohne zu sterben, und sterben kann, bevor man altersschwach wird. Das Herz hört zu schlagen auf, weil es zerrüttet ist, es hört aber auch auf zu schlagen, ohne zerrüttet zu sein, so daß niemand im eigentlichen Sinne an Altersschwäche stirbt. Und ebenso gilt: der Tropfen, der den Krug zum Überlaufen bringt, ist ein Tropfen wie alle anderen Tropfen auch und ist es wiederum auch nicht, da er etwas Neues darstellt; er ist der kritische und entscheidende Tropfen, ohne den das Überlaufen nicht möglich ge-

66 [»Verletzen tun sie alle, die letzte tötet«.]

67 [Louis Aubert (1887-1968):] *Sillages* [1917, drei Stücke für Piano] II: »Socorry«.

wesen wäre. Dieser letzte Tropfen, der zu den anderen hinzukommt und sich sogar mit ihnen vermischt, ist nicht einfach der Höchstgrad einer homogenen und stetigen Handlung. Der letzte Tropfen hat folglich die ganze Bedeutung und Feierlichkeit des letzten Augenblicks. Der letzte Augenblick ist in der Tat ein Augenblick wie die anderen und ist es wiederum nicht: er ist von den anderen nicht zu unterscheiden, und keine Uhr lenkt unsere Aufmerksamkeit auf ihn; und doch ist diese letzte Minute, die allen vorhergehenden gleicht, etwas ganz Besonderes und, wenn man so sagen will, eine privilegierte Minute; sie muß ja etwas Besonderes an sich haben, denn würden wir sie sonst die letzte, die »äußerste« nennen? Sie ist nicht mehr als die anderen Minuten und ist doch unendlich viel mehr. In der Ordnung der Doppeldeutigkeit ist alles verhältnismäßig: die Stille, in die das pianissimo mündet, ist das Ergebnis eines *decrescendo* und gehört doch einer ganz anderen Ordnung an; die Finsternis ist und ist nicht die Folge eines *diminuendo*, da eine Milderung oder Abschwächung des Lichts lediglich zu einem milden oder gedämpften Licht führt; die Reglosigkeit ist das Ergebnis eines *rallentando* und ist es wiederum nicht, da eine immer langsamer werdende Bewegung noch immer eine Bewegung ist. Das Nichtsein schließlich ist sehr wohl, wenn man so will, der höchste Grad des geringsten Seins, doch ist dieses geringste Sein nicht mehr Sein als die Null eine Menge darstellt, und im übrigen ist dieser höchste Grad kein Grad mehr. Und wie die Verminderung nicht in die Nichtheit mündet, obwohl sie ihr den Weg bereitet, führt die Abtötung auch nicht zum Tode, obwohl sie ihn erleichtert. Daraus folgt, daß man sterben lernen kann und wiederum nicht lernen kann, je nach dem Standpunkt, den man einnimmt. Um beiden Wahrheiten gerecht zu werden, muß man die Philosophie des plötzlichen Zunichtewerdens und des jähen Abbruchs mit der Philosophie des Halbschattens, des Zwielichts und der tausend Abschattierungen verbinden; muß man das Dilemma zwischen Bewußtsein und Unbewußtem in Einklang bringen mit der Leibnizschen Lehre von den verschiedenen Graden von Klarheit und Deutlichkeit der Vorstellung; muß man Kierkegaards unvermittelten Sprung mit der Bergsonschen Kontinuität vereinen und muß schließlich zugleich das Alles-oder-Nichts der Vernichtung und den Regenbogen der Übergänge zulassen. Die endlos gehaltene Schlußrede ist gewiß eine Einübung in den Tod, doch wird der Tod selbst im Handumdrehen wie durch Zauberkraft unsere Annäherung überflüssig gemacht haben. Am Ende der Annäherung muß folglich ein »Grenzübergang« stehen, ohne den der Alterungsprozeß bis ans Ende aller Zeiten dauern würde. Diese Überstürzung oder Beschleunigung am Ende des Vorgangs spielt die gleiche Rolle wie die »Koda« am Ende einer musikalischen Durchführung. Je mehr der Mensch sein Altwerden vorausbedenkt, desto eher verpfuscht er sein Ende: er studiert sorgfältig seinen letzten Seufzer ein, um dann schließlich doch irgendwie, unordentlich und in aller Eile zu krepieren. »Grenzübergang« heißt nicht, diesseits der Grenze zu bleiben und an ihr entlangzugehen, sie zu streifen oder mit ihr eine Tangente zu bilden, wie sich etwa ein Akrobat auf dem unsichtbaren Seil über der Demarkationslinie im Gleichgewicht hält und auf ihm entlanggeht, ohne einen Fuß in die beiden angrenzenden Länder zu setzen ... Nein! »Grenzübergang« heißt, die Grenze zu überschreiten und tatsächlich jenseits des Rubikons, der eher ein Styx ist, vorzudringen! ... Daher auch hat die Überschreitung der unüberschreitbaren Grenze in den Augen der Lebenden, die am diesseitigen Ufer zurückgeblieben sind, etwas Frevelhaftes. Hora incerta? Die Stunde bleibt nicht endlos ungewiß: die Stunde bleibt bis zu der plötzlichen Minute ungewiß, da sie mit einemmal schwindelerregend gewiß wird: dann gibt es keine Annäherung mehr, dann ist alles vollzogen. *Bis auf den* Tod, ἕως θανάτου, bedeutet nicht, wie in der weltlichen Aufopferung der Weisen, bis zum Tod, den Tod ausgenommen, sondern wie im Opfer der Helden, Märtyrer und Heiligen, bis jenseits des Todes, den Tod mit einbegriffen. Im diesseitigen *usque* ist der Tod selbst, mors ipsa, nicht einbezogen: dieses »bis zu« ist ein Fast! Im jenseitigen *usque* hingegen wird die letzte Annäherung plötzlich zunichte gemacht: wenn es sich nicht um einen scheinbaren, sondern um einen ernsthaften und tatsächlichen Tod handelt, löst sich die Doppeldeutigkeit des *usque ad* mit einem Schlag und auf immer. Was wir im höchsten Opfer auf uns nehmen, ist kein letzter Augenblick nach so vielen anderen, ist nicht nur eine Viertelstunde, eine Minute mehr: es ist der tödliche Sprung des eigentlichen Abenteuers.

Drittes Kapitel
Das Irreversible

1. Die Hin- und Rückreise im Raum ist eine Hinreise ohne Rückkehr in der Zeit

Das Fast-Nichts des Todesaugenblicks, das vom diesseitigen Sein und dem jenseitigen Nichtsein zusammengedrängt wird, ist die Schwelle zwischen den beiden Welten; für die Dauer eines Aufblitzens gehört es den beiden Welten an und ist doch gleichzeitig weder ein Teil der einen noch der anderen: es ist zugleich *utrumque* und *neutrum*;[1] es ist ein Datum in unserer Biographie und bezeichnet doch zugleich die Vernichtung jeder Chronik. Man kann es folglich nicht als Synthese von Leben und Tod betrachten, da Leben und Tod nicht gleichzeitig möglich sind. Wie die Intuition ist es eine verlöschende Erscheinung, nicht etwas, das zwischen Erscheinung und Verlöschen läge, sondern eine Erscheinung, die augenblicklich erlischt und dergestalt, daß das Verlöschen das letzte Wort behält. Dennoch genügt die Plötzlichkeit allein nicht, um den Augenblick des Todes zu charakterisieren. Viele Ereignisse tragen sich plötzlich zu und wiederholen sich im Zuge der Fortdauer, ohne daß sie darum mit dem Tod etwas gemeinsam hätten ... Wie oft blitzt ein flüchtiger Lichtschein auf während des Daseins, erlischt und leuchtet von neuem! Was die letale Plötzlichkeit auszeichnet, ist ihre Unwiderruflichkeit und »Unauswechselbarkeit«. Was die letale Plötzlichkeit so schmerzlich erscheinen läßt, ist die Unmöglichkeit, ihren Sinn ins Gegenteil zu verkehren. Je nach dem intendierten Blickwinkel werden wir diese Unmöglichkeit das *Irreversible* oder das *Unwiderrufliche* nennen. Die Irreversibilität ist sicher genausowenig in allen Fällen tödlich wie die Plötzlichkeit. Sie ist der Zeit an sich inhärent. Man kann nicht einmal sagen, daß sie eine Eigenschaft der Zeit sei wie eine andere auch, da eine Zeit, die diese Eigenschaft nicht besitzt, nicht vorstellbar ist. Das Werden ist keine Modalität unserer Substanz, sondern unser ganzes Sein schlechthin und unsere einzige Seinsweise, und ebenso ist die Irreversibilität die Zeit schlechthin, tempus

1 [»Sowohl als auch« und »keins von beiden«.]

ipsum, die Selbstheit der Zeit und die Essenz der Zeitlichkeit, mehr: die Irreversibilität ist die Zeitlichkeit der Zeit schlechthin. Das Wort »werden« bringt allein schon die nicht mehr umkehrbare Richtung der gelebten Zeit zum Ausdruck: das Werden ist in der Tat auf das Vorwärts gerichtet und geht von der Vergangenheit zur Zukunft; diese Intention der Zeit, die recht doppeldeutige Wirkungen zeitigt (wir haben gezeigt, daß sie zugleich affirmativ und regressiv ist), ist in der Richtung, die sie einschlägt, eine Einbahnstraße, eine Einbahnstraße ohnegleichen, die von keiner Gegenrichtung neutralisiert oder konterkariert wird. Ist die Bestimmung des Werdens nicht der Wechsel, der macht, daß das Selbe ein Anderes wird? Ist die Bestimmung des Werdens nicht die Künftigung, die durch ein fortwährendes Eintretenlassen das Kommende kommen läßt? Der Hauptakzent liegt auf dem Anderen, auf dem Attribut des Anders-Werdens. Ist eine Zeit, die man nach Belieben auf den Kopf stellen oder willkürlich umkehren könnte, nicht Raum? Gegenstände, ob nun symmetrisch oder nicht, können eine »Richtung« haben im Raum, das heißt, ihre räumliche Form hat bisweilen eine Vorder- und Rückseite, eine rechte und eine linke Seite, und sie sind der Art und Weise gegenüber, wie man sich ihnen im Raum nähert, demnach nicht immer gleichgültig. Trotzdem ist die »Richtung« hier nur ein Merkmal unter anderen. Die »Richtung« des Werdens hingegen ist die einzige »Bedeutung«, die das Werden hat ... Mehr noch: der Gegenstand im Raum bietet sich dem Auge ganz und auf einmal dar und schließt folglich die Erfahrung des erlebten Nacheinander aus. Die wirkliche Irreversibilität jedoch ist eine ausschließlich und spezifisch zeitliche Eigenschaft, oder sie ist nichts; vor allem anderen ist sie die Unmöglichkeit, noch einmal zurückzugehen, und impliziert folglich das Verbot, eine bestimmte Bewegung auszuführen oder vielmehr eine bestimmte Erfahrung (im umgekehrten Sinne) zu machen; diese chronologische Eigenschaft einer gegen den Strich laufenden Ordnung oder einer auf den Kopf gestellten Abfolge macht die ganze Absurdität der »Umkehrung« aus. Die Räumlichkeit des Raums ist »nicht zusammendrückbar«, ohne jedoch »irreversibel« zu sein. Die Räumlichkeit ist nicht vernichtbar: diese Vernichtbarkeit zu behaupten hieße, der Kreatur die Gabe der Allgegenwart zuzuschreiben. Zweifellos gibt es endlos wachsende Geschwindigkeiten, die die Entfernung zwischen Ausgangspunkt und Zielpunkt mehr und mehr zu verringern scheinen. Doch Orte überfliegen und das Entfernte in die Nähe rücken heißt noch nicht den Raum bezwingen! Die Rückkehr hingegen ist in diesem gefügigen Milieu ohne weiteres möglich, da der Raum sich den Strecken gegenüber, die ihn durchziehen und durchkreuzen, völlig gleichgültig verhält. Die Zeitlichkeit der Zeit aber ist nicht nur nicht rückführbar, weil sie wie die Räumlichkeit des Raums nicht zusammendrückbar, sondern weil sie irreversibel ist. Was zusammengedrängt werden kann, ist nicht die Zeit selbst (die Zeit verfließt weder schneller noch langsamer, und unsere Techniken gleiten an ihr ab, ohne Halt zu finden), sondern sind die menschlichen Unternehmungen in der Zeit, die zur Durchquerung des Raums aufgewandte Dauer und die notwendige Arbeitszeit, um zu einem bestimmten Ergebnis zu gelangen oder eine bestimmte Aufgabe zu erfüllen. Man spart die Fristen der entbehrlichen Zeit ein und schickt sich in die unentbehrliche Zeitlichkeit: die nicht zu beschleunigende Quodditas der Künftigung fordert vor allem Geduld! Die Techniken sind im angrenzenden Bereich von Zeit und Raum also allmächtig, besonders wenn es sich darum handelt, die Geschwindigkeit einer Fahrt möglichst zu beschleunigen und die Dauer einer Reise möglichst zu verkürzen. Doch diese technische Möglichkeit ermöglicht keinesfalls die metaempirische Unmöglichkeit einer absoluten Geschwindigkeit, die letztlich Allgegenwart bedeutete: die fast verflachte Zwischenzeit bleibt immer noch Zwischenzeit, und ihre beiden äußersten Enden kommen sich nie so nahe, daß sie in einem einzigen Punkt konvergieren könnten; mehr: die Idee der Geschwindigkeit an sich impliziert schon dieses nicht mehr weiter auflösbare Minimum, das unsere Endlichkeit uns aufzwingt, und das uns daran hindert, zugleich hier und anderswo zu sein; die Magie der Unmittelbarkeit ist uns also verwehrt. Man kann das zeitliche Minimum, das nötig ist, um ein Stück Zucker zum Schmelzen zu bringen, den Vorgang des natürlichen Wechsels zu seinem Ziel gelangen und das Kommende eintreten zu lassen, nicht reduzieren ... Jenseits aller komprimierbaren Vorgänge stellt die unkomprimierbare Zeitlichkeit, in der die menschlichen Aktivitäten ihren Lauf nehmen, den nicht mehr komprimierbaren Kern der Räumlichkeit dar. Es ist uns möglich, diese reine Zeitlichkeit durch einen beliebigen Zeitvertreib nicht mehr fühlbar zu machen, wir können sie in Gedanken und aufgrund rationaler Voraussicht überfliegen, wir können sie jedoch nicht aufheben und schon gar nicht umkehren. Genausowenig wie es möglich ist, durch Zunichtemachen der nackten Dauer der Erwartung die Zukunft unmittelbare Gegenwart werden zu lassen, genausowenig ist es möglich, in die Vergangenheit zurückzukehren, indem man die inzwischen gelebte Dauer für null und nichtig erklärt und als nicht stattgefunden betrachtet. Die Asymmetrie zwischen Zeit und Raum ist in diesem Sinne vollkommen. Der Umlauf des Zeigers auf dem Zifferblatt, der eine sichtbare und räumliche Bewegung darstellt, kann umgekehrt werden, die erlebte Dauer eines vierundzwanzigstündigen Tages aber, die unsichtbar und ungreifbar ist, kann es nicht; und die notwendige Zeit, um den Zeiger gegen den Uhrzeigersinn zurückzustellen, schlägt auf der Habenseite der gelebten Zeit zu Buche. Wer von Paris nach Rouen gefahren ist, kann, wenn er einen Hin- und Rückfahrschein gelöst hat, zu seinem Ausgangspunkt zurückkehren, und die Strecke der Rückkehr legt sich so über die der Hinreise, daß diese aufgehoben wird. In der Zeit aber folgt die Rückfahrt auf die Hinfahrt und steht also nach ihr, so daß die *Tatsache* der unternommenen Reise nicht zunichte gemacht werden kann; denn wenn auch die Auswirkungen des Ortswechsels verwischt werden können, so bleibt doch die Quodditas unumstößlich. Die Rückreise gleicht den Effekt der Hinreise aus, kann deren Tatsächlichkeit aber nicht ungeschehen machen. Mit unserem nach Hause zurückgekehrten Reisenden steht es aber so, *als ob* er niemals weggefahren sei ... aber nur *als ob*! Denn zwischen dem aus Rouen zurückgekehrten Reisenden und dem, der nie dorthin gefahren ist, besteht wie zwischen dem verlorenen Sohn und dem daheimgebliebenen ein zwar unmerklicher, aber doch fundamentaler Unterschied, ein Etwas, dessen unauslöschliche Spur sich, wenn schon nicht in das Gedächtnis (das Vergessen kann es verschwimmen lassen), so doch zumindest in das Unbewußte, in die verschwiegene Vergangenheitlichkeit des Individuums, in die Zeitlichkeit an sich einschreibt. Räumlich gesehen befinden sich der verlorene Sohn und der zu Hause gebliebene letztlich am selben Punkt und unterscheiden sich hierin nicht; zieht man aber die Zeit in Betracht, wird derjenige, der den Kreis des Abenteuers geschlossen hat, zu Hause nicht mehr den Status quo vor seinem Abenteuer antreffen. Prüfungen und Bedrängnis haben ihn »gezeichnet«, sagen die anderen.

Was immer man unternehmen und wohin man auch gehen mag – die Hin- und Rückreise ist im zeitlichen Sinne stets eine einfache Hinreise, eine Hinreise ohne Rückkehr. Was heißt dies anderes, als daß alles in der Zeit oder der Zeit eingeschrieben ist, einschließlich der Ortsveränderung im Raum? Einige alte Philosophen, Aristoteles, Augustinus, Plotin vor allem[2] haben dieses Paradox geahnt: Πᾶσα μεταβολὴ καὶ πᾶσα κίνησις ἐν χρόνῳ ἐστίν, sagt Aristoteles.[3] 'Εν χρόνῳ, in der Zeit, kehrt bei Plotin immer wieder, wie eine ewige Melodie und ein Refrain: die Zeit ist τὸ ἐν ᾧ, das allumfassende Umschließende, das allgegenwärtige Milieu, in dem alle Dinge ruhen und das die Bewegung einhüllt; folglich ist nichts ἔξω αὐτοῦ, außerhalb von ihr! Und wenn die Gestirne sich nicht mehr drehten, und alle Uhren der Welt stillstünden, wenn sich die Jahre mit ihren Jahreszeiten in der Nichtheit auflösten, so würde die Zeit noch immer verfließen und ihren Lauf nehmen; die unaufhaltsame und irreversible Zeit würde die Erdbewohner, Kalender und Chroniken der menschlichen Gattung überdauern; die leere Zeit, die weitergeht, würde einfach die Nachfolge der Geschichte antreten. Sagen wir noch genauer: Dieses allumfassende Inbegriffensein nimmt dem, was die Alten ἐνεῖναι (inesse), das heißt »Sein-In«, nannten, letztlich jeden Sinn; denn das Sein-In hat nur in bezug auf ein Außen und eine mögliche Äußerlichkeit einen Sinn, wie auch der Inhalt nur in bezug auf seinen Behälter einen Sinn hat. Das zeitliche Apriori ist die Vorbedingung schlechthin: es ist absolut vorausgehend und steht nach Aristoteles noch vor der Seele, die es mißt: denn alles ist zeitlich bedingt auf Erden! Daher muß sich jede Definition von Zeit fast zwangsläufig im Zirkel der Diallele bewegen …

2 [Plotin:] *Enneade* III, 7, 8; Augustinus: *Bekenntnisse* XI, 24; Aristoteles: *Physik* IV, 223 a 14-15, siehe auch 31-32: γίνεται ἐν χρόνῳ καὶ φθείρεται καὶ αὐξάνεται καὶ ἀλλοιοῦται ἐν χρόνῳ καὶ φέρεται … [Es erfolgt ja »Entstehen in der Zeit und Vergehen und Wachsen und Eigenschaftsveränderung und Ortsbewegung«].

3 [»Jeder Wandel und jede Veränderung findet in der Zeit statt«; Aristoteles: *Physik* 223 a 14-15.]

2. Verjüngung? Wiedererleben? Alterslosigkeit?

Die Irreversibilität des Werdens ist vor allem die Unmöglichkeit, sich rückwärts zu bewegen. Wir sind angesichts der Unumkehrbarkeit dieser Eingleisigkeit so machtlos, daß sogar noch die Zyklen, wenn sich die Zeit im Kreise drehte und vergangene Epochen periodisch wiederkehren ließe, nur zusätzliche Zyklen in einer gradlinig verlaufenden Zeit wären. Auch wenn der Greis auf wundersame Weise wieder jung würde, gäbe ihm eine Art heimlicher Erschöpfung zu verstehen, daß seine zweite Jugend nicht die getreue Wiederholung der ersten, sondern daß sie eine mühsam aufgewärmte, wiederbelebte und verlängerte Jugend ist: schon die inzwischen angestauten Erinnerungen verbieten es dem Wunder-Greis, sein Leben noch einmal von vorn zu beginnen. Ist diese neue Jugend nicht eine etwas senile Verjüngung? Nein, ein verjüngter Greis ist nicht wie durch Zauberkraft wieder jung geworden, ein verjüngter Greis ist lediglich ein wiederaufgemöbelter alter Jüngling! Eine wiederaufgeputzte alte Kokette ist lediglich eine mehr oder weniger gut hergerichtete Fassade. Und wenn die Wasser des Lethestroms ihr auch das Vergessen der Vergangenheit und des Erlebten gewährten und sie im Bade einer neuen Unschuld und einer neuen Geburt alle Spuren der ersten Existenz und die Spuren dieser Spuren auslöschen würden, wäre dieser Neubeginn der Beginn eines anderen Menschen. Handelt es sich jedoch um ein und dieselbe Person, hält das Gedächtnis zwangsläufig die Kontinuität von Vergangenheit und Gegenwart aufrecht, wie in den Reprisen und dem »da capo« einer musikalischen Durchführung Wiederholung oder Wiederaufnahme *die Folge antreten*, wobei die Tatsache ihrer Zweimaligkeit ihre Bedeutung erneuert. Das zweite Mal kann lange »wie« das erste Mal sein, es *ist* dem ersten Mal doch nicht gleich, da es ja gerade die Nummer zwei ist, die auf die erste folgt, es schon eine Tradition hinter sich hat und, bereichert durch die Quodditas des Werdens, das ganze Gegenteil einer unveränderten Neuauflage ist. Zu sagen: das zweite Mal ist *wie* das erste, heißt nicht nur, daß das zweite Mal dem ersten ähnelt oder es noch einmal auflegt, sondern auch (und ipso facto), daß es buchstäblich nicht das erste Mal ist: eben weil es das zweite Mal ist, kann das zweite Mal nicht das erste Mal sein, ipso, sondern ist selbst vielmehr erstes Mal, prima volta, ist selbst ein zweites erstes Mal! Es ist zu einem späteren Zeitpunkt, was das vorhergehende zu seiner Zeit war, ohne jedoch selbst dieses vorhergehende Mal zu sein. Und wenn das zweite Mal wie durch ein Wunder und das unschuldige Vergessen der Vergangenheit dem ersten Mal bis aufs kleinste Haar gliche, so würde es doch immer danach und im Zusammenhang mit einem anderen Kontext von Umständen stehen; auch wenn das neuerliche erste Mal die Initiative, auf die es folgt, wortwörtlich und sklavisch Augenblick um Augenblick wiederholt oder deren Nachhall ist, ist es doch schon ein anderes Mal, oder wenn man so will: das andere erste Mal ist bereits *anders als* das erste Mal ... Schon durch seinen Zeitpunkt (ist er nicht in einem anderen Moment?) und durch die bloße Zeitlichkeit, die sich »dazwischengeschoben« hat und die alleine bereits genügte, um die folgende von der vorhergehenden Minute unfehlbar zu unterscheiden, würde das zweite Mal das Kennzeichen der Neuheit tragen. Ein *neues Mittelalter* sagt Berdjajew?[4] Dieses Mittelalter Nummer zwei ist gewiß eher neu denn mittelalterlich ... Wir sprachen von einem Unterscheidungsmerkmal, das den verlorenen Sohn nach der Heimkehr auf immer vom verlorenen Sohn vor dem Aufbruch unterscheidet ... Daher hat der Prediger Salomo unrecht mit seinem *Nil sub sole novi* ...[5] Das Gegenteil ist richtig: alles ist stets neu unter der Sonne, auch der Wiederbeginn! Was paradoxerweise die Verzweiflung des Predigers Salomo ausmacht, ist die Eintönigkeit der ständig wiederkehrenden Wiederholungen und nicht die Irreversibilität, und doch könnten gerade die Wiederholungen die Angst heilen, die das unaufhörliche Vergehen in uns erzeugt! Obwohl die wiederkehrenden Dinge grammatisch die gleichen sein mögen, ändert sich die Art und Weise, in der sie pneumatisch wieder auftauchen, doch ständig; der Wein ist immer wieder neu, obwohl der Schlauch derselbe ist. Es ist schon alles gesagt, gesehen, gehört, gewertet worden? Wenn wir auch stets die gleichen Dinge wiedersehen, sehen wir sie doch stets anders: die Art des Sehens, die im Adverb zum Ausdruck kommt, ist wichtiger als die oberflächliche Gleichförmigkeit des wahrgenommenen Gegenstandes. Sagten wir nicht an einer früheren Stelle, daß man jeden Tag lernt, was man schon

4 [Nikolaj Berdjajew: *Das neue Mittelalter. Betrachtungen über das Schicksal Rußlands und Europas*, Darmstadt 1927.]

5 [Und geschieht »nichts Neues unter der Sonne«; Prediger 1, 9.]

weiß, so als sei es uns unbekannt? Ein unablässig verliebter Mann liebt, wenn er sich wieder einmal in eine andere Frau verliebt, diese Frau mit der ganzen Kraft der ersten Liebe, mit einem neuen und unschuldsvollen Herzen und begrüßt den neuen Frühling, als wäre er der erste Frühling auf der Welt. Und so spielt auch ein großer Künstler, der zum hundertsten Mal ein Stück aus seinem Repertoire spielt, dieses Stück, als habe er es nie zuvor gespielt ... Nein, man badet nie zweimal (δίς) im selben Fluß, und derjenige, der das Bad nimmt, ist auch nicht derselbe ein über das andere Mal. Oft sagt man, um der Enttäuschung der Wiederholung zuvorzukommen: Venedig sehen und sterben ... unnötig, in diesem Falle zu sterben: das Venedig, das man gesehen hat, wird man niemals wiedersehen, und sollte man es wiedersehen, ist es ein anderer Mensch, der es wiedersieht.

So schreibt sich die »Rückkehr«, wie immer man es auch anstellen mag, in die Abfolge des Werdens ein; die Erinnerung selbst, die nicht weniger als eine umgestürzte Zukunft ist, taucht im Zuge des Werdens auf: ist die Erinnerung nicht ein Ereignis der Gegenwart? In diesem Sinne ist das Angedenken etwas, das »anfällt«, ist das Sich-zurück-Begeben etwas, das sich jetzt »begibt«. Denn auch wenn *sie zurückkehrt*, *ereignet sich* die Vergangenheit jetzt. Die Zeit fließt stets bergab, auch wenn man glaubt, daß sie bergauf fließt, sie ist stets auf das Vorwärts ausgerichtet, auch wenn man meint, in ihr zurückzugehen. Die Vergangenheit des Traditionalisten etwa ist noch immer eine Zukunft, obwohl eine Zukunft ohne Elan. Und so wie wir uns alle zwangsläufig im Uhrzeigersinn der Geschichte bewegen – die Fortschrittsgläubigen munter und aufgeweckt, die Rückständigen schwerfällig und widerstrebend –, so bewegt sich alles in der Richtung des Werdens, einschließlich dessen, was in der Gegenrichtung verläuft; alles folgt der Richtung des Werdens, die Zukunft ganz direkt, da sie die natürliche Richtung der Künftigung angibt, die Erinnerung indirekt, obwohl sie in umgekehrter Richtung zu verlaufen scheint. Die Unmöglichkeit, zu etwas zurückzukehren, ist nichts anderes als die Unmöglichkeit, etwas wiederzuerleben, und zwar in der doppelten Bedeutung des Präfixes *wieder*: weder kann man rückwärts leben, indem man kehrtmacht (da jeder Rückschritt wohl oder übel ein Fortschritt ist), noch ein zweites Mal ein bereits gelebtes Leben

leben (denn das zweite Leben ist schon ein neues, und sei es auch nur, weil es das vorhergehende voraussetzt). Im übrigen kann man das bereits gelebte Leben nicht »zurückleben« oder »entleben«, wie man etwa einen Film, der abgelaufen ist, zurückspulen kann. »Die Zeit von damals soll wiederkommen.« – »Daß wir wie vor zwanzig Jahren sind.« – »Daß wir wie vor einer Woche sind.« – »Daß wir wie gestern abend sind. Zeit, komm wieder, Zeit, komm wieder, Zeit, steh still.« So rufen König Behringer und Königin Maria in Ionescos *Der König stirbt* die Zeit an.[6] Doch die Zeit stellt sich taub! Nein, es ist noch nie vorgekommen, daß ein Mensch auf der Bahn der Zeit kehrtmacht und den Werdegang seines Lebens rückwärts geht, indem er in seine eigenen Fußstapfen tritt; noch nie hat es sich zugetragen, daß ein Greis von Tag zu Tag weniger grauhaarig und frischer wurde. An eine solche buchstäbliche Umkehrung des Alters denkt man jedoch, wenn man den Traum der Verjüngung träumt: jeden Morgen eine Falte weniger, jeden Morgen das Auge etwas lebhafter … Flösse ein Strom plötzlich gegen die Strömung, wäre dies ein recht gewöhnliches Wunder und kaum Hexerei zu nennen, verglichen mit dem Zurückfließen der Zeit zu ihrem Ursprung; denn die Überwindung der Schwerkraft ist zumindest vorstellbar! Die Vorstellung von einer umkehrbaren Zeit aber ist ein Widerspruch und beinahe absurd, sie ist nicht nur undenkbar wie die Quadratur des Kreises, sondern auch unlebbar. Davon abgesehen, wäre ein rückwärts gelebter Zeitablauf so unverständlich und unsagbar wie der Mischmasch und die Kakophonie einer rückwärts gespielten Melodie. Die Wundertätigkeit einer auf den Kopf gestellten Zeit, die Teratologie eines mit dem letzten Seufzer beginnenden und beim ersten Seufzer endenden Werdens ist eine wahrhaft »unmögliche Voraussetzung« und eine hyperbolische Utopie, die wohl den Geschmack eines Wells[7] treffen würde, und eine amüsante Posse im Stil des *Hin und zurück*[8] von Hindemith,[9] mehr: ein Unsinn und buchstäblicher Gegensinn. Tatsächlich kehrt derjenige, der Beginn und Ende umzudre-

6 [Eugène Ionesco:] *Der König stirbt*, a. a. O., S. 25.

7 [Herbert George Wells (1866-1946), Autor von *Die ersten Menschen auf dem Mond* und *Die Zeitmaschine*.]

8 [Im Original deutsch.]

9 [Paul Hindemith (1895-1963): *Hin und zurück*, Sketch mit Musik, op. 45a, Uraufführung 1927.]

hen glaubt, die Ordnung der Folgen oder Sequenzen um, aus denen die Abfolge das Erlebte zusammensetzt, innerhalb jeder Phase und jeder Dauer jedoch bleiben die Erfahrungen nach wie vor der gewohnten Richtung verhaftet. Man müßte schon eine übermenschliche Geduld aufbieten, um das Werden Augenblick für Augenblick und ununterbrochen, und gleichsam gegen den Fadenlauf der Minute rückwärts laufen zu lassen. Hat diese »Anachronie« der verkehrten Zeit nicht etwas Schwindelerregendes?

Da es unmöglich ist, rückwärts zu gehen, ist es auch nicht möglich, das Leben noch einmal von vorne zu beginnen und einen neuen Anfang zu machen, sei es, indem man sich zuvor verjüngt hätte, sei es, daß man von der Gegenwart in die Vergangenheit hüpfte. Noch einmal zum Kind geworden, wäre es nicht möglich, alle Lebensalter, ausgehend von dieser zweiten Kindheit, nochmals zu durchlaufen; man kann also weder zurückgehen, noch kann man seine Vorwärtsbewegung noch einmal von vorn beginnen!

Endlich ist es unmöglich, das Werden in der Ewigkeit einer bestimmten Gegenwart zu versteinern, sich zum Beispiel das beste Alter zu wählen, um immer in ihm zu verharren, ohne zu altern oder sich zu verjüngen ... Wir würden vielleicht gerne befinden, daß es nun genug und das Werden ab heute als geworden zu betrachten sei. Viele sagen sich vielleicht, daß es sich wohl lohnen würde, achtzig Jahre alt zu werden, wenn es dabei sein Bewenden hätte und man nicht weiter altern, also fürderhin achtzig Jahre alt bleiben könnte; nicht wenige würden sich glücklich schätzen, wenn sie so davonkommen könnten, in der Meinung, sich auf diese Weise gut aus der Affäre gezogen zu haben ... Aber ach! Die Zeit, die uns verbietet, rückwärts zu gehen, erlaubt uns auch nicht, den Flug der Stunden zu unterbrechen; sie scheint höchstens zu dulden, daß wir ihren Flug vorübergehend verlangsamen; sie macht also nicht nur die Gegenoffensive, sondern jede simple Offensive schlechthin unmöglich. »O Zeit! unterbrich deinen Flug [...] und ihr, glückhafte Stunden, unterbrecht euren Lauf«.[10] Doch die Zeit unterbricht ihren Flug nicht, sie setzt ihn unerbittlich fort, auch wenn sie ihn zu verlangsamen scheint. Taub stellt sie sich, die Zeit! Die Zeit vergeht, die Zeit vergeht – und wir mit ihr, denn dies ist das gleiche.

10 [Alphonse de Lamartine: Le Lac, in: *Méditations poétiques*, Paris 1950.]

Da der Mensch weder zum Anfang zurückkehren noch sein Leben noch einmal beginnen oder für immer in der Gegenwart bleiben kann, die er erreicht hat, ist er erst recht nicht imstande, die Zeitlichkeit schlechthin abzuschaffen: wenn es ihm auch gelänge, die vom Altern herrührende biologische Abnutzung auszugleichen, so wäre er doch machtlos gegen die metaphysische Abnutzung, die der Zeit an sich inhärent ist; er wüßte noch sein Alter, würde mit Schrecken die von seiner endlosen Langlebigkeit aufgetürmten Jahre zählen ... denn das Werden hört niemals auf zu werden! Der Mensch mag wohl beschließen, daß die verflossene Zeit gar nicht verflossen ist, er bewirkt nicht, *daß* die eingetretenen Ereignisse null und nichtig und niemals eingetreten sind; er bewirkt nicht, *daß* die Geschehnisse nicht geschehen sind, er tut nur so, *als seien* sie das alles nicht. Dieser Unterschied erlaubte uns, wie wir uns erinnern, die Grenzen eines Sich-Schickens in die Quodditas zu ziehen ... Der Mensch kann die Folgen eines Ereignisses bis in die Erinnerung hinein *zunichte machen*, die Tatsache aber, daß das Ereignis stattgefunden hat, vermag er nicht zu *vernichten.* Die Identität der Gegensätze ist gewiß nicht wundersamer als diese magische Vernichtung.

3. Die schicksalhafte Objektivität des Irreversiblen

Das Irreversible ist die wahrhafte Objektivität der Zeit: es setzt unseren Unternehmungen einen unbesiegbaren Widerstand entgegen und ist unabweislich, es ist ἀμετάπειστον,[11] wie Aristoteles gesagt hätte, und folglich unabhängig von unserem Willen. Man macht mit der Zeit nicht, was man will. Ein Gegenstand, den man handhaben kann, ist vor allem ein Gegenstand, den man umdrehen kann. Das, was wird, spaziert nun aber nicht frei und in alle Richtungen innerhalb des Werdens, es gleicht nicht dem Touristen, der kreuz und quer durch die Toskana oder die Dauphiné fährt, bald hierhin, bald dorthin geht, wieder kehrtmacht, da oder dort anhält, um dann wieder, ganz wie es ihm beliebt, aufzubrechen; der Raum mit seinen drei Dimensionen, seinen vier Himmelsrichtungen und seinen zahllosen Scheitelkreisen gewährt dem beweg-

11 [»Nicht umzustimmem«.]

lichen Körper die Freiheit der Bewegung. Die Zeit jedoch verfügt nicht einmal, wie die Gerade, über zwei entgegengesetzte Richtungen, die Zeit hat lediglich zwei »Richtungen«, deren eine verboten ist, da man nicht gegen ihren Lauf schwimmen kann; man kann also sagen, daß dieses der Rückkehr unfähige Werden überhaupt keine Dimension hat. Und in der Tat verfügt der durchmessene Raum und nicht die Zeit, die man zum Durchmessen des Raums benötigt, über Richtung und Gegenrichtung, die einander entsprechen, koextensiv und übereinanderlegbar sind ... Das, was wird, ist in einem eingleisigen Prozeß begriffen, der zugleich Künftigung und Präterition ist, es hat keine andere Wahl. Man kann das Werden nicht von irgendeiner Seite nehmen, es zwingt uns vielmehr in allen Lagen seine obligatorische Richtung und seine unerschütterliche Ordnung auf; so können Anfang und Ende, Alpha und Omega, Geburt und Tod weder austauschbar noch symmetrisch oder homolog sein; denn so wie die Vergangenheit keine verkehrte Zukunft, noch die Zukunft eine vorderseitige Vergangenheit oder die Abenddämmerung ein umgekehrtes Morgenrot ist, ist der Tod auch keine in ihr Gegenteil verdrehte Geburt. Die Halböffnung der Lebenszeit wies uns bereits darauf hin. Das erste und das letzte Mal sind ganz gewiß kein Paar. Die Ungleichheit dieser beiden völlig verschiedenen und qualitativ unvergleichlichen Male ist ebenso vollkommen wie jene des Raums und der Zeit ... Vergangenheit und Zukunft sitzen nicht rechts und links von der Gegenwart wie die beiden Kandelaber zu beiden Seiten der Pendeluhr ... Wird die Symmetrie, die ein räumliches Idol und eine optische Anordnung ist, nicht durch die plötzliche Prüfung eines einzigen Blicks wahrgenommen? Ist das Bild vom Kaminschmuck nicht, wie ein graphisches Schema etwa, das Resultat einer räumlichen Projektion, das heißt einer Übertragung, die die Funktion der Metapher schlechthin ist? Die Metapher unterschätzt die Zeit, die sie verkennt und wie ein belangloses Veränderliches behandelt. Nun aber vernachlässigt man die Zeit nicht ungestraft: die Zeit ist dieses Ich-weiß-nicht-was, das niemand mit Augen sieht oder mit Händen greift, dessen Fluß das Ohr nicht direkt vernimmt, das weder Form noch Farbe, noch Geruch hat, das kein Denken sich vorzustellen vermag, das weder eine Dimension noch Form oder Kategorie ist, das folglich gleichsam nicht existiert und das nichtsdestoweniger essentiell ist unter den essentiellen Dingen. Zieht man diesen unsichtbaren, ungreifbaren und unaussprechlichen Faktor jedoch nicht in Betracht, setzt man sich schwerwiegenden Irrtümern aus. Anfang und Ende sind nie zugleich gegeben: zwischen ihnen findet eine zeitliche Abfolge statt, dergestalt daß, wenn wir das erste Mal erfahren, das zweite Mal noch nicht ist; und wenn wir das letzte Mal erleben, ist das erste Mal nicht mehr (ist gewesen). Die Abfolge ist gleichbedeutend mit dieser Alternative! »Ducunt fata volentem, nolentem trahunt«[12] – was letztlich bedeutet, daß die Irreversibilität unser »fatum«,[13] das schicksalhafte Apriori unserer Grundbefindlichkeit ist; was das *volens nolens* betrifft, so unterscheidet es lediglich die Art und Weise des Voranschreitens und den Modus der Progression; ob er nun aber gerne vorwärtsgeht oder nur widerwillig – der Mensch muß in jedem Falle voranschreiten; ob gern oder ungern, ob geleitet oder mitgeschleift – der Mensch muß mit der Strömung abwärts und sich mit ihrer Richtung vereinigen; ob er nun »gut« oder »schlecht« altert, das heißt souverän oder mit Schrecken – er altert, ob er will oder nicht; ob er nun der Geschichte beipflichtet und sie dadurch bestätigt oder ob sie ihm sauer wird und er verdrossen auf sie reagiert – die Geschichte nimmt unerbittlich ihren Lauf, wie der Zug seine Fahrt fortsetzt, ohne sich um die Ungeduld oder Angst des hilflos ausgelieferten Reisenden zu scheren, der sich krampfhaft an seine Sitzbank klammert. Der gute oder schlechte Wille des Menschen, Resignation oder Auflehnung ändern nichts am Wesentlichen, und unsere Zustimmung beschleunigt das Werden so wenig, wie unsere Ablehnung es zu verlangsamen vermag. Tatsächlich verändert der Mensch die Modi der Alltagszeit, er ist jedoch nicht in der Lage, die Quodditas oder Zeitlichkeit dieser Zeit zu vertilgen; er besiegt den Styx der Irreversibilität nicht, hätte Leibniz gesagt. Unsere Freiheit der Zeit gegenüber kann daher nur eine »adjektivische« und oberflächliche sein. Selbst die Wiederholungen, die bisweilen das konkrete historische Werden verlangsamen, sind nur scheinbar: sie definieren sich in bezug auf eine allgemeinere Zeit, die stetig und gleichförmig verfließt und niemals kehrtmacht; sie sind nichts anderes als eintönige Wiederaufgüsse, die immer und ewig denselben Refrain

12 [»Den Willigen leitet das Schicksal, den Widerstrebenden schleift es mit«; Seneca: *Briefe an Lucilius* 107, 11.]

13 [»Schicksal«.]

wiederholen und die, da sie das unbeugsame Apriori der Zeitlichkeit unangetastet lassen, uns vom Altwerden nicht entbinden. Dies Apriori des Irreversiblen ist für unser Leben so konstituierend und ist ihm so konsubstantiell, daß seine Notwendigkeit ebenso unbemerkt bleibt wie die Schwere der Luft; denn das unerbittliche Schicksal ist in einem anderen Sinne der Werdegang unserer Freiheit. Das Werden, das unwägbar und ungreifbar ist, wiegt nichts, obwohl sich sein Gewicht in der Last der Jahre, in der Anhäufung von Vergangenheit und in der Schwere der Erinnerungen indirekt niederschlägt. Das Werden ist so unbesiegbar wie der Tod und dennoch unendlich gefügig. Anders gesagt: es ist ein Milieu, *mit dem* man nicht macht, was man will, *in dem* man aber alles machen kann, was man will. Liegt hierin nicht die ganze Doppeldeutigkeit des Apriori? Das Apriori ist das Nicht-zu-Erkennende, das erkennen läßt, das Undenkbare, das das Denken mobilisiert und ermöglicht; und auch die Zeit ist dieses sich im Innern Befindliche, mit dem man alles machen kann, dessen Selbstheit man aber weder zu denken noch dessen Quodditas man zu beseitigen vermag. Wie im Tod gibt es in der Zeit nichts zu denken: die Zeit ist nicht dazu da, daß man an sie denkt, man denkt höchstens zeitlich; die Zeit ist nie das Akkusativobjekt des Verbs denken, die Zeit vernichtet das Denken, das sich anschicken wollte, sie zu denken. Gleichermaßen ist sie nie die direkte Ergänzung unserer Arbeitsleistungen, und doch bietet sie unseren Unternehmungen einen endlosen Werdegang. Es gibt keine Technik, die das Irreversible umstürzen könnte, wohl aber gibt es eine, die imstande ist, den Tod hinauszuschieben und das Altern zu verzögern. Eine eiserne Hand in einem Samthandschuh: könnte dieser Kontrast nicht die Geschmeidigkeit eines ebenso gefügigen wie widerspenstigen Milieus charakterisieren? In der Zeit ist alles erlaubt, die Zeit selbst jedoch, die leere Zeit, ist unvernichtbar.

4. Die relative Irreversibilität

Ist die letztendliche Irreversibilität des Todes auf der Grundlage der im Zuge der Fortdauer erlebten empirischen Irreversibilität vorstellbar? Gibt es ein gemeinsames Maß zwischen den prälетalen Erfahrungen der Empirie und dem schwindelerregenden

Sprung des höchstletzten Ereignisses? Halten wir zunächst fest, daß die empirische Irreversibilität eine relative ist, da die Präterition die Künftigung unablässig kompensiert und aus dem Werden eine ebenso erhaltende wie erneuernde Zeit macht: das Werden ist eine durch die Erinnerung teilweise »vergangenheitsähnliche« Zukunft; die Vorformierung einer bereits gegenwärtigen Zukunft durch das Mögliche, das Überdauern einer noch aktuellen Vergangenheit durch die Erinnerung dämpfen den unvorhersehbaren, unbeständigen und vergänglichen Charakter des Schubs nach vorn; dank dieser Immanenz erweist sich die Dauer tatsächlich als relativ »dauerhaft«; dank dieser Immanenz bleibt das andere relativ das gleiche, ganz wie das gleiche relativ ein anderes war! So ist diese doppeldeutige Zeit, dieses zweischneidige Werden beschaffen, das zugleich Schöpfung und Anfang, Flucht und immerwährende Dauer und folglich Fortdauer ist. Ist der Ursprung der Erkrankungen an der Zeit nicht eine eingleisige Auffassung dieser Doppeldeutigkeit? Langeweile entsteht, wenn man nur die Monotonie ohne die Erneuerung sieht, und die Angst ist die Folge einer Betrachtung des Irreversiblen außerhalb jeder Möglichkeit von Wiederholung. Nichts ist folglich weder absolut neu noch absolut alt. Nachdem wir gezeigt haben, auf welche Weise die Wiederholung stets in einem gewissen Grade, und sei es nur durch ihr Datum, Erneuerung ist, wollen wir nun darlegen, auf welche Weise das Neue durch seine Treue zur bereits gelebten Vergangenheit neu ist; nachdem wir auf dem neuen Wein insistiert haben, sollten wir in Erinnerung rufen, daß der Schlauch stets derselbe ist. Lernt der Mensch unablässig, was er schon weiß? Doch gerade dadurch und in der Umkehrung wußte er durch ein implizites Vorwissen schon immer, was er soeben gelernt hat. Es ist absolut unmöglich, gegen den Strom der Zeit zu schwimmen, absolut unmöglich, Gegenwart und Vergangenheit miteinander zu verbinden, doch die Erinnerung schwächt diese doppelte Unmöglichkeit scheinbar ab. Was hoffnungslos unmöglich ist, wird also dank der Erinnerung sehnsuchtsvoll unmöglich, das heißt ideell möglich. Denn wenn die Hoffnungslosigkeit unsere Ohnmacht angesichts der absoluten Unmöglichkeit zum Ausdruck bringt, so stehen Sehnsucht und Bedauern eher für die Wehmut über die relative Unmöglichkeit. Und tatsächlich kann die erinnernde Rückkehr zur Vergangenheit das Irreversible symbolisch kompensieren; die

Verknüpfung von Vergangenheit und Gegenwart kann die Alternative ideell kompensieren. Beginnen wir bei der Umkehrbarkeit: wenn die Vergangenheit auch nicht mehr der lebendige Stoff der erlebten Wirklichkeit und lediglich ein formloses Abfallprodukt dieser Wirklichkeit ist, so legt die als Vergangenheit erkannte Vergangenheit doch Zeugnis ab. Die Erinnerung ist gewiß eine metaphorische und gespensterhafte Art des Zurückkommens, trotzdem kompensiert und verzögert sie in einem gewissen Maße die Künftigung: es ist gleichwohl eine traurige Kompensation, denn der Rückfluß ist mit dem Fluß nie identisch, und die Erinnerung ist eher Trost denn Kompensation; das Gedächtnis gibt uns von dem, was wir gelebt haben, einen bleichen Abglanz, doch dieser bleiche Abglanz ist trotz allem eine Art Gegenwart. Das plötzliche Aufflackern der Erinnerung und der Evokation versetzt uns mit einemmal mitten in die Vergangenheit, ohne daß wir bis zu ihr zurückgehen müßten. Einerseits erklären Rückwärtsgewandtheit, Wirklichkeitsverlust und Mangel die sanfte Melancholie des Bedauerns: die Nostalgie ist in der Tat eine »algie«[14] und das Bedauern Sehnsucht. Macht die unwirkliche, ohnmächtige und träumerische Natur der »Anamnese« nicht deren Reiz aus? In jeder Erinnerung ist ein bitteres Gefühl des Mangels und ein gewisses Begehren enthalten, das die Vergangenheit, die man sich ins Gedächtnis zurückruft, noch einmal und in Wirklichkeit erleben möchte. Andererseits erklären die Hilfsquellen der Wiedererinnerung, was im Bedauern an greifbarem Reichtum und sehnsüchtigem und pathetischem Zauber liegt: die qualitativen Nuancen des Bedauerns werden durch die Erinnerung an ein verblaßtes Glück, an die vergangene Jugendzeit und den verwelkten Frühling des Lebens möglich gemacht: in der Leere einer gedächtnislosen Abfolge wüßte das unschuldige Bewußtsein, das unfähig wäre, das Vorher und Nachher miteinander zu vergleichen, nichts von der »Ricordanza«[15] und ihrem poetischen Nachgeschmack: das Vergessen der versunkenen Jahre, des gestrigen Tages, des vorhergehenden Augenblicks würde uns zur Alternative der Sorglosigkeit oder der Verzweiflung zwingen. Wenn also die Quodditas, das heißt die Zeitlichkeit der Zeit und die Vergangenheitlichkeit der Vergangenheit, wenn die Tatsachen des Gewesen-Seins und Ge-

14 [Von altgr. ἄλγος: »Schmerz, Kummer«.]
15 [»Erinnerung«.]

lebt-Habens schlechthin die äußerste Grenze des Irreversiblen darstellen und das metaempirische und untröstliche, unmotivierte und unbestimmte Bedauern vom definierten und motivierten, Trost zugänglichen und empirischen Bedauern scheiden, könnte man dennoch nicht daraus schließen, daß uns der Zugang zum verlorenen Paradies der Jugend auf immer versagt bliebe.

Und ebenso ist es nostalgisch unmöglich, das heißt ideell möglich, die Unbefangenheit der Kindheit mit dem Bewußtsein des Erwachsenen zu verbinden. Die Sehnsucht nach der Vergangenheit empört sich nicht nur gegen das Irreversible der Abfolge, sondern auch gegen die Alternative, denn die Alternative gewährt uns die gegenwärtige Minute nur, indem sie uns die vorige entzieht: der sehnsuchtsvoll zur Vergangenheit Zurückschauende möchte nicht so sehr sein Leben noch einmal von vorn beginnen, als vielmehr die Vergangenheit in die Gegenwart bannen; er möchte eigentlich alle Vorteile auf einmal haben, auch jene, die nicht zu vereinbaren sind, und nichts verlieren, er möchte den Reichtum der Vergangenheit erhalten, ohne auf die Abenteuer und Neuheiten der Künftigung zu verzichten, möchte wieder jung werden und doch erwachsen bleiben, Erfahrung und Unschuld miteinander verbinden; er möchte zugleich sein und gewesen sein. Was sage ich! er würde sogar Werden und Alter hinnehmen, wenn er ein Mittel wüßte, wie er trotz der fortschreitenden Entwicklung die vorhergehenden Lebensalter mit den kommenden verbinden, das Vorherige und das Spätere zusammenbringen, die aufeinanderfolgenden Augenblicke gleichzeitig machen und gestern und heute koexistieren lassen könnte. Ein unmögliches Unterfangen! Sind »Augenblicke« denn nicht per definitionem sukzessiv? Läßt die Abfolge denn nicht Zustände, die eine Koexistenz ablehnen, aber akzeptieren, abwechselnd in Erscheinung zu treten, nacheinander ablaufen? Altern bedeutet, was man war, durch das, was man ist, zu ersetzen, indem man auf das, was man war, verzichtet. Das Altern ist dieser Verzicht, oder es ist kein Altern! Was die Erhaltung durch die Erinnerung betrifft, so erlaubt sie uns nicht eigentlich zu verbinden, was die Alternative getrennt hat, denn sie entzieht uns die körperliche Wirklichkeit des Erlebten und läßt uns nur das Abbild … Ist es nicht die Verdrängung der Zeit, die uns auf die Genüsse der Erinnerung reduziert? Das Abbild zumindest kann mit der Gegenwart koexistieren, in der polyphonen

Dichte dieser Gegenwart überleben und uns die poetischen Schatten der abwesenden Anwesenheit und der vergangenen Gegenwart vorspiegeln: der Kontrapunkt der Anwesenheit und der Abwesenheit, die Gegenwart einer untergründigen, unterirdischen und unbewußten Vergangenheit bedeuten trotz allem eine Art Sieg über die Alternative; weil wir die verfließenden Augenblicke nicht in ein ewiges Jetzt zusammendrängen können, verbinden wir das Sein mit jenem Abglanz von Sein, den man Gewesen-Sein nennt.

5. Das erste und das letzte Mal im Zuge der Fortdauer

Die Irreversibilität des empirischen Werdens hat demzufolge niemals nur einen relativen Charakter. Das Irreversible bringt zum Ausdruck, daß jeder Augenblick einmalig, das heißt zugleich der erste und der letzte ist. In den aus fortwährenden Stößen bestehenden, homogenen Abfolgen aber gibt es ein erstes Mal, das das erste Mal ist, ohne das letzte zu sein, ein letztes Mal, das das letzte Mal ist, ohne das erste zu sein, und gibt es dazwischenliegende Ziffern, die weder ein erstes noch ein letztes Mal bezeichnen. Zunächst zu den dazwischenliegenden Malen, die mechanische oder auch organische Wiederholungen mit ihrem Gestotter und ihrem Geschwätz endlos verlängern können. Innerhalb des Ablaufs wird jedes Mal sorgsam von einem Vorher und Nachher umrahmt und steht zwischen dem vorhergehenden und dem kommenden Mal; von diesen unterteilten und sich nur durch ihre Ordnungszahl unterscheidenden Malen kann man ohne Zögern sagen, daß jede Systole, jede Diastole eine andere aufwiegt! Und in der Tat gründen sich die biologischen Periodismen der Existenz auf diese Wiederholungen: das Andauern der Herzschläge, der wechselnde Rhythmus der Atmung füllen die ganze Zwischenzeit zwischen Geburt und Tod und weben auf dem Grunde des Lebens ihr gleichförmiges Gewebe; der Mensch läßt sich von diesem immerwährenden Wiegenlied der Wiederholung einlullen, wie man sich vom Ticktack einer Pendeluhr einschläfern läßt; und sollte er sich dieser gleichförmigen und homogenen Zeit bewußt werden, schreckt er nur aus seiner Betäubung auf, um bedrückende Langeweile zu empfinden; die Philosophen der Abtötung begreifen den

Tod bekanntlich nur als vom Ticktack der Pendel und vom Klopfen des Herzens zerhackte kleine Augenblicke.

Es geschieht jedoch bisweilen, daß sich in der Abfolge ununterscheidbarer und auswechselbarer Minuten einige, etwas festlichere Minuten abheben: Anfang und Ende bezeichnen Perioden, Phasen, Zeiträume und Teilabschnitte, in denen sich die gelebte Dauer artikuliert. Herausragende Ereignisse sind zugleich innerhalb und außerhalb der Abfolge: innerhalb, weil sie innerhalb der Lebenszeit liegen und im Zuge der Fortdauer erlebt werden, und nichtsdestoweniger außerhalb, weil sie eine Episode, ein bestimmtes Kapitel des Daseins oder eine bestimmte Zeitenfolge einweihen oder abschließen. Und tatsächlich scheint das erste Mal ganz anders zu sein als die anderen, denn der Mut zum Tun, die Angst vor dem Beginn und die leidenschaftliche Neugier, die diese Angst bekämpft, kommen je nach Anlaß widersprüchlicherweise in uns auf, wenn es gilt, die Schwelle des Entschlusses zu überschreiten und den Rubikon des fiat zu überqueren. Drückt das Verb *wagen* nicht die zusätzliche Energie aus, deren es stets bedarf, um mit einer gewohnten Anpassung zu brechen und den Taumel der Initiative zu ertragen? Das Ende, das selbst der Beginn von etwas anderem ist, stellt den Ängstlichen erneut vor eine gefahrvolle Improvisation, die er aus dem Stegreif erfinden muß: kaum haben wir die Eingangsschwelle überschritten, müssen wir auch schon durch die Tür treten, die sich zur nächsten Folge öffnet. Daher vervielfachen wir unsere List, um in der goldenen Mitte der Zwischenzeit, dieser mittleren und gemäßigten Zone, zu bleiben, die von den beiden äußersten Rändern und den beiden Abenteuern gleich weit entfernt ist.

Das erste und das letzte Mal sind nicht nur privilegiert, ihre jeweiligen Vorrechte sind einander auch entgegengesetzt. Nur die Irreversibilität des Werdens erklärt diese grundlegende Asymmetrie: je nachdem ob es sich um eine vergleichsweise Priorität oder um einen superlativischen Vorrang handelt, je nachdem ob man den bloßen Beginn einer Serie oder das allererste Mal in einer allen anderen Serien übergeordneten Serie betrachtet, wie zum Beispiel die Geburt, muß das erste Mal für ein relativ ohne Vergangenheit seiendes Mal oder für ein absolut jungfräuliches und ohne jegliche Vergangenheit seiendes Mal angesehen werden. Das relativ erste Mal, das fast kein Gedächtnis hat, kennt nur den Ruf der Künftigung, und das Gegengewicht der Erinnerungen reduziert sich für es auf ein Minimum: solcherart ist der erste Schritt des Kindes, das entzückt bemerkt, wie es sich auf den Beinen halten kann und doch über diese Einweihung in die Bewegung etwas erschreckt ist. So auch steht die erste Bewußtseinsentfaltung, nachdem die Augen aufgegangen sind, am Beginn einer langen Geschichte, die anfängt, wenn man die Gärten der Unschuld und der Glückseligkeit verlassen hat; so auch endlich ruft die erste Regung ohne Hintergedanken nach der nächsten, bevor eine Sinnesänderung die impulsive Spontaneität dieses großzügigen Elans wieder zurücknimmt, das heißt, bevor die Unbefangenheit Platz macht für die Rückkehr des schäbigen Eigennutzes. Doch wenn das erste Mal auch *a parte ante* ist und jedes erdrückenden Präteritums ledig, so ist es doch *a parte post* einer langen Zukunft an Wiederholungen und Neuanfängen zugewandt: daher ist es ganz Frische, ganz Leichtigkeit, ganz beflügelte Erhebung und ätherisches Streben. Wie der Frühling des Jahres, wie die Morgenröte eines langen Tages ist es voller Versprechen und Hoffnung. Dieses erste Mal, von dem wir sagten, daß es zugleich innerhalb und außerhalb der Abfolge sei, hat keine Vergangenheit, oder fast keine, und ist einer langen Zukunft versprochen; umgekehrt ist es die Zukunft, die dem relativ letzten Mal fast fehlt, das aber schwer ist von einer großen und tiefen Vergangenheit. Das letzte Mal hat sozusagen nur Erinnerungen ohne Möglichkeiten, ganz wie das erste Mal mit seinen ausgedünnten Traditionen nur Möglichkeiten enthielt, denen es fast vollständig an Erinnerungen mangelte. Das erste Mal legt das Fundament der Reihenfolge, wohingegen das letzte Mal im nachhinein den allgemeinen Sinn freilegt; das erste Mal ist also so grundlegend wie der Frühling, der das »primum tempus« der vier Jahreszeiten und das Versprechen auf Sommer ist; vielleicht wird der frühlingshafte Beginn Epoche machen – obwohl »diese Epoche« nicht notwendigerweise gleichbedeutend sein muß mit einer neuen Ära. Was das letzte Mal angeht, so definiert es rückwirkend die Reihenfolge, deren Abschluß und Schlußfolgerung es ist, als ein Ganzes; auf diese Weise besiegelt und sanktioniert der zwölfte Schlag der zwölf Glockenschläge die Tatsache, daß es nun Mitternacht ist und zeigt das Ende eines Tages an; auf diese Weise bezeichnet die letzte Unterrichtsstunde des Lehrers innerhalb einer noch nicht vollendeten Biographie die nun vollendete Tatsache eines *Werdegangs.* Wenn das erste Mal die Zukunft setzt, die darauf folgt, so lagert das letzte Mal die Vergangenheit ab, die ihm vorausging, und verleiht ihr posthum die historische Bestätigung des Präteritums. Diese beiden gegensätzlichen, asymmetrischen und ungleichen Formen entsprechen einander jedoch in gewisser Weise: oft ist das erste Mal ein erstes Mal wie das letzte Mal ein letztes ist, und zwar im nachhinein und im Futur II, das heißt in der transzendenten Optik eines Zeugen, der das Werden überblickt; im jeweiligen Augenblick selbst, weiß das, was wird, nicht immer, daß das erste Mal tatsächlich das erste ist; denn die Gegenwart hat, wenn sie nicht überblickt, sondern als ein Sich-Vollziehendes erlebt wird, keine Ordnungszahl ... In diesem Fall muß man zumindest bis zum zweiten Mal warten, um rückblickend zu erkennen, daß das vorhergehende Mal wirklich das erste war. Und ebenso wissen wir auch nicht immer unmittelbar, ob das letzte Mal auch wirklich das letzte ist; dies wird sich erst danach erwiesen haben; das Bewußtsein stellt erst im nachhinein die ganze Abfolge her, deren letzter Moment das Ende bedeutet. Wir sagten, daß das erste Mal in dem Augenblick, da es zum ersten Mal eintritt, gleichsam ohne Gedächtnis sei; umgekehrt aber wird es, dank unserer Erinnerungen, erst in der Folge nach und nach zum ersten Mal; jenes Mal, das im ersten Augenblick der Überraschung das erste war, verweilt danach im Adagio der Wiedererinnerung; das erste Mal war nur ein einziges Mal das erste Mal, doch hinterläßt uns dieser in das Präteritum zurückgedrängte Augenblick eine dauerhafte Erinnerung an seine Erstmaligkeit. Wenn wir den Anfang einmal hinter uns haben, bleibt uns die ganze Fortdauer, um uns von der Erinnerung an die anfängliche Minute durchdringen zu lassen, um ihre Würze zu destillieren und herauszuschmecken, ihren Nachhall anhalten und ihre dauerhafte Erschütterung ewig dauern zu lassen; wenn der innovatorische Augenblick bereits hinter uns liegt, sind wir mitten in der Fülle und haben Muße, uns einem gefühlvollen Wiederkäuen und der allmählichen Durchdringung der Vergangenheit hinzugeben. Dank dieses Verweilens wird das erste Mal, das selbst ohne Vergangenheit ist, danach die ganze Zeit in der Vergangenheit stehen, wie umgekehrt auch das letzte Mal, das selbst ohne Zukunft ist, die ganze Zeit über das noch ausstehende letzte Mal sein wird; bis zum letzten Tag ist das letzte Mal erst morgen; bis zum letzten Augenblick ist das letzte Mal ein *non-*

dum;[16] das letzte Mal ist lediglich in der Antizipation und in der frühreifen Erinnerung gestern gewesen.

So also sind Anfang und Ende im Zuge der Fortdauer nicht nur außerhalb, sondern auch innerhalb der Abfolge. Obwohl der Anfang vor allem Folgen hat, hat er in Wirklichkeit auch ein Vorspiel; ebenso hat der Schluß wiederum, obwohl er hauptsächlich auf Vorhergehendes zurückblickt, eine Art Morgen. Auch wenn das erste Mal eine Zukunft setzt, wird es deshalb in einem gewissen Grade nicht weniger antizipiert und vorausgedacht; auch wenn das Ende der Abfolge, das im Laufe der Zwischenzeit eintritt, vor allem antizipiert wird, hat es deshalb nicht weniger eine Art Echo oder Nachhall. Für das vorausblickende Bewußtsein, das heißt für das Vor-Bewußtsein, kann der Beginn der nächsten Abfolge in der Tat nahe Zukunft sein. Der Anfang wird oft vorausempfunden, obwohl er vor allem nachempfunden wird; denn wenn wir lange den Nachgeschmack empfinden, den das erste Mal zurückläßt, so waren wir auch nicht unfähig, seinen Vorgeschmack zu empfinden; und umgekehrt wird das letzte Mal lange vorausgeahnt, jedoch erstickt die Vorahnung, deren Gegenstand es ist, nicht von vornherein das nachträgliche Ressentiment, das es in uns hervorruft; der Vorgeschmack vom Ende wird, falls dieses Ende nicht das Ende von allem, sondern das Ende einer kleinen Abfolge ist, seine Verlängerung in einem Nachgeschmack finden. Bringen wir an dieser Stelle in Erinnerung, daß das Unaussprechliche sich in diesem Punkt vom Unsäglichen unterscheidet ... Kurz, jeder privilegierte Augenblick, ob Anfang oder Ende, hat sein Vorher und Nachher; der punktuelle Augenblick, der zugleich erinnert und vorausgedacht wird, verbreitet um sich in der Fülle der Zwischenzeit eine Art Lichthof. Der Anfang steht am Anfang und nicht am Ende und er ist doch nicht am Anfang; das Ende steht am Ende und nicht am Anfang und ist doch nicht am Ende! Der Beginn ist einerseits nie ganz unvorbereitet: für den, der die historischen Bedingungen analysiert, schmilzt der Beginn in der allgemeinen Fortdauer des Werdens; das erste Mal präexistiert sich selbst, und sein absoluter Vorrang wird, wenn man ihn nicht im Nebel des Ungefähren betrachtet, zu einer sehr relativen Priorität. Mit an-

16 [»Noch nicht«.]

deren Worten: der Beginn ist in diesem Leben nie ein erster Beginn, sondern höchstens ein zweiter Beginn oder ein Wiederbeginn. Ebenso ist der Beginn auch kein Ende, da er sich anscheinend noch oft wiederholen wird. Umgekehrt ist das Ende einer zu Ende gehenden Ära nicht das Ende von allem, sondern ein mehr oder weniger aufgelöstes letztes Mal: das letzte Mal der vorherigen Reihenfolge überdauert sich in den ersten Malen der folgenden, wie sich das erste Mal in den letzten Malen der vormaligen Epoche selbst präexistierte; und so wie der Anfang niemals der erste Anfang ist, so ist das Ende niemals das letzte Ende, sondern vielmehr das vorletzte. Denn wenn in dieser Welt niemals etwas begonnen hat, so ist auch niemals etwas zu Ende! Und andererseits ist das Ende auch kein Beginn, zumindest scheinbar nicht: hat das letzte Mal, bevor es eintrat, in einem gewissen Sinne nicht schon oft stattgefunden? Und so ist dieses letzte Mal, das nicht einmal wirklich das letzte ist, auch kein erstes ...

6. *Die relative Erst-Letztheit (Erstmaligkeit): Zweitrangigkeit und Vorletztes*

In anderer Hinsicht jedoch bewirkt die Irreversibilität des Werdens, daß jedes erste Mal auch ein letztes Mal und jedes letzte Mal auch ein erstes Mal ist, mehr: die Absurdität eines Zurückgehens des Werdens bewirkt, daß jeder Augenblick dieses Werdens zugleich erstes und letztes Mal ist; jedes einzelne Mal (je nachdem, ob man nach hinten oder nach vorn, auf die Vergangenheit oder die Zukunft blickt) ist das letzte der vorhergehenden Abfolge und *uno eodemque tempore*[17] das erste der kommenden! Wir sagten, daß die Anfänge sich wiederholen, nachdem sie begonnen haben, und die Enden sich wiederholen, bevor sie zu Ende gehen: wir hätten vielmehr sagen sollen, daß der Anfang noch bis zum letzten Mal anfängt oder daß umgekehrt vom ersten Mal an alles ein Ende nimmt; denn das Ende beginnt von allem Anfang an – oder, was auf das gleiche hinausläuft: bis zum Ende hört der Anfang nicht auf anzufangen. Ist das Werden nicht, je nach dem Blickwinkel, ein fortwährendes Ende oder die Fortsetzung des Anfangs? Das Ende

17 [»Zugleich in derselben Zeit«.]

des Anfangs und der Anfang vom Ende, das letzte der ersten Male und das erste der letzten Male ist also nicht allein erst-letztes Mal: jedes einzelne Mal ist dieses erst-letzte Mal, jedes einzelne Mal, sei es nun extrem und feierlich wie der Anfang oder das Ende des Kapitels oder sei es, daß es dazwischenliegt wie die bescheidenen Male der Zwischenzeit und der täglichen Banalität, ist einzig in seiner Art und buchstäblich *erst-letztlich*, weil jeder Beginn ein Ende und jedes Ende ein Beginn ist; und kaum haben Anfang und Ende, wobei jener vor allem initial, dieses vor allem terminal ist, stricto sensu ein größeres Vorrecht als alle ebenfalls außergewöhnlichen und originellen Augenblicke der Fortdauer. Das erst-letzte Mal ist nicht nur ein Hapax,[18] da der *Hapax* etwas ist, von dem in der Welt lediglich ein einziges Exemplar existiert: das erst-letzte Mal ist ein zeitliches Ereignis, das nur einmal eintritt. Das erst-letzte Mal ist ein erstmaliges Eintreten: die Tatsächlichkeit ist einmalig und nicht etwa das Exemplar! Die Einzigartigkeit der Haecceitas einer Person ist ein Hapax, doch jede einzelne Erfahrung eines jeden Menschen ist erstmalig; schließlich vereint die Quodditas des individuellen Lebens, die einzigartig ist in der ganzen Ewigkeit, die unendlich kostbare Einzigartigkeit des Hapax und die Erstmaligkeit des erst-letzten Ereignisses in sich. Sogar eine homogene Abfolge wird, insofern sie als Abfolge erlebt wird, wie eine qualitativ heterogene Kontinuität erlebt, in der das Gedächtnis, indem es das Alte im Neuen und die Vergangenheit in der Gegenwart behält, unablässig das Aussehen jeder Minute verändert und stets das Spätere vom Früheren unterscheidet. Bergson hilft uns diese Dinge begreifen. Vielleicht unterscheiden sich die zwölf Glockenschläge gar nicht, die die Mitternacht anzeigen, vielleicht sind sie austauschbar, jeder einzelne von ihnen jedoch ertönt nach dem vorhergehenden, schreibt sich ein in unser Gedächtnis, zeigt eine weiter vorgerückte Stunde an und verändert die ganze Bedeutung des Glockengeläutes; und wenn der zwölfte Schlag, dem elf Schläge vorausgingen und dem kein weiterer folgen wird, in der Stille verklungen ist, legt die ersterbende Schwingung der Glocke den ganzen Sinn der Reihenfolge frei, und dies, ohne Windrichtung oder Straßenlärm zu berücksichtigen, die Timbre und Tonalität der zwölf Noten beeinflussen. In jedem Au-

18 [Altgr. ἅπαξ: »(nur) einmal, ein für allemal«.]

genblick also verläßt das neue Bewußtsein die Gärten der Unschuld und empfängt die Taufe der Neuheit. In jeder Minute verschmelzen Alpha und Omega, Initiation und Abschied! Das Erste und das Letzte drängen sich in der konkreten Zeit zusammen, um zu koinzidieren und bilden nur noch eine einzige Gelegenheit, eine einzige unauswechselbare Verbindung, eine einzige Transparenz: dann wiegt die einzigartige Gelegenheit eine ganze Reihenfolge auf: und Anfang und Ende, die sich überlagern, identifizieren sich in einem Punkt ... Dies gilt für Ereignisse, die nur einmal eintreten ... Sogar an den beiden Flügelseiten des Lebens ist jeder Augenblick erst-letztlich; gewiß erscheinen uns Kindheitseindrücke in ihrer Frische und Neuheit eher »erstmalig« denn »letztmalig« und doch, empfangen wir sie in dieser Form nicht zum letzten Mal? Die letzte Stunde des Lehrers vor seiner Pensionierung, der Abschied vor der endgültigen Trennung scheinen eher letztmalig denn erstmalig zu sein; doch sind dies nicht auch Dinge, die man an dem Tag, da man sie macht, zum ersten Mal macht?

Nun aber ist diese Erst-Letztheit der erst-letzten Male so relativ wie die Erstheit des ersten und die Letztheit des letzten Mals. In der Fülle der Fortdauer drückt das Irreversible nur die qualitative Einzigartigkeit jeder Seinsweise und die relative Neuheit jedes Augenblicks aus; das Werden ist eine fortwährende Erstmaligkeit; aber da die Erstmaligkeit durch das Gewebe der erlebten Zwischenzeit bricht und durch die Dichte der einander ablösenden Inhalte scheint, ist sie ebenso durativ wie erstmalig. Das Irreversible impliziert im Zuge der Fortdauer, daß jedes Ereignis, wie banal es auch sein mag, in seiner Art erst- und letztmalig, das heißt einzigartig ist, zugleich aber hat dieses erst-letzte Mal, so ursprünglich es auch sein mag, bereits schon einmal stattgefunden und wird noch viele Male stattfinden: in einem anderen Kontext ist das erst-letzte Mal folglich das x-te Mal. Zunächst ist das erste Mal der Zwischenzeit das erste Mal, weil es niemals zuvor in dieser Form stattgefunden hat, und zugleich das letzte Mal, weil es sich in der Zukunft niemals wieder so ereignen wird. Was immer ich sage oder mache, ich sage oder mache es in einem gewissen Sinne stets zum ersten Mal; um welche erlebte oder gesehene Sache es sich auch handeln mag, und sei sie noch so belanglos, wir haben sie niemals zuvor erlebt oder gesehen, und wir werden sie künftig nicht mehr sehen, zumindest nicht in dieser Form, unter diesen Umständen, in diesem Licht oder vor diesem Hintergrund; denn die Chancen stehen nicht einmal eins zu einer Milliarde, daß die augenblickliche Konstellation detailgetreu noch einmal vorkommt, wie denn auch nicht die geringste Aussicht besteht, daß irgendwann noch einmal genau dieselben Passanten und Fahrzeuge am Opernplatz zirkulieren wie in dieser Minute; die Wiederkehr der genau gleichen Konstellation wäre ein Wunder oder ein märchenhafter Zufall! Die ewige Zeit würde endlos die Rückkehr des Irreversiblen bewirken. Ist der Tod eines Menschen nicht diese stets neue Banalität? Liebe und Barmherzigkeit sind etwas Privilegiertes: eine erste Liebe ist zugleich auch die letzte, denn der Verliebte liebt zum ersten Mal in seinem Leben auf diese Weise ... Ist die Initiation nicht auf immer einmalig und unwiederholbar? Mehr: wer sich zum hundertsten Mal verliebt, liebt, als sei es das erste Mal, als habe er niemals zuvor auf diese Weise geliebt und als würde er es gewissermaßen nie wieder in dieser Weise tun! In diesem Sinne ist jeder Frühling für uns die erste und letzte Erneuerung der Erde und ruft in uns unablässig die gleiche Rührung hervor ... Und so ist auch die erst-letzte barmherzige Regung beschaffen: im Gegensatz zum unbeweglichen Egoismus der Eigenliebe und zur Rückwärtsbewegung der Sinnesänderung und des Egotropismus, ist die sehr flüchtige und positive Regung der Unbefangenheit auf ihre Weise eine gedächtnislose Bewegung ohne Vorsatz. Das Werden ist demzufolge eine Fortdauer, die sich aus erst-letzten Malen zusammensetzt, erstmalig, wenn man das Noch-nicht, und letztmalig, wenn man das Schon-nicht-mehr in Betracht zieht. Man badet nicht zweimal oder zwei nicht konsekutive Male in denselben Wassern; denn kein Mal ähnelt einem anderen. Bergson, der das Gespenst der Nichtheit und die Unbesiegbarkeit des Todes zurückwies und der sich das Werden als Fortdauer der Fülle und unzerreißbare Positivität vorstellte, bezog das unvermittelte Hervorbrechen, bezog das Auftauchen des Augenblicks und die schöpferische Neuheit in die Dichte der erlebten Zeit mit ein. Das Werden, wollen wir hinzusetzen, ist nicht nur eine fortwährende Erst-Letztheit, es wird ausschließlich durch das Aufeinanderfolgen der erst-letzten Male; die zahllosen, zugleich ersten und letzten Augenblicke machen aus dem Werden eine stets Neues bewirkende Improvisation und ein ständiges Abenteuer. Andererseits aber sind diese erst-letzten Male nie radikal neu oder absolut letztlich: das *erst-letzte Mal* und das *letzt-erste Mal* sind beides Ausschnitte aus dem Gewebe der Zwischenzeit, beide verweisen auf die Dichte einer Fortdauer, die Hoffnung und Bedauern, Weissagungen und Erinnerungen, Vorgefühl und Vorgeschmack mit sich führt. Das erst-letzte Mal kann, obwohl es ein unbefangenes und erinnerungsloses Mal ist, eine winzige Dosis Wiedererinnerung und Sehnsucht enthalten: es gibt nichts Neues, so unerhört es auch sein mag, das nicht als eine früheren Auflagen mehr oder weniger ähnliche Neuauflage erscheint, und vor allem nichts Neues, das nicht eine lange Zukunft an Wiederholungen ankündigt; es gibt keine Innovation, die nicht eine endlose Erneuerung versprechen würde. Auch der neueste Anfang hat noch etwas Schon-Gehörtes, Schon-Gesehenes, Schon-Erlebtes und -Gesagtes an sich, vor allem aber ist er die Ankündigung und Einweihung einer endlosen Serie von Wiederanfängen; der Beginn reißt eine Fortdauer an; das erste Mal löst eine Kaskade von anderen Malen aus; wenn dieses Mal das erste ist, wird es aller Wahrscheinlichkeit noch viele andere geben; die erste Sünde und die erste Lüge lösen eine Lawine von ungezählten Lügen und Sünden aus, aus denen sich die Geschichte zusammensetzt; denn nur das erste Mal fällt schwer! Das verwunderte Entzücken ist bisweilen Wiedererkennen und unmerklich vorbereitete Überraschung, vor allem aber wird es durch die Wiederholung in Gewohnheit umschlagen; die Überraschung ist die in ihrem Entstehen begriffene Banalität. So auch stiftet die Neuschöpfung vor allem, auch wenn sie in einem gewissen Maße Reproduktion ist, Zukunft: mit der Initiative setzt die zahlreiche Nachkommenschaft der Imitation ein. Bergson würde das sich selbst präexistierende Neue, dieses Überdauern oder diesen Nachhall des Augenblicks in der immerwährenden Zwischenzeit ohne Zweifel mit Gedächtnis und Antizipation erklären. Ist das Gedächtnis nicht zugleich Verpflichtung zur Zukunft und Treue zur Vergangenheit? In der Immanenz des Werdens kann der Historiker immer Verwandtheiten aufspüren und Sinnbezüge und Verbindungen herstellen, die die unsichtbaren Vorläufer des allerersten Mals, das Vorspiel des Neuen aufdecken und den Vorboten des Vorboten enthüllen. Vor allem aber ist das erste Mal das erste Glied in der endlosen Kette der folgenden Male, die die Folge und der Abkömmling der Initiative ist. Das erst-letzte Mal löst sich so in der Kontinuität der Zeitbedingungen auf: dieses erste Mal, das vielleicht nicht absolut das erste Mal ist, ist schon gar nicht das letzte.

Und korrelativ dazu ist das letzt-erste Mal, das vielleicht nicht absolut das letzte ist, keineswegs das erste, im Gegenteil! Wenn es schließlich eintritt, wurde es bereits von allen möglichen Versuchen vorbereitet und von vielen Vorzeichen angekündigt ... Wenn das letzt-erste Mal auch erst in zweiter Linie auf eine Zukunft anspielt, so setzt es doch vor allem die lange Vergangenheit der vorigen Male voraus. Die Abschiede der Menschen sind nie so endgültig, daß sie nicht noch eine heimliche Hoffnung auf Fortsetzung, eine hintergründige Aussicht auf ein kleines Überdauern zuließen: hinter der Endgültigkeit spannt sich so etwas wie der chimärenhafte Horizont eines Aufschubs, der die Fortdauer verlängern und das Ende vertagen könnte. Die von Schwüren und gar Rendezvous begleitete Trennung ist nur bis auf Widerruf endgültig! Zuerst sagt der Mensch bei einem Abschied, der ewig sein soll, für immer und niemals mehr, und dann stellt sich der Abschied als etwas Vorläufiges heraus und erlaubt die Wiederaufnahme von Plänen und das Wiederanheben von Versprechen. Rührt die Scham des Abschieds nicht von der Phobie her, die wir manchmal vor der Feierlichkeit des letzten Mals haben? Der Mensch, der sich in den Krallen der panischen Angst über die Letztheit und den äußersten metaempirischen Rand befindet und dem das »ultima linea rerum«[19] Grauen einflößt, bietet alles auf, damit das letzte Mal nicht das letzte, sondern höchstens das vorletzte Mal sei: er bemüht sich, wehleidig und ängstlich fröstelnd, in der Mitte der Fortdauer zu bleiben, geschützt gegen Abenteuer und so weit entfernt wie möglich von Alpha und Omega. Vor allem aber setzt das letzte Mal der Empirie, eben weil es das letzte ist, eine ganze Tradition von einzelnen Neuanfängen voraus; denn wenn dieses Mal das letzte ist, so weil ihm viele vorausgegangen sind und wir manches Mal dieses Wort vor dem Schlußwort ausgesprochen haben.

Das Werden ist also weder ein Quell sprudelnder Neuheiten – denn eine solche kontinuierliche Quelle wäre die reine Genialität – noch wortgetreue Wiederholung, denn ein solches Stottern

19 [Die »äußerste Grenze aller Dinge«; Horaz, *Epistula* 16, 79.]

der Dauer wäre nichts anderes als ein papageienhaftes Nachgeplapper, das heißt reiner Automatismus. Oder aber (was jedoch auf das gleiche hinausläuft) diese beiden sich widersprechenden Wahrheiten sind beide wahr: was immer ich mache, ich habe es noch nie zuvor gemacht und werde es niemals wiederholen; was immer ich mache, habe ich bereits gemacht und werde es stets wieder tun. Alles ist Wiederholung, doch auf ihre Weise ist jede noch so abgedroschene Banalität etwas niemals zuvor Gesagtes. Dieser Widerspruch entblößt einmal mehr die Doppeldeutigkeit des Werdens; wir zeigten, wie Optimismus und Pessimismus zwei umgekehrte Lesarten ein und desselben Textes sind, und wollen nun hinzufügen, daß die Einmaligkeit und Banalität zwei verschiedene Blickwinkel auf ein und dieselbe irreversible Zeit sind! Das zweite und das vorletzte Mal, die sich auf halbem Wege zwischen dem erst-letzten und dem x-ten Mal befinden, fassen in ihrer jeweiligen Zweitrangigkeit oder Vorletztheit vielleicht die Doppeldeutigkeit einer banalen Originalität zusammen; in diesem Sinne vereinigt die zweite Person die Banalität der dritten und die Originalität der ersten in sich. Ist die zweite Person, die außerhalb ist von mir, nicht der erste andere, der unmittelbarste andere und der mir am nächsten stehende andere? Es ist nicht übertrieben, zu sagen, daß jede Reihenfolge mehr oder weniger beim ersten Mal einsetzt, was gleichzeitig bedeutet, daß das erste Mal stets das zweite und das zweite stets das erste Mal ist! Einerseits sind die ersten Male, die von der satten Fortdauer des Werdens mitgeführt werden, immer nur relativ die ersten Male, sie sind folglich eher zweite Male. Das zweite Mal folgt auf das vorhergehende nur, weil es letztlich derselben Ordnung zugehört; das zweite Mal ist ein Mal wie das erste, von dem es sich lediglich durch seine Ordnungszahl und seinen Platz in der Reihenfolge unterscheidet: das zweite Mal ist in dieser Hinsicht nicht privilegierter als das dreißigste oder irgendein anderes Mal, das man zu irgendeinem Zeitpunkt und an irgendeiner Stelle betrachtet; das zweite Mal und die anderen Male sind ebenso vergleichbar wie die beiden Komparative *prius* und *posterius*[20] innerhalb der ihnen gemeinsamen Abfolge, die sie umschließt; anders ausgedrückt: wenn die Superlative πρῶτον-ἔσχατον (primum-ultimum),[21] die die beiden Extreme einer Abfolge bilden,

20 [Das »Frühere« und das »Spätere«.]
21 [Das »Erste« und das »Letzte«.]

einander entgegengesetzt sind, so unterscheiden sich die Komparative πρότερον-δεύτερον,[22] die zwei Zeitpunkte innerhalb einer Reihenfolge markieren, lediglich durch das Zahladjektiv. Das zweite Mal erinnert sich an das erste, und man erkennt das erste im zweiten Mal. Wir sprachen von einem ängstlichen und dilatorischen »Kontinuationismus«, der in seiner Phobie vor der Dringlichkeit, dem nahen Bevorstehen und dem Unmittelbaren den Verfallstag der Tatsächlichkeit stets auf später verschiebt: so bemüht sich Leibniz, der Philosoph der Hülle, unter dem Schein des Abbruchs die Fortdauer des Wesens wiederzufinden und den unvermittelten Sprung durch winzige Übergänge und Strömungen zu verwischen. Wie es ein System der ständigen Verlängerung gibt, in dem das Ende sich selbst überlebt, gibt es auch eine Gegnerschaft alles Neuen, für die das Neue sich selbst vorausgeht: die Präformation des Unvorhersehbaren hilft uns, Initiative und Initiation zu umgehen und den Schock zu dämpfen; mit dem Moratorium wiederum versuchen wir, das abrupte Ende auszusparen, es macht den Taumel des eschatologischen Augenblicks und die Angst vor dem Ultimatum für das fassungslose Bewußtsein annehmbarer. Die Philosophie des *Vorletzten*, die das endgültige Ende nicht wahrhaben will, und die Philosophie der *Zweitrangigkeit*, die vermeidet, beim allerersten Anfang zu beginnen, sind folglich beide, da diese nach dem Anfang einsetzt, jene aber schon vor dem Ende aufhört, Töchter desselben panischen Schreckens; denn angesichts der anfänglichen Jähheit und des letzten Opfers braucht es Mut! Weil wir die steile Böschung des »telos« und der »archē«,[23] das heißt der extremen Enden, nicht angehen wollen, flüchten wir uns in das Dazwischen der Fortdauer; um die Letztheit zu verdrängen und ihre Dringlichkeit zu verharmlosen, umgibt sich die Philosophie des »Morgen ist auch noch ein Tag« mit einem Glacis von Mittelwerten. Wer nichts *wagt*, schlägt seinen Wohnsitz in einer Zwischenzone auf, wo jedes Ereignis sekundär und an vorletzter Stelle plaziert ist, wo das Allerletzte zum Vorletzten und, wenn möglich, zum Vor-Vorletzten wird, und wo es weder letzte noch erste Male gibt.

Wenn das zweite Mal dem vorhergehenden und das vorletzte dem folgenden ähnelt, ist es jedoch andererseits nicht weniger wahr, daß das zweite Mal beinahe das erste ist, wie auch das vor-

22 [Das »Frühere« und das »Spätere«.]

23 [Des »Ziels« und des »Ursprungs«.]

letzte Mal fast das allerletzte ist. Das zweite Mal ist auf seine Weise gleichsam das erste Mal. Das Beinahe der Zweitrangigkeit darf wie das Beinahe der Vorletztheit nicht als ein negativer Annäherungswert, sondern muß als Berührung verstanden werden: das Ereignis tendiert zur Grenze der Erstmaligkeit oder (wenn man dieses Bild vorzieht) fasert so lange aus, bis es mit der äußersten Spitze der Einmaligkeit zusammenfällt. »Wie das erste Mal«, sagten wir, bedeutet nicht, ständig wiederzukäuen: »wie das erste Mal« heißt *ein neues erstes Mal*! Schon die Tatsache, daß es die Zeit gibt, würde verhindern, daß das neue Mal das vorige wortwörtlich wiederholt; abgesehen von jeder materiellen Unterscheidung garantiert bereits die bloße Quodditas der Zeit die Erstheit des zweiten Mals. Der Neubeginn oder zweite Beginn schiebt, auch wenn er sich vom ersten Beginn nicht abhebt, einen Bodensatz beiseite, der niemals mehr vorhanden sein wird und gewissermaßen unser schlechtes Gewissen und unser metaphysisches Bedauern darstellt. Es ist die Wehmut der Erinnerung, die sich auf diesen Mangel, auf diese Unverständlichkeit zurückführen läßt; denn das Irreversible ist das Prinzip der Untröstlichkeit. Das Gedächtnis, so sagten wir, hält die Vergangenheit zurück, die entfliehen will, es registriert aber auch die nicht verblassende Farbe des Gewesenseins; indem es dies tut, besiegelt es den irreversiblen Charakter des Präteritums, das die Präterition zurückdrängte. Mehr: so wie das Gedächtnis die Vergangenheit behält, behält es auch die inzwischen eingetretenen zeitlichen Veränderungen; das Gedächtnis bewahrt nicht nur das weit zurückliegende Plusquamperfekt seiner Sehnsucht, es behält auch eine unmittelbar hinter dem heutigen Tage liegende Vergangenheit, die einmal das Futur des Plusquamperfekts war, als dieses noch unsere Gegenwart war; jedes Präsens, das so sein eigenes Präteritum zurückdrängt, als sei es durch die bloße Tatsache seines Eintretens ein Ausfluß aus ihm, lagert hinter sich eine erste Vergangenheit und ein Plusquamperfekt ab, das die Vergangenheit dieser Vergangenheit ist. Verleiht diese durch mehrere Tiefenschichten reichende Vergangenheit der Erinnerung nicht den ganz eigenen Duft des Verjährten? Mnemosyne bestätigt und vertieft die Irreversibilität hierin eher, als daß sie sie mildert.

Von hier an gibt es fast keinen Unterschied mehr zwischen dem Irreversiblen der Zeitlichkeit an sich und der Irreversibilität des

Todes. Im Leben kann alles wiederholt und wiederbegonnen werden, das Leben selbst aber, das Leben in seiner Ganzheit, kann nicht noch einmal gelebt werden; schon die Unmöglichkeit, eine sehr partielle Erfahrung wortwörtlich zu wiederholen, ist auf die globale Einmaligkeit unseres Lebens zurückzuführen; denn auch wenn zwei Erfahrungen identisch und undifferenzierbar sind, unterscheiden sie sich noch durch ihren Zeitpunkt und ihren Moment in der Dauer; die Unähnlichkeit des Ähnlichen findet demnach auch in diesem unauflösbaren chronologischen Element jeder Biographie ihre Erklärung. Was nur einmal im Dasein eintritt, hat einen unendlichen Preis, oder besser: keinen Preis, die Existenz selbst hat keinen Preis. Was aber unschätzbar ist, kann nicht rückvergütet werden. Folglich macht nicht nur die Unauswechselbarkeit einer jeden Erfahrung, sondern die Einmaligkeit des Lebens schlechthin die Verjüngung absurd.

Die empirische Irreversibilität an sich impliziert nicht notwendigerweise den Tod oder die zur Neige gehende Intention im eigentlichen Sinne, die man Altwerden nennt; theoretisch könnte das Werden irreversibel sein, ohne im Nichtsein zu enden. Denn das Gefühl der Irreversibilität ist nicht nur die Angst vor den fliehenden Stunden und der sich verbrauchenden Existenz, sondern auch das Überraschtwerden vom Unvorhergesehenen. Irreversibilität heißt auch, wenn nicht Verjüngung, so doch zumindest Erneuerung, unerschöpfliche Erneuerung und fortwährender Neubeginn. Gewiß impliziert Altwerden stets das Irreversible (denn auch wenn die Senilität an manchen Punkten gestoppt oder eine Zeitlang aufgehalten werden kann, schreitet sie im großen und ganzen in dieselbe Richtung fort) – das Irreversible jedoch impliziert nicht stets zunehmende Senilität. Wenn sich unsere Erfahrungen, die alle einzigartig sind, unendlich wiederholten und die Fortdauer unserer Existenz endlos wäre, wäre die Lebenszeit zugleich irreversibel und immerwährend. Eine irreversible, jedoch unendliche Dauer böte, obwohl sie irreversibel ist, eine unerschöpfliche Fülle von neuen Möglichkeiten für jede versäumte Gelegenheit. Die Endlichkeit ist es, die die Irreversibilität beängstigend macht; das Gefühl des Irreversiblen ist nur deshalb so schmerzlich, weil unserer Lebenszeit ein an Dauer begrenzter Werdegang beschieden ist ... Die jähe Irreversibilität des Todes ist ein Konzentrat der Irreversibilität des erlebten Werdens schlechthin, es besiegelt seinen irreparablen Charakter. Nähme der Mensch die bescheidene Irreversibilität der alltäglichen Zeit nicht wahr, so würde der Tod eines anderen Menschen dafür sorgen, daß er an das unwiederbringliche Verfließen der Stunden erinnert wird. Der Tod läßt uns die Zeit ernst nehmen.

7. Die Erst-Letztheit des Todes. Die verlöschende Erscheinung

Wie jedes Ereignis der Fortdauer, wie jeder Augenblick des Dazwischen, wie jedes Glied in der Kette der Empirie und jede Episode der Zwischenzeit, ist der Tod ein erst-letztes Mal; doch muß die Erst-Letztheit des Todes in einem absoluten und radikalen und nicht etwa in einem relativen Sinn begriffen werden. Denn nun handelt es sich nicht mehr um ein Erstes und Letztes innerhalb des Lebens, sondern um die höchste Erstheit und Letztheit; es handelt sich nicht mehr um das erste und letzte Mal einer Reihenfolge, sondern um das allerletzte Mal der letzten Male, das, da es hinter die Reihenfolge der Reihenfolgen und hinter die Zwischenzeit der Zwischenzeiten den Schlußpunkt setzt, auch zum ersten Mal eintritt; das Ende der Enden der Reihenfolge der Reihenfolgen, das ein für allemal eintritt, erweist sich nicht nur als anders, wie etwa die kleinen Enden anders sind als andere Augenblicke, sondern als *ganz anders.* Hier ist das erste Mal folglich weit mehr als das erst-letzte Mal, es ist das *allerletzte* Mal, da dieses letzte Mal zugleich auch das erste ist. In der Tat ist der Tod etwas, was man immer zum ersten Mal macht, wenn man es macht, und das erste Mal ist ipso facto und per definitionem das letzte Mal; das Neueste alles Neuen ist im selben Augenblick das Endgültigste aller Enden. Sterben ist etwas, das dem Sterbenden noch nie widerfahren ist, und das ihm niemals mehr widerfahren wird, ist eine Angelegenheit ohne Beispiel und Zukunft. Der Tod ist ein biologisches, universelles und natürliches Phänomen, und doch ist der eigene Tod ein ebenso irreversibles wie unvorhersehbares Ereignis. Denn wenn sich der Tod auch, seitdem es Lebende gibt, die sich unablässig erneuern und die unterschiedslos vernichtet werden, milliardenmal wiederholt, so ist der eigene Tod für den Sterbenden stets das erst-letzte

Mal und das einzige Mal in aller Ewigkeit! Ein wenig verhält es sich auch so mit dem Gebären: die Frau, die ihrerseits die Schmerzen erduldet, die so alt sind wie die Welt, wird keineswegs Anspruch auf Originalität erheben können; doch fühlt sie dunkel, daß sich in dieser unvordenklichen Banalität, der ausnahmslos alle Kreaturen ihre Geburt und die Menschheit ihren Fortbestand verdanken, ein tiefes Mysterium der Neuheit vollzieht: dieser einem Beginn so wenig ähnliche Akt trägt innerhalb der unermeßlichen Reihenfolge irgendeine Nummer, und doch geschieht für die Frau, die dessen Urheberin ist, etwas Unerhörtes und Einmaliges; daher sprechen die Frauen darüber, wie schon die Bibel und die homerischen Epen davon sprachen: jede fühlt sich die erste und einzige, seit die Welt Welt ist, die diese unsäglichen Schmerzen empfindet und die diese stets neue Banalität erlebt. Wie Liebe und Tod transzendiert das Gebären die Alternative von Banalität und Originalität. Der Geburtsvorgang kann sich zumindest wiederholen, und da er Leben setzt und weit davon entfernt ist, es zu verneinen, ist er wesentlich antitragisch. Der Tod hingegen schließt jede Wiederholung, jeden vorbereitenden Versuch aus. Das tödliche erste Mal steht nicht am Beginn einer neuen Reihenfolge und ist folglich das letzte Mal; das tödliche letzte Mal ist nicht das Ende einer Versuchsreihe und ist folglich das erste Mal. Einerseits ist das tödliche erste Mal nicht das Prinzip eines Wiederanhebens oder der Ansatz irgendeiner Verlängerung, zumindest nicht auf empirischer Ebene; andererseits macht man in der Kunst des Sterbens keine Fortschritte, auch wenn man es mehrmals versucht, wenn man jeden Morgen seinen Tod wiederbeginnt, damit er einem besser gelänge und man jeden Abend etwas eleganter zu »sterben« imstande wäre, wie der Testpilot, der wieder und wieder mit einem Überschallmodell fliegt, um sich in der Beherrschung des Flugzeugs zu vervollkommnen. Denn man stirbt nur einmal! »Non piu d'una volta«, sagt Petrarca[24] ... Ist das »zweimal« in einer solchen Angelegenheit nicht ebenso absurd wie unmöglich? Der Tod ist etwas ganz anderes als die Abtötung: haben wir nicht schon oft genug gesagt, wie sehr die Idee einer Einübung und einer Askese auf lächerliche Weise dem Tod inkommensurabel ist? Im Vergleich

24 [»Nicht noch einmal«; Francesco Petrarca:] *Trionfo della morte*, Kap. 1 [Die Triumphe (*Triumph des Todes*), in: *Das lyrische Werk*, Darmstadt 1958.]

mit den Augenblicken innerhalb der Reihenfolge, die sich in der Immanenz einer Abfolge miteinander verknüpfen, die vergleichbar sind und auf halbem Wege zwischen den Extremen ablaufen, erscheint das allerletzte Mal als monströs. Gewiß ist das allererste Mal, der Augenblick der Geburt, in der gleichen Situation. Trotzdem besteht, wie die Halböffnung zeigte und das Irreversible bestätigte, zwischen diesen beiden ungleichen und hinkenden Malen keine Symmetrie. Vor dem allerersten Mal nämlich gibt es noch kein Mal, danach aber viele weitere, und umgekehrt gibt es vor dem allerletzten Mal viele Male, danach aber keines mehr. Nun aber läuft es keineswegs auf das gleiche hinaus, ob man wie der Augenblick der Geburt die Leere hinter sich, oder wie der Augenblick des Todes die Leere vor sich hat. Die Situation ist eine völlig andere, je nachdem ob es sich um eine postletale Nichtheit oder um ein pränatales Nichtsein, um eine postterminale Nichtheit oder um ein prä-initiales Nichtsein handelt! Wenn das vorausgehende Nichtsein und das nachfolgende Nichtsein weder gleichartig noch austauschbar sind, so weil das Werden einen Sinn hat, die Folge von Vorher und Nachher unumstößlich in einer bestimmten Richtung verläuft und die gelebte Zeit Künftigung und das Werden fortwährendes Eintreten eines Kommenden ist. Sicher, das allerletzte Mal wird von der Präexistenz einer ganzen Existenz gestützt und *a tergo*[25] aufrechterhalten, wohingegen das erste Mal, das den Prozeß in Gang setzt, gewissermaßen in der Luft hängt; die Bestimmung zur Zukunft des Werdens jedoch macht das Ende schwindelerregend und schmerzlicher als den Anfang. Denn der schreitende Mensch ist auf das Vorwärts gerichtet und blickt geradeaus, und gerade vor ihm, an der Schwelle des Todes, befindet sich die Leere; und umgekehrt läßt der Sterbende die beglückende Fülle, die sich vor dem Anfänger ins Unermeßliche dehnte, hinter sich wie eine Ablagerung des Werdens; die grenzenlose Zukunft des ersten Mals ist umgeschlagen in Vergangenheit und Gewordenes; die Vergangenheit des ersten Mals ist nun die Zukunft des letzten Mals. Oder, anders ausgedrückt: die Geburt ereignet sich für jemanden, der noch nicht existierte; kaum hat der Neuankömmling Zeit, zu sich zu kommen, hat die Fortdauer des Beginns auch schon eingesetzt; das Neugeborene wird mitten ins Leben

25 [»Im Rücken«.]

geworfen! Der Tod hingegen widerfährt einem fertigen Menschen, der seit langem schon existiert, der sein ganzes Leben Zeit hatte, das Ende seines Lebens vorauszusehen und zu fürchten. Wer stirbt, existierte bereits, da er ja stirbt! Wovon wäre das Ende sonst das Ende? Die Fülle der Fortdauer macht den Schmerz über den Abbruch noch quälender ... Ein Augenblick steht am Anfang, und das ganze Leben lang kann man darüber reden und das Nachwort sprechen: dies ist die Zukunft des allerersten Mals. Was nun das letzte betrifft, so wartet man das ganze Leben angstvoll, bis die Zwischenzeit aufgebraucht ist, und dann gibt es niemanden mehr, der auf dieses Leben zurückblicken könnte.

Das erste Mal ist ein allererstes Mal, das heißt natal, wenn seine eigene Möglichkeit ihm nicht vorausgeht oder wenn das Wesen, für das es das erste Mal ist und das bis dahin nicht existierte, am Tage dieser Initiation zu existieren beginnt; das letzte Mal ist ein allerletztes Mal, das heißt letal, wenn seine Potentialität vernichtet wird oder wenn das bereits existierende Wesen, für das es das letzte ist, am Tage dieses letzten Mals aufhört zu existieren. Genauer: die Ereignisse der Zwischenzeit sind nicht in ihrer Quodditas die erst-letzten, sondern ihrer Qualität oder Modalität nach, insofern als jedes einzelne *anders* ist als die anderen. Die Geburt dagegen ist ein Letztes, weil sie einer *ganz anderen* Ordnung zugehört als alle späteren Ereignisse; ontisch gesehen aber ist sie ein Allererstes, weil sie der Anfang aller Anfänge ist. Und umgekehrt ist der Tod ein Erstes, weil er einer *ganz anderen* Ordnung zugehört als alle vorhergehenden Schicksalsschläge; meontisch gesehen aber ist er ein Allerletztes, weil er das Ende aller Enden, weil er nicht die Veränderung einer bestimmten Seinsweise, sondern das Nichtsein unseres ganzen Seins ist. Versuchen wir, aus dieser Erst-Letztheit den Anteil der Erstheit und Letztheit herauszuschälen: Wenn der Tod im Hinblick auf das Diesseits und in bezug auf das Leben ein Erstes ist, ist es unmöglich, sich seine unvorstellbare Sonderbarkeit jetzt schon vorzustellen. Der letzte Augenblick ist nicht nur in dem Sinne außergewöhnlich, noch nie dagewesen und unerhört, wie es im Leben noch niemals etwas Vergleichbares und erst recht nichts Identisches gab, denn dies gilt auch für jede andere alltägliche Banalität, der finale Augenblick ist vor allem insofern unerhört, als er an den Ereignissen der Empirie nicht zu messen ist. Wir haben gesehen, daß dies keine Frage der Größe oder des Rangs und eigentlich auch keine Frage der Qualität ist. Gehen wir noch weiter: ist der Augenblick des Todes nur etwas »Neues«, so überraschend und unvorhergesehen es auch sein mag? Das Neue definiert sich in der Fülle der empirischen Fortdauer nur in bezug auf das Alte: einzig die Vergleichbarkeit des Früheren und Späteren erlaubt die Bewertung der Veränderung. Die »Erneuerung« zum Beispiel, die die große jährliche Wiedereinsetzung des Neuen, das periodisch wiederkehrende Erwachen und die Verjüngung der Natur ist, bereitet dem Menschen alles andere als eine Überraschung: und doch sind wir jedes Jahr wieder genauso entzückt über diesen unermüdlichen Neuanfang, den wir stets voraussehen; jedes Jahr heißen wir den Frühling willkommen, als sei er der erste Frühling auf der Welt. Die Erneuerung ist letztlich nur das Wiederaufleben des Alten, eine banale und eintönige Innovation, und die Erinnerung an verblichene Erneuerungen mengt der Freude über die Überraschung die Vertrautheit des Déjà-vu und die Süße des Wiedererkennens bei. Der Augenblick des Todes hingegen gleicht in nichts dem, was wir erlebten; außer in bloßen Redensarten gehen ihm keine Vorzeichen oder Vorboten voraus; uns bleibt daher nur die Antizipation dieses Noch-Nicht des letzten Augenblicks durch anthropomorphe oder biomorphe Analogien oder seine Poetisierung, indem wir das Nichts in Nichtheit und das Unsagbare in das Unaussprechliche verwandeln.

Der Augenblick des Todes ist ein Erstes, weil wir niemals zuvor etwas Vergleichbares erlebt haben, und ein Allerletztes, weil das Subjekt vom Augenblick des eigenen Todes an aufgehört hat, zu existieren. Das absolut erst-letzte Mal des Todes hat also keinen Vorgeschmack und schließt erst recht jeden Nachgeschmack aus; denn wenn das *letzte allererste Mal* (das der Geburt) praktisch keinen Nachgeschmack und absolut keinen Vorgeschmack hat, so hat das *erste allerletzte Mal* (das des Todes) praktisch keinen Vorgeschmack und absolut keinen Nachgeschmack. Vor der vollendeten Tatsache ist die ganz andere Ordnung des Todes völlig unvorstellbar; wir haben zumindest noch Zeit, uns dies bewußtzumachen, da wir noch am Leben sind und ein Lebender im Prinzip seinen Tod kommen sieht. Nachher ... doch nein! es wird kein Danach geben und keinen Epilog, da per definitionem niemand mehr vorhanden sein wird, der ein Nachwort sprechen könnte; es gibt keinen Epilog, sondern nur einen langen Prolog, oder wie Franz Liszt nach Lamartine schreibt, eine Kette von Präludien: »Ist unser Leben denn etwas anderes als eine Reihe von Präludien zu diesem unbekannten Lied, dessen erste, feierliche Note der Tod anstimmt?«[26] Den Tod, der unvorstellbar ist, kann man nicht im voraus fühlen und schon gar nicht empfinden, denn derjenige, der ihn empfinden könnte, existiert nicht mehr! Hier wird der Unterschied zwischen der modalen Erst-Letztheit der Augenblicke der Zwischenzeit und der substantiellen Erst-Letztheit des Todes offenbar. Allein die Ereignisse der Fortdauer sind dieses oder jenes: niemals mehr werde ich einen Frühling sehen, wie ich ihn dieses Jahr an diesem Ort, vor dem Hintergrund und in dem Kontext des Lebens sehe, den mein Alter und die Umstände ihm geben; Frühlinge wird es jedoch viele geben; jedes einzelne Mal der Zwischenzeit ist ein erst-letztes und unauswechselbar, weil jedes einzelne unvergleichlich, das einzige seiner Gattung und einzig in seiner Art ist und es in dieser Form und in diesem Licht kein zweites gibt ... Es wird keine ähnlichen oder vergleichbaren geben, aber es wird welche geben! es wird bei Gott das nächste Mal geben ... Denn die Andersheit des anderen ist nur in bezug auf das gleiche anders. Das Irreversible drückt hier einfach die Unmöglichkeit aus, ein Ereignis in seiner ganzen Fülle noch einmal zu erleben, das heißt konkret: mit den Farben, der Wärme und Intensität des Lebens; begnügt man sich jedoch mit den Schatten der Vergangenheit, ist ein Wiedererleben tatsächlich möglich und heißt Erinnerung. Das Irreversible des Todes hingegen bedeutet die Unmöglichkeit schlechthin, noch einmal geboren zu werden. Die Einzigartigkeit des tödlichen Stoßes betrifft nicht mehr die Seinsweise, sondern das Sein aller Weisen schlechthin. Der Tod, so sagten wir, ist nicht so sehr unaussprechlich denn unsagbar! Das letzte »Mal« des Todes ist nicht nur das letzte seiner Art, sondern das letzte überhaupt, das letzte, Punktum, und dies ohne Nachtrag und ohne daß man es rückgängig machen könnte; ein Wiederanheben ist nicht möglich, nicht einmal ein bedingtes, und es gibt keine auch noch so kleine Klausel, die eine Rettung zusichern würde! Dieses Mal ist es das letzte Mal, und zwar nicht bis auf weiteres

26 [Franz Liszt: *Les Préludes* (1848), Symphonisches Gedicht Nr. 3, nach Lamartine.]

und vorläufig wie im Falle des Rentners, der nach seiner Pensionierung einen anderen Dienst versieht und dessen Ausscheiden folglich nur scheinbar war, dieses Mal ist es das letzte Mal, nicht angeblich und nicht redensartlich, sondern tatsächlich; denn es ist das *endgültige Ende*; dieses Mal ist es definitiv das letzte, weil es danach bis zum Ende aller Zeiten kein anderes geben wird, das heißt in aller Ewigkeit nicht, und es nach diesem Mal weder ein »Mal« noch überhaupt etwas geben wird. Es wird immer das letzte sein, und zwar nicht aufgrund der umstandsbedingten Qualität, sondern aufgrund der Quodditas ... Die Künftigung des Werdens schlechthin wird abgeschnitten und vernichtet, sie versinkt für immer im Nichtsein: der Tod ist das Verlöschen des Seins, und zwar nicht in dieser oder jener Hinsicht (quatenus...) oder unter diesem oder jenem Gesichtspunkt, sondern schlechthin, ἁπλῶς, absolut. Daher bedeutet der Tod für diejenigen, die am Leben bleiben, oft einen nicht auszugleichenden Verlust und untröstliche Trauer. Nein, niemand kann einer derartigen Trostlosigkeit Trost zusprechen! Die Alternative entzieht uns bisweilen ein Glück und entschädigt uns durch ein kleines Geschenk, und sei es um den Preis des Mangels: entsprechen dieses »clearing«[27] von Gewinn und Verlust und dieser vom Werden ständig erneuerte Austausch nicht dem Gesetz der ausgleichenden Gerechtigkeit, von dem Azaïs einmal sprach?[28] Die Beseitigung eines Teils des Existierenden, der zugunsten eines anderen Teils in die Inexistenz zurückgedrängt wird, das Auftreten dieses anderen Teils, der auf Kosten des ersten zur Existenz bestimmt ist, stellt das Prinzip der steten Erneuerung mit dem Namen Werden und das Prinzip der Öffnung nach vorn mit dem Namen Bedauern dar: es wird etwas anderes, etwas Besseres geben, und diese Hoffnung auf Fortsetzung trägt alleine schon die Gewißheit der Tröstung in sich. Und korrelativ dazu bedauern wir am Vergangenen die irreversible Qualität und die einzigartige Würze einer Erfahrung; denn ohne den partitiven Vergleich zweier Tonalitäten, zweier unterschiedlicher Nuancen, die sich in der Fülle der Fortdauer gegenüberstehen, gibt es kein Bedauern. Der eigene Tod hingegen ist das Nichtsein des ganzen Seins: es gibt nicht nur nichts, womit man den

27 [Im Original englisch.]

28 [Pierre] H.[yacinthe] Azaïs, *Des compensations dans les destinées humaines*, Paris 1809.

soeben vergangenen Augenblick vergleichen könnte, es gibt auch keine Person mehr, die den Vergleich anstellen, die Vergangenheit bedauern und zum letzten Mal sagen könnte: »du bist das letzte«. Nicht nur der alte Mensch wird dem Verfall preisgegeben (er könnte ja auch eine zweite Jugend erleben), der Mensch schlechthin wird auf immer vernichtet! Die relative Erst-Letztheit wird nicht unmittelbar als solche erkannt, aber zumindest doch im nachhinein, im Rückblick des Bedauerns: die Anerkennung des Vergangenen kompensiert also teilweise die Verkennung der Gegenwart. Die Erst-Letztheit des Todes hingegen kann in keiner Weise erkannt werden, auch wenn die Hinterbliebenen über den Tod des anderen reflektieren können, ist doch dieser andere selbst nicht mehr da, um über seinen eigenen Tod nachzudenken.

Das einmalige, das heißt das erst-letzte Ereignis ist eine unbegreifliche Gegenwart, der niemand zeitgenössisch sein kann. Diese Gegenwart ist gleichsam altmodisch, ohne daß sie Zeit gehabt hätte, in Mode zu sein oder die günstigste Minute zu erfassen. Vorher ist es zu früh, nachher zu spät ... Die Möglichkeit eines Vor- und Nachgeschmacks kann der Gegenwart der zwischenzeitlichen Ereignisse schließlich so etwas wie Geschmack verleihen. Was den Anfang der Anfänge betrifft, so besteht der gravierendste Anachronismus in einer vorzeitigen Erkenntnis; denn während nach der Geburt der natale Augenblick bereits vorbei ist, ist das Wesen vor der Geburt noch nicht geboren. Was das Ende allen Endes betrifft, so bestünde der tragischste Anachronismus in einem verspäteten Bewußtsein: vor dem Tod ist es für eine Bewußtwerdung des Todes zu früh, danach aber ist es weiß Gott zu spät! Im »zu spät« eines posthumen Bewußtseins liegt etwas Bedrükkendes und Schmerzliches, in dem die endgültig versäumte, auf immer verfehlte und in aller Ewigkeit nicht einzuholende Gelegenheit zum Ausdruck kommt. Wir sagten, daß der eigene Tod das ganze Leben lang im Futur steht; doch dieses Futur wird niemals zu einer Gegenwart werden, außer für diejenigen, die am Leben blieben, und erst recht nicht zu einer Vergangenheit ... In der Optik der Hinterbliebenen wird das Futur tatsächlich jäh zu einer Vergangenheit, ohne daß es jemals Gegenwart gewesen wäre; das Noch-nicht ist ohne Übergang zu einem Schon-nicht-mehr geworden; ohne Übergang heißt im allerkürzesten Zeitraum eines

Lidschlags! Wie alle anderen Augenblicke auch, ist der eschatologische Augenblick folglich das blitzartige Zusammentreffen eines *nondum* und *iam-non*[29] und kann hierin ein *verlöschendes Erscheinen* genannt werden; das Verlöschen behält jetzt jedoch die Oberhand über das Erscheinen, da es jedes spätere Wiedererscheinen, jede Wiederholung und erst recht jedes Angedenken unmöglich macht. Bitter ist das Bedauern über die Unumkehrbarkeit!

8. Das allerletzte Mal: Niemals mehr etwas

Die bedrückende Asymmetrie des letzten Augenblicks, die ihn charakterisiert, rührt von der Letztheit her. Der Augenblick der Geburt ist auf seine Weise »asymmetrisch«, doch in einem anderen Sinne, da er, der keine Vergangenheit hat, die Ankündigung einer unermeßlichen Zukunft ist. Die beiden Asymmetrien sind also in sich asymmetrisch! Wie sollte man zwischen Schöpfung und Vernichtung je eine Entsprechung herstellen können? Der Vektorsinn des Werdens und die Irreversibilität dieses Vektorsinns erklären das Enttäuschende und gar Herzzerreißende der letalen Asymmetrie; denn das Werden ist Künftigung und Eintritt des Kommenden. Nun aber haben wir gezeigt, daß der Augenblick des Todes eine Veränderung ohne anderes, eine Künftigung ohne Zukunft und ein Kommen ohne Kommendes ist: sterben heißt stricto sensu, »inexistent« und folglich zu nichts zu werden; denn wer zu nichts wird, hört schlechthin auf zu werden; die Negation jeglicher Andersheit, jener Andersheit, die das Ergebnis der höchsten Veränderung wäre, macht die Veränderung selbst rückwirkend zunichte. Die tödliche Mutation widerspricht also der Absicht dessen, was mutieren soll. Die tödliche Letztheit ist das Eintreten von etwas, das kein Ereignis gebiert, ist ein Eintreten, das vorgibt, einzutreten, plötzlich fehlschlägt und abgeht, oder, wenn man so will: eine aussichtslose Künftigung, die nur so tut, als münde sie in etwas und setze etwas fort … auch angesichts des letzten Mals kann man nicht umhin zu flüstern: Und danach? Es gibt jedoch kein Danach: die Künftigung fällt augenblicklich in sich zusammen! Sie ist *auf* etwas gerichtet, doch wird dieses »auf«

29 [»Noch nicht« und »nicht mehr«.]

von der Nichtheit, die sie setzt, unversehens annulliert. Die falsche Künftigung, die im Begriff ist, in eine Zukunft zu münden, nimmt ihr Versprechen unvermittelt zurück und entzündet in uns folglich eine Begierde, die augenblicklich enttäuscht wird. Daher rührt die ambivalente Mischung aus leidenschaftlicher Neugier und Grauen, die die letale Letztheit im Menschen bisweilen aufkommen läßt. Das allerletzte Mal versetzt die Umgebung des Sterbenden plötzlich in eine zwiespältige Lage – denn der Sterbende selbst hat ja nicht einmal die Zeit, sich vom Widerspruch gespalten zu fühlen: das allerletzte Mal straft seine Berufung, »Mal« zu sein, Lügen, denn es ruft oder kündigt keine anderen Male an; wie alle anderen Male auch, verspricht es eine Fortsetzung, obwohl es selbst das Ende ist. Denn was ist der Anfang des Nichtseins, wenn nicht das Ende des Seins? In das Nichts zu münden bedeutet, in nichts zu münden, und ist folglich auch kein münden. Der Abbruch einer Fortdauer, der abrupt und endgültig jedes Morgen entzogen wird, ist dem äußersten »finis terrae«[30] eines senkrecht in die Leere des Ozeans abstürzenden Kontinents nicht unähnlich: ist der letzte und höchste Augenblick nicht ein solcher äußerster Rand? Mehr: die Schwelle, an der sich Sein und Nichtsein treffen, gleicht einem Mauervorsprung, der sich über nichts wölbt. Balkone sind gemeinhin dazu da, um die Aussicht, das Panorama, die Landschaft zu betrachten, die Nichtheit aber ist keine Landschaft, und die Nullität dieser Nichtheit vereitelt den Vorgang des Betrachtens. Eine Schwelle ist der Zugang zu irgend etwas, das Jenseits jedoch ist nicht irgendwo, und der letzte Augenblick gewährt keinen Zugang zu etwas. Ist der Sterbende am Scheitelpunkt angelangt, der zwischen den beiden diesseitigen und jenseitigen Abhängen seines Schicksals liegt, soll er, wie man sagt, sein ganzes verflossenes Leben synoptisch erfassen; hinter dem anderen Abhang aber wartet nur ein schwarzer Abgrund. Die Pseudo-Künftigung, die einzuleiten der letzte Augenblick vorgab, mündet demzufolge in eine totgeborene Zukunft, sie setzt und verneint diese Zukunft noch im selben Augenblick und besiegelt so das Scheitern des Werdens, das diese Zukunft versprach: das Werden schlägt einen Purzelbaum und stürzt jäh in die Inexistenz.

30 [»Ende der Welt (der Erde)«.]

Es sei hier noch einmal daran erinnert: was das allerletzte Mal des allerletzten Augenblicks ankündigt, ist nicht nur das *Nichts-mehr*, sondern das *Nichts-mehr-auf-immer* und das *Niemals-mehr-etwas*! »Am Ende wirft man die Erde auf den Schädel«, schreibt Pascal, »und damit für immer.«[31] Niemals mehr ist in der Tat die zeitliche Formel der Nichtheit ... Eine Nichtheit, die früher oder später aufhören würde, Nichtheit zu sein, eine Nichtheit, aus der schließlich irgendwann einmal etwas entstehen würde, wäre nicht nichts, im Gegenteil! Damit wäre im nachhinein bewiesen, daß dieses Nichtsein, wie im Leibnizschen Lehrsatz von der Involution,[32] ein verhülltes oder lethargisches, ein latent gewordenes und auf einen Minimalzustand reduziertes Sein gewesen war. Wenn der Tod eine Art Winterschlaf darstellt, ist die Auferstehung auch kein Wunder mehr, sie ist gar nicht übernatürlicher als das Erwachen nach dem Schlaf ... Doch der Tod ist weder die vorläufige Unterbrechung noch die zeitweilige Aufhebung gewisser Funktionen, er ist kein teilweises Aufhören und kein peripherer Abbruch auf der Grundlage der Fortdauer; keine unsichtbare Fortdauer wird die gänzliche Auflösung der Kontinuität im Tode aufheben. Die Nichtheit, die das Ergebnis der Vernichtung ist, das nihil, in das das Zunichtewerden mündet, ist hier ein absoluter Superlativ. Wenn der Tod wirklich Tod sein soll, muß die tödliche Vernichtung jede untergründige Kontinuität, jede heimliche Bewahrung ausschließen, und die Nichtheit muß, wenn nicht ewig (da sie ja einmal begonnen hat), so doch endgültig sein (da sie nicht aufhören wird). Die Nichtheit beginnt heute abend und wird immer andauern! Man stirbt nur einmal, und damit ist für immer alles zu Ende! Kann man die Bedeutung der drei Silben *für immer* überhaupt erfassen? Für den Verstand ist das nicht sehr schwierig, und doch kann man einen solchen Gedanken nicht wirklich denken, das heißt, kann ihn nicht ohne Zittern ernst nehmen ... Denn genau an diesem Punkt bricht die unmögliche Ewigkeit in unsere Beziehungen zu den Lebenden ein, um diese Bindungen zu brechen und die affektive Verbundenheit zu lösen. Daher ist die pathetische Erfahrung des »never more«[33] und

31 [Blaise Pascal: *Pensées*] III, Fragm. 210.

32 [Vgl. z. B.: Gottfried Wilhelm Leibniz: *Monadologie* 71-73, in: *Hauptschriften zur Grundlegung der Philosophie*, Teil II, Hamburg 1996, S. 616f.]

33 [Im Original englisch.]

der irreversiblen Zeit Ausdruck jenes tragischen Lebensgefühls, das unsere Modernität charakterisiert. Was haben sich die Menschen nicht einfallen lassen, um der Alternative zwischen Fügung in die Nichtheit und niederschmetternder Trostlosigkeit aus dem Wege zu gehen! Die Lehre von der Palingenese, die Geburt und Tod als sich wiederholende Ereignisse auffaßt, macht aus dem Adieu ein Auf-Wiedersehen. Bis nächstes Jahr, bis nächsten Sonntag! Die Hoffnung auf ein ruhmvolles Fortleben banalisiert die Feierlichkeit, die die Trennung pathetisiert, und ist hierin tröstlich: Sokrates etwa nimmt die Eschatologie des Abschieds kaum tragisch und verabredet sich mit seinen Freunden in der anderen Welt. Sokrates, der seine kleine Abreise nicht dramatisieren möchte, sagt den Zurückbleibenden: Bis auf bald,[34] und dieses »Bis auf bald« ist nicht feierlicher als »Guten Abend« oder »Gute Nacht«, während man auf den Anbruch des Tages wartet. Der *Phaidon* stellt bekanntlich ein langes, durch den Zwischenfall des Schierlingsbechers kaum unterbrochenes Gespräch dar; Sokrates entschwindet bis auf weiteres, nachdem er in Form eines »ultima verba« das belangloseste Schlußwort gesprochen hat, das ein im Sterben liegender Weiser jemals geäußert hat. Selbst Fénelon, der Uneigennützigkeit lehrt, nimmt, um die Betrübten zu trösten, die Hoffnung auf ein baldiges Wiedersehen in Anspruch: »Es gibt eine Heimat, der wir jeden Tag näher kommen, und die uns alle vereinigen wird ... Diejenigen, die sterben, sind nur ... für wenige Jahre und vielleicht nur für Monate abwesend. Ihr scheinbarer Verlust kann uns dazu verhelfen, daß wir uns mit Ekel von dem Ort abwenden, an dem sich alles verliert, und wir jenen lieben, wo sich alles wiederfindet.«[35] Der Abschied ist also nur ein vorläufiger, und die Trauer der Hinterbliebenen, die durch diese Hoffnung kompensiert wird, wird so untragisch wie irgend möglich. Ist dieses Versprechen nicht religiöser Trost schlechthin?

Und doch wird man es nicht genug wiederholen können: das allerletzte Mal ist etwas völlig Außergewöhnliches, weil es nach ihm kein anderes Mal mehr gibt, weil die Reihenfolge der Male, die die Fortdauer ausmacht, jetzt zurückliegt und nicht mehr bevorsteht, weil diese Reihenfolge Vergangenheit und nicht mehr Zu-

34 [Vgl.: Platon: *Phaidon* 118a u. 115a.]

35 [François de Fénelon:] *Lettres spirituelles* Nr. 224 (12. Nov. 1701), in: *Œuvres complètes*, Bd. 8, Paris/Lille-Besançon 1851, S. 591.

kunft ist, und sich der letzte Augenblick am äußersten Rand des Abbruchs des Seins befindet. Es ist daher nicht verwunderlich, wenn die Menschen dieses sich von allen anderen ausnehmende Mal eines besonderen Grußes für wert halten. Wir haben gezeigt, auf welche Weise der Orgelpunkt der Zeremonie den letzten Augenblick anschwellen läßt und wie sich das letzte Mal in einer endlosen und ersterbenden Apotheose verewigt ... Der letzte Augenblick ist den anderen Augenblicken ähnlich und unterscheidet sich doch von ihnen. Der letzte Herzschlag ist ein Herzschlag wie die anderen auch, und ist es doch nicht, da er der letzte ist! Der letzte Seufzer ist ein Seufzer wie die anderen auch, ein ganz gewöhnlicher Seufzer, und wiederum nicht, da er der letzte ist; und im übrigen wird man das letzte Röcheln, so charakteristisch es auch sein mag, erst im nachhinein als ein solches erkennen, wenn man nämlich feststellt, daß kein weiteres mehr folgt. Und entsprechend würde man nicht ehrfürchtig die letzten Worte des Sterbenden sammeln, gleichgültig, wie banal sie sind, wenn man nicht ahnte, daß dies seine letzten sind und diese Belanglosigkeiten unmittelbar der großen ewigen Stille vorausgehen; denn in einem Augenblick wird sich die Stille für immer auf die stummen Lippen des Sterbenden legen, und das Schlußwort selbst schwebt über dem Rand des Abgrunds des Schweigens. Und ebenso gilt: wenn uns der letzte Wille eines Sterbenden heilig scheint und die Verletzung dieses Willens ein Sakrileg bedeutet, so deshalb, weil er sich auf das letzte bezieht, das ein Mensch gewollt hat, bevor er für immer zu wollen aufhört; daher auch respektiert sogar derjenige, der sein ganzes Leben über die Wünsche seiner Mitmenschen mißachtet hat, ehrfurchtsvoll ihre letzten Launen, eben weil es die letzten sind; es scheint, als heilige das Testament noch über das Grab hinaus den letzten Willen des Verstorbenen. Ist es nicht zum Lachen, wenn man sieht, wie noch die skrupellosesten Leute abergläubisch werden, sobald es sich um das Tabu des Letzten Willens handelt? Manische Treue ist unsere einzige Art, den letzten Willen zu ehren, den das Irreversible uns fortan verbietet, anders in Ehren zu halten. Die Tränen des Abschieds sind jedoch nicht grundlos: bevor uns das letzte Mal für immer entgleitet, bevor wir vom letzten Augenblick für immer Abschied nehmen, ist unsere ganze Begierde darauf gerichtet, seine Glut auszuschöpfen. Wie sollen wir gegen das Nichtsein ankämpfen, dem der letzte Augenblick unweigerlich bestimmt ist, wie dem Vergessen begegnen, das ihn früher oder später verschlingen wird? Wie sollen wir seine intensive Fülle mit der extensiven Ewigkeit, die auf ihn folgen wird, in Einklang bringen? Der Wanderer, der sich auf die große Wanderung begibt, würde gerne die Anwesenheit mit hinübernehmen in die ewige Abwesenheit, oder, im entgegengesetzten Sinne, die Unermeßlichkeit des späteren Unendlichen in eine letzte Wegzehrung einschließen; der empirische Reisende der metaempirischen Überfahrt, der im Begriff steht, den letzten Schritt zu tun, empfiehlt Gott seinen letzten Augenblick an; denn die ewige Stille und der unendliche schwarze Ozean der Jahrmillionen beginnen in dieser Minute! Der Abschied *vom* Sterbenden und bisweilen auch das Abschiednehmen *des* Sterbenden stellen im Augenblick der Trennung und mehr noch an der empirisch-metaempirischen Schwelle des Todes eine Art Überschneidung dar: der Abschied ist die Weise, in der sich endliche Zeiträume innerhalb der unendlichen Ewigkeit abheben; denn es geht um nichts weniger, als das Unendliche in eine letzte Umarmung, einen letzten Kuß, einen letzten Händedruck, eine letzte Zusammenkunft, einen letzten Satz und in das letzte Wort dieses letzten Satzes zu zwingen. Sicher ist das Werden selbst, vom Anfang bis zum Ende des Lebens, ein ständiger Abschied: jeden Augenblick trennt sich der Mensch von einem »Hapax«, der ihm unschätzbar vorkäme, wenn er sich dessen Einmaligkeit und folglich dessen unendlichen Wertes ganz bewußt wäre; ja, schlimmstenfalls nimmt ihm jede verflossene Minute etwas unendlich Kostbares; wie die Unschuld des Kindes gibt es dieses Etwas nur ein einziges Mal in der ganzen Ewigkeit, und folglich hat es keinen Preis. Eine andere Gelegenheit werden wir nicht haben. Wie können wir die verzauberte Minute bewahren? Welches Gedicht, welche Küsse und Tränen können ihrer unvergleichlichen Einmaligkeit je gleichkommen? Die Trennung und im besonderen der Tod unserer Nächsten drängen den Wert ohnegleichen des letzten Mals plötzlich in bestimmten privilegierten Augenblicken zusammen. Ohne Zweifel wird die Gegenwart unablässig Vergangenheit, doch haben wir im Zuge der Fortdauer genug Zeit, an diese Vergangenheit zu denken, sie zu bedauern oder zu vergleichen und unsere Blicke auf die lange Zukunft zu richten, die sich vor uns dehnt; wenn es sich aber um den eigenen Tod handelt, versinken Zukunft, Vergangenheit und Gegenwart gleichermaßen im Nichts; und wenn es sich um den allerletzten Augenblick eines anderen handelt, machen die Endgültigkeit des Bruchs und die Unersetzlichkeit dessen, der geht, den Abschied ganz besonders trostlos und bitter; wenn wir uns von einem geliebten Wesen trennen müssen, fühlen wir noch den Geschmack der bedrohten Anwesenheit und schon den Vorgeschmack der drohenden Abwesenheit, beides auf einmal! Derselbe ist für uns zugleich anwesend und abwesend, seine Anwesenheit verdunkeln bereits die Schatten der Abwesenheit; die bereits ungewisse Anwesenheit schickt sich an, für immer Abwesenheit zu werden!

9. Der Abschied. Über die kurze Begegnung

Als wir die irreversible Fortdauer erörterten, zeigten wir den unkompensierbaren und asymmetrischen Charakter eines Dahingehens ohne Rückkehr; doch obwohl die durch nichts auszugleichende Vergänglichkeit den Menschen untröstlich macht, ist der Alternde nicht jeder Kompensation beraubt; die Fülle der Veränderung läßt unablässig anderes eintreten; das Werden, das die Gegenwart unentwegt zur Vergangenheit macht, vergegenwärtigt auch unentwegt eine neue Zukunft. Der letzte Augenblick eines geliebten Wesens hingegen macht uns nicht nur *untröstlich*, sondern *trostlos*: denn die stete Irreversibilität eines *Hin ohne Zurück* spitzt sich in der Spitze einer *Abreise ohne Rückkehr* auf das äußerste zu. Die Abfolge erlaubte die Hoffnung, den einen am Platz des anderen, den anderen im Austausch mit dem einen zu sehen, so unersetzlich der eine und der andere auch sein mögen. Der Tod jedoch ist ein »schließlich«, das kein »dann« mehr ankündigt; oder vielmehr: das »jenseits«, das er ankündigt, ist kein »danach« im eigentlichen Sinne; vom Standpunkt der Empirie aus schlägt uns die tödliche Vernichtung ein *anderes* vor, das ein *ganz anderes* oder besser ... ein Überhauptnichts ist, und folglich schlägt sie uns nichts vor. Sogar beim Aufbruch des ersten Raumschiffs zum Planeten Mars ist die Rückkehr vorgesehen, obwohl sie ungewiß bleibt; auch bei den Opfergängen der Todeswilligen ist noch ein winziger Hintergedanke an Rückkehr untergründig vorhanden; noch die gefährlichsten, dem Suizid ähnlichsten Abenteuer enthalten eine winzige Hoffnung, und sei es nur die Hoffnung auf Nachruhm. Alle Helden – ob sie nun wie Odysseus aufbrechen, um wiederzukehren, oder um, wie Kolumbus, nicht wiederzukehren – geben ihren Nächsten im Geiste ein vages, kleines, mehr oder weniger selbstverständliches Versprechen: ich werde wiederkommen eines Tages, einmal im Jahr werde ich schreiben und so fort. Einzig das Abenteuer des Todes ist völlig offen, und der Abschied, der sich im Augenblick der Trennung in uns Bahn bricht, kommt einem nahezu unerträglichen Gedanken gleich, den wir einzig unter der Bedingung ertragen, ihm nicht näher nachzugehen und ihn nicht in unser Bewußtsein dringen zu lassen. Nun wird auch verständlich, warum der Abschied schon immer ein elegisches und lyrisches Thema war:[36] der Abschied ist eine Anspielung auf den Tod, und die kleinen Tode der Trennung sind eine Ellipse der großen Trennung des Todes. Der Abschied macht die menschlichen Beziehungen leidenschaftlich und verleiht ihnen die hohe Gespanntheit des Romanesken oder Tragischen. Denn wenn die Abwesenheit, die eine Folge der Trennung ist, Tragödie genannt werden kann, so ist die Trennung, die das Vorspiel zu dieser Abwesenheit war, schlechthin tragisch, es ist die Tragik dieser Tragödie. Bedeutet Tragödie nicht, daß der Mensch sich in der Tragik gleichsam einrichtet? Die Beziehung der Abreise zur Abwesenheit entspricht jener des Ereignisses zum Zustand oder des Augenblicks zum Chronischen. Vor der Tragödie der Abwesenheit stand also die Tragik des Abschieds; vor der Sehnsucht der getrennten Existenzen gab es den chirurgischen Eingriff der Trennung. Vor der Trauer und der Totenfeier war der grausame Schmerz über das uns entrissene Wesen. Der Abschied, der die Abreise ankündigt, das letzte Rendezvous, das dem Bruch vorausgeht, die letzte Stunde des Lehrers, der pensioniert wird, der nicht mehr sagt: bis nächstes Jahr (denn ein nächstes Jahr wird es nicht geben) und dessen Herz schwer ist – alle diese letzten Male sind wehmütige Vor-

36 Siehe u.a.: [Franz] Liszt: *Lieder*, Nr. 42: »Ich scheide«, Nr. 44: »Lebewohl«; [Georges] Bizet: *Adieu de l'hôtesse arabe* (nach V.[ictor] Hugo); [Peter] Tschaikowski: *Adieu*, op. 60 (nach [Nikolaj] Nekrassow); [Sergej] Rachmaninow: *Les Deux adieux*, op. 26, 4 (nach Koltzow); V. Cheballine: *Une note triste*, op. 40 (nach A. Kowalenkow); Gustav Mahler: *Das Lied von der Erde* VI: »Der Abschied«; Gabriel Fauré: *Poème d'un jour*, op. 21, 3: »Adieu« etc.

wegnahmen des allerletzten Mals. Ja, diese letzten Male sind angesichts der großen Letztheit des großen Ultimatums lediglich vorletzte Male. Als einer der ersten entdeckt Euripides die Tragödie des Abschieds.[37] Merkwürdigerweise endet gerade die romantische Sonate *Les Adieux*[38] mit dem Wiedersehen nach der Rückkehr, mit der Vereinigung der Liebenden, die die Abwesenheit getrennt hatte, und mit der in Erfüllung gegangenen Hoffnung; und es ist Racine, der in *Berenice* die schmerzliche Bitterkeit des Abschieds zum Ausdruck bringt.[39] Racine, sagt Jean Cassou, »bringt das Wort an seinem äußersten Punkt hervor, wo es, kaum ausgesprochen, auch schon erstirbt«; und in diesem Wort des Abschieds gelangt die Liebe zu ihrer Vollendung.[40] Wir wollen unsererseits zeigen, daß die gesamte *Berenice* sozusagen eine Tragödie des letzten Mals in fünf Akten ist: Titus und Berenice werden sich heute abend trennen, nicht für acht Tage, für immer, nicht für einige Jahre, auf ewig. Berenice wird gehen und bricht schließlich auf; Antiochus übrigens ebenfalls. Alle sind hier ständig damit beschäftigt, zu gehen, und sie täuschen es nicht etwa vor! »Warum sagst du immer, daß du fortgehst?« fragt Melisande Pelleas im vierten Akt von Maeterlincks Drama. Gehen und nochmals gehen! In der zentrifugalen *Berenice*, in der die Helden nicht vereint bleiben können und sich zwangsläufig voneinander entfernen müssen, ist nur die Rede von Aufbruch und Trennung. »So nehm ich denn von Euch ein ewig Lebewohl! Ich scheide, Königin.« »Nun denn! – Bedenkt, Ihr hört mich heut' zum letzten Mal.« Und Titus: »aus meinem eignen Mund mit einem letzten Wort«. »Auf ewig von mir gehen.« An anderer Stelle: »Geht, auf Nimmerwiedersehn!« »Heut', o Fürst, verlaß ich sie, weil mir die Pflicht gebeut.« »Die Trennung kam. – Man wünscht, daß Ihr schon morgen geht.« »Und scheid auf Nimmerwiedersehn. – Auf Nimmerwiedersehn!« »Und reise.« – »Wie jammervoll dies Wort ein liebend Herz verwunde?« »Wir sehn uns nimmermehr.« Und am Schluß: »Noch

37 [Vgl. die Abschiedsszenen in Euripides: *Alkestis*, Vers 132-392 und: *Hekabē*, Vers 216-443.]

38 [Ludwig van Beethoven: Sonate Nr. 26 in Es-Dur, op. 81 a: »Das Lebewohl«.]

39 [Jean Racine: Berenize, Stuttgart 1964; Tragödie (1667).]

40 [Jean Casson:] »Racine et le secret des troubadoures«, [in:] *Parti pris* [*Essais et colloques*, Paris 1963], S. 41.

einmal, liebster Herr, lebt wohl.« Worauf Antiochus lediglich antwortet: »Die Nacht brach ein.« Es ist das letzte Wort dieser letzten Worte.[41] Berenice sagt zum letzten Mal »zum letzten Mal«. Der Abschied ist in der Tat die Obsession dieser Tragödie der Letztheit, in der jedes Wort ein letztes Wort ist und in der alles, was gesagt und getan wird, zum letzten Mal gesagt und getan wird, in der alles, was geschieht, wie am Ende von David Leans erschütterndem Film *Brève rencontre*,[42] zum letzten Mal geschieht: diese Zusammenkunft der Liebenden ist die letzte, dieser Spaziergang der letzte. Adieu heißt der bedrückende Refrain der feierlichen Trennung. Titus und Berenice sagen nicht mehr: bis bald, verausgaben sich nicht mehr in höflichen Euphemismen und tröstlichen Umschreibungen, machen sich nicht mehr die Mühe, einander etwas vorzuspielen, hören auf, sich durch irgendwelche Versprechungen auf ein Wiedersehen, eine Rückkehr oder Erneuerung etwas vorzutäuschen; die üblichen Zusammenkünfte, die in der Zwischenzeit immer wieder stattfinden, die beruhigende Fortdauer verlängern und weiterführen, und das letzte Mal auf unbestimmte Zeit verschieben, haben in der Tragödie des Unlösbaren keinen Platz. Und doch hätte eine optimistische Philosophie des Morgen, der Vorletztheit und des nächsten Mals den Liebenden alle möglichen Vorwände für einen Aufschub oder für fiktive Moratorien liefern können, die Abschiednehmenden hätten (wie der Kranke auf seinem Totenbett) so tun können, als glaubten sie an einen Aufschub ihrer Trennung, an ein Hinauszögern des letzten Mals; denn bekanntlich findet das letzte Mal nie jetzt statt, sondern immer erst das nächste und das folgende Mal ... Doch nein! Sie versuchen nicht mehr, das nahe Bevorstehen zu verharmlosen, sie mildern die Verzweiflung über eine Trennung nicht, die jetzt in dieser Minute stattfindet. »Und auf immer, adieu!« Die Weiterführung der Zwischenzeit bricht unter dem Schock dieses Abschieds zusammen, den kein

41 [Jean Racine:] *Berenice* I, 4; II, 2; III, 1; III, 3; IV, 5; V, 5; V, 7; Cassou [a. a. O.] führt seinerseits noch an: Jean Racine: *Andromache* IV, 5 (Hermione zu Pyrrhus) [dt.: Frankfurt a. M. 1986], *Britannicus*, V, 1 (Junis Vorahnungen) [dt.: Stuttgart 1983] und *Mithridates*, II, 6 (Monime: »Zum ersten und letzten Mal sprechen«) [dt. in: *Dramen*, Bd. 2, München 1961].

42 [David Lean: *Brief encounter* (1945), mit Celia Johnson und Trevor Howard.]

Versprechen auffängt oder kompensiert. Das Wort des letzten Mals wird oft ausgesprochen! Doch man kann es niemals oft genug aussprechen, wenn der Abgrund der Ewigkeit hinter dem letzten Lidschlag des letzten Augenblicks beginnt, wenn das Taschentuch des Abschieds hinter der nächsten Wegbiegung verschwunden ist und wir allein durch den leeren Bahnhof und die wie ausgestorbenen Straßen zurückgehen. »Weh mir«, seufzt Antiochus ...[43] Dieses wie ein Mißton am Ende des letzten Verses angeschlagene leere Wort ist gleichsam ein Widerhall des finsteren Nichtseins, das beginnt, wenn der Vorhang fällt, und das niemals enden und bis zum Ende aller Zeiten andauern wird. »Weh mir« ist das untröstliche und hoffnungslose Wort einer Letztheit ohne Bewährung. Am Schluß von Tschechows *Kirschgarten* ruft Ljubow Andrejewna Ranjewskaja mit tränenerstickter Stimme: »Oh mein lieber, mein zärtlicher, mein schöner Garten! [...] Mein Leben du, meine Jugend, mein Glück, ade! [...] Ade! [...] Zum letzten Male diese Wände schauen, die Fenster schauen.« So trennen sich Ljubow Andrejewna Ranjewskaja und die Ihren von ihrem alten Leben, und als alle gegangen sind, breitet sich eine große Stille über das verwaiste Haus.[44] Jede »kurze Begegnung«, die vom ersten und vom letzten Mal eingerahmt wird, erscheint wie eine Zusammenfassung des einmaligen Abenteuers des Lebens, das an seinen beiden Enden vom allerersten und allerletzten Mal begrenzt wird: die Kurzlebigkeit des Abenteuers faßt das lange Abenteuer des Lebens zusammen. Tschechow und Iwan Bunin[45] fanden nicht nur für die Letztheit des Abschieds, sondern auch für das Willkürliche und Geheimnisvolle der flüchtigen Begegnung unvergeßliche Worte. Hierin unterscheidet sich die zentrifugale Tragödie, die Tragödie der ausweglosen Liebe von *Pelleas und Melisande*[46] von Faurés *Penelope*,[47] die die Oper der

43 [Jean Racine: *Berenice*, a.a.O.]

44 [Anton Tschechow:] *Der Kirschgarten* IV, 14 [dt.: Stuttgart 1978]; siehe auch: *Onkel Vanja*, Schluß.

45 [Anton] Tschechow: *Die Dame mit dem Hündchen* [, in: *Erzählungen*, Zürich 1976]; [Ivan A.] Bunin: *Der Sonnenstich*, *Ida*, *Die Ferne* (Schluß), *Letzte Begegnung*, *Der letzte Tag*, *In Paris*; siehe auch: [Ivan] Turgenjew: *Drei Begegnungen* und: [Gabriel] Fauré: *Poème d'un jour*, op. 21: »Rencontre«, »Toujours«, »Adieu«.]

46 [Maurice Maeterlinck (Claude Débussy): *Pelleas und Melisande*, a.a.O.]

47 [Gabriel Fauré (1845-1924): *Penelope* (1913), Oper, Libretto von R. Fauchois.]

Rückkehr und des Wiedersehens ist; die Trennung der Vereinten ist das Pendant zur Vereinigung der Getrennten. Odysseus und Penelope singen: wir werden leben. Melisande und Pelleas dagegen können nicht miteinander leben. Melisande und Pelleas sind der Hoffnungslosigkeit der letzten Stunde preisgegeben. *Pelleas und Melisande* ist ganz dieses Drama des absurden Abenteuers. Die schicksalhafte Begegnung von Goland und Melisande im Wald während des ersten Akts, und die letzte Zusammenkunft von Melisande und Pelleas am Ende des vierten Akts entsprechen einander; der tragische Rausch des letzten Mals ist das Echo auf die Absonderlichkeit des ersten Mals. »Es ist der letzte Abend [...] Der letzte Abend [...] Ich muß sie zum letzten Male sehen – bis auf den Grund der Seele muß ich ihr schauen [...] Ich muß für immer scheiden [...].« Die Liebenden umarmen sich ein letztes Mal. In der Eschatologie der letzten, mitternächtlichen, flüchtigen Begegnung, im Augenblick höchster Glückseligkeit, der sich nie wiederholen wird, sagen die Liebenden nicht: bis nächsten Sonntag, sie sprechen das metaempirische Wort, das alle endlichen Fristen ausschließt: Adieu für immer. Die Liebenden werden nicht bis zum Ende leben, was der Troubadour *Alba* nannte;[48] die geschlossenen Türen besiegeln auf immer ihr Schicksal. Melisande und Pelleas sind Gefangene ihrer ausweglosen Liebe; der nächtliche Himmel über ihren Köpfen gerät ins Wanken. »Oh! oh! Alle Sterne fallen herab!« Das Sternenfirmament mit seinen Kometen und seinen Tierkreisen stürzt herab über der letzten Umarmung.

48 [Alba oder Aube: Tagelied, in Thema und Aufbau eigene Gattung des europäischen Minnesangs, schildert Abschied und Trennung zweier Liebender nach einer unerlaubten Liebesnacht im Morgengrauen, an dessen Anbruch der Ostwind, eine Vogelstimme, besonders häufig das Horn oder der warnende Ruf des Wächters von der Zinne, der von der Situation der beiden weiß, gemahnt. Die Gattung stammt, eventuell durch arabischen Einfluß, aus der Provence, wo sie meist mit dem Ausruf »alba« als Refrain erscheint.]

Viertes Kapitel
Das Unwiderrufliche

1. Das Irreversible des Gewesen-Seins, das Irreparable der Tatsache des Gemacht-Habens: »Factum« und »Fecisse«

Was wir vom Gewesen-Sein gesagt haben, gilt auch für das Gemacht-Haben; und was auf das Irreversible zutrifft, gilt nicht weniger für das Unwiderrufliche, denn das *fecisse*[1] ist so irreparabel wie das *fuisse*[2] irreversibel ist. Die Fortdauer des Werdens ist immer irreversibel, die vollendete Tatsache des erlebten Werdens jedoch gänzlich irreparabel. Da das Werden stets in dieselbe Richtung fließt, drückt das Irreversible aus, daß wir weder zurückgehen noch das bereits gelebte Leben noch einmal leben können; wir können weder gegen den Strom der Zeit schwimmen, denn Flüsse fließen nicht bergauf, noch unsere erste Existenz oder einen Teil von ihr von vorn beginnen. Das Irreversible, das eine im ständigen Wechsel begriffene Veränderung charakterisiert, impliziert per definitionem die Unmöglichkeit einer Kehrtwendung. Der natürlichen Irreversibilität der Zeit fügt das »Machen« noch einige zusätzliche Komplikationen hinzu: die menschlichen Entscheidungen verändern oder überstürzen künstlich den Gang der Geschichte; die menschlichen Initiativen und Optionen zwingen der Chronologie eine gewaltsame Abweichung oder zusätzliche Beschleunigung auf. Als wäre der Rückweg auch ohne das Irreparable nicht schon irreversibel genug, errichten unsere ausdrücklichen Entscheidungen freiwillig künstliche Hindernisse, die die Unmöglichkeit noch verdoppeln. Spontan, in skandalöser Weise und ohne vom Werden dazu gezwungen zu sein, fabrizieren wir mit eigenen Händen das Irreparable, das das Irreversible noch heilloser macht und uns unwiderruflich von der Vergangenheit trennt. Dies ist die Beziehung des Seins zum Tun und des irreversiblen Werdens zur gestaltenden Handlung. Auch wenn der Mensch nichts unternähme, würde das Werden noch weiterflie-

1 [»Gemacht haben«.]
2 [»Gewesen sein«.]

ßen; auch wenn der Mensch schlafend seine Zeit verbrächte, würde der nächste Sonntag oder das Jahr zweitausend kommen; Künftigung und Präterition würden die Gegenwart auf jeden Fall zur Vergangenheit machen, ob wir nun arbeiten oder in Erwartung des Endes Daumen drehen. Doch das Werden sträubt sich obendrein noch gegen alle Ansätze, die durch unsere Handlungen in jedem Augenblick entstehen: das Irreparable verstärkt das Irreversible noch! Sicher schafft das Irreversible seinerseits das Irreparable. Zwischen der irreversiblen Fortdauer und dem irreparablen Augenblick gibt es die verschiedensten Übergänge, und das Irreparable selbst ist nichts anderes als die Kondensierung einer diffusen Irreversibilität; und entsprechend ist auch die irreversible Zwischenzeit nur irreversibel aufgrund der winzigen Augenblik ke, der unendlich kleinen Bewegungen und der unmerklichen Entscheidungen, die das Werden vorantreiben, indem sie die Vergangenheit zurückdrängen und jeden Augenblick eine vollendete Tatsache oder nicht mehr rückgängig zu machende Situation schaffen; die »Mutation« ist also oft eine virtuelle »Bewegung«. Doch sprechen wir vor allem vom Irreparablen, wenn die revolutionäre Veränderung und Überstürzung, die auf menschlicher Initiative beruhen, die Präterition im eigentlichen Sinne und die Flucht der Stunden in den Hintergrund drängen; dann liegt der Hauptakzent auf dem *facere* und *fiat*[3] und nicht auf dem *factum* oder *fuisse*![4] Während die Wehmut über die Irreversibilität, der Quelle der Sehnsucht, uns danach verlangen läßt, die Vergangenheit wiederzubeleben, das Gelebte noch einmal zu leben, und von neuem zu sein, was wir waren, ließe uns die Verzweiflung über das Irreparable eher die Vernichtung des Präteritums wünschenswert erscheinen; es geht nicht darum, eine Abwesenheit Gegenwart werden zu lassen, sondern darum, eine zu gegenwärtige Anwesenheit zunichte zu machen, zu widerrufen, anstatt zurückzugehen. Der durch das doppelte Hindernis des Alterns und des Vergehens von seiner ursprünglichen Unschuld getrennte Schuldige möchte die unmittelbare Vergangenheit, die das erste Plusquamperfekt in das zweite Plusquamperfekt eines Goldenen Zeitalters zurückdrängt, annullieren; der von Gewissensbissen geplagte Mensch möchte die unmittelbare Vergangenheit, die aus seinem Paradies

3 [Auf dem »Machen« und dem »Werde«.]

4 [Dem »Getanen« oder »Geworden-Sein«.]

ein doppelt verlorenes Paradies macht, abschaffen, denn das Begehen eines Fehlers ist diese nahe Vergangenheit diesseits der entfernten Vergangenheit … Die Scham ist hier stärker als die Treue und das leidenschaftliche Noch-einmal-erleben-Wollen. Das Irreversible als Unglück oder metaphysischer Fluch hat seinen Ursprung in der Tatsache der Abfolge; das Irreparable jedoch, das ein zufälliger Skandal ist, entsteht außerdem noch aus der Freiheit.

Im Irreparablen wie im Irreversiblen kann man einen empirischen Umkreis und einen metaempirischen Kern unterscheiden. Erinnern wir uns daran, daß sich die ungewisse Stunde des sicheren Todes und der aufschiebbare Zeitpunkt des unvermeidlichen Todes durch die gleiche Doppeldeutigkeit charakterisieren und wir das Zwischensystem von Schicksal und Geschick »Halböffnung« nannten: so sehr der Tod in seiner Quodditas unabweislich ist, so sehr ist er abwendbar, was seine Umstandsbestimmungen betrifft. Das müssen wir uns hier ins Gedächtnis zurückrufen. Wie das »fuisse« zugleich irreversibel und reversibel ist, ist das »fecisse« irreparabel und doch zugleich relativ reparabel. Die Vergangenheit ist durch das Gedächtnis, wenn nicht tatsächlich und physisch, so doch zumindest in Bild und Traum reversibel: die Erinnerung ist uns geblieben, um gespensterhaft wiederzuerleben, was nie zweimal erlebt werden kann. Wenn alles evoziert, ins Gedächtnis zurückgerufen und gar noch einmal begonnen werden kann, so vermögen wir doch nicht die Frische unserer Jugendzeit und unsere zwanzigjährige Seele wiederzufinden, noch bewirken wir, daß das *Gewesen-Sein* wieder zu einem augenblicklichen *Sein* wird. Was absolut irreversibel ist, ist die Zeitlichkeit der Zeit: man kann die Vergangenheit nicht noch einmal erleben, als wäre sie Gegenwart, oder das zweite Mal, als wäre es das erste, oder die Wiederholung, als wäre sie etwas Neues; andererseits kann man die globale Totalität der Existenz nicht umstürzen, um sie von neuem zu leben, als ob schon die bloße Bewahrung der Erinnerungen innerhalb einer persönlichen Erfahrung, die diese von allen anderen sich unterscheidende Erfahrung durch eine Qualität sui generis färbt, uns daran hinderte, das bereits gelebte Leben in seiner physischen Präsenz noch einmal zu leben: die unauslöschliche Spur der Vergangenheit schreibt die Unmöglichkeit eines Zurückgehens hinter das Gewesene fest! Mit dem »fecisse« steht es nicht anders. Das Irreparabel-Unwiderrufliche ist in eine Art Bindemittel eingehüllt, das den weichen und assimilierbaren Teil des Schicksals darstellt und dazu dient, den bitteren harten Kern dieses Irreparablen unmerklich zu machen. Oder, um ein anderes Bild zu gebrauchen: es gibt rings um das Geheimnis des Irreparablen ein unbegrenztes Bauland für Reparaturen, das zugleich die Werkstatt der verändernden und aktivistischen Arbeit ist, so wie es auch rings um das Heillose der Sterblichkeit oder die tödliche Quodditas die Zone der melioristischen Therapie gibt, die allen Krankheiten abhilft. Wird die Verzweiflung über die Unbesiegbarkeit des Todes an sich nicht durch die grenzenlose Hoffnung auf Heilung der Leiden und Lebensverlängerung verhüllt? Es gibt kein menschliches Unheil, das von den Menschen nicht wieder abgewandt werden könnte. Was gemacht wurde, kann auch wieder »ent-macht« werden; was »ent-macht« wurde, kann von neuem gemacht werden; man kann auch etwas besser oder etwas anders machen … Die Tatsache des Gemacht-Habens jedoch kann nicht »ent-macht« werden, sie ist schlichtweg unzerstörbar! Mit anderen Worten: man kann das *factum* zunichte machen, das *fecisse* jedoch nicht vernichten … Das Gemachte zu »ent-machen« bedeutet demnach keineswegs, aus dem factum ein *infectum*[5] zu machen, auch wenn man die Folgen aus der Welt schafft und alle Überreste bis zur Erinnerung beseitigt. Die Tatsache des Stattgefunden-Habens ist buchstäblich unauslöschlich. Das Blut an Macbeths Händen kann abgewaschen werden; der unsichtbare Fleck aber, den das Verbrechen auf der verbrecherischen Seele hinterläßt, kann nicht reingewaschen werden, »what's done is done«, sagt Lady Macbeth. Also eben nicht: was gemacht wurde, ist nicht gemacht! Es ist die Tatsache, gemacht zu haben, und sogar die bloße Tatsache des Gewollt-Habens, die unwiderruflich ist. Es genügt bereits, daß man einmal daran gedacht hat. Es ist schon zuviel, auch nur daran gedacht zu haben! »What's done cannot be undone.«[6] Man kann einwenden, daß Wunden vernarben und zufällige Unfälle mit der Zeit völlig assimiliert und verwunden werden; doch schon ihre Integration in ein neues Ganzes, in eine beruhigende und versöhnende Synthese beweist die Unmöglich-

5 [Ein »Ungemachtes«.]

6 [William Shakespeare:] *Macbeth* III, 2 [und] V, 2; vgl.: [John] Milton: *Paradise Lost* IX.

keit einer Rückkehr zum Status quo. Verletzungen, auch wenn sie kompensiert und geheilt werden und Folgeerscheinungen offensichtlich ausbleiben, schreiben sich unauslöschlich, wenn auch unsichtbar, in die Entwicklungsgeschichte einer Person ein. Daher sagten wir, daß es nicht dasselbe ist, wie der verlorene Sohn die Versuchung erlitten und dann gesühnt zu haben oder, wie das brave Kind, dieser Versuchung niemals ausgesetzt gewesen zu sein. Die spurlos verschwundene Sünde, von der sich der Büßer freigemacht hat, ist für ihn zu einem unveräußerlichen und sozusagen ewigen Bestandteil der moralischen Erfahrung geworden. So kann man auch die Spuren des Alterns mehr oder weniger verwischen: wenn man sich das Haar färbt, die alte Fassade neu verputzt, wieder aufmöbelt und anstreicht, Breschen schließt und Falten glättet, kann man die Schäden des Alters schon ausgleichen ... Doch leider! vermag man nichts gegen die vollendete Tatsache des Gelebt-Habens, die sich zu den Alterserscheinungen verhält, wie das *fecisse* zur *res facta*: weder auf diese Oberflächenreparaturen spezialisierte Schönheitsinstitute noch Hauttransplantationen oder Hormone verändern etwas an der Zahl der Jahre; die Greisin ist nicht wie durch einen Zauber wieder jung geworden, die Alte ist ein verwelkter Teenager geworden, eine baufällige Nymphe. Um die Last der Erinnerungen zu vermindern, um dem renovierten Greis seinen Lebensschwung wiederzugeben, Überdruß und Blasiertheit zu heilen, bedürfte es eines Wunders ... Und welchen Wunders! Was an der ausgeleierten Maschine noch zu reparieren ist, repariert man, die »irreparable Beleidigung« der Jahre hingegen, das heißt die reine Zeitlichkeit, ist nicht satisfaktionsfähig. Die Unwiderruflichkeit der gesamten Fortdauer ist in dieser Hinsicht ebenso heillos und unerbittlich wie die metaempirische Irreversibilität des Todes. Insistieren wir: alle Niederlagen sind wieder aufholbar, alles Unglück wiedergutzumachen, alle Verluste ausgleichbar und aller Kummer heilbar; einzig die verlorene Zeit ist in ihrer Globalität unersetzlich und unkompensierbar; denn der Lebende lebt nur einmal. Vergeblich vergütet man den Zeitverlust mit Geld, in der Absicht, ihn auszugleichen. Man kann einen Schaden durch eine entsprechende Entschädigung begleichen, kann ein mehr oder weniger beschädigtes Gut durch Schadensersatz entschädigen, das heißt den erlittenen Schaden restlos wiedergutmachen; man kann dem beraubten Bürger das

Gestohlene wiedergeben in Anrechnung der verlorenen Jahre, ihm das Gestohlene in Berücksichtigung der neuen Situation genau wie es war zurückerstatten ... Doch wer gibt ihm seine vergangene Jugend zurück? So also ist die verlorene Zeit verloren, so also ist eine verlorene Jugend unwiederbringlich verloren. Wer sollte sie uns wiedergeben? Man wird uns die verschwendeten Jahre nicht wiedergeben, höchstens unsere Funktionen, unsere Anstellung und unser Hab und Gut. Keine menschliche Gerichtsbarkeit kann die Vergangenheit zurückerstatten. Der entschädigte Bürger wird stets ein geschädigter Mann bleiben, und sei es nur, daß Verlust und Rückerstattung nicht zur selben Zeit erfolgen, der Status quo erst mehr oder weniger spät nach dem Unrecht wiederhergestellt wird und man schließlich nicht demselben Menschen dieselbe Sache in derselben Form zurückgibt. Obwohl der Akt des »Wiedergebens« die Ungerechtigkeit wiedergutmachen, die Enteignung durch die Rückerstattung, die die völlige Umkehrung ist, ausgleichen und letztlich auf eine »ungeschehene« Handlung hinauslaufen kann, kann er weder seinen späteren Zeitpunkt noch seine »Zweitrangigkeit« verheimlichen, da er in der Geschichte ein anderes Datum trägt. Als Bruder Luis de León nach fünf Jahren in den Kerkern der Inquisition seine Lehrtätigkeit wiederaufnimmt, fährt er gelassen mit folgenden Worten fort: »Deciamos ayer«[7], gestern sagten wir ... ich sagte in der letzten Stunde ... Die erbärmliche Zufälligkeit, genannt Zeit, hat in den Augen Bruder Luis' keine Bedeutung. Gewiß kann der Philosoph des Zeitlosen so tun, als zählten fünf Jahre Kerker nicht. Doch welche Macht der Welt könnte je bewirken, daß diese Zeit nicht vergangen wäre? Im Jahre 1944 erklärte unsere provisorische Regierung der Libération alle Gesetze, Verordnungen und Maßnahmen der vergangenen vier alptraumhaften Jahre für null und nichtig; ein einziger Erlaß fegte einen Haufen von Ungerechtigkeiten vom Tisch; indem man die Dinge noch einmal von Anfang an anpackte, tat man so, *als sei* inzwischen nichts geschehen; man bewirkte aber leider nicht, *daß* inzwischen nichts geschehen war! Man bewirkte nicht, daß vier Jahre Schande, Demütigung und Leid uns nicht ihren unauslöschlichen Stempel aufdrückten. Die Menschen können verfügen, daß ein Geschehen nicht stattgefunden hat; wenn sie Kraft genug dazu

7 Zitiert nach Alain Guy: *Les Philosophes espagnols d'hier et d'aujourd'hui*, Toulouse 1956, S. 66.

haben, fegen sie die Folgen eines Ereignisses vom Tisch; niemand aber vermag die *Tatsache* dieses Ereignisses ungeschehen zu machen oder zu beseitigen! Die unsühnbaren Verbrechen Deutschlands sind begangen worden, und dies ewig und bis zum Ende aller Zeiten, auch wenn die materiellen Folgen heute wiedergutgemacht sein mögen; dieses Namenlose ist einmal möglich gewesen. Solange es um den reparablen Umkreis des Irreparablen geht, kann man sagen, was wir über die Pflicht sagten: was gemacht ist, ist niemals gemacht, was gemacht ist, bleibt noch zu machen und endlos wieder zu machen ... wieder zu machen oder zu »entmachen«! Aufgrund ihrer synthetischen Funktion erlaubt die Zeit, daß, was gemacht worden ist, später noch einmal gemacht werden oder »ent-macht« werden kann. Handelt es sich jedoch um die Quodditas, müssen wir hingegen sagen: was gemacht ist, ist gemacht, unwiderruflich gemacht; hier behält Monsieur de La Palisse das letzte Wort; hier ist die Binsenweisheit die tragische Wahrheit: man kann nicht zugleich gemacht und nicht gemacht haben; denn das Identitätsprinzip verbietet, daß, was gemacht wurde, nicht gemacht wurde. Man kann nicht zugleich das Sein und Nichtsein einer Sache behaupten, »uno eodemque tempore« das Sein dieser Sache setzen und verneinen. Die Zeit verflüssigt den Widerspruch, indem sie die Gegensätze einen nach dem anderen im Laufe einer dehnbaren Abfolge absetzt: zuerst den einen, dann den anderen; so zitiert man einen nach dem anderen zwei Todfeinde herbei, deren gemeinsame Anwesenheit zu einer Explosion führen würde. Wir haben also die Wahl zwischen der zeitlichen Lösung und der hoffnungslosen, unzerstörbaren Tautologie des Gemacht-Habens ... Das einzige, was uns in jedem Falle verwehrt bleibt, ist die Umkehrbarkeit; denn die Umkehrbarkeit, die das Werden leugnet, würde die Absurdität eines zugleich eingetretenen und nicht eingetretenen Ereignisses noch unsinniger machen. Wir können also nach Belieben machen, »ent-machen« und wieder machen, können das Gemacht-Haben jedoch nicht »entmachen«; wir können die Modalitäten modifizieren und umformen, können die Quodditas jedoch nicht vernichten. Steht die Diskrepanz zwischen diesem Können und dieser Ohnmacht nicht für den ganzen Abstand zwischen Reue und Gewissensbiß? Denn die Reue bezieht sich auf den rückgängig zu machenden Teil des Gemachten oder auf den noch einmal zu machenden Teil des

»Ent-Machten«. Die Wiederherstellung ist die Spezialität der Reue, die das *factum* bereut, der Gewissensbiß hingegen verzweifelt an der Berichtigung des *fecisse.* Und so bleibt, wenn wir wiederhergestellt haben, was wiederherzustellen war, noch ein Quentchen an Unmöglichkeit, ein unauflösbarer Rest, den die inzwischen verflossene Zeit bewirkt hat und der unser Gewissensbiß ist; unser unheilbarer Gewissensbiß! Man kann diesen Rest außer acht lassen, so daß sich der reuige Sünder vom Unschuldigen nicht mehr unterscheidet: das wiederhergestellte Gewissen und das Gewissen vor dem Fall könnten dann fast für austauschbar gehalten werden. Aber »so tun als ob«, aus Konvention, Überdruß oder infolge einer annähernden Schätzung, heißt noch nicht, »daß« man etwas »tut«: in dieser Verschiebung des *so als ob* gegenüber dem *daß* drückt sich das Fiktive und Lächerliche, das Metaphorische und erbärmlich Symbolische der menschlichen Kompensationen und die fundamentale Hilflosigkeit und bedrückende Ohnmacht der menschlichen Tröstungen aus; in seiner Unterschätzung der Quodditas, das heißt in seiner Verkennung des Ungreifbaren, das die Zeitlichkeit der Zeit darstellt, bietet das So-als-ob für den Sehnsüchtigen, der wiederherstellen, reintegrieren, wiederholen oder übertragen will, keine Befriedigung und keinen Trost. Ist die endlose Unzufriedenheit des untröstlich Getrösteten, der entschädigt und doch auf immer geschädigt, der zufriedengestellt und doch ewig beunruhigt ist, nicht die Sehnsucht par excellence? Die doppeldeutige Mischung aus reinem Schicksal und geschmeidigem Geschick hatte uns zur Definition der Umrisse einer philosophischen Resignation verholfen: das *Irreparable*, in das der Mensch sich schickt, ist, was in keinem Falle, in keiner Weise, in keiner Form, in keinem Maße und zu keinem Augenblick repariert werden kann; die Unmöglichkeit dieses Unmöglichen kann weder gebrochen noch dosiert werden; denn die Quodditas schließt jede Nuancierung aus, wohingegen die Reparatur dem Gesetz des Mehr oder Weniger und dem stufenweisen Fortschritt untersteht.

Der Mensch, der fähig ist zu tun, das Getan-Haben aber nicht wieder rückgängig machen kann, ist dennoch ein halber Schöpfer. Gott ist frei in seiner Freiheit, was heißen soll, daß der absolut schöpferische Schöpfer hochgradig frei, in der zweiten Potenz und unendlich frei ist. Das schöpferische Geschöpf jedoch, das erschaffene Geschöpf, wird, wenn es frei ist, zum Sklaven ebendieser Freiheit, die doch die seine ist; und dies nicht etwa nur, weil sich die Folgen seiner freien Entscheidung gegen es kehren, ihm über den Kopf wachsen und es mit sich reißen – dem Geschöpf steht es frei, zu wollen: es hat sogar die Freiheit, die Folgen seines Willens nicht zu wollen –, sondern weil es nicht die Möglichkeit hat, nach der Entscheidung nicht gewollt zu haben, daß es gewollt hat; der Mensch hat nicht die Freiheit, zu bewirken, daß das, was durch sein Tun stattgefunden hat, nicht stattgefunden hat. Mit anderen Worten: dem Menschen steht es frei, zu wollen oder nicht zu wollen, das »voluisse«[8] jedoch schreibt sich von dem Augenblick an, da er gewählt hat, für immer in die Geschichte als ein unzerstörbarer Bestandteil seiner persönlichen Vergangenheit ein; die unwiderruflich gewordene Entscheidung wird zum Schicksal und beherrscht ihren eigenen Meister, oder der Meister wird von seinem eigenen Gefangenen zum Gefangenen gemacht. Insofern das Schicksal von Menschenhand gemacht ist und auf Befehl des Meisters an einem bestimmten Tag und zu einer bestimmten Stunde beginnt, bleibt der Meister noch immer der Meister; insofern das Schicksal jedoch schicksalhaft ist, die entstandene Notwendigkeit ihrerseits notwendig wird und das fiat sich in den res facta aufgelöst hat, ist der Meister ein bloßer Lehrling. Daher ist die Beziehung des Menschen zu Gott so beschaffen wie die des Zauberlehrlings zum Hexenmeister. Der von seinen Geschöpfen unterjochte halbe Zauberer besitzt lediglich eine asymmetrische und ungleiche Macht: er kann alles, doch sozusagen nur rechts herum und in Richtung des Werdens; was jedoch die Kehrtwendung betrifft, ist er machtlos, gegen den Strom der Zeit vermag er nichts mehr. Er gründet die Ewigkeit – doch es ist eine *ewig gewordene* Ewigkeit, eine Ewigkeit, die einmal einen Anfang hatte (und nie aufhören wird) und deshalb eher unsterblich denn ewig ist. Das eine unendliche Zukunft setzende Geschöpf, das diese Zukunft nicht widerrufen kann, ist der Doppelmacht beraubt, die es Gott gleichmachen würde; hierin ist es halb-göttlich. Wenn das Spiel darin besteht, nach Belieben zu erfinden und zu zerstören, ist es verboten, mit der Zeit zu *spielen.*

8 [Das »Gewollt-Haben«.]

Wenn das Unwiderrufliche in der empirischen Fortdauer der Zwischenzeit nicht widerrufen werden kann, so kann es doch zumindest assimiliert werden. Einzig der Tod ist radikal unassimilierbar: man kann nicht mehr über ihn hinausgehen, weil es kein »darüber hinaus« mehr gibt ... Der Tod ist die extreme Kondensierung des Unwiderruflich-Irreparablen, die die Gesamtheit des verflossenen Lebens irreversibel macht; denn der Tod trennt uns vom ganzen Leben und läßt uns nicht einmal Zeit, es zu bedauern. Jede organische Veränderung ist in einem gewissen Sinne unwiderruflich, da sie sich in die nackte, leere, die universelle Existenz umfassende Zeit einschreibt. Das Unwiderrufliche ist jedoch nicht in jedem Falle auch irreparabel, da die Regenerationsfähigkeit, die ein Zeichen von Jugend und Vitalität ist, an der Wiederherstellung der verstümmelten Form arbeitet. Dennoch sind Traumata, die die »edlen« Teile betreffen, besonders heillos und unkompensierbar; eine Schädigung des kortikalen Respirationszentrums zum Beispiel ist nie reversibel. Und andererseits tendiert das Irreparable gerade bei hochentwickelten Wesen dazu, sich durch den Alterungsprozeß zu verstärken: die Wundheilung geht mühsam und langsam vonstatten, die Knochen wachsen nicht mehr so gut zusammen. Jean Rostand[9] weist darauf hin, wie selten beim Menschen Organverpflanzungen gelingen. Am Ende des Alterungsprozesses fallen das Unwiderrufliche und das Irreparable im Tod zusammen. Der Tod, der die äußerste, letzte und absolute Grenze der Veränderung ist, ist wie jeder andere Unfall des Werdens in seiner Quodditas unwiderruflich, doch können die physiologischen Wirkungen des Todes nicht wieder ausgeglichen werden. Man stelle sich ein zu großes Trauma, einen letzten Schlag vor, der stärker ist als alle anderen: der Organismus kann in diesem Falle nicht überleben, und die Wiederherstellung des vorigen Status quo ist unmöglich geworden. Dadurch besiegelt das Unwiderruflich-Irreparable das Unersetzliche, Unvergleichliche und Unnachahmliche des nun dahingegangenen »Hapax« und schreibt es fest. Denn der Tod gibt kein »Pardon« und ist wie die Notwendigkeit bei Aristoteles etwas Unbeugsames, das heißt, daß man ihn nicht

9 [Jean Rostand (1894-1977), frz. Biologe, Wissenschaftshistoriker, Philosoph und Essayist.]

zur Umkehr und zur Aufhebung seines Zerstörungswerkes bewegen kann. Der Mensch, der nicht so unerbittlich ist wie sein Feind, der Tod, verzeiht, denn die hierin der Reue gleichende Vergebung ermöglicht relative Neuanfänge und erlaubt jedes Wiederaufleben; der Glaubensartikel der Hoffnung bedeutet, daß nichts im Werden endgültig ist; im gleichen Sinne ist die Beugsamkeit der Vergebung, die der Hoffnung zuvorkommt, eine Wette gegen das Unabänderliche ... Denn nichts hienieden ist endgültig zu Ende! Nimmt die Todesstrafe, die nein sagt zu jeder Besserung und jedem Wiedereinsetzen der Hoffnung, der wiederherstellenden und melioristischen Künftigung nicht von vornherein jeden Mut?

Die Unwiderruflichkeit des Todes kann mit einer Falle verglichen werden, das heißt einer Vorrichtung, die die Halbfreiheit des Menschen benutzt, um ihn zu unterwerfen: wenn die Möglichkeit sich verwirklicht, verliert sie tatsächlich ihre Potentialität und ist nicht länger mehr Macht; indem unsere freie Wahl ihre Wahl trifft, wird sie schicksalhaft. Da es dem Willen des Menschen freisteht, zu wollen oder nicht zu wollen, er aber nicht die Freiheit hat, nicht gewollt zu haben, besteht die List der Falle darin, durch Überzeugung das erste Wort zu erlangen, das das Wort der freiwilligen Zustimmung ist; das Schicksal kümmert sich um den Rest! Der verführte Mensch ist also versucht, den Finger in die Mausefalle zu stecken: der Köder, der nur zu verlockend ist, treibt ihn zu dieser Geste, ohne die das Schicksal allein nichts vermag. Wer in den magischen Kreis getreten ist, kann nicht mehr heraus, oder umgekehrt: wer ihn verlassen und einmal die schicksalhafte Grenze überschritten hat, kann nicht wieder in ihn hineintreten; der Zauberlehrling, ein Abenteurer wider Willen, ist nicht mehr Herr über das Wagnis, auf das er sich eingelassen hat. »Die Tore werden geschlossen! ... Wir können nicht mehr hinein! – Hörst du die Riegel? – ... Die großen Ketten!... Es ist zu spät ... zu spät! ... Nun liegt's nicht mehr an unserem Willen!« So flüstern Pelleas und Melisande in der nächtlichen Stille am Ende des vierten Akts,[10] als sie begreifen, daß eine Rückkehr nicht mehr möglich, die Würfel gefallen und ihr Schicksal besiegelt ist. Überschreiten wir also die Grenze, wenn wir es wollen – denn der Mensch kann alles, bevor er wählt; hat er aber einmal gewählt, ist es zu spät für eine

10 [Von Maurice Maeterlincks *Pelleas und Melisande*.]

Sinnesänderung, zu spät für einen Widerruf: alles war möglich, und alles ist nun vollzogen; es geht kein Schiff mehr zurück, und alle Brücken sind abgebrochen: der Widerruf ist unzeitgemäß geworden. Dieses Thema in etwa behandelt Bohuslaw Martinu in seiner *Komödie auf der Brücke*.[11] Das Mißverhältnis von Freiheit und Knechtschaft steht für unsere »Verantwortung«. Und uns sollte nicht schwindeln angesichts so folgenschwerer Entscheidungen, die in einem einzigen Augenblick über unsere ganze Zukunft bestimmen? Ein ungünstiges fiat ändert den Lauf der Welt! So sieht der infolge einer freien und schuldbeladenen Entscheidung aus dem Paradies vertriebene Adam seinen Rückweg abgeschnitten, und die Cherubim mit dem Flammenschwert, die Gott vor den Garten Eden postiert hat, sind da, damit die Eingleisigkeit und Irreversibilität des Wegs eingehalten wird und die Unerbittlichkeit des Unwiderruflichen bestehenbleibt. Das Flammenschwert ist Ausdruck dafür, daß das zur Zwangsarbeit der Geschichte verurteilte Geschöpf die verlorene Unschuld nicht wiedererlangen kann. Und ebenso kann der Mensch sich jederzeit selbst töten, er kann sich aber nicht mehr das Leben geben ... oder überhaupt noch einmal geboren werden. Er macht von dieser Macht jedoch selten Gebrauch, daher läßt sich der Sterbende im allgemeinen auch weniger von der verlockenden Verführung durch eine Falle denn von der Irreversibilität eines reizlosen Mechanismus gefangennehmen, denn der Tod fragt uns gewöhnlich nicht nach unserer Meinung. Diese höchste Unabänderlichkeit verkennen hieße dem stupiden Henker ähneln, der zwei Minuten nach der Hinrichtung die Meinung ändern würde ... Jeder würde ihm sagen, daß seine Reue zur Unzeit kommt und er früher hätte daran denken sollen; jetzt ist es zu spät für einen Sinneswechsel, zu spät, um die Strafe zurückzunehmen! Dieser Widerruf im nachhinein ist ein grausiger Scherz. Die tödliche Mutation, die eingleisig verläuft, erinnert an irgendein listenreiches Ventilsystem. Es genügt nicht, wenn man sagt, daß eine undurchdringliche Membran das Diesseits vom Jenseits trennt, daß die Scheidewand völlig undurchlässig und jede Osmose zwischen dieser und der »anderen« Welt unmöglich ist. Denn wenn die Endosmose nicht möglich ist, so ist gerade die Exosmose möglich! Der Durchgang ist nur in

11 [Bohuslaw Martinů (1890-1959): *La comédie sur le pont* (1935), Oper nach V. K. Klicpera.]

einer Richtung offen: vom Leben zum Tod und nicht umgekehrt. Das ist die verwirrendste Seite der so unerbittlich, sorgfältig und peinlich genau ausgeklügelten Alternative, die Tod heißt. Der Mensch geht in der Tat auf die andere Seite der Grenze hinüber, und hierin hat die Grenze nichts Hermetisches: die Mutation von der diesseitigen in die jenseitige Welt »mündet« in etwas – insofern als das Nichtsein ein Ziel sein kann. Wenn man sicher wäre, daß diese Mutation auf irgend etwas hinausläuft, könnte man sagen, daß das Irreversible auch irreziprok ist. Der Sterbende ist in der Lage eines Menschen, der ohne Schlüssel aus dem Haus geht und nicht mehr hineinkommen kann, weil die verschlossene Tür nur von innen aufgeht: einzig das Hinausgehen ist möglich ... auf eigene Verantwortung! Das Eisentor, das Leonid Andrejews *Anathema*[12] letztlich den Zugang zum Jenseits versperrt, ist lediglich für die Anwärter auf die Rückkehr verschlossen. Die Rückkehr aber interessiert uns gerade! Gerade die »Wiedergänger« könnten uns Auskunft geben! Doch leider ... Die Lebenden erzählen im Jenseits vielleicht, wenn sie sterben, die Klatschgeschichten und Geheimnisse des Diesseits; aber kein Toter ist je zurückgekommen, um im Diesseits den Schleier über den Mysterien des Jenseits zu lüften; kein Mensch, der den Kreis der Hin- und Rückreise geschlossen, das heißt die unheilvolle Schwelle in beiden Richtungen überschritten hat, ist je zur Erde zurückgekehrt, um seinen Freunden Kunde zu bringen; denn die Membran, die Leben und Tod trennt, die einzig für die Hinreise offen, durchlässig, aber nicht durchsichtig ist, bleibt für die Rückkehr unweigerlich verschlossen. Man hört nichts von der anderen Seite der Zwischenwand, man kann nicht durch sie hindurchsehen, die Abdichtung und die Undurchsichtigkeit der Absperrung sind lückenlos. In seiner bewundernswerten *Geschichte von den sieben Gehenkten*[13] spricht Leonid Andrejew vom Schleier, der für alle Ewigkeit über dem Geheimnis des Lebens und über dem Geheimnis des Todes liegt, und den eine frevlerische Hand für Sergej Golowin wegreißt. Doch Sergej Golowin wird im nächsten Augenblick sterben, und wir werden niemals erfahren, was er gesehen hat. Und so auch sind

12 [Leonid N. Andrejew: *Anathema. Ein tragisches Spiel in sieben Bildern*, Berlin 1911.]

13 [Leonid N. Andrejew: *Die Geschichte von den sieben Gehenkten*, München 1927.]

abermilliarden von Lebenden in immer derselben Richtung von dieser in die andere Welt gegangen; doch nichts dringt zu uns aus der Gegenrichtung, kein Flüstern, kein Lichtstrahl. Wenn man bedenkt, daß »die Menschheit aus mehr Toten als Lebenden besteht«, daß die beiden Welten für immer Seite an Seite wohnen, daß die Toten, unsere Nachbarn, inmitten unserer Städte schlafen, wenige Meter unter dem Fußboden, und daß wir nichts wissen! Vom Geheimnis umhüllt zu leben und nichts zu wissen ist eine eigenartige Qual ... Wie kommt es, daß, seitdem es Menschen gibt, die auch sterben, das heißt seit Anbeginn der Zeiten, das Geheimnis nicht schließlich entdeckt wurde? Auf die Dauer müßten die Lebenden, die sterben und die über die Grenze gehen, doch irgendwann einmal etwas ahnen ... früher oder später hätte das sterbliche Geschöpf, da die Möglichkeiten der Verbreitung ja ständig gestiegen sind, den Schlüssel des Geheimnisses finden und eine Botschaft empfangen müssen. Aber nein, nichts werden wir erfahren, nichts! Wenn man bedenkt, wie vertraut uns der Tod, wie vollkommen unser Unwissen und wie unmöglich es ist, dem Tod je zu entkommen, muß man gestehen, daß das Geheimnis gut gehütet wird!

3. Wiedergeburt, Wiederverkörperungen, Wiederbelebung

Die Eingleisigkeit und Einmaligkeit des Unwiderruflichen halten eine leidenschaftliche Wißbegierde in uns wach, die unablässig entfacht und ständig enttäuscht wird! Schließlich ist die Einbahnstraße, so eingleisig sie auch sein mag, noch immer eine *Richtung*, und unser Geist wird naturgemäß in Richtung dieser Richtung gelenkt, das heißt in die Richtung der Mutation, wie er auch im Verlauf der Zwischenzeit von der Richtung der Künftigung angezogen wird. Die Einbahnstraße führt uns ins Jenseits: alle Hoffnungen sind also erlaubt; doch es gibt keine Rückkehr, und die Beziehung ist irreziprok: alle Befürchtungen sind also gerechtfertigt. Die Ängste werden durch die Hoffnung ständig geheilt, und die Hoffnungen werden von der Angst ständig überschattet! Das System der tödlichen Unwiderruflichkeit könnte folgendermaßen definiert werden: *eine der beiden Richtungen* nur (die andere ist ja verboten); nicht: *weder die eine noch die* andere, und auch nicht: *die eine und die andere.* Wenn Diesseits und Jenseits zwei ewig parallele, ewig getrennte und ewig unkommunizierbare Welten bildeten und die einseitige, Tod genannte Kommunikation (denn ein Ventil ist ja immer noch eine Art Ausgang) von dieser zu jener nicht existierte, wären wir nie auf den Gedanken verfallen, wissen zu wollen, was auf der anderen Seite vorgeht: an diesem Ufer wohnten unsterbliche Lebende, die niemals über den dunklen Strom hinübermüßten, an jenem ein Totenvolk, das niemals lebendig gewesen wäre; auf der einen Seite die Lebenden, die niemals sterben würden, auf der anderen ein Totenreich, dessen Bewohner schon immer tot waren, ohne je gestorben zu sein: und keiner würde vom anderen wissen, jeder wäre für sich!

Die Philosophie der Palingenese stellt sich ganz im Gegensatz dazu einen Austausch und eine Art ständiges Hin- und Hergehen zwischen Leben und Tod vor, um das Gespenst des Unwiderruflichen zu bannen: die Seelen treten in beide Richtungen über die schicksalhafte Schwelle, die nichts Unheilvolles mehr hat, und bewegen sich frei von einer Welt in die andere. Man betritt das Land der Toten, wie man in eine Mühle tritt, und verläßt es auch wieder. In der Sprache der Orphik spricht der *Phaidon* von einer *antapodose* oder Kompensation,[14] deren Absicht es ist, den Tod durch die Wiedergeburt auszugleichen: das Zugehen auf den Tod vollzieht eine Kehrtwendung (καμπὴν ποιεῖ), die allgemeine Entropie, die die Existenz bedroht, wird aufgehoben. Ohne diesen zyklischen Umsturz (κύκλῳ περιιέναι), wie Platon sagt oder wie wir vielleicht vorziehen zu sagen: ohne diese Pendelbewegung hätte der Tod bald jegliches Leben hienieden zerstört und, da das Leben sich nicht mehr erneuerte, würde der Marasmus auf unserem Planeten herrschen. Eine »Genesis«, die immer geradeaus in derselben Richtung verliefe und niemals kehrtmachte (εὐθεῖα … ἐκ τοῦ ἑτέρου μόνον εἰς τὸ καταντικρύ);[15] eine Genese ohne Palingenese wäre letztlich eine Art Beziehung ohne Entsprechung, eine hinkende (χωλή)[16] und ungleiche Beziehung. Denn so wie das Gute, nach Platons *Theaitetos*, zwangsläufig nach seinem Gegensatz (ὑπεναντίον),[17] dem Bösen, ruft, so stehen Leben und Tod nach

14 [Platon:] *Phaidon* 71 e, 72 a; vgl.: Marc Aurel [: *Selbstbetrachtungen*] II.

15 [»Gedeihen … aus dem Einen in das gegenüberstehende«; Platon: *Phaidon*] 72 b.

16 [Ebd.] 71 e.

17 [Platon:] *Theaitetos* 176 a.

dem *Phaidon* zwangsläufig in einer gegenseitigen Wechselbeziehung. Vielleicht dachte Heraklit an diese Pendelbewegung, als er schrieb: unser Leben entsteht aus ihrem Tod, ihr Leben entsteht aus unserem Tod; und so sind wir zugleich sterblich und unsterblich.[18] Der Tod des unsterblichen Sterblichen ist also stets ein einstweiliger Tod; das Lebewohl ist ein sich ständig wiederholendes Ereignis und das Präludium zu einem sehr vorläufigen Ausscheiden.

Der Leibnizsche »Kontinuationismus« gibt dem Intermezzo zwischen Geburt und Wiedergeburt einen Sinn: da die Monaden unzerstörbar sind, ist der Tod eher »Einhüllung« als Zerfall, eher Verminderung als Zunichtewerden, eher Reduzierung auf etwas unendlich Winziges oder auf ein mikroskopisch kleines Format denn Rückkehr zur Nichtheit; die Auslöschung verwischt sich in den Abstufungen, und die Substanz wird nicht der Inexistenz ausgesetzt, sondern unsichtbar. Die tödliche Verfinsterung wird also umgedeutet zu einer Art auf klein gestellter Sparflamme; eine latente Existenz überdauert den scheinbaren Tod. Die tödliche Abwesenheit ist somit eine subtile, ausgedünnte, pneumatische Anwesenheit. Läßt sich der Philosoph der Fülle nicht in allen Situationen von der Phobie vor dem Diskontinuierlichen und den Sprüngen, vom Grauen vor dem Hiatus leiten, in dem die ontische Kontinuität unterzugehen droht? Diskontinuität ist nur, was oberflächlich so erscheint, denn eine weiterreichendere Analyse entdeckt darunter die tiefe Kontinuität all dessen, was existiert; Fortbestand, Beständigkeit und Bewahrung des Wesens sind somit gesichert. Man muß daher annehmen, daß der Tote gar nicht wirklich tot ist, sondern nur so aussieht und im Grunde nur in einen lethargischen Zustand, in einen Dornröschenschlaf gefallen ist. »Niemand weiß, ob die Stunde des Erwachens bald schlagen wird ...«[19] Und doch wird die in einen hundertjährigen Schlaf

18 [Heraklit: Fragment 22 B] 77 (Diels/Kranz): ζῆν ἡμᾶς τὸν ἐκείνων θάνατον καὶ ζῆν ἐαείνας τὸν ἡμέτερον θάνατον; Fragm. 22 B 62: ἀθάνατοι θνητοί, θνητοὶ ἀθάνατοι, ζῶντες τὸν ἐκείνων θάνατον, τὸν δὲ ἐκείνων βίον τεθνεῶτες [»Unsterbliche sterblich, Sterbliche unsterblich, – lebend einander ihren Tod, ihr Leben einander sterbend.«] vgl.: Jean Brun (Hg.): *Héraclite ou le philosophe de l'éternel retour*, Paris 1965, S. 132-133; dort auch die Fußnote 21.

19 Alexander Borodin [1833-1887]: *Ballade von der schlafenden Prinzessin* [(1867), Stück für Gesang und Piano].

gesunkene Prinzessin, wird der Lebende-Tote aus seinem Winterschlaf eines Tages erwachen! Doch Wiedergeburt und Auferstehung sind zwei verschiedene Dinge.

Für manche Theoretiker der Palingenese bilden die sukzessiven Wiederverkörperungen nur eine einzige, bald offenkundige, bald verhüllte Kontinuität, die in das Interregnum zwischen zwei Leben gleichsam eingraviert ist; der Tod löst sich auf und verwischt sich innerhalb des universellen und unsterblichen Lebens, das die kleinen, individuellen Leben umfaßt.

In der »Wiederbelebung« scheint der Tod über die Schwelle zurückzutreten, die er gerade hinwärts überschritten hat. Dennoch hat die Wiederbelebung, deren staunenswerte Erfolge man uns heute vorweist, ganz wie das Leibniz vorschwebende »Wiederaufleben« mit der Auferstehung nur den Anschein gemein: die Wiederbelebung holt einen noch Lebenden wieder ins Leben zurück und ist also das genaue Gegenteil der Auferstehung; jenes Wunder, das einen Leblosen wiederbelebt, bewirkt nichts weiter als die Belebung der erstarrten Lebenskräfte. Grenzt es nicht an Betrug oder Scharlatanerie, von einem Wunder zu sprechen, wenn man einen Nicht-Toten wiederbelebt? Die Wiederbelebung beweist nur, daß der Eintritt des Todes nicht in dem Augenblick stattfindet, in dem man ihn gewöhnlich ansiedelt, und daß er zum Beispiel nicht mit dem Aufhören des Herzschlags zusammenfällt; dieses Aufhören ist lediglich das spektakulärste Zeichen für die aufgehobene Lebenskraft; die Zeichen, anhand deren man den Augenblick des Todes bestimmen kann, sind oft verborgen und subtil; daher tritt der völlige Tod erst später ein, als man gemeinhin annimmt. Ein Herzstillstand kann wieder rückgängig gemacht werden, wenn die Unterbrechung der Herzschläge nicht zu lange dauert, ein Toter aber kann nicht wiedererweckt werden. Was lediglich geschehen kann, ist, daß ein Mensch, dessen Herz zu schlagen aufgehört hat, nicht tot ist; denn der Unterschied zwischen Tod und Bewußtlosigkeit ist unendlich, und auch das Koma ist noch nicht der Tod. Es kommt vor, daß der letzte Seufzer, wenn die Schädigung des Gehirns noch reversibel ist, letztlich doch nicht der letzte war und noch andere auf ihn folgen werden; doch dies weiß man erst im nachhinein ... Zweifellos hatten wir es ein wenig zu eilig, den Tod festzustellen! Tatsächlich aber vermögen die modernen Wiederbelebungsmethoden, so beeindruckend sie auch sind, nichts gegen die metaphysische Unmöglichkeit der Wiederauferstehung: ob vorher oder nachher – das Unmögliche bleibt unmöglich, und man weiß im vorliegenden Fall, daß dieses Unmögliche Unwiderruflichkeit heißt. Denn wie Gerontologie, Hygiene und Sozialmedizin die Lebenszeit der Menschen verlängern, ohne ihnen jedoch Unsterblichkeit zu verleihen und das Apriori der Endlichkeit aufzuheben, so rettet der Reanimator den Sterbenden in letzter Minute vor dem Tod, ohne jedoch jemals einen Toten wiederauferwecken zu können; wir entgehen dem Unwiderruflichen nur zufällig und sehr vorläufig; eine kleine empirische Verlängerung des menschlichen Lebens hat mit der metaempirischen Unendlichkeit der Unsterblichkeit nicht das geringste gemein, ebensowenig wie die Wiederbelebung, die ein Kunststück ist, mit der Wiederauferstehung, die auf Zauberei und Wundertätigkeit beruht. Die Wiederbelebung holt den Sterbenden in extremis zurück, vorausgesetzt, der Sterbende ist noch nicht tot, vorausgesetzt, der moribundus, wie nahe er dem äußersten Rand des Lebens auch bereits sein mag, bleibt noch diesseits der unheilvollen Schwelle; er mag sie vielleicht berühren, aber noch bleibt er diesseits! Der Sterbende, der wieder ins Leben zurückkehrt, war schon *beinahe* tot, er lag auf den Tod darnieder, ohne den Tod: er war im Begriff zu sterben und entging dem irreparablen Stoß doch gerade noch. Eine einzige Sekunde länger oder einen Millimeter mehr, und das Unwiderrufliche hätte sein Zerstörungswerk getan, und jede Wiederbelebung wäre vergeblich … oder ein Wunder gewesen. Was für eine erregende »Spannung« für die Tragödien des Abenteuers! Die unmerkliche Schwelle, der winzige Bruch des Unwiderruflichen, gibt der *Gelegenheit* einen beklemmenden Sinn und macht den günstigen Moment so pathetisch: vor dem Bruch ist noch Zeit; eine Sekunde später ist das Schicksal der Selbstheit besiegelt und das Antlitz der Welt vielleicht verändert … In der Wiederbelebung wie in den Metamorphosen, in den Metamorphosen wie in den Metempsychosen gehorcht alles dem Gesetz der Selbsterhaltung und des Fortbestandes. Die Wiederbelebung ist eine akrobatische Meisterleistung an Wiederherstellung am Rande des Nichtseins, doch hat diese Wiederherstellung, der ein unerhörter Glücksfall und technische Virtuosität zu Hilfe kommen, nichts von einem Wunder. Wenn die Maschine wieder in Gang gesetzt werden kann, hat sie im Grunde nie aufgehört zu funktionieren; wenn der Ertrunkene ins Leben zurückgeholt werden kann, hat er es letztlich nie verlassen. Mehr: die Wiederbelebung ist ein Wiederauffischen in der elften Stunde, ist der Tote aber einmal im dunklen See untergegangen, holt man ihn nicht wieder heraus. Doch gerade dieses Wiedererscheinen ex nihilo wäre das Wunder schlechthin; die orthodoxen Christen feiern es in der Freude des österlichen Kusses, denn es stellt das unmögliche und unbegreifliche Geschehnis dar, durch dessen Gnade der Tote das Unwiderrufliche widerruft und zurücktritt über die fatale Schwelle, die man niemals in beide Richtungen überqueren kann ... Der Jubel des Halleluja preist nicht nur die Schöpfung, sondern die Wiedererschaffung nach dem Tode und der Tragödie. »Wachet auf und rühmet, die ihr liegt unter der Erde!«[20] Die wunderbare Wiederauferstehung, die Rimsky-Korsakow im *Großen Russischen Ostern*[21] verherrlicht, unterscheidet sich hierin von der Erneuerung, die Strawinskij im *Sacre du Printemps*[22] feiert und die das jährliche Erwachen der unvergänglichen Natur aus ihrem Winterschlaf ist. Im Gegensatz zur Natürlichkeit einer ewigen Jugend wäre die Wiederauferstehung ein Auftauchen aus der tiefsten Nichtheit; ein magisches Wort, ein absurder Befehl löst sie plötzlich aus – Lazarus, steh auf! und der Hingeschiedene tritt alsbald heraus aus seiner Nacht. Doch leider! gibt es hienieden keine anderen »Wunder« als das Geheimnis der Geburt am Beginn und das letale Verschwinden am Ende; und dieses zweite Wunder geschieht nie »ex nihilo«, da es, ganz im Gegenteil, Vernichtung ist; zudem kann die Reihenfolge dieser beiden Geheimnisse – des Geheimnisses des Beginns und des Geheimnisses des Endes – in keinem Falle umgekehrt werden: sind die Nichtheit, in die der Lebende zurückkehrt, und das Nichtsein, woher er kommt, nicht völlig asymmetrisch?

In Wahrheit kommen die Philosophien der Palingenese aus einem Dilemma nicht heraus: entweder verbindet eine Art Kontinuität die sukzessiven Existenzen miteinander, und in diesem Fall ist der Tod kein Tod mehr, sondern nur eine brachliegende Zeit, und die

20 Jesaja XXVI, 19.

21 [Andrejewitsch Rimsky-Korsakow (1844-1908): *Große russische Ostern* (1888), Ouvertüre.]

22 [Igor Strawinskij (1882-1971): Sacre du Printemps (1913), Ballett.]

»Wiederauferstehung« ein Schwindel; oder die gähnende Leere des Todes schiebt sich wie ein unaufhebbarer Bruch zwischen das neue und das alte Leben, und in diesem Falle würde tatsächlich ein Wunder geschehen: warum dann aber von einer *Wieder*geburt sprechen? Nichts unterscheidet hier dann mehr die Wiedergeburt von einer bloßen Geburt, und es gibt keinen Grund, von einem zweiten Mal zu sprechen ... Diese zweite Geburt ist in Wahrheit eine absolut erste, und der sogenannte Wieder-zum-Leben-Erwachte (warum, bitte »wiedererwacht«?) ist ein ganz neuer Mensch; jemand wird in der Tat geboren, doch dieser Jemand ist nicht derselbe Mensch, sondern ein anderer! Und der Wiederbeginn ist seinerseits nicht der Wiederbeginn desselben, sondern ein echter Neubeginn. In der ersten Hypothese ist der Wieder-zum-Leben-Erwachte derselbe Mensch wie zuvor, und folglich gibt es keine »Wiederauferstehung«; in der zweiten ist der Wieder-zum-Leben-Erwachte ein völlig anderer Mensch, und warum dann das *wieder* der Wiederholung? Nun aber legen die Philosophen der Palingenese der tödlichen Diskontinuität und dem Irreversiblen oft großen Wert bei: wieder zum Leben erwachen bedeutet für sie nicht nur, dem Tode nach Überschreiten der tödlichen Schwelle wieder zu entkommen, sondern auch für eine neue Existenz wieder zum Leben zu erwachen; wieder zum Leben erwachen heißt nicht nur, den Faden der Existenz dort wiederaufzunehmen, wo er gerissen war, wie Lazarus etwa oder ein Ertrunkener, der die Augen öffnet und ins Leben zurückkehrt: der wiedererweckte Lazarus beginnt zu atmen, sein Herz fängt wieder an zu schlagen; oder vielmehr: seine Herzschläge setzen nach der Ohnmacht dort wieder ein, wo sie aufgehört haben ... Die Palingenese ist etwas völlig anderes: Wiedergeboren werden heißt hier: ein ganzes Leben von Anfang an wiederbeginnen, heißt wiederaufblühen wie am ersten Tag. Die Wiedergeburt ist also nicht eine bloße Verlängerung des alten Lebens. Daher ist auch anzunehmen, daß die Seelen vor ihrer Wiederverkörperung die alte Existenz in den Wassern des Letheflusses vergessen haben. Doch das ist nicht, was wir uns wünschten: wir hofften, uns dank der Funktion des Gedächtnisses wiedererweckt zu fühlen, die einzig die persönliche Fortdauer sichern kann; sich im neuen Leben des alten zu erinnern und die Überlagerung der beiden zu genießen: welche Wonnen und welche Bereicherung für den Wieder-zum-Leben-Erwachten! Aber ach! der Strom des Vergessens und der Unschuld, der uns die Erinnerung abwäscht, nimmt uns auch das Vergnügen der Überlagerung und das Glück des Vergleichs. Deshalb suchen wir undeutlich nach etwas, das zwischen Beginn und Fortbestand liegt und das buchstäblich ein *Wieder*beginn wäre, mehr: mehr als alles andere wünscht sich der Mensch die Wiedererschaffung, denn sie wäre eine Mischung aus Erschaffung und Fortdauer. Unwichtig, ob sich *Wieder* und Beginn, *Wieder* und Erschaffung, *Wieder* und Geburt widersprechen, denn dies ist ja gerade das Unmögliche, das durch die Wiederauferstehung geschieht; wie bei den Erneuerungen im Laufe unseres Lebens verbinden wir, doch diesmal imaginär, die Annehmlichkeit des Alten mit der Freude über das Neue; tatsächlich möchten wir am liebsten alle Vorteile auf einmal: einerseits die Vorteile der Fortdauer, andererseits die Freude eines ersten Lebens, dessen anfänglicher und unschuldiger Charakter über den tödlichen Bruch und die daraus folgende Gedächtnislosigkeit hinaus minutiös gewahrt bliebe. Einzig Gott könnte vielleicht eine solche Überbewußtheit, ein solcher Zeuge und ein solch transzendentes Gedächtnis der sukzessiven Leben sein, die der Tod trennt; der Mensch, der zugleich Zuschauer und stoffliches Subjekt der verschiedenen Wiederverkörperungen ist, fühlt sich, wie Gott, als Über-Gedächtnis und genießt den köstlichen Taumel eines Ich, das zugleich es selbst und ein anderes ist. Hier setzt in der Tat der süße Taumel der Vermutungen ein: vielleicht haben die Seelen beim Bad im Fluß des Vergessens doch nicht alles vergessen? Vielleicht haben die Wasser doch nicht alles fortgespült, und einige undeutliche Erinnerungen an unser voriges Leben bleiben? Der Mythos von einer vorgeburtlichen, sehr alten und in weiter Vorzeit liegenden Vergangenheit wird oft zur Illusion, diese Vergangenheit erlebt zu haben. In Anlehnung an das metapsychologische Gedächtnis, das Platon Wiedererinnerung nannte, stellen wir uns eine Art metaempirisches Entsinnen ohne empirische Erinnerungen vor. Dieses Gedächtnis, das über keine datierbaren und lokalisierbaren Erinnerungen verfügt und das weder Bewahrung noch Rückbesinnung ist, ist ein auf die bloße Tatsache des Wiedererkennens, eines Wiedererkennens ohne wiedererkannte Vergangenheit, reduziert oder vielmehr: die wiedererkannte Vergangenheit reduziert sich selbst auf eine bloße Vergangenheitlichkeit ohne Hier-und-Jetzt. Und da die Ereignisse dieser vorgeburtlichen Existenz »übersinnlich« und für den jetzigen Menschen nie eingetreten sind, kann man auch gleich gestehen, daß man sie für immer vergessen hat und einzig Gott sich ihrer noch erinnert! Das frühere Leben ist folglich eine chimärenhafte und traumartige »Erinnerung«, eine *unvordenkliche Erinnerung*, deren sich die Wiedererinnerung entsinnt: ein absolut und unendlich viel früheres Leben, wobei sich früher nicht auf das Präsens oder ein bestimmtes Präteritum bezieht, sondern heißt, daß es jeder tatsächlich gemachten Erfahrung vorzeitig ist; das Vorher dieses Früheren liegt nicht vor diesem oder nach jenem wie die relativen und empirischen »Vorher« der Fortdauer: eine oberflächliche Auflösung der Kontinuität oder eine tiefe Schrunde wären im bodenlosen und unergründlichen Abgrund des Todes lediglich kleine vorläufige Unterbrechungen; denn die gähnende Leere der Nichtheit drängt das frühere Leben in eine vorgeschichtliche und vorzeitliche Anteriorität zurück. Das frühere Leben ist diesseits des ganzen Diesseits wie das jenseitige Leben jenseits des ganzen Jenseits ist. Doch während das jenseitige Leben unmittelbar Gegenstand einer Hoffnung auf Unsterblichkeit und endgültiges Fortleben ist, beruht die zweifelhafte Hoffnung der Palingenese eher auf dem illusorischen Weiterbestehen und der illusorischen Erinnerung eines früheren Lebens inmitten der Gegenwart. Eine zweifelhafte Hoffnung, weil das gegenwärtige Leben genausogut das letzte im Rad der Geburten sein könnte! Jedenfalls projizieren wir unsere Wiedererinnerung in die Zukunft: die Sehnsucht nach dem verlorenen Paradies, in dem alles »Ruhe und Schönheit« ist, vermischt sich letztlich mit der Vorahnung einer eschatologischen Zukunft. So behaupten wir über den Tod hinaus verzweifelt die Kontinuität der Diskontinuität und den Fortbestand nicht etwa einer spezifischen Existenz, sondern eines persönlichen Lebens, das nie genau dasselbe, noch genau ein anderes ist. In der Palingenese ist das Ende kein Ende mehr, es wird nur eine Seite umgeblättert, ein Kapitel beendet, eine Schicksalswende löst eine andere ab, eine Episode folgt auf vorhergehende Episoden und steht vor anderen, die danach kommen. Sicher, jedes Mittel ist recht, um dieses Unwiderrufliche, das sich niemals wiederholen wird, zu umgehen …

Es ist endlich Zeit für das Geständnis, daß der Augenblick des Todes unwiderruflich die Unmöglichkeit einer Rückkehr in das Diesseits besiegelt. Wer »wiederstirbt«, war nicht tot! denn man stirbt nur einmal ... Es gibt keine »Wiederholungstäter«, wenn es um das Leben geht, wie Ionesco sagt! Wenn die Toten einmal tot sind, sind sie es endgültig und ein für allemal: ἐφάπαξ sagt Schelling nach dem Evangelium, indem er das einmalige Opfer Jesu den wiederholten und aufeinanderfolgenden Toden Dionysos' gegenüberstellt. *Endgültig tot* ... Doch ist ein solcher Pleonasmus noch nötig nach all dem, was über die tödliche Nichtheit gesagt wurde? Denn gerade an der Unmöglichkeit eines Weiterlebens erkennt man den wahren Tod. Noch die allergrößten Katastrophen lassen Ausnahmen zu, verschwören sich mit dem Zufall, um auf wundersame Weise einige Überlebende zurückzulassen. Nun aber hat die Nichtheit noch niemand überlebt, und niemand wird sie je überleben. Am Ausgang der Nichtheit (aber gibt es denn hier überhaupt einen Ausgang?) steht man nicht wieder auf. Nach der Nichtheit, der unheilbaren Krankheit, ist keine Genesung mehr möglich. Man erhebt sich nicht mehr aus der Nichtheit, im Gegenteil, man versinkt in ihr. Unsere Berührung mit dem Tod ist tödlich, wie der plötzliche Kontakt mit einer Hochspannungsleitung tödlich ist: wer auch nur den Bruchteil einer Sekunde lang den Tod streift, ist unwiderruflich dem Nichtsein verfallen; er wird gleichsam vom Nichtsein, das er berührt hat, durch einen elektrischen Schlag getötet; ein Millimeter zuviel, eine Sekunde zu lang, die kleinste unwägbare Berührung mit dem tödlichen Nichts – und jede Verbindung zwischen dem, der soeben gestorben ist, und dem Diesseits ist augenblicklich abgebrochen; nicht aufgehoben und nicht unterbrochen, sondern auf immer abgebrochen. Wenn die Ekstase, von der Plotin spricht, und die Bergsonsche Intuition durch ein Wunder zu etwas endgültig Dauerndem würden, könnte man das Unwiderrufliche des Todes gewissermaßen mit ihnen vergleichen: das Jenseits des Wesens, ἐπέκεινα τῆς οὐσίας, das der entfernte Horizont der platonischen Dialektik ist, wird in der Tat zum ständigen Streben des Neuplatonismus; die Ekstase ist gewiß stets etwas zeitlich Begrenztes, wie auch die Bergsonsche Intuition stets punktuell und plötzlich ist ... Eine vage Ahnung ist von einer Vision unendlich weit entfernt! Doch gehen wir bis zum Äußersten und nehmen wir an, daß dieser Sprung in absolute Höhen in einer ewigen Vision und einer verklärenden Vergöttlichung endet ... ein Zurückfallen und eine kreisförmige Bewegung wären dann nicht mehr möglich! Ein Gott kann einen Ausflug auf die Erde machen, sich inkognito dort ergehen, wieder zu seinem Olymp aufsteigen, von neuem wieder herabsteigen und endlos so fort; ein sozusagen vergöttlichtes Geschöpf jedoch, das hienieden landen und behaupten würde, aus der anderen Welt zu kommen, würde ebendadurch eingestehen, niemals dort gewesen zu sein; es kann als sicher gelten, daß die Reise dieses Halbgottes nur ein Schwindel ist: er hat nicht einmal den äußersten Rand des Jenseits berührt oder gar verschwommen wahrgenommen. Wäre er dorthin gegangen, käme er nicht zurück, und genau hieran erkennt man den Tod. Nachdem er Schwerkraft und Erdanziehung überwunden hat, kann der um die Erde kreisende Kosmonaut seinen Wiedereintritt in die Erdatmosphäre in Angriff nehmen; nachdem er sich aber dem Kraftfeld des Seins entzogen hat, kann der Tote nicht mehr in es zurückkehren. Der in seiner Rakete hinaufschießende Raumfahrer denkt schon an seine triumphale Rückkehr, der Tote aber wird kein Wiedergänger sein wie Er, der Pamphylier.[23] Der Tod hält seinen Toten fest, umklammert ihn und läßt seine Beute nicht mehr los. So also erlebt der Lebende seinen Tod in einem einmaligen Augenblick und stirbt auf der Stelle daran; denn man kann den Tod nicht erleben, ohne sofort an ihm zu sterben! Man erlebt ihn, indem man stirbt, und man stirbt, indem man ihn erlebt. Der Mensch stirbt, wenn er den Tod erlebt, und zwar augenblicklich, so als würde ihn der letzte Augenblick wie ein elektrischer Schlag treffen: in diesem Augenblick lebt und stirbt er zugleich; er seufzt zum letzten Mal und stirbt darüber. Der Mensch stirbt an der Berührung mit dem Tod und stirbt dann buchstäblich am Tod ... Dies, wird man sagen, ist wiederum eine Binsenweisheit: ist am Sterben sterben nicht schlichtweg sterben? Man sollte dennoch auf den Unterschied zwischen diesen beiden »sterben« achten, denn das eine bezeichnet den jähen Stoß des Zunichtewerdens, das andere die Ewigkeit des »Nihil«; das Zusammenfallen von Zunichtewerden und Nihil ist genau, was das Unwiderruf-

23 [Platon: *Politeia* 614b ff.]

liche genannt werden muß. Doch umgekehrt ist auch das Nichts, das Tod heißt, vernichtend. Das Nichtsein des Todes ist nicht nur eine platonische, wirkungslose oder beruhigende Negation, es ist ein zerstörerisches und mörderisches Nichtsein. Denn wie die Freiheit wesentlich befreiend und das Zum-Sein-Bringen ein schöpferischer Akt ist, der seinem Wesen nach Sein setzt, so konzentriert sich das tödliche Nichtsein, das weit davon entfernt ist, Prinzip oder Hypostase zu sein, auf das Werk des Zunichte-Machens: wie ein grauenerregender Pestkranker, der Ansteckung und Tod um sich verbreitet, vernichtet diese Nichtheit alles, was sie berührt, auch das Denken, das sie denkt; der Tod als Gegenstand des Denkens kehrt sich gegen das Subjekt und tötet es. Hier ermordet nicht ein Mensch einen anderen Menschen, hier macht das tödliche Nichtsein der Fortdauer des Seins ein Ende, und zwar auf immer. Denn die Essenz des Menschen ist nicht, Menschen zu töten, die Essenz des Todes aber ist die Auslöschung und Vernichtung. Das tödliche Nihil, das Zunichtemachen, das sein Werk ist, und auf das sich das Nihil zurückführen läßt, das ewige Nihil oder der Nullpunkt des Seins, die das endgültige und negative Ergebnis dieses Werks sind, das höhnische Ergebnis dieses höhnischen Werks: all dies macht ein und dasselbe Nichts aus; und in diesem Nichts entscheidet der unwiderrufliche Augenblick über die Ewigkeit.

5. Die sich verflüchtigende Botschaft der Letztheit

Wir sagten: das Unwiderrufliche, das den Übergang nur in eine Richtung zuläßt, entzündet und erregt unsere Wißbegierde aufs äußerste; es erweckt sie ebenso unablässig wie es sie enttäuscht; zudem ist diese Wißbegierde stets mit Angst verbunden; was sage ich! sie erhitzt sich sogar an dieser Angst. Die Ambivalenz unserer Wißbegierde spiegelt die Doppeldeutigkeit der Berührung, das heißt unseres Kontakts mit der Grenze wider: ist im *usque ad mortem*[24] nicht die Doppelsinnigkeit des Diesseits und des Jenseits enthalten? Die Disjunktion von Vorher und Nachher im Laufe der Fortdauer gibt uns sicher einen Vorgeschmack von der tödlichen

24 [»Bis zum Tode«.]

Unwiderruflichkeit, doch lediglich einen Vorgeschmack; denn die Unschuld des Jungen ist in bezug auf das Alte sehr relativ; der junge Mensch kann das Alter vorausfühlen und der alte sich an seine Jugend erinnern. Wenn das Werden reversibel wäre, das heißt, wenn der zweite Parcours den durchlaufenen Weg umfassen, messen und bestätigen könnte, würden wir die Zeit dank eines völlig objektiven Wissens kennen. Die Zeit aber entflieht stets in dieselbe Richtung, und unser Wissen kann sich nicht zurückbiegen, um das Objekt zu umfassen. Behendigkeit und Sinn für die günstige Gelegenheit sind uns also unerläßlich; zumindest Erinnerung und Voraussicht können die mangelnde Gewandtheit eines Geistes ausgleichen, der dem Sich-Vollziehenden nicht immer zeitgenössisch und nicht immer fähig ist, die versäumte Gelegenheit wiedereinzuholen. Das Unwiderrufliche der tödlichen Vernichtung jedoch läßt zwischen das Vorher und Nachher einen hermetisch dichten Vorhang fallen, macht aus ersterem ein Diesseits und aus letzterem ein Jenseits und untersagt jeden Vergleich zwischen den beiden Welten. Diese ausgeklügelte Kombination, die man das Unwiderrufliche nennt, diese Falle, die offensichtlich eigens dazu ersonnen wurde, um uns am Wissen zu hindern, ist der Mensch versucht zu überlisten; vielleicht gelangen wir in den Besitz dieses Geheimnisses, das man nicht gewaltsam an sich bringen kann, durch eine Art Schmuggelei oder Schwarzhandel, vorausgesetzt, wir sind listiger als die List: so also wagt der Mensch, um seinem Tod das Geheimnis zu entreißen, das gefährlichste Unternehmen überhaupt, indem er sich dem unheilvollen Augenblick so weit wie möglich nähert – auf die Gefahr hin, selbst in den Hinterhalt zu geraten; denn die Gefahr ist für den, der mit dem Tod spielt, keine Niederlage, die nach mehr oder weniger oft wiederholten Anläufen mehr oder weniger reparabel ist, die Gefahr ist der irreparable ictus,[25] der niederschmetternde ictus der Vernichtung; der Augenblick des eigenen Todes ist in der Tat ein einmaliger »Kairos«[26] in der ganzen Ewigkeit. Vielleicht kann man die Gelegenheit eher in flagranti überraschen, wenn es sich um den Tod der anderen handelt? Der Beobachter begleitet den Sterbenden bis zu dem Moment, da das nur noch an einem Faden hängende Leben endgültig in das Nichtsein stürzt; der Beobachter

25 [»Schlag, Hieb«.]
26 [Hier: »entscheidender Augenblick«, »kritische Lage«.]

versucht, so nahe wie möglich an den letzten Augenblick dieses Todeskampfes heranzukommen, um, wer weiß? die eventuelle Botschaft abzufangen. Alles, was extrem und das absolut Letzte ist, der letzte Seufzer, die letzte Ölung, überhaupt die letzten Augenblicke, die die kostbarsten Momente sind, da gezählt, alles, was im Umkreis des Todes geschieht, ist für uns von einer besonderen dramatischen Dichte. Die Kunst des Barock suchte leidenschaftlich diese flüchtigen Augenblicke zu bannen: das Antlitz des seinen Geist aushauchenden Christus im Augenblick seines letzten Seufzers, der über die Leere gebeugte Mensch im schwindelerregenden Augenblick des Sturzes, sich in einem unsicheren Gleichgewicht befindliche Formen am Rande eines Felsenabhangs, die gleich in die Tiefe fallen; Caravaggio überrascht Lazarus im Augenblick der Auferstehung, Abraham im kritischsten Moment der Opferung, als er das Messer hebt, um Isaak zu töten, und eine Sekunde bevor ihm der Engel in den Arm fällt; äußerste Spannung und Tragik sind die Spezialität einer Kunst, die auf der Lauer liegt nach allem, was *in extremis* geschieht. Doch nicht nur das Barock lauert auf den Auslöser des unwiderruflichen Augenblicks. Dostojewskij wünscht sich am Anfang des *Idioten* einen Porträtisten, der geschickt genug wäre, um das Gesicht eines zum Tode Verurteilten, eine Sekunde bevor das Fallbeil der Guillotine ihm den Kopf vom Rumpf trennt, den Bruchteil einer Sekunde bevor der Kopf in den Korb rollt, einen Augenblick vor dem blitzartigen Augenblick des jähen Todes, festzuhalten; wenn wir die Züge dessen, der sterben wird, intensiv genug betrachten und wir die Kraft haben, ihren Ausdruck zu deuten, können wir dann vielleicht einige Splitter dieses großen Geheimnisses, ich sage nicht erfahren und noch weniger begreifen, aber vielleicht erhaschen? Auch Tolstoj hat sich in dieser Entzifferung versucht und in *Anna Karenina* und den *Drei Toden*[27] die Gesichter Sterbender eindringlich beobachtet. Etwas weniger tragisch vielleicht wachen wir über die letzten Worte, lauschen angestrengt auf den letzten Willen dessen, der am Ende seines Daseins angelangt ist und dessen Tod bevorsteht; sind die letzten Worte nicht der äußerste Ausläufer des langen Gesprächs, das das Leben ist? Am Ende des unversiegbaren Wortschwalls, wenn sich die geschwätzige Existenz des-

27 [Leo Tolstoj: *Drei Tode*, in: *Sämtliche Erzählungen*, Frankfurt a.M. 1980, Bd. 2.]

sen, der bis zu seinem Grabe nicht aufgehört hat zu sprechen, ihrem Ende zuneigt, muß mindestens das letzte Wort einen besonderen und irgendwie fremden Klang haben: das »ultimum verbum« ist der anderen Welt gewiß näher als das Testament! Wie sollte man auch nicht die Hoffnung haben, daß der im Sterben liegende Mensch, der dem Ende bereits so nahe, zwei Fingerbreit von der unheilvollen Schwelle und um Haaresbreite vom Jenseits entfernt ist, irgendeine Botschaft und irgendein Echo aus der geheimnisumwitterten Welt empfängt? Mit klopfendem Herzen und weit geöffneten Ohren lauschen die Lebenden auf die letzte Botschaft des Sterbenden. So etwa nähern sich jene, die keinen Paß für das Ausland haben, so weit wie möglich der Grenze, um wenigstens die Grenzpfähle, die Zollbeamten und jenes geheimnisvolle Dorf jenseits der Brücke gesehen zu haben, wo man bereits eine unbekannte Sprache spricht: jenseits der Brücke heißt in der anderen Welt, auf dem jenseitigen Ufer ... Und der Spaziergänger ohne Paß, den man diesseits der Grenze zurückhält, betrachtet lange das Dorf auf der anderen Seite, wo schon die Katzen geheimnisvoll sind. In *Krieg und Frieden* spricht Tolstoj von diesem beängstigenden Niemandsland, das den Soldaten auf Vorposten von den feindlichen Stellungen trennt: zwischen der vordersten Linie und jener hundert Meter weit entfernten rätselhaften Linie, wo die Uniformen einer fremden Armee sind, geht der Tod um.[28] Es ist verständlich, daß eine Grenze durchlässig und in beide Richtungen passierbar ist und die Grenzgänger, die an dieser Grenze wohnen, über das gegenüberliegende Land am besten unterrichtet sind. Doch der plötzliche Augenblick des Todes ist keine Grenze, er ist vielmehr der Schnittpunkt zweier Gegensätze, die Sein und Nichtsein heißen. Man wird einwerfen, daß der Augenblick des Todes weder das Leben der Lebenden noch der Tod der Toten, sondern der Tod der im Sterben liegenden Sterbenden, daß er zugleich Leben und Tod, das Leben der Sterbenden und der Tod der Lebenden sei. Nun aber ist dieses Im-Sterben-Liegen eine Plötzlichkeit, der jede Fortdauer fehlt. Ist der, den eine Embolie zu Boden wirft, tot oder lebendig im Augenblick des Fallens? Zweifellos weder das eine noch das andere, oder (was jedoch das gleiche ist) beides zugleich; er ist noch am Leben und bereits tot. Welch

28 [Leo Tolstoj: *Krieg und Frieden*, 2 Bde., München 1990.]

schöne Aporie für die megarischen Sophisten! Doch sie, die nichts von einem Augenblick wußten, hätten diesen lebenden Toten für eine monströse Hybride gehalten. Dieser Augenblick ist ein kaum diesseitiges und *fast* schon jenseitiges Diesseits, ein *kaum* jenseitiges und noch beinahe diesseitiges Jenseits. Der Tod ist so nah, so fern! »Wie weit so nah! So nah wie weit!«[29] heißt es im *Tristan*.[30] Die entfernte Nähe, die sehr nahe Entferntheit sind das Verwirrendste am Tod. Würden sich diese paradoxen Widersprüche für eine vage Vision des Augenblicks nicht gewissermaßen mit wunderbarer Einfachheit lösen? Jenseits des zu Machenden und diesseits des Gemachten ließ Bergson die Intuition des »Sich-Machenden« zu; warum wäre das »Sich-Entmachende« jenseits des Seins und diesseits des »Entmachten« nicht seinerseits Gegenstand der Intuition? Der Augenblick ist in beiden Fällen zugleich ontisch und meontisch, obwohl die Intentionen der beiden Partizipien des Präsens einander widersprechen. Zwischen dem extensiven Kontakt und der Abwesenheit von Kontakt gibt es ohne Zweifel etwas wie eine unwägbare Berührung, die die unberührbare Grenze streift, ohne sie zu berühren. Das megarische Ultimatum hat den Augenblick verkannt, Plotin dagegen ahnte die dünne Spitze des Ich-weiß-nicht-was, mit dem die dünne Spitze der Seele blitzartig zusammenfällt. Der Logiker würde diese Berührung eines Punktes und einer Spitze für einen unechten Gedanken halten! Sprechen wir lieber von einem akrobatischen Gedanken, dank dessen die Intuition im Fluge eine verlöschende Erscheinung gleichsam photographiert und die flüchtige Gelegenheit überrascht. Fragt man etwa, wie in der Selbstbeobachtung derselbe zugleich Subjekt und Objekt sein kann? Dann kann man nämlich auch fragen, warum der Mensch sich mit geschlossenen Augen im Spiegel selbst ahnen und überraschen kann: sieht er sich, hat er die Augen offen, und wenn seine Augen geschlossen sind, sieht er nichts; dies ist zumindest normalerweise die Alternative, und es ist offenbar unmöglich, einen Mittelweg zu finden. Und dennoch: in dem Moment, da er die Augen schließt, ahnt beziehungsweise fühlt er das Gesicht voraus, das er einen Augenblick später mit geschlossenen Augen machen wird: für die Dauer eines Lidschlags ist das Di-

29 [Im Original deutsch.]

30 [Richard Wagner: *Tristan und Isolde* (Uraufführung 1865), Stuttgart 1988.]

lemma behoben. Im Falle einer Intuition des Todes, und wenn es sich nicht um den eigenen Tod handelt, kann man sogar sagen, daß die Akrobatik eine Schwierigkeit weniger zu bewältigen hat: denn hier sind das bekannte Objekt und das Subjekt, sind der Sterbende und der Zeuge dieses Sterbenden zwei verschiedene Dinge und Personen. Den Tod gleichsam in flagranti überraschen, wäre dies nicht das Kunststück schlechthin einer Philosophie des Unmittelbaren?

Aber ach! die eine Schwierigkeit weniger wird durch eine zusätzliche ersetzt, die diesmal unlösbar ist. Der Augenblick des Todes ist kein Augenblick wie andere, da er ein zerstörerischer Augenblick ist. Nein, es gibt keine Intuition des Todes! Wie könnte die blitzschnelle Vernichtung des ganzen Wesens Gegenstand der Intuition sein? Sagten wir nicht, daß der Lidschlag der Intuition für das Blinzeln der verlöschenden Erscheinung gemacht ist? Im Augenblick des Todes dominiert aber das Verlöschen über die Erscheinung, da es endgültig ist: zwischen der *zerrinnenden* Quodditas des Todes und den *sich verflüchtigenden*, unablässig erlöschenden und wiederauftauchenden Erscheinungen, die im Zuge der Fortdauer verschwinden, um von neuem wieder zu erscheinen, und die uns immer noch die Möglichkeit geben, es das nächste Mal besser zu machen und die versäumte Gelegenheit später wieder einzuholen, gibt es kein Gemeinsames. Die Intuition, die ein im Entstehen begriffenes Wissen ist, ist ganz dem Aufblühen, der Hoffnung und dem Eintreten eines Kommenden zugewandt und ist hierin ein Versprechen, wohingegen sich im tödlichen fiat etwas zugleich macht und »ent-macht« und sich am Ende für immer »ent-macht«. Die Nichtheit hat somit das letzte Wort. Was ist der Eintritt eines Ereignisses, das alsbald und auf immer zerfällt? Wir stellten das Unsagbare des Todes dem Unaussprechlichen des dichterischen Geheimnisses gegenüber ... Das Verlöschen im Tod, das keine Aussicht auf Wiedererscheinen, kein Versprechen auf Zukunft oder Wiederanheben hat, wäre in diesem Sinne unsagbar; es ist nicht der Beginn eines Wissens und setzt keinen Diskurs in Gang. Der zu Boden geworfene Mensch saust durch eine Falltür, und damit hat es sich.

Wie wird die Intuition ihr eigenes Zusammenfallen mit der auf immer verschwindenden Erscheinung erlangen? Insofern als das

Unmittelbare einen zeitlichen Sinn hat, trägt die Philosophie des Unmittelbaren eine Verpflichtung zur günstigen Gelegenheit und, wenn möglich, zur Gleichzeitigkeit in sich, der nur durch die Überraschung Genüge getan werden kann. Es ist schon schwierig genug, gut zu zielen, weder zu früh noch zu spät zu kommen, eine vollkommene Synchronisierung zu erhalten, mit dem »punctum saliens«[31] der Freiheit genau zusammenzutreffen, das Geheimnis der Schöpfung zwischen Schöpfer und Geschöpf zu erhaschen. Ein äußerst verfeinerter Geist und eine Geschwindigkeit ohnegleichen sind nötig, um zur rechten Zeit zu kommen. Doch dies besagt noch nicht alles: hier genügt es nicht mehr, wenn man daran erinnert, daß eine Intuition anachronistisch oder unzeitgemäß sein kann, hier ist der angepeilte Augenblick das Unwiderrufliche des Todes, und man kommt nie *rechtzeitig*. Hier besteht die Gefahr einer Philosophie des Unmittelbaren folglich nicht mehr nur darin, daß das Wissen, das jenseits der Nahheit die nächste Nähe sucht, die gnoseologische Distanz aufhebt und sich mit dem Bekannten vermischt oder die Intuition mangels Subtilität den optimalen Punkt verfehlt, wo das Maximum der Nähe mit dem Minimum an Abstand zusammenfällt, oder man zwischen einem Bedürfnis nach Wirklichkeit, das uns auf Kosten des Wissens näher heranzieht, und den Notwendigkeiten eines Wissens, die uns auf Kosten des Wirklichen zurückhalten, hin- und hergerissen ist, hier heißt die Gefahr Tod, und der Tod ist die endgültige Vernichtung. Eine Sekunde vor dem kritischen Augenblick, eine Sekunde vor dem ungreifbaren tödlichen καιρός[32] kennen wir nur das Leben und die Positivität des Seins; eine Sekunde länger, und es gibt nur noch die Nichtheit: in genau dem Augenblick, da sich nicht etwa die scheinbare Gleichzeitigkeit, die immer nur annähernd sein kann, sondern die äußerste und punktuelle Simultanität der Intuition und des Ereignisses verwirklicht, gibt es nichts mehr! Die Aktualität des Todes, das Jetzt des letalen Augenblicks, das Heute dieses Jetzt und die gegenwärtige Minute dieses Heute können also niemals auf frischer Tat, ἐπ' αὐτοφώρῳ würden die Griechen sagen, ertappt werden, das heißt: unter der Hand, während man sein Sein dem lebenden Wesen entzieht. Unterscheiden wir hier noch einmal den eigenen Tod dessen, der stirbt, und den

31 [Dem »springenden Punkt«.]
32 [Hier: »entscheidenden Augenblick«.]

Tod des anderen für einen Zeugen. Wer seinen eigenen Tod erlebt, sagten wir, hört auf zu sein, oder besser: versinkt augenblicklich im Nichtsein. Die Schwierigkeit besteht also nicht mehr darin, zu wissen, was man ist, oder zu sein, was man weiß: denn für den, der in einem persönlichen Problem steckt, ist diese Schwierigkeit schließlich überwindbar, dies ist eine Luxusschwierigkeit für Lebende ... Wir zitierten, als wir von der zweiten Person sprachen, Angelus Silesius: was ich bin, weiß ich nicht, und was ich weiß, bin ich nicht.[33] Nur geht es jetzt nicht mehr darum, Gnosis und Sein zu verbinden ... was gewiß eine schwierige, aber doch nicht unmögliche Verbindung ist! Es geht um eine doppelt unmögliche Unmöglichkeit, um eine Unmöglichkeit in höchster Potenz: es handelt sich darum, Gnosis und Nichtsein zu verbinden. Jetzt heißt es wählen: δυοῖν θάτερον,[34] eins von beiden, sagt der *Phaidon*, entweder wissen oder nicht sein. Beides zugleich ist niemals möglich! Und Platon fügt hinzu πρότερον δ' οὔ, vorher werdet ihr nichts wissen. Das eigene Sein ist eine Schwierigkeit, die man überwinden kann, das eigene Nichtsein jedoch ist ein unüberwindliches Hindernis; zu wissen, was man ist, ist schwierig, aber es zu wissen, wenn man nicht mehr ist, ist ganz und gar unmöglich; wer nicht ist, kann auch nicht wissen; denn die Vernichtung, die das Wesen zunichte macht, verhindert erst recht das Wissen! Weder gibt es noch etwas zu wissen, noch ist jemand da, der wissen könnte. Nichts und niemand: Nichtheit auf der ganzen Linie! Eine Intuition, die nirgendwo mündet! Das ist mehr als genug, um die Ahnung zu lähmen. Das im Entstehen begriffene Wissen wird in der Wiege erwürgt; das Wissen vom Tode wird in seinem Entstehen durch den Tod selbst erstickt. Oder, wenn man andere Bilder vorzieht: der wißbegierige Sterbende nähert sich angstvoll seinem eigenen Tod wie ein Schmetterling, der wie irrsinnig um die Kerzenflamme kreist; um das Wesen der Flamme zu erfahren, müßte man in ihr sein, doch dann würden die Flügel der Seele verbrennen. Die Seele wird also entweder – will sie weiterhin Wissen erfahren – Abstand halten und sich mit einem kalten und entfernten Bild von der Flamme begnügen, oder – doch dann wird sie selbst zur Flamme – im Objekt ihrer Erkenntnis verbrennen müssen: indem sie dem Feuer immer näher kommt, wird sie es viel-

33 [Angelus Silesius: *Cherubinischer Wandersmann* I, 5.]

34 [Platon:] *Phaidon* 66 e; siehe auch 67 a.

leicht letztlich begreifen – doch begreift sie es, indem sie daran stirbt. Sie »brennt«, doch kommt sie um. Wir suchten das nahe Bevorstehen jenseits der Entfernung, die Nähe jenseits des nahen Bevorstehens und schließlich die Koinzidenz jenseits der Nähe; wir haben also die Wahl zwischen Skylla und Charybdis: die Charybdis der abstrakten und entfernten Erkenntnis und die Skylla der Koinzidenz im Tod. Das Dilemma ist, von weitem und anonym zu wissen oder umzukommen, indem man den Tod von innen erlebt. Hatte die Seele, die verbrannte, als sie mit dem tödlichen Feuer in Berührung kam, die die vernichtende Verbrennung erfuhr und zu Asche wurde, uns eine Botschaft zu überbringen oder nicht? Natürlich werden wir dies niemals in Erfahrung bringen … Der Sterbende weiß vielleicht etwas, und zwar von innen heraus (vorausgesetzt, es gibt noch jemanden, der etwas wissen kann), da er jedoch in dem Moment, da er noch sprechen konnte, noch nicht wußte, und er von dem Augenblick an, da er uns vielleicht etwas mitzuteilen hätte, jeden Kontakt mit den Lebenden verliert, ist seine Botschaft nicht mehr kommunizierbar und folglich unverwendbar; angenommen, daß der Sterbende, den millionsten Bruchteil einer Sekunde *bevor* er stirbt, im letalen Zustand noch die plötzliche Offenbarung des Todes erfährt und diese höchste Intuition blitzartig hat, so könnte er doch niemandem mehr Kenntnis davon geben; wahrscheinlich jedoch existiert keine derartige Intuition; denn widerführe dem Sterbenden *ante mortem* eine flüchtige Offenbarung des Todes, hätten die Menschen, seitdem die Welt Welt ist, irgendwann einmal etwas davon erfahren. So aber taucht der Sterbende, der im Begriff ist zu finden (aber ist er überhaupt im Begriff zu finden?), unter im dunklen See und nimmt seinen Fund mit sich. Jeder nimmt seinen Fund mit sich, wenn es einen Fund gibt. Wir anderen, die wir zurückbleiben und über den Tod der anderen nachdenken, werden es, wenn der Augenblick gekommen ist, wie alle Toten machen, die seit Anbeginn der Zeiten gestorben sind: indem wir nicht länger mehr Zeugen sind, sondern selbst Sterbende werden und eines Tages selbst sterben, nehmen wir das Geheimnis des Todes mit uns Grab.

Der Sterbende, der *im Begriff* ist, eine Botschaft zu übermitteln, stirbt an seinem eigenen Tod: es wird somit nie eine Botschaft geben, oder die Botschaft ist unbrauchbar. Der Zeuge, der überlebt und dem die Botschaft *gerade* übermittelt werden soll, läßt sie sich entgehen; die Botschaft ist also nicht nur unbrauchbar, sondern auch ungreifbar. Der Sterbende wird uns augenblicklich genommen, der Gegenstand unserer Wißbegierde fällt jäh in die Klauen des Todes, wird vom Tod augenblicklich verschlungen; schon ist der Augenblick weit von mir entfernt! Mehr: der Bote der geheimnisvollen Botschaft hat sich vor den Augen des Beobachters in dem Augenblick verflüchtigt, da letzterer ihm Auge in Auge gegenüberstand. Der Beobachter sollte gerade etwas erfahren ... er ist im Begriff zu erfahren – was sage ich! er weiß bereits ... doch nein! Er weiß nichts, er glaubte es nur! Eine Sekunde vorher wußte er fast alles, was man wissen kann, *beinahe* alles, das heißt alles außer dem Wesentlichen. Das Beinahe steht hier nicht für die Nähe, sondern für die Annäherung, nicht für das nahe Bevorstehen des Erfolges, sondern für die Niederlage. Der Beobachter verfehlt letztlich sein Ziel: er wird das geheimnisvolle Wort nicht erfahren; in dem Augenblick, da das Wort gesagt werden soll, wird die Übermittlung jäh unterbrochen, die Verbindung reißt ab, und zwar für immer. In dem Moment, da uns endlich die Erkenntnis gewährt werden soll, wird sie uns auf immer entzogen. Sind dies nicht gleichsam Tantalusqualen? Also war dies keine Erkenntnis! Denn es ist noch nie geschehen, daß dem Sterbenden eine solche Erkenntnis gewährt wurde. Wie können wir also wissen, es sei denn aufgrund völlig willkürlicher und nicht nachprüfbarer Vermutungen, ob uns die Botschaft übermittelt werden sollte? Der Tod des anderen, der hierin dem eigenen Tod vergleichbar ist, hat weder ein Vorher noch ein Nachher, noch ein Während, vor allem aber keine Gegenwart; er kann nicht im Augenblick erfaßt werden. Die allerletzte Sekunde wäre vielleicht nicht so enttäuschend, wenn die Merkmale eines Wesens vom Ort dieses Wesens in eine Dauer verwandelt würden, wenn sie von der Chronologie abhingen, was in mehrfacher Hinsicht der Fall zu sein scheint: je nachdem, ob es jung oder alt und im Werdegang seines Lebens mehr oder weniger weit fortgeschritten ist, ändert sich ein Wesen. Warum also enthüllt dann die privilegierte Stellung des allerletzten Augenblicks nicht selbst ein Geheimnis? Warum lehrt uns die Letztheit dieses letzten Augenblicks nichts? Warum tragen die letzten Worte und der letzte Seufzer der letzten Momente keine Botschaft in sich, und warum gewinnt diese Botschaft – wenn es überhaupt eine gibt – nicht zunehmend an Deutlichkeit, je näher die große Stunde, die große Sekunde und endlich der letzte Augenblick dieser letzten Sekunde, der höchst-letzte Augenblick der letzten Augenblicke rücken? Wir haben es gezeigt: obwohl alle Augenblicke der Fortdauer auf ihre Weise relativ die letzten sind, gibt es doch nur einen einzigen Augenblick, der absolut der letzte ist, dieser einmalige Augenblick ist der einzige, der in diesem Sinne der letzte ist. Es gibt per definitionem nur einen einzigen letzten Augenblick, denn gäbe es noch einen anderen nach ihm, wäre er lediglich der vorletzte ... Insofern als das allerletzte Mal kein Mal wie die anderen ist, müßte es uns folglich etwas lehren. Es ist in der Tat der Hapax vor allen anderen, der Hapax par excellence. Es ist der äußerste Punkt jener Grenzregion, die Leo Chestow die »Grenzscheide des Lebens« nennt: ist der Mensch nicht gerade in dieser prophetischen Gegend dem Tode ausgesetzt, ist dort die Immanenz nicht am größten und das Abenteuer am gefährlichsten?

Umgekehrt aber kann man ebensogut sagen, daß dieser Augenblick, der anders ist als die anderen, ein Augenblick wie alle anderen ist. Zunächst ist der letzte Augenblick, gerade weil er vielleicht der letzte ist, noch immer »ein Augenblick«, was übrigens das Substantiv mit seinem Zahladjektiv zum Ausdruck bringt; die Außergewöhnlichkeit des letzten Augenblicks ist gewissermaßen adjektivisch; nur die Ordnungszahl dieses letzten Mals und seine Stellung in der Reihenfolge sind privilegiert. Was heißt dies anderes, als daß die vitale Reihenfolge ganz diesseits, ganz irdisch ist, einschließlich des letzten Seufzers, ganz und gar und von einem Ende bis zum anderen dem Hienieden verhaftet ist, den letzten Herzschlag keineswegs ausgenommen? Um noch einmal auf bereits verwendete Begriffe zurückzugreifen: »bis zum Tod«, *usque ad*, bedeutet nicht wie im tatsächlichen Tod bis zur unheilvollen Schwelle und über diese Schwelle hinaus, *usque ad mortem* bedeutet, wenn es sich um die Botschaft handelt, bis zum Tod, das heißt diesseits des Todes; bis zum Tod, aber ipso facto während des Lebens. Somit ist der Tod die Grenze ohne Dichte und Ausdehnung, der Punkt ohne Verlängerung, der Augenblick ohne Raum und Dauer, der etwas von nichts trennt, die scharfe Schneide und die gleichsam inexistente Linie, wo sich Sein und Nichtsein überschneiden; doch kein erhellender Lichtstrahl dringt zu uns herüber. Wer über die Grenze zwischen Diesseits und Jenseits nachsinnt, befindet sich noch im Diesseits, wir selbst befinden uns in diesem Augenblick noch auf dieser Seite, und alles, was wir vom Nichtsein kennen, sehen, hören und spüren, gehört noch zum Sein und zur vitalen Positivität. Diese Positivität selbst wird nicht immer durchsichtiger, wie wir anläßlich des Alterungsprozesses gesehen haben, je näher man dem letzten Ufer und dem »finis terrae«[35] kommt; hier kann uns die Nähe nichts lehren. Zu sagen »nahe« und »fern« heißt, die Zeitlichkeit in den Raum zu projizieren! Wer den Bruchteil einer Sekunde vom Tod entfernt ist, kann weiter von ihm entfernt sein als das jüngste, am weitesten von ihm entfernte Kind; wer dem Tode am nächsten ist, weiß ebensoviel wie jener, der am weitesten von ihm entfernt ist.

6. Das letzte Mal birgt kein Geheimnis

Wenn die im Laufe der Jahre allmählich vor sich gehende Verringerung und Ausdünnung unseres Seins zulassen sollte, daß man die Geheimnisse des Jenseits wie ein Filigran wahrnehmen kann, müßte sich das metaempirische Geheimnis zuerst einmal die Empirie als Ort wählen, müßte das Übernatürliche im Natürlichen mit Abszisse und Ordinate auszumachen und die Botschaft aus dem Jenseits wie der Schatz der Albigenser irgendwo in einem Versteck verborgen sein. Das Idol der Lokalisierung, das heißt die Übertragung pneumatischer Geheimnisse in den Raum, entspricht einem langlebigen Vorurteil. Mikroskop und Ultramikroskop, mit denen wir in das unendlich Winzige der lebenden Substanz eindringen, entmutigen dieses Bedürfnis nach Zuweisung oder Auffindung des Orts des Lebens nicht: ist es nicht die Zelle, so ist es der Zellkern oder sind es die Chromosomen oder »Gene« dieses Kerns oder ist es eine der chemischen Substanzen, woraus sie bestehen, und der Mensch ruht nicht eher, bis er mit dem Finger auf die Stelle zeigen und sagen kann: hier ist es. Die Wissenschaftler aber begreifen, daß es niemals »hier« ist: die Vitalität des Lebens ist stets jenseits, stets woanders; trotzdem könnte sie ohne die Stofflichkeit und die physikalisch-chemischen Vorgänge, die

35 [Dem »Ende der Welt«.]

die Grundvoraussetzung (die alleine jedoch nicht ausreicht) für ihr Bestehen sind, nicht leben. Bergson hat den Mythos einer zerebralen Topographie, die die Erinnerungen in verschiedenen Teilen der Hirnrinde angesiedelt wissen wollte, nachhaltig erschüttert; die Erinnerungen haben sich nicht buchstäblich in diesen oder jenen Neuronen des Hirngewebes eingenistet, obwohl das Gedächtnis im ganzen von einem anatomischen Substrat abhängt. So auch setzt sich der Sinn nicht Wort für Wort im Satz um, und der Zauber einer Melodie läßt sich nicht Note für Note buchstabieren, und trotzdem müssen sich beide in grammatische Phänomene und akustische Töne einschreiben; eine Topographie des Sinns und eine Landkarte des Zaubers sind ebenso metaphorisch wie eine Geographie des Gedächtnisses ... Gehen wir noch weiter: die Genialität des Genies läßt sich an keinem der Zeichen, in denen sie sich ausdrückt, vollständig ablesen: weder an der Schrift des Genies noch am Aussehen seiner Manuskripte, noch an seinen Gesichtszügen oder an seinem Schädelbau; die Kunst, Zeichen und Symptome zu lesen – wie es etwa Graphologie, Phrenologie oder Physiognomie betreiben –, tappt immer im dunkeln und ist willkürlich. Die endlose Betrachtung des Federhalters, mit dem der *Vater Goriot*[36] geschrieben wurde, gibt uns über das Geheimnis der Schöpfung eines Romans ebensowenig Auskunft, wie die Betrachtung eines behauenen Feuersteins von Lascaux uns die Geheimnisse der Vorgeschichte enthüllen und verständlich machen kann. Und endlich (um mit dem Geheimnis der Geheimnisse zu schließen) liest der Mensch nicht die Anwesenheit Gottes in den funkelnden Sternen oder der erhabenen nächtlichen Stille des Universums, auch um den Preis der größten Anstrengung oder der tiefsten Meditation nicht, auch nicht, wenn er die Augen aufreißt oder seinen Geist mit aller Kraft spannt, und trotzdem stehen die Milchstraße und die Unermeßlichkeit des Nachthimmels im allgemeinen für den Ruhm des allgegenwärtigen und allabwesenden Gottes. Mit dem Geheimnis des Todes verhält es sich in dieser Hinsicht ebenso wie mit dem Geheimnis Gottes oder dem Geheimnis der Schöpfung: es ist aus wahrnehmbaren Zeichen nicht ablesbar. Bedrückt und mit Tränen in den Augen entziffern wir den wunderbaren Brief, den Lucien Legros,[37] der

36 [Honoré de Balzac: *Vater Goriot*, München 1960.]

37 [Lucien Legros (1924-1943), Gymnasiast, Mitglied der Résistance, 1942 von den Deutschen verhaftet, 1943 im Alter von 18 Jahren exekutiert.]

junge Held der Résistance, an seine Eltern schreibt, bevor er von den Deutschen erschossen wird. Es ist die Schrift eines jungen Mannes, der in anderthalb Stunden sterben wird. Trotzdem ist in dieser Schrift nicht das Geheimnis des Todes verborgen, und wir sind von der oberflächlichen Tiefe eines tragischen Zeichens, das der Meditation über den Tod keinen Angriffspunkt bietet, fasziniert. Das Geheimnis des Todes ist sogar doppelt unlesbar und unentzifferbar; denn die Schöpfung, so geheimnisvoll sie auch ist, hinterläßt zumindest etwas, das dem Betrachter gleichzeitig ist: diese Nachkommenschaft des schöpferischen Geheimnisses heißt Geschöpf, und wenn der Augenblick der Schöpfung sich im Werk selbst überlebt, haben wir Muße, dieses Werk zu betrachten, wir können das als Zeuge fungierende Objekt drehen und wenden, den als Zeuge fungierenden Roman lesen und wiederlesen, auf unsere Meditation immer wieder zurückkommen und gar dabei einschlafen; denn dieses immer verfügbare Geheimnis leistet den Menschen der Fortdauer Gesellschaft, wie auch das Geheimnis der Seele der Alltäglichkeit Gesellschaft leistet, und das Geheimnis der Alltäglichkeit dem ganzen Leben koextensiv ist. Das Geheimnis des tödlichen Augenblicks jedoch läßt mir kaum Zeit zur Meditation: der Sterbende verschwindet plötzlich, ohne sich von der Stelle zu bewegen, in vollkommener Reglosigkeit; die Botschaft des Sterbenden hat sich unter unseren Augen aufgelöst! Die Geburt, sagten wir, ist ebenso wie der Tod zugleich ein biologisches Phänomen und ein metaempirisches Geheimnis; beide ereignen sich an dem Punkt, wo Natürlichkeit und Übernatürliches zusammenfallen. Doch müssen wir hier wiederholen, was Halböffnung, Irreversibilität und Ungleichheit der beiden Erst-Letztheiten uns gelehrt haben? In der Geburt ist das Diesseits den Umstandsbestimmungen entzogen; das Diesseits war also nicht Nichtheit, sondern eher Nichtsein und infolgedessen Hoffnung und gar Versprechen auf Sein. Die Geburt ereignet sich irgendwo und irgendwann, wonach die ganze Zukunft der Fortdauer des Seins und der Positivität der Existenz gehört. Im Tod hingegen ist das Jenseits der Nichtheit unterworfen, und wir sagten ausdrücklich Nichtheit und nicht Nichtsein: diese posthume Nichtheit oder diese Nichtheit »a parte post«, die nicht Ankündigung, sondern Aufkündigung ist, ist die Zukunft des Todes, wie das Nichtsein die Vergangenheit der Geburt war; und wie das Nichtsein ein Noch-nicht war, müßte die Nichtheit ein *Nichts-mehr* heißen. Daher haben wir das ganze Leben, um über das Geheimnis der Geburt, das in der Person des Lebenden von sich aus ein dauerhaftes Zeugnis hinterläßt, nachzudenken, wohingegen der Tod den Hinterbliebenen nur zweifelhafte Chiffren, unleserliche Zeichen und unverständliche Hieroglyphen hinterläßt. Wozu jetzt noch um Umstandsbestimmungen nachsuchen? Kommen solche Angaben nicht auf erbärmliche und lächerliche Weise zu spät? So spät wie ein posthum verliehenes Kreuz der Ehrenlegion, das eher eine Genugtuung für die Lebenden und ein Mittel ist, ihr Gewissen zu entlasten. Was den Toten selbst betrifft, so ist er weit weg! Wenn auch der letzte Seufzer des Sterbenden das letzte Lebenszeichen des Lebenden ist, ist er doch für Dritte eine völlig sinnlose Botschaft. Wir können die Erinnerung an dieses Röcheln noch so lange befragen und dieses Zeichen ohne Tiefe unermüdlich zu ergründen suchen, wir werden nicht mehr finden, als vorhanden ist: ein Seufzer wie viele andere auch, ein Seufzer nach vielen anderen. Die Tatsache, daß ihm kein weiterer mehr folgt, verleiht ihm keine besondere Tonalität, gleichwohl muß man einige Minuten warten, bis es sich (im nachhinein) herausstellt, daß es der letzte gewesen ist. Und doch müßte der letzte Seufzer eigentlich feierlicher, beredter, sinnträchtiger und bedeutungsschwerer sein als die anderen ... Aber nein! es gibt keine metaphysischen Seufzer! Das Geheimnis des Todes liegt nicht im Inhalt des letzten Augenblicks, zum einen, weil der Augenblick keinen Inhalt hat, zum anderen, weil von diesem Augenblick ohne Inhalt an das Geheimnis auf immer unauffindbar ist. Der letzte Augenblick ist also eher die letzte Stütze und gewissermaßen das Trampolin, von dem das Wesen abspringt, um für immer in der Nichtheit zu verschwinden. Doch der Anthropomorphismus des gesunden Menschenverstands hält abergläubisch an den enthüllenden Eigenschaften der Letztheit fest und will nicht davon ablassen. Man will auf die Vorstellung nicht verzichten, daß die letzte Stütze des Sterbenden auf dem Boden des Diesseits der morphologische Sitz der tödlichen Botschaft sei. Die Vorstellung von einem Geheimnis, das der Sterbende für immer mit ins Grab nimmt, hat etwas Faszinierendes und erregt die Phantasie. Alles fordert uns auf, den Bruchteil der Sekunde zu nutzen, der uns bleibt, um die außergewöhnliche Gelegenheit beim Schopfe zu fassen. Könnte uns etwa das »opus ultimum« Sergej Prokofijews[38] ein Geheimnis unter dem Vorwand enthüllen, daß es an jenem Tag geschrieben wurde, da Prokofijew von dem fatalen Schlaganfall überrascht wurde? Dies zu meinen wäre reiner Aberglaube. Wird der Sterbende sterben, ohne gesprochen zu haben? Wird er im letzten Moment sein historisches Wort sagen? Wird er oder wird er nicht, eine Sekunde bevor er stirbt, das Schlußwort, das auch das Wort des Todes ist, sprechen, jenes Schlußwort aller Schlüsse, jenes Wort des allerletzten Endes, auf das wir so sehnlich warten, das wir sorgsam aufnehmen werden, und das wir am Rande des Abgrunds erhaschen müssen? Kommt schnell herbei, ihr Reporter, Photographen und Philosophen, kommt, ihr Sammler letzter Worte und Schlußbemerkungen, und stellt euch im Kreis um den großen Sterbenden, der große Sterbende wird sprechen! Und alle eilen sie herbei, mit klopfendem Herzen, sie halten den Atem an und lauschen gespannt auf das Orakel, das da kommen soll ... Doch nein! der große Sterbende sagt den nach Neuigkeiten lechzenden: Entrichtet dem Asklepios einen Hahn. Und dafür hatte man nun den Atem angehalten, hing an den Lippen des Weisen, der ganz offensichtlich auch nicht mehr wußte als die anderen. Die Hinterbliebenen stehen mit leeren Händen da und wissen ebensowenig wie zuvor: das letzte Wort war eine Mystifikation. Der Sterbende sagt uns in extremis »Guten Abend« und läßt uns im Stich. Heißt dies, daß der sterbende Sokrates dem Lebenden nicht gewachsen, daß die letzte Sekunde des letzten Nachmittags nicht würdig ist und die letzten Gespräche über diesem Wort an Wert verlieren? Sagen wir eher, daß Sokrates mit dieser Pirouette die Feierlichkeit des Augenblicks launig abschwächte. Über das Jenseits befragt, wendet er sich dem Diesseits zu und gibt seinen Freunden die trivialsten, prosaischsten und alltäglichsten Ratschläge. Kurzum, es war vom Weisen nichts zu erwarten. Ist dies nicht die ewige Enttäuschung, die der Tod im letzten Moment für uns bereithält? Der Tod ist nicht in jenem privilegierten Augenblick verborgen, der der letzte Augenblick ist, und die vorletzten und vorvorletzten Augenblicke wiederum sind nicht, wie in der Initiation, die stufenweise Offenbarung eines Geheimnisses, das sich erst am Ende völlig enthüllt. Was die Liebhaber von Hinrichtungen betrifft, so

38 Das Adagio der kleinen Suite für Klavier aus dem Ballett *Die steinerne Blume*.

haben auch sie das Nachsehen: wer zugesehen hat, wie jemand gehenkt wurde, hat nichts gesehen, seine krankhafte Neugier ist nicht befriedigt worden. Der Tod hat ihm ein Schnippchen geschlagen!

Zweifellos würde unsere Befragung weniger enttäuschend ausgehen, wenn wir zwischen Geheimnis und Mysterium besser zu unterscheiden wüßten. Wir halten das pneumatische Mysterium des Todes gerne für eines jener plumpen Geheimnisse, die man an der Tür erlauscht, durch das Schlüsselloch erfährt und im Papierkorb findet. Wäre das Mysterium lokalisierbar wie das Versteckte in seinem Versteck, das heißt, hätte es einen wahrnehmbaren Ort, wäre es dadurch, daß man ihm eine besonders analytische Aufmerksamkeit widmete, vielleicht zu entdecken: wer auf der Lauer liegt und späht, beobachtet die kleinste Einzelheit; wer lauscht, die Augen aufreißt und wie Sherlock Holmes seinen inquisitorischen und scharfen Blick überall hat, ist dazu berufen, früher oder später das Verborgene zu entdecken. Detektive sind nicht nur auf das Aufspüren von Geheimnissen, sondern auch auf die Dechiffrierung von Rätseln spezialisiert; denn die Botschaft ist bisweilen chiffriert und hat die sibyllinische Form eines Kryptogramms oder eines dunklen Apophthegmas; doch die chiffrierte Botschaft ist klarer als die klare Botschaft, wenn man den Code gefunden hat. Wer sucht, der findet: der Fund ist zugleich der Lohn und die Eroberung am Ende der Suche und gleichsam die Beute der heuristischen Bemühung. Wer hingegen den Schlüssel zum Mysterium sucht, wird ihn nicht finden; denn das Mysterium, das nichts Kryptisches ist, hat keinen »Schlüssel«. Man müßte vielmehr sagen – wenn das Mysterium nicht unauffindbar wäre –, daß man es sucht, weil man es gewissermaßen schon gefunden hat, oder weil man es gar findet, ohne es gesucht zu haben. Das Geheimnis *enthüllt* sich dem, der, weil er auf der Suche nach ihm war, ein Recht auf es hat. Doch das Mysterium *offenbart* sich bisweilen auf zweifelhafte und unaussprechliche Weise jenen, die nicht vorgeben zu »wissen«; denn es gibt tatsächlich nichts zu wissen. Wenn man den Mars aus der Nähe betrachtet, ermöglicht er uns zweifellos zunehmend Einblick; denn es ist möglich, in der Kenntnis eines wenig bekannten Planeten immer mehr fortzuschreiten. Betrachtet man aber den Tod aus der Nähe, erfährt man buchstäblich nichts über ihn, und er bleibt ebenso unbekannt, ob man ihn nun aus der Nähe oder von weitem sieht ... Stellen wir uns jedoch die hyperbolische Erfahrung eines Dostojewskij vor, der beinahe gestorben wäre, aber nur *beinahe*, und der in der letzten Sekunde der letzten Minute den monströsen Gestaden auf wundersame Weise noch einmal entgeht; er kommt, wie man zu sagen pflegt, von weit her und hat dem Tode beinahe ins Auge geblickt, oder vielmehr: er hat in überhaupt nichts geblickt. Im grammatischen Sinne des Wortes wissen *weiß* er nichts; er bringt keine Nachricht mit. Die Journalisten, die gewöhnlich das Geschwätz der Entdeckungsreisenden und die Eindrücke der Raumfahrer zusammentragen, werden enttäuscht sein: diejenigen, die das Vernichtungslager überlebt haben, sind im allgemeinen nicht sehr gesprächig, im Gegenteil, eher merkwürdig schweigsam; denn wenn schöne Reisen und aufregende Abenteuer redselig machen, macht die Reise nach Auschwitz, die eine Reise zu den Toren der Hölle ist, stumm. Aussichtslos, den ehemals Deportierten in Beschlag zu nehmen, wie man eines Tages den vom Planeten Mars zurückgekehrten Reisenden in Beschlag nehmen wird, um zu erfahren, was er gesehen hat, und die mitgebrachten Aufnahmen zu betrachten; denn das furchtbare Mysterium des Hasses, des Leidens und des Todes hat mit den vorläufig noch unbekannten Geheimnissen eines Planeten nichts gemein. Und auch wenn der der Hölle Entronnene einwilligt, das Unsägliche zu erzählen, sollte man nicht so sehr auf seine Erzählungen als auf das hören, was er verschweigt. Obwohl er nichts über die andere Welt weiß, hat er den äußersten Berührungspunkt von Tod und Leben erfahren; er weiß nicht, was er weiß, und weiß nicht einmal, daß er weiß. Er hat keine Botschaft, denn sein ganzes Sein ist die Botschaft; seine ganze Person legt Zeugnis ab, wie die Person des Helden, Bergson zufolge, die Lektion in Heroismus ist. Es gilt folglich, nicht zu interpretieren, was er sagt, sondern zu begreifen, was er ist. Dann werden sich unserem Blick vielleicht eine bestimmte Transparenz, ein flüchtiges und entferntes Etwas, eine etwas verächtliche Haltung den Interessen der Fortdauer gegenüber, ein gewisser Ernst, der, ohne die Existenzmodi materiell zu verändern, deren Geist vereinfacht und eine mysteriöse Verwandlung des Sinns des Lebens eröffnen. Dieser Blick ist nicht der prüfende, neugierig herumschnüffelnde und peinlich genaue Blick einer dem Detail zugewandten Aufmerksamkeit, denn die »Botschaft« des Todes kann man weder in Zeit noch Raum ausmachen; diese Botschaft ist überall und nirgendwo; und da sie weder unmerkliches Flüstern, kaum hörbares Pianissimo noch fast unsichtbarer Lichtstrahl ist, ist, um sie aufzufangen, unendlich mehr vonnöten als das feinste Ohr, als die durchdringendsten Blicke und hochempfindliche Empfänger; hier braucht es das Ohr der Seele und den Blick der Seele, die Intuition sind, und ein gewisses Sich-Hingeben an die Gunst des Augenblicks, was einzig die Intuition vermag.

Die Gier, mit der wir alle Vorzeichen des Totenbettes deuten und dem letzten Seufzer seine vermeintlichen Geheimnisse entlocken wollen, ist eigentlich verständlich: das Aushauchen des letzten Atemzugs steht für die letzte Anwesenheit eines Wesens in Zeit und Raum, ist das letzte Sein eines Wesens unmittelbar vor dem Nichtsein; uns scheint ein solch zweifelhafter und vieldeutiger Hapax unsere letzte Chance zu sein, und wie der Schiffbrüchige inmitten des Ozeans an sein Floß, klammern wir uns verzweifelt an dieses winzige Stückchen zeit-räumlicher Existenz; einige Holzplanken in der Unermeßlichkeit der unmenschlichen Elemente – mehr bleibt dem Matrosen in Seenot nicht vom Leben, von der Hoffnung und der Menschlichkeit; dieser letzte Augenblick ist vielleicht alles, was wir über den Tod vermögen, bevor die ewige Nichtheit alles überflutet, und wir wollen noch glauben, daß es in der unendlich kleinen Existenz des Augenblicks etwas zu denken gibt! Aber ach! dieses mikroskopisch kleine Stückchen Existenz, dieses Sandkorn, dieses Staubkorn, dieses Atom an Dauer, dieses Fast-Nichts ist noch ein Bruchteil des Diesseits. Darüber hinaus erhellt der letzte Augenblick des Diesseits, der keineswegs der erste des Jenseits ist, keineswegs dieses Jenseits, es sei denn andeutungsweise und in sehr doppeldeutiger und quasi unaussprechlicher Form. Der letzte Augenblick des Diesseits gehört nicht nur noch zum Diesseits, er erhellt auch nur dieses Diesseits. Kann man hier nicht von einer Art Fatalität sprechen? Der Tod läßt uns den Tod nicht begreifen; der Tod läßt uns das Leben begreifen, oder: der Augenblick des Todes sagt nichts über das Geschick des Toten, der Augenblick des Todes spricht nur vom gelebten Leben, dessen Sinn er enthüllt; er erklärt, was gewesen ist, aber er kündigt nicht an, was sein wird. Wenn folglich der letzte

Augenblick etwas erhellt, so ist es keineswegs das metaempirische Danach, das jenseits der empirischen Letztheit beginnt, sondern das diesseitige Leben, dessen Schlußpunkt er ist: die Erhellung kann nur rückläufig und das Licht nur rückblendend sein, und obwohl dieser Rückblick keine Rückwirkung hat und nichts umkehren kann, mildert er in gewisser Weise die Irreversibilität, indem er in der letzten Minute rekapituliert, was vormals unabsehbar und unverständlich war. So ist der Mensch, gleichgültig, was das Objekt seiner Spekulation ist, auf das Diesseits zurückverwiesen, das ihm je nachdem Gefängnis oder Vaterland bedeutet und mit dem er auf Gedeih und Verderb verbunden ist. Auch wenn wir dem Augenblick des Todes am nächsten sind, sind wir noch immer Zeitgenossen des Lebens; wir haben den Tod von Anfang an vom Leben aus und mit den Augen des Lebens betrachtet. Wir waren nicht »während«, sondern »davor«. Wir bewegen uns somit im Kreis. Das Licht wird vom letzten Augenblick auf das Diesseits zurückgebogen; der letzte Augenblick ist folglich nicht das transparente Leben, durch das wir die Gegenden der jenseitigen Welt und die verborgene Seite unseres Schicksals sehen könnten, sondern vielmehr der Spiegel, der unserem Hienieden sein eigenes Bild zurückwirft; das Unwiderrufliche läßt in keinem Fall das Licht des anderen Lebens auf dieses Leben scheinen … wenn ein solches Licht überhaupt existieren sollte.

7. Eine ganz andere Ordnung

Das Irreversible und mehr noch das Unwiderrufliche sind für den Menschen eine bittere und harte Aufforderung zur Ernsthaftigkeit. Das Unwiderrufliche konzentriert in einem Ereignis, einem Unfall, einer Entscheidung oder Wahl in der Tat die Unmöglichkeit der Kehrtwendung, und dies nicht etwa in aufgelöster Form oder durch alle möglichen Steigerungen oder übergangshaften Abstufungen hindurch, sondern plötzlich und unvermittelt: die Hingabe des Seins oder der Verzicht auf das ehemalige Leben erfahren im Augenblick und auf der Stelle ihre endgültige Bestätigung. Heißt seine eigene Wahl ernst nehmen nicht, sich der irreparablen Folgen, die sie nach sich zieht, bewußt zu werden und sich für die Unendlichkeit oder Ewigkeit, die sie einweiht, verantwortlich zu fühlen? Es ist in der Tat eine der gängigsten Formen von Leichtfertigkeit und philosophischer Psychasthenie, den unwiderruflichen und einmaligen Charakter des Todes zu umgehen; und es ist eines der aufschlußreichsten Zeichen von mangelndem metaphysischen Ernst, wenn man Empirie und die ganz andere Ordnung des Metaempirischen verbindet und einen gemeinsamen Nenner zwischen Leben und Tod behauptet, der eine Kommunikation oder einen ständigen Austausch zwischen Natur und Übernatürlichem zuließe; denn Kommunikation setzt Gemeinschaft voraus. Die Vorstellung eines »Mediums«, das die Aufgabe hat, Diesseits und Jenseits miteinander zu verbinden, die Wiedergänger wiederkommen zu lassen und die Geister der Verstorbenen zu beschwören, zeigt hinreichend, wohin es kommt, wenn man den Ernst des Todes verkennt: man gibt sich mit Spiritismus und abergläubischen Praktiken ab. Große, gefestigte, tiefe und hellsichtige Geister in allen sonstigen Bereichen haben bisweilen, zumindest in diesem Punkt, die Feierlichkeit des Unwiderruflichen unterschätzt; sie wären dennoch die ersten, die Anthropomorphismus, Biomorphismus und Egomorphismus, die gewöhnlich die Ursache einer solchen Verkennung sind, bekämpfen würden. Die Beziehung zwischen Toten und Lebenden ist nicht einmal eine optimistische These, sondern ein magischer Wunsch. Daß »Telekommunikation«, »ferngesteuerte« und »ferngelenkte« Botschaften eines Tages eine Verbindung mit fernen Planeten möglich machen und uns ihre Signale auffangen lassen, ist vorstellbar, die andere Welt jedoch ist keine weit entfernte und das Jenseits nicht die äußerste Grenze der Entfernung ... Niemand hat je ein Telegramm erhalten, und jene, die beteuern, mit der anderen Welt in einer besonderen Verbindung zu stehen, noch weniger als andere. Indem wir in einem gewissen Sinne irrational eine Art Kontinuität in der absoluten Diskontinuität herstellen und zwischen Diesseits und Jenseits eine Brücke schlagen, sind wir Gott dienlich: Gott hüllt das Natürliche und das Übernatürliche in ein und dieselbe Immanenz, in ein und denselben göttlichen Äther; in Gott kommuniziert der Lebende also mit dem Jenseits; aber er *kommuniziert* indirekt mit dem Jenseits, weil er mit Gott in direkter *Kommunion* steht, und diese Kommunion begründet die Kommunikation. Ob die Kreatur eingetaucht ist in das Göttliche oder sie sich durch das Gebet transitiv direkt an Gott wendet – Gott vermittelt in beiden Fällen die Beziehung der Kreatur zum transletalen Mysterium. Die Religion also wäre die wahre Ligatur zwischen Diesseits und Jenseits. Doch der Philosoph, wenn er vom göttlichen Milieu absieht, in das das eine wie das andere eingetaucht wäre, kann nur die heillose Trennung von Leben und Tod feststellen. Mehr: den metaphysischen Geist gibt es nicht ohne den Mut, in dieser Hinsicht auf jede Analogie zu verzichten, und nicht ohne die Achtung vor der absoluten Unähnlichkeit. Die »Unähnlichkeit« vermittelt natürlich nur eine schwache Vorstellung vom äußersten und diametralen Gegensatz, der Leben und Tod trennt; doch die Wörter der Umgangssprache geben eher relative Gegensätze denn die radikale Unvergleichbarkeit wieder: Unähnlichkeiten sind unähnlich, weil sie einander ein wenig ähneln; die Ungleichheit definiert sich in bezug auf die zumindest virtuelle Gleichheit und das Heterogene in bezug auf das latent Homogene; das andere endlich ist relativ das gleiche, weil man es dem vergleicht, von dem es sich unterscheidet, und weil es nur innerhalb der Grenzen einer Art abweicht. Daher auch sagten wir: der Tod ist nicht anders (ἕτερον) als das Leben, sondern ganz anders, absolut anders. Dieses Monstrum einer absoluten Andersheit, das nicht etwa Sein und geringstes Sein, sondern Sein und Nichtsein voneinander trennt, kann den Diskurs wohl entmutigen und die Vorhersage in die Irre führen. Wären Tod und Leben lediglich unähnlich, hätte der Sprecher genug Stoff, um zu sprechen: er würde etwa zeigen, daß die Toten noch leben, ihre Substanz jedoch wie die der Gespenster leichter wäre; oder daß die Lebenden bereits tot (da das Leben vom Tod durchtränkt und vom Nichtsein ausgedünnt ist), sie jedoch ein wenig schwere Tote, massige Gespenster wären. Die Phobie vor den natürlichen Unterschieden läßt die Menschen solche Kindereien treiben. Der vor allem um Kontinuität bemühte Leibniz vervielfacht die Übergänge zwischen Sein und Nichtheit: indem er einen züchtigen Schleier über den Bruch des Augenblicks wirft, verwischt er zugleich die vitale Bejahung und die tödliche Verneinung.

Die Unwiderruflichkeit des letzten Augenblicks garantiert die absolute Übernatürlichkeit des Todes. Das Unwiderrufliche ist so beschaffen, daß das Mysterium des Todes auf immer von uns getrennt und unsichtbar ist. Der jenseitige Tod ist die Grenze der

Abwesenheit, wie das Adieu im Augenblick des Todes die Grenze des Wiedersehens ist. Die Abwesenheit des Abwesenden ist keineswegs vorläufig, sondern ewig; der Abwesende hat sich also entfernt (was auf das gleiche hinausläuft) *bis zum Ende aller Zeiten.* Das bringt die Unmöglichkeit einer Wiederkehr in einer zeitlichen Form zum Ausdruck. Die Rückkehr oder der nostos[39] in den griechischen Epen bezeichnet einen relativen Sieg des Menschen, wenn nicht über die irreversible Zeit, die nicht umgekehrt werden kann, so doch zumindest über den Raum: der Mensch »entmacht«, was das Schicksal gemacht hat; nachdem er seine Zeit mit unnützen Kämpfen unter den Mauern von Troja verschwendet hat, kehrt er in sein Vaterland und zu seiner Gattin zurück, die er niemals hätte verlassen dürfen; er kehrt gealtert wieder, aber er kehrt wieder. Wer jedoch den Fluß der Toten überquert, wird nicht mehr repatriiert werden; er wird weder Gattin noch Haus wiederfinden. Deshalb sagten wir, daß das Irreversible *unbeugsam* ist: es kann weder mit Gewalt noch durch Denken oder Gebet gebeugt werden: dies ist die bittere und ernste Wahrheit, der die Erwachsenen ins Auge blicken müssen, wenn sie die süßen Illusionen und die Feenmärchen der Kinder für immer drangegeben haben.

39 [Altgr. νόστος: »Rückkehr, Heimkehr«.]

Dritter Teil
Der Tod jenseits des Todes

Erstes Kapitel
Die eschatologische Zukunft

Es ist überflüssig, noch einmal darzulegen, warum vom Gesichtspunkt der Lebenden aus der Unterschied zwischen dem Augenblick des Todes und dem Jenseits derselbe ist wie zwischen dem Fast-Nichts und dem Nichts. Man wird einwerfen, daß das Nichts vom Fast-Nichts lediglich ein bloßes Fast trennt: aber es ist eben gerade fast nichts nötig, damit das Fast-Nichts nicht nichts ist; nihil oder quasi-nihil laufen praktisch auf das gleiche hinaus! Doch gerade das »Fast« ändert alles; denn es ist die letzte Chance des Seins vor dem Nichtsein, und es bezeichnet in einem letzten Aufblitzen die unendliche Differenz zwischen dem einen und dem anderen ... Das Fast-Nichts ist in der Tat nicht nichts, sondern wie nichts; und umgekehrt ist es keine Sache und trotzdem etwas; es kann gleichwohl der Augenblick der Vernichtung sein, es ist deshalb nicht weniger ein Ereignis und ein Eintreten; es ist an der Grenze von Sein und Nichtsein die unendlich kleine Gelegenheit, die wir Funken oder verlöschendes Erscheinen nannten. In der schwarzen Finsternis des Nichts läßt das Fast einen Hoffnungsschimmer, einen dünnen Lichtstrahl aufscheinen ... Könnten wir vielleicht einige Brosamen der Wahrheit auflesen, wenn unser Geist feinsinnig und gelöst und unsere Sinne behend genug wären, um den Blitz zu fassen? Doch der letzte Spalt schließt sich, und der letzte funkelnde Lichtschein erlischt auf immer, und nichts bleibt als das »Nichts« und die Finsternis. Es ist alles ins Dunkel getaucht. Das um das *Fast* beraubte Nichts ist das Nichts schlechthin und unterbricht das im Entstehen begriffene Wissen: angesichts dieses trockenen und brutalen Überhaupt-Nichts kann man sogar sagen, daß das im Entstehen begriffene Wissen zu keinem Moment *fast* gewußt hätte; das Wissen vom Tod stirbt im Augenblick seines Entstehens.

Niemals können wir den Tod gleichzeitig mit ihm denken. Vom Vorher zum Während und vom Während zum Nachher ändert unsere Unkenntnis lediglich die Form. Vorher, das heißt während unseres ganzen Lebens, ist es zu früh; während ist es entweder noch zu früh oder bereits zu spät; danach ist es zu spät. Der Mensch ist seinem Tod auch nie gleichzeitig: das Vorher ist in der Tat unsere Gegenwart, doch ist diese Gegenwart die Vergangenheit des Todes; daher ist das Wissen, das den Tod aus dem Leben ablesen will, stets vorzeitig. Das Während könnte wohl die Gegenwart des Todes sein, doch ist diese Gegenwart unsere Zukunft; denn der eigene Tod steht unser ganzes Leben in der Zukunft: dieses zweite Wissen ist wie das erste also immer vorzeitig, wenn es sich um den eigenen Tod handelt, und kommt bald zu früh, bald zu spät, wenn es sich um den Tod der anderen handelt; denn alsbald antizipieren wir diesen Tod, alsbald kennen wir ihn nur im nachhinein oder posthum. Was das Danach betrifft, so ist es zwangsläufig unser Futur II: das Wissen, das wir vorgeben vom Tod zu haben, ist folglich in jedem Falle seinem Gegenstand vorzeitig. Über das Vorher gibt es viel zu sagen, vorausgesetzt, man spricht von anderem und auf indirekte Weise, was heißt, daß man an der Frage vorbeigeht; daher spricht man vom Leben, wenn man glaubt, vom Tod zu sprechen, wie man auch von der Herrlichkeit der Natur unter dem Vorwand spricht, daß sie den Ruhm Gottes verkündet und er sich in ihr offenbart. Der unerzählbare Augenblick, der so dünn ist wie eine Nadelspitze, schließt jeden Diskurs aus: einzig eine akrobatische Intuition könnte sich auf dieser schwindelerregenden Spitze im Gleichgewicht halten. Wenn das Davor bekannt, ja, zu bekannt ist, und das Während zugleich bekannt und unbekannt und folglich *kaum* bekannt, oder, was auf das gleiche hinausläuft, fast unbekannt ist, müssen wir hingegen sagen, daß das Danach völlig unbekannt ist: man müßte selbst sterben, um das »fere ignotum«[1] zu ahnen oder gar von innen kennenzulernen; aber man müßte tot sein, selbst zum Volk der Toten gehören, um ein absolut unbekanntes Land kennenzulernen, von dem kein Lebender auch nur die geringste Vorstellung hat. Hier sind wir nun an der Schwelle zu unserem letzten Untersuchungsgegenstand, ärmer als je zuvor und doch gehalten, den Gegenstand endlich in Angriff zu nehmen. Wir haben lange genug einen Kreis um ihn beschrieben. Unter welchem Vorwand, durch welche Umschreibungen könnten wir den kritischen Moment noch länger hinauszögern? Das Kapitel der Periphrasen und Fristverlängerungen ist abgeschlossen. Der schweigende geheimnisvolle Wald der letzten Dinge erstreckt sich am anderen Ufer.

1 [Das »Fast-Unbekannte«.]

1. Ist das Jenseits eine Zukunft?

Nachdem wir im Zusammenhang mit dem Leben den *mortalis*,[2] der eine abstrakte Eigenschaft, und den *moriturus*,[3] der eine Zukunft und eine Berufung bezeichnet, und dann in Verbindung mit dem Augenblick, den *moribundus*,[4] der »im Begriff ist« zu sterben, und den *moriens*,[5] der stirbt, behandelt haben, müssen wir nun vom *mortuus*[6] sprechen, der einen »Zustand« bedeutet. Ist die conditio der Toten aber überhaupt ein Zustand oder ein »Status«? Hüten wir uns vor der Annahme, daß der Tod der Toten dem Sterben (»mori«) entgegensteht wie der Zustand dem Augenblick, und stellen wir uns folglich das tödliche Ereignis auch nicht in Form einer spitzen Gräte vor, die den Fortbestand des Lebens vom Fortbestand des Todes trennte. Wir wissen bereits, daß Vorher und Nachher nicht symmetrisch zu beiden Seiten des Während liegen, ebensowenig wie Vergangenheit und Zukunft zu beiden Seiten der Gegenwart. Man kann in der Tat von einem Fortbestand des Lebens sprechen, insofern als das Leben Fülle der Dauer und von Ereignissen angefülltes konkretes Werden ist, die es lebendig machen und unaufhörlich verändern: einzig die chronologische Verkettung der Annalen, Ephemeriden und Zeitpläne gibt dem Fortbestand einen Sinn. Doch wo jenseits des Todes eine historische Abfolge von Ereignissen finden? Dieses Danach, in dem absolut nichts geschieht, ist noch weit ärmer an Zwischenfällen und Vorkommnissen als die langweilige Glückseligkeit des Paradieses vor dem Sündenfall! Was nach dem Tode beginnt, ist vom Blickwinkel der Lebenden aus also kein in Perioden oder Episoden eingeteilter Fortbestand, sondern eine gestaltlose Ewigkeit, eine Ewigkeit des Nichtseins. Von hier an sind alle Kalender hinfällig geworden.

Das Jenseits schlechthin, das Jenseits als Absolutes begriffen, ist nicht wie die kleinen relativen Jenseitigkeiten der Dauer im Leben jenseits von diesem und diesseits von jenem; denn hienieden in der Zone der »nackten Motoren«[7] ist alles, was jen-

2 [Den »Sterblichen«.]
3 [Den »Todgeweihten«.]
4 [Den »Im-Sterben-Liegenden«.]
5 [Den »Sterbenden«.]
6 [Dem »Toten«.]
7 [Ein »moteur nu« ist ein Motor, der von allen Accessoires entblößt ist.]

seitig ist, auch diesseitig; hienieden findet jedes Jenseits stets etwas, das noch jenseitiger ist als es selbst ... Das absolute Jenseits ist seinerseits nicht diesseits von etwas anderem: dieses Jenseits von allem ist diesseits von nichts! Das Metaphysische ist bei Aristoteles eine einfache Sublimierung des Physischen; nicht so bei Platon. Dennoch werden bei Platon und Plotin das *Hier* und *Dort*, ἐνταῦθα-ἐκεῖ, dem Philosophen, der das Archetypische im Bild zu lesen vermag und über die dialektische Stufenfolge verfügt, um von diesem zu jenem zu steigen, zeitlos und zusammen gewährt: obwohl dann die Entfernung zwischen Erde und Himmel der Seele die Prüfung der Veränderung auferlegt, ist das Dort, das keineswegs jenseitig ist, schon hienieden zugänglich. Das christliche Jenseits entfernt sich unendlich in eine ungewisse Zukunft: die Zeit der Geschichte zwängt sich zwischen es und unsere Gegenwart.

Wie auf Erden die Schwerkraft die Polarität von Höhe und Tiefe bestimmt, obwohl es im Universum weder Höhe noch Tiefe gibt, so machen die vektorielle Zeitlichkeit des Lebens und die Richtung des Werdens, anders gesagt: die Künftigung, aus dem postletalen Jenseits eine Zukunft, weil diese neue »Ära« tatsächlich nach dem Tod beginnt und der eigene Tod für jeden Menschen die äußerste Zukunft aller Zukunft ist. Gleichwohl ist das Jenseits nicht im eigentlichen Sinne eine »Zukunft«. Wenn es zutrifft, daß die drei Zeiten der Zeit in jedem Bewußtsein korrelativ sind und das Futur eine bestimmte imaginierte Modalität des Präsens, eine bestimmte Weise ist, sich das Nichtsein des Noch-Nicht vorzustellen und das Sein dieses Nichtseins zu antizipieren, ist die »Futurität« des Jenseits eine bloße biomorphe und biozentrische Projektion und legt nicht über das Jenseits, sondern über das Diesseits Zeugnis ab. Darüber hinaus ist das Futur nur Futur, weil es später Gegenwart sein wird; das Futur ist das Heute des Morgen! Doch wie ein Futur Zukunft nennen, das niemals Gegenwart sein wird? Ein Futur, das letztlich niemals Jetzt sein wird? Denn ist diese Zukunft eingetreten, gibt es kein Bewußtsein mehr, das heute, nunc, jetzt sagen könnte; kein Bewußtsein mehr, das sich der Vergangenheit entsinnen und sie mit der Gegenwart vergleichen könnte; kein Bewußtsein mehr, um die folgende Zukunft vorauszusehen. Die Future der Empirie sind Future, die durch

Verlängerung und Aufschub unablässig von morgen zu morgen erneuert werden: unsere Vorhaben heben innerhalb des Werdens endlos von neuem an. Im Gegensatz zu diesen innerzeitlichen Futuren ist die eschatologische Zukunft, die man Jenseits nennt, ewig zukünftig. Von hier unten aus gesehen, treibt diese Zukunft ohne Gegenwart und ohne Vergangenheit wie ein ankerloses Schiff auf den jenseitigen Meeren. Sie ist ein Ungeheuer der Zeit! Wird die Zukunft unmittelbar, so vergegenwärtigt sie sich, indem sie eintritt; und was ist der Eintritt anderes als das Ereignis, das im Begriff ist, einzutreten, dessen Eintritt unmittelbar bevorsteht und dessen Eintreten aus der Taufe gehoben werden soll? Im Eintreten fasert die breitgefächerte Zukunft aus und verdichtet sich, bis sie nur noch ein Punkt ist, ein Punkt, an dem die Möglichkeiten der Zukunft zur aktuellen Gegenwart werden. Man kann nicht immer sicher sein, ob das im Eintreten begriffene Ereignis auch ein wirkliches Ereignis ist, wie man auch nicht immer sicher weiß, ob die Krönung eines Königs der Beginn einer wirklichen Regentschaft ist. Nichtsdestoweniger ist das Eintreten das Versprechen auf ein baldiges Ereignis, und umgekehrt ist das Ereignis das bereits eingetretene Eintreten. Doch von welchen Ereignissen könnte der Tod der Eintritt sein? Ist die meontische Ewigkeit nicht eine Wüste ohne Ereignisse, eine schwarze Unermeßlichkeit und eine große unbekannte Stille, wo nichts eintritt und geschieht, ein Äon ohne Werden, Erinnerung und ohne irgendeine »Ankunft«? Wer im Jenseits eine »Zukunft« sieht, und sei sie noch so verklärt und übersinnlich, betrachtet die Schwelle des Todes als das empirische Eintreten dieser Zukunft. Doch wenn das Jenseits *keine Zukunft* ist und in der meontischen Ewigkeit nichts »eintritt«, kann der Zugang zu dieser Ewigkeit nicht ein neues Leben bedeuten: der Eintritt steht hier keinesfalls am Beginn einer Reihe von Ereignissen, ebensowenig ist er Vorspiel zu »Abenteuern«. Denn stellt das Abenteuer nicht den höchsten Grad an leidenschaftlicher und romanesker Intensität im Eintritt eines Ereignisses dar? Und doch ist das Abenteuer, so pathetisch, ungewöhnlich, unerhört und neu es sein mag, nicht ohne Bezug zu den Ereignissen der alltäglichen Empirie: die Vorstellung des Visionärs konstruiert noch in ihren phantastischsten und ausschweifendsten Wunschträumen das Abenteuer von der prosaischen Existenz aus: Gulliver entdeckt in Liliput nichts anderes als Menschen, doch sind dies Menschen in Miniaturform;[8] die Dimensionen sind andere, aber nicht die relativen Proportionen. Es ist letztlich eine Frage von Umfang oder Größe: ob es sich nun um Vergrößerung oder Verkleinerung, um Riesenhaftigkeit oder Zwergenhaftigkeit handelt – noch die barockste Phantasmagorie ist letztlich nichts anderes als eine bloße Phantasmagorie der Quantität, eine Übertreibung oder Inflation, folglich vollzieht sie nie den qualitativen Sprung in die ganz andere Ordnung und in die absolute Unordnung. Das Außergewöhnliche des Abenteuers bestätigt die Regel der Alltäglichkeit. Gerade wenn sich das Abenteuer am außergewöhnlichsten wähnt, ist es am gewöhnlichsten, am gewöhnlichsten innerhalb des Gewohnten, hingegen ist jede Verbindung zwischen der Fremdheit des Jenseits und der alltäglichen Erfahrung unmöglich. Wir haben keine Wörter, die diese Fremdheit bezeichnen oder beschreiben könnten, denn schließlich entfernen sich Fremdes und Vertrautes nur innerhalb der gleichen Ordnung wie Gegensätze eines gleichen Genres.

Welche Anstrengungen unternehmen die Menschen daher nicht, um sich das Unvorstellbare vorzustellen! Von hier an sind alle Spekulationen erlaubt: die phantastischsten Erzählungen, die unsinnigsten Romane, die absurdesten Fiktionen ... die Toten werden uns nicht Lügen strafen, sie werden nicht wiederkehren, um gegen die Prahlereien der Schwätzer Protest einzulegen. Je weniger man weiß, desto mehr redet man. Welche Genauigkeit und Pedanterie in dem willkürlich aus der Luft Gegriffenen, welch überschäumende Detailtreue in all der Unkenntnis, angefangen vom Abstieg in die Totenwelt bei Homer und Vergil bis zur Epopöe Dantes! Ἀναβιοὺς δ' ἔλεγεν ἃ ἐκεῖ ἴδοι,[9] heißt es im zehnten Buch des *Staates* über Er, den Pamphylier: Nach seiner Wiederauferstehung erzählt er, was er dort unten gesehen hat. Nun aber hat er rein gar nichts gesehen, da er niemals dort war; er erfindet alles, was er erzählt ... Doch genau deshalb ist der Pamphylier eine nicht versiegende Quelle. Platon erzählt einen Mythos, das heißt eine Allegorie. Die eschatologische Romane erfindenden oder die Erdkarte der anderen Welt erstellenden Menschen denken sich die metaempirische Ordnung nach dem Vorbild der Empirie und

8 [Jonathan Swift: *Gullivers Reisen*, Stuttgart 1990.]

9 [»Lebte er wieder auf und berichtete sodann was er dort gesehen«; Platon: *Politeia* 614 b ff.]

konstruieren ein Jenseits, das ein erhabenes Diesseits ist; ähnlich jenen naiven Utopisten, die sich die äußerste Zukunft ausgehend von der Gegenwart vorstellen, verlängert die anthropomorphe Eschatologie die endlichen Linien des Diesseits punktförmig bis ins Jenseits und naturalisiert so das Übernatürliche. Und doch ist diese »andere« Welt, die anders ist als alles, weder eine andere noch überhaupt eine Welt im eigentlichen Sinne! Bisweilen denkt man sich das jenseitige Leben wie eine mehr oder weniger bizarre Wiederanordnung von dem Irdischen entliehenen, aber auf den Kopf gestellten Elementen. So stellt sich der zum Tode Verurteilte Victor Hugos eine diametrale Umkehrung der gewohnten Verhältnisse vor: die andere Welt ist, wie das Böse bei Plotin, eine verkehrte Welt. Ist diese verkehrte Welt eine ganz andere Ordnung oder ist sie noch die gleiche, nur auf den Kopf gestellte Ordnung? »Es scheint mir, daß der Himmel aus seiner eigenen Kraft leuchten wird, daß die Sterne dunkle Flecken am Himmel bilden werden und daß sie, statt wie für die Augen der Lebenden Goldblättchen auf schwarzem Samt zu sein, als schwarze Punkte auf Goldstoff erscheinen werden.«[10]

Das Jenseits ist letztlich das Negativ des Diesseits. Doch jener, dem Victor Hugo diese Worte in den Mund legt, ist natürlich noch am Leben und spricht die Sprache der Lebenden. Der Lebende, der im jenseitigen Leben Höhepunkte und einander ablösende Ereignisse wiederfinden will, stellt es sich manchmal wie eine Reise vor, eine phantastische Reise, die nicht notwendigerweise »in paradisum« ist! »Was wird aus uns nach dem Tod?« Dostojewskij versucht, im *Traum eines lächerlichen Menschen*[11] zu erzählen, was aus uns wird, und er zieht hier alle Register einer rein anthropomorphen und biomorphen Phantasie: der Tote durchläuft, wenn er überhaupt zu etwas wird, nach dem Suizid eine Reihe von endlosen Abgründen, ähnlich den Kreisen der Danteschen Hölle; sein jenseitiges Leben ist die Verlängerung seines ersten Lebens in wechselhaften phantastischen Landschaften.

10 [Victor Hugo:] Der letzte Tag eines Verurteilten XLI [Basel 1945].
11 [Fjodor M. Dostojewskij:] *Traum eines lächerlichen Menschen* (Phantastische Erzählung, 1877), [in: *Sämtliche Werke*, Bd. 4, München/Zürich 1977.].

2. Die Angst vor dem Augenblick und die Furcht vor dem Jenseits

Wenn das Fast-Nichts, das geringste Sein des tödlichen Augenblicks, gewissermaßen inexistenter Gegenstand unserer Angst ist, so ist das anthropomorph und als Variante des Diesseits begriffene Jenseits mit seinen Bedrohlichkeiten und unbekannten Gefahren Gegenstand unseres Schreckens. Hellenismus und manche Heilslehren haben eher den Schrecken als die Angst gekannt. Die Phobie vor dem Augenblick verhält sich zur Furcht vor dem Jenseits wie der Mut zur Ausdauer. Ob Mut zum Anfang oder Mut zum Ende – der Mut schlechthin ist in beiden Fällen die Eigenschaft des Menschen, der *wagt*, das heißt, der die jähe Mutation des Augenblicks in Angriff nimmt. Der Mut ist ein Notzustand angesichts der Imminenz der drohenden Gefahr. Deshalb hat die Zaghaftigkeit, die nicht »wagt«, mit der Angst soviel gemein. Die Angst ist hierin Bestandteil sowohl der Zaghaftigkeit als auch der Scham. Gibt es denn nicht eine Scham des Augenblicks? Die Erneuerung etwa ist eher Gegenstand der Angst und das Neue eher Gegenstand der Furcht: denn wenn wir an der Schwelle zum Ereignis eher Angst empfinden, so fürchten wir die neue Ordnung, die die Veränderung bewirkt, mit einer Furcht, der keine Angst beigemischt ist. Und ebenso gilt: die Grenzüberschreitung macht uns Angst, die Gefahren jedoch, die uns im fremden Land erwarten, erfüllen uns mit Furcht. So stehen in jedem Menschen die Angst vor dem Sterben und die Furcht vor dem Totsein einander gegenüber. Die Angst ist die Panik, die sich unserer bemächtigt und uns vor der Imminenz des tödlichen Augenblicks den Kopf verlieren läßt; doch das Leben im Jenseits, wie wir es uns hienieden vorstellen und das Gegenstand unserer Furcht ist, kann nur eine entfernte Bedrohung sein, da es jenseits der Schwelle des Todes beginnt. Die Angst vor dem Augenblick ist vor allem ein unbegründetes Gefühl. Und in der Tat kann der Augenblick ohne Dauer, Dichte und Inhalt kein »Grund« zur Angst im eigentlichen Sinne sein; die Megariker wußten es wohl: es gibt im Augenblick buchstäblich *nichts* zu fürchten; es gilt höchstens, einen unangenehmen Moment durchzustehen! Die Auflassung des Lebens ähnelt, so wenig man auch das Eintreten vernachlässigen darf, dem Ziehen eines Zahns: man hat nicht einmal Zeit, sich dessen bewußt zu werden … Es ist nichts, in bezug auf uns und fast nichts an sich! Und tatsächlich gibt der Mensch, das vernunftbegabte Tier, nicht gerne zu, daß er vor fast nichts Angst hat. Es ist eines denkenden Tieres unwürdig, vor fast nichts Angst zu haben, es ist unvernünftig, grundlos Furcht zu haben! Die Angst vor etwas *Unbegründetem* ist also *uneingestehbar.* Der Ängstliche fürchtet in der Tat etwas, doch etwas, das keine Sache ist und das er nicht eingestehen kann, er fürchtet ein Ich-weiß-nicht-was, das ein Fast-Nichts ist, und das er nicht erklären kann: daher gibt er vor, zu fürchten, was er nicht fürchtet; er tarnt seine unerklärliche Angst, indem er die Aufmerksamkeit auf eine erklärliche Angst umlenkt, die er zu empfinden behauptet. Unwichtig, ob er selbst nicht so recht davon überzeugt ist … Wer seine Mutlosigkeit vor dem unangenehmen Augenblick, den es zu bestehen gilt, nicht eingestehen will, wer nicht den Anschein erwecken will, daß er die inexistente Sekunde der Angst fürchtet, darf hingegen, ohne Anstoß zu erregen, um sein posthumes Schicksal besorgt sein. Eine solche Besorgnis gereicht ihm zur Ehre! Um sich selbst zu beruhigen, ersetzt der Ängstliche also die leere Besorgnis um den Augenblick durch die handfesten Gefahren des Jenseits: so versuchten die verfolgten Juden während des Krieges etwa, nicht zu sehr an ihr uneingestehbares Elend, an den besonderen Fluch, der sie traf, an das schreckliche und unbekannte Los, das ihrer harrte, zu denken, und machten, wenn auch ohne wirkliche Überzeugung, die eingestehbaren, guten und braven Allerweltssorgen und die ehrenhaften Beeinträchtigungen aller im Krieg befindlichen Völker für sich geltend: Versorgungsschwierigkeiten, mangelnde Heizmöglichkeiten, Luftangriffe; auch sie ersetzten die unsägliche Angst vor der Vernichtung durch eine sehr sagbare und eingestehbare Sorge, durch eine begründete Sorge, die sprachlich zu erklären war und die Angst rechtfertigen konnte. Ein Mensch, der dieses Namens würdig ist, darf nur das Fürchterliche fürchten. Mehr: wenn ein Mensch einen legitimen, logisch und ätiologisch fundierten Schrecken empfindet, ist die schreckliche Sache die Ursache des Schreckens. Platon, Aristoteles und die Stoiker gaben der schrecklichen Sache den Namen δεινόν und φοβερόν.[12] Was Furcht hervorruft, ist, um in der Sprache des »Phaidon« zu sprechen, also das Los des Verstor-

12 [Das »Schreckliche« und das »Furchtbare«.]

benen (τεθνάναι);[13] was nun die Angst vor dem Dahinscheiden (ἀποθνήσκειν)[14] betrifft, so ist sie nichtig. Volksglaube und religiöser Schrecken haben gleichermaßen nicht das Fast-Nichts des Augenblicks zum Gegenstand, sondern die Sorge um unseren Zustand im Jenseits und die drohenden Höllenqualen, die den Verdammten bestimmt sind. Hat der Sünder nicht gute Gründe, die übernatürlichen Strafen zu fürchten, die er verdient hat? Der Sinnlosigkeit einer grund- und gehaltlosen Angst steht der ethische Charakter der Furcht und des Zitterns, der unbegründeten Scham die begründete Schande gegenüber. Das Heil der Seele und ihr Schicksal nach dem Tode, die Alternative von Paradies und Hölle – hier kann man doch wohl von einem Spiel mit hohem Einsatz sprechen! Die umstandsbestimmten Dimensionen unserer empirischen Sorgen finden sich in dieser geistlichen Pseudo-Sorge wieder, doch in welch kolossalem Umfang! Wo werden wir sein? Wie lange werden wir im Fegefeuer schmachten? Was wird uns widerfahren? Ubi, quamdiu et quomodo?[15] Wahrhaftig genug Stoff für Rede und Nachsinnen. So wie die Erziehung zur Moral uns anhält, vor die Lust eines Augenblicks das Glück eines ganzen Lebens zu stellen, so lehrt uns die religiöse Unterweisung, die Sorge um unsere ewige Glückseligkeit über alles Glück zu stellen, und sei es noch so dauerhaft. Die Vorrangigkeit des ewigen, wenn auch ungewissen Seelenheils gegenüber einem irdischen, wenn auch sicheren Glücks, die Inkommensurabilität des Unendlichen und des Endlichen sind die Triebfeder der Pascalschen Wette.[16] Unsere unendliche Zukunft selbst ist dem Augenblick, der die Schwelle zu ihr ist, inkommensurabel: der Augenblick dauert eben nur einen Augenblick; unsere posthume Zukunft ist unendlich viel wichtiger und bedeutender als dieses Fast-Nichts und auch gewichtiger, denn sie trägt die höheren Interessen eines geistigen Schicksals in sich. Wer würde den höchsten Schmerz des tödlichen Augenblicks nicht wie einen unangenehmen Moment hinnehmen, wenn er in diesem äußersten, kurzen und fast inexistenten Schmerz das Tor zur ewigen Glückseligkeit ahnte?

Doch färben die Phobie vor dem »Während« und die Furcht vor

13 [»Tot sein, vergehen«.]
14 [»Sterben, getötet werden«.]
15 [»Wo, wie lange und auf welche Weise?«]
16 [Blaise Pascal: *Pensées*, Fragm. 233 (Ed. Brunschvicg).]

dem »Danach« aufeinander ab. Gewiß kann der fast empirische Charakter des Jenseits in manchen Heilslehren den Sterbenden gegen die Todesangst unempfindlich machen: da das Jenseits noch ein wenig diesseits und das Diesseits schon relativ jenseits ist, bedeutet die Mutation im Tode nichts Unvorstellbares und Monströses, sondern lediglich eine Veränderung, die kaum radikaler ist als andere. Die Verwandlung des Lebenden in einen Toten beinhaltet ebenso wie die unmerklichen Verwandlungen ein relativ vergleichbares Vorher und Nachher; obwohl die Verwandlung des natürlichen Menschen in ein übernatürliches Wesen diskontinuierlich ist, hilft sie uns, ohne Angst die unheilvolle Schwelle zu überschreiten. Umgekehrt auch kennen die am wenigsten biomorphen und tiefsten Religionen weithin eine Ewigkeit ohne gemeinsames Maß mit dem menschlichen Leben: insofern als die metaempirische Ewigkeit der empirischen Dauer auf das heftigste widerspricht und in einem völligen Kontrast zu ihr steht, kann dem Sterbenden der scharfe Schnitt des tödlichen Augenblicks nicht erspart bleiben; wenn die ganz andere Ordnung die hyperbolische Negation des Diesseits ist, wird auch der souveränste Weise den sinnverwirrenden und schmerzlichen Augenblick des Übergangs erfahren müssen, denn die ganz andere Ordnung kann wohl noch immer eine »Ordnung« sein, sie ist aber vor allem eine *ganz andere* Ordnung. So betrachtet, vermischt sich der Schrecken vor dem Jenseits mit der Angst vor der Grenze, die es einleitet; so gesehen bleibt die Aushauchung des letzten Seufzers nicht unbemerkt. Das gleiche gilt auch für die Philosophie des Augenblicks: wenn es kein Danach gibt, oder (was jedoch auf das gleiche hinausläuft) dieses Danach Nichtheit ist, ist der Tod zweifellos nichts anderes als eine unkompensierbare Vernichtung, das heißt, eine auf den Kopf gestellte Schöpfung, ein magisches Entschwinden, und wir wagen nicht einmal, uns dieses unfaßliche Herausreißen des ganzen Seins aus einem Wesen im voraus vorzustellen. Umgekehrt vermischt sich die angstvolle Erwartung des vernichtenden Augenblicks mit der Furcht vor der meontischen Ewigkeit, deren Beginn dieser Anfang ist und die in diesem Augenblick schon ganz vorgegeben ist. Dieser Augenblick wäre nicht so angsterregend, wenn er lediglich das plötzliche Eintreten eines Ereignisses im Laufe der Zwischenzeit wäre; wir haben Angst vor dem Augenblick des Todes, weil er eine Ewigkeit an Nichtsein aufreißt, von der wir keine Vorstellung haben. Und überhaupt gilt für die Gefühle der Empirie: wenn man etwa Angst vor dem Schmerz der Trennung hat, fürchtet man die Abwesenheit, die im Augenblick des Lebewohl bereits enthalten ist; die Furcht vor der Abwesenheit ist die Angst vor dem schmerzlichen letzten Mal, mit dem die Abwesenheit ihren Anfang nahm und das ihr noch innewohnt.

Genau gesagt ist, was am Tod gefürchtet wird, weder einzig die Hölle, die Gegenstand begründeter Furcht ist, noch der Augenblick des Todes, der ein nahezu inexistenter Gegenstand der Angst ist, sondern der Gegenstand einer angsterfüllten Furcht oder einer furchterregenden Angst: dieser Gegenstand ist die Nichtheit, die das Ergebnis der Vernichtung ist, oder, wenn man so will, das Zunichtewerden, das in das ewige Nihil mündet. Ohne Zunichtewerden bedeuteten die ewigen Qualen eine Art Weiterleben – ein zwar schmerzerfülltes Weiterleben, aber doch ein Weiterleben; das Zunichtewerden ohne ewiges Nichts wäre belangloser als eine kurze Stromsperre. Ein Zunichtewerden, das nicht endgültig und nur ein kurzes Verlöschen ist, ist aber kein Zunichtewerden. Das Fast-Nichts impliziert demzufolge unmittelbar das Nichts. In der Furcht wie in der Angst erfaßt den Menschen der Schrecken vor dem ewigen Nichtsein, das im Gering-Sein des Zunichtewerdens impliziert ist.

3. Hoffnung und Wunschform der Verzweiflung

Wenn das Jenseits wirklich jenseits, absolut jenseits aller Diesseitigkeit ist, ist es keine »Zukunft« im eigentlichen Sinne und muß folglich sowohl die käufliche Hoffnung auf das Paradies als auch das berechnende Grauen vor der Hölle ausschließen; denn das Paradies ist nur ein ins Erhabene übertragenes Diesseits und die Hölle ein monströses, fratzenhaftes und verzerrtes Hienieden. Und wie könnte überdies das Jenseits, das gar noch jenseits der Zukunft liegt und ein »Plusquamfutur« ist, im Wortsinn »erhofft« werden? Landsberg und Gabriel Marcel[17] haben auf so bewun-

17 [Paul Ludwig Landsberg (1901-1944), Philosoph, deutscher Jude, 1939 emigriert, Professor an der Sorbonne, im KZ Oranienburg gestorben; Gabriel Marcel (1889-1973), frz. Philosoph und Kritiker, Begründer des christlichen Existentialismus.]

dernswerte Weise vom Unterschied zwischen geschlossener Hoffnung und offener Zuversicht gesprochen, daß uns darüber nichts mehr zu sagen bleibt. Präzisieren wir dennoch in unserer Sprache, daß die Hoffnung stets die konkrete Sache (res) erhofft: das Glück selbst, das sie erhofft, ist eine bloße, im Preis heraufgesetzte Eudämonie; sie ist daher ein wenig käuflich, zur Annektierung geneigt und habsüchtig ... Man kann Hoffnung haben, ohne daß das Herz von Zuversicht verklärt ist! Die Hoffnung erhofft stets eine zeitliche Zukunft. Andererseits gibt es die Hoffnung, die ein begründetes und relativ vernünftiges Gefühl ist, nicht ohne Grund: daher setzt sie das kalkulierte Risiko und die Stellungnahme voraus; die Hoffnung bezieht der Wahrscheinlichkeit eines Ereignisses und dem möglichen Erfolg gegenüber Stellung; sie spielt auf abenteuerliche, doch vernünftige Weise das optimistische Spiel der günstigen Eventualität, sobald sich das Abenteuer zu lohnen scheint. Die Hoffnung, seine Gesundheit wiederzuerlangen etwa, impliziert die Analyse der Heilungschancen, wie gering diese auch sein mögen. Darüber hinaus glaubt die Hoffnung an die Fruchtbarkeit der Zeit; man darf das Vertrauen in die fruchtbaren Tugenden des Werdens und der Entwicklung nicht verlieren, auch wenn bisweilen alles dagegen spricht. Selbst wenn ein Sieg, rational betrachtet, unwahrscheinlich ist, behauptet die Hoffnung, daß eine tiefere, aber noch verborgene Einsicht ihre Kühnheit eines Tages rechtfertigen wird. Das Jenseits nun, das nichts rational Einsehbares ist, wird eher *verzweifelt erwünscht*, denn *leidenschaftlich erhofft*. Von hier an wird der Wunsch der Verzweiflung eins mit der unendlichen Zuversicht. Die Hoffnung erhofft die erhoffte Sache, *speratum*; sie selbst ist das Objekt, das Partizip Perfekt im Passiv; die Wunschform der Verzweiflung hingegen, die nichts Spezielles erhofft, bezeichnet den Akt des Hoffens, *sperare*, im allgemeinen. Wer eine Hoffnung aufgeben muß, wird sich auf eine andere verlegen, sich mit der Hoffnung auf etwas anderes trösten und sich von seiner episodischen Hoffnungslosigkeit wieder erholen. Wer aber die Zuversicht schlechthin verliert, kann nicht mehr leben. Verzweifelte Zuversicht bleibt, wenn eine Hoffnung nach der anderen enttäuscht wurde: sie ist die tatsächliche Hoffnung ohne Hoffnung! Der Mensch lebt nur für die Zukunft, und doch kann er die äußerste Zukunft nicht ins Auge fassen: die äußerste Zukunft verliert sich am Horizont in der Wüste des Schweigens. Die Endlichkeit unserer Existenz verhindert die endlose Verlängerung der Künftigung. Die Wunschform muß einspringen, wenn es an Zukunft mangelt; sie führt in der Art einer Strichzeichnung die erloschene Zukunft fort. Dies ist wohl der ununterdrückbarste und glühendste Wunsch überhaupt! Denn es ist der Wunsch der Wünsche, daß unser fundamentales Unvermögen aufgehoben und jenes metaphysische Verlangen schlechthin, jenes Verlangen nach Unsterblichkeit, von dem Diotima,[18] und später auch Miguel de Unamuno,[19] spricht, endlich gestillt und das Untröstliche getröstet werde. Wir wünschen uns entweder die Verewigung der Lebensdauer, mit anderen Worten: wir wollen niemals sterben, oder die Verlängerung des Lebens über den Tod hinaus, und dies entweder durch ein unmittelbares Fortleben oder durch eine spätere Wiedergeburt. Solange es den Tod gibt, ist dem Menschen die Erfüllung versagt. Hier bricht der ganze Gegensatz zwischen dem rationalen und kämpferischen Aktivismus der »elpidischen«[20] Haltung und dem irrationalen Quietismus der »optativen« Haltung auf. Der hoffnungsfrohe Mensch erkennt sich in der Finalität und Transparenz eines relativ verständlichen Werdens, das unsere Arbeit beeinflussen kann und das unserer Leistung einen Sinn gibt; unsere Wünsche hingegen wollen ein dunkles und absurdes Geschick oder einen unergründbaren Willen, von dem unsere Zukunft abhängt, nicht beeinflussen, sondern ins Wanken bringen: das Vertrauen hat der demütigen, passiven und fatalistischen Erwartung der Erhörung Platz gemacht. Die bevorzugten Gegenstände unserer Wünsche wären also vornehmlich τὰ οὐκ ἐφ' ἡμῖν,[21] Dinge, die außerhalb unseres freien Willens und unserer Arbeit liegen: das wahnwitzige, unverdiente Glück, das Determinismus und der natürliche Lauf der Künftigung gewöhnlich nicht eintreten lassen, die Begegnung mit der ersehnten Frau und die romanhaften Begebenheiten im Leben, die unglaubliche Chance, das große Los in der Lotterie, die Geschenke des wohlwollenden Zufalls, das Lächeln Fortunas – kurz, all die Dinge, die niemals eintreten, und schließlich noch der Sieg über den Tod, der stets

18 [Platon: *Symposion* 207a ff.]

19 [Miguel de Unamuno (1864-1936), span. Philosoph u. Schriftsteller.]

20 [Von altgr. ἐλπίς: »Hoffnung, Erwartung«.]

21 [»Was nicht in unserer Macht steht«; Epiktet: *Encheiridion* I (dt.: *Handbüchlein der Moral*, a. a. O.)]

vermeidbar und doch unvermeidlich ist, der nie zu einem bestimmten Zeitpunkt notwendig und doch schlechthin zwangsläufig ist. Insofern als die Stunde ungewiß ist, ist der Tod Sache der Hoffnung. Insofern als die Tatsache des Todes gewiß ist, ist die Sterblichkeit Gegenstand eines Wunsches. Die Hoffnung bezieht sich auf eine immanente, von Erfolg zu Erfolg verlängerte Fortdauer; doch der Elan der Wunschform geht über eine bestimmte Zukunft hinaus und ersehnt die ewige Erscheinung der Zukunft schlechthin. Ich *hoffe* sehr, so spät wie möglich zu sterben, jedenfalls nicht heute nachmittag, weder nächsten Sommer noch zu sonst einem Zeitpunkt, da dies offensichtlich von Medizin und Hygiene, Vorsicht und einer mühsamen Disziplin abhängt. Was nun den Sieg über den Tod und die Zeitlichkeit im allgemeinen betrifft, so kann er nur gewünscht werden: die Verheißung der »Offenbarung« ist in dieser Hinsicht eine »dämonische Hyperbel«, die nur in der Wunschform einen Sinn hat für uns. Dies sind die beiden Bedeutungen des Adverbs vielleicht: zum einen ist es das Adverb der vernünftigen Hoffnung und drückt dann die Hoffnung auf gute Gesundheit und ein langes Alter aus, zum anderen ist es das Adverb der unsinnigen Zuversicht, deren Grenze der Wunsch ist; das russische Wort *avoss* bringt diese wahnwitzige Zuversicht, die man kaum auszusprechen wagt, zum Ausdruck: so Gott will ... wer weiß? vielleicht besiegt der Mensch eines Tages den Tod.[22] Da es kein rationales Mittel gibt, das Schicksal abzuwenden, läßt uns die Wunschform lediglich die Wahl zwischen abergläubischen Praktiken und dem Gebet: wir nehmen Zuflucht zur Wundertätigkeit oder erwarten demütig die Gnade; oder betrauen die vorüberziehenden Sterne mit unserer Mission beim Schicksal; oder rufen den Himmel an und bitten ihn, daß er uns helfen möge. Das Jenseits ist also nicht eigentlich Gegenstand eines »abenteuerlichen« Glaubensbekenntnisses (denn das Abenteuer ist noch immer von dieser Welt), als vielmehr der Einsatz einer willkürlichen Wette; und es wird uns nicht zur Wahl gestellt, sondern einem blinden Wunsch überlassen; wir müssen es darauf ankommen lassen, und trotz des Absurden lassen wir es in gewisser Weise darauf ankommen. Die heidnischen Religionen und die Morallehre suchen den Wunsch in Hoffnung umzuwandeln und ihr eine vernünftige Begründung zu

22 [Henri] Bergson: *Schöpferische Entwicklung* [Jena 1930], Ende des 3. Kapitels.

geben. Selbst Platon im *Phaidon*[23] und Aristoteles in der *Nikomachischen Ethik* versprechen uns eine glückliche Zukunft auf den Inseln der Seligen und »quiddifizieren« somit die Glückseligkeit. Sie transzendieren also keine Art eschatologischen Eudämonismus. Wenn uns Pascal auch keine »Mittel zum Glauben« im eigentlichen Sinne liefert,[24] so stützt er doch das Interesse, das uns für das ewige Leben wetten lassen sollte, auf eine moralische Alternative. Andererseits rechtfertigt das, was den Menschen moralisch zur Hoffnung berechtigt, das Versprechen auf eine ethische Zukunft, die aufgehört hat »Jenseits« zu sein. Jenseits des kleinen Jenseits der Hoffnung gibt es vielleicht eine Zukunft aller Zukunft, einen entfernten Horizont, von dem an Wunschform der Verzweiflung und unendliche Zuversicht eins sind.

23 63 c; 64 a: εὔελπις (»hoffnungsvoll«), 67 b-c μετὰ ἀγαθῆς ἐλπίδος (»mit guter Hoffnung«), 68 a, 70 a, usw.

24 [So der Titel des 4. Kapitels (Fragm. 242-290) der *Pensées* in der von Léon Brunschvicg besorgten Ausgabe.]

Zweites Kapitel
Die Absurdität des Fortlebens

1. Unsterblichkeit, Wiederauferstehung, fortwährendes Leben

Die unendliche Doppeldeutigkeit des Jenseits besteht nur darin, daß die beiden gegensätzlichen Lösungen von »Fortleben« und Zunichtewerden gleichermaßen absurd sind. Wir müssen die beiden Absurditäten jeweils Zug um Zug enthüllen, bevor wir sie irrational in einem einzigen Mysterium zusammenfallen sehen. Man käme nicht zum Ende, wollte man alle Chimären klassifizieren, die der Wunsch nach einem Weiterleben, die die große faszinierende Wunschform in der Vorstellung der Menschen hat aufkommen lassen. Kann die philanthropische Hoffnung, niemals zu sterben – um hier zu beginnen –, als Wunsch nach Unsterblichkeit gedeutet werden? Die großzügige fortschrittsgläubige Zuversicht, die in der ständigen Vervollkommnung der Heilmethoden, der Möglichkeit, den Tod endlos hinauszuschieben, und in der Ungewißheit über den genauen Zeitpunkt ihre Rechtfertigung findet, erhebt keine metaphysischen Ansprüche. Die Unsterblichkeit ist nicht das Höchstmaß oder die Grenze der Langlebigkeit, sie befindet sich auch nicht an deren Horizont; und man wird auch nicht unsterblich, wenn man nur lange genug lebt und immer älter und älter wird; ein langes Leben kann letztlich von der Unsterblichkeit praktisch nicht mehr zu unterscheiden sein, trotzdem bleibt der Abstand zwischen der Unsterblichkeit und dem längsten Leben unendlich groß, und ein atemberaubender Sprung genügt nicht, um ihn zu überwinden, übrigens wäre der »Überlebende« unter diesen Umständen nichts anderes als ein vor seinem ständigen Untergang ständig geretteter Davongekommener; und das Leben dieses Überlebenden wäre seinerseits nur eine unsichere Bewährungsfrist, die von Gefahr zu Gefahr ständig erneuert wird; eine Art fortwährendes Wunder. Jedesmal, wenn man den Ertrunkenen wieder herausfischt, muß man sagen: die Nichtheit hat diesmal noch ihr Opfer verfehlt; mehr ist nicht zu sagen. Doch das gefährliche Spiel mit dem Tod kann nicht lange dauern; man laviert nicht endlos in den Klippen; auf die Dauer, und wenn sich die Auswirkungen des Alters verschlimmern, werden die Todesrisiken immer größer, während die Chancen, dem Tode zu entgehen, gegen Null tendieren und das Wunder des Überlebens immer unwahrscheinlicher wird. Man weiß gut, wie dies alles ausgehen wird. Was wir suchen, ist kein fortwährendes Leben, das jedem Kratzer preisgegeben ist, sondern ein buchstäblich unvergängliches Leben. Die Unsterblichkeit ist weder die unerhörte Chance, die uns dem Tod entkommen läßt, noch der Talisman, der uns vor dem Tod schützt, oder die wunderbare Gabe, die uns erlaubt, niemals sterben zu müssen: die Unsterblichkeit bedeutet, nicht sterben zu können. Wie sollte diese absolute Unmöglichkeit das Ergebnis einer endlosen Progression sein? Ein von Anfang an und in all seiner Fülle unsterbliches Leben ist ein Leben, das den Tod nicht kennt; ein endloses Leben und ein vor dem Verschleiß durch die Zeit geschütztes Leben. Der Lebende streift in diesem vertrauensseligen Optimismus mehr als einmal den Tod, springt aber sofort wieder zurück, wie der Tapfere, der allen Kugeln und allen Granatsplittern gerade noch ausweichen kann. Der Lebende bleibt diesseits des eigenen Lebens und braucht somit kein Fortleben, das die eschatologische Verlängerung dieses Lebens wäre: das Leben selbst überlebt sich ständig; es gibt also ein kontinuierliches Weiterleben, aber kein Überleben; oder besser: da alles in das Diesseits gefaßt ist, gibt es weder Diesseits noch Jenseits. Aber wer kann das Bewußtsein eines freien Menschen daran hindern, sich über das Jenseits seines gegenwärtigen Seins endlose Fragen zu stellen, solange der Tod selbst nicht unmöglich wird?

Was die Anhänger der Unsterblichkeit im allgemeinen Fortleben nennen, ist bekanntlich etwas ganz anderes: nämlich ein anderes Leben, ein Leben Nummer zwei, ein jenseitiges Leben, das über die Leere des Todes hinaus an die Stelle des ersten tritt. Doch von dem Moment an, da man die Idee einer Zunichtewerdung, das heißt einer unkompensierten Rückkehr »in nihilum«, als irrational verwirft, kann man dieses Fortleben auf mehrere Arten begreifen. Die Ablösung kann nach einer mehr oder weniger langen Unterbrechung erfolgen. Diese Unterbrechung, die einem lethargischen Zustand ähnelt, dieses Interregnum des Schweigens, das vielleicht eine heimliche Fortführung ist, und dieser geheimnisvolle Winterschlaf, in dem etwas zu überdauern scheint, sollen die

Wiederauferstehung des Menschen vorbereiten. Eine wundersame Wiederauferstehung, da sie das ganze Wesen, Leib und Seele, wieder zum Leben erweckt, und der Lebende in seiner Ganzheit aus dem Todesschlaf erwacht. Über den Abgrund der Nichtheit hinaus impliziert die Wiederauferstehung die Rettung der ganzen Person; es ist nicht so, daß die Person die Kluft übersprungen oder mit einer Brücke überwunden hätte, sie ist tatsächlich in die Tiefe des Abgrunds gestürzt, um sich daraus auf wundersame Weise wieder zu erheben. Dies ist der Sieg über den Tod, von dem die Propheten und der Apostel Paulus sprechen.[1] Er setzt zumindest voraus, daß der Tod tatsächlich stattgefunden hat, was, aus verschiedenen Gründen übrigens, der »Transformationismus« eines Leibniz und der Aktualismus eines Spinoza in Abrede stellen werden.

Es muß jedoch möglich sein, die Analyse des Todes ernsthafter zu betreiben und trotzdem das universelle Prinzip der Selbsterhaltung zu berücksichtigen, das uns verbietet, das magische Entschwinden eines lebenden Wesens zu begreifen. Drei Lösungen bieten sich an: die beiden ersten, deren eine die Fortdauer des Lebens und deren andere die Ewigkeit des Wesens behauptet, sind eher Tröstungen; die dritte, die sich auf das persönliche Überleben der Seele beruft, ist eher eine Zuversicht. Die erste nimmt das Sein aller Wesen vom individuellen Tod, die zweite die Essenz des Seins von der Vernichtung des Seins schlechthin aus. Zu behaupten, daß der Tod distributiv alle vergänglichen Wesen vernichtet, ohne das Sein dieser Wesen zu vernichten, oder daß er das existierende Wesen vernichtet, ohne die Essenz dieses Wesens auszulöschen, heißt, das metaempirische Zunichtemachen in eine teilweise Vernichtung zu verwandeln. Kosmologische Tröstungen und metaempirische Kompensationen banalisieren auf diese Weise die tragische Außergewöhnlichkeit des Todes, um unsere Angst zu beschwichtigen. Zunächst zur kosmologischen Tröstung: der Tod zwingt uns augenscheinlich die Zersetzung des organischen Körpers auf, der zunächst in einen leblosen Leichnam, dann in Gebeine, Mineralsalze und chemische Bestandteile verwandelt wird. Was ist nun aus dem Leben geworden, das diesen Körper einst beseelte? Wenn

1 [Vgl.: Jes. XXV, 8; Hos. XIII, 14 und 1. Kor. XV, 54-55.]

der Tod keine metaphysische Beseitigung und keine unbegreifliche Vernichtung ist, und man nach der tödlichen Dissoziierung wiederfindet, was vor ihr war, nur in anderer Anordnung, scheint es offensichtlich ganz natürlich, die Rückkehr des vitalen Prinzips in ein universelles Leben anzunehmen; dies legt uns ein Dichtern und Träumern teurer, gewisser panbiotischer Vitalismus nahe. Die mütterliche Natur würde also zur Verwirklichung von Wiederverkörperungen und Metempsychosen aus dieser universellen und anonymen Masse schöpfen. Michelet, der die *Frau* schrieb, und Victor Hugo, der Verfasser des *Cadaver*,[2] stimmen hierin überein: der Tod ist Metamorphose, ist Wiedergeburt, ist Zersetzung und Aufkeimen, Verwesung und Aufblühen; denn zu sterben heißt wiederaufleben, heißt sich hier auflösen, um dort in anderer Form wiedergeboren zu werden. »Vita mutatur, non tollitur.«[3] Es gibt keine andere Unsterblichkeit als die nie versiegenden Quellen des universellen Lebens und die unermüdliche Wiederkehr des Frühlings. Empedokles verneint Entstehung und Ende, φύσις und τελευτή, und will nur die Mischung und die Trennung des Gemischten anerkennen (μίξις τε διάλλαξίς τε μιγέντων).[4] Die unpersönliche Ewigkeit der Wiedergeburten erklärt so eine Kontinuität, die der Feenzauber der Wiederauferstehung dem Zufall überläßt. Das unvergängliche Leben hat ein Überleben also nicht nötig; jede Verlängerung ist überflüssig. Die spezifische Unsterblichkeit tritt an die Stelle der individuellen Sterblichkeit. Der Lebende ist sterblich, doch sind das Leben dieses Lebenden und die Lebensfähigkeit dieses Lebens unvernichtbar und unvergänglich, und folglich ist der Tod nicht das Ende des Lebens, sondern lediglich das Ende des Lebenden; der Tod würde also den individuellen Werdegang, nicht aber das universelle Leben beschließen.

Der Tod hat demzufolge nichts Tragisches mehr. Er ist nicht Jüngstes Gericht, allgemeiner Untergang oder theologische Sintflut, die wie das »Ende der Welt« alle Lebewesen ohne Ausnahme tref-

2 Victor Hugo: *Les contemplations*, VI, 13 [Paris 1972]; [Jules] Michelet: *Die Frau* [Leipzig 1890], III, 6.

3 [»Das Leben wird verwandelt und nicht genommen«; Präfation der kath. Totenmesse.]

4 [»Mischung und Austausch des Gemischten«; Empedokles:] Fragm. [31 B] 8 [Diels/Kranz].

fen würde; auch wenn die ganze menschliche Gemeinschaft mit einem Schlag vernichtet würde, bliebe doch noch die Möglichkeit, daß die lebende Menschheit nur eine Spezies innerhalb einer viel umfassenderen Gattung war: warum sollten unbekannte Existenzen, die in den Universen versprengt sind, die Lebenden hienieden nicht überleben? Tatsächlich ist der Tod niemals das Nichtsein des ganzen Seins, sondern das Nichtsein eines einzelnen Wesens; der Tod ist nicht die metaempirische Nichtheit, sondern ist ein singuläres und lokal begrenztes Verlöschen, eine teilweise Vernichtung, die von Umstandsbestimmungen begleitet wird und mit Abszisse und Ordinate ausgemacht werden kann: jemand irgendwo in einer bestimmten Minute; denn es handelt sich um den Tod einer Person! Wie ein Sessel durch die Abberufung dessen, der ihn innehatte, frei wird, wird ein Platz plötzlich verlassen. So also wird der Tod zu etwas Zweitrangigem, wird auf die Größe eines anekdotischen Zwischenfalls verkleinert, wird zu einer unbedeutenden Regionalnachricht inmitten der Unermeßlichkeit des Lebens. Niemand ist unentbehrlich, erinnert uns Jacques Madaule.[5] Was ist der Tod eines Menschen gegenüber der Masse des Existierenden? Kaum mehr als ein verwelktes Blatt oder ein irgendwo in diesem Augenblick in der Prärie des weiten Westens ausgerissenes Grasbüschel ... Der Tod von Peter oder Paul ist ein kleiner Haken, ein winziger Riß in der Weltgeschichte, ein Kratzer oder eine harmlose Schramme auf der Oberfläche des Seins. Diese mikroskopisch kleinen Tragödien höhlen das Schicksal in seiner Tiefe und Fortdauer weder aus, noch vermögen sie es zu erschüttern; mehr: sie bleiben unbemerkt. Die Existenz des Universums wird nach einem bestimmten, letzten Herzschlag ungerührt andauern.

Wenn der Tod, von außen betrachtet, alles andere als die radikale Vernichtung zu sein scheint, so nicht nur deshalb, weil er ein winziger Einschnitt und eine sehr partielle Leere in der Masse des Seins ist, sondern weil die Lücke nicht frei bleibt; die Lücke wird, kaum daß sie entstand, auch schon wieder gefüllt. Die Kette der Lebenden ist dem Gewebe der wahrgenommenen Erscheinungen vergleichbar, wie es sich der nominalistische Empirismus vorstellt: in der Fülle dieses Kontinuums gibt es bisweilen Stellvertretungen oder Ersatz, doch niemals Löcher. Vermöge eines von der Vor-

5 [Jacques Madaule: *Considération de la mort*, Paris 1934,] S. 23.

sehung bestimmten Mechanismus des »Ersatzes«, kraft eines der ἀντιπερίστασις[6] der griechischen Physiker ziemlich ähnlichen plötzlichen *Wechsels* wird jedes Verschwinden durch ein Erscheinen kompensiert, jede Vernichtung durch eine Erschaffung ausgeglichen und jede Abwesenheit durch eine Anwesenheit ersetzt: es gibt folglich nur relative Verluste, und das Mehr balanciert das Weniger aus. Die Tröstung hebt die Trostlosigkeit auf. Die Abwesenheit ist nur für unseren untröstlichen Kummer unersetzlich; für den Weisen oder für eine das Problem überblickende Vernunft greift der Tod lediglich in die Ordnung und Anordnung von Teilen innerhalb eines Ganzen ein; hier erinnert der kosmologische Pantheismus keineswegs an die Bergsonsche Fülle (denn diese Fülle impliziert Schöpfung), sondern ganz im Gegenteil an die Kombinationen der intellektualistischen Kombinatorik: der Tod ist Anlaß zu einer Neuordnung der anders gruppierten Bestandteile, deren Gesamtzahl aber zumindest konstant bleibt, wenn sie nicht noch wächst. Wie eine Verwaltung die durch Todesfälle frei gewordenen Stellen Zug um Zug wieder besetzt, so scheint auch in der allgemeinen Ökonomie des Seins eine Art Verwaltung der Vorsehung darüber zu wachen, daß die von den Toten aufgerissene Leere wieder gefüllt wird. Die Symmetrie von Tod und Entstehung war immer schon das heftig verteidigte Idol des zyklischen Optimismus gewesen: der *Phaidon*, wie wir gesehen haben, führte an, daß die Natur ohne wechselseitige Kompensation (ἀνταπόδοσις) und ohne jeweilige Umkehrung (ἀνακάμψις) zum Erliegen käme; ohne Hin und Zurück würde die Natur »hinken«. Steht die Sterblichkeit nicht oft im proportionalen Verhältnis zur Geburtenrate bei den sich schnell vermehrenden Arten? Von der Vorsehung gesandte Epidemien zu Zeiten der Überbevölkerung, das oftmalige Hochschnellen der Geburtenziffer nach Vernichtungskriegen zeugen von einer Art heimlicher Finalität oder, wenn man so will, von einer der Gerechtigkeit ziemlich vergleichbaren teleologischen Regulierung: denn wie die Gerechtigkeit scheint diese Regulierung auf Gleichgewicht und Ausgleich bedacht zu sein. Die Gerechtigkeit kompensiert die Schwäche durch etwas mehr Gewalt und mildert den Gewaltmißbrauch durch den legalen Schutz der Schwäche, und so auch scheint ein sinnreicher Me-

6 [»Ortswechsel.«]

chanismus die gründliche Aufräumarbeit des Todes durch eine der Sterblichkeit proportionale Fruchtbarkeit auszugleichen, und noch darüber hinaus. Unter diesen Bedingungen hat das Opfer einen rein sachlichen, jeden Heroismus ausschließenden Sinn und wird als eine Konsequenz des Identitätsprinzips durch eine Art logischer Notwendigkeit zwingend: das Ganze ist gleich der Summe seiner Einzelteile, das Ganze ist größer als der Teil; innerhalb einer mechanisch »additiven« Ganzheit, wie Max Scheler[7] sagen würde, stirbt der Teil, damit das Ganze überlebt, opfert sich das eine, damit das andere leben kann: dies ist zumindest der Fall bei Gemeinschaften, die den Polyparien und Tierkolonien am ähnlichsten sind. Wenn das Individuum für die Art oder die Mutter für die Nachkommenschaft stirbt, hat das Opfer etwas Mechanisches, und der Tod des Opfers hat eine Art Stellvertreterfunktion. Setzt sich die Hand nicht aus, sagt P. Rousselot,[8] um den Kopf zu schützen? Anstelle des anderen sterben ist in diesem Fall eine Form von Vertauschung, und das Opfer, das nicht im mindesten eine unkompensierte Hingabe oder eine herzzerreißende Opferung ist, beruht letztlich auf einer Gerechtigkeit. Die Opferung eines Menschen erspart einem anderen Menschen das Sterben, dessen Leben diesen Tod zur Voraussetzung hat; und der Überlebende wird seinerseits denjenigen ersetzen, dessen Auslöschung ihm das Leben ermöglichte. Die »antiperistasis« der Generationen, deren eine die andere verdrängt, sichert den Fortbestand des Seins im allgemeinen über das Aufhören des individuellen Seins hinaus: jeden Augenblick hört ein einzelnes Sein auf zu sein, und jeden Augenblick gestaltet sich das Sein im Ganzen wieder um und besteht fort durch die lückenlose Ablösung der Generationen, die sich das Sediment weiterreichen: insgesamt wird das Gewebe des Seins durch Entvölkerung weder dünner noch durchsichtiger, und man kann nicht die geringste Ausdünnung seiner allgemeinen Dichte feststellen. Wie hat, seitdem Lebewesen sterben, das heißt, seitdem die Welt besteht, die Vernichtung des Seins nicht zur Nichtheit geführt? Weil die Fortpflanzung des Lebens

7 [Max Scheler:] *Le sens de la souffrance* [*suivi de deux autres essais*], trad. p. [Pierre] Klossowski [Paris 1936], S. 17-21 [dt.: Vom Sinn des Leidens, in: *Liebe und Erkenntnis*, Bern 1955, S. 29-68].

8 P. [ierre] Rousselot: *Pour l'histoire du problème de l'amour au Moyen Age*, [Münster] 1907.

über die Gewalt des Todes den Sieg davonträgt. So wie sich die Zeit nicht erschöpft in ihrer Dauer, so vergeht das Leben nicht über seinem unablässigen Verlöschen in jedem Organismus; nein, die Zeit ähnelt keineswegs einer Spule, die sich immer mehr abwickelt, und die Geschichte ist nie am Ende ihrer Kraft; im Gegensatz zu den Kohle- und Ölvorkommen der Erdrinde ist das Leben ein unerschöpflicher Schatz; das Leben ist nie auf dem Trockenen, und die Millionen von Toten, die es jedes Jahr ausdünnen müßten, hemmen seinen Lauf offensichtlich nicht. Wie die frühlingshafte Erneuerung in der Zeit, steht der Austausch im Raum für den Fortbestand der Natur und bringt, indem er den Tod bagatellisiert, die beständige Fülle des Seins und des Lebens zum Ausdruck. Mehr: während die dahingegangene Individualität unersetzlich ist, hat das Unersetzliche eher die Tendenz zum Ersatz; ohne daß es nötig wäre, die ewige Wiederkehr zu beschwören, läßt die Unbegrenztheit der Zeit früher oder später eine Monade erscheinen, die sich von der entschwundenen Monade nicht unterscheidet und die Chancen des Ersatzes fast hundertprozentig sein läßt. Wie das Vergessen jedes Unglück abträgt und einebnet, jede Trostlosigkeit tröstet, jede Tragödie in der allgemeinen Dauer aufsaugt, so wird auch das Leid über den Tod eines Menschen in der Ewigkeit unausweichlich vergehen: der Tod dieses Menschen wird bald nicht mehr zählen als der Tod eines Passanten, der in Tarent vor zweitausend Jahren von einem Stein erschlagen wurde. Die Lebenskraft ist der Gesetzmäßigkeit, der Finalität und der Zwangsläufigkeit der Evolution vergleichbar, die sich trotz individueller Eigenwilligkeiten und wechselhafter und unerwarteter Umstände im nachhinein als solche erwiesen haben werden: obwohl der Tod die Individuen mit verstärkter Kraft trifft, wird die Fülle der spezifischen Lebenskraft rückblickend das letzte Wort behalten haben: die Wirkung des Ganzen geht grosso modo erst vom »Futur II« aus. Trotz der Verheerungen des Todes und der zahllosen Trauerfälle wächst die allgemeine Dichte des Seins im Durchschnitt unaufhörlich.

Die Offensichtlichkeit der Vernichtung des Individuums und die Augenscheinlichkeit des spezifischen Überlebens widersprechen sich, und dennoch sind diese beiden Tatsachen, sieht man sie im Zusammenhang, die Erklärung für das Paradoxon des Werdens:

das Werden ist die unablässige Erneuerung eines Seins, das zwar im einzelnen ständig aufhört zu sein, im Großen jedoch nicht; das Sein stirbt jeden Augenblick und bewahrt sich in seiner Masse, indem es in eine andere Haut schlüpft. Im Moment aufhören zu sein und, mit dem geschichtlichen Abstand betrachtet, einmal fortwährend gewesen zu sein – macht dies beides zusammen nicht das Werden aus? Und wie das Werden des Individuums unlösbar miteinander verbunden Präterition und Künftigung ist, die Zurückdrängung der Vergangenheit durch die Erinnerung ipso facto das Eintreten von Zukunft bedeutet, so sind Tod und Geburt in der gemeinsamen Geschichte Vorder- und Rückseite derselben Veränderung: ein und dieselbe Genesis erscheint als Katagenese oder Anagenese, je nachdem, ob man talabwärts oder bergauf geht. Wenn man diesem ständigen In-Bewegung-Sein, das zugleich Präterition der Gegenwart und Vergegenwärtigung der Zukunft ist, den Namen Jetzt gibt, warum dann nicht die Positivität des erlebten Werdens in dem ständigen Ersetzen der sterblichen Vergangenheit durch die lebensträchtige Zukunft sehen? Der Tod stößt Leben zurück, und das Leben gleicht den Tod aus – dies treibt die Abfolge voran und läßt das Werden voranschreiten und das Ereignis eintreten. Mehr noch: dieser Wechsel von Leere und Fülle bedeutet nicht nur Hilfe und Antrieb für den Vorgang, der Tod garantiert nicht nur das Abfließen des Übervollen, damit die so entstandene Leere sich mit neuen Inhalten fülle, das Entschwinden der Individuen setzt auch die Handlung in Bewegung. Wenn die Sterblichkeit, zumindest als unbestimmte Notwendigkeit, in der Tat unser Verhängnis ist, so betrifft die Natalität, zumindest hinsichtlich der anderen, in einem gewissen Maße das Schicksal. Weit mehr noch: die Leere des Todes ist ein Appell an den freien Willen und unsere Fähigkeit zur Wahl; der Tod löst in jeder Beziehung die *Bewegung* aus: die Bewegung »des Persönlichen«, Aufstieg und Veränderung, Rotation und Wanderung, Neugliederung und Darüber-hinaus-Streben, Transaktionen und Initiativen aller Art. Wie ein Luftzug saugt der Tod die Tat an, die in die Leere stürzt, um sie zu füllen. Die Handlung braucht in der Tat diese tödliche Antithese, der zu widersprechen und die zu verneinen sie gerade berufen ist: die Handlung zieht den Tod nicht in Betracht, ja, akzeptiert ihn nicht einmal; die Handlung setzt sich über den Tod hinweg, ganz wie jene großen, tatkräftigen Menschen, die über die Zukunft spekulieren, diese episodische Leere für gering achten, über ihr eigenes Ableben hinaus Pläne entwerfen und im Hinblick auf eine Welt arbeiten, der sie nicht mehr angehören werden. Die Handlung ist der Steg, der vom Handelnden zu seiner Nachkommenschaft führt ... Ist dieses Überleben des Tatmenschen, mangels eines Lebens nach dem Tode, nicht etwas, das gewissermaßen unsterblich macht? Platons *Sophistes* erklärt,[9] warum das relative Nichtsein, das heißt die Andersheit, der Prädikation zu Hilfe kommt und das Wissen ermöglicht, indem es dem Urteil Stoff liefert: die Nichtheit, der Bruch des Denkens, verschafft dem Denken Luft und setzt die Relation in Bewegung. Ganz genauso ist das Nichtsein im Tode, das, anstatt nur das Denken aussetzen zu lassen, die Totalität unseres erlebten Seins zunichte macht und die Person vernichtet, der Beginn einer fruchtbaren Mutation. Der Tod des Individuums ist vielleicht für die Gattung, was der Schlaf für das Individuum: der Schlaf, der den Wechsel von Existenz und Inexistenz, von Sein und Nichtsein sichert, durchlüftet unser Leben, indem er Nacht für Nacht die Leere der nächtlichen Bewußtlosigkeit in es gräbt: dieses tägliche Hinabtauchen in das Dunkel und in die Abwesenheit erlaubt das Wiederanheben und die Erneuerung der Handlung. Der Tod ist wie ein In-den-Schlaf-Bringen des Seins, wie ein teilweises, vorläufiges und wohltuendes Brachliegen, das Wiedergeburt und Weiterleben vorbereitet! Daher kann die Handlung, ganz wie das Denken, nur in gemäßigten oder mittleren Zonen atmen: auf halbem Wege zwischen der erstickenden eleatischen Identität und dem Heraklitschen Zerfließen, auf halbem Wege zwischen dem Selben und dem anderen, zwischen jenem, das, wie Medusa, die Zueignung lähmt und versteinert, und diesem, das anders ist als anders, unendlich anders, und das das Denken im Fluß der Unbestimmtheit auflöst, ist Platz für den bestimmbaren Unterschied. Und ebenso ist auf halbem Wege zwischen der Heraklitschen Auflösung und der ewigen Positivität Parmenides' Platz für einen Komplex aus Tod und Leben: wenn unkompensierbare Verflüchtigung und Verlust in der Nichtheit enden, bedeutet eine nie von der vitalen Diskontinuität des Todes durchlüftete Fülle ihrerseits Tod durch Ersticken: denn ein unsterbliches Leben ist auch der

9 [Platon: *Sophistes* 254 b ff.]

Tod! Das wirkliche Leben ist nichts anderes als ein von vorläufigen Unterbrechungen durchsetztes und von Generation zu Generation verlängertes Werden. Besteht die Arbeit des Menschen nicht darin, Löcher zu stopfen, das Nichts des Todes zu leugnen, unter dem Aufhören die Fortführung zu behaupten und über die relative Leere hinweg die relative Fülle wiederherzustellen? Der Tod ist somit nur tragisch für einen einseitigen Blick, der die Zukunft außer acht läßt und die Gegenwart aus ihrem allgemeinen Kontext löst. Leibniz, der soviel Mühe darauf verwandte, dieses persönliche Unglück zu bagatellisieren, könnte uns zweifellos die Kunst lehren, den Tod in das »Legato« der universellen Existenz einzubinden. Die reife Olive, sagt Marc Aurel, fällt und segnet die Erde, die sie geboren hat, sie sagt dem Baum Dank, der sie wachsen ließ. Doch warum wirkt die Dankbarkeit der Olive sowenig überzeugend auf uns? Warum vermögen diese schönen Tröstungen uns sowenig zu trösten? Dies werden wir zu gegebener Zeit untersuchen müssen.

2. Die Ewigkeit der denkenden Essenz

Da das universelle Leben selbst ein Begriff ist, ist die Philosophie des universellen Lebens bereits eine Philosophie der ewigen Idee. In ihr behauptet das Bewußtsein seine eigene Ewigkeit. Daher bietet sich uns das Denken, das den Tod denkt, als ein zweites Mittel an, dessen Tragik auszutreiben: der Tod ist kein episodischer Riß in der Fortdauer des universellen Lebens mehr, sondern ein Begriff wie andere auch, mit denen er in Beziehung treten kann. Zwischen der negativen Fortdauer der Spezies und der positiven Ewigkeit der Vernunft ist der Unterschied der gleiche wie zwischen dem Unbegrenzten und dem Unendlichen: einerseits eine faktische Dauer, andererseits eine rechtmäßige Kontinuität, jene stets auf schwachen Füßen, stets bedroht und in Frage gestellt, diese endgültig und ein für allemal zeitlos; auf der einen Seite lösen sich die Sterblichen ab und bilden eine Kette, um den Fortbestand des Lebens mühselig zu sichern: das ständig unterbundene und ständig fortgeführte Leben überlebt sich selbst von Tod zu Tod durch gewagte Neuanfänge und geht unbegrenzt weiter; auf der anderen Seite stehen Wahrheit und Wert von vornherein außerhalb der Zeit; während das Überleben des empirischen Seins stets ungewiß ist und nur durch einen unablässig andauernden Glücksfall und gewissermaßen durch ein ständig sich wiederholendes Wunder überlebt, überdauert die Essenz dank des unvergänglichen Charakters ihrer Natur, und zwar nicht, weil ihre *Konsistenz* unverwüstlich wäre, sondern weil ihre *Substanz* zeitlos ist. Die Ewigkeit der Idee ist nicht das Ergebnis einer Verlängerung oder unbegrenzten Ausdehnung oder eines stets widerrufbaren Aufschubs, auch verdankt sie dem gnädigen Moratorium des glückhaften Zufalls nichts; nein! Die »unsterblichen« Wahrheiten entziehen sich a priori dem Werden: auch wenn sie wollten, könnten sie nicht sterben! Ihre Ewigkeit ist demzufolge ausschließlich positiv. Eigentlich sind ihnen die Wörter »unsterblich« und »zeitlos«, die einen negativen Sinn haben, unangemessen: denn weder mußten sie den Tod besiegen noch die Zeit überwinden. Sie wissen nichts von einer Unsterblichkeit, die von Woche zu Woche und von Tag zu Tag ausgedehnt werden muß. Sie sind also nicht »unsterblich«, weil die Stunde ihres Todes ungewiß wäre, denn den Wahrheiten schlägt keine *Stunde.* Die Stunde ist nur in bezug auf den sicheren Tod ungewiß, und hier ist die Unmöglichkeit des Aufhörens gewiß! Deshalb liegt zwischen der unerschütterlichen Unsterblichkeit der Essenz und dem Unsterblichwerden durch die Tat eine unendliche Entfernung: die Tat handelt *trotz* des Todes, ihre Reichweite und ihre zukunftsweisende Macht sind jedoch begrenzt; sie zieht den Tod nicht in Betracht, doch ist sie weit davon entfernt, ihn zu überwinden: sie schaut lediglich über ihn hinaus und immer weiter über ihn hinaus auf eine stets offene Zukunft, die sie durch die unermüdliche Verlängerung ihres Vorhabens vom Morgen zum Übermorgen treibt; die Tat handelt, ungeachtet des belanglosen Unfalls mit dem Namen Tod, doch was sie geringschätzt, fährt fort, wie ein Fluch auf ihr zu lasten, und ihre Geringschätzung gleicht bisweilen einer verzweifelten und ohnmächtigen Auflehnung. Der Wille tut so, *als ob* der Tod nicht existierte; und dieses Als-ob, das sich aus dem Verschwindenlassen ergibt, kann nur aufgrund des Mißverständnisses bestehen. Die ewigen Wahrheiten aber tun nicht »so als ob«, der Tod existiert für sie überhaupt nicht; in der Welt der Essenzen ist der Tod nicht »wie nichts«, sondern buchstäblich und absolut *nichts.* Οὐδέν. Der Wille leugnet den Tod, ohne ihn zu überwinden. Denn er ist in ein leider sehr reales Werden verwickelt: der Wille will in der Zeit, die Tat beansprucht Zeit, da sie mit der Initiative der Entscheidung beginnt und sich dann in einzelnen Phasen vollzieht; daher kennt sie die Unlust, die Preisgabe und die menschliche Erschöpfung; manche Unternehmungen bleiben unvollendet, manche Vorhaben unausgeführt. Wenn hingegen Wahrheit und Wert vom Tod nicht betroffen sind, so weil das Werden sie gemeinhin nicht einmal annäherungsweise berührt; Verschleiß und Alterungsprozeß haben keine Macht über sie; die Idee einer zeitlichen … oder räumlichen Relativität, einer von Ort und Zeit bestimmten Bedingtheit, widerspricht der Essenz der Wahrheit und der Intention des Wertes, es sei denn sie dient uns zur Ironisierung derselben. Die Idee einer zeitlichen Begrenzung oder auch nur einer Evolution ist im rationalen Konzept der Wahrheit oder im zeitlosen und ahistorischen »Gelten« des Wertes nicht enthalten. Drollig eine Wahrheit, die von einem Meridian abhängen soll! Entgegen den Götzen der totalitären Stupidität ist die eigentliche Wahrheit nicht zeitlich begrenzt, also nicht nur vorläufig wahr … Der undankbare und wankelmütige Mensch ist den Wahrheiten bisweilen untreu, die Wahrheiten jedoch verraten niemals das Vertrauen der vernünftigen Menschen. Daher kann die Nichtigkeit dieser Wahrheiten auch nur das Ergebnis einer unmöglichen Voraussetzung oder einer hyperbolischen Fiktion sein, ganz wie die Fiktion des bösen Geistes: um zunichte zu machen, was unvergänglich ist, bedarf es entweder einer unerforschlichen Laune Gottes oder eines vernichtenden Schlages eines Dämons, nichts weniger! Die Wahrheiten sind nur in ihrem radikalen Ursprung »kreatürlich«. Ein Dasein, das fortfährt zu sein, kann aufhören. Doch für eine Substanz, die niemals begonnen hat, hat das Ende nicht einmal einen Sinn. Was sollte denn enden? und infolge welcher undenkbaren Katastrophe? So also nimmt der Verstand unter den einzelnen Erscheinungen und Auslöschungen die essentielle Ewigkeit der Idee an; der Verstand webt unter dem Bruch und der Leerstelle des individuellen Todes das Kontinuum eines unpersönlichen Fortbestandes. Wir werden uns zu fragen haben, ob diese ideale Ewigkeit, die die Tragödie des persönlichen Todes bagatellisiert, unserem Problem und unserer Angst eine bessere Antwort gibt als die Unsterblichkeit des spezifischen Lebens.

Der Dualismus von Seele und Leib könnte, wie der des Lebens und der Materie, das Fortleben erklären, indem er ihm einen persönlichen Sinn gibt: denn nicht das Leben, sondern die »Seele« individualisiert die Selbstheit. Würden wir nur den lebenden Menschen im wachen Zustand sehen, hätten wir zweifellos keinen Grund, in ihm zwei gesondert zu denkende Substanzen zu unterscheiden oder ihn als psychosomatische Verbindung zu begreifen: wir erfassen zwar unmittelbar einen Bedeutung tragenden Leib, einen einverleibten Sinn, ein Gesicht, das etwas ausdrückt, doch wir *sehen* niemals weder eine Seele noch eine Dualität von Seele und Leib; wir sehen einen lebenden Menschen, aber wir *sehen* keine »Amphibie«, die zugleich in zweifacher Hinsicht und auf zwei verschiedenen Ebenen lebte: diese abstrakte Dualität ist vielmehr das Ergebnis einer Schlußfolgerung. Mehr: der Tod stellt für uns die Erfahrung der Trennung dar: indem er uns das Schauspiel eines leblosen und des Lebens beraubten Leibes bietet, trennt er für das Denken aus diesem Leib etwas ab, das noch bis vor kurzem aus diesem Leib eine lebendige und persönliche Anwesenheit machte. Gewiß hat noch niemand eine Seele ohne Leib gesehen! Doch da wir nun einen Leib ohne Seele sehen (oder zu sehen glauben), der an die Stelle des belebten, sprechenden und anwesenden Leibes getreten ist, und die Gestalt dieses Leibes nach dem Tod noch für Augenblicke überdauert,[10] hindert uns nichts an dem Glauben, daß der andere »Bestandteil« der vorliegenden »Verbindung« ebenfalls weiterexistiert. Die tödliche Dissoziierung im Dualismus ist nichts anderes als eine simple rechnerische Subtraktion: die belebende Seele, die man nicht sieht, steht für den Unterschied zwischen dem belebten Leib, den man eben noch sehen konnte, und dem nun leblosen Leichnam (caput mortuum); oder entsprechend dazu: der »körperliche Rückstand«, den man ja gerade Überreste, »reliquiae«, nennt, ist der Leib von eben, der lebende Organismus und der psychosomatische Komplex minus der belebenden Seele. Somit wäre die Seele wie lebendes Fleisch, das von seinem Kadaverabfall befreit und gereinigt und um ihn erleichtert wäre; der Leichnam ist um seine Seele vermindertes

10 Edmond Fleg machte in seinen Gesprächen wiederholt diese Bemerkung.

lebendes Fleisch. Und da umgekehrt nichts verlorengeht und die gleiche Menge vor und nach der »Lyse« (λύσις)[11] oder tödlichen Analyse vorhanden sein muß, gibt es keinen Grund, warum man die Zusammensetzung nicht wiedererhalten sollte, wenn man den Leib ohne Seele und die Seele ohne Leib zusammenzählt. Das leblose Fleisch und die vom Körper losgelöste Seele wären zwei Ergänzungen, die sich von neuem ineinanderfügen könnten, um so wieder das lebende Ganze zu bilden – die verkörperte Seele oder den beseelten Leib. Spiegelt die Umkehrbarkeit von Addition und Subtraktion hier nicht die Symmetrie von Reinkarnation und »Exkarnation« wider? Wie auch immer, die dualistische Vereinfachung scheint die Vorstellung eines durch die Loslösung des pneumatischen Prinzips ermöglichten Fortlebens fast annehmbar zu machen: die geflügelte Seele, die ihre Fesseln gelöst hat, entfleucht wie ein Schmetterling; dies nennt Cicero in seiner »phaidonischen« Sprache »e custodia vinculisque corporis evolare«.[12] Die Seele, das heißt die vitale Differenz zwischen einem lebenden Körper und einem Leichnam, befreit sich von ihrer Hülle und läßt diesen gestaltlosen Überrest, diese Reliquie, oder wie Leibniz sagen wird, diesen Bettel zurück, der ihr als Umhüllung diente und bald nichts mehr sein wird als ein kleines Häufchen verblichener Asche, eine armselige Handvoll Staub.

Der Dualismus scheint demnach das ewige große Rätselraten um den Tod auf einleuchtende Weise zu beenden: vor kurzem noch befand sich an dieser Stelle ein beseelter Körper, und jetzt ... Jetzt ist wohl noch ein Körper vorhanden, doch ein Körper ohne Seele, ohne Leben, ohne Blick, ein regloser Körper, dessen tote Pupillen niemanden anblicken, dessen empfindungsloses Gesicht nichts ausdrückt und der zugleich anwesend und abwesend ist ... Was hat dieser abwesend-anwesende Körper mit seiner Seele gemacht? Suchen wir die Seele! Nun, der Dualismus ist fündig geworden: der Lebende hört ganz offensichtlich auf zu leben – und doch kann das Etwas, das ihm Leben verlieh, nicht vernichtet werden; was war, muß auch fürderhin sein. Die Seele muß folglich woanders sein, sehr weit weg, doch irgendwo, vielleicht auf den Inseln der Seligen, wo auch Sokrates hofft, auf die Weisen der ver-

11 [»Auflösung, Lösung«.]

12 [»Aus dem Gefängnis und den Fesseln des Körpers entfliehen«; Cicero: *Laelius de amicitia* 14.]

sunkenen Zeiten zu treffen, nachdem er den Schierlingsbecher getrunken hat. Die Wanderung der Seelen kann viele Etappen umfassen, und die Mythen der Übersiedelung erzählen gefällig vom Weg und den Begebenheiten.

Dem Dualismus zufolge löst der Tod aus der sterblichen Symbiose die Ewigkeit der unsterblichen Seele, eine Ewigkeit, die aufgrund der begrenzten Dauer des Lebens zweifelhaft erscheint; der Tod selbst macht eine Unsterblichkeit augenfällig, die die Symbiose ausschließt. Der Tod löst diese Symbiose nicht nur auf, sondern er trennt zugleich die Existenz vom Leben und das Sein vom Werden. Durch das jähe Zerreißen des »vinculum«[13] und den endgültigen Abbruch der Lebensfunktionen scheint der Tod uns nahezulegen, daß das Leben nicht ganz und gar mit der Existenz zusammenfällt; war das Leben nicht eine konkrete Form der Existenz? eine dem biologischen Rhythmus unterworfene Existenz mit Blutzirkulation und dem Wechsel von Wachen und Schlaf? Und ebenso muß man aus dem Tod den Schluß ziehen, daß das Werden nicht die einzige Seinsweise ist und man sein kann, ohne zu werden: daher bedarf es der Frage nicht mehr, was aus uns nach dem Tod »wird« – denn der Tote »wird« nach seinem Tod zu nichts, er sieht sich vielmehr zu einem Sein befördert, wenn er aufhört zu werden. Auch nach dem Tod noch zu sein ist folglich nicht unbedingt gleichbedeutend mit fort*leben*. Der Tod, der Biozentrik und Egozentrik sprengt, treibt einen Bruch der Gewohnheiten, die der »Fortschritt des Bewußtseins« und die Erfahrung des Relativen uns gemeinhin aufzwingen, zum Äußersten: so erscheint uns die artikulierte Sprache als eine besondere Form des Ausdrucks schlechthin, das diatonische System Rameaus[14] als Sprache unter anderen und besondere Form der Modalität, die Geometrie Euklids und der Newtonsche Raum werden zum Sonderfall einer umfassenderen Mathematik, die auch die Geometrie Nikolaj Lobatschewskijs[15] und den Einsteinschen Raum mit einbegreift. Man kann sich auf anderen Planeten, wo die für den Organismus not-

13 [»Band, Knoten«; die Fessel, die uns an den Leib bindet.]

14 [Jean Philippe Rameau (1689-1764), frz. Komponist und Musiktheoretiker, Begründer der modernen Harmonielehre.]

15 [Nikolaj Lobatschewskij (1793-1856), russ. Mathematiker, Mitbegründer der nichteuklidischen Geometrie.]

wendigen biologischen und physikalischen Bedingungen nicht gegeben sind, Existenzformen vorstellen, die mit dem menschlichen Leben nichts gemein haben, Seinsweisen, von denen wir uns kein Bild machen können. Um so mehr läßt der Tod, der das Leben vernichtet, es als eine mögliche Existenzweise erscheinen, obwohl die Existenz selbst die konkrete Form der Essenz zu sein scheint. Das leibgebundene Leben ist ein Sonderfall der Existenz, einer Existenz, die lebendig oder nicht lebendig sein kann; die Existenz wiederum ist eine umstandsbestimmte Modalität der Essenz, einer Essenz, die existent oder inexistent sein kann. Und ebenso ist das Werden, das eine Mischung aus Sein und Nichtsein ist, eine Sonderform des Seins überhaupt. Der Tod, der das »vinculum« löst, das somatische Existenz und pneumatische Existenz miteinander verband und aus diesen beiden Existenzen ein einziges Leben, eine psychosomatische Symbiose machte, legt die Willkürlichkeit und Zufälligkeit dieses vinculum offen und läßt, wenn ich so sagen darf, unter der eingewurzelten Symbiose ein ungeahntes »aliter«[16] aufscheinen: anders sein gekonnt zu haben, eines Tages anders sein zu können ist die unerhörte Möglichkeit, die der Tod uns von dem Tag an nahebringt, da die psychosomatische Verbundenheit nicht mehr selbstverständlich ist. Eine große Hoffnung für uns! Der Tod, der, indem er das Leben vernichtet, das Werden erwürgt, macht deshalb noch nicht das Sein dieses Werdens oder die Existenz dieses Lebens zunichte. Das Werden war im Tränental, durch das wir gehen, die dürftige, kriechende und hinkende Form eines Seins, das sich nach dem Tode nicht mehr die Frage nach dem Werden stellt. Vielleicht ist der Tod nicht das Ende von allem, das heißt das endgültige Ende, er ist vielleicht lediglich das Ende des Lebens, das Ende einer Übergangsperiode und der Beginn einer ewigwährenden Ära.

Der Tod setzt nicht nur einen Schlußpunkt unter einen zeitlich begrenzten Aufenthalt, er befreit uns auch von einem unreinen Leben. Das Sein wird durch den Tod abgelöst vom Werden, das eine vom Nichtsein durchdrungene Seinsweise war; mehr noch: die Essenz selbst wird vom Sein befreit … Wer weiß, ob das Sein nicht gerade Sein war, weil es mit Nichtsein gemischt ist? weil es

16 [»Anders«.]

sich gerade auf seine Negation bezieht? Nach dem Tode existiert die Zwangsläufigkeit des Gegensatzes und der Andersheit nicht mehr. Da die Essenz reine Positivität ist, kann die tödliche Vernichtung, wenn sie Essentialisierung ist, nichts anderes sein als bejahende Verdichtung. Denn der Tod macht nur den unreinen Bestandteil zunichte, ansonsten vereinfacht, reinigt und verdichtet er. Diese Idee einer Umkehrung des Verhältnisses von Negativität und Positivität, die aus dem Tod eine Ankunft macht, ist das bekannteste Paradox der platonischen Askese und der Orphik. Wenn der Leib das Grab (soma sema) ist, ist der Tod die Wiege. Ist das lallende Wiegenlied des Beginns im letzten symphonischen Gedicht Liszts *Du berceau à la tombe* zum Schluß nicht zum Wiegenlied auf ein zukünftiges Leben geworden?

4. Gegen das Selbsterhaltungsprinzip

Ist das Fortleben, das der Dualismus unserer Hoffnung anbietet, wirklich ganz anderer Art? Die ganz andere Ordnung der Seele ist gar nicht so anders, das Ganz-Andere ist eigenartig das Gleiche, und der Spiritualismus, der dem Undenkbaren alle Ehre zu machen scheint, ist eher ein Spiritismus oder bestenfalls ein Animismus. In Wirklichkeit sind jene, die am lautesten von einer übernatürlichen Seinsweise sprechen, von der Übernatürlichkeit nicht restlos überzeugt. Unser Verhaftetsein mit der Stofflichkeit des Greifbaren macht das Dilemma zwischen Nichtheit und Fortleben unlösbar und veranlaßt uns zu der Annahme, daß dieses das einzige Mittel ist, um jener zu entgehen: entweder überhaupt nichts (denn das Nichts löscht das Etwas aus und macht es rückgängig) oder ein biomorphes und biographisches, wenn nicht biologisches Fortleben (denn das Etwas füllt die vom Nichts aufgerissene Leere). Da die Seele zunächst einmal – und möge dies dem Substantialismus auch mißfallen – das Gegenteil von einem »Etwas« ist, kann das Selbsterhaltungsprinzip, das man zur Rechtfertigung ihres Fortlebens vorbringt, auf sie auch nicht angewandt werden: nein, das »geistige« Prinzip ist keine Substanz, deren Erhaltung und Überdauern man über die verschiedenen Formen hinweg beweisen müßte, und die Anhänger der Unsterblichkeit dürften die letzten sein, die hier ein einzig für die Materie geltendes physikalisches Prinzip ins Feld führen. Wenn keine Veranlassung besteht, zu untersuchen, was nach dem Tode aus der Seele geworden ist, muß man sich auch nicht fragen, welche Formen sie wohl angenommen hat oder wohin sie entflohen ist, in welchen Himmel und auf welche Galaxis und wie viele Millionen Lichtjahre weit entfernt. Wir haben gesehen, daß der Tod in keine Kategorie der Aussage zu fassen ist, daß die für empirische Vorgänge zutreffenden Fragen *Wo? Wie? Wieviel?* jeden nachvollziehbaren Sinn verlieren, sobald es sich um die metaempirische Vernichtung handelt: was Transmutation, Verwandlung oder Übersiedelung, metabasis, metabolē oder Metamorphose genannt wird, bezieht sich ausschließlich, so sagten wir, auf den Fortgang des Lebens, aber nicht auf die radikale Vernichtung; der Tod ist weder die Veränderung eines Zustandes noch einer Form oder eines Aufenthaltsortes, der Tod ist überhaupt keine Veränderung! Und man kann die Menge an Sein auch nicht vor dem Tod und nach dem Tod in der Hoffnung abwägen, sie konstant zu finden. Besonders die Männer haben viel Zeit damit vergeudet, das den Seelen vorbehaltene topographische Woanders auszumachen; sie wollen das Irgendwo, den Ort, an dem sich die Schatten versammeln, die neue Adresse des Abgeschiedenen bezeichnen; diese lächerlichen Spielereien erregen die Neugierde und amüsieren das räumliche Vorstellungsvermögen. Das geringste Sein des Fast-Nichts ist nicht lokalisierbar, sagten wir, weil der punktuelle Augenblick zugleich die Negierung des Ortes und der Dauer ist; und das Nichtsein seinerseits ist aus dem einfachen Grunde nicht zu orten, da es schlechthin nirgendwo ist. Wenn die Seele nach dem Tode nirgendwohin entflieht, so weil sie schon im Leben eigentlich nirgendwo war. Das Sein-in, »inesse« (ἐνεῖναι), das die Beziehung von Behältnis und Inhalt angibt, entbehrt hier jedes Sinns. Bergson zeigte, daß die Erinnerungen nicht im Gehirn enthalten sind wie in einem Gefäß; und Fauré-Fremiet[17] fügte hinzu, daß sie nicht einmal in der Zeit »aufbewahrt« werden; weder ist das Gehirn das Magazin der Bilder, noch ist die Zeit der Aufbewahrungsort der Erinnerungen. Allgemeiner gesprochen: die Seele ist nicht an einer bestimmten Stelle des Körpers angesiedelt, den sie belebt, und genausowenig verbirgt sich der Tod in einem geheimen Winkel des

17 [Emmanuel Fauré-Fremiet (1883-1971), frz. Biologe.]

lebenden Organismus. Wir haben bereits auf diese metaphorischen Redeweisen verzichtet. Was auf das gleiche hinausläuft: die Seele ist zugleich innerhalb und außerhalb, überall und nirgendwo, der physischen Präsenz wie ein Zaubermittel inhärent, und doch zugleich anwesend und abwesend. Daher legte Plotin dem Leben der Seele gegensätzliche Präpositionen bei: die in diesen Präpositionen implizierten metaphorisch-räumlichen Beziehungen lassen, da sie aneinander zerschellen, an eine »in sich selbst tätig seiende« geistige Seinsweise denken. Den Anhängern der Lokalisierungstheorie zufolge sind die Erinnerungen im Tresor des Gedächtnisses eingeschlossen wie das Parfüm in seinem Flakon: wird der Tresor aufgebrochen, entfleuchen die schmachtenden Erinnerungen wie schmachtende Schmetterlinge oder steigen auf in die freie Luft. Und so muß, wenn die Seele im Leib gefangen ist wie der Vogel in seinem Käfig, die Öffnung des Kerkers ihre Befreiung bewirken. Beschwört das »vinculum« nicht die Vorstellung von Gefangenschaft und Gefesseltsein? Und in der Tat ist der Kerker, der Zwangsaufenthalt bedeutet, kein natürlicher Wohnort. Doch wenn die Seele wirklich im Körper wohnt wie eine Gefangene, warum sie dann nicht so schnell wie möglich und womöglich auf der Stelle befreien? Warum auf den natürlichen Tod warten? Warum ihn im Gegenteil nicht vorwegnehmen? Der Abscheu vor dem Suizid beweist zumindest, daß unsere Gefangenschaft so schlimm nicht sein kann, sie vielmehr irgendeinen mysteriösen Sinn hat. Den Körper einzig als ein Hindernis und einen Klotz am Bein zu begreifen ist eine simplifizierende, einseitige und undialektische Auffassung von der Symbiose und letztlich eine leichtfertige und puristische Art, die Beziehungen zwischen Soma und Psyche ins Auge zu fassen; wir können sagen, daß dies gewissermaßen eine Sünde aus engelhafter Unschuld ist. Andererseits beweist die Vorstellung von einer »schmachtenden« Seele, daß der in Freiheit gesetzte Vogel gar nicht so befreit oder seine Freiheit zumindest nicht besonders beneidenswert war; die Seele ohne Leib, von der die Spiritisten sprechen, ist eine unglückliche, ruhelose Seele ohne Heim und Herd, die im Raum umherirrt wie ein Waisenkind in der Nacht; kaum befreit, sehnt sich die verwaiste Seele nach dem ihr liebgewordenen Kerker zurück und hat nichts Eiligeres zu tun, als sich einen neuen zu suchen, und sie ruht nicht eher, bis sie dem Unglück der Heimatlosigkeit ein Ende gemacht und den Kerker des Leibes wiedergewonnen hat; auf diese Weise kann jede schmachtende Seele in jeden schmachtenden Körper eingehen und ihn beleben. Die zwischen zwei widerstreitenden Sehnsüchten tragisch zerrissene Seele weiß nicht mehr, was sie will, sie ist weder in ihrem Gefängnis noch außerhalb glücklich, kann weder mit ihrem Leib leben noch ohne ihn überleben: das »mit« und das »ohne« schieben sie sich gegenseitig zu. Ist diese so unlösbare wie affektbesetzte Situation nicht ganz dicht bei der Hoffnungslosigkeit? In ihrem Körper fühlt sie sich nicht zu Hause, sieht sich nicht als angestammte Bewohnerin dieser Behausung; ähnlich dem Lebensgefühl der Romantiker fühlt sie sich zu groß für ihr kleines Gehäuse, und sie rüttelt an ihren Ketten und nagt an ihrer Trense und sieht durch die Gitterstäbe hinauf zum Himmel der Freiheit. Doch kaum ist die zu einem Gespenst oder Phantom gewordene Gefangene aus der Haft befreit, sehnt sie sich um so mehr: sie denkt an ihr teures »vinculum«, ihre schönen Ketten und an das Verlies, in dem sie geborgen war. Dies geschieht, wenn sich die Fesseln von Leib und Seele lockern, brüchig und letztlich zu einer Attrappe werden; im Leben eine willkürliche, vergebliche Symbiose wider Willen, nach dem Leben ein umherirrendes Weiterleben oder zufallsbedingte Wiederverkörperungen. Alles nimmt jedoch einen anderen Aspekt an, wenn man die organische Notwendigkeit der Zusammensetzung, die Unteilbarkeit der Symbiose betrachtet. Die Seele selbst ist nur in und durch diese Symbiose Seele; denn eine freischwebende Seele außerhalb dieser Symbiose ist eine schmachtende. Und kann man überhaupt von einer Symbiose sprechen? Das Mit-Sein (σύν) setzt die Möglichkeit des Ohne-Seins voraus: wer jemandem verbunden ist, hat das Recht zur Auflösung der Gemeinschaft, kann eine Trennung beschließen und nach der Scheidung seiner Wege gehen; die aufgelöste Gemeinschaft läßt Platz für zwei getrennte Existenzen, und in diesen Existenzen ist ebensoviel vorhanden, wie in der Koexistenz, aus der sie hervorgingen. Da der Tod, der die Verbindung traf, auf dem Bett einen entseelten Leib zurückläßt, schließt man auf das Fortleben einer Seele ohne Leib; der leblose Körper (den man sieht) und die entkörperte Seele (die man nicht sieht) sollten also zwei parallele Schicksale haben. Kann man aber wirklich sagen, daß man einen Körper ohne Seele sieht? Ist, was man sieht, überhaupt ein Körper? Nein, was man sieht, ist rein nichts:

denn ein Leichnam ist kein Körper; man sieht lediglich einen unsäglichen Auswurf, einen ekelhaften und darüber hinaus unbeständigen Überrest, da er in Verwesung übergeht und folglich keine beständige Form haben kann. Daher läuft die Parallelität der beiden Schicksale Gefahr, eine Gemeinschaft nicht im Leben, sondern in der Vernichtung zu sein. Die körperlose Seele hat nicht nur ihre Behausung verloren, sie ist ihres Seins verlustig gegangen.

So betrachtet (denn das vinculum ist nicht zufällig, sondern essentiell), wäre die völlige Vernichtung des Lebenden einleuchtender als das Fortleben der Seele. Warum erstaunt uns das Wunder der Vernichtung so sehr? warum wollen wir nicht gelten lassen, daß Leib und Seele ungeteilt der Vernichtung anheimfallen? warum sollte, was eines Tages begann, nicht enden? Das Ableben einer Person ist nicht das einzige Mysterium und auch nicht das größte: die unverdiente Erscheinung dieser Person, die in Frage zu stellen niemandem in den Sinn kommt, ist ein anderes; die Geburt ist ein Wunder, das nicht weniger erstaunlich oder übernatürlich ist als der Tod! In dieser Hinsicht muß man wohl gestehen, daß die wundersame Beförderung der ganzen Person, ihre Transferierung auf eine andere Ebene und ihr Aufstieg in eine ganz andere, unvorstellbare Ordnung zwar die vorhergehende Vernichtung voraussetzen, sie jedoch ebenso plausibel sind, wie das Fortleben der Seele ohne Zunichtewerdung. Warum wäre, da die unbegreifliche Vernichtung der Leib-Seele-Einheit eine Tatsache, eine unbegreifliche Tatsache ist, die Wiederherstellung des zunichte gewordenen Seins, die ihrerseits diese Vernichtung vernichtet, diese Negation negiert und diesen Tod tötet, nicht möglich? Fauré-Fremiet, der die Metapher der mnemischen Bewahrung verwarf, nahm eine Art Neuschaffung der Erinnerungen an, die jedesmal der Nichtheit entrissen werden müssen: denn die Vernichtung der Nichtheit ist nicht unbegreiflicher oder wunderbarer als das Fortleben der Vergangenheit ohne Auflösung in eine Kontinuität. Es geht doch aber, wird man einwerfen, um den ganzen Menschen und nicht mehr nur um die Erinnerung: hier sind wir nun mitten im Feenzauber … Doch an dem Punkt, an dem wir sind, kommt es uns auf ein Wunder mehr oder weniger nicht mehr an! Ein Wunder mehr fällt nicht mehr ins Gewicht …

Drittes Kapitel
Die Absurdität der Vernichtung

1. Etwas anderes

Es wäre jedoch übertrieben, zu behaupten, daß das Argument der Erhaltung nichts beweist; und man hat es nicht unter dem Vorwand widerlegt, daß die »Erhaltung« eine Metapher sei. Die verächtlich umgangene Frage taucht immer wieder wie ein Skrupel auf, und unsere Unbefriedigtheit, unsere Besorgnis und unsere Gewissensbisse bleiben bestehen. Wenn man, und dies zu Recht, das physische Prinzip der Selbsterhaltung für ungeeignet hält, das Fortleben der Seele zu rechtfertigen, so kann man den Selbsterhaltungstrieb doch nicht ganz außer acht lassen; die Beharrungstendenz im Sein empört sich unablässig und verzweifelt gegen die Absurdität der Vernichtung. Auch unser unweigerlicher Protest ist eine Tatsache. Zieht man diese Beharrung des Seins in seiner Positivität nicht in Betracht, ist es besser, auf das Verständnis und das Denken des Todes zu verzichten. Die Vernichtung ist so gesehen eine wahre magische Sackgasse: die Vernichtung zu beschwören heißt, vor dem Mysterium abzudanken; und vielleicht müssen wir uns hiermit begnügen. Doch zuvor wollen wir sehen, was folgt. Gewiß ist der Leib die lebenswichtige Voraussetzung für die Seele, er ist weder ihr Gefäß noch ihr Wohnort; wenn sie ihren Leib verliert, verliert sie ihre lebensnotwendige Voraussetzung und kann folglich nicht überleben. Denn die Seele ist nur durch ihren Leib, was sie ist. Aber genau hierin ist sie etwas anderes als ihre eigene Voraussetzung: nicht eine »andere Sache«, da die Seele keine *Sache* ist, sondern etwas anderes, ein Ich-weiß-nicht-Was. Das Leben ist nur in Verbindung mit einem anatomischen Substrat, mit Gewebe und Zellen lebendig; dennoch ist die Vitalität dieses Lebens, so ungreifbar sie sei, stets jenseits von diesem Substrat. In der Kondition, in der sich das menschliche Leben befindet, ist das Gedächtnis nur in Verbindung mit dem Gehirn möglich: ohne Gehirn kein Gedächtnis; aber gerade hierin und zumindest rechtlich gesehen ist das Gedächtnis etwas anderes als das Gehirn, von dem es abhängt … Was hätten sonst die Wörter »abhängen« und »Kondition« für einen Sinn? und wie sollte es sonst eine

Beziehung zwischen Bedingung und Bedingtem geben? Das Denken existiert nur als denkendes Wesen und verkörpert in einer physischen Anwesenheit: das Denken ist gleichbedeutend mit einem Denker. Denn es gibt kein Denken an sich. Und dennoch unterscheidet sich das Denken vom Wesen; der Beweis ist, daß ein Wesen sein kann, ohne zu denken; zum Beispiel das Rhinozeros. Und endlich ist die Seele stets in einem somatischen Wesen verkörpert, das die Bedingung ist für ihre persönliche Existenz; und dennoch ist die Seele stets jenseits von dieser Leiblichkeit. Wer weiß, ob sie sich nach dem Tode nicht andere Existenzbedingungen schafft, von denen wir keine Vorstellung haben? Und so behält die naive Frage, die wir von vornherein ausklammerten, ihr ganzes Gewicht: was wird aus der Seele, dem Unterschied zwischen Mensch und Rhinozeros, nach dem Tode? oder einfacher: wie steht es mit der Seele nach der Auflösung der psychosomatischen Verbindung, da sie doch aufgehört hat, zu irgend etwas zu werden und auch nirgendwohin entflieht?

2. Die Selbstverständlichkeit der Fortdauer und der Skandal des Abbruchs

Eigentlich macht uns nicht das Prinzip der Selbsterhaltung, sondern das Prinzip der Fortdauer unsere eigene Vernichtung unbegreiflich. Denn die Fortdauer ist eine Selbstverständlichkeit. Sein, so sagten wir, heißt zwangsläufig fortfahren, zu sein und über den Augenblick hinaus zu leben. Alles deutet darauf hin, daß es eine dem »esse« eigene metaphyische Reglosigkeit gibt: die Fortdauer des Seins ist in sich eine unbegrenzte und fortwährende, was heißt, daß es keinen inneren Grund gibt, warum das Sein aufhören sollte und erst recht nicht, warum es *eher* heute aufhören sollte als morgen oder zu irgendeinem anderen Zeitpunkt. Das Aufhören ist im Sein nicht analytisch enthalten, man kann es daraus nicht ableiten; das Sein nimmt sein eigenes Nichtsein keineswegs an; das nicht selbstverständliche Nichtsein ist stets synthetisch, von außen hinzutretend und zufällig in bezug auf die Positivität des Seins. Diese tautologische Offensichtlichkeit, die einer Binsenwahrheit gleichkommt und die zweifellos eine maskierte Form des Identitätsprinzips ist, erlaubt uns vielleicht, trotz der augenscheinlichen Absurdität, folgende Formulierung: das Nichtsein ist stets ein *Zusätzliches.* Denn das Paradox ist in dieser Hinsicht eins mit einem Pleonasmus. Spinoza, der Philosoph der unzerreißbaren ontischen Fülle und der »perseveratio in esse«,[1] könnte uns dies verdeutlichen: »Nemo suum esse alterius rei causa conservare conatur.«[2] Der Tod ist folglich eine dem absolut kategorischen Imperativ des Beharrens zugefügte Gewalttat. Bergson, der der Lehre Spinozas bisweilen nähersteht, als es den Anschein hat, dachte vielleicht an diese Nichtheit der Nichtheit, als er von der Unsterblichkeit sagte: die Beweislast fällt demjenigen zu, der sie leugnet. Die Anhänger der Freiheit könnten vielleicht ihrerseits den Deterministen eine derartige Antwort zuteil werden lassen ... Vielleicht geht man zu weit, wenn man den Verneinern des Fortlebens den Ball, das heißt, das »onus probandi«[3] zuspielt; denn die Unsterblichkeit ist leider alles andere als gewiß; andererseits beweist man eine These nicht dadurch, daß man dem Andersdenkenden die gegenteilige Beweisführung abverlangt ... Wer wollte den Verteidiger der Nichtheit daran hindern, uns dieses onus probandi zuzuschieben, mit dem sich letztlich niemand belasten will? Dennoch täuschte sich Bergson nicht: da der Abbruch des Seins eine zusätzliche Kraft voraussetzt, verlangt er auch eine zusätzliche Erklärung; denn es bedarf einer zusätzlichen Kausalität, um das Aufhören der Lebensfunktionen zu erklären; obwohl der Tod außerhalb jeder Kategorie steht, impliziert das tödliche Ereignis, da es irgendwo und zu irgendeinem Zeitpunkt eintrifft, besondere Bestimmungen, die zum glatten und nackten Sein hinzutreten: was eintritt, ist ein Mehr in bezug auf das, was ist; das Ereignis ist eine Faltung ... oder ein Mangel im Gewebe des nicht umstandsbedingten Seins. Die grundlose Vernichtung einer Person verlangt nach einer Rechtfertigung, sei es, daß es sich um einen beiläufigen Zwischenfall oder um einen historischen Unfall handelt. Dies wollten wir zum Ausdruck bringen, als wir sagten, daß jeder Tod, auch der natürliche, auf seine Weise ein gewaltsamer Tod, nex, und eine unvorhersehbare Anomalie sei; Sterben ist letztlich nichts anderes, als getötet werden, wenn nicht von der Kugel des Mörders, so doch vom Blut-

1 [Des »Beharrens im Sein«.]

2 [»Niemand bemüht sich aus anderen Gründen sein Sein zu erhalten«; Baruch de Spinoza:] *Ethik* IV, 25 [4. Aufl. Leipzig 1987].

3 [Die »Last der Beweisführung«.]

gerinnsel, von der Arterienruptur oder vom Herzflimmern. Der synkopale Anfall und die Embolie sind der gleichförmigen Dauer unseres biologischen *esse* gegenüber ganz offensichtlich ein Mehr, ein dramatisches und einschneidendes Mehr. Das Ableben des Hundertjährigen, das gleichwohl normaler zu sein scheint als sein Weiterleben, ist fragwürdig; und der Gerichtsmediziner macht sich noch die Mühe, den Totenschein auszustellen (oder auch nicht), ganz als sei es etwas Außergewöhnliches, mit hundert Jahren zu sterben. Und in der Tat ist es immer außergewöhnlich, zu sterben.

Man wird vielleicht dagegen ins Feld führen, wie wir selbst es taten, daß der Tod schließlich nicht außergewöhnlicher sei als die Geburt, die zu rechtfertigen niemandem einfällt, oder irrationaler als sie. Auch wenn dem so wäre, lägen zwei Geheimnisse vor statt einem, und die Vorstellung von der Vernichtung wäre deshalb nicht einleuchtender. Die Übernatürlichkeit der Geburt mildert das Irrationale des Todes nicht, sie macht es im Gegenteil noch absurder. Wir fragen, warum das, was begonnen hat, zu Ende gehen sollte. Was begonnen hat, hätte also unerschöpfliche Energiequellen, so daß es dann ewig dauern würde? Alles ist jedoch möglich, wenn die Geburt eine wundersame Erschaffung ist. Wir sollten eher fragen: warum hat eine Existenz überhaupt begonnen? das heißt: warum ist, wer zu sein beginnt, nicht schon immer gewesen? Diese Frage verleiht unserer Befragung über den Tod um so mehr Nachdruck: warum wird, wer zu existieren begonnen hat, nicht immer existieren? Oder, wie Ionescos sterbender König fragt: »Warum bin ich geboren, wenn nicht für immer?«[4] Die metaphysische Angst läßt uns zwar manchmal die entgegengesetzte Frage stellen: warum mußte das Nichtseiende Seiendes werden? Warum ist es nicht ewig in der Nichtheit geblieben? Pascal und Schopenhauer stellen sich bekanntlich diese Frage. Was auch nicht hätte geboren werden können, kann ebensogut zur Nichtheit zurückkehren! Doch erinnern wir uns an dieser Stelle daran, daß die pränatale Nichtheit und die postletale Nichtheit weder symmetrisch noch homolog sind. Denn die Lebenszeit hat einen »Sinn«: er ist auf die Zukunft gerichtet; er ist ein unerschöpfliches Eintreten und irreversible Künftigung; er schreitet endlos vom

4 [Eugène Ionesco: *Der König stirbt*, Neuwied/Berlin 1964.]

Nichtsein zum Sein. Das große Wunder der Geburt, das, wie die Schöpfung, Leben geben bedeutet, ist selbstverständlich, da es auf die fundamentale Bejahung ausgerichtet ist. Warum sollte, was eines Tages begonnen hat, nicht zu Ende gehen? Sprechen wir ruhig darüber! Was begonnen hat, darf eben nicht zu Ende gehen. Mit dem Anfang zu argumentieren, um uns das Ende schmackhaft zu machen, heißt eine Art Austauschgerechtigkeit ohne Bezug zum Irreversiblen beschwören. Das Leben eines Wesens hätte auch nicht anfangen können; doch von dem Augenblick an, da es beginnt, muß es weitergehen und darf nicht aufhören; man hätte uns das Leben ja nicht zu geben brauchen. Der Lebende, der Sein empfangen hat, möchte festhalten und behalten, was ihm einmal gegeben wurde; er klammert sich verzweifelt an sein Geschenk und gibt es nicht wieder her; er fühlt sich nicht im mindesten verpflichtet, es wieder zurückzugeben; das Sein ist nur in poetischen und metaphysischen Metaphern eine Gabe, die umsonst gegeben wird; für jeden gutgläubigen Menschen stellt zu leben im Gegenteil ein unveräußerliches Recht dar, und schon die Idee, dies in Frage zu stellen, erscheint uns skandalös. Die heidnischen Weisen und die *Nachfolge Christi*[5] können uns lange ermahnen, das uns angeblich geliehene Leben (nulli mancipio, omnibus usui)[6] bereitwillig wieder zurückzugeben – wir wollen uns nicht überzeugen lassen. Wir ehren das Unwiderrufliche auf unsere Weise, indem wir die Asymmetrie der Zeit billigen und das Alpha annehmen, das Omega aber zurückweisen. Begonnen haben, zu sein, würde eine Art Verpflichtung und beinahe ein Recht implizieren: wir haben uns eingeschifft, sagt Pascal;[7] es ist für immer vorbei mit dem Nichtsein, aus dem uns die Geburt herausgerissen hat; das Sein, das sie uns verlieh, müßte ewig dauern. Genau hierin besteht unsere Berufung zur Unsterblichkeit: ein »unsterbliches« Wesen ist ein Wesen, das *ewig geworden* ist; es ist nicht nach beiden Richtungen hin, sondern nur in Richtung auf die Zukunft unsterblich. Jenseits der Halböffnung haben wir gezeigt, daß dies die Chimäre einer Öffnung für ein in seinem Anfang geschlossenes, doch in seinem Ende offenes Leben wäre. Unsere Ewigkeit ist eine Ewigkeit,

5 [Thomas von Kempen: *Nachfolge Christi*, Zürich/Einsiedeln/Köln 1979.]

6 [»Nichts zu eigen, alles zum Nutzen«.]

7 [Blaise Pascal: *Pensées*, Fragm. 233 (Ed. Brunschvicg).]

die einmal begonnen hat. Bis zum Ende aller Zeiten wollen wir aus diesem unerschöpflichen Kelch trinken. Was die Menschen gemeinhin skandalös finden, ist nicht so sehr die Tatsache, daß das Seiende nicht schon immer war, als vielmehr, daß es *aufhört*, zu sein; nicht daß die hinter uns liegende Geschichte ohne unsere Mitwirkung entstand, scheint uns unannehmbar, sondern, daß es einmal eine Welt geben wird, der wir nicht mehr angehören; denn unsere Berufung richtet sich auf das Vorwärts!

Andererseits ist die Geburt, so wunderbar sie auch sein mag, hauptsächlich ein biologischer Vorgang: der Embryo wird zu einem Neugeborenen, und das Neugeborene durch eine lange Kette von unmerklichen Verwandlungen zum Erwachsenen. Wir haben alle Muße, die Kontinuität des Unvermittelten herauszuschälen und dem Neuen eine Präexistenz zuzuweisen. Das Unvermittelte verbirgt sich ohne Zweifel in den Mysterien der Befruchtung, die Weitergabe des Lebens jedoch kann nachvollzogen werden. Da sich der Augenblick der Geburt in einer Genesis, das heißt in der Verkettung von Empfängnis- und Fortpflanzungsvorgang auflöst, kann man schließlich nicht mehr ausmachen, wann genau das neue Wesen *geboren wird.* Der Augenblick des Todes hingegen tritt stets plötzlich ein, auch wenn er nicht so leicht zu bezeichnen ist, wie man ehemals glaubte. Der Tod vernichtet mit einem Schlag ein voll ausgebildetes und bewußtes Lebewesen, das imstande ist, zu leiden und zu denken, glücklich oder unglücklich zu sein ... Dies ist Mord! Wie sollte eine solch jähe Vernichtung nicht ruchlos sein!

Obwohl die tödliche Vernichtung, seitdem sterbliche Wesen sterben, hunderttausendmilliardenmal erlitten wurde, bleibt sie doch genauso skandalös. Eine Philosophie, die ablehnt, über sie zu philosophieren oder sie als etwas Selbstverständliches zu begreifen, ist nichts anderes als eine verkehrte Philosophie, eine Philosophie, die sich an der Dauer orientiert, eine Philosophie »des Ja«. Nicht das Sein definiert sich auf der Grundlage von Nichtsein, sondern das Nichtsein erscheint uns trotz allem als Aussetzung von Sein und definiert sich in bezug und unter Verweis auf das Sein; oder vielmehr: das Sein treibt auf dem Meer des Nichtseins, das selbst die Negation des Seins ist, welches letztlich das letzte Wort hat (oder haben müßte).

Dennoch ist es eine Tatsache: das Verlöschen des sterblichen Wesens fordert auf ironische und unerklärliche Weise die Selbstverständlichkeit der Lebensdauer heraus. Wir sprachen vom Zufälligen, endlos Aufschiebbaren und hauptsächlich Vermeidbaren des Abbruchs; warum zu diesem und nicht zu einem anderen Zeitpunkt? Hierüber entscheiden Umstände und Zufall. Doch der Gang der Dinge wäre den Umständen nicht auf Gedeih und Verderb ausgeliefert, wenn ihm nicht eine Art konstitutioneller Mißbildung und Fluch innewohnten: unter dem Einfluß der Dauer macht er eine qualitive Degradierung, eine Degenerierung durch, die Altern heißt; für ein Lebewesen bedeutet zu sein nicht unwandelbar und außerhalb der Zeit zu sein, sein bedeutet altern. Die fundamentale Fragwürdigkeit der Lebensdauer macht sie verletzlich und unsicher, setzt sie tausend Gefahren aus, die auf ein Lebewesen stets lauern und es von Zufällen abhängig machen. Die umstandsbedingte Dauer ist folglich eine bedrohte. Nennen wir diesen ursprünglichen Fehl, diese Behinderung a priori, die die Dauer aushöhlt und ihre Zukunft verdirbt, einfach Endlichkeit. Die Endlichkeit stellt so für jede Dauer die Möglichkeit des Aufhörens dar. Die Dauer des Seins ist selbstverständlich, das Überleben des Organismus jedoch (denn praktisch handelt es sich darum, nicht umzukommen) ist von ungewisser Dauer. Und impliziert im übrigen die Idee der Dauer nicht schon ein virtuelles Aufhören? Die durch alle Lebensgefahren hindurch mühselig von Augenblick zu Augenblick verlängerte, fragwürdige und abenteuerliche Lebensdauer zielt auf eine zeitlose Kontinuität und kann sie doch niemals erreichen: sie ist zu sehr damit beschäftigt, das Sprunghafte im Kontinuum aufzufangen! *Perseveratio in esse*, sagt Spinoza: wie die »Bewahrung« impliziert die »Beharrung« den conatus, das heißt die Anstrengung, sich trotz der Gefahren am Leben zu erhalten, der Macht des Todes Widerstand zu leisten und schon verzweifelt gegen die Nichtheit zu protestieren. Die Spannung ist beim Philosophen des »élan vital« natürlich noch spürbarer als beim Philosophen des conatus: Bergson würde uns nicht Hoffnung auf die Besiegbarkeit des Todes machen, wie er es am Ende des dritten Kapitels der *Schöpferischen Entwicklung* oder in seiner Adresse an die Verfechter der Metapsychik tut, wenn der Tod absolut unbesiegbar wäre; aber er hätte es auch nicht nötig, uns diesen Sieg hoffen zu lassen, wenn der Tod nicht existierte, wenn die Beweislast einzig den Sophisten der Nichtheit zufiele und meine eigene Nichtheit, das heißt der Tod, wie die Nichtheit schlechthin eine vermeintliche Vorstellung wäre. Solcherart ist der Hohn des Todes. Das Aufhören der Lebensdauer ist eine Art belangloses Vorkommnis, das jedoch eine tiefe metaphysische Bedeutung hat. Der Tod ist etwas Unrechtmäßiges und dürfte nicht geschehen, und er ist die realste aller Tatsachen. Der Tod ist ein Skandal, und doch ist er ein ganz normales Phänomen. Das Unwiderrufliche eines Daseins, das begonnen hat und nicht aufhören dürfte, kollidiert mit der absurden Unwiderruflichkeit der Vernichtung.

3. Das Denken des Todes und der Tod des denkenden Wesens. Die ewig-sterbliche Wahrheit

Der unlösbare Widerstreit zwischen ewiger Fortdauer und Abbruch und die Ironie des Todes dringen mit schneidender Schärfe ins Bewußtsein, wenn man das denkende Wesen ins Auge faßt; denn das ist der Fall dessen, der zugleich Gedanke und Wesen ist. Wir sagten, als wir von den ewigen Wahrheiten und den idealen Werten sprachen, daß es keinen Sinn hat, die Begriffe »Anfang« und »Ende« auf sie anzuwenden: sie präexistieren dem Denken, das sie denkt, nicht auf unvordenkliche Weise, sondern von aller Ewigkeit her, und sie überdauern dieses Denken nicht endlos, sondern ewig; präexistieren und überdauern sind hier lediglich empirische Redeweisen. Die Wahrheiten altern weder, noch verblassen sie; die Zeit hat keine Macht über sie. Das denkende Wesen hingegen befindet sich in einer zwiespältigen Lage. Einerseits kennzeichnet die zeitlose Beständigkeit der Wahrheiten auch das Denken, das sie denkt: ist dieses Denken letztlich nicht selbst eine Wahrheit? Die Zeitlosigkeit definiert zugleich die Wahrheit des Objekts und die Wahrheit des Subjekts, die gedachte Wahrheit und die denkende, die Idee und den »cogitans«,[8] dieser ist objektiv gültig, jene der Erkenntnis zugänglich und doch niemals eine Sache. Und so ist das Denken, das die Zeitlosigkeit der Normen und Axiome, der Gerechtigkeit und der mathematischen Wahr-

8 [Den »Denkenden«.]

heiten denkt, selbst der Zeit unterworfen! Ist der sittlich Handelnde, insofern er Träger des Gesetzes ist und aufgrund seiner Würde als vernunftbegabtes Wesen, nicht die erste ewige Wahrheit? Denn in seinem Namen und in seiner Person werden Freiheit und Werte geachtet. Der einzige Zweck des Menschen ist der Mensch, nicht das Menschliche an sich, sondern die in einer Person verkörperte Menschenwürde. Wie sollte die Freiheit, die zugleich Subjekt und Objekt ist, von den Wechselfällen des Werdens abhängen? Mehr: das Denken, das die Unsterblichkeit des allumfassenden Lebens und Wesens denkt, entgeht selbst dem Tod; das Denken der immerwährenden Lebensdauer ist noch viel zeitloser als diese Dauer selbst; es ist das die Geschichte und die Entwicklung gleichermaßen transzendierende cogito.[9] Endlich ist eine Philosophie des Todes (ist dies nicht unerhört?), die die Sterblichkeit der Kreatur erkennt, vom Tod unabhängig und transzendiert den Tod, da sie rationale Prinzipien und eine Logik verwendet, die die Zeitlichkeit zurückweisen: der Begriff des Todes setzt ein Denken voraus, das den Tod nichts angeht. Wie könnte das Bewußtsein vom Tode seinerseits sterben? Alles stirbt, außer dem Denken, das den Tod denkt und nicht stirbt ... Nein, das Bewußtsein, sterben zu müssen, ist dem Tode nicht ausgesetzt! Der Tod betrifft das transzendierende Überbewußtsein, das umfassende Überbewußtsein, das ihn zum Gegenstand oder als Problemstellung und somit Macht über ihn hat, nicht. Dieses Bewußtsein ist selbstverständlich nicht auf derselben Ebene angesiedelt wie die sterblichen Dinge, denen es sich bewußt ist; es *ist* selbst nicht, was es erkennt, und ist folglich dem Schicksal des Erkannten nicht ausgeliefert: so wie sich das Bewußtsein auf einer ganz anderen Ebene als die seiner Erkenntnis zugänglichen Dinge befindet, so gehört das Denken einer ganz anderen Ordnung an, als die vergänglichen Existenzen. Das Denken, das den Tod denkt, bleibt vom gemeinsamen Schicksal der Kreaturen ausgenommen, und zwar nicht, weil es sich von diesem Schicksal willkürlich ausnehmen würde, sondern weil es dieses Schicksal transzendiert; es ist undenkbar, daß dieses Denken zu denken aufhört. Sein Privileg besteht nicht nur darin, wie die freiwillige Handlung, das Noch-nicht und das Später vorauszusehen, sondern auch darin, alle Dinge unter dem

9 [»Ich denke«.]

Aspekt der Ewigkeit, sub specie aeternitatis, zu betrachten und, zum Beispiel in seiner Spekulation über den Tod, das Zeitliche als ein Zeitloses aufzufassen. Wenn das Denken sterblich ist, sind die Gedanken dieses Denkens mit einem Fehl behaftet, und wir haben dann nicht einmal mehr das Recht, auf die Sterblichkeit zu schließen. Wir drehen uns im Kreis des Epimenides[10] ... Das Bewußtsein ist, so gesehen, möglicherweise viel unsterblicher als die Seele ohne Körper, deren Fortleben uns der Spiritualismus verspricht; denn es ist die Brücke zwischen dem Leben und dem angeblichen Fortleben, und es überschaut sie beide; mehr: es faßt Leben und Fortleben in einen einzigen geistigen Akt, es transzendiert auf gleich verächtliche Weise die eigennützigen Interessen des Lebens und die selbstsüchtige oder käufliche Zukunft, auf die das Fortleben uns hoffen läßt. Die Lehre von der Unsterblichkeit verspricht der Kreatur eine Zukunft jenseits des Todes; für die Lehre von der präsentistischen Ewigkeit jedoch ist der Tod ein belangloses Detail, das das Denken mit Verachtung straft. Und die Schwelle des Todes? Das Denken überschreitet sie, ohne auch nur im geringsten die Veränderung in Betracht zu ziehen, die im Augenblick des Todes vor sich geht. Und der Abbruch der Lebensdauer? es bemerkt ihn nicht einmal. Mea res agitur, sagten wir ... Nein, diese Sache geht es nichts an. Das Denken steht außerhalb der kleinen Belange der Zeit: es hat sich, so betrachtet, eher zurückgezogen von den Geschäften! Die winzigen Zufälligkeiten des Zivilstandes wie Tod und Geburt berühren es nicht.

Und doch stirbt das denkende Wesen! Dem Unmöglichen zum Trotz vollzieht sich die Absurdität der Vernichtung: die radikale Veränderung führt zur Nichtheit. »Es weiß, daß es stirbt«, sagt Pascal von seinem denkenden Schilfrohr.[11] Es weiß, daß es stirbt – und doch stirbt es! es stirbt, während es dies weiß. Das denkende Wesen ist sich seines Todes bewußt, ironisiert gar sein eigenes Ende, behandelt seinen Körper von oben herab und die Krankheit, als ginge sie es nichts an; doch es hilft ihm nichts, es muß sterben. Nachdem es lange über die Tragödie philosophiert und das Problem hin und her gewendet hat, stellt es sich seinerseits mit Leib und Seele an den Rand der höchsten Prüfung: sein Name wird auf-

10 [Epimenides, der Kreter, soll behauptet haben, alle Kreter seien Lügner.]
11 [Blaise Pascal: *Pensées* VI, Fragm. 347.]

gerufen, damit es den gefahrvollen Sprung vollziehe, den jeder früher oder später selber tun muß; nachdem der Mensch lange über den Tod nachgedacht und das Ereignis dank eines potenzierten Bewußtseins und durch alle möglichen mittelbaren Operationen von sich geschoben hat, wird er *selbst* das persönliche, tatsächliche und primäre Subjekt des Verbs sterben; nachdem er alle Schwüre und bei allen Göttern geschworen, daß der Tod keine Macht über ihn habe, kommt der Weise seinerseits um, wie jeder andere auch, und der Tod schneidet ihm für immer das Wort ab. Er weiß ... Ein schönes Wissen! er weiß und stirbt deshalb nicht weniger! und der Tod setzt ein für allemal den Schlußpunkt unter sein Wissen. Er lehnt sich auf und stirbt ... Das Denken der Nichtheit ist nach Bergson ein Denken der Fülle, denn die Nichtheit selbst ist stets der Nullpunkt des Denkens und eine Absurdität. Nun aber ist das denkende Wesen, zwar nicht mehr als denkendes, sondern einfach als Wesen und ontische Realität in seiner Person der Nichtheit geweiht, die es nicht denken kann; es verneint diese Nichtheit, worauf es selbst unverständlicherweise vernichtet wird und selbst in diesem undenkbaren Nichts untergeht.

Der Tod offenbart die organische und lebensnotwendige Fessel, die das denkende Denken paradoxerweise an die Zufälligkeiten des Leibes bindet. Man kann mit Hilfe der Gewohnheit trotz Schmerzen denken, wie der Mathematiker etwa, der einer Migräne wegen seine geistigen Übungen nicht unterbricht, oder wie es der Stoiker tut, der den Leib verachtet. Durch Überwindung und Askese macht sich die Vernunft von den lächerlichen Beeinträchtigungen unabhängig und straft die so demütigende Ironie Pascals Lügen. Betäubung, Schmerzunempfindlichkeit und Gleichgültigkeit sind keine übernatürlichen Wunder, die Gott zu Ehren des Mystikers vollbringt, sondern physische Siege, die die Weisheit über das Fleisch davonträgt. Der Tod aber ist das Nichtsein unseres Seins schlechthin und das Nichts unserer Ganzheit, das heißt, daß er die Totalität des denkenden Wesens einschließlich des Denkens vernichtet. Mit dem Schierlingsbecher des Jahres 399 hört Sokrates auf zu denken, und das Geheimnis einer außergewöhnlichen Monade, einer wahrhaft einzigartigen Selbstheit in der Welt wird für immer ausgelöscht. Gewiß hat der Bote alles getan, um hinter seiner Botschaft zurückzutreten: Sokrates, der Wahrheitsliebende, will, daß sich die Schüler für die vom Träger übermittelte

Wahrheit und nicht für den Träger selbst interessieren; auf das Wort muß man hören und nicht den Sprecher betrachten; es handelt sich nicht darum, den Stil zu bewundern, sondern den Sinn zu begreifen ... Sokrates selbst warnt seine Bewunderer davor, den Zweck durch die Mittel zu ersetzen. Er tut so, als hätten die unpersönlichen Ideen in ihm einen Sprecher gefunden, durch den sie sich historisch ausdrücken können; denn sie sind unabhängig von den dramatischen Schicksalsschlägen einer Biographie. Jeden Tag denken Tausende von Schülern von neuem über den Lehrsatz des Pythagoras nach, ohne sich um Pythagoras selbst, der ihn aufgestellt hat, zu scheren, als habe dieser Pythagoras nie existiert, als sei sein Name lediglich ein Symbol für bestimmte Ideen. Dennoch spielt sich in dem Athener Gefängnis, wo Sokrates den Tod erwartet, ein schamhaft verhülltes Drama ab. Sokrates' Zurücktreten hinter den Sokratismus wird dadurch um so bedeutsamer. Dies ist die Lektion, die uns Sokrates' Bescheidenheit, seine vorgeschützte Unwissenheit, seine Abneigung gegen jede Selbstgefälligkeit und seine Verachtung für ästhetische Haltungen und Posituren erteilen; Sokrates' Aufgabe ist nicht, das Verständnis von der Wahrheit abzuschirmen; er ist vielmehr dazu da, durchsichtig und gleichsam inexistent zu bleiben. Sokrates ist ein »guter Leiter«! Selbst Alkibiades, der laut seiner Bewunderung des Sokrates Ausdruck verleiht, erkennt dessen verwirrenden und uns sozusagen entgleitenden Charakter – das *Atopische*, wie er sagt –, vergleicht er ihn doch mit den Silenen und den in ihrem Innern verborgenen Bildsäulen von Göttern.[12] Sokrates bezeichnet etwas *anderes*, Sokrates führt uns *anderswo* hin; wer es ablehnt, sich führen zu lassen, hängt an der leiblichen Erscheinung, klebt am Wort und vergißt darüber den Geist und findet Geschmack am Mittel, während er den Zweck vernachlässigt, dessen Mittel ebendieses Mittel ist; Sokrates um der Liebe willen zu ihm folgen heißt, die agogische Berufung der *Allegorie* zu verkennen und auf halbem Wege des dialektischen Weges stehenzubleiben. Dem Naiven, der Sokrates vergöttlicht, ihm einen Kult weiht und in den exoterischen Gegenden der Erscheinung verharrt, wurde folglich eine nur unvollständige Initiation zuteil; er läßt sich von der Ironie narren. Die Ironie wirkt der Dumpfheit der Abgötterei entgegen und macht den Personen-

12 [Platon: *Symposion* 215 a ff.]

kult lächerlich. Die sokratische Ironie fordert uns auf, vom Zeichen zum Sinn zu gehen, die Absicht hinter den Worten zu entdecken und, anstatt selbstgefällig die Philosophie der Liebe, den Geliebten, der das intendierte Ziel des Liebhabers ist, transitiv zu lieben, kurz, in die gewiesene Richtung und nicht auf den Finger zu sehen, der sie weist.

Wenn der Übergang vom Zeichen zum Bezeichneten die Essenz der Deutung ausmacht, so ist die Bewegung, die uns vom Boten zur Botschaft und vom Wahrhaften zur Wahrheit führt, das Prinzip jeglichen Trostes. Mit anderen Worten: die Ironie ist die Arznei des Kummers, das Beruhigungsmittel der Leidenschaft. Die sokratische Botschaft scheint Sokrates zu überleben: Sokrates ist tot, doch man wird seiner ewig gedenken; Sokrates ist tot, doch seine spöttische Art ist unsterblich, und seine Worte sind für die Menschen auf immer richtungweisend.

Schön und gut! Doch Apollodoros, Kriton und Phaidon, die untröstlich sind, scheinen ganz anderer Ansicht zu sein.[13] Ist dieser Appell an die tröstliche Wahrheit nicht ein metaphorischer und traurig hilfloser Ersatz für die heillose Trauer der Schüler? Die Begrifflichkeit der sokratischen Lehre hat mit dem leibhaftigen Sokrates genausowenig zu tun, wie, Kant zufolge, die Idee von hundert Talern mit hundert wirklichen, in harter Münze klingenden und rollenden Talern. Man kann Sokrates in seiner Leiblichkeit nicht für gering achten, jenen Sokrates, der niemals mehr sein wird und dessen zufällige Geburt, historische Erscheinung und vertraute Verkörperung ohne Zweifel alle notwendigen Bedingungen schufen, damit auf einem bestimmten Marktflecken Griechenlands zu einer bestimmten Epoche die Wahrheit gesagt werden konnte, und zwar genau in der Form, die Sokrates hierfür wählte, und zu genau dem Zeitpunkt. Tatsächlich hatte die Wahrheit, sosehr sie auch wahr ist, Sokrates nötig, und zwar nicht, damit sie wahr sein könne (denn auch wenn niemals ein Sokrates existiert hätte, wäre sie noch immer wahr), sondern damit sie den Menschen in der uns bekannten Form erscheinen konnte und nicht länger mehr schmachten mußte. Niemand wird wohl behaupten, daß ohne diesen Athener des fünften Jahrhunderts das

13 [Platon: *Phaidon* 117 c f.]

abendländische Denken den gleichen Weg eingeschlagen hätte, das Gewicht der rationalen Wahrheit das gleiche und Platon und Brunschvicg gleichermaßen möglich gewesen wären. Die Bewußtwerdung selbst ist ein historischer Akt, der sich zu einem bestimmten Zeitpunkt der Ephemeriden vollzieht. Wenn es eines Sokrates, eines Erfinders, eines großen Geistes, kurz, wenn es einer *Person* bedarf, die die Wahrheit verkörpert und vermittelt, ist es nicht so erstaunlich, daß eine bestimmte Art Wahrheit mit dem Tod dieser »Person« zugrunde geht; was so ausgelöscht wird, ist nichts anderes als die geheimnisvolle »sterbliche Wahrheit« der Person ... In diesem Sinne ist der Tod des Weisen eine teilweise Niederlage der Weisheit, da sie die Unfähigkeit des Weisen besiegelt, zwischen seiner »persönlichen Wahrheit« und der Wahrheit der Ideen eine völlige Harmonie herzustellen: warum muß die Wahrheit der Person am Gift zugrunde gehen, während die Wahrheit der Idee das Gift überlebt? Der Schierling hat keine Macht über die Wahrheiten. Nach der *Ironie* des Rationalen steht so der tragische *Hohn*; denn diese mangelnde Übereinstimmung hat zweifellos etwas Höhnisches und Schockierendes, ja, in der Asymmetrie der beiden Wahrheiten – der Wahrheit schlechthin und der Wahrheit des Trägers dieser Wahrheit – liegt bitterer Hohn, diese läßt jene im Stich, scheidet ihr Los vom Los der unpersönlichen Wahrheit und setzt sich durch den Tod für immer ab. Die untröstlichen Schüler im *Phaidon* spüren ohne Zweifel diese Ungleichheit, diesen Zusammenstoß zweier »unsolidarischer« Wahrheiten, deshalb verhalten sie sich zugleich vernünftig und unvernünftig: unvernünftig, weil sie dem Tod eines einzelnen Menschen, der in seinen Ideen ewig fortleben wird, so viel Bedeutung beimessen, und dennoch vernünftig, insofern als Sokrates selbst, Sokrates' Haecceitas, in der Tat unersetzlich ist. Weil er dieses Unersetzliche vor Augen hat, beweint der Untröstliche sein trauriges Los,[14] sein unerforschliches Elend: der Untröstliche ist verzweifelt, weil er an das Unvergleichliche, Unnachahmliche, Unersetzliche denkt, das dahingeht ... Und doch erröten[15] die Schüler über ihre Tränen. Die Scham über das Pathetische rührt bei den Griechen zweifellos von der Verkennung des Tragischen her: ihre mathematische Vernunft ist nicht darauf vorbereitet, die

14 [Platon:] *Phaidon*, 117c: τύχη.
15 [Ebd.,] 117e: αἰσχύνεσθαι.

subtilen, winzigen Wahrheiten der Einzigartigkeit und Selbstheit zu begreifen oder gar auszudrücken: die lächerliche Wahrheit des persönlichen »Hapax« entgeht ihnen ebenso, wie die punktuelle Wahrheit des Augenblicks oder des erstmaligen Ereignisses. Für den phaidonischen Purismus gibt es ausschließlich die Ewigkeit der Idee, die psychosomatische Existenz ist lediglich eine kleine Episode auf der Oberfläche des Schicksals. Der Gleichmut wird also die natürliche Haltung des Weisen angesichts des tödlichen Zwischenfalls sein. Etwas jedoch sagt uns, daß diese Gelassenheit eine vermeintliche ist und sich Platon ein wenig zwingen muß: wie könnte er uns anempfehlen, ἐν εὐφημίᾳ [16] zu sterben, wenn er sich selbst nicht zwingen müßte? Die Euphemie ist die verbale Aussparung der Tragödie: da man das Schicksal schon nicht ändern kann, sollte man wenigstens in seinen Worten die Schicklichkeit wahren, falsche Töne vermeiden und die anstößige Wandlung, die man nicht sehen will, die mißtönende Wandlung verbergen, die das Ohr nicht ertragen kann: ἵνα μὴ ...πλημμελοῖεν![17] Eine gleichförmige Sprache kann die gähnende Diskontinuität des Hinscheidens vielleicht überspielen, ein unerschütterliches Antlitz die skandalöse Jähheit des Ereignisses vielleicht verwischen. Ἐκινήθη, er zuckte: wenn man diesen Aorist am Schluß des *Phaidon* liest, wird man kaum gewahr, daß etwas geschehen ist, ein irreparables Unglück sich ereignet und der Weise für immer aufgehört hat zu existieren. »Ich habe nichts gesehen. – Seid Ihr sicher? ... Ich habe nichts gehört ... So schnell ... so schnell ... Mit einem Mal ...«[18] Trost gibt es also nur um den Preis einer pietätvollen und schamhaften Zurückhaltung. Wenn diese Seelenruhe jedoch nur halbwegs zu überzeugen vermag, so weil sie nur die eine Hälfte der Wahrheit sieht und die andere übergeht: die vernachlässigte, unerklärte und unverdaute Hälfte sitzt wie ein Gewissensbiß oder Skrupel in der Tiefe dieses Optimismus auf Befehl; man tut so, *als sei* nichts geschehen, und kann doch nicht bewirken, *daß* das Geschehene nicht geschehen ist. Der Augenblick, sagten wir, wird ausgespart ... und doch bricht er sich Bahn! Ein oberflächlicher und widerlegbarer Widerspruch läßt im Menschen eine fruchtbare Aporie entstehen; der unlösbare Widerspruch aber, der der un-

16 [Ebd.] 117d.
17 [»Damit sie keinen Fehler begehen mögen«; ebd.]
18 [Maurice Maeterlinck:] *Pelleas und Melisande* [Stuttgart 1972], 5. Akt.

sterblichen Wahrheit widerstreitet, und die Vernichtung der Person erzeugen in uns eine uneingestehbare Verwirrung und quälendes Entsetzen. Der auf Ewigkeit ausgerichteten Berufung des Denkens wird vom Tod des Denkers somit brutal widersprochen. Das Bewußtsein vom Tode immunisiert denjenigen, der sich dessen bewußt ist, nicht gegen den Tod; das unwissende Bewußtsein, das ohnmächtige Wissen erfaßt die tödliche Negation, heilt uns aber nicht vom physischen Übel, genannt Tod; es besitzt nicht die magische und gleichsam wunderbare Macht, uns tatsächlich unsterblich zu machen; denn um einen allgemeinen Begriff in eine unsterbliche Existenz zu verklären, bedarf es mehr als einer μετάβασις εἰς ἄλλο γένος,[19] hier bedürfte es einer ontischen Transsubstantiation und fast eines Feenzaubers. Das Bewußtsein vom Tode macht nicht in dem Sinne unsterblich, wie etwa die Liebe, Diotima zufolge, unsterblich macht;[20] im übrigen besitzt die Liebe buchstäblich genausowenig Macht über den Tod, wie das Denken oder der Wille. Das Bewußtsein an sich ist nicht das Heilmittel unserer Endlichkeit, wie das Lebenselixier es vorgibt zu sein. Der Mensch bleibt sterblich trotz seines Wissens um den Tod, und das Denken verleiht ihm keine heimliche Immunität. Der Zweifel setzt das unzweifelhafte cogito voraus, wie die Idee des Todes den unsterblichen Gedanken voraussetzt; doch das cogito verneint durch die Tatsache selbst die Negativität des Zweifels, wohingegen das Denken, wenn es dem Tod widerspricht, das denkende Wesen nicht daran hindert, tatsächlich zugrunde zu gehen. Ist die Unsterblichwerdung durch das Denken nicht ein Trugschluß der Hoffnung, der gänzlich in der Anwendung des übertragenen Sinns auf den eigentlichen besteht und der das Metaphorische wörtlich nimmt?

Das Denken tötet den Tod nicht, sondern der Tod tötet das Denken. In einem gewissen Maße wirft die beleidigende Beschränkung, die dem aufgezwungen ist, was keine zeitliche Begrenzung kennt, rückwirkend einen Zweifel auf die Unendlichkeit des Denkens; in einem gewissen Maße wirft die Vernichtung dessen, was dem Nichts am weitesten entfernt ist, einen Zweifel auf die Positivität des Bewußtseins. Die Unsterblichkeit würde unser Bewußtsein

19 [Eines »Hinüberspringens in eine andere Gattung«.]
20 [Platon: *Symposion* 207 a ff.]

von der Sterblichkeit Lügen strafen; der Tod aber macht dieses Bewußtsein darüber hinaus auch noch lächerlich. Hat das Bewußtsein vom Tode lediglich die Wahl zwischen dem Irrtum und der höhnischen Vernichtung? Entweder fährt dieses Bewußtsein fort, zu denken und es ist dann einem Irrtum aufgesessen und es gibt keinen Tod, oder aber es hat das Richtige getroffen, wie es der Fall ist, und es befindet sich nur zu sehr im Recht, hört dann aber auf zu denken: der Tod, der das Todesbewußtsein bestätigt, löscht es zugleich auf höhnische Weise aus. Der Tod ist in der Tat nicht irgendein beliebiger Gegenstand: er ist ein Gegenstand, der, indem er das denkende Wesen erwürgt, der Ausübung des Denkens kurzerhand ein Ende macht. Der Tod wendet sich gegen das Bewußtsein vom Tod! Dies ist der Gipfel des Hohns, eines Hohns, der noch schwärzer ist als der schwärzeste Humor: denn nicht nur die mathematische Reflexion ist der Migräne ausgeliefert, wie Pascal zeigte, sondern das ganze denkende Wesen schlechthin ist von einem synkopalen Anfall abhängig. Ein schläfriger Mensch befindet sich in einer teilweisen und vorläufigen Abhängigkeit von seinem Körper, aber auch der größte Denker der Welt hört für immer zu denken auf, wenn ihn der Schlagfluß trifft. Wie ist es möglich, daß die Weisheit der Weisen von einem Gehirnschlag abhängig ist? Wie kann das Versagen eines Muskels, der Herz heißt, über den Abbruch des Denkens bestimmen, jenes Denkens, das Herzschläge und Herzschwäche zu denken imstande ist und die Mittel entdeckt, diese zu heilen? Oder noch naiver: wie kann ein Arzt krank sein? Denn es ist eine Tatsache, daß der hervorragende Spezialist für die Erkrankungen der Arterien manchmal selbst unversehens von ebender Krankheit befallen wird, die er untersucht und vielleicht gar heilen kann. Die Krankheit dieses Arztes ist ihrerseits das Spezialgebiet, für das er Spezialist war und dem er jetzt nur noch als Patient gilt, und zwar bis zu dem Tage, da eine Aneurysma-Ruptur seinen Forschungen auf erbärmliche Weise endgültig ein Ende setzt. Marc Aurel sagt es oft:[21] Hippokrates, der viele Krankheiten heilte, wurde selbst krank und starb; die Astrologen, die so gut den Tod der anderen voraussagen können, werden es ebendiesen anderen gleichtun; die

21 [Marc Aurel: *Selbstbetrachtungen*], III, 3 und IV, 48: ... πόσοι ἰατροὶ ἀποτεθνήκασι).

Philosophen, die die Unsterblichkeit abhandeln, sterben wie alle anderen auch. Ist ein demütigenderes Schicksal für die Würde des Denkens vorstellbar? Welch bitterer Hohn! der schöpferische Mensch ist den biologischen Naturgesetzen unterworfen, über die hinauszugelangen er gerade berufen ist! Goethe ist seit langem schon tot, doch die Palme im Botanischen Garten von Padua, in deren Schatten er über die Metamorphosen nachdachte, steht noch; Goethe, das heißt das Bewußtsein von der Palme, ist nicht mehr, wohl aber die Palme in Padua.[22] Die Reflexion, die, indem sie auf Abstand ging, die Nichtheit der Nichtheit beschwor, wurde ihrerseits ausgelöscht.

Und doch ist die Reflexion nicht nichts. Cogito, ergo *sum*; denn das esse ist reine Positivität. Ich denke, also *bin ich*, punktum! Das Nichtsein dieses Seins ist in der vollkommenen ontischen Fülle des Denkvorgangs in keiner Weise enthalten; das cogito ist keineswegs gewillt, das Aufhören dieses Seins hinzunehmen. Niemand würde sagen: ich denke, also sterbe ich! Wenn also die bewußtseinslose Palme das mit Bewußtsein begabte Wesen überlebt, so wird das Bewußtsein die bewußtseinslose Palme in aller Ewigkeit überleben.

4. Außen und innen. Das umfassende Überbewußtsein und die umfaßte Ahnungslosigkeit

In seiner grenzenlosen Wendigkeit wird sich das Denken des Todes bewußt und überblickt ihn dadurch; da es aber selbst das unsterbliche Denken eines sterblichen denkenden Wesens ist, verliert es diese Vorrangstellung und wird selbst von dem beherrscht, was es beherrscht oder (um es in anderen Metaphern auszudrükken) von dem umfaßt, was es umfaßt. Das Todesbewußtsein selbst ist vom Tod umhüllt, eingetaucht in Tod; im Tod erstirbt es; es lebt, umgeben von Tod. Der Mensch transzendiert den Tod und bleibt doch gleichzeitig in ihm befangen; er ist zugleich außerhalb und innerhalb: und somit innerhalb, vor allem innerhalb! Der umfassende Umfaßte wird letztlich umfaßt ... In dem Moment, da seine

22 [Vgl.: Johann Wolfgang Goethe: »Der Verfasser teilt die Geschichte seiner botanischen Studien mit«, in: *Schriften zur Botanik und Wissenschaftslehre* (= *dtv Gesamtausgabe*, Bd. 39), München 1963, S. 49-66.]

Transzendenz keine reine ist, ist sie eine sterbliche Immanenz. Das denkende Wesen, das durch sein Denken unsterblich und in seinem Wesen sterblich ist, ist letztlich sterblich. Sein Tod umfaßt es so sehr, daß, wenn es einen transzendenten Blick auf ihn wirft, es sich lediglich altern sieht, wie wir gezeigt haben: was gelebt wurde, bleibt nur noch im illusorischen Präsens der Sorglosigkeit zu leben übrig; doch die Sorglosen sterben ebenso wie die Sorgenvollen, und vielleicht sogar früher! Der überbewußte Mensch, auf dem der Tod lastet, kann sich der Notwendigkeit des Sterbenmüssens im allgemeinen wohl bewußt sein; wenn es um seinen eigenen Tod geht, ist er relativ unbewußt. Er gleicht dem Herzkranken, der von den Ärzten bereits aufgegeben wurde: er weiß und wiederholt es gern und nicht ohne Humor, daß sein Tod von einem Augenblick zum anderen eintreten kann; er weiß nicht, wie wahr er spricht, er ahnt wahrscheinlich nicht, daß der Tod ihn noch heute abend niederwerfen wird ... Mit der relativen Unbewußtheit dieses Herzkranken könnte man die des zum Tode Verurteilten vergleichen, der von seiner Begnadigung überzeugt ist; jeder im Gefängnis aber weiß, daß die Hinrichtung am nächsten Morgen stattfinden wird; nur er weiß es nicht und macht vielleicht Pläne für später. In seinem Stück *L'intérieur* konfrontiert Maeterlinck[23] in einer bewundernswerten Szene die Unbewußtheit mit dem Bewußtsein dieser Unbewußtheit, so wie wir das Bewußtsein vom Tod dem Tod des mit Bewußtsein begabten Wesens gegenüberstellten; doch handelt es sich hier um den Tod eines nahestehenden Menschen und nicht um den eigenen Tod: auf der einen Seite verbringt die versammelte Familie, die von der Todesnachricht noch nichts erfahren hat, in völliger Unkenntnis des schrecklichen Unglücks, das schon über sie hereingebrochen ist, sorglos und ahnungslos einen friedlichen Abend im Lampenschein; hinter den Fenstern aber, in der Tiefe der Nacht fragt sich der Fremde, der Todesengel, der Bote der Sorge und Überbringer der unheilvollen Nachricht, der in einem Augenblick das Familienglück zerstören wird, wie er den Ahnungslosen ihr Unglück verkünden soll: »Sie wissen nicht, daß sie beobachtet werden ... Ich kenne eine kleine Wahrheit, von der sie noch nichts wissen.« Und in der Tat weiß das Überbewußtsein, weiß der Todesengel etwas, das das halbe Unwissen nicht weiß.

23 [Maurice Maeterlinck: *L'intérieur*, Paris 1985; Einakter, Uraufführung 1895; dt.: *Im Innern*, in: *Die frühen Stücke*, München 1983.]

Wird es sein Geheimnis sagen? Wie wird es dies tun? und wie wird es der seligen Sorglosigkeit die Augen öffnen? Der Verurteilte, der halb unbewußt ist, glaubt sich gut unterrichtet, weil er um die sterbliche Essenz der Kreatur im allgemeinen weiß, er ist aber eher eine Marionette des Schicksals; hier beeinflußt der Tod das halbe Bewußtsein und setzt es in Bewegung.

Dieses Paradox eines durch das, was es einbezieht, einbezogenen Bewußtseins kennzeichnet nicht nur die zwiespältige Lage des Menschen im tödlichen Apriori: der Mensch wird in seiner Leiblichkeit mit allen innerweltlichen Dingen in der allgemeinen Erdbewegung mitgerissen; wie alle Bewohner des Planeten ist auch er in der Erdatmosphäre eingeschlossen und unterliegt wie alle schweren Körper dem Gesetz der Erdanziehung. Und gleichzeitig ist der Mensch als Mathematiker imstande, seine Stellung im Universum zu bestimmen, die Entfernung der Planeten und Sterne in Lichtjahren zu berechnen, sich den unvorstellbaren Staub der Galaxien vorzustellen und das Unendliche zu denken. Bekanntlich gründete Kant das Gefühl des Erhabenen auf dieser Gegensätzlichkeit von Vorstellung und Verstand. Wie auch immer, die Wechselbeziehung von Immanenz und Transzendenz ist hier nicht Quelle von Verwechslung, sondern von Relativität und stellt somit eine mit dem Verstand faßbare Beziehung dar. Die Immanenz hat, so betrachtet, nichts Unabänderliches, denn der lediglich mit dem Hindernis der Schwerkraft belastete Mensch kann sich der Erdanziehung unter bestimmten Umständen entziehen. Andererseits bezieht sich die Immanenz nur auf die Wohnhaftigkeit des Menschen. Was nun aber den Tod angeht, so ist die Immanenz zugleich unvermeidlich und total; zunächst einmal stellt sie ein unabwendbares Schicksal dar, das kein technischer Fortschritt abzuwenden imstande ist; und dann ist unser ganzes Sein dem Tode ausgesetzt: der Tod ist das Kraftfeld unseres Verstandes und das innerste Apriori jeglichen Denkens; in einem Wort: er ist die »conditio« unserer Kreatürlichkeit, dabei ist er keineswegs einseitige Begrenzung, sondern ontische Endlichkeit schlechthin.

Hier wird man nun mindestens anführen wollen, daß diese Doppeldeutigkeit ebenjene unserer sittlichen Lage ist: der Mensch der Pflicht ist wie der Philosoph des Todes innerhalb und außerhalb;

der denkende und handelnde Mensch überschaut die Pflicht in seiner Eigenschaft als denkendes Wesen; insofern er jedoch Handelnder ist, das heißt tätig, steht er unter der Herrschaft der Pflicht. Die Pflicht obliegt auch dem beredten Theoretiker, der sie predigt; wer spricht, ist dem »Tun« nicht unter dem Vorwand enthoben, daß er brillant spricht! Der universelle Imperativ ist für alle Menschen verbindlich, auch für die Moralisten; die Prediger werden nicht durch eine besondere Kunst von ihm ausgenommen; zu welchem Zweck sollte, bitte schön, wer die Aufgabe hat, ihn den anderen nahezulegen, nicht unter ein für alle gültiges Gesetz fallen? und aufgrund welchen ungerechtfertigten Vorrechts? In dem Moment, da alle Menschen von etwas betroffen sind, bin ich es auch meinerseits. Es bedarf weder eines Syllogismus noch einer Deduktion, damit sich der denkende und handelnde Mensch von der Interferenz von Theorie und Praxis unmittelbar betroffen fühlt. Wie der Tod, ist die Pflicht etwas, das zugleich alles mit einbezieht und problematisch ist; denn hier kann man wohl sagen, daß das eine das andere nicht ausschließt! Man kann zugleich Pflichtbewußtsein und Handlungsverpflichtung in sich vereinigen. Die Weisen, die die Verpflichtung denken, sind deshalb nicht weniger verpflichtet: die Weisen befinden sich hierin in der gleichen Lage wie die Mannschaftsangehörigen, die Fußtruppen des kategorischen Imperativs und die Soldaten zweiter Klasse der moralischen Verpflichtung. Wer, indem er ein Beispiel gibt, mit seiner ganzen Person dafür einsteht, hebt den Bruch zwischen Tat und Kontemplation auf. Ist dies nicht die überzeugendste Art, die Pflicht *ernst zu nehmen*?

Der Widerspruch zwischen Tod und Bewußtsein hingegen ist von einer ganz anderen Schärfe, er zwingt Tod und Bewußtsein, sich gegenseitig zu verneinen! Der Tod läßt über dem Sein das Fallbeil des Nichtseins schweben; das Alles-oder-Nichts dieses Seins steht also auf dem Spiel. Immanenz heißt hier nicht Unterwerfung unter das Gesetz, Immanenz bedeutet hier Nichtheit. Das Bewußtsein, auf dem der zu erwartende und dem bewußten Wesen auflauernde Tod lastet, erweckt den Eindruck, als sei es selbst etwas weniger bewußt. Außerdem läßt die Pflicht, wenn sie schon das sittliche Wesen einbezieht, doch dessen Freiheit unangetastet, ja, sie ist gar nur unter dieser Bedingung zwingend. Müssen wir aber hier noch einmal daran erinnern, daß der Tod keine Verpflichtung, sondern eine Notwendigkeit ist? Die Immanenz des in den Tod eingetauchten Lebewesens ist ein schweres Schicksal. Doch das Bewußtsein vom Tod ist selbst eine fragwürdige Transzendenz; denn der Tod ist kein klarer Gegenstand wie etwa der Sternenhimmel oder ein sittliches Gesetz.

5. Der Triumph des Todes. Der allmächtige Tod

Wer wird schließlich das letzte Wort haben? Das Denken oder der Tod? Die Ironie des Verstandes, die den tödlichen Zwischenfall bagatellisiert, oder der Hohn des Todes, der sich an der Ironie rächt? Das ironische Lächeln, das die Tragödie mit Humor nimmt, oder der tragische Scherz, der den Weisen lächerlich werden läßt? Der Humor oder der Sarkasmus? Die Stärke der Schwäche oder die Schwäche der Stärke? Das Denken denkt über den Tod hinaus, den zu überleben es jedoch nicht imstande ist und von dem es auf vitale, das heißt tödliche Weise abhängig ist. Es denkt hienieden das Jenseits des Todes, doch ist es mit dem Tod auch aus mit seinem Denken! Das denkende Wesen schert sich nicht um das, ohne das es nicht einmal denken könnte. Das Denken denkt über alle Grenzen hinweg, und auch der Wille kann unbegrenzt wollen, doch es überwindet nicht physisch den Tod, und der Wille vermag buchstäblich nicht das Unmögliche. Das Denken ist sich bis einschließlich des vorletzten Augenblicks des Todes bewußt; im allerletzten Augenblick aber stirbt das denkende Wesen, und das Denken setzt schlagartig aus. Nachdem er sein ganzes Leben über den Tod nachgedacht hat, stirbt der Denker eines schönen Tages selbst, wenn sein Name aufgerufen wird. Andere werden zwar seinen Platz einnehmen, andere werden den Tod anstelle des Verschiedenen denken; doch ihr Überleben und die unbegrenzte Erneuerung des Lebens machen die Vernichtung eines denkenden Wesens nicht verständlicher. Wozu war es nütze, den Tod sein ganzes Leben lang gedacht zu haben, wenn man in der letzten Minute doch umkommt? Die letzte Minute stellt alles in Frage: warten wir also die letzte Minute ab, bevor wir uns äußern! Denn sie allein zählt, sie allein ist entscheidend und ernst, sie allein gibt unserem Verhältnis zum Tod einen völlig anderen Sinn, macht aus a posteriori ein a priori und verwandelt die Überlegenheit in Unterlegenheit. Was wiegt ein ganzes Leben, vom ersten bis zum vorletzten Moment, wenn lediglich der letzte endgültig und für alle Ewigkeit unser Schicksal besiegelt? Es ist schon bittere Ironie, wenn man sagt, daß der Tod für das Denken des Todes nur bis zum vorletzten Augenblick, nur bis zu jenem Augenblick, der dem großen Sprung unmittelbar vorausgeht, aber nicht darüber hinaus, ein Aposteriori ist: zu behaupten, daß der Mensch, außer im letzten Augenblick, stets stärker sei als der Tod, heißt sagen, daß er schwächer ist. In seinen *Triumphen* stellt Petrarca dar, wie Laura, oder die Keuschheit, über die Liebe, und der Tod dann über Laura triumphiert.[24] Bei Petrarca hat zwar Gott das letzte Wort ... doch weiß man, welche Rolle das Thema des »triumphierenden Todes« in der mittelalterlichen Ikonographie spielt:[25] vor dem triumphierenden, allmächtigen und unbesiegbaren Tod verneigen sich Päpste und Kaiser, nackt und waffenlos. Ein Starker findet immer einen Stärkeren, der allmächtige Tod aber ist stärker als alles: er ist die äußerste Grenze und die Höchststufe der Stärke, der König aller Könige und der Sieger über die Sieger; Sieger und Besiegte vereinigt er, denn sie sind alle gleich vor ihm. Der Reigen der Toten von Kaspar Meglinger, der die Mühlenbrücke zu Luzern schmückt, stellt den makabren Triumphator dar, der Bischof und Herzog, Krieger und Gelehrte, Maler und Steinmetz, Liebhaber und Gattin mit sich zieht ... Gegen ihn vermögen die Heilmittel der Ärzte und das Geld des Finanzmannes nichts mehr. Der Tod ist für die Kreatur also unendlich näher als eine vermeidbare Schwäche: er ist die unvermeidliche und universelle Schwäche aller Starken ohne Ausnahme. Von Mißerfolgen und Niederlagen des Daseins kann man sich erholen, und eine verlorene Schlacht muß noch kein verlorener Krieg sein! Vom Tode aber erholt sich niemand mehr ... Die einstweiligen Siege und relativen Niederlagen der empirischen Fortdauer münden in jene absolute und unwiderrufliche Niederlage, die Ende heißt. Der Tod, der nicht in unserer Macht steht, zieht die Grenzen der Technik, er ist, wogegen die Technik machtlos ist; unsere Heilmethoden vermögen viel, wenn es um die Verbesserung der Gesundheit oder die Verlängerung des menschlichen Lebens geht; der Tod aber ist die Krankheit, die keine Arz-

24 [Francesco Petrarca: Die Triumphe, in: *Das lyrische Werk*, Darmstadt 1958.]

25 L. Guerry: *Le Thème du ›Triomphe de la mort‹ dans la peinture italienne*, Paris 1950.

nei zu heilen und keine Heilkunst zu besiegen imstande ist: das absolut Unheilbare. Am Schluß ihrer *Lieder und Tänze des Todes* führen uns Mussorgski und sein Dichter Arsenij Golenischtschew-Kutusow den Tod als einen unbesiegbaren und allmächtigen »Feldherren« vor, als den Kaiser des Nichtseins, den Generalissimus der Nichtheit, dessen grenzenlose zerstörerische Macht allem Endlichen auf ewig Schweigen gebietet. Allmacht oder (was aber auf das gleiche hinausläuft) Sieg der letzten Stunde, Unbesiegbarkeit des Todes und letztendlicher Triumph des Todes im höchst-letzten Augenblick verwehren uns, den Tod in seiner ganzen Tiefe zu denken. Der Widerstreit zwischen Freiheit und Notwendigkeit ist in der Tat endlos, wenn es zutrifft, daß sich die Freiheit stets der Rechtmäßigkeit eines umfassenderen Determinismus unterordnen muß und sich der Determinismus stets von der Laune einer unvorhergesehenen Entscheidung vereitelt sieht ... Der Widerstreit von Überbewußtsein und Tod aber ist nicht endlos; denn das Überbewußtsein ist nur bis ausschließlich des letzten Augenblicks jenseits des Todes: in der neunundfünfzigsten Sekunde der neunundfünfzigsten Minute der elften Stunde kehrt sich das Verhältnis in einem Lidschlag um; im letzten Augenblick des letzten Moments sieht sich das Überbewußtsein für immer von dem verschlungen, was es zuvor umfaßte. So kommt dank der Zeit, die Schwierigkeiten löst und Auseinandersetzungen befriedet, alles stets wieder in Ordnung, mit Ausnahme des Todes, der »nicht wieder in Ordnung kommt«. Alles geht zwangsläufig schlecht aus, auch was den größten Erfolg hat! Ist ein Optimismus, der das ganze Leben, nicht aber den letzten Moment dieses Lebens optimistisch einschätzt, nicht hoffnungslosester Pessimismus? Diese kleine Ausnahme ändert, weil sie den letzten Moment ausnimmt, unser Los von Grund auf. Damit hätte man anfangen müssen! Der persönliche Tod ist gleichsam die Umkehrung des cartesianischen Zweifels; bei Descartes ist alles verloren, außer dem unzweifelhaften Denken, jetzt aber ist durch das Überbewußtsein alles vor dem Schiffbruch gerettet, außer eben dem Wesentlichen ... Das Bewußtsein ist nicht stärker, aber *beinahe* stärker – denn es bedarf nur eines einzigen Augenblicks der Unbewußtheit, einer winzigen Schwäche und einer minimalen Ablenkung des Denkens, kaum eines Lidschlags! Das Bewußtsein bleibt heil, aber das mit Bewußtsein begabte Wesen ist nicht mehr.

6. Der Tod ist stärker als das Denken; das Denken ist stärker als der Tod.

Der Auffassung der Makabren zufolge und vorausgesetzt, man läßt die übernatürlichen Versprechungen außer acht, wie sie bei Meglinger durch die Weissagung Hesekiels, der die Wiederauferstehung der Toten verkündet, und durch das Jüngste Gericht vorgestellt werden, hätte der Tod in der Tat das letzte Wort; einzig das Jüngste Gericht würde noch nach dem Schlußwort des Todes stehen. Doch wer weiß, ob das in seiner Selbstheit verkörperte Bewußtsein nicht seinerseits dieses letzte Wort hat? Dies wäre dann das allerletzte Wort der letzten Worte. Der Zirkel der Diallele und die Doppeldeutigkeit, das heißt der Modus der doppelten Wahrheit der Widersprüchlichkeiten, legen uns vielmehr nahe, daß beide, Tod und Bewußtsein, das letzte Wort haben, welches (was aber auf das gleiche hinausläuft) jedesmal lediglich das vorletzte ist. Das Bewußtsein ist dem Tod übergeordnet, wie der Tod dem Bewußtsein übergeordnet ist. Das Denken ist sich der gänzlichen Auslöschung bewußt, doch fällt es selbst der Auslöschung, die es denkt und die es trotzdem vernichtet, anheim. Oder entsprechend: es fällt der Vernichtung anheim, obwohl es sie denkt. Die selbst unfaßbare Macht, alles zu erfassen, ist hilflos angesichts des anderen Unfaßbaren in ihr, das ihr eigenes Ende, ihre unerforschliche Vernichtung bedeutet; dennoch nennt und denunziert sie diesen Skandal und verwahrt sich dagegen. Der Widerspruch zwischen diesem doppelten Unfaßlichen ist wahrhaft unlösbar! Das denkende Schilfrohr weiß, daß es stirbt, und wir fügten sogleich hinzu, daß es deshalb nicht minder sterben muß. Und hier sind wir wieder am Ausgangspunkt angelangt: es stirbt, doch weiß es, daß es stirbt: der Kreis schließt sich, und wir finden wieder Pascals cartesianische These vor. Das eine verweist auf das andere und umgekehrt, und endlos so fort, wie ein Pendel, das sich hin- und herbewegt. Diese widersinnige Wechselbeziehung ist ein allgemeingültiges Gesetz, das auch die sich im Kreis bewegende Kausalität bestätigen könnte: so wie die Freiheit der Notwendigkeit und die Notwendigkeit der Freiheit übergeordnet ist, so steht die Vergebung über dem Übel und das Übel über der Vergebung, der unbesiegbare Wille über der unwiderstehlichen Versuchung und die unwiderstehliche Versuchung (mit ihren unabänderlichen Folgen) über dem dennoch unüberwindlichen Willen, und so auch tragen Denken und Tod jeweils den Sieg übereinander davon. Es ist aus mit der einseitigen Überlegenheit eines Siegers, der nur Sieger ist über einen Besiegten, der nur besiegt ist. Das Paradox der sich im Kreis bewegenden Wechselseitigkeit ist weder auf eine Alternierung noch auf die dialektische Umkehrung des Ersten und Letzten zurückzuführen, die aus dem Sieger letztlich einen Besiegten und aus dem Besiegten einen Sieger machen würde: die ironische Revanche des Bewußtseins am Tod, den es denkt, der höhnische Triumph des Todes über das Bewußtsein, das er tötet, wären für sich genommen ein letztes Wort und ein endgültiger Triumph, der des unzerstörbaren Bewußtseins oder der des unbesiegbaren Todes. Nein, von nun an geht es um eine völlig widersprüchliche Wechselseitigkeit. So sind Liebe und Tod beide Sieger und Besiegte, zugleich einander überlegen und unterlegen. Hier steht Allmacht gegen Allmacht! Hier handelt es sich eher um einen Widerstreit, denn um einen Kampf! Dieser Widerstreit ist keineswegs ein eindeutiger Kampf, in dem die Chancen auf beiden Seiten etwa gleich verteilt wären, oder ein unentschiedenes Duell, dessen Teilnehmer sich gegenseitig neutralisieren würden, dieser Widerstreit ist doppeldeutig und endlos und sichert bis in alle Ewigkeit dem Tod die Vorherrschaft über das Bewußtsein und dem Bewußtsein die Vorherrschaft über den Tod zu. Bringt diese irrationale Wechselseitigkeit, die eine quälende und unlösbare Spannung erzeugt, nicht die Vereinzelung zweier sich gegenseitig ausschließenden Tatsachen zum Ausdruck? Das rührt auch daher, daß Vorherrschaft in diesen beiden Fällen nicht den gleichen Sinn hat; die beiden unvergleichlichen und gegensätzlichen Vormachtstellungen, die einander wie zwei Absolutheiten gegenüberstehen, sind radikal asymmetrisch; weder gehören sie der gleichen Ordnung an, noch sind sie auf der gleichen Ebene angesiedelt, noch haben sie in bezug auf ein Gleiches die Übermacht. Die Vormachtstellung des Denkens ist eine rationale, wohingegen die des Todes physisch ist: die ideelle Übermacht des Bewußtseins hat keine Wirkung auf die Verlängerung des Lebens, und umgekehrt hat die Übermacht des Todes keinen Einfluß auf das Denken und macht die Zunichtewerdung nicht weniger absurd, im Gegenteil, sie vernichtet de facto die Existenz des denkenden Wesens. Das Denken weiß nichts von der Abnutzung durch die Zeit, und der Tod bedeutet ihm nichts, doch es ist machtlos und physisch nicht imstande, den denkenden Organismus vor dem Tod zu retten und den Sterblichen unsterblich zu machen; und umgekehrt ist der Tod unbesiegbar, doch seine Allmacht ist eine blinde Übermacht ohne Transparenz und rationale Wahrheit. Denn wenn die Empörung des Bewußtseins platonisch ist, so ist die brutale und drastische Tatsache des Todes illegitim. Daher wird die Überlegenheit des Bewußtseins vom Tod auch nicht völlig zunichte gemacht: eine Embolie bedeutet die Niederlage der Entfaltung eines großen Gedankens, das Denken aber überdauert die Embolie, während das denkende Wesen zugrunde geht. Ein unumgängliches Entweder-Oder verwehrt uns, alle Vorteile auf einmal zu besitzen. In der Philosophie Pascals etwa teilen sich Mensch und Weltall in Rollen, die einzig Gott vereinen kann: das Weltall verfügt über eine Kraft, von der es nichts weiß, die aber nichtsdestoweniger effizient ist; der denkende Mensch hingegen wüßte um seine Kraft, wenn er der Stärkere wäre;[26] da er aber schwach ist, hat er nur das Bewußtsein seiner Schwäche und seiner Grenzen, ganz wie Sokrates, der sich nur seines Nichtwissens bewußt ist: unfähig, Wissen und Bewußtsein zu vereinigen, ist er sich also lediglich seiner Unkenntnis bewußt – leider bewußt! – und ist im Bewußtsein seiner Unkenntnis, Gott sei Dank, unwissend. Der Sterbliche weiß um seine Grenze und transzendiert sie durch dieses Wissen,[27] ohne sie jedoch dadurch aufheben zu können; das Bewußtsein vom Tode ist ein schwacher Trost. Was ist mehr wert, eine bewußtlose Kraft oder ein kraftloses Bewußtsein? Dies kann letztlich nicht entschieden werden. Léon Brunschvicg, der über einen Text von Georges Siméon[28] nachsinnt, spricht in bewunderswerten Worten von einer Zeitlosigkeit des geistigen Akts: die Weisheit Spinozas, für die der Tod nicht zählt, erhält durch Brunschvicg ihren tiefsten Sinn. Doch der Aufschrei Gabriel Marcels ist nicht weniger gerechtfertigt. Wir sagten vom denkenden Schilfrohr: *und dennoch stirbt es!* Handelt es sich darum, den Streit von Tod und Denken

26 [Blaise Pascal: *Pensées*, Fragm. 347 (Ed. Brunschvicg).]

27 Georg Simmel: Die Transzendenz des Lebens, [in:] *Lebensanschauung*. [Vier metaphysische Kapitel] 1 [München u. a. 1922].

28 [Léon Brunschvicg:] *De la vraie et de la fausse conversion* [*suivi de la querelle de l'athéisme*, Paris 1951]; siehe auch: *Revue de métaphysique et de morale* [36] (1929).

durch Schiedsspruch zu entscheiden, hat jeder recht und niemand hat nur mit einem recht. Nein, das letzte Wort kann nicht gesprochen werden!

Dieser doppelte Widerspruch zwischen einem zugleich erfaßten und uns umfassenden Tod und einem umfassenden und zugleich verschlungenen Bewußtsein rührt von der zwiespältigen Natur des denkenden Wesens her: wäre das denkende Wesen Denken ohne Sein, reines Denken und inexistente Essenz, würde es den Tod wie ein absolut unbeteiligter Zuschauer betrachten und beurteilen; wäre es ein Wesen ohne Denken, ein bewußtloser Automat, wäre es von Kopf bis Fuß in Tod getaucht und würde, wenn es soweit ist, mit Haut und Haaren umkommen: im ersten Fall ein Zuschauer, der lediglich Zuschauer und unbeteiligt ist, im zweiten ein totaler Schiffbruch ... Nun aber ist das denkende Wesen, das Person gewordene Denken, paradoxerweise beides zugleich: unbeteiligt und gleichzeitig darin verwickelt; zugleich Zuschauer auf der Tribüne und Darsteller in der Arena – oder vielmehr Agierender, denn der Darsteller spielt die Handlung eher, als daß er ernsthaft in sie verwickelt wäre; und eigentlich Agierender kurzum, wenn der sittlich Handelnde derjenige ist, der zugleich betrachtet und handelt. Der Mensch ist also zugleich innerhalb des Todes und außerhalb von ihm: denn so wie der Widerspruch von innerhalb und außerhalb auf unerforschliche Weise die Beziehungen des Körpers und der Seele regelt, regelt er auch jene des Todes und des Bewußtseins. Eine der wesentlichen Thesen des *Traité de métaphysique* von Jean Wahl[29] findet hier ihre Bestätigung: Transzendenz und Immanenz verweisen gegenseitig aufeinander. Um in der Sprache Gabriel Marcels zu sprechen: das »Mysterium« will sich nicht völlig in ein »Problem« auflösen lassen, und das »Problem« verschließt sich seiner völligen Verflüchtigung in ein »Mysterium«. Das Denken, das den Tod *als Problem* denkt, ist vom Objekt seiner Spekulation *auf mysteriöse Weise* umhüllt. Das Überbewußtsein überschaut, insofern es transzendent ist, dieses Objekt und ragt darüber hinaus; insofern es dem Leib immanent und in ihn verstrickt ist, ist es auf tödliche Weise von diesem Objekt betroffen. Auch im Schmerz ist das Überbewußtsein be-

29 [Jean Wahl: *Traité de métaphysique*, Paris 1957.]

troffen; das Überbewußtsein unterhält mit dem Schmerz, wenn nicht eine mysteriöse, so doch eine »mysteriologische« Beziehung. Doch handelt es sich hier nur um ein teilweises Verschlungenwerden, das uns nicht immer am Denken hindert, wenn auch um den Preis einer grausamen Askese ... Daher auch kann man, Pascal zufolge, noch aus der Krankheit Nutzen ziehen.[30] Vom Tod aber kann man keinen »Gebrauch« machen, und sei es auch nur, weil Gebrauch und Askese zumindest die Fortführung des Seins voraussetzen und der Tod, der dem Dasein schlichtweg ein Ende setzt, uns nicht einmal Zeit gibt, zu leiden. Der Tod, der mysteriös und dennoch problematisch ist, ist das mysteriöse Problem, dem stets eine Bestimmung fehlt, um wirklich Denkobjekt zu sein; oder, was jedoch auf das gleiche hinausläuft: der Tod ist das problematische Mysterium, dessen wir uns durch das Denken bewußt sind, ohne es ergründen zu können. Der Tod ist »beinahe« verständlich, doch haftet ihm ein atmosphärisches Etwas an, doch liegt in ihm ein unauflösbarer Rest, der genügt, um ihn unfaßbar zu machen. Das Ungreifbare, Unausschöpfliche und Unerforschliche des Todes rufen in uns ein unstillbares Bedürfnis nach Ergründung wach, das gleichsam unser schlechtes Gewissen ist. Wir betrachten den Tod aus dem Blickwinkel des Zuschauers und sind doch in ihn eingetaucht wie in ein völlig aussichtsloses Schicksal: der Mittelpunkt ist überall und der Umkreis nirgendwo. Der Tod ist demzufolge sowohl objektiv als auch tragisch. Wäre das Bewußtsein dem Tod absolut entzogen, wäre der Tod natürlicher Gegenstand der Erfahrung, ein seltsamer Gegenstand zwar, aber ein Gegenstand, ein Konzept unserer Reflexion, ein Gegenstand unter anderen, ein Konzept von vielen und ein Problem wie andere auch. Doch auch wenn man zugibt, daß der Tod das Denken nicht zunichte macht, vernichtet er doch die persönliche und psychosomatische Existenz des denkenden Wesens. Die Beseitigung der ganzen Person ist das uns umschlingende Mysterium par excellence.

Ist dieses Zwitterwesen, das man Mensch nennt, dem Tode nun überlegen oder unterlegen? Durch seine Würde behält der Pascalsche Mensch, der weder Engel noch Tier ist, die Oberhand über

30 [Blaise Pascal: *Gebet um den rechten Gebrauch der Krankheiten*, in: *Pascal*, hg. v. R. Schneider, Frankfurt/M./Hamburg 1954, S. 266 ff.]

das, was ihn tötet und das nicht einmal weiß, daß es ihn tötet; durch seine erbärmliche Schwäche, seine Agonie und Einsamkeit wird das denkende Wesen hingegen wieder zum elenden Menschen. Durch den Raum umfaßt und verschlingt das Weltall das Bewußtsein; durch das Denken »erfaßt« das hohe Bewußtsein das Weltall in der Doppelbedeutung von »comprehendere« und »intelligere«.[31] Ist der das Mysterium des Absoluten und Relativen verkörpernde Mensch nicht eine Art Halbgott? Diese dem Tode geweihte Selbstheit, die im Namen ihrer übernatürlichen Berufung gegen den Skandal des Aufhörens protestiert, nannten wir *ewig-sterbliche Wahrheit*. Auf halbem Wege zwischen einer alles bedenkenden Überbewußtheit, die der Tod nicht einmal streift, und einer ahnungslosen Unbewußtheit, die vom Schicksal überwältigt und zum Tode verurteilt ist, ohne es zu wissen, ist Raum für einen sorgenvollen Gedanken: diese Sorge ist die Sorge der halben Überbewußtheit, des unglücklichen Bewußtseins, das sich seiner sterblichen Ewigkeit gewahr wird, die Sorge des denkenden Wesens, das mit seiner Berufung zum Unendlichen einen begrenzten Werdegang überschaut, die Sorge der in einer Monade verkörperten denkenden Wahrheit schließlich. Es ist die Sorge der innerlich verneinten Positivität und die Qual des innerlich widerlegten Bewußtseins.

Das Denken überschaut abwechselnd den tödlichen Unfall und gleitet, ohne es zu verstehen, an einem Geheimnis ab, das die Nichtheit unseres Seins und das Nichts unseres ganzen Wesens ist: der mysteriöse Umkreis des Problems ist das Undenkbare, das das Denken zum Schweigen bringt. Wir sind also weit davon entfernt, nichts über unseren Tod zu wissen: wir wissen um seine Quodditas, kennen vorläufig aber weder das Wann noch das Wo oder das Wie dieses Quod: wir können daher das Problem zwar stellen, es aber nicht lösen; denn die Lösung müßte auf die Frage *was*? antworten. Das denkende Schilfrohr Pascals »weiß, daß es stirbt«: es weiß, *daß*; was es aber noch nicht weiß, ist, wann, wo und wie es sterben wird; es kennt weder den Zeitpunkt noch den Ort oder das Wesen seiner Krankheit. Es weiß, *daß* es stirbt, wie wir, noch immer Pascal zufolge, wissen, *daß* es ein Unendliches oder einen

31 Blaise Pascal: *Pensées* VI, Fr. 348 und die Fußnote Léon Brunschvicgs [in der Ausgabe *Pensées et opuscules*, publ. par L. Brunschvicg, Paris 1990].

Gott gibt, ohne daß wir wüßten, *was* dieser Gott oder dieses Unendliche sei, und wie »das Herz fühlt«, *daß* der Raum drei Dimensionen hat, ohne dessen Wesen zu kennen.[32] Der Mensch erkennt sich nicht einmal als »moriturus«, sondern lediglich als »mortalis«; er sieht nicht, daß der Tod »anhängig« ist, er weiß nur, daß er ganz allgemein sterben muß, zu einem unbestimmten Zeitpunkt, irgendwann später und vielleicht gar niemals, an Trinitatis oder am Sankt-Nimmerleins-Tag, auf jeden Fall noch nicht jetzt; denn der eigene Tod steht niemals nahe bevor; er lebt seinen Tod nicht, wie man die Zukunft einer konkreten Künftigung lebt, er erfaßt lediglich die universelle und abstrakte Möglichkeit des Todes, und, einbezogen in diese Möglichkeit, seine eigene Sterblichkeit; er weiß sich *sterblich*, er »weiß« aber nicht eigentlich, daß er *sterben wird*. Insofern als der Sterbliche um seine Sterblichkeit schlechthin weiß, umfaßt er den Tod durch das Bewußtsein und scheint ihm gegenüber im Vorteil zu sein; insofern er aber die näheren Umstände seines eigenen Todes nicht kennt, ist er dem Schicksal unterworfen, und das zukünftige Ereignis hat dem zum Tode Verurteilten gegenüber den Vorteil der Initiative, den Vorzug der Überraschung und die Überlegenheit der dominierenden Stellung. Er weiß um die Quodditas, mit anderen Worten: um die *Tatsache*, *daß* und befindet sich durch dieses Wissen jenseits der Grenze; er kennt das *was* jedoch nicht, das »quando« vor allem nicht, das ein zeitlich bedingtes »daß« ist, und hierin bleibt er letztlich diesseits. Da er aber andererseits das »quod«, und nicht das »quid« dieses »quod« kennt, da er *weiß*, *daß*, ohne das »was« zu kennen, da er auf die Frage was? nicht antworten kann und sein Wissen folglich kein Objekt und keine Ergänzung im Akkusativ hat, ist das Bewußtsein der Quodditas nur halbumfassend. Paradoxerweise *vermag*, wer um das Quod weiß, nichts über dieses Quod: zu wissen, daß man stirbt, macht – leider! – nicht wie durch Magie unsterblich; denn ein solches Wissen würde schnell der gegenteiligen Überzeugung Platz machen! In Wirklichkeit verleiht das Wissen hier keinerlei Macht; es ist hier von der Ohnmacht nicht zu trennen. Ganz im Gegensatz dazu erhöht unsere Unkenntnis über die näheren Umstände unsere Macht mehr, als daß sie sie begrenzt; denn wenn wir die Umstände unseres eigenen

32 Ebd., III, Fragm. 194 (Gott, das Unendliche); IV, Fragm. 282 (der dreidimensionale Raum); VI, Fragm. 347 (der Tod).

Todes (das »quid« des »quod«) auch nicht kennen, so besitzen wir doch ein beliebig erweiterbares Wissen über die nosologischen Mechanismen; Krankheitsverläufe, Vorboten des Todes und Abbruch der Lebensfunktionen werden immer mehr ergründet. Man wird nun einwerfen, daß dies ein rein »adjektivisches« Wissen sei, das uns keinen Zugang zum Geheimnis des Lebens gewährt, sondern sich lediglich auf äußere Zeichen oder Vorzeichen, auf Beifügungen und letztlich auf Belanglosigkeiten beschränkt: indes, dieses Wissen gestattet uns, den Kampf aufzunehmen, die unheilvolle Frist hinauszuschieben, das Leben zu verlängern, das Leiden zu mildern und, wenn schon nicht den Tod, so doch Krankheiten zu heilen; die Unkenntnis über den Zeitpunkt *(hora incerta!)* ist gar weit davon entfernt, unsere Ohnmacht zu vertiefen, sie gibt der Hoffnung Auftrieb und erhält die Öffnung jener Zukunft, die der Werdegang des tätigen und kämpferischen Menschen ist. Das noch an Leben Verbleibende ist für den Lebenden bis zuletzt eine geschmeidige und beliebig ausdehnbare Dauer ... Der auf Bewährung zum Abtreten Verurteilte ist oft in dem Glauben, daß er den Tod besiegen könne, wenn er ihn nur in seiner ganzen Tiefe auslotet, und daß die erkennende Hellsicht notwendigerweise eine drastische Wirkung haben müsse. Dazu aber müssen wir nicht nur die Quodditas, sondern die Umstände, den Charakter und die Art des Geheimnisses und alles, was es darüber zu wissen gilt, kennen. Doch ach! In Anbetracht der tatsächlichen Verfassung der Kreatur würde dieses vollständige Wissen, das weit davon entfernt ist, uns über den Tod hinauszuheben, den Verurteilten der Folter der Hoffnungslosigkeit ausliefern. Wäre dies nicht die unmenschliche, versteinernde Herrschaft der Medusa, die wir *mors certa, hora certa* nannten? Einzig das reine Denken wäre imstande, die Tatsächlichkeit des Todes zu umfassen, ohne von den raum-zeitlichen Umständen dieses Todes betroffen zu sein. In Ermangelung einer solchen Überbewußtheit schützt unser Halbwissen unsere Halbmacht noch immer am besten, doch es ist eben nur ein Halbwissen. Der Mensch weiß, daß er sterben wird, doch er kann sich nicht erklären, warum er dahingehen muß und wie es möglich ist, daß er ausgelöscht wird; er denkt und erfaßt den Tod, aber er versteht ihn nicht; das heißt, daß er den Tod niemals in allen seinen Dimensionen gleichzeitig auslotet. So beharrlich er das Problem auch ergründen, und so weit er seinen Gedankengang auch treiben mag, es bleibt immer eine Dimension, die sich ihm entzieht; das Mysterium bildet sich jenseits des Problems immer wieder neu: das undurchschaubare Apriori geht dem Bewußtsein voraus. Das Bewußtsein vom Tode, das vom Tod nur seine leere Tatsächlichkeit erfaßt, ist inhaltslos und läßt uns in einem Zustand völliger Unvorbereitetheit.

7. Liebe, Freiheit und Gott sind stärker als der Tod – und umgekehrt!

Ein endloser Widerstreit trennt also wie zwei Absolutheiten das Denken des Todes und den Tod des denkenden Wesens. Der gleiche Zwiespalt findet sich in jeder Art und Weise wieder, in der wir gegen den Skandal der Vernichtung protestieren, die Leere des Jenseits füllen und trotz des Todes den Fortbestand unseres Seins behaupten. So könnte, der Diotima im *Gastmahl* und den Troubadouren zufolge, die Liebe erfolgreich dem Tod die Stirn bieten, und zwar nicht, weil sie wie das Denken dessen umfassendes Überbewußtsein wäre, sondern weil sie ihm ihre drastische Energie und ihre Dynamik entgegensetzt. »Wenn du unsinnig liebst, wenn du unumschränkt liebst, weicht der Tod«, sagt Ionesco.[33] Die Liebe ist »das, was *ja* sagt«, und vor allem nein sagt zum Nein des Todes, was dem Ja mit dem Ja antwortet, der Bejahung eine bejahende und dem Leben eine vitale Antwort gibt und der Positivität des Seins wie ein Echo antwortet. Der Schöpfer, der das absolute Zum-Sein-Bringende ist, sagt *fiat*[34] zum Wesen, das noch nicht ist, und bejaht sich hierin als das Wunderbarste der totalsten Positivität. Die Liebe, die lediglich »nachschaffend« ist, ist die positive Antwort auf die Lebensdauer eines bereits seienden Wesens: ihre Improvisation ist somit weniger genial, wenn man so sagen darf. Gewiß ist die Liebe auf ihre Weise stiftend, denn ihre Aufgabe ist es, einzusetzen und einzuweihen; sie sitzt Zeugung und Geburt vor, und schafft sie auch keine Welt, so »stiftet« sie doch zumindest eine Familie. Wir ziehen indes die Formulierung vor: wenn die Liebe nicht die Dauer des Wesens sichert, so garantiert sie doch

33 [Eugène] Ionesco: *Der König stirbt* [Neuwied/Berlin 1964], S. 46 (Maria zum König).

34 [»Werde«.]

den Fortbestand der Gattung und die Erneuerung des Lebens; denn sie ist vor allem Antwort und eher Wiederbeginn denn Beginn. Sie ist Ausdruck dafür, daß niemals alles zu Ende ist, im Gegenteil, daß alles von neuem beginnt wie ein Frühlingstag und zu einem neuen Anfang, einem neuen Sommer und einer zweiten Geburt anhebt. Die Liebe ist das Versprechen auf eine Zukunft, sei es nun die kurzlebige und mittelmäßige Zukunft eines galanten Abenteuers oder jene große der Ehe. Die der Künftigung zustimmende Liebe setzt die festgefahrene Dauer wieder in Gang und begünstigt die Verwirklichung des Möglichen: da sie den Eintritt des Kommenden beschleunigt, geht sie in die gleiche Richtung wie das Werden, pflichtet ihm bei und bestätigt dessen Berufung. Dank der Liebe stürzt sich der Mensch in Abenteuer, erfährt er romanhafte Möglichkeiten und erfindet sich plötzlich ein intensives Leben, von dem er ohne sie niemals eine Ahnung bekommen hätte. Die Liebe verflüssigt die Ankunft von etwas – denn sie akzeptiert, daß etwas eintritt, und treibt die faszinierende Abfolge der Ereignisse voran. Es sind dies Ereignisse, die uns die Befruchtung verspricht: die Befruchtung impliziert die Weiterführung des Beginns, das Nachher des Jetzt und das Danach der Aktualität, impliziert, daß der Augenblick die Zwischenzeit des Lebens in sich trägt und die Begegnung alle möglichen, auf die Dauer der Entwicklung verteilte Folgen auslöst. Der Augenblick der Befruchtung läßt biologische Veränderungen zum Ausbruch kommen wie Keimung, Sprießen, Blüte und Fruchtbildung, dank deren dasselbe stets ein anderes wird; kurz: die Liebe treibt die Veränderung desselben an und aktiviert sie und läßt das in Schlaf fallen wollende Wesen wieder wach werden; die Liebe, die Prinzip des Austauschs und des vitalen Kreislaufs ist, gibt dem festgefahrenen Bewußtsein eine zusätzliche Chance der Erfüllung und Verwirklichung. Das Thema der sterilen Frau, das bei Lorca[35] so beharrlich wiederkehrt, ist vielleicht ein Vorwand für das zwanghafte Denken an den Tod: der auf der Frau lastende Fluch, die, da sie vergeblich auf die Liebe wartete, weder Erfüllung finden noch ihre Möglichkeiten zur Reife bringen kann und verblüht, ohne geboren zu haben, ist ein Vorgeschmack des Todes; denn schon mitten in diesem Leben läßt der Tod die Künftigung vertrocknen und

35 [Frederiço García Lorca (1898-1936), span. Schriftsteller.]

tötet die Fruchtbarkeit des Ja zum Leben. Die Nachkommenschaft ist in der Tat das dauerhafte Werk,[36] in dem sich der Augenblick selbst überlebt. Deshalb sagt Diotima im *Gastmahl*, daß die Liebe ἀθανασίας ἔρως,[37] Streben nach Unsterblichkeit sei; durch die Erzeugung (παιδογονία) will die sterbliche Natur immer sein, ἀεὶ εἶναι;[38] indem sie dank dieser »Pädogonie« eine andere Kreatur hervorbringt, die sie ablösen wird, sucht sie so durch eine Mittelsperson in ihrer eigenen Nachkommenschaft weiterzuexistieren und dies für alle künftige Zeit, εἰς τὸν ἔπειτα χρόνον πάντα.[39] Da aber die Nachkommenschaft ihrerseits zeugen muß, um etwas vor der Nichtheit ihrer Sterblichkeit zu retten, kann man schlußfolgern, daß die Erzeugung selbst das Ewige ist, ἀειγενές ἐστι καὶ ἀθάνατον ὡς θνητῷ ἡ γέννησις.[40]

Doch dies ist nicht alles! Die Liebe sagt nicht nur nein zum Nein des Todes, sie ist auch fähig, zu diesem Nein aus Liebe ja zu sagen. Der Liebende *überlebt* in denen, die ihn überleben, nicht nur durch eine kontinuierliche Verlängerung, er *lebt* in ihnen nach dem gähnenden Hiatus des eigenen Todes bisweilen gar *wieder auf* und ersteht zu neuem Leben: das Individuum stirbt, indem es seiner Nachkommenschaft das Leben gibt, und springt selbst von der Nichtheit in das Sein zurück; der Tod löscht die Person aus, die Lebensfähigkeit der Gattung aber überwindet den Tod: im Tod der »Snegurotschka«, dem »Schneeflöckchen«,[41] das von der ersten Frühjahrssonne weggeschmolzen wird, behauptet der Frühling seine unvergängliche Jugend. Das biologische Opfer kann kaum ein Opfer genannt werden, da es nicht ausdrücklich gewollt wird. Es geschieht jedoch, daß der Liebende aus Liebe freiwillig in den Tod einwilligt. Welche Ironie des hyperbolischen Paradoxons! Welch äußerster Widerspruch und welche höchste Herausforderung! Die Absurdität des Opfers tötet den Tod (zumindest

36 Ἔργον: das Wort steht in [Platon:] *Symposion* 209 e.

37 [Ebd.,] 207 a.

38 [Ebd.,] 207 d.

39 [Ebd.,] 208 e. Siehe auch 208 c: ἐς τὸν ἀεὶ χρόνον [»auf ewige Zeiten«].

40 [»Weil eben die Erzeugung das Ewige ist und das Unsterbliche, wie es im Sterblichen sein kann«; ebd.,] 206 e.

41 [Die Enkelin und Begleiterin von »Väterchen Frost«, dem russischen Weihnachtsmann; zugleich Titel und Hauptfigur eines russ. Volksmärchens.]

ist dies unsere unsinnige Hoffnung) und läßt den Helden über den Tod hinaus leben, den er in Angriff nimmt und der stärker zu sein scheint als er. Beschwört das Sterben-für-den-anderen, von dem Platon spricht,[42] nicht die Vorstellung einer wundersamen Homöopathie? Das Hindernis wird, den Dichtern zufolge, auf magische Weise in ein Mittel umgewandelt: durch die Wirkung einer gleichsam dialektischen Umkehrung dient der Tod, der das absolute Hindernis ist, dazu, das Hindernis unserer Endlichkeit zu vernichten; wenn die Selbstverleugnung aus Liebe zum anderen auf das Leben verzichtet, ist sie buchstäblich die Negation aller Negationen, dergestalt, daß die Unsterblichkeit das Ergebnis dieses Exzesses des Übels ist! Der Sterbliche glaubt, seinen Tod zu neutralisieren, wenn er dem Tod zuvorkommt, wenn er ihn wählt. Dieses Opfer ist der Tod des Todes. Euripides' Alkestis, die für Admetos stirbt, wird in ein unvergängliches Leben zurückgeführt.[43] Das moderne Bewußtsein, das das Romanhafte, die leidenschaftliche Liebe und die unreduzierbare Existenz des anderen entdeckt, wird hinzufügen: der Liebende findet im Tod das geliebte Wesen wieder, von dem ihn das Leben getrennt hatte; der Tod vereinigt diejenigen, die das Leben nicht zusammenkommen lassen wollte. Der Mensch berauscht sich an dieser Nichtheit, die ihm die Erfüllung seiner Wünsche verspricht. »Komm, mein kleiner geliebter Tod, komm, kleiner, ersehnter Wirt, führ mich in die goldene Stadt, wo mein Bräutigam ruht«, spricht die Fewronia in der *Legende von der unsichtbaren Stadt Kitesch*,[44] die ihre Pilgerfahrt auf Erden beendet und sich in die Ekstase des Liebestodes stürzt, bevor sie in die unsichtbare Stadt Kitesch mit ihren Glokken gelangt, wo der Prinz Wsewolod auf sie wartet. Was hienieden Unerreichbarkeit bedeutet, wird im Jenseits Erfüllung: am Schluß von Tolstojs Roman[45] schickt sich Iwan Iljitsch plötzlich in den Tod und nimmt anstelle der Nacht ein Licht wahr; und so auch wird die Seele der Toten nach einem Wort Charles van Lerber-

42 [Platon:] *Symposion*, 207b und 208d; siehe auch 179b, 180a; über die, die den Liebestod gestorben sind, vgl.: François de Sales: *Traité de l'amour de dieu* VII, 9-14 [Tournai 1958; dt.: *Über die Gottesliebe*, Zürich u.a. 1978].

43 [Euripides: *Alkestis* (Schlußszene), Stuttgart 1981.]

44 [Nikolaj A. Rimsky-Korsakow: *Die Legende von der unsichtbaren Stadt Kitesch* (1902-04), Oper in 4 Akten.]

45 [Leo Tolstoj: *Der Tod des Iwan Iljitsch*, Frankfurt a.M. 1979.]

ghes[46] im Gesang des Lichts wiedergeboren. Der junge »Jasager« Kurt Weills[47] sagt im Namen eines absurden und nutzlosen Ideals ja zum Tod, doch durch seine heldenhafte Annahme des Todes gibt er der empörenden Ungerechtigkeit dieses Todes einen Sinn. Den Mystikern indes gilt die Verklärung durch die Liebe als das größte Wunder: der Tod ist nicht länger mehr unüberwindliches Hindernis und unüberschreitbare Schranke, er vereint und wird durchsichtig. Schon in diesem Leben öffnet das Ja der Liebe die geschlossene Tür und hält die halboffene Tür offen. Unsere Hoffnung fordert aber noch mehr: wir wollen, daß sich die Liebe in die Leere des Todes wirft und über diese Leere hinweg einen unendlichen Horizont schafft, indem sie plötzlich die ewige Nichtheit füllt, wo die Finsternis schon ihre Herrschaft antreten wollte. Wir sind in dem Glauben, daß die Liebe gleichsam eine Brücke sei, die über den Abgrund und über den zwischen Hienieden und Jenseits gähnenden Spalt führt, und daß vor allem die Liebe die Menschen mit dem Apostel Paulus rufen lassen möchte: Tod, wo ist dein Stachel?[48]

All dies ist schön und gut; denn abgesehen davon, daß das Fortleben der Nachkommen für den zum Tode Verurteilten lediglich eine sehr relative Entschädigung und einen sehr schwachen Trost darstellt, ist die todabwendende Wirkung der Liebe vielleicht nicht viel mehr als eine dichterische Ausdrucksweise. Die Liebe kann den eigenen Tod buchstäblich nicht besiegen, und in diesem Sinne ergänzt das *Gastmahl* den *Phaidon* auch nicht durch einen neuen Beweis für die Unsterblichkeit: die Liebe überwindet nur den Tod der Art, die Liebe verewigt die Vitalität schlechthin. Auch die Liebe, die bis zum äußersten Opfer liebt, die vor Liebe stirbt, die hyperbolische Liebe, triumphiert nicht physisch, sondern pneumatisch und symbolisch über den Tod; die durch den Liebestod erlangte Unsterblichkeit ist also nur eine schöne Metapher und eine von unseren Wünschen beschworene Verlängerung. Als wären sie auf gleicher Ebene, vergleicht man bisweilen die Unbesiegbarkeit des Todes und die Unwiderstehlichkeit der Liebe: doch die Liebe ist so unwiderstehlich wie die Aphrodite der

46 [Charles van Lerberghe:] Inscription sur le sable, [in:] *Entrevisions* (Jeux et songes), [Paris 1923; dt.: *Ahnungen*, Weimar 1914].

47 [Kurt Weill: *Der Jasager* (1930), Oper.]

48 [1. Kor. XV, 54-55.]

Mythologie, nämlich im übertragenen Sinne, wohingegen der Tod in der eigentlichen Bedeutung unbesiegbar ist. Im *Hohenlied* heißt es, daß die Liebe stark ist *wie* der Tod: κραταιὰ ὡς θάνατος ἀγάπη,[49] es wird nicht gesagt, daß die Liebe stärker sei; denn nichts ist in dieser Hinsicht stärker als der Tod oder mächtiger als der allmächtige Tod. Am Schluß seines bewundernswerten Klavierzyklus, den *Goyescas*,[50] zu dem Goya Granados inspirierte, endet die Ballade von Liebe und Tod mit dem Tod des »majo«, und ganz am Schluß endet alles mit der Serenade des Gespenstes, das, in die Saiten seiner Gitarre greifend, entschwindet ... In Wahrheit ist die Liebe zugleich stärker und schwächer als der Tod, sie ist folglich ebenso stark wie er. Oder vielmehr ist es das Bewußtsein, das so stark ist wie der Tod; denn das Bewußtsein überblickt den Tod, wohingegen die Liebe sich gegen ihn auflehnt. In dem unentschiedenen Kampf von der siegreichen Liebe und dem triumphierenden Tod ist der Sieg der Liebe oft der Sieg eines Besiegten. Der Liebende ist bisweilen treu bis in den Tod, den Tod *eingeschlossen*; doch er stirbt. Hierin zumindest wird das Immer des Liebenden wortbrüchig. Nur der Tod hält stets sein Versprechen. Warum sich also an der Ambrosia der Liebe berauschen?

Die Freiheit ihrerseits ist nichts anderes als Auflehnung gegen den unverständlichen und höhnischen Skandal der Vernichtung. Kant spricht von den drei »Postulaten« der praktischen Vernunft, die die Freiheit, die Existenz Gottes und die Unsterblichkeit der Seele wären; in unserer Sprache wären Gott und Freiheit eher, wie die Liebe selbst, Garantien für die Unsterblichkeit, Versicherungen gegen das Nichtsein. Denn der Mensch kann die Leere der Nichtheit auf dreierlei Arten füllen. Die Freiheit, die dem tödlichen Ende entgegenwirkt, setzt den Anfang: ihre Entscheidungen sind Einweihung und Einsetzung; auch die Freiheit ist »archē« oder Prinzip, da sie in jeder Arbeit und Unternehmung die freiwillige Handlungsinitiative hat, da sie den Grundstein legt. Sie ist gleichsam die ewigwährende Morgenröte eines endlosen Tages oder die fortwährende Geburt eines nie endenden Daseins. Und die Freiheit ist nicht allein Anfang, sie garantiert in der Fortdauer der

49 Das Hohelied Salomos VIII, 6.

50 [Enrique Granados (1867-1916):] *Los Majos Enamorados* [Klavierzyklus, die sogenannten] »Goyescas«, V. [Satz]: El Amor y la Muerte.

Zwischenzeit auch das ständige Wiederanheben und die unermüdliche und endlose Erneuerung unserer Handlungen. Als nie versiegende Quelle unzähliger Handlungen geht sie eine Wette gegen den Tod ein. Der Tod ist eine Einbahnstraße und eine Sackgasse. Der Aussichtslosigkeit einer ausweglosen Lage setzt sie das Prinzip unendlicher Beweglichkeit entgegen, denn sie ist die Macht, die stets darüber hinausgeht und stets jenseits steht. Außerdem hat das Wollen eine beinahe unbegrenzte Allmacht, eine gleichsam übernatürliche Omnipotenz, die ihm die Verewigung von Versprechungen, Ablehnungen oder Verzicht gestattet. Uneinnehmbar, ἀναναγκαστον, ἀκώλυτον ist, Epiktet zufolge,[51] die Zitadelle des autokratischen Willens; ein hegemonialer Wille (αὐτοεξούσιον),[52] der sich in der Stahlkammer der mentalen Restriktion einschließt, kann nicht bezwungen werden. »Wer könnte über unseren Willen triumphieren, wenn nicht unser Wille selbst?«[53] Zeus hat uns den Willen verliehen, er kann seine Gabe nicht wieder zurücknehmen. Der unwiderstehlichen Versuchung setzt der Wille einen unendlichen Widerstand entgegen. Dem Folterknecht wird es daher nicht gelingen, dem Willen, der sich weigert und verzweifelt nein sagt, nein bis in den Tod, sein Geheimnis zu entreißen. Numquam! um keinen Preis und in keiner Form. Epiktet scheint bereits für jene Helden der Résistance zu sprechen, die auch unter den grauenhaftesten Folterungen Stillschweigen bewahrten und gestorben sind, ohne gesprochen zu haben.

Ist dieser Wille, der stark ist wie der Tod, stärker als er? Es wäre schön, wenn man sagen könnte, daß der Tod das Ergebnis einer Schwächung der »causa sui«, eines Nachgebens unserer Machtbefugnis ist ... Aber ach! der Held hat den Folterknecht besiegt, da er standhaft blieb, aber er hat darüber sein Leben gelassen. Der Held hält heroisch Wort, aber er stirbt daran. Wollen ist in der Tat Können. Doch ich will weder sterben, noch kann ich überleben. Das Immer unserer Schwüre, Wünsche und unserer Treue kann hart bleiben »usque ad mortem«, das Niemals des moralischen Veto kann der letzten Prüfung standhalten: das Immer des Willens

51 [Epiktet:] *Unterredungen*, IV, 1 [: Wie werde ich wirklich frei?] (Περὶ ἐλευθερίας).
52 [»Sich selbst beherrschend, autark seiend«.]
53 [Ebd.]

überlebt das Niemals des Todes in keinem Falle! Andererseits ist die Freiheit ebensowenig im buchstäblichen Sinne ein Heilmittel gegen den Tod oder ein Lebenselixier wie Gott oder die Liebe. Gott, das wesenhaft doppelsinnige Mysterium, ist weder derselben Ordnung angehörig, noch auf der gleichen materiellen Ebene angesiedelt wie das auf traurige Weise unzweifelhafte Desaster, vor dem er uns doch bewahren soll. Und was die Liebe betrifft, die ganz irdisch, fleischlich und gefühlsgebunden ist, so ist ihre unsterblich machende Eigenschaft lediglich eine Wunschvorstellung und eine Chimäre unserer Hoffnung: die Unsterblichwerdung durch die Liebe ist sicher ebenso eine Metapher, wie das Unsterblichwerden durch die Kunst oder den Ruhm eine Metapher ist. Und mit der Freiheit verhält es sich nicht anders. Gewiß ist die Freiheit weit mehr als eine platonische Hoffnung, ein magischer Wunsch oder ein lyrischer Rausch, aber sie ist auch alles andere als eine wirksame Handlung. Der Tod tötet den freien Menschen, und die Wette, die der freie Mensch mit dem Tod eingeht, ist eine aussichtslose Herausforderung. Genau dies kommt in der Vorstellung von der Auflehnung zum Ausdruck: gegen die brutale und unbegreifliche Tatsache des Todes, gegen eine ebenso unweigerliche wie ungerechtfertigte Vernichtung kann sich der freie Mensch nur auflehnen. Die Auflehnung ist alles, was einem bleibt, wenn das Schicksal zugleich absurd und unabwendbar ist.

Gott schließlich wäre für das sich in Lebensgefahr befindliche Wesen eine Möglichkeit der Verlängerung oder grenzenlosen Ausdehnung über den Untergang hinweg. Angelus Silesius stellt dem Gott, der ja sagt, den Teufel, der nein sagt, gegenüber.[54] Denn Gott bejaht, was die Liebe bestätigt! Diese Bejahung, die Sein erschafft und Wesen setzt, verneint sekundär Sinnlosigkeit und Nichtsein. Wenn Gott für unseren Verstand eine Garantie gegen die bösartige Vernichtung der ewigen Wahrheiten darstellt, kann er für unser Leben um so mehr die Zusicherung einer Verlängerung bedeuten. In der Hypothese eines stetigen Augenblicks garantiert uns Gott die Fortdauer und den Fortbestand der Zeit. Die fundamentale Hoffnung hofft wesentlich auf die Fortführung des Seins, so erbärmlich

54 [Angelus Silesius:] *Cherubinischer Wandersmann* II, 4; siehe S. 249 und die Fußnote von E. Susini [in der frz. Ausgabe: *Le pélerin chérubique*, éd. Susini, Paris 1964].

dieses auch sein mag; folglich ist das »Gottvertrauen« vor allem eine Hoffnung auf Aufschub und Vertrauen in das Hinausschieben des »Abbruchs«. Dazu ist die große und schöne Hoffnung, πολλὴ ἐλπὶς καὶ καλή, von der im *Phaidon* mehrmals die Rede ist, vielleicht berufen. Εὔελπις εἰμι εἶναί τι τοῖς τετελευτηκόσι ...[55] Zwar verspricht uns Platon in der Sprache der Mythologie die Glückseligkeit im Jenseits, doch bevor sich das endliche Wesen himmlischen Lohn und den Luxus eines besseren Seins erhofft, hofft es ganz einfach, daß das Ende nicht das Ende sein möge und der Tod die Lebensdauer nicht endgültig unterbrechen möge. Mögen die Guten ihren Lohn im Jenseits erhalten, doch vor allem möge überhaupt etwas sein, τι, irgend etwas, aber etwas: ist dieses »Etwas« nicht das elementare und buchstäblich lebensnotwendige Minimum einer »euelpidischen«[56] Hoffnung, einer Hoffnung voll Zuversicht? Dies ist vielleicht gemeint, wenn es im *Deuteronomion* heißt: »Denn Er ist unser Leben und die Spanne unserer Tage.« Und der Prophet Jesaja ruft: Die Lebenden preisen dich und nicht die Bewohner der Hölle.[57] Christus, vor allem dem Johannesevangelium zufolge, sagt von sich selbst, daß er das Leben und das Brot des Lebens sei, oder in unseren Worten: das Brot der Lebensdauer, unser täglich Brot. Ἐγώ εἰμι ἡ ἀνάστασις καὶ ἡ ζωή. ὁ πιστεύων εἰς ἐμὲ; κἂν ἀποθάνῃ ζήσεται ... εἰς τὸν αἰῶνα.[58] Platon vergleicht das Gute mit der Sonne, und diese Metapher gibt zu verstehen, daß das Göttliche Fülle des Lebens und die Ewigkeit ein anderer Name ist für diese vollkommene Fülle ohne Verfinsterung. Die Gottheit, sagt Angelus Silesius, sei der Saft, der das Lebendige grünen und blühen läßt. Die positive Unendlichkeit Gottes erscheint uns einzig imstande, die negative Unendlichkeit der Nichtheit auszugleichen: ohne Gott wäre die Nichtheit unkompensierbar. Einzig Gott kann uns Rettung zusichern. Andererseits ist er, was dem Irdischen und dem Jenseitigen gemeinsam ist, er ist die Verbindung zwischen dem natürlichen und dem übernatürlichen Menschen.

55 [Bin ich »der frohen Hoffnung, daß es etwas gibt für die Verstorbenen«; Platon: *Phaidon* 63 c.]
56 [Von altgr. εὔελπις: »hoffnungsvoll«.]
57 [Vgl.: Jesaja, XXXVIII, 18-19;] siehe auch Jes. XXV, 8.
58 [Johannes XI, 25-26: »Ich bin die Auferstehung und das Leben. Wer an mich glaubet, der wird leben, ob er gleich stürbe ... (in Ewigkeit)«; der Zusatz in Klammern steht in Joh. VIII, 51.]

Aber ach! heißt, Gott zu Hilfe zu rufen, um die Nichtheit zu bannen, nicht, unserer Ungewißheit einen Taufnamen geben? Wir wissen, sagt Pascal, daß es einen Gott gibt, und wir wissen nicht, was er ist; Gott wäre also wie der Tod gewiß in seiner Quodditas und unbestimmt in seinen Eigenschaften. Zunächst aber ist die einzige Hoffnung, die sich unserer Hoffnungslosigkeit halb eröffnet, gerade die Ungewißheit des Wann des Todes. Sicherlich eine sehr negative und indirekte Hoffnung und eine armselige dazu! Und diese, unsere einzige Öffnung auf die Zukunft verdanken wir nicht Gott, sondern eben der hora incerta. Und dann ist die Quodditas Gottes schwerlich so evident wie die Gewißheit des Sterbenmüssens. Wir haben guten Grund, an die Zwangsläufigkeit des Todes zu glauben, haben aber nicht einen einzigen Grund, auf die Existenz eines unwiderruflich verborgenen Gottes zu schließen: diese Existenz ist Gegenstand einer sehr zweifelhaften Ahnung. Der Tod ist eine traurige Gewißheit, wohingegen Gott eine hohe Wette darstellt. Der Tod, eine biologische Notwendigkeit und physisch unausweichlich, ist das greifbarste Ereignis der Welt, wohingegen Gott doppeldeutig und verwirrend ist und hartnäckig im verborgenen bleibt! Οὔτε φωνὴν αὐτοῦ πώποτε ἀκηκόατε, οὔτε εἶδος αὐτοῦ ἑωράκατε: »Ihr habt nie weder seine Stimme gehört noch seine Gestalt gesehen.«[59] Gott ist weder eine Evidenz noch apodiktische Gewißheit, noch eine feststellbare Tatsache; Gott ist weder beweisbar noch verifizierbar. Man kann ihn in Abrede stellen. Der Retter gehört somit nicht derselben Ordnung an wie der Untergang. Doch genau deshalb verdient die übersinnliche Fülle, die uns die Nichtheit des Jenseits aufzuschütten hilft, den Namen Zukunft, denn sie hat ihre doppeldeutige, ungewisse und zufallsbedingte Natur mit dieser gemeinsam. Gott wird inbrünstig erhofft, glühend gewünscht und unablässig angerufen, und dies um so mehr, je ungewisser unsere Zukunft scheint: in Ermangelung eindeutiger Versicherungen machen wir irgendwelche Versprechungen und appellieren an seine Güte, uns das kurze Leben zu verlängern, das Sein über das Nichtsein hinaus fortbestehen zu lassen und das posthume Nichts, in dem alles sein Ende

59 Johannes V, 37; I, 18: Θεὸν οὐδεὶς ἑώρακεν πώποτε. [»Niemand hat Gott je gesehen.«]; 1. Joh. IV, 12: Θεὸν οὐδεὶς πώποτε τεθέαται. [»Niemand hat Gott jemals gesehen«]; siehe auch 1. Tim. VI, 16; Johannes VI, 46; 2. Mose XXXIII, 20.

nimmt, zu füllen. Gott ... oder nichts – auf diese Alternative läuft die Pascalsche Wette letztlich hinaus. Wenn man den Glauben an Gott aufgibt, wird der Tod wieder zu dem, was er tatsächlich ist: absolutes Hindernis und unüberwindliche Mauer; dann versinkt die Zukunft in der Nichtheit und die Aussichtslosigkeit eines Fortlebens bemächtigt sich des Menschen. Umgekehrt wird alles wieder möglich, und der Mensch befindet sich in gespannter Erwartung, wenn er von neuem an Gott zu glauben beginnt: wir werden nicht in den dunklen See fallen, und *es wird etwas geben*, wo es doch ebensogut nichts geben könnte ... Nein, die österlichen Glocken der Freude können gar nicht laut genug läuten, um die frohe Botschaft zu verkünden!

8. Doppeldeutigkeit der Sterblichkeit und der Unsterblichkeit

Der Widerstreit zwischen Bewußtsein und Tod, Liebe und Tod und Freiheit und Tod ist also unaufhebbar, da jeder der beiden Begriffe zugleich stärker und schwächer ist als der andere; der Ausgang dieses Widerstreits ist somit stets und notwendig doppeldeutig. Daß der Mensch unsterblich ist, ist nicht sicher, aber es ist auch nicht sicher, ob er es nicht doch ist. In Wirklichkeit sind Tod und Unsterblichkeit gleich unbegreiflich, doch aus entgegengesetzten Gründen: der Tod ist etwas Übernatürliches, weil er, auch wenn er absolut universell und unumgänglich ist, den Verstand nicht weniger herausfordert; das Aufhören des Seins widerspricht der Wahrheit des Denkens und zieht unsere zeitlose Würde ins Lächerliche. Aber die Unsterblichkeit ist noch weit phantastischer, denn wenn sie einzig dem zeitlosen Wert der Wahrheiten angemessen ist, muß sie die Transzendierung aller biologischen Gesetze und der organischen Endlichkeit voraussetzen: so wie die Erhebung die Gesetze der Schwerkraft zu überwinden vorgibt, die Allgegenwart die Räumlichkeit leugnet und magischen Metamorphosen und die Gabe der Unsichtbarkeit die physikalischen Zustandsänderungen außer acht lassen, so fordert die Unsterblichkeit das Gesetz des Alterns heraus, das sich aus unserer Zeitbedingtheit ergibt. Hierin also würde sie den Fluch schlechthin bannen, der auf der Kreatur lastet: denn wenn die Gabe der Ubiquität die Fatalität des Raums und der mühseligen Bewegung aufhebt, so macht die Gabe der Ewigkeit die unsichtbarste und ungreifbarste Fatalität überhaupt, die subtile Fatalität des Werdens, zunichte ... Ist das Werden nicht unsere unglückselige Intimität? Wer in einer ewigen Gegenwart lebt, ermüdet nicht, überwindet Abnutzung und Anstrengung und Mühe, kennt die Gnade des Schaffens und der unmittelbaren Bewegung im Raum. Die Kreatur ist so zwischen zwei gleichermaßen unbegreiflichen Wundern gefangen! Denn wenn ihre Vernichtung unfaßlich ist, so ist es ihre Unsterblichkeit nicht weniger! Beide Thesen sind gleich irrational ... Die Antinomien, die Pascal auf seinen Deus absconditus[60] anwendet, können auch für den Tod gelten: »Unbegreifbar ist, daß der Tod ist« und »unbegreifbar, daß er nicht ist«. Die doppelte Evidenz der Gegensätze macht bei Pascal das Mysterium aus und erfordert die drastische und blinde Entscheidung für die Wette; sie steht bekanntlich im Gegensatz zur eindeutigen Evidenz Descartes' und verlangt von uns ein *Glaubensbekenntnis*, das vor allem Bekenntnis ist. Handelt es sich um den Tod, so macht die gleichzeitig vorhandene Absurdität und Evidenz der beiden Gegensätzlichkeiten das Mysterium unendlich doppeldeutig: hier sind, wie bei den »mathematischen« Antinomien Kants, These und Antithese gleichermaßen falsch, oder, was jedoch auf das gleiche hinausläuft, wenn beide Gegensätzlichkeiten gleich falsch sind, sind auch beide gleich wahr; wenn einer der beiden Gegensätze unsinnig ist, muß, da die rationale Logik jeden Mittelweg ausschließt, der Gegensatz dieses Gegensatzes notwendigerweise einen Sinn haben; sie können nicht beide zugleich absurd sein, also ist nur einer absurd. In Wirklichkeit verweist uns die Absurdität der Vernichtung auf die Notwendigkeit einer Erhaltung durch Fortleben, so wie uns die Absurdität des Fortlebens auf die unübersehbare und greifbare Evidenz des Verlöschens verweist: die Falschheit der einen verweist uns auf die Wahrheit der anderen, deren Falschheit auf die Wahrheit der ersten verweist. Die Unsterblichkeit ist nur bedingt einleuchtend, wenn man an die Absurdität der Vernichtung denkt; und die Tatsache der Vernichtung ist nur bedingt unzweifelhaft, wenn man an die Unmöglichkeit eines Fortlebens denkt. Die beiden gegensätzlichen Thesen scheinen bei Pascal nur

60 [Blaise] Pascal: *Pensées* III, Fragm. 230.

dem menschlichen Verstand gleichermaßen plausibel zu sein: in Wahrheit ist nur eine wahr, aber der Mensch kann die Wahrheit des Fortlebens genausowenig beweisen wie die Wahrheit der Nichtheit. Die unendliche Doppeldeutigkeit müßte uns zufolge ganz im Gegenteil jedes Bezugssystem ausschließen: das Zunichtewerden, das wir feststellen, das aber absurd ist, und die Unsterblichkeit, die der Verstand fordert, die aber eine Chimäre ist, diese unbeweisbar und jenes unerforschlich, sind zugleich wahr und falsch: wir müssen zugleich »neutrum« und »utrumque«[61] sagen. Es ist unmöglich, nicht zu sterben und unmöglich, für immer zunichte zu werden, und ebendeshalb ist der Tod ebenso zwingend wie das Fortleben. Was wir für eine Alternative hielten, ist Dilemma und Doppeldeutigkeit in einem. Der Tod ist also zugleich unmöglich und zwangsläufig, ganz wie die Unsterblichkeit zugleich zwingend und unmöglich ist. Der Tod verhängt das brutale, blinde Dementi undurchsichtiger Tatsachen über die Selbstverständlichkeit der Dauer; der Anspruch der Dauer protestiert verzweifelt gegen die Absurdität der Vernichtung. Erinnern wir daran, daß die Zerrissenheit einer undenkbaren und dennoch natürlichen Situation, auch wenn dies Scheler mißfällt, die Essenz des Tragischen schlechthin ist. Unser Geist pendelt unablässig zwischen der ehernen Notwendigkeit und dem unabweislichen Anspruch, zwischen dem unbeugsamen Gesetz und der unweigerlichen Auflehnung dagegen hin und her ... Doch gerade dadurch hält das Notwendig-Unmögliche die Hoffnung in uns wach. Diese Hoffnung wäre überflüssig, wenn die Idee der Unsterblichkeit völlig vernünftig wäre; sie wäre unmöglich, wenn die Gewißheit der Vernichtung uns zu Hoffnungslosigkeit verurteilen würde; da gegen die Verurteilung keine Berufung eingelegt werden kann, ergeben wir uns vielleicht in das Schicksal unserer endlichen Existenz ohne Jenseits und Aussicht: das Diesseits hätte dann ganz einfach kein Jenseits, es wäre dann nicht einmal ein Diesseits, sondern unser einziges Universum und unsere einzige Positivität; die »Welt hienieden« wäre keine niedere Welt, sondern die Welt schlechthin, und das Wort »irdisch« hätte keinen Sinn. Zu unserem Glück ist auch die Vernichtung nicht evident; glücklicherweise ist sie weder eine klare Vorstellung noch eine befriedigende Lösung. Daher ist

61 [»Keins von beiden« und »sowohl als auch«.]

es nicht übertrieben, zu sagen, daß die Unverständlichkeit der Nichtheit unsere größte Chance, unsere geheimnisvolle Chance darstellt. Die Absurdität der beiden Unverständlichkeiten läßt in der Hoffnung Beunruhigung und in der Beunruhigung Hoffnung aufkommen.

In der Situation des sterblichen Wesens angesichts seines Todes liegt also ein Antagonismus, der auf den ersten Blick unauflösbar scheint. Das Denken, mit dem wir den Tod umfassen, kennt zwar weder Alterungsprozeß noch Zeitlichkeit, doch die Ewigkeit, die uns erwartet, wenn wir reiner Geist werden, interessiert uns nicht; sie betrifft nicht, was die Religionen als das persönliche Heil eines jeden betrachten; es wäre das gleiche, wenn man einem Todkranken versprechen wollte, daß die Erinnerung an ihn ewig lebendig sein wird! Ein schöner Ruhm, der posthume Ruhm! Der Ruhm, sagt Jacques Madaule, ist die Sonne der Toten[62] ... Doch zwischen jener Sonne und der Sonne der Lebenden, die strahlt und wärmt, liegt ein unermeßlicher Abstand, der gleiche wie zwischen dem Begriff von hundert Dukaten und hundert Dukaten in klingender Goldmünze, wie zwischen der Idee einer Schlacht und der Schlacht selbst, einem Ereignis und einer rhetorischen Figur. Diese nur dem Namen nach unsterbliche Unsterblichkeit ist keine Antwort auf unser quälendes Problem. Und was das lebendige und leibliche Leben betrifft, das einzig uns interessiert, so ist es dazu verurteilt, eines Tages zu Ende zu gehen. Wie schreibt doch Miguel de Unamuno so treffend: weder dem Gefühl gelingt es, aus dem Trost eine Wahrheit, noch dem Verstand, aus der Wahrheit einen Trost zu machen.[63] Eine rein ideelle Ewigkeit ist uns keine Hilfe, weder vermag sie uns zu trösten oder ein verlorenes Leben aufzuwiegen, noch uns für die Zerstörung unserer Zukunft als Mensch zu entschädigen. Hier ist es vielleicht angebracht, die Worte Achilles', des Prinzen der Abgeschiedenen, die er an Odysseus richtet, zu transponieren: was soll uns die Ewigkeit, wenn sie bedeutet, nicht zu leben? Hundertmillionen Jahrhunderte und auch eine unermeßliche Zeitspanne würden an diesem gestalt- und leblosen, an diesem farb- und geschmacklosen Dasein nichts än-

62 [Jacques Madaule: *Considération de la mort*, Paris 1934.]
63 [Miguel de Unamuno:] *Le Sentiment tragique de la vie* [Paris 1968].

dern; denn eine Abfolge von Nullen, so lang sie auch sein mag, ergibt stets immer nur null. Was ist mehr wert, ein kurzes, intensives Leben oder diese gespensterhafte Ewigkeit? Man kann, was unvergleichbar ist, zwar nicht gegeneinander abwägen, man kann jedoch der Meinung sein, daß der millionste Bruchteil einer Sekunde wirklichen Daseins in gewisser Hinsicht unendlich viel mehr Wert hat als eine Ewigkeit der Inexistenz, so wie dem *Philebos* zufolge[64] ein Atom reines Weiß unendlich wertvoller ist als ganze Himalajas von Grau und fleckigem Weiß; denn hier ist die Qualität von Bedeutung und nicht etwa Quantität, Gewicht oder Anzahl der Jahre. Welche verfluchte Alternative zwang uns die Wahl zwischen einer Ewigkeit der Inexistenz und einem endlichen Dasein auf? Warum kann man Unendlichkeit und Wirklichkeit nicht miteinander verbinden? Eine Ewigkeit, die nicht die Ewigkeit eines ewigen Seins, sondern lediglich Ewigkeit an sich ist, betrifft mich nicht persönlich und läßt mich kalt, sie weckt kein Gefühl in mir. »Mea res agitur«, sagt man vom Tod; denn ich werde sterben, und um mich handelt es sich, und niemand kann an meiner Stelle über die Schwelle treten. Warum muß diese Betroffenheit mit dem Tode zu Ende sein? Warum muß der Tod in der ersten Person in eine unpersönliche Ewigkeit münden? Ach! es heißt, daß der Tod stets der Preis sei für die Intensität des Lebens, daß die Fülle stets mit der Endlichkeit bezahlt werden müsse und daß umgekehrt die unbegrenzte Auflösung der Lebenskraft notwendigerweise der Preis sei für eine unpersönliche und zeitlose Ewigkeit. Glücklicherweise mildert die Doppeldeutigkeit hier die Strenge der alternativen Ausschließlichkeit: da das denkende Wesen bereits in diesem Leben die Situation umfaßt, insofern als es ein denkendes Wesen ist, und zugleich in seiner Eigenschaft als Wesen unmittelbar betroffen ist, ist die Trennung von körperloser Ewigkeit und leiblicher Endlichkeit vielleicht ebenfalls nicht ganz heillos.

64 [Platon: *Philebos* 53 a f.]

Die gleiche, aber noch tragischere Zerrissenheit tritt in den sogenannten Tröstungen zutage, die die Vitalität des Lebens dem sterblichen Individuum angeblich zuteil werden läßt. Die Tröstungen des Vitalismus sind deshalb so lächerlich, weil das universelle Leben nichts »umfaßt«, wie es etwa das Bewußtsein tut, sondern lediglich Hülle ist. Das Bewußtsein überblickt sein Schicksal und ist hellsichtig im Licht, das Leben hingegen, von dem der Panbiotismus spricht, geht über die Individuen hinweg, verbindet die Generationen miteinander und ist der Natur blind immanent. Im und durch das Bewußtsein umfaßt die Person die Situation, wohingegen sie vom Leben selbst umfaßt wird. Das Leben ist das allgemeine Element der Gattung, das die Arten hervorbringt, und der Strom, der die Organismen ablagert. Da mir mein Bewußtsein noch mehr zu eigen ist, als ich mir selbst zu eigen bin, wird deutlich, inwiefern die Hoffnung auf ein Fortleben durch das Bewußtsein das persönliche Schicksal eines jeden äußerstenfalls etwas angehen könnte. Stellt man sich indes auf den Standpunkt der Metaphysik des Lebensstroms, sieht sich die Person doppelt verschlungen und doppelt entäußert: zu ihren Lebzeiten durch das Leben selbst und durch den Tod in ihrer Eigenschaft als Individuum. Wenn wir unserer persönlichen Unsterblichkeit nicht allzuviel Wert beimessen, bieten uns die Ewigkeit des kosmischen Lebens und das jährliche Erwachen des Frühlings leicht alle möglichen Kompensationen. Dennoch enthüllt die Grausamkeit des Opfers in den kritischen Momenten den erbarmungslosen Widerspruch zwischen Gattung und Person: das *Sacre du Printemps*[65] feiert nicht nur die frühlingshafte Wiedergeburt der Natur, sondern auch das Mysterium des Blutopfers, das der Preis ist für dieses Wiedererwachen; selbst dort, wo die Tragödie weniger grausam ist, wie zum Beispiel in der *Snegurotschka* dem *Schneeflöckchen*,[66] überschattet die Wehmut des Todes durch eine unumgängliche Alternative unmerklich die Freude über den Neubeginn. Steht das »Sterben für den anderen«, ὑπεραποθνῄσκειν, nicht im Mittelpunkt der Tragödie des Euripides? Für den anderen sterben bedeutet, daß sich die Selbstheit verneint, indem sie den anderen

65 [Igor Strawinskij (1882-1971): *Sacre du Printemps* (1913), Ballett.]
66 [Vgl. oben, Anm. 41.]

setzt, oder in der Sprache Hegels, daß der andere der Tod des Selben ist. Die *Antapodosis*, von der der *Phaidon* spricht,[67] implizierte bereits diese Alternative: das Leben wird aus dem Tod geboren, doch der Tod wird aus dem Leben geboren. Zweifellos nimmt der Antagonismus in der Ambivalenz eines Tolstoj seine erschütterndste Form an. Tolstoj zwingt sich, an die Fülle einer nie versiegenden Vitalität zu glauben, die über das Verlöschen des Einzelnen hinweg die Kontinuität des Seins, den Fortbestand der Gattung und die Abfolge der Generationen sichern würde; in seinen *Tagebüchern*[68] wird das über Gras und Baumknospen, Blumen, Insekten und Vögel verteilte unsterbliche Leben beschrieben: »In vierzig Jahren werden die jungen Birken alt sein, doch neue Birken werden an ihrer Stelle wachsen.« *Der Leinwandmesser*[69] spricht von einem toten Pferd, das zu Aas wird und den Wölfen als Nahrung dient; seine Gebeine gehen in das universelle Leben ein, und das universelle Leben nimmt unerschütterlich seinen Lauf, ohne sich um das verendete Tier zu scheren. In der wundervollen Trilogie in Miniaturform *Drei Tode*[70] stellt Tolstoj die Tragödie der Person der Unsterblichkeit der Natur gegenüber: nach dem einsamen Tod der reichen Bürgerin und des armen Fuhrmanns bringt der Fall eines Baumes für einen Augenblick Unruhe in das volle und tiefe Leben des Waldes; der von einem Muschik im Morgengrauen gefällte Baum stürzt mit Getöse zu Boden, doch die Grasmücke stimmt ihren Jubelgesang an, während die Sonne aufgeht und der Saft reichlicher in die Stämme der wachsenden Bäume schießt. Der Mensch stirbt, seiner heillosen Verlassenheit ausgeliefert, aber der Frühling schmilzt wie in jedem Jahr den Schnee weg, und ein lauer Windhauch weckt Bäume und Hecken. In der verschwenderischen Fülle des Pflanzenreichs ist kein Platz für persönliche Tragödien. Der Tod des Baumes macht den Fortbestand der unsterblichen Natur noch ergreifender. Ein gefällter Baum wird durch andere, ununterscheidbare Bäume ersetzt – denn alle Bäume sind austauschbar; die Lebensfähigkeit verlagert sich an eine andere Stelle, das ist alles. Die Selbstheit der Person aber ist unersetzlich.

67 [Altgr. ἀνταπόδοσις: »Rückgabe, Ersatz«; vgl.: Platon: *Phaidon* 71 e, 72 a.]
68 [Leo Tolstoj: *Tagebücher*, 2 Bde., Königstein/Ts. 1982-83.]
69 [Leo Tolstoj: *Der Leinwandmesser*, Stuttgart 1985.]
70 [Leo Tolstoj: Drei Tode, in: *Sämtliche Erzählungen*, Frankfurt/M. 1980, Bd. 2.]

Und in der Tat ist die Alternative noch erschütternder, unerbittlicher und auf tragische Weise unlösbarer, wenn das Leben von einem Menschen auf einen anderen Menschen übertragen wird, und das Leben dieses anderen den Tod des einen zur Voraussetzung hat. Der markerschütternde Schrei des kleinen Mädchens angesichts der Toten in *Kindheit*[71] findet mehr als zehn Jahre später in *Krieg und Frieden*[72] einen Widerhall: ein übernatürlicher Schrei dringt aus dem Zimmer, wo die Fürstin Bolkonskaja Nikolaj Andrejewitsch zur Welt bringt; dieser nächtliche Schrei ist Ausdruck für das doppelte Mysterium von Geburt und Tod; ja, die zwei unerforschlichsten Mysterien der Welt vollziehen sich an jenem Abend gleichzeitig. Zweifellos folgt das erste Wimmern des Neugeborenen unmittelbar auf den letzten Schrei der Mutter; in dieser Hinsicht zumindest geht die Rechnung auf: es wird kein Lebewesen weniger auf der Erde geben, und die menschliche Gattung hat nicht eine einzige der Seelen verloren, die sie ausmachen. Und dennoch: der eine kann den anderen nicht ersetzen! Der Schmerzensschrei ist der Schrei einer Stimme, die nun für immer schweigen wird ... Zwischen Leben und Tod, wobei jenes aus diesem entsteht, gibt es die gleitende Kontinuität nicht, von der im *Phaidon* die Rede ist: der herzzerreißende Schrei kündigt einen Riß an, der nicht wieder zusammengefügt werden kann. Die Geburt des kleinen Fürsten Nikolaj und der Tod seiner Mutter stehen mit ihrer unerklärlichen und erbarmungslosen Grausamkeit, ihrem unlösbaren Widerspruch einander tragisch gegenüber. Die Mutter um des Kindes willen sterben zu lassen ist keine »Lösung«, doch der umgekehrte Fall wäre es ebensowenig. Versöhnung der Gegensätze und dialektische Synthese waren gewiß nicht die Sache Lew Nikolajewitsch Tolstojs! »Was habt ihr mit mir gemacht?« fragt der flehende Blick der Sterbenden. Wozu dieses so vermeidbare und einem Muttermord so ähnliche Opfer? Und was soll der Zweck dieses Unglücks sein? *za tchto?*[73] Ja, welche Theodizee könnte jemals eine so grausam ungerechte Gerechtigkeit rechtfertigen? Vielleicht macht Gott, wie Victor Hugo sagt, unbegreifliche Dinge, in denen der menschliche Schmerz ein Element ist ... Der Fortbestand des Lebens, so wichtig er auch sein mag, macht

71 [Leo Tolstoj:] Kindheit 27 [in: *Kindheit, Knabenzeit, Jugendzeit*, Zürich 1985].
72 [Leo Tolstoj:] *Krieg und Frieden* II, 1, 8-9 [2 Bde. München 1990].
73 [»Wozu das?«]

den empörenden Skandal, der darin liegt, ein unersetzliches und unendlich kostbares Wesen zu opfern, weder annehmbarer noch begreiflicher. Der Schrei des unschuldig Geopferten wird wie ein Gewissensbiß bis zum Ende der Welt ertönen, so wie der Schrei des Kindes, das zum Leiden verurteilt ist, damit die Welt weiterbestehen kann, in den unmöglichen Hypothesen Bergsons und Iwan Karamasows nachhallt. Doch bisweilen fällt es uns zu, den Verurteilten zu bestimmen. »Das Kind oder die Mutter?« Die medizinische Deontologie befindet sich mitunter in einem solch grausamen Gewissenskonflikt, der sich als unlösbar erweist: denn die zwei Selbstheiten, zwischen denen es zu wählen gilt, sind zwei Absolutheiten, deren jede einzelne einen unendlichen Wert hat, zwei gleich würdige Absolutheiten, die qualitativ unvergleichlich sind und sich folglich jeder Ermessensfrage, jedem Abwägen von Beweggründen und jeder quantitativen Bewertung entziehen. Welches gemeinsame Maß gibt es zwischen demjenigen, das noch ein unbewußtes Neugeborenes ist, in sich aber bereits eine lange Zukunft, zahllose Möglichkeiten und höchste Hoffnung trägt, und jener, die ihren Teil Dasein schon hatte, aber ein bewußtes und leidendes Wesen und zu Glück und Unglück fähig ist? In Wirklichkeit sind die Rechte beider gleich heilig und unschätzbar, und man kann nur durch eine »gordische«, drastische und finstere Lösung zwischen beiden wählen. Auch zwischen dem »Eternalismus« eines Pierre Besuchow[74] und dem personengebundenen Pessimismus André Bolkonskis[75] muß man blind wählen, beide sind jeweils eine Hälfte einer gespaltenen und ambivalenten Philosophie ... Je älter Tolstoj wird, desto unmöglicher erscheint es ihm, daß der Riß wieder genäht werden kann: *Herr und Knecht* erzählt, wie der eine stirbt und dadurch das Leben des anderen erhält, in *Anna Karenina* steht der Tod Nikolaj Lewins der Schwangerschaft Kittys gegenüber,[76] im *Göttlichen und Menschlichen*[77] kann die Hoffnung auf Palingenese nicht mit der Nichtheit des Ich in Einklang gebracht werden: sie alle sind Ausdruck dieses tragischen Antagonismus. »Er lebt, dann lebe ich auch«, sagt der Herr, als er von seinem

74 [Leo Tolstoj:] *Krieg und Frieden* II, 2, 12 [a. a. O.].
75 [Ebd.]
76 [Leo Tolstoj:] *Anna Karenina* V, 20 [München 1978]; *Herr und Knecht* 9 [Stuttgart 1982].
77 [Leo Tolstoj: Le divin et l'humain, Paris 1983.]

Knecht spricht, als wären Nikita und Wassilij Andrejitsch nur mehr ein und dieselbe Person. Doch ist er davon wirklich überzeugt? Der tragische Tod des Herrn straft diese Lebensverbindung Lügen! Im *Tod des Iwan Iljitsch* schließlich werden das Unkompensierbare der Vernichtung und folglich die trostlose Verzweiflung des Menschen angesichts der Absurdität ins Äußerste getrieben, denn hier wird die unvergleichliche und unersetzliche Einzigartigkeit des persönlichen »Hapax« mit extremer Schärfe deutlich. Nach den *Notizen eines Wahnsinnigen* faßt die kleine Schrift *Über das Leben* den Widerspruch noch einmal klar zusammen: auf der einen Seite ein unsterbliches Leben, das von der Person aber nicht unmittelbar gelebt wird, da es das Leben der Gattung ist, und auf der anderen ein persönliches und unmittelbar evidentes Leben, das aber dem Tode geweiht ist. Dies ist das Dilemma![78] Tolstoj war zu sehr an die Person gebunden, liebte die unauswechselbare Einzigkeit und die plastische Originalität eines jeden Individuums zu leidenschaftlich, um nicht seine Verschmelzung mit der allumfassenden Finsternis des »Wseedinstwo«[79] zu fürchten. Die konkrete Gestalt der Monade zeichnet sich im hellen Licht der Mittagssonne zu deutlich ab, als daß ihr Zurücksinken in den Kosmos keine erschütternde Tragödie wäre! Gewiß wird es immer einen Frühling und junge Mädchen geben; da aber die Kluft zwischen der unermüdlichen Natur und der ermüdenden Kreatur, zwischen der unendlichen Kraft des steten Neubeginns und unserer wachsenden Unfähigkeit, uns zu erneuern, immer größer wird, ist das Schauspiel der ewigen Jugend für den alt gewordenen Menschen eher ein Grund zur Bitterkeit denn Trost. Der erschöpfte Mensch fühlt sich durch die Gattung nicht etwa fortgeführt, sondern zurückgedrängt, und er kommt außer Atem, wenn er mit der ewigen Natur mithalten will. »Alles ist neu heute; das Grün, die Sonne und die Blumen – alles wird morgen wieder neu sein, nur der Mensch wird alt, während sich um ihn herum jeden Tag alles verjüngt.«[80] Welchen Ausgleich könnte die Unsterblichkeit der Gat-

78 [Leo Tolstoj:] *Kindheit* (1852), *Drei Tode* (1860), *Cholstomer* (1861), *Krieg und Frieden* (1864-1869), *Notizen eines Wahnsinnigen* (1884), *Der Tod des Iwan Iljitsch* (1885), *Über das Leben* (1887).

79 [Der »All-Einheit«.]

80 [Alfred de] Musset: *André del Sarto*. [*Drama in 3 Akten*] I, 5 [Saarbrükken 1947].

tung[81] dem vom Tode bedrohten Menschen bieten? Platons *Gastmahl* verkündet die frohe Botschaft der unsterblich machenden Liebe – doch ist dies kaum mehr als eine Redensart: denn *ich* bin schließlich nicht der »élan vital«, auch bin ich nicht das Kind, das Kind ist eine andere Person; das Kind überlebt mich, ich überlebe mich jedoch nicht selbst physisch in der Person des Kindes; der Tote und der Hinterbliebene sind nicht ein und dieselbe Person. Bekanntlich soll man in seiner Nachkommenschaft »fortleben«. Doch was hat dies mit mir zu tun? was soll ich mit der Fortdauer einer zukünftigen Welt, in der ich nicht mehr sein werde? was soll ich dadurch gewinnen? und inwiefern geht mich dies etwas an? Wir sterben, doch die Vorstellung geht weiter. Leider! es ist wahr, daß die Vorstellung weitergeht ... aber ohne mich. Die Geschichte rollt über mich hinweg! Weder die persönliche Palingenese noch die anonyme Unsterblichkeit des Lebens haben einen Bezug zu meiner Selbstheit ... Kann ein Trost, der um den Preis des Verzichts auf jede egozentrische Besonderheit erkauft werden muß, wirklich ein Trost sein? Ist er wirklich eine Antwort auf mein Problem, meine Qual und meine Fragen? In Wahrheit gehen all diese Antworten an der Frage vorbei, und die Beweise sind nicht stichhaltig; denn hierum geht es nicht ... Der »Panbiotismus«, für den die Individuen austauschbar sind, treibt Schindluder mit dem *Unersetzlichen*: ein Lebewesen wiegt ein anderes auf ... wenn man nicht die Selbstheit, sondern die Funktion im Auge hat und den unausdrückbaren und unkompensierbaren Rest und dieses unvergleichliche Etwas außer acht läßt, das unser Gewissensbiß und der unbegründete Anlaß zu unserem Bedauern ist. Das Prinzip der Selbsterhaltung scheint hier zu versagen. Dies ist das geheime Ungenügen des »Ersatzes«: der Tote wird »ersetzt«; mit anderen Worten: der Stellvertreter ist ebendadurch, daß er den Platz einnimmt, stets ein anderer als sein Vorgänger; die Funktion wird aufrechterhalten, doch ist es nicht derselbe, der sie ausübt. Zwei in ihren Fähigkeiten und ihrer leiblichen Erscheinung ununterscheidbare Individuen würden sich schon durch die bloße Tatsache, daß sie zwei nicht auflösbare und gegenseitig undurchdringliche »Haecceitates«, zwei unwiderruflich voneinander getrennte Monaden sind, völlig voneinander unterscheiden: jeder einzel-

81 Apuleius, zit. nach: [Aurelius] Augustinus: *De civitate dei* XII, 10 [dt.: *Vom Gottesstaat*, München 1978].

ne ist ein »imperium in imperio«, und kein Wunder könnte ihre Zweiheit eins werden lassen. Selbst wenn der Nachfolger die »Reinkarnation« seines Vorgängers wäre, wären sie noch zwei verschiedene Personen, und sei es auch nur aufgrund ihres ungleichzeitigen Auftauchens in der Geschichte. Eine noch so große Ähnlichkeit kann niemals ontische Identität sein; die Analogie ist einer ganz anderen Ordnung zugehörig als die »Tautousie«. Die menschliche Gattung ist lediglich in den Metaphern des Panbiotismus ein Organismus oder ein großes Lebewesen ... In Wirklichkeit ist einzig das Individuum dieser lebende Organismus, dieser völlig autonome Mikrokosmos. Wie sollte das Opfer für dieses Individuum keine schwere und furchtbare Prüfung sein? und der Schmerz nicht die Folge seiner Autarkie und in gewisser Weise auch seines monadischen Absolutismus? Man sagt auch, daß die aufsteigende Linie von der absteigenden zurückgedrängt wird, wie die Gegenwart durch die Wirkung des Werdens in das Nichtmehr-Aktuelle zurückfällt. Doch die Gegenwart, die stets vergänglicher und stets entstehender Augenblick und unablässig vergangen ist und unablässig wieder neu anhebt, hat nichts gemein mit dem leiblichen Individuum, das die Tragödie des Todes zur Nichtheit bestimmt. Das stets vorwärtsfließende Werden gleicht den Tod durch Ersatz aus: aber es vermag die »Absolutheiten« nicht zu ersetzen, deren jede einzelne Zweck in sich, Zweck des Werdens, Ziel und Ende der Geschichte und Vollendung der gesamten Menschheitsentwicklung ist! Die Tragödie des dahingegangenen Hapax bleibt weiterhin virulent ...

Dennoch müssen wir hier wiederholen, was wir vom denkenden Überbewußtsein sagten, daß nämlich die Doppeldeutigkeit in einem gewissen Maße das Palliativ der Alternative ist. Bereits in diesem Leben ist die Selbstheit durch die Liebe fähig, für den anderen und im anderen zu leben, und dieser andere, der sie nicht ist, zu sein! Warum könnte also der andere nicht seinerseits auf mysteriöse Weise der Selbe sein?

Viertes Kapitel
Die Quodditas ist unvergänglich. Die Unwiderruflichkeit des Irreversiblen

1. Was nicht stirbt, lebt nicht

So wie Tod und Unsterblichkeit zugleich unmöglich und notwendig sind, so ist der Tod zugleich Mittel zum Leben und Lebensverhinderung. Diese unentwirrbar dialektische Form des Notwendig-Unmöglichen nannten wir Organon-Obstaculum: der Tod ist die Bedingung für das Leben, insofern er paradoxerweise die Negation dieses Lebens ist. Erinnern wir uns daran, daß diese positive Negation die Funktion der Grenze ist, verleiht die Grenze doch dem, was sie begrenzt, eine Form ... Oder allgemeiner ausgedrückt: das Nichtsein präsidiert der Einsetzung oder Stiftung von Sein! Dies ist die fundamentale Alternative, in der alle anderen enthalten sind: der Lebende ist nur unter der Voraussetzung lebendig, daß er sterblich ist. Es ist richtig, daß, was nicht lebt, nicht stirbt, aber doch nur, weil, was nicht stirbt, nicht lebt. Ein Fels stirbt nicht. Eine Stoffblume welkt nicht. Doch das ewige Leben einer Stoffblume oder eines Felsens ist auch ewiger Tod ... Denn nur, was stirbt, lebt, oder wie Jean Wahl es ausdrückt:[1] was lebt, ist das, was sterben kann ... Ohne Tod wäre das Leben nicht lebenswert. Verflucht, ein Leben ohne Tod! Epiktet sagt: κατάρα έστι τὸ μὴ ἀποθανεῖν;[2] eine immerwährende Dauer, eine sich endlos hinziehende Existenz wären in vielerlei Hinsicht die charakteristischste Form der Verdammnis; denn in der Hölle sind die Wesen zu ewiger Schlaflosigkeit und zur Qual der nie endenden Langeweile verdammt; die Hölle bedeutet: nicht sterben können. Daher müssen wir zwischen der Fülle in der Endlichkeit und der Ewigkeit in der Inexistenz wählen. Der Tod des Lebens macht das sterbliche Leben erst faszinierend. Zwei entgegengesetzte und sich ergänzende Vereinfachungen gilt es hier zu verabschieden; denn es gibt zwei gleich optimistische, gleich einseitige und gleich undialektische Formen, die Paradoxologie des Organon-Obsta-

1 [Jean Wahl:] *Traité de Métaphysique* [Paris 1957], S. 304.
2 [Epiktet:] *Unterredungen* II, 6, 13.

culum zu verkennen: jede stellt nur eine Hälfte der Wahrheit dar, und man muß beide Hälften zusammenfügen, will man nicht nur den unbegreiflichen Widerspruch des Todes, sondern auch die verwirrenden Beziehungen von Seele und Leib verstehen. Niemand behauptet, daß der Tod einzig Organon sei, doch die landläufige Meinung sieht im Leib das Instrument der Seele und die Person folglich als ihrem Status des Verkörpertseins vollständig angepaßt und sich erfüllend im Laufe ihres sterblichen Werdegangs. Dies aber heißt vergessen, daß, wenn die Seele ihren Leib braucht, dieser Leib ein sterblicher ist; die Seele braucht, um zu leben, den sterblichen Leib, der zugrunde gehen und sie sterben lassen wird; die unsterbliche Seele stirbt, weil sie einen Leib hat! Der Leib ist in der Tat für die Person nicht nur ein Mittel, sich auszudrücken, zu kommunizieren und jemand zu sein, er ist auch die Quelle von Krankheiten, Ort des Schmerzes und Prinzip der Endlichkeit und der Abnutzung durch die Zeit. Der Lebende stirbt buchstäblich an seinem Körper! Daher bringt die simplifizierende Auffassung vom Obstaculum ihrerseits zu Recht die andere Halbwahrheit hervor: der Leib ist trotz allem ein Hindernis, und das Auge ist in gewisser Weise das, was das Sehen verhindert. Was nun den Tod betrifft, so impliziert er keine irgendwie geartete Positivität: der Lebende ringt mit der sterilen und tödlichen Antithese und wehrt sich verzweifelt gegen das Nichtsein; der Tod ist das reine, absolute Hindernis jeder Selbstverwirklichung. Es kommt daher vor, daß der Lebende in einem absurden Widerspruch den Tod willkommen heißt, um sich vom Tode zu befreien, indem er sich etwa durch Askese abtötet oder sich das Leben nimmt. Zuweilen nach und nach, zuweilen mit einem Schlag dient uns der Tod dazu, den Tod zu bannen.[3] Das ist eine Art Homöopathie: nach der Meinung dieser sonderbaren Homöopathen befreit uns der Tod, der das wahre Leben ist, von einem Leben, das eigentlich Tod war; die Essenz macht sich frei von einem Sein, das in Wirklichkeit Nichtsein war, Werden, Altwerden und erbärmliches Ungenügen. Wer lebt, indem er ständig stirbt, indem er sein ganzes Leben lang stirbt, entschärft ohne Zweifel die letzte Prüfung, aber er wird weder das Leben noch den Tod wirklich kennen. Er kennt vielmehr eine Mixtur aus Tod und Leben, einen formlosen Brei, irgendeinen

3 Siehe: [Maurice] Maeterlinck: *La Mort* I, [Paris] 1913 [dt.: *Vom Tode*, Jena 1924].

neutralen Zwischenzustand eines lebenden Toten oder eines halbtoten Lebenden: der Tod ist nicht mehr die Grenze, die die Steigerung eines hochgespannten Lebens ist; der Tod ist die innerste Leere, die die Dichte des Werdens ausdünnt, er ist das meontische Ingrediens, das die ontische Substanz des Lebens aushöhlt; der weder lebende noch tote Mensch ist nichts weiter als ein wandelnder Leichnam. Der Lebende kann auch sofort und auf einen Schlag sterben wollen, um sich vom Tod zu befreien. Ähnelt das nicht ein wenig der Schlauheit dessen, der ins Wasser springt, um dem Regen zu entgehen? Es ist verständlich, daß sich Verurteilte das Leben nehmen, um nicht der Angst und der Folter ausgeliefert zu sein. Doch was ist von einem Menschen zu halten, der sich schlichtweg weigert, zu leben? Es ist wahr, das beste Mittel, um nicht zu sterben, ist, nicht zu leben! Wer nicht lebt, muß auch nicht sterben; denn man kann nicht alles Unglück auf einmal haben ... Wer nicht lebt, hat auch nicht zu leiden, er kennt weder Krankheit und Altwerden noch das Grauen des Todeskampfes und das letzte Sich-losreißen-Müssen; der Tod betrifft ihn nicht auf vitale Weise! Muß man also *schon tot* sein, um nicht *sterben* zu müssen? Es wäre nahezu das gleiche, wollte man nicht hoffen, um nicht enttäuscht zu werden, sich nicht begeistern, um nichts zurücknehmen zu müssen, niemals geliebt werden, um nicht Gefahr zu laufen, eines Tages nicht mehr geliebt zu werden, und umgekehrt auch niemals lieben, um den Schmerz der Trennung nicht erfahren zu müssen, die Süße der Zuneigung vermeiden, um niemals die Qual der Loslösung zu kennen, und endlich aus Angst vor dem Liebesentzug die Liebe fliehen! Sicher, die Toten sind auf ihre Weise »unsterblich«, da sie nicht einmal mehr sterben können ... Doch wer wollte eine so wenig begehrenswerte »Unsterblichkeit«? Leiden und Sterbenkönnen sind auf ihre Weise Zeichen von Vitalität, Symptome der vitalen Veränderung und der Bewegung des Lebens: eine einbalsamierte Mumie stirbt nicht und verändert sich folglich auch nicht. Künstliche Blumen behalten immer ihre Farbe, doch werden sie nie einen Duft ausströmen und unverändert trocken bleiben, da sie nicht leben. Wäre es also besser, nicht zu leben, um nicht sterben zu müssen, oder hinzunehmen, daß man eines Tages stirbt, dafür aber, und sei es nur einige Jahrzehnte lang, die unvergleichliche Freude über das Leben gekannt zu haben? Ist es besser, wie Heraklit sagen würde, am

Leben zu sterben (das heißt: sterben, weil man nicht sterben will, und an der Unsterblichkeit sterben) oder vom Tod zu leben?[4] Man sieht, daß diese Alternative ein Dilemma ist, da der Tod in beiden Fällen früher oder später der einzige Ausweg ist ... Da wir aber auf jeden Fall sterben müssen, sollten wir wenigstens ein Mal in den einzigartigen Genuß der Existenz gekommen sein. Da es keinen Vorteil ohne Nachteil gibt, sollten wir, ohne zu zögern, antworten: ja, tausendmal ja: um das unschätzbare Gut des Lebens zu erlangen, lohnt es sich, gleichzeitig die bittere Prüfung des Todes anzunehmen. Die Ablehnung des Organon-Obstaculum ist dem Purismus des Zweck-ohne-Mittel nicht unähnlich: der Purismus, der das geringere Übel nicht akzeptiert, ist, ohne von Strenge oder Unnachsichtigkeit gekennzeichnet zu sein, ein machiavellistischer Sabotageakt; und so auch ist ein Leben, das den Tod absolut nicht akzeptiert und ewig sein will, der Feind des Lebens: dieses Leben sabotiert das wirkliche Dasein. Umgekehrt ist nicht weniger wahr, daß man das notwendige Übel, das ein außer Kraft gesetztes Gutes ist, hinnehmen muß, um zu retten, was noch zu retten ist. Und so auch gilt, daß man paradoxerweise eines Tages aufhören muß zu leben, um zu leben. Der Absolutismus des Suizids will nicht den Preis für ein wirklich lebendiges Leben bezahlen; indem er seinen eigenen Tod vorwegnimmt, tötet er das Leben mit einem Schlag, anstatt es reifen und an der Zeit sterben zu lassen. In seiner Verzweiflung läßt er der fruchtbaren Negativität nicht die Zeit, zum Tragen zu kommen und mit ihrer Botschaft die Fülle des Lebens zu durchdringen. Was möglich ist, muß auch eintreten können. Die Endlichkeit ist nicht nur die Hypothek, die auf dem Werden liegt und es anfällig macht, sie ist auch das Prinzip der fruchtbaren Besorgnis, die den schöpferischen Geist drängt, sich durch seine Werke auszudrücken. Wir sind also wieder bei der Doppeldeutigkeit des Organon-Obstaculum, beim Hindernis-Organ angekommen. Diese Doppeldeutigkeit darf nicht vereinfacht, das heißt zu etwas Eindeutigem gemacht werden, weder in der einen noch in der anderen Richtung.

Indes, ob der Tod die Erfüllung des Menschen verhindert oder vermittelt – die Berufung des Menschen ist etwas ganz anderes als Organ und Hindernis; das menschliche Streben nach Metaphysik

4 [Vgl.: Heraklit: Fragm. 22 B 62 (Diels/Kranz).]

übersteigt unendlich, was es vermittelt und was es verhindert. Der Tod erlaubt die Erfüllung dessen, was uns möglich ist, er schafft dieses Mögliche aber nicht. Indem er uns kleinlich die Jahre zuteilt, verhindert der Tod die vollständige Erfüllung der Selbstheit, und die unerfüllte Selbstheit bleibt außerhalb und jenseits eines vorzeitigen Todes.

Was ist von größerem Wert: eine vergängliche frische Blume in einem Garten oder eine ewige Trockenblume in einem Herbarium? Der Mensch ist versucht, die Alternative zu umgehen und zu antworten: ewige Frische! Unser Wunsch ist in der Tat, Ewigkeit und Leben miteinander zu verbinden, also buchstäblich ein »ewiges Leben« zu erlangen. Von diesem ewigen Leben gibt uns Plotin in seiner Abhandlung *Über Ewigkeit und Zeit*[5] eine Ahnung: die von Ewigkeit umhüllte Seele, die Glückseligkeit gewordene, umhüllende Ewigkeit, geistiger Äther und Zustand oder Katastasis (κατάστασις)[6] lassen uns über die Alternative eines Lebens ohne Ewigkeit und einer Ewigkeit ohne Leben hinausgelangen; auch Pascal bietet der Hoffnung diese lebendige und gelebte Ewigkeit, diese Ewigkeit eines Fortlebens an.[7] Obwohl die Wette ausschließlich eines wählt, transzendiert die gewählte Möglichkeit nicht weniger die Alternative zwischen einer rein begrifflichen Ewigkeit und einem wahrnehmbaren, dem Tode unterworfenen Leben. Und in der Tat, während die Verbindung von Ewigkeit und Leben in unserer kreatürlichen Gegebenheit unvorstellbar ist, ist die Verbindung von bewußter Existenz und Leben unsere tägliche Realität. Der Mensch lebt, indem er das Leben denkt, und er denkt, indem er sein Denken lebt, er macht gar nur dies. Nein, das »lebendige Denken« ist nicht bloß ein Wort! Das Denken des Lebens und des Todes ist lebendig, ohne sterblich zu sein: denn das Zeitbewußtsein ist ein zeitloses Bewußtsein, und das Bewußtsein der Endlichkeit, insofern, als es bewußt ist, wird von der Endlichkeit nicht begrenzt, da es sie umfaßt. Ist daraus nicht der Schluß zu ziehen, daß eine Art Ewigkeit schon in diesem psychosomatischen Leben vorhanden ist, das der Tod unbegreiflicherweise vernichtet?

5 [Plotin: *Enneade* III, 7.]
6 [»Einsetzung, Sicherheit«.]
7 [Pascal: *Pensées*, Fragm. 233 (Ed. Brunschvicg).]

Wir finden also letztlich im Leben selbst, in der Lebensfreude und der Übernatürlichkeit der gelebten Natürlichkeit den Beweis für ein unvergängliches Dasein. Die nekrophilen Philosophen aber tun genau das, was man nicht sollte: sie suchen im Sein das Nichtsein und weisen, was ihnen geboten wird, zurück: sie sind mißtrauisch! Sie ziehen vor, was ihnen entzogen ist, und wollen das ihnen gegebene Leben und das Licht nicht haben. Ist das Neinsagen zum Ja der glücklichen Fülle nicht eine Form von philosophischer Perversion? Wir weigerten uns, den Alterungsprozeß als »Abtötung« zu begreifen und den Augenblick des Todes den »kleinen Toden« innerhalb der Lebensdauer gleichzusetzen; denn sowenig das Leben ein fortwährender Tod ist, sowenig ist der Augenblick des Todes der letzte Tod dieser Dauer. Wäre das Leben ein fortwährender Tod, wäre der Tod ein Über-Leben im plattesten biomorphen Sinne; und man würde vom sterbenden Leben hinübergehen in einen lebenden Tod, von einem mit Tod durchsetzten Leben zu einem mit Leben gemischten Tod, ohne daß man sich dessen wirklich bewußt wäre, und mit Hilfe einer Verwandlung, die kaum tiefgreifender wäre als andere. Diese Art metaphysischer Transformismus verkennt, auch wenn er den Fortbestand der seienden Essenz zu garantieren scheint, sowohl das Diesseits wie auch das Jenseits und die Schwelle, die beide trennt: es gibt weder Leben mehr noch Tod, sondern eine verschwommene Mischung aus beidem. Damit das Jenseits überhaupt einen Sinn bekommt, muß man der Fülle, der Intensität und der unvergleichlichen Würze des Diesseits Achtung zollen. Wir sehen uns also wieder auf die bejahende Fülle selbst zurückverwiesen.

Denn die zwischen Anfang und Ende gezwängte Dauer ist nicht weniger übernatürlich als dieser oder jenes. Wir sagten, daß der Tod rückwirkend den Sinn des Lebens deutlich macht. Gewiß hat die Dauer schon während des Lebens einen Sinn, der ganz im Gegenteil die Sinnlosigkeit des Aufhörens offenbar macht; doch die Sinnlosigkeit des Aufhörens läßt ihrerseits den Sinn der Dauer zum Vorschein kommen: die schockierende Absurdität des Todes, der Skandal der endgültigen Vernichtung schreibt paradoxerweise den posthumen Sinn des gelebten Lebens fest. Eigentlich ist dieser posthume Sinn aber nicht wirklich verständlich; denn er ist selbst der Sinn einer Sinnlosigkeit. Der immanente Sinn des Daseins, von dem wir sagten, daß er die Absurdität des Endes offensichtlich macht, war vor allem negativ, negativ wie eine Gewohnheit und das Beharrungsvermögen der erworbenen Bewegung; er bedeutete einfach: warum sollte das, was einmal begonnen hat, nicht immer sein? Es gibt keinen Grund, warum das Wesen aufhören sollte zu sein ... Mit Bergson forderten wir von den Gegnern der Unsterblichkeit den Beweis für das Zunichtewerden und schoben ihnen etwas leichtfertig die Beweislast zu. Doch auch wir hatten keine positiven Argumente für die Unsterblichkeit. Der immanente Sinn drückt lediglich aus, daß die Dauer selbstverständlich und die Fortführung der Gegenwart keine Frage ist: es handelt sich folglich um eine formale Allgemeingültigkeit und eine inhaltslose Abstraktion. Demgegenüber ist die mysteriöse, rückblickende Botschaft des Todes eine Anspielung auf etwas, das über die tägliche Routine unendlich weit hinausgeht: der Tod offenbart und besiegelt nicht nur die geschichtliche Bedeutung einer nun abgeschlossenen Biographie, er bringt auch die unbewußtesten Menschen dazu, sich die Zweckfreiheit und tiefe Absonderlichkeit des Lebens bewußtzumachen, die dem allgemeinen Verständnis vielleicht entgingen, gäbe es nicht den Tod ... Den meisten Menschen enthüllt der Tod des Nächsten diese Zufälligkeit; das Ende läßt nicht nur rückwirkend die Seltsamkeit des Anfangs und die Zufälligkeit der Geburt hervortreten, es läßt uns auch ahnen, indem es unser Vertrauen in die endlose Fortdauer der Zwischenzeit erschüttert, daß das Selbstverständliche gar nicht so selbstverständlich ist. Durch seine unerklärliche Brutalität rückt der Tod die Grundlosigkeit der Geburt und damit indirekt die Willkürlichkeit des Dazwischen ins Licht. Der Tod weckt bei den Hinterbliebenen plötzlich die längst vergessene Fähigkeit des Staunens, die vom Wiegenlied der täglichen Fortdauer in den Schlaf gesungen worden war; indem er einen radikalen Zweifel auf den Daseinsgrund wirft, zwingt er uns, unsere kontinuationistische Betäubung abzuschütteln. Der Tod ersetzt jenen die Metaphysik, die keine Metaphysiker sind. Nach Platon und Aristoteles zeigt Schopenhauer, daß das Staunenkönnen das Kennzeichen des metaphysischen Geistes schlechthin ist,[8] wozu wir hinzufügen wollen, daß der metaphysische Geist darin besteht, sich über das am wenigsten Erstaunliche zu wundern. Man muß kein Philosoph sein, um sich über ein ungewöhnliches Abenteuer, ein außerordentliches Ereignis oder eine ausgefallene Begegnung zu wundern; doch man muß schon Philosoph sein, um die banale tagtägliche Existenz, die Quodditas des bloßen Daseins, *esse nudum*, und die Realität der Außenwelt überhaupt erstaunlich zu finden und sich über das, was Leibniz den radikalen Ursprung nennt, und über den »potius quam« zu befragen, das heißt, um die Seltsamkeit der Tatsache, daß etwas ist und *nicht vielmehr* nichts, zu empfinden.[9] Schelling hat von dieser Quodditas des Seins gesprochen, wie niemand vor ihm. Setzen wir hinzu: die Metaphysik ist keineswegs unentbehrlich, um Seinsweisen wie Glück, Reichtum oder Schönheit zu beurteilen, die Gegenstände oder intendierte Inhalte der Begierde, direkte Ergänzungen des Verbs begehren und der Akkusativ eines transitiven Bestrebens sind; die Metaphysik ist aber vielleicht notwendig, um sich vom Sein dieser Seinsweisen eine Vorstellung zu machen. Es ist besser, wie Odysseus über eine winzige, aber sehr wirkliche, von einigen Fischern aus Fleisch und Blut bevölkerte Insel zu herrschen, als wie Achilles Herr des unermeßlichen Reichs der körperlosen Schatten zu sein. Was sind Seinsweisen ohne das Sein dieser Weisen? Ist das »Wohlsein«, wenn man nicht einmal das Sein hat, nicht ein Luxus für unstoffliche Gespenster? Dieses substantielle Minimum ist nicht nur der Wert schlechthin, es ist die Quelle jeglichen Wertes. Es ist unerläßlich, nun zu begreifen, was Pascal geahnt hat, daß die Einmaligkeit der persönlichen Existenz und die Quodditas des Weltalls, die Selbstheit der Person und die Quodditas des Seins ein und dasselbe Problem und ein und dieselbe Frage darstellen: warum ist überhaupt etwas? warum ist überhaupt jemand? »Ich fühle, daß ich nicht da sein könnte ... also würde ich, der denkt, nicht da sein, wenn meine Mutter gestorben wäre, bevor ich beseelt war; also bin ich kein notwendi-

8 [Platon:] *Theaitetos* 155 d; Aristoteles im Eingang seiner *Metaphysik*; Schopenhauer, Ergänzungen zum ersten Buch von *Die Welt als Wille und Vorstellung*, Kap. 17: »Ueber das metaphysische Bedürfniß des Menschen.«

9 Siehe: Pascal: *Pensées* III, 205 und 208.

ges Wesen.«[10] Nur in diesem Sinne könnte die Philosophie eine »Meditation über den Tod« und der Tod »philosophisch« sein. Wir haben gesehen, daß Kunst und Philosophie gleichermaßen die Rückwirkung der Grenze unter Beweis stellen: der Künstler macht im Hier und Jetzt die außergewöhnliche Originalität der alltäglichen Banalität deutlich, ohne wie andere Menschen zu warten, bis die Gegenwart Vergangenheit ist, um rückblickend ihren posthumen Reiz zu empfinden; die Philosophie läßt uns ihrerseits die Absonderlichkeit des Werdegangs des Lebens wahrnehmen, und dies zu Lebzeiten des Menschen und ohne auf den Tod zu warten, der dieses Absonderliche zwar eines Tages zum Vorschein kommen läßt, aber erst, wenn es zu spät ist und im nachhinein. Vielleicht meinte Seneca dies, als er uns empfahl, jede Stunde der Zeit so zu leben, als wäre sie die letzte, »quasi ultima«. Der Weise muß sich hierfür nicht von der Lebensgefahr in die Enge getrieben und sich nicht an der Wurzel seines Lebens bedroht fühlen, muß nicht in seinem elementarsten und unmittelbarsten Selbsterhaltungstrieb oder Beharrungsvermögen betroffen sein; die Weisheit begreift in völliger Gelassenheit, was die Leichtsinnigen gemeinhin erst später mitten in der Gefahr und im fassungslosen Entsetzen über die Letztheit in letzter Minute und das Schwert schon in der Brust entdecken ... Das philosophische Staunen ist folglich kein verspätetes wie das des Alltagsverstandes, es ist eine Bewußtwerdung, die rechtzeitig kommt und nichts Anachronistisches oder Unzeitgemäßes hat. Die Verwunderung enthebt uns der Wehmut des Bedauerns. Und ebenso macht die Philosophie den Tod unnötig! Mangels Philosophie entblößt der Tod das »Mysterium« der Dauer. Geburt und Tod, Anfang und Ende sind vielmehr »Wunder«, das eine setzt das Mysterium ein, das andere macht es auf wunderbare Weise zunichte. Ist das Wunder, das ein schöpferisches oder zerstörerisches Ereignis sein kann, nicht eine Art »drastisches Mysterium«? Die Dauer des Lebens ist ein Mysterium zwischen zwei Wundern mit entgegengesetzten Vorzeichen, die, da sie die Zwischenzeit einrahmen, ihre Quodditas beleuchten: die Wirksamkeit des Wunders enthüllt die Wirklichkeit des Mysteriums.

10 Pascal: a. a. O., VII, 469; Brunschvicg verweist im Zusammenhang mit diesem Fragment auf einen recht außergewöhnlichen Text von La Bruyère, *Über starke Geister* [Jean de La Bruyère: *Des Esprits forts*, Paris 1907].

Als wir vom tödlichen Augenblick und seiner schwindelerregenden Letztheit sprachen, erklärten wir seine Abruptheit durch das Irreversible des »fuisse«[11] und das Unwiderrufliche des »fecisse«.[12] Doch aus der Nähe betrachtet, gilt die Ewigkeit des Unwiderruflichen nicht nur für den Tod, sie gilt gleichermaßen für die Tatsache des Gelebt-Habens ... Gleichermaßen, wenn nicht noch mehr! Es gibt keinen Grund, wenn die gänzlich negative Quodditas der Vernichtung eine irreparable, vollendete Tatsache ist, warum die Positivität der Botschaft des Lebens als einzige vom Gesetz des Unwiderruflichen ausgenommen und als einzige mit dem Fluch der Nichtheit geschlagen wäre. Wenn die Tatsache der Vernichtung nicht zunichte gemacht werden kann, kann die Tatsache des Gelebt-Habens erst recht nicht beseitigt werden; dies wäre zuviel des Unglücks, ein unglaubliches Anathema! Insistieren wir noch einmal: man kann nicht alles Unglück auf einmal haben und nicht gleichzeitig alle Flüche auf sich ziehen; wir müssen zu unserem Vorteil wie zu unserem Nachteil – denn die Alternative kann für uns günstig und ungünstig sein – auch das Glück des Unglücks kennen; sonst wäre diese eingleisige Alternative keine Alternative, sondern schlichtweg Verdammnis. Mit anderen Worten: es gibt eine *Unwiderruflichkeit des Irreversiblen*; das »fuisse« selbst (das heißt genau gesagt: das »vixisse«[13]) ist eine Art »fecisse«; denn das Werden ist so, wie man es gelebt und lebend geformt hat, auf seine Weise ein Akt. Erklären wir dies: Der Schmerz des Gewissensbisses, der sozusagen das umgekehrte Spiegelbild des Schmerzes ist, den wir über den Tod eines geliebten Wesens empfinden, impliziert die Trennung von physischen Folgen und metaphysischer Quodditas: denn das Gemachte kann »ent-macht« werden, die Tatsache des Gemacht-Habens hingegen nicht. Wir sagten: *die Tatsache des Gemacht-Habens kann nicht rückgängig gemacht werden*. Die begangene Sünde kann ausgelöscht werden, nicht aber das Begangen-Haben dieser Sünde; und auch wenn man es das nächste Mal besser macht, so bleibt doch die Tatsache, daß man einmal diese Sünde begangen hat, bestehen. Die Reue folgt auf dieses Irreparable, ohne daß sie jedoch bewirken könnte, daß das, was gemacht wurde, nicht gemacht wurde. Ganz im Gegensatz dazu vernichtet der Tod

11 [Des »Gewesen-Seins«.]
12 [Des »Gemacht-Habens«.]
13 [Das »Gelebt-Haben«.]

das Lebewesen, wonach das Vergessen dann, das das Werk des Todes vollendet, allmählich auslöscht, was der Tod verschont hat. Aber selbst wenn die letzte Erinnerung an den Verstorbenen, die letzte Spur von seinem Erdendasein und gar sein Name aus dem Gedächtnis der Menschen getilgt wären, verbliebe er noch in dieser von der Masse der Jahrhunderte zermalmten, finsteren, vergessenen, unbekannten und vernichteten Existenz, bliebe gleichwohl etwas Unzerstörbares und Unauslöschliches, und nichts, absolut nichts auf der Welt kann dieses Etwas zunichte machen. Das Bedauern, das wir über den Tod empfinden, ist die Umkehrung des Bedauerns über einen Fehler; zunächst, weil das Leben, das man beklagt, weder ein Übel noch ein Fehler ist, sondern ganz das Gegenteil, und zweitens, weil das, was uns tröstet, nämlich die unverwesliche Quodditas, den Gewissensbiß so untröstlich machte. Und umgekehrt ist, was unsere Trauer untröstlich macht, ebendas, was die Erlösung des Schuldigen ermöglicht. Jedenfalls ist dies die Revanche, der Trost und die Zuversicht der Sterblichen: der Tod zerstört die Ganzheit des lebenden Wesens, doch die Tatsache des Gelebt-Habens kann er nicht vernichten; der Tod reißt die psychosomatische Architektur des Individuums nieder, die Quodditas des gelebten Lebens aber lebt fort in diesen Trümmern. Alles, was die Natur des Wesens betrifft, ist zerstörbar, das heißt, bietet dem Verfall, der Zersetzung und Vernichtung breiten Raum: einzig dieses unsichtbare und ungreifbare, dieses einfache und metaphysische Etwas, das wir Quodditas nannten, entgeht der Vernichtung. In diesem Sinne zumindest gibt es ein Unvergängliches, das den Klauen des Todes nicht anheimfällt; in diesem Sinne zumindest vermag der allmächtige Tod nicht alles! Das alternde Leben ist erbärmlich labil und hinfällig, doch die unauslöschliche Positivität seiner Botschaft stellt sich am Tage des Todes gleichsam hinter dem Rücken des Todes und durch den Tod für alle Zeiten wieder her; und je gnadenloser die Vernichtung ist, wie in den rassistischen Regimen etwa, die nicht nur die Existenz vernichten, sondern die Essenz dieser Existenz zunichte machen wollen und erbittert gegen die Erinnerung an freie Menschen ankämpfen, ihre Nachkommen ausrotten, ihre Schriften verbrennen und verzweifelt versuchen, das Aussprechen ihres Namens zu verbieten, desto unzweifelhafter wird die posthume Evidenz der Botschaft zutage treten. Sadistischer Gewalt und abgrundtiefer Schlechtigkeit gelingt es durch Gaskammern und Krematoriumsöfen, das Existierende nicht existent zu machen, sie können jedoch nicht bewirken, daß das Existierende niemals existiert hat, sie können die Wurzel der radikalen Quodditas nicht ausreißen. Es ist, als habe Scipio Africanus nach seinem Tode niemals zuvor existiert – »quasi natus non esset«, sagt Cicero im *Laelius*[14] ... aber nur »quasi«! Oder mit unseren Worten: der Tod macht, *als ob*, er macht aber nicht, daß ... Physisch oder »grammatisch« ist es vielleicht das gleiche, ob Scipio aus der Welt der Lebenden geschieden ist, nachdem seine Zeit auf Erden abgelaufen war, oder ob es niemals einen Scipio Africanus gegeben hat und kein Kind dieses Namens jemals auf der Erde war; denn für das Auge unterscheidet sich eine Nichtheit nicht von einer anderen; und dennoch: selbst wenn die Schlacht bei Zama niemals stattgefunden hätte, Hannibal nicht besiegt worden wäre und man die unabsehbaren historischen Folgen des Sieges des Römischen Reiches über Karthago für null und nichtig hielte, auch dann noch wäre die Tatsache, daß es einmal einen Scipio gab, unauslöschlich. Scipio ist seit langem schon tot, und alles geht heute so vor sich, als habe dieser zweifelhafte Scipio niemals existiert – und doch ist die Tatsächlichkeit des Scipio eine immerwährende, ist endgültig und ewig. Daher könnte man sagen, daß das ewige Leben, das heißt die unauslöschliche Tatsache des Gewesen-Seins ein Geschenk ist, das der Tod dem lebenden Menschen macht. Die Tatsache des *Gewesen-Seins* ist also buchstäblich ein *ewiger Augenblick*, und man errät, warum sich Ewigkeit und Augenblick hier nicht mehr widersprechen: Geburt und Tod umreißen auf dem Hintergrund der Ewigkeit die Silhouette, lösen aus der Unendlichkeit die biographische Insularität eines Daseins heraus. Der durch ein abgeschlossenes Leben begrenzte und unablässig in das Meer der Zeitalter zurückgedrängte Zeitabschnitt neigt sich von Jahr zu Jahr und von Jahrhundert zu Jahrhundert immer mehr seiner Auslöschung entgegen: Marc Aurel sieht mit der Schärfe eines Adlerblicks diese von der Unermeßlichkeit allmählich aufgesogene Unbedeutendheit; die Null wäre im Unendlichen der Horizont oder die Grenze einer solchen unaufhörlichen Verringerung ... Die Null? sagen wir: der Punkt vielmehr, oder besser noch: der Augenblick. Darüber hinaus ist diese Spitze des Augenblicks einzig in der ganzen

14 [»Als wäre er nicht geboren worden«; Cicero: *Laelius*] *de Amicitia* 4 (und weiter oben: »non omnia morte deleri«).

Ewigkeit; das Leben eines Menschen ist nicht nur kurz wie ein Traum, also gleichsam inexistent, es tritt auch nur ein einziges Mal auf und wird niemals erneuert; die Tatsache des Gewesen-Seins beschränkt sich nicht nur auf einen flüchtigen Moment, sie ist auch noch ein »Hapax«! Von allen vergessen und verloren in den Tiefen der Vergangenheit, war das Leben irgendeines Menschen auf immer, bis zum Ende aller Zeiten und bis zum Ende der Welt die einzige Chance zur Verwirklichung dieses Jemand. Andererseits aber ist diese fast inexistente Existenz eher »quasi-nihil« denn »nihil«, eher geringstes Sein denn Nichtsein. Doch zwischen nichts und fast-nichts ist der Abstand unendlich ... Kündigt dieses »fast« nicht die ganz andere Ordnung an? Der unendlich kleine Moment wird von der Unermeßlichkeit der Geschichte fast vernichtet, doch wird er von ihr nicht zunichte gemacht. Dieses geringste Sein, das auf jenes Minimum reduziert ist, das das Eintreten eines auf die bloße Tatsache des Eintretens reduzierten Ereignisses ohne zeitliche Fortdauer darstellt, rettet das Prinzip der Tatsächlichkeit. Diese Tatsächlichkeit geht nicht völlig unter in der Nacht der Jahrhunderte und Jahrtausende, sie taucht auf in ihr wie ein sehr schwacher Lichtschimmer; keine Finsternis kann diesen winzigen Lichtschein verschlingen, weder der Tod, der alles auslöscht, noch das Vergessen, das den Toten ein zweites Mal tötet. Der kleine aufblitzende Lichtschein des Gewesen-Seins, der zweifelhafte Funke des Gelebt-Habens existieren kaum, und doch existieren sie oder vielmehr scheinen sie auf ... Die einzigartige, erst-letzte Erscheinung der Selbstheit drängt sich letztlich in einer verlöschenden Erscheinung zusammen. Doch die Erscheinung ist die Positivität und das Bezugssystem für die verlöschende Erscheinung: hier dominiert das Substantiv über das Beiwort! Wir nannten sie den großen Augenblick: und ist das menschliche Leben denn nicht eine Art Augenblick, ein siebzig oder achtzig Jahre währender Augenblick? Von diesem Werdegang bleibt nach einigen Jahrhunderten nur noch die bloße, filigranhafte Tatsache des Gelebt-Habens. Diese verschwindend geringe Tatsache ist das Wunder, durch das die Selbstheit gerade noch vor dem Nichtsein gerettet wird: dieses Fast-Nichts, das ein Augenblick, dieses Fast-Niemand, das ein unnachahmlicher und unvergleichlicher Hapax, und dieses Fast-Nie, das nur ein einziges Mal in aller Ewigkeit ist, sind von niemals und nichts durch ein »fast« getrennt! Doch dieses »fast« bedeutet die Welt und ist bis in alle Ewigkeit entscheidend. Was *beinahe* nicht gewesen wäre, wird immer sein, was ewig nicht-seiend hätte sein können, wird immer fortleben. Daher sprachen wir vom ewigen Augenblick … Das schwächste Aufblitzen, das so flüchtig ist wie ein Irrlicht in der Nacht, begründet die unauslöschlichste Quodditas: denn während das Leben vergänglich ist, ist die Tatsache, ein vergängliches Leben gelebt zu haben, ewig.

Doch dies bedeutet keineswegs, daß etwas von der Selbstheit wunderbarerweise vor dem Untergang bewahrt bliebe; eine solche Sprache würde uns geradewegs zum Spiritualismus des *Phaidon*, wenn nicht gar zum Spiritismus der *Tusculanen* führen! Einige hängen tatsächlich der Vorstellung einer Rettung an, wo einzig gerettet wird, was gerettet werden kann. Zweifellos unterscheiden sie zwischen Vernichtung und Zunichtewerden: demzufolge soll das Zunichtewerden die ganze Person, *außer* der Seele der Person, betreffen; alles wird vernichtet *außer* einem einzigen, das vom allgemeinen Gesetz ausgenommen und der Nichtheit entzogen ist und das der Tod nicht trifft. Unter dem Vorwand, daß die Seele unteilbar und infolgedessen unzerstörbar ist, soll sie dem allgemeinen Massaker entgehen, ganz wie die »scintilla conscientiae«[15] der Theologen als einzige dem Unheil der Erbsünde, die der große moralische Schiffbruch der Kreatur ist, entgehen soll; wie die »Synderesis«[16] würde die Seele als einzige aus der Katastrophe hervorgehen! Dies bedeutet schlicht, daß die Seele ein zähes Leben hat und sich im Gegensatz zum Gewebe des Organismus sehr gut und lang erhält. Doch ist das Empirische und Zufällige einer solchen Ausnahme nicht offensichtlich? Dieses »außer« ist eine besondere Gunst, die der Seele gewährt wird, ein glücklicher Zufall und eine sehr fragwürdige Chance: es bringt keineswegs die apriorische Unmöglichkeit des Sterbens zum Ausdruck. Als das Schicksal die Kreatur zur Sterblichkeit verurteilte, soll es die Seele aus Zerstreutheit einfach vergessen haben. Das cogito selbst ist kein Überlebender, der vom bösen Geist wunderbarerweise verschont worden wäre, wie jener Säugling, der als einziger die Auslöschung seines Volkes überlebt hatte … Dem Spiritualismus zufolge entgeht die Seele der Vernichtung, wie umgekehrt nach

15 [Das »Fünklein des Mit-Wissens« bzw. des Gewissens.]
16 [»Gewissen«, intuitive Einsicht in die Gültigkeit moralischer Regeln.]

Auffassung des fortschrittsgläubigen Humanitarismus der Tod sich nur einstweilen noch nicht heilen lassen will: zweifellos hat man einfach noch keinen Impfstoff gegen ihn gefunden ... Antworten wir unsererseits: der Tod ist keine Krankheit unter anderen, und die Quodditas des Gelebt-Habens ist ebenfalls keine Sache von vielen. Möge die Tödlichkeit des Todes unheilbar bleiben, damit die Quodditas des Gelebt-Habens unzerstörbar bleibt! Es ist besser, so gesehen, daß der Tod nicht etwa nur die Nichtheit unserer bloßen Leiblichkeit, sondern das Nichts unserer Ganzheit ist; es ist besser, wenn nichts gerettet wird! »Alles ist verloren, alles ist gewonnen! An diesem Abend ist alles gewonnen!« ruft Pelleas am Ende des vierten Akts, als die sich schließenden Tore des Schlosses seine Rückkehr unwiderruflich verhindern und sein Schicksal unerbittlich besiegeln.[17] Und Fénelon sagt, als er von der reinen, hoffnungslosen Liebe spricht: »Alles ist verloren, und dadurch ist alles gewonnen.«[18] Wenn der Tod die Ewigkeit des Gelebt-Habens festschreibt, so nicht, indem er dieses oder jenes retten würde, indem er zum Beispiel das Individuum opfert, um das Denken dieses Individuums zu erhalten, indem er vergißt, das Werk eines großen Menschen zu vernichten, indem er angesichts von so viel Vergänglichem die unvergängliche Erinnerung an seinen Namen bewahrt, indem er im Zentrum des hinfälligen Seins einen quodditativen Kern an Unverweslichem übrigläßt, indem er Ballast abwirft, um das Wesentliche zu retten; nein! wenn das Unwiderrufliche des Todes das Leben eines Menschen unwiderruflich machen soll, muß alles gerettet werden; das Sein, das es verliert, muß im Vorgang des Verlorengehens gerettet werden. Dies ist vielleicht die Rettung, die die Religionen einhellig Heil nennen, das Heil schlechthin. Dieses Heil hat zweifellos nicht den Preis einer Alternative zu entrichten und muß noch in der äußersten Hoffnungslosigkeit der tiefsten Nichtheit leuchten. Unser Verhaftetsein mit den Dingen, res, und unsere Unfähigkeit, etwas anderes zu erfassen als Dinge, erklären zugleich die Phobie vor der Nichtheit und den Wunsch, schon in diesem Leben dem Tod einen reservierten oder geschützten Bereich zu entziehen, zu dem der Feind keinen Zutritt hat; der zaghafte und ängstliche Mensch, der

17 [Maurice Maeterlinck:] *Pelleas und Melisande* IV, 4.

18 [François de] Fénelon: *Œuvres complètes*, Bd. 6, Paris-Lille-Besançon 1850, S. 129.

bewahren will und mit seiner Habe geizt, weist die Ewigkeit dessen, was weder existiert noch Konsistenz hat, zurück: daher schließt er zu Lebzeiten den Schatz dieser kostbaren unsterblichen Seele ein, die er zu besitzen glaubt. Großzügigkeit und Mut würden uns eher das Gegenteil nahelegen: nichts behalten, damit uns alles wiedergegeben wird ... und noch darüber hinaus; damit uns die Unendlichkeit gegeben werde, müssen wir in aller Unschuld und ohne verstohlene und berechnende Hoffnung auf Vergeltung das Opfer unseres ganzen Wesens annehmen.

Das Mysterium der Vernichtung ist also paradoxerweise unsere Hoffnung, obwohl es keineswegs ein »Grund« zur Hoffnung ist (denn Gründe und Beweise gibt es hier nicht). Die Konsekration der gelebten Zwischenzeit, eine Konsekration, die sich aus dem Tod ergibt, verweist uns letztlich wieder auf das Leben. Denn nichts ist kostbarer als das Leben. Das Bevorstehen des Todes rückt den unendlichen Wert des Seins ins Licht, der während der Lebenszeit gemeinhin unbemerkt bleibt. Dieser unendliche Wert ist unabhängig von der Art Leben, das gelebt wurde. Und das macht die Pascalsche Wette so wenig überzeugend: die uns vorgeschlagene Wahl, die auf einer theologisch-moralischen Alternative beruht, impliziert, daß eine ungewisse Unendlichkeit der sicheren Endlichkeit vorzuziehen sei; doch die unvergleichliche, unersetzliche und unnachahmliche Würze der gelebten Positivität und die Einzigartigkeit unserer eigenen Existenz machen aus dem Diesseits etwas absolut Kostbares: denn man lebt nur einmal; und das »Nimm«, das man einem »Du wirst es haben« opfert, wenn sich unser Opfer als eine falsche Rechnung und eine zu geschickte Spekulation herausstellt, wird uns in keinem Fall wiedergegeben werden. Die Gelegenheit ist ein für allemal vorbei, vor allem die Gelegenheit par excellence, die unser Leben und unsere einzige Chance in der Ewigkeit darstellt. Dies ist der unendliche Preis der gelebten Positivität: wäre ein solches Dilemma nicht künstlich, es wäre besser, im Austausch gegen einige Augenblicke wirklichen Lebens auf die ewige halbe Nichtheit und das immerwährende Fortbestehen, das uns die Theologen versprechen, zu verzichten. Etwas und jemand sein, und sei es nur einen Moment lang, aber sein, physisch und wirklich sein! Um einmal die Freude über einen frischen Morgen erlebt zu haben, die Süße eines Spätsommertages in den Feldern, wenn die Zeit reglos im Zenit zu verharren scheint, um einmal die tiefe Stille einer Augustnacht gekostet zu haben, lohnt es sich, eine ganze Ewigkeit an Inexistenz dranzugeben. Deshalb wohl kehrt Proudhon, wenn er von Jesus spricht, die Pascalsche Entscheidung für die Unendlichkeit um: »Er opfert seine eigene Ewigkeit, um einen Augenblick lang etwas zu sein ... Sollte ich auch für die Ewigkeit sterben, möchte ich doch zumindest für eine Sonnenumdrehung lang ein Mensch sein.«[19] Wenn seltene Dinge kostbar sind, so ist der Mensch, der zugleich Hapax und einmalige Erscheinung ist, schlichtweg unschätzbar; denn es gibt nur ein einziges Exemplar von ihm in der Welt, und er erscheint nur ein einziges Mal in der Geschichte; er ist einzig in seiner Art im Universum der Welten, in der Galaxie der Universen und in der Galaxie der Galaxien, er ist einzigartig in der ganzen Ewigkeit! Welches gemeinsame Maß kann es zwischen einem rein begrifflichen Jenseits und einigen Jahrzehnten wirklichen, hienieden gelebten Lebens geben? Rührt die Asymmetrie einer solchen Alternative nicht von der Unvergleichbarkeit der beiden Möglichkeiten her? Glücklicherweise scheint die Alternative künstlich zu sein; zweifellos muß man annehmen, daß das Diesseits in seiner bizarren und mysteriösen Zweckfreiheit selbst schon übernatürlich ist und mit ihm alles Leben, das es bevölkert, das seinen aufflammenden Halbkreis beschreibt und dann für immer in die Tiefe der Ewigkeit sinkt. Durch den Tod ist jedes Wesen hienieden ein übernatürliches, auch der Schankwirt vom Ecklokal. Und dieses durch seine Würde und sein Bewußtsein, durch seine Einmaligkeit und die erschütternde Irreversibilität seines Lebens übernatürliche Wesen wäre in allem unendlich, außer in der Dauer? Nein, die *Endlichkeit* ist *unendlich* kostbar! Es gibt etwas Unerklärliches, in dem das Leben wurzelt, das aus dem Leben selbst ein Mysterium macht, das Leben wie eine Bedingung an den Tod knüpft und das die beiden Gegensätze auf tragische Weise solidarisch sein läßt, dergestalt, daß Leben und Tod ein und dasselbe Wunder in derselben Nacht sind. Dies ist vielleicht die »Offenbarung des Todes«, die Leonid Andrejew in seiner *Geschichte von den sieben Gehenkten* meint, dies die erhabene Synopsis Werners, eines der sieben Verurteilten, im Augenblick des Todes: »Er nahm plötzlich Leben und

19 [Pierre-Joseph Proudhon (1809-1865), frz. Philosoph, Begründer des Anarchismus; Stelle konnte nicht ermittelt werden.]

Tod wahr und war geblendet vom Glanz dieses wunderbaren Schauspiels. Es war, als ginge er über den Kamm einer Gebirgskette, der so schmal war wie eine Messerschneide: auf der einen Seite sah er das Leben, auf der anderen den Tod, und Leben und Tod glichen zwei tiefen, glitzernden Meeren, die sich am Horizont in einer unendlichen Fläche verloren[20] ... und durch die Gewalt seines Blickes, der durch die Dinge hindurchsah, riß er Mauern, Zeit und Raum nieder und blickte irgendwo dort unten in die Tiefe des Lebens, das er verlassen sollte.«[21]

Wenn ein Leben einmal gelebt, vollendet und sein Kreis geschlossen ist, fragt man sich: wozu? Ja, worauf reimt sich dieser kleine Spaziergang von Herrn X am Firmament des Schicksals, dieser Aufenthalt von einigen Jahrzehnten im Tal der Endlichkeit, dieses sinnlose Gastspiel in den Gefilden des Diesseits? Und warum ist Herr X überhaupt eines Tages geboren worden, anstatt ewig nichtseiend zu bleiben? Und warum muß er, da er einmal geboren wurde, eines anderen schönen Tages aufhören, zu sein, ohne daß er für diese absurde Kreisfahrt eine Erklärung bekäme? Was ist denn der Zweck von alldem? Denn man kann wohl kaum von einem Zweck sprechen, wenn das Dasein dort aufhört, wo es begonnen hat, wenn die Zukunft Vergangenheit ist und das Omega in einem einzigen Nichtsein mit dem Alpha zusammenfällt ... Angesichts eines solch hoffnungslosen Kreislaufs hat man keine Lust, von Zweck zu sprechen, sondern mit dem Prediger Salomo zu rufen: »Es ist alles ganz eitel, es ist alles ganz eitel!«[22] Nun aber scheint plötzlich eine ganz andere Lesart des Texts des Lebens möglich; es ist derselbe Text mit denselben Buchstaben und Silben, doch er erscheint nun in einem anderen Licht. Der leichtfertige und oberflächliche Empirismus hielt sich an die immanente, das heißt intravitale Zweckbestimmtheit der abfolgenden Momente, die eine Biographie ausmachen. Der nur halbwegs in die Tiefe gehende Pessimismus des Predigers zeigte, wie der intra-vitale Sinn von der globalen Sinnlosigkeit des Gelebt-Habens zunichte gemacht wird:

20 Tolstoj drückte sich in seinen *Notizen eines Wahnsinnigen* (1884) in sehr ähnlicher Weise aus.

21 Leonid Andrejew: *Die Geschichte von den sieben Gehenkten* § 10 (Die Mauern fallen) [München 1927]; Tolstoj gewidmet.

22 [Prediger I, 2.]

wenn man dort endet, wo man begonnen hat, war es nicht der Mühe wert, anzufangen. Es war aber der Mühe wert! Ähnlich der Kreisbewegung einiger Sonaten enthüllt uns in der ateleologischen Kreisbewegung des Lebens eine dritte Lesart die tiefe Übernatürlichkeit des Gelebt-Habens: die Vergeblichkeit des Gelebt-Habens verwandelt sich in einer jähen Umkehrung plötzlich in eine übernatürliche Botschaft. Wie der verlorene Sohn aufgebrochen und zu seinem Ausgangspunkt zurückgekehrt zu sein, ist innerhalb der immanenten Fortdauer nicht notwendigerweise Zeitverschwendung: nur von einem exoterischen Standpunkt aus scheint dieser Umweg überflüssig. Zieht man die Zeit in Betracht, so vermittelt sie ganz im Gegenteil eine konkrete Bereicherung und unsichtbare Erfahrungen. Was die Leere der unendlichen Ewigkeit betrifft, in die sich das Leben wieder zurückbiegt, würde man kaum von Bereicherung oder empirischen Erinnerungen sprechen wollen: hier gehört die Schöpfung einer ganz anderen Ordnung an. Das, woraus sich die empirische Fortdauer der Zwischenzeit zusammensetzt, ist natürlich, die metaempirische Tatsache der Dauer schlechthin aber ist übernatürlich. Jemand ist zur Welt gebracht worden, ohne daß man ihn um seine Meinung gebeten hätte, dann zwingt man ihn, sich wieder davonzumachen, und nimmt ihn weg aus der Welt, und wieder wird er nicht gefragt; jemandem ist Sein zuteil geworden, ohne daß er darum gebeten hätte (und wer hätte auch danach gefragt, gab es doch niemanden, den man darum hätte bitten können?), und ist dann aufgefordert worden, das Geschenk, das er nie gewollt hat, auf das er aber schließlich Wert legte, wieder zurückzugeben; jemand ist aufgetaucht, um dann für immer zu verschwinden; jemand hat gelitten, gehofft und sich gesehnt und ist dann erloschen, ohne Spuren zu hinterlassen. Jemand ... »Sie war ein armes, kleines, geheimnisvolles Wesen, wie wir alle«, sagt Arkel am Schluß von *Pelleas und Melisande* am Bett der Toten, während der Vorhang fällt über diesem nun erfüllten Schicksal. Mehr ist in der Tat nicht zu sagen und auch nicht zu denken. Und doch, wenn die Gegenwart Vergangenheit und die Anwesenheit Abwesenheit geworden ist, kann das geheimnisvolle und erfüllte Schicksal des Menschen Gegenstand unerschöpflicher Meditation sein. Man steht beklommen und andächtig schweigend vor diesem Geheimnis ohne Tiefe; denn man erkennt die Quodditas des Gelebt-Habens und Gewesen-Seins, begreift aber nicht das Warum.

Und alles, was man hört, sieht und atmet, möge sagen: sie haben geliebt![23]

Geliebt haben, und mehr nicht. *Amaverunt*, *Vixerunt:*[24] wie die Liebenden Lamartines und Maeterlincks. Entströmt diesem wehmütigen Präteritum nicht der ganze Zauber eines geheimnisvollen Daseins? Welch trügerischer Trost, welch ärmliche Abspeisung, wird man sagen. Und dennoch: diese magere Speise ist die kostbarste Wegzehrung. *In magnis et voluisse sat est*[25] schreibt Liszt über seinen Trauermarsch zum Gedenken Maximilians von Mexiko. Denn zumindest die Tatsache des Gewesen-Seins ist unveräußerlich. Niemand kann uns dessen berauben, niemand kann es uns streitig machen, und niemand kann es jemandem verweigern: man kann mir den Kopf abschlagen, man kann aber mein Gewesen-Sein nicht zunichte machen. Der Tote kann nicht mehr in das Leben zurückkehren, doch wer gelebt hat, fällt niemals mehr in die vorgeburtliche Nichtheit zurück: das Irreversible, das seine Auferstehung verhindert, verhindert auch sein Zunichtewerden. Wenn jemand geboren wurde und gelebt hat, wird immer etwas von ihm bleiben, auch wenn man nicht zu sagen vermag, was; wir können von nun an nicht mehr so tun, als wäre dieser Jemand schlechthin inexistent oder niemals gewesen. Man wird dieses mysteriöse »Gewesen-Sein« bis zum Ende aller Zeiten mit einbeziehen müssen. Das *iam-non* ist tatsächlich *nichts mehr.* Doch würde man nicht sagen *es ist nicht mehr*, wenn es niemals gewesen wäre! Der Unterschied zwischen *es ist nicht mehr* und *es ist nicht* ist ein metaphysischer: das *nichts mehr* unterscheidet sich auf immer von der bloßen Nichtheit; es ist vor der ewigen Inexistenz gerettet worden, und zwar auf ewig. Dieses Gewesen-Sein ist wie das Gespenst eines unbekannten kleinen Mädchens, das in Auschwitz gefoltert und ermordet wurde: eine Welt, in der der flüchtige Aufenthalt dieses Kindes auf Erden stattgefunden hat, wird sich auf immer und unwiderruflich von einer Welt unterscheiden, in der dieser Aufenthalt nicht stattgefunden hat. Was gewesen ist, kann nicht nicht gewesen sein.

23 [Alphonse de Lamartine: Le Lac, in: Méditations poétiques, Paris 1950.]

24 [»Sie haben geliebt, sie haben gelebt«.]

25 [»In großen Dingen genügt es, gewollt zu haben«; Properz: *Elegien* II, 6, 10.]

Was die Ewigkeit des Gelebt-Habens für unser persönliches Schicksal bedeutet, kann niemand sagen oder ahnen; und diejenigen, die zu wissen und auf die Frage *was?* zu antworten vorgeben, sind, wie wir wissen, Scharlatane. Denn der Tod ist weder ein Ratespiel noch ein Rätsel. Jean Cassou hat bei Maeterlinck das Geheimwort gelesen, das alle Wesen umtreibt: das große Geheimnis ist (aber nicht verraten!), daß es kein Geheimnis gibt. Und wir wollen hinzusetzen, daß genau hierin der Tod ein Mysterium ist. Dieses Mysterium ist ebenso das Mysterium unserer Alltäglichkeit, das Mysterium eines freundschaftlichen Blickes oder eines bedeutsamen Lächelns, eines unterdrückten Schluchzens oder eines flüchtigen Einverständnisses, das Mysterium der vertrauten und wohlwollenden Dinge, die uns von der Wiege bis zum Grab begleiten. Einige doppeldeutige Worte lassen vermuten, daß Tolstoj, das größte Genie der Objektivität, dieses offene Geheimnis geahnt hat: »Gar nichts habe ich gefunden«, sagt Lewin am Ende von *Anna Karenina*, als er über den Sinn des Lebens nachgrübelt, »sondern nur erkannt, was ich längst schon wußte.« Und Wassilij Andrejitsch am Ende von *Herr und Knecht*: »jetzt weiß ich es. *Jetzt weiß ich es* mit voller Gewißheit.« Diese Tautologie drückt die Vorstellung von einem Wissen aus, das, anstatt sich auf den Gegenstand zu richten, durch eine Art nach innen gewandter Aufmerksamkeit auf sich selbst verweist. Was weiß der, der sterben wird, oder was hat er gelernt? Nichts Sagbares ohne Zweifel, oder fast nichts. Am Ende seines Leidensweges ahnt auch Iwan Iljitsch dieses Fast-Nichts: »jener, der es verstehen sollte, würde es verstehen ... Und der Tod? Wo ist er? ... Er suchte nach seiner früheren, so gewohnten Todesangst und konnte sie nicht finden. Wo war sie? Und was denn für ein Tod? Es war keine Angst da, weil auch kein Tod mehr da war.« Dies sind Iwan Iljitschs vorletzte Worte, und Lew Nikolajewitsch Tolstoj fügt hinzu: »An Stelle des Todes war ein Licht da.«[26] Diesmal fiel Licht in die Finsternis, ein helles Licht, so unermeßlich wie der klare Himmel, den der auf einer Höhe bei Austerlitz hingestreckte Fürst Bolkonski über sich betrachtet und der die Bedeutung des Todes so gering erscheinen läßt. Nur dieser Himmel existiert noch. Und was für ein Himmel! und was für ein Licht! Und wie klein alles erscheint vor dieser

26 [Leo Tolstoj:] *Anna Karenina*, a.a.O., VIII, 12; *Herr und Knecht*, a.a.O., Kap. 9; *Der Tod des Iwan Iljitsch*, a.a.O., Kap. 12.

erhabenen Offensichtlichkeit! Offenkundig auch, aber doch hartnäckig verborgen ist für die Menschen das Mysterium des Todes. Manchmal meinen wir, daß das Mysteriöse dieses Mysteriums auf einem Mißverständnis beruhe und wir selbst mit unseren Komplikationen dieses Mißverständnis verursacht hätten; ohne zu wissen, worin es besteht, ahnen wir, daß es ganz einfach ist, einfach wie die Lösungen im Leben und in der Liebe oder jene genialen Einfälle, von denen man später sagt: darauf muß man nur kommen. Doch darauf kommen heißt: darauf kommen, darauf zu kommen! »So ist das also, welch eine Freude!« sagt Iwan Iljitsch, bevor er seine Seele aushaucht. Natascha und die Prinzessin Marja weinen nicht über ihr Unglück, sondern weil sie an dieses erhabene und so wunderbar einfache Geheimnis denken, das nicht verschlüsselt ist und das die Kreatur doch nicht erraten kann. Der Mensch wird vielleicht vor dem Tode stehen, wie er vor dem rückwirkenden Sinn des Lebens eines anderen stand. Ich weiß nicht, sagt Bergson, aber ich ahne bisweilen, daß ich gewußt haben werde. Die wissende Unwissenheit bekommt hier einen tiefen Sinn. Ich weiß bereits, obwohl ich noch nichts weiß. Als Melisande sich anschickt, ihr geheimnisvolles, in der Nacht begonnenes Dasein in der Nacht zu vollenden, flüstert sie: »Ich weiß nicht, was ich weiß.«[27] Wassilij Andrejitsch weiß, was er weiß, Melisande weiß es nicht; und doch, ob bewußt oder unbewußt, ihr Wissen ist das Wissen um ein und dasselbe Geheimnis; es ist ein unwissendes Wissen, das etwas Nicht-Gewußtes weiß: bevor wir noch wissen, was, wissen wir, daß es etwas Einfaches, etwas außerordentlich Einfaches, etwas, wie Bergson sagen würde, von einer überraschenden Einfachheit sein wird, so einfach wie »Guten Tag« und »Guten Abend«, so einfach, daß wir uns an dem Tag, da wir wissen, fragen werden, warum wir nicht eher darauf gekommen sind.

27 [Maeterlinck: *Pelleas und Melisande*] 5. Akt.

Nachwort

Thomas Kapielski
Die Grenze

Dieses Nachwort möchte mit einer bescheidenen Anmerkung das Ende eines gewichtigen und in sich ruhenden Buches zieren, indem es den getreulichen Aufriß seines schwierigen, letztlich aber gedeihlichen Weges ins Deutsche zeichnet und seiner Übersetzerin ein kleines Memorial setzt.

Vladimir Jankélévitchs Denken über den Tod zu deuten, versage ich mir. Alles ist auf seine Weise auf den fünfhundert vorangegangenen Seiten gründlich durchdacht, und ein jeder möge darin finden und deuten, was für ihn nützlich oder erbaulich daran sei. Das kann viel oder doch nur wenig sein, denn die große Offenbarung kann es in einer solch untrüglichen Phänomenologie des Todes nicht geben; dies müht sich Jankélévitch beharrlich darzutun.

Wir wollen vielmehr achtsam auf die Lebensgeschichte dieses Buches blicken, das es schwer hatte, auf uns und die Welt zu kommen. Und so möchte ich allein über einige Ereignisse berichten, die ganz außerhalb dieses Buches stehen und gleichwohl daran weiterschreiben.

Anfang der achtziger Jahre war Baudrillards Buch *Der symbolische Tausch und der Tod* in einer deutschen Übersetzung erschienen. An unserem Stammtisch (Symposion und Parrhesia!), zu dem auch die Übersetzerin Brigitta Restorff sich regelmäßig einfand, lief wohl aus diesem Grunde das Gespräch einmal für etliche Zeit zwischen den großen philosophischen Abhandlungen zum Tod umher. Die theologische Fraktion brachte Heideggers Vorlauf zum Tode in Stellung und gab einiges kund zum Römer 6, 23 des Paulus, wo doch der Tod allein der Sünde Sold ist. Ferner war uns Eberhard Jüngels Traktat zum Tod anempfohlen, der das Feld deutschen, theologischen Denkens zum Thema ausmißt.

Es waren indes zwei große Werke aus Frankreich, die in diesen Jahren das Denken über den Tod auch in Deutschland ganz neu anregten: Ariès' *Geschichte des Todes*, auf deutsch 1980 erschienen, und eben auch das Buch Baudrillards von 1982.

Da nun berichtete Brigitta Restorff, sie hüte daheim eine weitere, dritte französische Kostbarkeit, und es sei dies eine fertige Übersetzung des 1966 bei Flammarion erschienenen Buches Vladimir Jankélévitchs, *La mort*. Auf etwas wundersame Weise war es einem deutschen Verlag gelungen, die Rechte dafür einzuholen; wir wissen, daß Jankélévitch alles Deutsche, dem er anfangs philosophisch, musikalisch, über Schelling, Simmel, Scheler und Liszt, Schumann und Schubert, so sehr verbunden war, von der Mitte seines Lebens an, von deutscher Bosheit tief verletzt, unbeugsam ächtete. Ein Münchener Verlag aber habe nun sie, Brigitta Restorff, beauftragt, eine Übersetzung anzufertigen, die bis auf Präzisierung der Nachweise und eine gründliche Korrektur gleichsam fertiggestellt und leider doch unvollendet bliebe, da sie, wohl aus finanziellen Gründen, nicht druckgelegt werden könne.

Ich bat Brigitta Restorff, ihre Übersetzung lesen zu dürfen. Sie übergab mir einen schuhkartongroßen Block, mit der Schreibmaschine eng beschriebene siebenhundert Seiten, und erflehte inständig, ich möge diesen Schatz gut hüten, denn es sei dies ihr Original, von dem keine Kopie existiere. (Bedenken wir das noch einmal: zu Zeiten der Manuskripte und maschinengeschriebenen Texte gab es keine elektronischen Speicher, die einen Text vielerorts aufbewahren und mühelos vermehren ließen.)

So übernahm ich also das kostbare Bündel und lief damit als erstes in einen Kopierladen, wo ich vier Kopien anfertigen ließ; später stellte sich heraus, daß die Kopiermaschine zwei Seiten unterschlagen hatte, die hier nun nachübersetzt vorliegen, denn das wohlbehaltene und an Brigitta Restorff zurückgegebene Original sollte später auf unglückliche Weise verlorengehen.

Einstweilen aber dies: In der Hoffnung, diesem Buch doch noch den Weg ins Deutsche ebnen zu können, gab ich je eines der kopierten Originale in die Hände Peter Gentes und Heidi Paris', an den Berliner Merve Verlag also, beide mir freundschaftlich verbunden, engagiert in allen Belangen französischen Denkens; dort wußte ich das Werk in bester Obhut.

Eine weitere Kopie stellte ich Hanns Zischler zu; er war Brigitta Restorff besonders verbunden, da doch beide einmal für kurze, aber fruchtbare Zeit den Berliner Alpëus Verlag betrieben hatten (sieben achtbare Bände, von Blanchot, Nancy, Jabès u.a., erschienen dort um 1979) und ich Zischler an französischer Literatur und in verlegerischen Belangen stets interessiert und engagiert wußte.

Ein weiteres Exemplar behielt ich für mich, reichte es um den Stammtisch, und das vierte gab ich an den Philosophen Hannes Böhringer, von dem ich wußte, wie sehr sein Denken durch Vladimir Jankélévitch angeregt worden war, und der zu den Menschen zählt, die in wesentlichen, wichtigen Angelegenheiten etwas ganz Seltenes tun: wirklich und wirksam helfen!

Allein, es konnte damals nichts bewegt werden. Die Übersetzung war von allen Adressaten gelesen und gelobt worden, aber eine Drucklegung schätzte man allerorten als zu schwierig, zu gewaltig, zu gewagt ein, und so lag das Werk dann geduldig über etliche Zeit.

Über diese verstarb am 6. Juni 1985 Vladimir Jankélévitch.

Am 9. März 1997 traf die für ihre Übersetzungen (Blanchot, Julien Green, Huysmans, um einige nur zu nennen) vielmals gelobte Übersetzerin Brigitta Restorff ein verheerender, heilloser, wenn auch nicht tödlicher Hirnschlag.

Wie einfach sich das schreibt! Doch mit Entsetzen sahen wir damals einen befreundeten, beliebten Menschen, dem die Krankheit, vielleicht schon der Tod? solch grobe Schrammen und unheilbare Wunden zugefügt hatte, daß ein ganz anderer, völlig veränderter, unzugänglicher aus ihm wurde. Brigitta Restorffs Weiterleben, eines ganz anderen Lebens, als das, welches uns vertraut war, ist ihr nun allein gewährt durch ihrer Schwester Obhut und Pflege.

Was ist das? Wie ist das? Sie kann es uns nicht sagen. Gewiß, sie lebt, doch abhanden und entrückt, so daß sie nicht wird wissen und begreifen können, was nun doch möglich wurde, und die Sprache, aus welcher sie so virtuos übersetzte, ist ihr gelöscht.

An solchem Schicksal wirft sich eine Frage auf, die ich auch diesem Buch stelle, und man wünschte, Vladimir Jankélévitch könnte uns noch einmal antworten: Sind Leben und Tod durch eine Grenze geschieden, die gar kein Schnitt sein muß und die sich leidig in die Zeit dehnen kann? Gibt es zu Lebzeiten ein jäh gelöschtes Leben, dem ein völlig andersgeartetes folgt?

Übersetzer sind, sofern nicht vermögend, notwendig fleißige und doch arme Menschen. Das Gewerbe trägt wenig Ruhm und noch weniger Geld ein. (Die Ausnahmen will ich hier ignorieren!)

So mußte es denn sein, daß die kleine Wohnung der rettungslos erkrankten Restorff in großer Eile geräumt wurde, wobei das Original dieser Übersetzung verlorenging.

Doch drücken glückliche Momente die Waagschalen mit den übermächtigen Gewichten des Unglücks ab und an doch hinauf, und so wurde die Hannes Böhringer in Obhut gegebene Kopie – nach zweiundzwanzig Jahren! – doch noch zur Vorlage dieser Ausgabe. Böhringer, der Philosophie an der Kunsthochschule in Braunschweig lehrt, gab das Konvolut an einen seiner ehemaligen Doktoranden, Christoph Lange, der seinerseits daraus dozierte und den neuerlichen Versuch startete, das Werk in die Welt zu setzen, nachdem bereits einige Schriften Vladimir Jankélévitchs erfolgreich auf deutsch erschienen waren. Ihm und diesem Verlag ist es nun zu verdanken, daß wir dies Buch in Händen halten.

Nachbemerkung des Herausgebers

Vladimir Jankélévitch wurde im August 1903 in Bourges als Sohn von Anna Ryss und Samuel Jankélévitch in einer gebildeten jüdischen Familie geboren. Sein Vater, Arzt und Übersetzer, war im Alter von 20 Jahren aus Rußland emigriert. Nach seiner Schulzeit wurde Vladimir Jankélévitch 1922 in die Ecole normale supérieure aufgenommen, wo er 1926 seine Agrégation in Philosophie bestand. 1933 wurde er mit einer Dissertation über *L'odyssée de la conscience dans la dernière philosophie de Schelling* promoviert. Er lehrte anschließend an den Universitäten von Toulouse und Lille. Bei Kriegsbeginn zur Armee eingezogen, wurde er am Vorabend des Waffenstillstands 1940 verletzt. Im Lazarett erhielt er seine Abberufung von der Universität. Als Sohn eines Einwanderers nichtfranzösischer Herkunft war er von den nun in Kraft tretenden Sondergesetzen betroffen. Unter falschem Namen tauchte er in Toulouse unter, wo er sich wenig später der Résistance anschloß. Nach der Befreiung von Toulouse wurde er im August 1944 zum musikalischen Programmdirektor von Radio-Toulouse-Pyrénées ernannt. Er setzte seine Universitätskarriere als Maître de conférences in Lille fort und wurde 1951 an die Sorbonne berufen, wo er bis zu seiner Emeritierung 1978 den Lehrstuhl für Moralphilosophie innehatte. Vladimir Jankélévitch starb am 6. Juni 1985 in Paris.

Jankélévitchs Hauptwerk *La mort*, dessen Übersetzung hier vorliegt, ist 1966 bei Flammarion erschienen und wurde dort 1977 neu aufgelegt. Seine Publikationen, deren wichtigste im Anhang des 2003 bei Suhrkamp erschienenen Auswahlbands *Das Verzeihen* verzeichnet sind, galten allerdings nur ungefähr zur Hälfte der Philosophie; zur anderen Hälfte widmeten sie sich der Musik. Jankélévitch, der ein hervorragender Pianist war, sagte von sich, die Musik sei sein halbes Leben und die Essenz seiner Arbeit stamme aus der Oralität. Er sei kein »homme de lettres«, sondern ein »homme de parole«. »Mein Ausdrucksmittel ist im Kern das Sprechen«, sagt Jankélévitch, um einige Sätze später zu bemerken, die Musik erhebe die Stimme, um zu sagen, daß die Sprache alleine versage. So heißt es im vorliegenden Band auf Seite 438: »Wird der Sterbende […] im letzten Moment sein historisches Wort sagen? […] Kommt schnell herbei, ihr Reporter, Photographen und Philosophen, kommt, ihr Sammler letzter Worte und Schlußbemerkungen, und stellt euch im Kreis um den großen Sterbenden, der große Sterbende wird sprechen! Und alle eilen herbei, mit klopfendem Herzen, sie halten den Atem an und lauschen gespannt auf das Orakel, das da kommen soll … Doch nein! der große Sterbende sagt den nach Neuigkeiten lechzenden: Entrichtet dem Asklepios einen Hahn.« Das nämlich waren die enttäuschenden letzten Worte des Sokrates in Platons *Phaidon*.

Vladimir Jankélévitch verlangt seinen Lesern einiges ab. Sein Schreiben in einem sprechenden Duktus manifestiert sich in einem gewissermaßen atemlosen Stil. Er ist kein Freund des Punkts, liebt aber Semikola und Doppelpunkte. Er schreibt ohne Punkt und Komma, und das bei einem Gegenstand, der sich der Sprache beharrlich entzieht. Daran wird schon deutlich, daß diese Atemlosigkeit, dieses Schreiben im Sprachfluß sich von der Atemlosigkeit der Texte Kleists, für die Wolfgang Kayser diesen Begriff geprägt hat, klar unterscheidet. Während Kleist hypotaktisch schreibt und seine Leidenschaft den feinen Untergliederungen in Nebensätze gilt, die er zuweilen über mehrere Seiten auf kunstvolle Weise ineinander zu verschlingen vermag, spricht Jankélévitch parataktisch, Hauptsatz an Hauptsatz gereiht, aber gleichermaßen ohne »Luft zu holen«. Die Übersetzerin Brigitta Restorff hat diesem individuellen Stil in ihrer Übersetzung Rechnung getragen, auch indem sie die Interpunktion des französischen Texts, wo immer möglich, unverändert übernommen hat. Sie hat allerdings da, wo Jankélévitch seinen Lesern ein Luftholen gestattet und einen Absatz einfügt, in ihrer Übersetzung eine Leerzeile eingesetzt, um den Text zu gliedern und eine echte Pause zu ermöglichen. Ich habe bei der Bearbeitung dieses Prinzip übernommen und an Stellen, wo der Originaltext eine echte Kola (Punkt, Ausrufe- oder Fragezeichen) zusammen mit einem Gedankenstrich setzt, was im Deutschen nicht üblich ist, statt dessen einen Absatz eingeschaltet, um die großen Abschnitte nochmals zu untergliedern.

Aus dem atemlosen Stil des Textes, der unbedingt zu erhalten war, ergaben sich einige Besonderheiten, von denen ich zwei exemplarisch nennen möchte: Hauptsätze, die auf einen Doppelpunkt folgen, fangen im Deutschen (nach alter Rechtschreibung) in der Regel mit einem Großbuchstaben an, es sei denn, es handelte sich um einen Folgesatz, d. h. der Inhalt dieses Satzes ergäbe sich unmittelbar aus dem zuvor Gesagten. Dies ist bei Jankélévitch fast durchweg der Fall, so daß sich in der vorliegenden Übersetzung Reihungen von Hauptsätzen ergeben, die aber in Kleinschreibung weiterlaufen. Eine zweite Besonderheit hängt damit zusammen, daß Jankélévitch fließend Altgriechisch und Latein sprach und vor allem auch schrieb, was selbst in der Fachliteratur schon seit Jahren nicht mehr üblich ist. Er ging sogar so weit, Verben oder Substantive altgriechischer oder lateinischer Zitate entsprechend seines eigenen (französischen) Satzzusammenhangs zu flektieren. Solche Leckerbissen ohne Hilfe zu verdauen ist heutigen Lesern kaum noch zuzumuten. Daher haben die Übersetzerin und ich alle fremd- oder altsprachlichen Passagen übersetzt, soweit Jankélévitch sie nicht schon selbst im Text übersetzt oder paraphrasiert hat. Zitate, die als solche erkennbar waren, habe ich versucht nachzuweisen, was oftmals schwierig und manchmal nicht möglich war. Soweit es sich um Klassiker handelt, wurde nur der Autor, der Titel und die Stelle in der üblichen Zählweise angegeben, also z. B.: Cicero: *Gespräche in Tusculum* I, 10. Die Ausgabe bzw. die Übersetzung auszuwählen, bleibt dann Sache des interessierten Lesers. Bei neuerer Literatur habe ich versucht, einen gut greifbaren deutschen Lesetext anzugeben, es sei denn, Jankélévitch verweist auf eine bestimmte Stelle einer französischen Ausgabe. Diese wurde dann übernommen und zusätzlich die deutsche Ausgabe – wenn vorhanden – genannt.

Zu großem Dank bin ich Brigitta Restorff, Elfi Bürk, Hannes Böhringer und Thomas Kapielski verpflichtet, ohne die das Projekt gar nicht erst zustande gekommen wäre. Außerdem danke ich Bernd Stiegler vom Suhrkamp Verlag für die Aufnahme und erfahrene Betreuung des Projekts, Günther Lange für gute Beratung und Übersetzungshilfen und schließlich vor allem Anja Jasper, deren gewissenhafte und umsichtige Eingabe der Korrekturen mich an wichtigen Punkten entlastet hat. *Mille fois merci!*

Christoph Lange

Namenregister